Bestrebungen zur einheitlichen Regelung
des Strafvollzugs in Deutschland
von 1870 bis 1923

Rechtshistorische Reihe

Band 248

Peter Lang
Frankfurt am Main · Berlin · Bern · Bruxelles · New York · Oxford · Wien

Christina Schenk

Bestrebungen zur einheitlichen Regelung des Strafvollzugs in Deutschland von 1870 bis 1923

Mit einem Ausblick
auf die Strafvollzugsgesetzentwürfe
von 1927

Peter Lang
Europäischer Verlag der Wissenschaften

Die Deutsche Bibliothek - CIP-Einheitsaufnahme

Schenk, Christina:

Bestrebungen zur einheitlichen Regelung des Strafvollzugs in Deutschland von 1870 bis 1923 : mit einem Ausblick auf die Strafvollzugsgesetzentwürfe von 1927 / Christina Schenk. - Frankfurt am Main ; Berlin ; Bern ; Bruxelles ; New York ; Oxford ; Wien : Lang, 2001
(Rechtshistorische Reihe ; Bd. 248)
Zugl.: Kiel, Univ., Diss., 2001
ISBN 3-631-37990-0

Die vorliegende Arbeit wurde von
Prof. Dr. Werner Schubert zur Aufnahme
in die Reihe empfohlen

Gedruckt auf alterungsbeständigem,
säurefreien Papier.

D 8
ISSN 0344-290X
ISBN 3-631-37990-0

Printed in Germany 1 2 4 5 6 7

www.peterlang.de

Meinen lieben Eltern

Vorwort

Die vorliegende Arbeit wurde im Wintersemester 2000/2001 von der Juristischen Fakultät der Christian-Albrechts-Universität zu Kiel als Dissertation angenommen.

Mein großer Dank gebührt Herrn Prof. Dr. Werner Schubert für die Überlassung des Themas und die Anleitung zur Durchführung der Arbeit. In langen Gesprächen habe ich wertvolle Anregungen und Hinweise bekommen, welche mir die Erstellung dieser Arbeit erst ermöglichten. Ganz besonders danke ich Herrn Prof. Dr. Schubert dafür, daß er die von mir vorgelegten Entwürfe äußerst schnell durchgearbeitet und mich auch während des Prüfungsverfahrens hervorragend betreut und unterstützt hat.

Frau Prof. Dr. Monika Frommel danke ich für die schnelle Erstellung des Zweitgutachtens.

Für die freundliche Unterstützung bei der Literaturrecherche danke ich den Mitarbeitern des Bundesarchivs in Berlin-Lichterfelde, des Geheimen Staatsarchivs Preußischer Kulturbesitz in Berlin-Dahlem, des Staatsarchivs Hamburg und des Bayerischen Hauptstaatsarchivs in München.

Thorsten danke ich nicht nur für seine seelische Unterstützung.

Karlsruhe, im Juli 2001 Christina Schenk

Vorwort

Inhaltsverzeichnis

Abkürzungsverzeichnis

Abg.	Abgeordneter
AT	Allgemeiner Teil
BA	Bundesarchiv, Berlin-Lichterfelde
BayHStA	Bayerisches Hauptstaatsarchiv
BGBl.	Bundesgesetzblatt
BlGefk	Blätter für Gefängniskunde
BR	Bundesrat
DJZ	Deutsche Juristenzeitung
DO	Dienstordnung
DRiZ	Deutsche Richterzeitung
DRV	Deutsche Reichsverfassung von 1871
DVO	Dienst- und Vollzugsordnung
E	Entwurf
E 1913	Entwurf der Strafrechtskommission zu einem Deutschen Strafgesetzbuch von 1913
E 1919	Entwurf zu einem Deutschen Strafgesetzbuch von 1919
Fn.	Fußnote
FS	Festschrift
GA	Goltdammers Archiv
GE	Gegenentwurf
GS	Gerichtssaal
GStAPK	Geheimes Staatsarchiv Preußischer Kulturbesitz, Berlin-Dahlem
gutachterl.	gutachterlicher
GVBl.	Gesetz- und Verordnungsblatt
HausO	Hausordnung
Hdb.	Handbuch
h.L.	herrschende Lehre
IKV	Internationale kriminalistische Vereinigung
i.V.m.	in Verbindung mit
JW	Juristische Wochenschrift
JMBl.	Justizministerialblatt
Leg-Per	Legislaturperiode
MA	Ministerium des Äußeren
Mitt.	Mitteilungen
MJu	Ministerium der Justiz
MSchKrim	Monatsschrift für Kriminalpsychologie und Strafrechtsreform
Norddt.	Norddeutschen
NJW	Neue Juristische Wochenschrift
RGBl.	Reichsgesetzblatt

RR	Reichsrat
RStGB	Reichsstrafgesetzbuch von 1871
RT	Reichstag
RV	Reichsverfassung
Rz.	Randziffer
RZBl.	Reichszentralblatt
Sess.	Session
StA	Staatsarchiv
Sten.	Stenographische
VE	Vorentwurf
Verh.	Verhandlungen
VO	Verordnung
WRV	Weimarer Reichsverfassung von 1919
ZStW	Zeitschrift für die gesamte Strafrechtswissenschaft

Einleitung

Ein Element der strafrechtlichen Reaktion auf kriminelles Unrecht ist der Freiheitsentzug. So drohen viele Tatbestände des Strafgesetzbuches als Rechtsfolge auch die Verhängung einer Freiheitsstrafe an. Aus general- und spezialpräventiven Betrachtungsweisen ist der Vollzug von Freiheitsstrafen unerläßlich.[1] Für den Gefangenen stellt der Freiheitsentzug aber eine Beschränkung seiner Fortbewegungsfreiheit und damit eine Übelszufügung dar, die der Regelung durch ein Gesetz bedarf. Die Auffassung, daß eine gesetzliche Regelung aufgrund eines bestehenden besonderen Gewaltverhältnisses entbehrlich sei, ist heute überholt. Durch die Lehre vom besonderen Gewaltverhältnis entstehende rechtsfreie Räume waren nach dem Grundgesetz, spätestens aber seit dem Beschluß des Zweiten Senats des Bundesverfassungsgerichts vom 14. März 1972 nicht mehr möglich.[2] Ein Leitsatz dieses Beschlusses lautete folgendermaßen: „Auch die Grundrechte von Strafgefangenen können nur durch Gesetz oder aufgrund eines Gesetzes eingeschränkt werden."[3] Für den Bereich des Strafvollzugs war damit eine rechtliche Grundlage vonnöten.

Das Recht des Strafvollzugs ist wie auch das materielle Strafrecht Bestandteil des öffentlichen Rechts im weiteren Sinne. Das Strafvollzugsrecht umfaßt nach überwiegender Auffassung die Vollziehung der freiheitsentziehenden Kriminalsanktionen.[4] In Abgrenzung dazu beinhaltet die Strafvollstreckung alle Maßnahmen, die zur Ausführung des richterlichen Erkenntnisses notwendig sind, sie ist nicht begrenzt auf den stationären Vollzug der Freiheitsstrafen. Während es bei der Strafvollstreckung vor allem um das „Ob" der Verwirklichung von Sanktionen geht, beschäftigt sich der Strafvollzug mit der Durchführung des Vollzugs, dem „Wie".

Während die Strafvollstreckung als letzter Teil des Strafprozesses schon seit langer Zeit gesetzliche Regelung in der StPO und in der Strafvollstreckungsordnung erfahren hat, trat das Gesetz über den Vollzug der Freiheitsstrafen und der freiheitsentziehenden Maßnahmen der Besserung und Sicherung erst mit dem 1. Januar 1977 in Kraft.[5] Die bis dahin geltende bundeseinheitliche Dienst- und Vollzugsordnung von 1961 war als bloße Verwaltungsverordnung nicht ausreichend, den verfassungsrechtlichen Anforderungen an die Regelung der Eingriffsrechte gerecht zu werden.[6] Als Aufgabe des Vollzugs der Freiheitsstrafe formulierte das Strafvollzugsgesetz von 1977 in dem § 2 folgendes: „Im Vollzug der Freiheitsstrafe soll der Gefangene fähig werden, künftig in sozialer Verantwortung ein Leben ohne Straftaten zu führen (Vollzugsziel). Der Voll-

1 Vgl. Laubenthal, Strafvollzug, Einleitung.
2 BVerfGE 33, 1.
3 BVerfGE 33, 1 (1).
4 Vgl. zu Begriff und Grundlagen des Strafvollzugs Laubenthal, Strafvollzug, Rz. 3.
5 BGBl. I 1976, S. 581 ff.
6 Vgl. Müller-Dietz, GA 1970, 257 (259).

zug der Freiheitsstrafe dient auch dem Schutz der Allgemeinheit vor weiteren Straftaten". Diese in § 2 des Strafvollzugsgesetzes aufgeführten Ziele der Resozialisierung und Sozialisation hatte das Bundesverfassungsgericht bereits im sog. Lebach-Urteil vom 5. Juni 1973 formuliert. Darin hieß es: „Dem Gefangenen sollen Fähigkeit und Willen zu verantwortlicher Lebensführung vermittelt werden, er soll es lernen, sich unter den Bedingungen einer freien Gesellschaft ohne Rechtsbruch zu behaupten, ihre Chancen wahrzunehmen und ihre Risiken zu bestehen".[7] Die aus diesem Urteil hervorgehende, heute selbstverständliche Forderung nach Resozialisierung der Täter hatte ihre Anfänge im 19. Jahrhundert und ist damit ein Ergebnis geschichtlicher Entwicklung. Erst Mitte bis Ende des 19. Jahrhunderts trat die Forderung nach Vergeltung gegenüber dem Rechtsbrecher in den Hintergrund. Daraus wird ersichtlich, daß geschichtliche Vorgänge auch Auswirkungen auf Gesetze haben, die erst in den letzten Jahren oder Jahrzehnten erlassen wurden.

In unmittelbarem Zusammenhang zum Strafvollzug steht das materielle Strafrecht, da die Verurteilung zu einer Freiheitsstrafe als Rechtsfolge aus der Erfüllung eines Tatbestandes des Strafgesetzbuches die Grundlage und Voraussetzung für den Vollzug dieser Strafe ist. Im Gegensatz zum materiellen Strafrecht hat aber die gesetzliche Regelung des Strafvollzugs erheblich mehr Zeit in Anspruch genommen. Warum das Strafvollzugsgesetz erst etwa 100 Jahre nach dem Reichsstrafgesetzbuch verabschiedet werden konnte, zeigt ein Blick in die Zeit ab 1870, dem Inkrafttreten des Reichsstrafgesetzbuches. In diesem Zeitraum gab es immer wieder Bestrebungen, den Strafvollzug zu reformieren und nicht dem Belieben der einzelnen Bundesstaaten, die sich der Regelung des Strafvollzuges in unterschiedlichster Form angenommen hatten, zu überlassen. Die damals vorgebrachten Argumente und ausgetragenen Diskussionen in Literatur, Politik und Praxis spielten vor dem Inkrafttreten des Strafvollzugsgesetzes von 1977 erneut eine Rolle.[8]

In dieser Arbeit soll aufgezeigt werden, aus welchen Gründen es in dem Zeitraum von 1870-1923 trotz vielfacher Bemühungen schließlich doch nicht zu einer gesetzlichen Regelung des Strafvollzugs kam. Diese zeitliche Begrenzung war allein aus Gründen der Materialfülle notwendig. Sie erscheint aber auch inhaltlich als gerechtfertigt, da die Vereinheitlichung des Strafvollzugs mit den „Grundsätzen" von 1923 einen ersten Abschluß erreicht hatte. Der Entwurf von 1927 wird abschließend nur noch in einem Ausblick behandelt. Der Umfang der Materialien zu diesem Entwurf, der allerdings gegenüber den „Grundsätzen" größere Neuerungen nicht mehr brachte, und die weitere Entwicklung bis 1933 werden eine weitere Monografie erfordern.

---

7 BVerfGE 35, 202 (235).

8 Vgl. Müller-Dietz, GA 1970, 257 (257): „Sich der damaligen Diskussionen heute noch zu erinnern, heißt keineswegs Rechtsgeschichte treiben oder gar antiquarisch Fakten sammeln. Vielmehr zeigt sich, daß damals die wesentlichen Gesichtspunkte, die für den Erlaß eines Strafvollzugsgesetzes sprachen, bereits in der Diskussion genannt wurden."

Für die Darstellung der Entwicklung des Strafvollzugs erwies sich vor allem der Schriftverkehr des Reichsjustizamtes bzw. Reichsjustizministeriums mit den Bundesstaaten als aufschlußreich. Um einen Einblick darüber zu gewinnen, welchen Standpunkt die Bundesstaaten zu den Bestrebungen um ein Strafvollzugsgesetz einnahmen und inwiefern sie die Reformbestrebungen unterstützten oder behinderten, sollen auch die Entwicklungen in den Bundesstaaten dargelegt werden, wobei der Schwerpunkt auf Preußen, Bayern und Hamburg liegt. Preußen und Bayern wurden aufgrund ihrer Bedeutung und ihres Einflusses ausgewählt sowie aufgrund des Umstandes, daß beide häufig eine gegenläufige Politik auch bezüglich einer reichsgesetzlichen Regelung des Strafvollzuges vertraten. Hamburg wurde ausgewählt, um einen Einblick in Bedürfnisse und Probleme von kleinen Staaten bzw. Stadtstaaten zu erhalten.

Der erste Teil dieser Arbeit beschäftigt sich chronologisch von 1870 bis in die Weimarer Republik mit der geschichtlichen Entwicklung der Bestrebungen um eine reichseinheitliche Regelung des Strafvollzugs. Im zweiten Teil dieser Arbeit werden ausgewählte Bereiche des Strafvollzugs dargestellt, um Veränderungen bei den einzelnen Themenbereichen ausmachen zu können.

Teil 1: Geschichtlicher Überblick

I. Die für den Strafvollzug maßgeblichen Bestimmungen des Strafgesetzbuches für den Norddeutschen Bund

1. Das Zustandekommen des Strafgesetzbuches

„Die Forderung reichsgesetzlicher Regelung des Strafvollzugs ist so alt wie das Strafgesetzbuch selbst.“[9] Diese Aussage verdeutlicht die enge Verknüpfung zwischen Strafgesetz und Strafvollzug. Das Strafgesetz trifft zwar Regelungen darüber, welche Handlungen strafbewehrt sind. Ohne ein Strafvollzugsgesetz aber, welches die Ausgestaltung der Strafe vorschreibt, bleibt das Strafgesetzbuch unvollkommen.

Schon vor der Entstehung des Norddeutschen Bundes und des Deutschen Reichs drängten zahlreiche Stimmen aus Wissenschaft und Praxis auf eine gesetzliche Regelung des Strafvollzugs. In manchen deutschen Staaten[10] war ihnen in parlamentarischer Hinsicht Erfolg beschieden. Dabei lag aber der Akzent stärker auf der Regelung des Strafvollzugs in Gesetzesform als auf dem Erlaß eines besonderen Strafvollzugsgesetzes.[11]

Einer derjenigen, die sich für den Erlaß eines Strafvollzugsgesetzes einsetzten, war Karl Joseph Anton Mittermaier.[12] 1860 faßte Mittermaier die Gesichtspunkte zusammen, die für eine gesetzliche Regelung des Strafvollzugs sprachen. Im Mittelpunkt stand dabei die Frage, ob Inhalt und Vollstreckung der Freiheitsstrafen vom Gesetzgeber oder von der Verwaltung zu regeln seien. Ausgangspunkt der Überlegungen waren die Gewaltenteilung und das Rechtsstaatsprinzip. Mittermaier war der Ansicht, die Vollzugsverwaltung müsse an feste Grundsätze bei der Ausführung des Strafurteils gebunden werden und der Richter müsse den Inhalt der Strafe kennen: „Der Bestrafte selbst muß durch das Gesetz vor Willkür geschützt werden“. Ferner müsse die Allge-

9 Verhandlungen des Reichstags, III. Wahlp. 1924, Band 418, Anlagen, Nr. 3628 vom 9. September 1927, Begründung.

10 Einige Länder hatten z.T. schon vor der Reichsgründung Gesetze erlassen, die den Strafvollzug betrafen: Preußen 1854, Bayern 1861 und 1879, Württemberg 1865 und 1871, Baden 1871, 1896 und 1908, Bremen 1874. Sie regelten aber nur Einzelfragen wie z.B. Außenarbeit, Disziplinarstrafen, Waffengebrauch, Haftformen, Einweisung in die Anstalt und sie schufen damit keine umfassende Regelung auf Landesebene.

11 Müller-Dietz, Strafvollzugsgesetzgebung, S. 1.

12 Zu Mittermaier vgl. Küper, Carl Joseph Anton Mittermaier, unter anderem mit Beiträgen von Monika Frommel, Heinz Müller-Dietz und Hans Schlosser.

meinheit erfahren, „welche Summe der Übel die Strafanstalt auferlegt, was darin für die Besserung geschieht, weil davon die Ansicht abhängt, mit der das Volk die Verurtheilung zur Freiheitsstrafe und den aus einer Anstalt entlassenen Sträfling betrachtet". Mittermaier bedauerte es deshalb, daß „in einzelnen Staaten die Regierung beliebig die Vollstreckung der Freiheitsstrafen und die Einrichtung der Strafanstalten als Sache der Verwaltung betrachtet".[13] Diesen Forderungen stimmte auch von Holtzendorff in vollem Umfang zu. Er wies darauf hin, daß auch im Strafvollzug Eingriffe in die Rechte einzelner nur durch Gesetz oder aufgrund eines Gesetzes zulässig seien. Als weiteres Argument, das in der späteren Gesetzgebungsgeschichte eine große Rolle spielte, führte er außerdem die Verwirklichung der Strafrechtseinheit an.[14]

Noch vor Inkrafttreten des Strafgesetzbuchs des Norddeutschen Bundes schloß sich die überwiegende Meinung in Wissenschaft und Praxis, wenn auch unter unterschiedlicher Bewertung der einzelnen Gesichtspunkte, der Ansicht Mittermaiers und Holtzendorffs an.[15]

Aufgrund der Vielgestaltigkeit des bestehenden Strafrechts im Gebiet des Norddeutschen Bundes beschloß der Reichstag am 18. April 1868 mit großer Mehrheit, „den Bundeskanzler aufzufordern, den Entwurf eines gemeinsamen Strafrechtes [...] baldthunlichst vorbereiten, und dem Reichstage vorlegen zu lassen"[16], nachdem der Reichstag des Norddeutschen Bundes etwa ein Jahr zuvor am 20. März 1867 dem Bund die Gesetzgebung für das Strafrecht übertragen hatte[17]. Diesen Beschluß teilte der Reichstagspräsident noch unter dem 18. April 1868 dem Bundesrat mit, der daraufhin am 29. April 1868 die Sache an den Ausschuß für Justizwesen überwies. Nachdem dieser in seinem Bericht dem Beschluß des Reichstages zustimmte, erklärte sich am 5. Juni 1868 der Bundesrat mit dem Antrag des Reichstages einverstanden. Im Anschluß daran richtete der Bundeskanzler am 17. Juni 1868 an den Königlich Preußischen Justizminister Leonhardt das Ersuchen, die Aufstellung des Entwurfes eines Strafgesetzbuches für den Norddeutschen Bund zu veranlassen. Leonhardt nahm den Auftrag am 8. Juli 1868 an und betraute Friedberg mit den Arbeiten; ihm wurden Rubo und Rüdorff zur Seite gestellt.[18] Daraufhin wurde schon im Juli 1869 nach 139

13 Mittermaier, Der gegenwärtige Zustand der Gefängnißfrage, S. 74 f.; hierzu Müller-Dietz, Strafvollzugsgesetzgebung, S. 2. Zur inhaltlichen Auseinandersetzung Mittermaiers mit dem Strafvollzug vgl. Müller-Dietz in: Küper, Carl Joseph Anton Mittermaier, S. 109-137.

14 Vgl. Müller-Dietz, Strafvollzugsgesetzgebung, S. 2.

15 Müller-Dietz, Strafvollzugsgesetzgebung, S. 3.

16 Sten. Berichte über die Verh. des RT des Norddt. Bundes, 1868, S. 124 ff.; zu der Entstehung des Strafgesetzbuches von 1870 vgl. auch Schubert, Der Ausbau der Rechtseinheit, in: FS für Gmür, S. 149 ff.

17 Sten. Berichte über die Verh. des RT des Norddt. Bundes, 1867, Bd. 1, S. 191 f. Erst auf den Antrag des Abgeordneten Dr. Eduard Lasker wurde der Verfassungsentwurf dahingehend geändert, daß auch die gemeinsame Gesetzgebung über das Strafrecht dem Bund zuerteilt wurde; Art. 4 Nr. 13 der Verfassung des Norddeutschen Bundes vom 26. Juli 1867 begründete dann die Zuständigkeit des Bundes für die Strafgesetzgebung.

18 Ausführlicher: Schubert, Der Ausbau der Rechtseinheit, in: FS für Gmür, 149 (155).

Sitzungen im preußischen Justizministerium dem Bundeskanzler der Entwurf eines Strafgesetzbuches überreicht. Grundlage für diesen Entwurf des Strafgesetzbuches war das Strafgesetzbuch für die Preußischen Staaten vom 14. April 1851. Aufgrund des Bestrebens, bereits in der Vorbereitungsphase einen Meinungsaustausch unter den Regierungen zu ermöglichen, wurden schon während der Aufstellung des Entwurfes mehrere Fragen an die einzelnen Bundesregierungen gerichtet und die Antworten in den Entwurf eingearbeitet.

Noch vor der endgültigen Fertigstellung des Entwurfs beschloß der Bundesrat auf Antrag des Ausschusses für Justizwesen vom 30. Juni 1869, „daß der ausgearbeitete Entwurf einer Vorberathung durch eine besondere aus sieben angesehenen Juristen Norddeutschlands bestehende Kommission unterzogen werden solle".[19] Vom Bundesrat wurden folgende Mitglieder für diese Kommission gewählt: der Preußische Staats- und Justizminister Dr. Leonhardt, der Geheime Oberjustizrat Dr. Friedberg, der Königlich Sächsische Generalstaatsanwalt Dr. Schwarze, Senator Dr. Donandt, Rechtsanwalt Justizrat Dorn, der Appelationsgerichtsrat Bürgers sowie der Oberappelationsgerichtsrat Dr. Budde. Diese Kommission trat am 1. Oktober 1869 in Berlin zusammen.[20] Die Beratungen erfolgten unter dem ständigen Vorsitz von Dr. Leonhardt und dauerten bis zum 31. Dezember 1869.[21] Zu dem Entwurf gingen auch aufgrund der öffentlichen Erklärung der Kommission im Preußischen Staatsanzeiger vom 19. Oktober 1869, „daß auch die im Laufe der Berathung und bis zu deren Abschluß ihr zugehenden Bemerkungen und Gutachten gern entgegen genommen, und in sorgfältige Erwägung werden gezogen werden", eine Vielzahl von Bemerkungen und Gutachten ein.[22] Diese wurden von der Kommission in die Beratungen einbezogen. Nachdem in 43 Sitzungen drei Lesungen über den Entwurf abgehalten worden waren, konnte zur Jahreswende der zweite Entwurf dem Bundeskanzler überreicht werden, der durch Schreiben vom 1. Januar 1870 an sämtliche Bundesregierungen übermittelt wurde.

Unter dem Vorsitz von Bismarcks trat der Bundesrat am 4. Februar 1870 in die Beratungen des Gesetzentwurfes ein. Es wurde beschlossen, strittige Bestimmungen an den Ausschuß für Justizwesen zu überweisen, der am 7. Februar 1870 Bericht erstattete. So

---

19 Vgl. Motive zu dem Entwurfe eines Strafgesetzbuchs für den Norddeutschen Bund, Drucksachen des RT des Norddt. Bundes, 1870, zu No. 5, S. 8.

20 Zu Beginn wurde ein Schreiben des Kanzlers des Norddeutschen Bundes von Bismarck an den Vorsitzenden Leonhardt vom 24. September 1869 verlesen. Darin hieß es unter anderem: „Der Erlaß eines Strafgesetzbuchs für den Norddeutschen Bund ist ein so bedeutungsvoller Schritt zur Herstellung eines gemeinsamen öffentlichen Rechts im gesammten Bundesgebiete und bildet so eine nothwendige Ergänzung anderer Bundeseinrichtungen, daß Jeder, dem die organische Entwickelung des Bundes am Herzen liegt, die Berathungen der Kommission nur mit seinen lebhaftesten Wünschen begleiten kann." (zitiert nach Rubo, S. 30).

21 Bestandteil des Antrages des Ausschusses für Justizwesen war, daß die Kommission in der ersten Hälfte des Oktobers in Berlin zusammentreten und die Arbeiten vor Ablauf des Jahres zum Abschluß gebracht werden sollten (zitiert nach Rubo, S. 27).

22 Vgl. die Auflistung in den Motiven zu dem Entwurfe eines Strafgesetzbuchs für den Norddeutschen Bund, Drucksachen des RT des Norddt. Bundes, 1870, zu No. 5, S. 9 f.

konnte am 11. Februar die Schlußberatung des Bundesrats über den Entwurf stattfinden. Den vom Bundesrat beschlossenen Entwurf eines Strafgesetzbuches für den Norddeutschen Bund legte von Bismarck am 14. Februar 1870 dem Reichstag des Norddeutschen Bundes zur verfassungsmäßigen Beschlußnahme vor.[23]

Die erste Beratung des Entwurfs erfolgte am 22. Februar 1870 im Reichstag des Norddeutschen Bundes.[24] Die zweite Beratung begann am 28. Februar 1870,[25] hier sollten die einleitenden Bestimmungen der §§ 1-10 besprochen werden. Die zweite Beratung wurde in 20 Sitzungen bis zum 8. April 1870 durchgeführt. Nach Abschluß der sich anschließenden dritten Beratung kam es am 25. Mai 1870 zur „Abstimmung über den Entwurf eines Strafgesetzbuches für den Norddeutschen Bund auf Grund der Zusammenstellung der Beschlüsse dritter Berathung".[26] Hierbei wurden das Strafgesetzbuch und das Einführungsgesetz mit sehr großer Mehrheit angenommen. Noch am selben Tag genehmigte der Bundesrat den Entwurf einstimmig.[27] Unter dem 31. Mai 1870 wurde das Strafgesetzbuch ausgefertigt, die Verkündung erfolgte am 8. Juni 1870[28]. Am 1. Januar 1871 trat das Strafgesetzbuch in Kraft.

2. Die für den Strafvollzug relevanten Vorschriften des Strafgesetzbuches

Das Strafgesetzbuch für den Norddeutschen Bund nach den Beschlüssen des Reichstages in dritter Beratung[29], das sich im wesentlichen nach dem Preußischen Strafgesetzbuch von 1851 richtete, enthielt nur wenige den Strafvollzug betreffende Bestimmungen.

Es wurde aufgrund der Verschiedenheit der Strafanstalten in den einzelnen Ländern darauf verzichtet, einheitliche Grundsätze darüber aufzustellen, wie die Anstalten einzurichten und zu verwalten waren.[30]

Als Strafarten gab es im Strafgesetzbuch Zuchthaus, Gefängnis, Haft und Festungshaft. Die Zuchthausstrafe (§ 14 f.) fand Anwendung bei Verbrechen, die Gefängnisstrafe (§ 16) diente als Sanktion für Vergehen. Zur Unterscheidung von *Zuchthaus-* und *Gefängnisstrafe* wurden Differenzierungen bei Strafdauer, Arbeitsverpflichtung und Nebenfolgen - die Zuchthausstrafe hatte die dauernde Unfähigkeit zur Bekleidung

---

23 Drucksachen des RT des Norddt. Bundes, 1870, No. 5; abgedruckt bei Schubert, Strafgesetzbuch für den Norddeutschen Bund, S. 2 ff.

24 Sten. Berichte über die Verh. des RT des Norddt. Bundes, 1870, Band 1, S. 41 ff.

25 Sten. Berichte über die Verh. des RT des Norddt. Bundes, 1870, Band 1, S. 95 ff.

26 Sten. Berichte über die Verh. des RT des Norddt. Bundes, 1870, Band 2, S. 1187.

27 Vgl. Rubo, Kommentar über das Strafgesetzbuch, S. 76.

28 BGBl. 1870, S. 197 ff.

29 Drucksachen des RT des Norddt. Bundes, 1870, No. 212.

30 Motive zu dem Entwurfe eines Strafgesetzbuchs für den Norddeutschen Bund, Drucksachen des RT des Norddt. Bundes, 1870, zu No. 5, S. 41 f.; vgl. auch von Hippel, Die geschichtliche Entwicklung der Freiheitsstrafe in: Deutsches Gefängniswesen, S. 14 f.

öffentlicher Ämter zur Folge - vorgenommen.[31] Die *Haft* (§ 18) bildete eine kurzzeitige Freiheitsstrafe für Übertretungen und sollte in einfacher Freiheitsentziehung ohne Arbeitsverpflichtung bestehen. Schon durch die Bezeichnung war deutlich gemacht, daß diese Strafart leichteren, den Leumund nicht berührenden Charakters sein sollte.[32] Eine Ausnahme von dieser einfachen Haft bildete die qualifizierte, mit Arbeitszwang verbundene Haft. So konnten nach § 362 des Strafgesetzbuches wegen Landstreichens, Bettelns oder Anleitung von Kindern zum Betteln, wegen Verarmung durch Spiel und Trunk, wegen gewerbsmäßiger Unzucht, wegen Arbeitsscheu oder verschuldeter Obdachlosigkeit verurteilte Personen zu Arbeiten inner- und außerhalb der Anstalt angehalten werden. Eine Sonderform der Bestrafung bildete schließlich die *Festungshaft* (§ 17), die als privilegierte Freiheitsstrafe mit Beaufsichtigung der Beschäftigung und Lebensweise der Gefangenen eine Sanktion für politische motivierte Delikte sowie Duelldelikte darstellte und im Preußischen Strafgesetzbuch noch als „Einschließung" bezeichnet worden war. Die Beschränkungen der persönlichen Freiheit des Verurteilten sollten dabei auf das geringste Maß zurückgehen und die Strafe nicht mit den Folgen für den guten Ruf des Bestraften verbunden sein wie die übrigen Freiheitsstrafen.[33] Die Festungshaft war nach dem Strafgesetzbuch zwar in Festungen oder anderen dazu bestimmten Räumen zu vollziehen (§ 17 Abs. 3), im übrigen war aber keine strikte Trennung von Zuchthaus, Gefängnis und Haft vorgesehen.

Die *Einzelhaft* bestand in der unausgesetzten Sonderung des Gefangenen und wurde vom Strafgesetzbuch als mögliche Verwahrungsform für Zuchthaus- und Gefängnisstrafe zugelassen (§ 22). Als Regelform des Strafvollzuges wurde sie jedoch nicht festgeschrieben, statt dessen war es Sache der Strafvollstreckungsbehörde, darüber zu entscheiden, ob die Strafe in Einzelhaft vollzogen werden sollte[34]. Einschränkend war für die Einzelhaft bestimmt, daß sie ohne die Zustimmung des Gefangenen die Dauer von drei Jahren nicht übersteigen durfte (§ 22 Abs. 2).

Neu eingeführt wurde die gesetzliche Regelung der *vorläufigen Entlassung* (§§ 23-25). Es wurde diesbezüglich aber auf ins Detail gehende Vorschriften verzichtet. „Denn schon die im Gebiete des Bundes bestehende Verschiedenheit in der Organisation der Gerichte, mehr aber noch die der Strafanstalten, würde die im Gesetze angesprochene Gleichheit der Vorschriften in ihrer praktischen Ausführung dennoch und zwar mit Nothwendigkeit, verschiedenartig zum Ausdrucke bringen, und es erscheint deshalb richtig, wenn der Gesetzgeber die Einzelbestimmungen über die Ausführung des Systems einer vorläufigen Entlassung der Sträflinge, der Anordnung der Einzel-Staaten

31 Vgl. Krause, Geschichte des Strafvollzugs, S. 80.
32 Vgl. Föhring, Reform und Stand des Gefängnißwesens in Hamburg, S. 33.
33 Vgl. Sten. Berichte über die Verh. des RT des Norddt. Bundes, 1870, 3. Band, Anlagen, S. 46.
34 Vgl. Rubo zu § 22.

vorbehält."[35] Die Einführung des Systems der vorläufigen Entlassung wurde durch die erwartete hohe Quote der zu verbüßenden Strafen und außerdem dadurch gerechtfertigt, daß die Entscheidung über die vorläufige Entlassung sowie über einen Widerruf in die Hand der obersten Justizaufsichtsbehörde gelegt wurde.[36]

Schon die Motive zum StGB des Norddeutschen Bundes erkannten, daß zur Rechtseinheit im Strafrecht auch die Rechtseinheit in der Strafvollstreckung gehört.[37] So hieß es in den Motiven, daß „erst dann, wenn die nach einem und demselben Strafgesetze erkannte Strafe überall im Bundesgebiete unter denselben Bedingungen und Formen zur Vollstreckung gelangt, die durch das Strafgesetzbuch gegebene Rechtseinheit[38] auch in der Strafvollstreckungs-Instanz zu ihrer thatsächlichen Folge gebracht wird."[39] Aufgrund der Besorgnis, durch die Erörterung des Strafvollzuges den Abschluß des Strafgesetzbuches hinauszuzögern, gaben sich Reichsregierung und Reichstag mit dürftigen Bestimmungen über den Vollzug von Freiheitsstrafen zufrieden (§§ 14-18 StGB); im übrigen blieb es jedem Staat überlassen, die Strafe im Verwaltungswege nach Belieben zu gestalten.[40] Die in den §§ 15 ff. enthaltenen Aufführungen der Unterschiede der einzelnen Strafarten reichten aufgrund des weiten Spielraumes für die ausführenden Behörden nicht aus, eine übereinstimmende Strafvollstreckung zu gewährleisten.[41] Nur bezüglich Haft und Festungshaft waren in den §§ 17, 18 StGB Definitionen vorhanden, aber auch diese waren nicht erschöpfend. Das Strafgesetzbuch überließ es den Ausführungsorganen, den einzelnen Strafandrohungen dadurch Inhalt zu verleihen, daß Art und Weise der Strafvollstreckung bestimmt werden.[42] Dieses Mangels war man sich bei der Beratung des Strafgesetzbuches durchaus bewußt. Die Gründe dafür, daß dennoch auf die Regelung des Strafvollzuges verzichtet wurde, lagen darin, daß vorrangiges Ziel die möglichst schnelle Vereinheitlichung des

---

35 Motive zu dem Entwurfe eines Strafgesetzbuchs für den Norddeutschen Bund, Drucksachen des RT des Norddt. Bundes, 1870, zu No. 5, S. 46 f.; vgl. auch die Motive zum Strafgesetzbuch für den Norddeutschen Bund, abgedruckt bei Schubert, Strafgesetzbuch für den Norddeutschen Bund, S. 47.

36 Motive zu dem Entwurfe eines Strafgesetzbuchs für den Norddeutschen Bund, Drucksachen des RT des Norddt. Bundes, 1870, zu No. 5, S. 47; vgl. auch die Motive zum Strafgesetzbuch für den Norddeutschen Bund, abgedruckt bei Schubert, Strafgesetzbuch für den Norddeutschen Bund, S. 47.

37 Vgl. die Motive zum Strafgesetzbuch für den Norddeutschen Bund, §§ 12 und 13, abgedruckt bei Schubert, Strafgesetzbuch für den Norddeutschen Bund, S. 44; vgl. Bundesrats-Drucksachen, 1896, Bd. 1, Nr. 54, S. 1.

38 In zunehmendem Maße traten die Gesichtspunkte der Herstellung der Rechtseinheit und des inneren Zusammenhangs von Strafrecht und Strafvollzug in den Vordergrund; so Müller-Dietz, Strafvollzugsgesetzgebung, S. 5.

39 Motive zum Strafgesetzbuch für den Norddeutschen Bund, §§ 12 und 13, abgedruckt bei Schubert, Strafgesetzbuch für den Norddeutschen Bund, S. 44; auch: Aschrott, ZStW 18 (1898), 384 (384); vgl. auch Sten. Berichte über die Verh. des Dt. Reichstages, 1890/91, 1. Band, S. 200.

40 Krohne, Gefängniskunde, S. 147.

41 Bundesrats-Drucksachen, 1896, Bd. 1, Nr. 54, S. 1.

42 Bundesrats-Drucksachen, 1879, Bd. 2, Nr. 56, S. 12.

Strafrechts war. Das Erreichen dieses Zieles sollte nicht durch eine gleichzeitige Regelung des Strafvollzuges verzögert werden.[43]

Der Entwurf des Strafgesetzbuches gab im Reichstag Anlaß zu kritischen Äußerungen. Widerspruch rief etwa die Vorschrift des Strafgesetzbuches über die Einzelhaft hervor. In der Reichstagssitzung vom 4. März 1870 stellte der Abgeordnete von Kirchmann (Fortschrittspartei) den Antrag, folgenden Zusatz in den Absatz 3 des § 19 des Strafgesetzbuches aufzunehmen: „Die Vollziehung der Einzelhaft, sowie die Vollstreckung der Strafen überhaupt wird durch ein Bundesgesetz geregelt".[44] Die Vollstreckung der Einzelhaft sollte nach Auffassung von Kirchmanns nicht dem Gutdünken und dem Ermessen der Vorgesetzten der Strafanstalten überlassen werden. Von Kirchmann wollte ferner vermeiden, daß es im Belieben der Regierung stand, ob überhaupt ein Bundesgesetz auf den Weg gebracht wurde.[45] Diese Ansicht teilte der Abgeordnete Eysoldt (Fortschrittspartei/Dt. Freisinnige Partei), der die Gefahr hervorhob, daß die Strafen in den einzelnen Gefängnissen unterschiedlich vollstreckt würden und damit eine andere Intensität erhalten könnten.[46] Der Antrag entsprach einer verbreiteten Stimmung.[47] So äußerte der Abgeordnete von Hoverbeck (Fortschrittspartei) die Befürchtung, daß „wir hier ein leeres Blatt schreiben, so lange wir nicht wissen, wie in den einzelnen Staaten die Strafen vollstreckt werden, die durch dieses gemeinschaftliche Gesetz vorgeschrieben werden".[48] Schließlich wurde der Antrag Kirchmanns jedoch abgelehnt.[49] Hierzu trugen die Bedenken der Regierungsvertreter und einiger Abgeordneter bei, daß ein Bundesstrafvollzugsgesetz die Einzelstaaten zu finanziellen Leistungen verpflichte, welche die Finanzkraft der Einzelstaaten übersteigen würde.[50] Gegen das Kostenargument wandte sich der Abgeordnete Miquel (Nationalliberale Partei) ohne Erfolg mit der Begründung, daß Einzelstaaten, die den finanziellen Aufwand nicht tragen könnten, als Einzelstaaten zu verschwinden hätten.[51] Dieser Einwand blieb jedoch erfolglos.

Zustimmung fand dagegen am 4. März 1870 der Antrag des Abgeordneten Fries (Nationalliberale Partei), der Reichstag möge den Bundeskanzler auffordern, den Entwurf eines Strafvollzugsgesetzes vorzulegen.[52] Der Bundeskanzler wurde ersucht, „eine

---

43 Sten. Berichte über die Verhandlungen des Reichstages des Norddt. Bundes, 1870, Bd. 1, S. 179, 181; Bundesrats-Drucksachen, 1879, Bd. 2, Nr. 56, S. 13.

44 Sten. Berichte über die Verh. des RT des Norddt. Bundes, 1870, Bd. 1, S. 178.

45 Sten. Berichte über die Verh. des RT des Norddt. Bundes, 1870, Bd. 1, S. 178.

46 Vgl. Sten. Berichte über die Verh. des RT des Norddt. Bundes, 1870, Bd. 1, S. 178.

47 Zustimmend z.B. die Abgeordneten Miquel (Sten. Berichte über die Verh. des RT des Norddt. Bundes, 1870, Bd. 1, S. 179 f.), Ackermann (a.a.O., S. 183) und Lasker (a.a.O., S. 184 f.).

48 Sten. Berichte über die Verh. des RT des Norddt. Bundes, 1870, Bd. 1, S. 180.

49 Sten. Berichte über die Verh. des RT des Norddt. Bundes, 1870, Bd. 1, S. 189.

50 Z.B. Bundeskommissar Friedberg (a.a.O., S. 179), Abgeordneter von Luck (a.a.O., S. 179), Bevollmächtigter Leonhardt (a.a.O., S. 181).

51 Sten. Berichte über die Verh. des RT des Norddt. Bundes, 1870, Bd. 1, S. 180.

52 Vgl. Stenographische Berichte über die Verhandlungen des Reichstages des Norddt. Bundes, 1870, Bd. 1, Protokoll über die Sitzung vom 4. März 1870, S. 189.

Vorlage des Bundesraths herbeizuführen, durch welche die Vollstreckung der Freiheitsstrafen gesetzlich geregelt und die Einsetzung einer Bundesbehörde angeordnet wird, welcher die oberste Aufsicht über die sämmtlichen Angelegenheiten der Straf- und Besserungsanstalten obliege."[53] Ursprünglich waren die Worte „in der nächsten Session" Bestandteil des Antrages, der Abgeordnete Fries erklärte sich jedoch auch auf Anraten des Abgeordneten Lasker[54] damit einverstanden, diese Zeitvorgabe zu streichen.[55] Dem Bundeskanzler von Bismarck wurde dieser Beschluß unter dem 25. Mai 1870 vom Präsidenten des Reichstages des Norddeutschen Bundes mitgeteilt.[56]

Der Bundesrat leistete der Forderung nach einer Vorlage jedoch nicht Folge, weil zunächst eine einheitliche Regelung des Strafprozeßrechts herbeigeführt werden sollte.[57] Die Forderung nach einem Strafvollzugsgesetz führte aber dazu, daß die Gefängnisreform in denjenigen Staaten stagnierte, die bereits mit solcher begonnen hatten. Diese Staaten fürchteten, die künftige Gesetzgebung könnte ihren Reformen entgegenlaufen.[58]

II. Das Strafgesetzbuch für das gesamte Deutsche Reich vom 15. Mai 1871

Nach der Umgestaltung des Norddeutschen Bundes zum Deutschen Reich bestimmte § 2 des die Verfassung einführenden Gesetzes vom 16. April 1871[59], daß in den Gesetzen des Norddeutschen Bundes und somit auch dem Strafgesetzbuch für den Norddeutschen Bund, die an den Norddeutschen Bund angepaßten Ausdrücke[60] durch die entsprechenden, auf das Deutsche Reich zutreffenden, zu ersetzen waren. Dies geschah durch das „Gesetz, betreffend die Redaktion des Strafgesetzbuches für den Norddeutschen Bund als Strafgesetzbuch für das Deutsche Reich"[61] vom 15. Mai 1871, das aus einem einzigen Paragraphen bestand. Damit verordnete Kaiser Wilhelm nach Zustimmung des Bundesrats und des Reichstages[62] die Übernahme des für den Norddeutschen Bund erlassenen StGB als „Strafgesetzbuch für das Deutsche Reich" für den 1. Januar 1872. Mit diesem Zeitpunkt erlangte das Strafgesetzbuch für den Nord-

53 Sten. Berichte über die Verh. des RT des Norddt. Bundes, 1870, Bd. 1, Protokoll über die Sitzung vom 4. 3. 1870, S. 169 ff. (189).

54 Sten. Berichte über die Verh. des RT des Norddt. Bundes, 1870, Bd. 1, S. 185.

55 Sten. Berichte über die Verh. des RT des Norddt. Bundes, 1870, Bd. 1, S. 188.

56 Vgl. BA, R 3001, Nr. 5595, Bl. 2.

57 Vgl. Verhandlungen des Reichstags, III. Wahlp. 1924, Bd. 418, Anlage Nr. 3628, Begründung.

58 Krohne, Gefängniskunde, S. 147.

59 Bundesgesetzblatt Nr. 16, S. 63.

60 Darunter fiel z.B. die Benennung des Gebietes, es war vom Norddeutschen Bund die Rede, und seiner Angehörigen.

61 RGBl. 1871, S. 127 ff.

62 Der Entwurf zu jenem Gesetz wurde unter dem 1. 5. 1871 dem Reichstag vorgelegt, der diesen nach drei Lesungen unverändert annahm. Vgl. Sten. Berichte über die Verh. des Dt. RT, 1871, Bd. 1, S. 556 f., 571 ff., 601.

deutschen Bund auch in Bayern, Württemberg und Baden Geltung und erhielt damit als Strafgesetzbuch für das Deutsche Reich im ganzen Deutschen Reich Gesetzeskraft. Zum gleichen Zeitpunkt traten grundsätzlich das Bundes- wie Landesstrafrecht außer Kraft, soweit dadurch Materien betroffen waren, die nun durch das Reichsstrafgesetzbuch geregelt wurden (§ 2 EGStGB). In landesgesetzlichen Vorschriften durften nur noch geringwertige Freiheitsstrafen (Gefängnis bis zur Dauer von 2 Jahren und Haft) verhängt werden (§ 5 EGStGB), wobei nur die im Reichsstrafgesetzbuch enthaltenen Strafarten anerkannt wurden (§ 6 EGStGB). Damit fand die partikulare Strafgesetzgebung durch das Reichsstrafgesetzbuch im wesentlichen ihr Ende.

Die Deutsche Reichsverfassung vom 16. April 1871[63] wies in Art. 4 Nr. 13 die Gesetzgebungskompetenz auf dem Gebiet des Strafrechts und des gerichtlichen Verfahrens dem Reich zu. Damit hatte das Reich unstreitig auch die Möglichkeit zur Schaffung eines Strafvollzugsgesetzes.[64] Das Reichsstrafgesetzbuch vom 15. März 1871 bildete die rechtliche Grundlage für die Strafjustiz und damit mangels eines bestehenden Strafvollzugsgesetzes auch für den Strafvollzug in Deutschland. Die Bestimmungen über den Strafvollzug waren wie schon im Strafgesetzbuch für den Norddeutschen Bund sehr dürftig und lückenhaft, sie umrissen lediglich die verschiedenen Haftarten.[65] Die Freiheitsstrafe wurde wie schon nach dem Strafgesetzbuch für den Norddeutschen Bund in den vier Formen der Zuchthausstrafe, der Festungshaft, der Gefängnisstrafe und der Haft ausgestaltet. Für die inhaltliche Ausgestaltung dieser Strafarten gab das Reichsstrafgesetzbuch nur wenige, dürftige Bestimmungen; nach wie vor blieb die Entscheidung der meisten Einzelfragen dem Ermessen der Einzelstaaten überlassen. Bedeutsam war, daß für die Zuchthaus- und die Gefängnisstrafe die Anwendung der Einzelhaft für die Dauer von drei Jahren reichsgesetzlich für zulässig erklärt wurde; damit waren die Schwierigkeiten überwunden, die sich z.B. in Preußen der Durchführung der Einzelhaft entgegengestellt hatten. Zugleich ließ das RStGB die vorläufige Entlassung, die sich in Sachsen bereits bewährt hatte, für die längeren Zuchthaus- und Gefängnisstrafen zu. Weder die Einzelhaft noch die vorläufige Entlassung waren bindend vorgeschrieben; jene Bestimmungen gaben den Einzelstaaten die Möglichkeit, die Gefängnisreform, sei es im Sinne des Einzelhaftsystems, sei es im Sinne des Progressivgedankens durchzuführen. Es fehlte jedoch an jeder reichsrechtlichen Garantie dafür, daß die Gefängnisreform sich nach einheitlichen Gesichtspunkten vollzog und daß überhaupt reformiert wurde und es fehlte damit auch an Schutz davor, daß die Strafen in dem einen Staat wesentlich anders gestaltet wurden als in anderen.[66]

63 RGBl. 1871, S. 64.
64 Quedenfeld, Strafvollzug in der Gesetzgebung, S. 2.
65 Frede/Grünhut-Krebs, Reform des Strafvollzugs, S. 187.
66 Kriegsmann, Gefängniskunde, S. 79.

III. Die Initiativen zu einem Strafvollzugsgesetz im Reichstag (1874-1876)

Mit dem Strafvollzug befaßte sich zunächst der Verein deutscher Strafanstaltsbeamter auf einer Versammlung in Berlin, der daraufhin am 2. September 1874 folgende Resolution verabschiedete:

„1. Die Gemeinsamkeit des Strafrechts im Deutschen Reiche wird gegenwärtig durch die Verschiedenheit der Strafvollstreckung zu einer illusorischen gemacht.

2. Zur Beseitigung dieses Uebelstandes bedarf es der Aufstellung von Normativvorschriften für die Hauptzweige der Gefängnißverwaltung."[67]

Damit wurde von Seiten der Strafanstaltsbeamten die nachdrückliche Forderung nach einem Strafvollzugsgesetz erhoben.

Die Frage des Strafvollzuges beschäftigte auch den Reichstag. Am 11. Dezember 1874 stellte der Abgeordnete *I. Louis Tellkampf*, der Mitglied der nationalliberalen Partei war, den Antrag, zu beschließen, „den Herrn Reichskanzler aufzufordern, in Gemäßheit des Art. 4, Nr. 13 der Reichsverfassung, den Entwurf eines Gefängnißgesetzes, betreffend die zu regelnde Strafvollstreckung und die Reform des Gefängnißwesens, dem Reichstage baldthunlichst vorlegen zu lassen"[68]. In der schriftlichen Begründung legte Tellkampf seinen „Plan der Gefängnißreform" dar, dessen Inhalt schon im Jahre 1843 von Tellkampf entworfen und von der Preußischen Regierung gebilligt, damals jedoch nicht umgesetzt worden war.[69] Für Tellkampf war es unbegreiflich, wie man bei der Schaffung fast aller Strafgesetze vor der Regelung des Strafvollzugs hatte stehenbleiben können. Der Gesetzgeber rechne überall mit den unbekannten Größen Haft, Gefängnis und Zuchthaus, ohne zu sagen, was sie eigentlich seien. Es zeige sich hier eine „wahrhaft erschreckende Prinzipienlosigkeit, [...] wo es sich um die Verwirklichung der Gerechtigkeit" handle[70]; es gebe in den Deutschen Staaten fast so viele Strafarten wie Strafanstalten.[71] Bedenken gegenüber dem Antrag Tellkampfs äußerte der Gefängnisdirektor Streng. Seiner Meinung nach eigne sich eine Materie, die bezüg-

---

67 BlGefk, Bd. 10, S. 75, zitiert in: Bundesrats-Drucksachen, 1879, Band II, Nr. 56, S. 12.

68 Sten. Berichte über die Verh. des Dt. Reichstags, 1874/75, Bd. 2, S. 1410-1413; Bd. 4, Anlagen, Nr. 113, S. 942.

69 Sten. Berichte über die Verh. des Dt. Reichstags, 1874/75, Bd. 4, Anlagen, Nr. 113, S. 943.

70 Anders äußerte sich Gefängnisdirektor Streng aus Nürnberg, welcher der Auffassung war, daß dem Richter die Hausordnungen des Landes bekannt und die einzelnen Strafarten für diesen damit auch nicht unbekannte Größen seien: „Detaillierter als die Hausordnungen, die in den verschiedenen Bundesstaaten für die Strafanstalten bestehen, und die den Richtern der einzelnen Länder bekannt sein sollen oder doch bekannt sein können, wird sich auch das in Aussicht stehenden Reichsgesetz über den Strafvollzug nicht verbreiten. Die Freiheitsstrafen können nur in den äußeren Formen des Vollzuges einheitlich gestaltet, nie aber so geregelt werden, daß sie ein absolut gleiches Maß des Leidens Allen zur gleichen Strafe Verurtheilten auferlegen." Streng, GS 27 (1875), 175 (190).

71 Sten. Berichte über die Verh. des Dt. Reichstags, 1874/75, Bd. 4, Anlagen, Nr. 113, S. 942; Behrle, Stellung der Sozialisten, S. 13, Fn. Nr. 9.

lich ihrer Ordnung in so und so vielen Fällen auf das Ermessen der Vollzugsorgane verweisen müsse, nicht für eine gesetzliche Regelung.[72] Gegen das Argument Tellkampfs, daß die Richter überall mit unbekannten Größen Haft, Gefängnis und Zuchthaus rechneten, führte Streng an, daß auch ein Reichsgesetz keine detaillierteren Regelungen treffen könne als die bestehenden Hausordnungen, die den Richtern der einzelnen Länder bekannt sein sollten oder doch bekannt sein könnten.[73]

Am 29. Januar 1875 errang Tellkampf nach Beratung seines Antrags im Reichstag eine sehr große Mehrheit.[74]

Der Reichstag wurde darüber hinaus mit der Petition des Abgeordneten Johann Most (SPD) beschäftigt.[75] Sie wurde in der Petitionskommission in den Sitzungen vom 12. und 14. Januar 1875 verhandelt. Der Abgeordnete Most, der zum Zeitpunkt seiner Petition eine längere Gefängnisstrafe in Plötzensee verbüßte[76], ersuchte den Reichstag, „auf das Zustandekommen eines Gesetzes, durch welches die Behandlung politischer Gefangener in zeitgemäßer Weise geregelt werde, baldmöglichst hinzuarbeiten." Die Notwendigkeit hierzu folgerte er aus der Ungleichheit des Strafvollzugs in den deutschen Strafanstalten. Insbesondere die Selbstbeköstigung und Selbstbeschäftigung werde in keiner Weise nach einheitlichen Grundsätzen gehandhabt. Teils sei das Recht der Selbstbeköstigung jedem eingeräumt, teils nur leichter Bestraften und stellenweise sei es sogar ganz ausgeschlossen. Ebenso bestehe in einigen Gefängnissen für alle Insassen Arbeitszwang, in anderen gebe es diesen überhaupt nicht. Das Erfordernis, den größten Mißständen durch ein Notgesetz möglichst schleunig abzuhelfen, ergebe sich schon aus der unterschiedlichen Behandlung sozialdemokratischer Gefangener in den einzelnen Ländern; in Sachsen gehe man mit ihnen ziemlich human, in Preußen dagegen besonders hart um.[77] Daraufhin stellte nach langer Debatte die Petitionskommission am 22. Januar 1875 folgenden Antrag: „Der Reichstag wolle beschließen, die Petition dem Herrn Reichskanzler mit der Aufforderung zu überweisen, dahin zu wirken, daß in denjenigen Bundesstaaten, in welchen die Strafvollstreckung bislang nicht durch Gesetz geregelt ist, insbesondere im Königreich Preußen, von den Bundesregierungen schleunigst der Strafvollzug und das Gefängnißwesen in einer Weise geordnet

---

72 Streng, GS 27 (1875), 175 (178).

73 Streng, GS 27 (1875), 175 (190).

74 Sten. Berichte über die Verh. des Dt. Reichstags, 1874/75, Bd. 2, S. 1413.

75 Vgl. dazu den Bericht der Kommission für Petitionen, Sten. Berichte über die Verh. des Dt. Reichstages, 1874/75, Bd. 4, Anlage Nr. 214 A.

76 Most war vom Kammergericht Berlin wegen Verbrechens gegen die öffentliche Ordnung und wegen Beleidigung aufgrund der §§ 130 und 185 des Reichsstrafgesetzbuches zu einer Gefängnisstrafe von einem Jahr und sieben Monaten verurteilt worden; vgl. den Bericht der Kommission für Petitionen, Sten. Berichte über die Verh. des Dt. Reichstages, 1874/75, Bd. 4, Anlage Nr. 214 A, S. 1269.

77 Sten. Berichte über die Verh. des Dt. Reichstages, 1874/75, Bd. 4, Anlage Nr. 214, S. 1269 ff.; Behrle, Stellung der Sozialisten, S. 12 f.

wird, daß dadurch der Vollzug der Strafen, namentlich der Gefängnißstrafen, im Sinn des Strafgesetzbuchs, insbesondere des § 16. desselben sichergestellt wird".[78]

Der Antrag, welchen die Petitionskommission infolge der Petition von Most am 22. Januar 1875 gefaßt hatte, wurde am gleichen Tag verhandelt wie der Antrag Tellkampfs und ebenfalls mit großer Mehrheit angenommen.[79] Durch Beschluß vom 4. Februar 1875[80] hatte der Bundesrat die Resolution des Reichstags vom 29. Januar 1875 dem Reichskanzler überwiesen. Das Reichskanzleramt wandte sich daraufhin mit Schreiben vom 10. April 1875 an die Bundesstaaten, um Auskunft über verschiedene, das Gefängniswesen in den einzelnen Staaten betreffende Fragen zu erhalten.[81]

Im Jahre 1876 erfolgte im Bundesrat ein Beschluß, welcher dem Reichstag mitgeteilt wurde und folgendermaßen lautete: Die Vorarbeiten für den Entwurf eines Gesetzes über den Vollzug der Freiheitsstrafen sind so weit gefördert, daß ihre Beendigung erfolgen kann, sobald die deutsche Strafprozeßordnung festgestellt sein wird.[82]

IV. Die Reichsstrafprozeßordnung für das Deutsche Reich vom 1. Februar 1877

Als Mißstand wurde neben dem Fehlen eines Strafvollzugsgesetzes auch die Vielgestaltigkeit des Strafverfahrens empfunden. So beschloß der Reichstag in seiner Sitzung vom 18. April 1868, „den Bundeskanzler aufzufordern, den Entwurf einer gemeinsamen Strafprozeßordnung für den Norddeutschen Bund vorbereiten und dem Reichstage vorlegen zu lassen".[83] Diesem Beschluß trat der Bundesrat des Norddeutschen Bundes in seiner Sitzung vom 5. Juni 1868 bei. Daraufhin wurde der preußische Justizminister unter dem 12. Juli 1869 vom Bundeskanzler ersucht, die Aufstellung des Entwurfs einer Strafprozeßordnung zu veranlassen.[84] Der danach aufgestellte Entwurf wurde Anfang 1873 dem Bundesrat vorgelegt und veröffentlicht.[85] In der Sitzung vom 13. März 1873 beschloß dann der Bundesrat auf Antrag des Justizausschusses, den Entwurf einer aus elf angesehenen Juristen des Deutschen Reichs zu bildenden Kommission zur Vorberatung zu überweisen. Gleichzeitig wählte der Bundesrat die Mitglieder dieser Kommission. Sie bestand aus: Friedberg als dem Vorsitzenden, Förster, Mager,

---

78 Vgl. Sten. Berichte über die Verh. des Dt. Reichstages, 1874/75, 4. Band, Anlage Nr. 214 A, S. 1273; Behrle, Stellung der Sozialisten, S. 13 f.

79 Sten. Berichte über die Verh. des Dt. Reichstags, 1874/75, Bd. 2, S. 1413 ff.; vgl. auch Sten. Berichte über die Verh. des Dt. Reichstages, 1890/91, 1. Bd., S. 198.

80 Protokolle über die Verh. des BR des Dt. Reichs, 1875, § 85.

81 BA, R 3001, Nr. 5595, Bl. 27.

82 Vgl. dazu Sten. Berichte über die Verh. des Dt. Reichstages, 1890/91, 1. Bd., S. 197.

83 Sten. Berichte über die Verh. des RT des Norddt. Bundes, 1868, S. 124 ff.

84 Abgedruckt bei Schubert, Entstehung und Quellen der Strafprozeßordnung von 1877, S. 47; zur Entstehungsgeschichte der Strafprozeßordnung vgl. Schubert, a.a.O., S. 1 ff.

85 Abgedruckt bei Schubert, Entstehung und Quellen der Strafprozeßordnung von 1877, S. 113 ff.

Zachariä (alle aus Preußen), Wiener (preußischer Rechtsanwalt), Staudinger (Bayern), Schwarze (Sachsen), von Binder (Württemberg), Binger (Baden), Zentgraf (Hessen-Darmstadt) und Mittelstädt (Hamburg).[86] Diese Kommission trat am 17. April 1873 in Berlin zusammen und hielt bis zum 3. Juli 1973 insgesamt 39 Sitzungen ab, in welchen der Entwurf in drei Lesungen beraten wurde.[87] Aus diesen Beratungen ging der Entwurf einer Deutschen Strafprozeßordnung hervor.[88] Der Entwurf enthielt in dem Siebten Buch, Erster Abschnitt Vorschriften über die Strafvollstreckung (§§ 375-385). Eine ausführlichere Regelung erfolgte nur für die Vollstreckung der Todesstrafe. Die übrigen Vorschriften klärten vorwiegend Zuständigkeitsfragen.

Der Bundesrat beriet den Entwurf der Kommission im Jahre 1874[89] und verabschiedete ihn am 16. Juni 1874. Im Herbst 1874 wurde der Entwurf der StPO gleichzeitig mit den Entwürfen von ZPO und GVG in den Reichstag eingebracht und dort in 1. Lesung vom 24. bis 26. November 1874 beraten. Es wurde beschlossen, die Entwürfe einer Kommission von 28 Mitgliedern zu überweisen. Diese Beratungen fanden in der Zeit vom 26. April 1875 bis zum 3. Juli 1876 statt. Zu den schriftlich mitgeteilten Beratungsergebnissen nahm der Bundesrat Stellung. Zur zweiten Lesung der StPO im Reichstag kam es vom 27. November bis zum 2. Dezember 1876. Schließlich wurden Kompromißanträge eingebracht, die bei einem Teil der umstrittenen Punkte der Auffassung des Bundesrats folgten, bei einem anderen Teil die Ansicht des Reichstages durchsetzten. Mit der dritten Beratung, die vom 18. bis 21. Dezember 1876 stattfand, nahm der Reichstag die Kompromißanträge mit nur unwesentlichen Änderungen an, der Bundesrat erteilte daraufhin seine Zustimmung. Unter dem 1. Februar 1877 wurde dann die StPO samt Einführungsgesetz vollzogen und im Reichsgesetzblatt verkündet.[90]

Die StPO von 1877 behandelte von § 481 bis § 495 die Vollstreckung der Strafen, jedoch im wesentlichen nur nach der formellen Seite. Aber auch die Regelung der formellen Fragen geschah nicht vollständig, da die Gebiete der Strafunterbrechung und der Begnadigung als Vorbehalte des Landesrechts ausgeschieden waren und die Anwendbarkeit der gegebenen Vorschriften sich auf die von den Gerichten erkannten Strafen beschränkte.[91] Ansätze zu einer reichsgesetzlichen Regelung fanden sich hinsichtlich der Todesstrafe sowie der Geldstrafe und Bußen in den §§ 485 ff. und 495 StPO.

---

86 Zu den Biographien der Mitglieder vgl. Schubert, Entstehung und Quellen der Strafprozeßordnung von 1877, S. 10 ff.

87 Die Protokolle der Sitzungen sind abgedruckt bei Schubert, Entstehung und Quellen der Strafprozeßordnung von 1877, S. 149 ff.

88 Vgl. zu der Entstehungsgeschichte Dalcke, Die Deutsche Strafprozeßordnung, S. 2 f. Der Entwurf enthielt 395 Bestimmungen sowie Motive von 212 Seiten.

89 Vgl. Schubert, Entstehung und Quellen der Strafprozeßordnung von 1877, S. 364 ff.

90 RGBl. 1877, S. 253 ff.

91 Von Holtzendorff/von Jagemann-von Jagemann, Hdb. des Gefängnisswesens, Bd. 1, S. 148.

Bei Beratung der Strafprozeßordnung faßte der Reichstag eine Resolution, welche die Aufforderung zur Vorlegung eines die Strafvollstreckung gleichmäßig regelnden Gesetzentwurfs enthielt. Diese Resolution überwies der Bundesrat durch Beschluß vom 4. Januar 1877[92] an den Reichskanzler.

V. Der Entwurf eines Gesetzes über die Vollstreckung von Freiheitsstrafen vom 12. Januar 1880

Die Zurückhaltung des Reichsstrafgesetzbuches in bezug auf den Strafvollzug wurde von vielen Seiten bedauert und eine reichsrechtliche Garantie dafür gefordert, daß sich die Gefängnisreform nach einheitlichen Gesichtspunkten vollziehen bzw. daß überhaupt Reformen erfolgen würden.[93]

Die Strafrechtswissenschaft löste sich zunehmend vom ethisch bestimmten Sühne- und Vergeltungsgedanken und wandte sich einer rational begründeten, sozialen Strafrechtspflege zu.[94] In den Vordergrund trat dabei die Soziologische Strafrechtsschule Franz von Liszts (1851-1919), in deren Folge sich die Gedanken der Resozialisierung und Erziehung des Rechtsbrechers im Strafrecht und Strafvollzug durchsetzten.[95] Der strafrechtliche Schulenstreit zwischen klassischer und moderner Strafrechtsschule begann allerdings erst nach Verkündung des „Marburger Programms“ (1882) von Liszts in den 80er Jahren des 19. Jahrhunderts. Die aufgeworfenen Fragen nach dem Strafzweck und dem Wesen der Strafe führten dazu, daß die Strafe „zu einem rational gesteuerten Instrument staatlichen Rechtsfriedensschutzes“ wurde.[96] Von Liszt wandte sich ab von dem Prinzip der sittlichen Besserung und vertrat den Standpunkt der rechtlichen Besserung, d.h. er forderte die Erziehung zu rechtlicher Lebensführung.[97] Wie von Liszt lehnte auch Krohne den Vergeltungsgedanken ab. Darüber hinaus war Krohne ein Verfechter der gemilderten Einzelhaft.[98] Er distanzierte sich von der ausschließlichen einsamen Einsperrung und sah in der Einzelhaft ein Mittel, den schlechten Einfluß von dem Gefangenen fernzuhalten und seine sittliche Hebung zu fördern. Die absolute Trennung der in Einzelhaft befindlichen Gefangenen außerhalb der Zelle, wie z.B. bei der Arbeit, betrachtete Krohne als „eine Uebertreibung, die zur Künstelei führt“.[99]

---

92 Protokolle über die Verh. des BR des Dt. Reichs, 1877, § 2; vgl. auch Bundesrats-Drucksachen, 1896, Bd. 1, Nr. 54, S. 1.

93 Vgl. Kriegsmann, Gefängniskunde, S. 99.

94 Vgl. Krebs, Freiheitsentzug, S. 156.

95 Vgl. die ausführliche Darstellung des Schulenstreits bei Frommel, Präventionsmodelle in der deutschen Strafzweck-Diskussion, S. 42 ff.

96 Hattenhauer, Die geistesgeschichtlichen Grundlagen des deutschen Rechts, Rz. 563.

97 Vgl. Krebs, Freiheitsentzug, S. 157, 162.

98 Vgl. Krohne, Gefängniskunde, S. 247 ff.

99 Vgl. Krohne, Gefängniskunde, S. 254 f.

1. Die Bundesratsvorlage vom 19. März 1879

a. Das Zustandekommen

Anlässe für das Reichsjustizamt, den Entwurf eines Strafvollzugsgesetzes aufzustellen, waren neben dem Beschluß des Bundesrats vom 4. Februar 1875[100] das Inkrafttreten einer einheitlichen deutschen Strafprozeßordnung[101] sowie die Resolution vom 4. Januar 1877[102].

Bereits am 21. Dezember 1876 hatte der Reichstag bei Beratung der Strafprozeßordnung und des Einführungsgesetzes zur StPO eine Resolution dahingehend angenommen, „den Reichskanzler aufzufordern, dem Reichstag mit thunlichster Beschleunigung einen Gesetz-Entwurf vorzulegen, durch welchen unter Festhaltung der im Strafgesetzbuch über die Freiheitsstrafen enthaltenen Bestimmungen die Vollstreckung der Freiheitsstrafen in Ansehung der Gefängnißeinrichtung, der Verpflegung, Beschäftigung und Behandlung der Sträflinge gesetzlich gleichmäßig für das Deutsche Reich geregelt werde."[103]

Die parlamentarischen Vorstöße und die Anstöße aus der Praxis führten zur Berufung einer Kommission durch das Reichsjustizamt, die den Entwurf eines Gesetzes über die Vollstreckung von Freiheitsstrafen vorbereiten sollte.[104] Dies geht aus einem Schreiben des Reichsjustizamtes vom 20. März 1878 hervor, welches die Mitteilung enthält, daß ein vorläufiger Entwurf erstellt worden sei, der zunächst Strafanstaltsbeamten zur Begutachtung vorgelegt werden sollte.[105] Eine Zusammenstellung derjenigen Vorschriften des Entwurfs, die von den in Preußen bestehenden Normen abwichen, wurde dem Reichskanzler vorgestellt.[106] Dieser stimmte zu, daß nach den Vorstellungen des Staatssekretärs Friedberg in dieser Sache verfahren werde, machte aber auch Abänderungsvorschläge zu dem vorläufigen Entwurf. Diese betrafen unter anderem den geplanten Verzicht auf die körperliche Züchtigung.

Im Juni 1878 wurde der vorläufige Entwurf dann der Kommission zur Prüfung vorgelegt. Die Kommission bestand schließlich aus den Mitgliedern Direktor Wirth (Plöt-

---

100 Protokolle über die Verh. des BR des Dt. Reichs, 1875, § 85.

101 So Aschrott, ZStW 18 (1898), 384 (384).

102 So Bundesrats-Drucksachen, 1896, Bd. 1, Nr. 54, S. 1. Zu der Resolution vgl. die Protokolle über die Verh. des BR des Dt. Reichs, 1877, § 2.

103 Bundesrats-Drucksachen, 1879, Bd. 2, Nr. 56.

104 Müller-Dietz, Strafvollstreckungsgesetzgebung, S. 7. Außerdem soll Justizminister Leonhardt den Geheimrat Dr. Starke nach Belgien entsandt haben, um das dortige Gefängniswesen an Ort und Stelle zu studieren; vgl. „Die Gefängnißverbesserung und der Strafvollzug im Deutschen Reiche" von Karl Fulda, S. 1.

105 Vgl. das Schreiben an das Königlich Bayerische Staatsministerium des Königl. Hauses und des Äußern, BayHStA, MA 76765. Es wurde vom Reichsjustizamt in demselben Schreiben vorgeschlagen, für Bayern Direktor Adolf Streng aus Nürnberg zu den Beratungen zu entsenden.

106 Vgl. das Schreiben an Friedberg vom 15. März 1878, BA, R 3001, Nr. 5596, Bl. 40.

zensee), Sanitätsrat Bär (Plötzensee), Geheimer Regierungsrat und Direktor d´Alinge (Zwickau), Direktor Ekert (Bruchsal), Direktor Streng (Nürnberg), Direktor Köstlin (Heilbronn), Direktor Krohne (Rendsburg) und Direktor Petras (Ratibor).[107] Ferner nahmen an den Beratungen der Ministerialdirektor Hanauer, Oberjustizrat Kienitz als Referent, Oberjustizrat Ittenbach, Oberjustizrat Starke, Oberjustizrat Illing und Justizrats-Assessor Hofmann als Protokollführer teil, den Vorsitz übernahm Friedberg.[108] Die Beratungen begannen am 3. Juni 1878 und fanden nach fünf Tagen am 7. Juni 1878 ihren Abschluß.[109] Den Motiven des späteren Entwurfes zufolge waren nur solche Bestimmungen des vorläufigen Entwurfs unverändert geblieben, welche von den Kommissionsmitgliedern gebilligt wurden.[110] Großes Gewicht legte der nun neu gefaßte Entwurf auf die Gestaltung eines einheitlichen Strafvollzugssystems, als welches die Einzelhaft bevorzugt wurde. Alle Teilnehmer der Beratungen waren sich darüber einig, daß die Einzelhaft als die allein rationelle Art der Strafvollstreckung anzusehen sei.[111] Maßgebend waren dabei die Erfahrungen, welche Belgien bei der konsequenten Durchführung der Einzelhaft gemacht hatte. Einzelne Mitglieder der Kommission wollten im Gesetz einen Zeitpunkt festgestellt wissen, zu welchem alle baulichen Einrichtungen hergestellt sein mußten. Darauf erwiderte der Vorsitzende, daß dies der beste Weg sei, nichts zu erreichen. Wenn der Gesetzentwurf in Kraft getreten sein werde, sei es der einfachste Weg, mit den Landesregierungen in Kontakt zu treten und unter geeigneter Berücksichtigung der Bedürfnisse und Mittel der einzelnen Staaten durch den Bundesrat für die Bundesregierungen Fristen festzulegen, innerhalb welcher die Einrichtung der erforderlichen Baulichkeiten zu erfolgen habe. Bei den Beratungen der Kommission wurde weiter hervorgehoben, daß die Festlegung der Einzelhaft als ausschließliche Strafvollzugsart einen Widerspruch zum Strafgesetzbuch darstellen würde. Da jede Änderung der Bestimmungen des RStGB vermieden werden sollte, wurde deshalb die Einzelhaft nicht als regelmäßige Vollzugsart festgelegt. Der Geheime Regierungsrat und Direktor d´Alinge beantragte, die Vorschrift über die Einzelhaft dahingehend zu ändern, daß ein Beginn des Strafvollzuges mit dieser nur „regelmäßig" zu erfolgen habe. Damit könnten Rückfällige, bei denen Besserung nicht zu erwarten sei, von der Einzelhaft ausgenommen werden. Der Antrag wurde mit der Begründung abgelehnt, daß gerade die Rückfälligen die Einzelhaft am meisten fürchteten und diese ein Mittel sei, um strenge Disziplin zu erhalten.

---

107 Bundesrats-Drucksachen, 1879, Bd. 2, Nr. 56, S. 15; vgl. auch Tauffer, GS 1879, 161 (163); von Holtzendorff/von Jagemann-von Jagemann, Hdb. des Gefängnisswesens, Bd. 1, S. 150, Fn. 1.

108 Zu den Mitgliedern vgl. BA, R 3001, Nr. 5596, Bl. 73 f., 150, Nr. 5597, Bl. 55; vgl. den Bericht des Gefängnisdirektors Streng an das Königl. Staatsministerium der Justiz in München vom 13. Juni 1878 in: BayHStA, MJu 13139.

109 Vgl. zu den Beratungen den Bericht des Gefängnisdirektors Streng an das Königl. Staatsministerium der Justiz in München vom 13. Juni 1878, BayHStA, MJu 13139 sowie BA, R 3001, Nr. 5596, Bl. 150-177.

110 Bundesrats-Drucksachen, 1879, Bd. 2, Nr. 56, S. 15.

111 BA, R 3001, Nr. 5596, Bl. 163.

Der Staatssekretär des Reichsjustizamtes und Vorsitzende der Kommission Friedberg sah eine vernichtende Beurteilung des Entwurfes durch die politischen Parteien voraus, da weder der Vollzug an politischen Gefangenen noch die Arbeitsfrage geregelt worden waren.

Auf der Grundlage des durch die Prüfung gewonnenen Materials wurde im Reichsjustizamt der Entwurf eines Gesetzes über die Vollstreckung der Freiheitsstrafen ausgearbeitet. Dem Kaiser und König unterbreitete Friedberg den Entwurf eines Gesetzes über die Vollstreckung der Freiheitsstrafen unter dem 8. März 1879.[112] Nachdem der Reichskanzler daraufhin von Kaiser Wilhelm am 17. März 1879 ermächtigt worden war, den Entwurf dem Bundesrat vorzulegen,[113] übermittelte der stellvertretende Reichskanzler diesen am 19. März 1879 dem Bundesrat[114].

b. Der Inhalt des Entwurfs vom 19. März 1879

Der Entwurf vom 19. März 1879 betrachtete es nicht als seine Aufgabe, „ein neues vom Standpunkte der Theorie möglichst unanfechtbares System der Strafvollstreckung aufzustellen, er mußte sich vielmehr das bescheidenere Ziel stellen, unter Festhaltung der Normen des einheitlich geregelten Strafrechts und im Anschluß an das Bestehende diejenigen Reformen in Vorschlag zu bringen, auf welche die bisher gewonnenen Erfahrungen als nothwendige hinweisen."[115] Spezialbestimmungen wurden bezüglich der äußeren und inneren Einrichtung und Ausrüstung der Anstalten sowie der Gesundheitspflege vermieden, weil solche Vorschriften als hemmend bei Fortschritten der Wissenschaft und Technik betrachtet wurden.[116] Andere, für die Behandlung und das Befinden der Gefangenen an sich wichtige Momente, waren abhängig vom Klima, den lokalen Verhältnissen, von Sitten und Gebräuchen der Gegenden und entzogen sich damit einer reichseinheitlichen Regelung.

Der Entwurf vom 19. März 1879 enthielt 44 Bestimmungen und gliederte sich in folgende sieben Abschnitte:

1) Strafanstalten (§§ 1-6)

2) Leitung und Aufsicht (§§ 7-9)

3) Strafzeit (§§ 10-13)

4) Einzelhaft, Gemeinschaftshaft (§§ 14-20)

5) Ordnung in den Strafanstalten (§§ 21-37)

---

112 GStAPK, Hauptabt. I, Rep. 89, Nr. 18566, Bl. 205 ff.

113 BA, R 3001, Nr. 5597, Bl. 63; GStAPK, Hauptabt. I, Rep. 89, Nr. 18566, Bl. 208.

114 Bundesrats-Drucksachen, 1878/79, Nr. 56; der Entwurf ist ferner abgedruckt bei Schubert, Abteilung I, 5. Band, S. 105-108.

115 Bundesrats-Drucksachen, 1879, Bd. 2, Nr. 56, S. 15.

116 Vgl. Bundesrats-Drucksachen, 1879, Bd. 2, Nr. 56, S. 15.

6) Zuchtmittel, Beschwerderecht (§§ 38-40)

7) Schlußbestimmungen (§§ 42-44)

Auf Begriffsbestimmungen der verschiedenen Strafarten wurde verzichtet, damit nicht Vorschriften des StGB wiederholt bzw. vom StGB abweichende Normen geschaffen wurden. Der Entwurf beschränkte sich in dem Entwurf vom 19. März 1879 vielmehr darauf, die Unterschiede der unterschiedlichen Strafarten in ihrer praktischen Auswirkungen darzustellen.[117]

(1) Die Strafanstalten

Die Strafarten des Entwurfs von 1879 waren die Zuchthausstrafe, die Festungshaft, die Gefängnisstrafe und die Haftstrafe. Die Zuchthausstrafe mußte in Zuchthäusern, die Festungshaft in Festungen oder anderen zur Verbüßung der Festungshaft bestimmten Räumen, die Gefängnisstrafe, deren Dauer drei Monate erreichte, in den Landesgefängnissen, die Gefängnisstrafe von kürzerer Dauer und die Haftstrafe in den Amtsgefängnissen vollstreckt werden (§ 1). Die Sträflinge waren von anderen Gefangenen, die Haftsträflinge von den Gefängnissträflingen zu trennen, Ausnahmen waren nur in Fällen dringenden Bedürfnisses gestattet (§ 4). Für jugendliche Gefangene waren mit § 1 Nr. 5 und § 3 Sonderregelungen vorgesehen.

(2) Die Leitung und Aufsicht

Den Landesregierungen blieb es vorbehalten, diejenigen Behörden zu bestimmen, unter deren Leitung, Aufsicht und Oberaufsicht die Strafanstalten standen (§ 7). Aufgrund der vielfach fehlenden einheitlichen Organisation sogar innerhalb desselben Staates wurde von vielen Seiten befürwortet, eine gleichartige Organisation der Behörden vorzunehmen.[118] Dem folgte der Entwurf jedoch nicht, da eine gleichförmige Regelung aufgrund der Unterschiede zwischen großen und kleinen Staaten nicht durchführbar schien. Schon die Verschiedenheit der Verhältnisse in einem und demselben Staate bereite der Aufstellung allgemein gültiger Grundlagen für eine einheitliche Organisation nicht zu beseitigende Schwierigkeiten.[119] Mindestens einmal jährlich war jede Strafanstalt durch die Aufsichtsbehörde oder einen Beauftragten der Aufsichtsbehörde zu überprüfen (§ 9).

(3) Die Strafzeit

Der § 10 des Entwurfs enthielt die Bestimmung, daß bei einem Sträfling, der in Untersuchungshaft genommen werde, die Dauer der letzteren auf die Strafzeit nicht ange-

---

117 Bundesrats-Drucksachen, 1879, Bd. 2, Nr. 56, S. 16.

118 Vgl. z.B. Wirth, BlGefk 8 (1873), 97 (103).

119 Bundesrats-Drucksachen, 1879, Bd. 2, Nr. 56, S. 22 f.

rechnet würde. Der § 10 stimmte mit der preußischen Rechtsausübung überein. Das preußische Obertribunal hatte durch Beschluß vom 19. März 1872 entschieden, daß einem Zuchthaussträfling die Zeit in Untersuchungshaft wegen eines weiteren schwebenden Verfahrens nicht auf die Haftstrafe anzurechnen war. Anders war dagegen die Rechtsausübung in Bayern, dort erfolgte für Sträflinge eine Einbeziehung der Zeit in Untersuchungshaft.[120] Kritik wurde an dem § 10 laut, da es sich bei diesem eher um eine Norm der Strafprozeßordnung und nicht des Strafvollzugs handelte.[121]

Die §§ 11-13 enthielten Vorschriften über das Vorgehen bei der Aufnahme von Gefangenen und deren Entlassung.

(4) Die Einzelhaft und Gemeinschaftshaft

Die Einzelhaft war für Zuchthausstrafe und Gefängnisstrafe zu Beginn der Strafzeit zwingend vorgesehen (§ 14 Abs. 1), auch die Haft konnte in Einzelhaft vollstreckt werden (§ 20). Einzelhaft war dagegen ausgeschlossen, wenn von ihr eine Gefahr für den körperlichen oder geistigen Zustand des Sträflings zu befürchten war (§ 17).

(5) Die Ordnung in den Strafanstalten

Für die von der Oberaufsichtsbehörde zu erlassenden Hausordnungen waren die Bestimmungen der §§ 22-37 des Entwurfs maßgebend (§ 21). Darin enthalten waren Vorschriften über die Beschäftigung der Gefangenen (§§ 22-27), deren Beköstigung (§§ 28-30), ihre Kleidung (§ 31), das Vorgehen bei Krankheitsfällen (§ 32), Seelsorge (§ 33), Unterricht (§ 34), Erholung durch Bewegung im Freien (§ 35), Besuche (§ 36) und brieflichen Verkehr (§ 37).

(6) Die Zuchtmittel und das Beschwerderecht

Der § 38 zählte die zulässigen Disziplinarmittel auf, darunter auch die Fesselung bis zur Dauer von vier Wochen und die körperliche Züchtigung gegen männliche Zuchthaussträflinge ohne bürgerliche Ehrenrechte. Die Anwendung von Zwangsstuhl und Zwangsjacke war nach § 39 zur augenblicklichen Bewältigung tätlichen Widerstandes sowie gegen Tobende zulässig. Beschwerden über die Art der Strafvollstreckung und über die Verhängung von Disziplinarstrafen waren von der Aufsichtsbehörde zu entscheiden (§ 41 Abs. 1), sie hatten aber keine aufschiebende Wirkung (§ 41 Abs. 3).

---

120 Vgl. Bundesrats-Drucksachen, 1879, Bd. 2, Nr. 56, S. 26 f.

121 Tauffer, GS 1879, 161 (174).

(7) Die Schlußbestimmungen

Der Reichskanzler war zur Überwachung der vorschriftsmäßigen Strafvollstreckung befugt, über die Einrichtungen und Maßregeln, welche sich auf die Strafvollstreckung beziehen, Auskunft zu erfordern oder durch Entsendung von Kommissarien sich zu unterrichten.

In dem § 44 Absatz 2 war vorgesehen, daß der Bundesrat bei Fehlen der erforderlichen baulichen Einrichtungen einen späteren Zeitpunkt für das Inkrafttreten der die baulichen Veränderungen fordernden Vorschriften festsetzen konnte. So wurde die Schaffung einer Übergangsregelung ermöglicht.

2. Der vom Ausschuß für Justizwesen vorgeschlagene „Entwurf eines Gesetzes über die Vollstreckung von Freiheitsstrafen" vom 12. Januar 1880

a. Die Verhandlungen im Ausschuß für Justizwesen des Bundesrats

Durch Beschluß des Bundesrats vom 27. März 1879 wurde der Entwurf vom 19. März 1879 dem Ausschuß für das Justizwesen zur Beratung überwiesen.[122] Mitglieder des Ausschusses waren von Schelling (Preußen), Kastner (Bayern), Anton, Schmid, Neidhardt (Hessen), von Liebe (Braunschweig) und Krüger (Hamburg).[123]

Daß die Verabschiedung des Gesetzes Schwierigkeiten mit sich bringen würde, zeigte sich schon vor dem Beginn der Beratungen des Justizausschusses. Im Ausschuß für Justizwesen herrschte zunächst keine Einigkeit darüber, ob eine gesetzliche Regelung des Strafvollzug empfehlenswert sei.[124] Ein erheblicher Teil des Entwurfs vom März 1879 begründe weder Rechte noch Pflichten einzelner, sondern lege den Regierungen Verpflichtungen auf. Die Regierungen hätten keinen Anlaß, in dieser Weise sich selbst durch Gesetz zu binden. Durch gesetzliche Fixierung würden zudem Änderungen erschwert oder unmöglich gemacht. „Man könne alles Reglementarische durch Bundesrathsbeschluß oder durch eine mit Konsens des Bundesraths zu erlassende Kaiserliche Verordnung reguliren und eine Reihe von Spezialien den Hausordnungen überlassen."[125]

Bereits im Vorwege der Beratungen wurden Vermutungen laut, daß Bayern, Sachsen und Württemberg die Absetzung des Entwurfs von der Tagesordnung befürworten

---

122 Protokolle über die Verh. des BR des Dt. Reichs, Jahrgang 1879, § 168: „Die Vorlage unter Nr. 56 der Drucksachen betreffend den Entwurf eines Gesetzes über die Vollstreckung der Freiheitsstrafen, wurde dem VI. Ausschusse überwiesen."

123 Bundesrats-Drucksachen, 1879/80, No. 5, S. 22.

124 Vgl. dazu Bundesrats-Drucksachen, 1879/80, No. 5, S. 2.

125 Bundesrats-Drucksachen, 1879/80, No. 5, S. 2.

würden.[126] Tatsächlich geht aus einer Abschrift eines Antrages des Bayerischen Staatsministers der Justiz von Fäustle an den König vom 20. April 1879 hervor, daß eine Verschiebung des Gegenstandes bis zur nächsten Reichstagssession angestrebt werden sollte.[127] Der bayerischen Vertretung im Bundesrat sollte die Weisung erteilt werden, einen derartigen Antrag zu stellen. Diesem Antrag erteilte der König Bayerns am 21. April 1879 seine Genehmigung.[128] Die Gründe für eine Hinausschiebung des Gesetzes lagen in der Ungewißheit der Einwirkungen des neuen Gerichtsverfahrens auf das Gefängniswesen und in den für die Einzelstaaten bevorstehenden Kosten zur Errichtung von Neubauten.[129] Der Vorschlag des bayerischen Finanzministeriums vom 27. April 1879, auch den für Finanzsachen bestimmten VII. Ausschuß zu den Beratungen beizuziehen, zeigt, welche finanzielle Bedeutung der Sache schon zu Beginn der Verhandlungen beigemessen wurde.[130] In der Sitzung des Justizausschusses vom 3. Mai 1879[131] wurde dann über den Antrag Sachsens und Hamburgs gesprochen, die Beratungen bis zur nächsten Reichstagssession zu vertagen. Sachsen und Hamburg begründeten ihren Antrag mit der Notwendigkeit, über die baulichen und finanziellen Konsequenzen nähere Erhebungen anzustellen. Preußen und Württemberg sprachen sich im Gegensatz dazu dafür aus, sofort in die Beratungen einzutreten. Aus der Abstimmung ergab sich mit einer Mehrheit von 4 zu 3 Stimmen, daß die Beratungen bis zum Wiederzusammentritt des Bundesrates in der nächsten Session vertagt werden sollten.[132] Für die Aussetzung der Beratungen stimmten Bayern, Sachsen, Braunschweig und Hamburg, gegen die Aussetzung stimmten Preußen, Württemberg und Hessen.[133] Die Mehrheit des Ausschusses sprach sich gegen den Willen des Vorsitzenden weiter dagegen aus, dem Plenum des Bundesrats den gefaßten Beschluß der Aussetzung mitzuteilen.[134]

Im Herbst 1879 wurden die Beratungen wieder aufgenommen. Sie endeten am 25. Oktober 1879, der Justizausschuß behielt sich aber für den 28. Oktober den Beginn einer

---

126 Schreiben des Hamburger Bevollmächtigten zum Bundesrat Plessing vom 1. Mai 1879 an den Syndikus Dr. Merck in Hamburg, StA Hamburg, Senat (111-1), Cl. I Lit. T Nr. 7 Vol. 6 Fasc. 7 Inv. 2, Nr. 8b.

127 Vgl. BayHStA, MA 76765.

128 Vgl. das Schreiben des Königl. Staatsministeriums der Justiz vom 22. April 1879 an das Königl. Staatsministerium des Königl. Hauses und des Äußeren, BayHStA, MA 76765.

129 Vgl. StA Hamburg, Senat (111-1), Cl. I Lit. T Nr. 7 Vol. 6 Fasc. 7 Inv. 2, Nr. 8b.

130 Vgl. dazu die Abschrift des Schreibens des Staatsministeriums der Finanzen an das Staatsministerium des Königl. Hauses und des Äußeren vom 27. April 1879, BayHStA, MA 76765.

131 Vgl. dazu das Protokoll vom 3. Mai 1879, BA, 3001, Nr. 5597, Bl. 196.

132 Vgl. den Bericht des Hamburger Bevollmächtigten zum Bundesrat, StA Hamburg, Senat (111-1), Cl. I Lit. T Nr. 7 Vol. 6 Fasc. 7 Inv. 2, Nr. 8e. Vgl. auch ein Telegramm Rudhardts aus Berlin vom 3. Mai 1879 an das bayerische Ministerium des Äußeren in München, BayHStA, MA 76765.

133 BA, R 3001, Nr. 5597, Bl. 204.

134 BA, R 3001, Nr. 5597, Bl. 204.

zweiten Lesung vor.[135] Die stärksten Einwände wurden aufgrund der finanziellen Konsequenzen gegen den § 14 erhoben, welcher die Einzelhaft für den Beginn der Zuchthaus- und Gefängnisstrafe festlegte. Sachsen hob hervor, daß es bei einer wie im Entwurf vorgesehenen Durchführung der Einzelhaft weitere 3000 Zellen benötige, was einem Aufwand von 11 Millionen Mark entspreche. Die Kosten für Preußen wurden auf 90 Millionen geschätzt, Bayern bezifferte seinen Aufwand auf 33 bis 35 Millionen Mark[136] und beantragte die Hinzuziehung des Rechnungsausschusses[137]. Dieser Antrag wurde abgelehnt.[138] Während der zweiten Lesung wurde am 11. November 1879 erneut die Frage aufgeworfen, ob es nicht ratsam sei, den Entwurf auf sich beruhen zu lassen, da die Regierungen kein Interesse daran hätten, sich durch Vorschriften, die nur sie beträfen, gegenseitig die Hände zu binden. Dieser Antrag auf Zurückstellung wurde vom Bevollmächtigten Braunschweigs unter Zustimmung von Bayern und Lübeck eingebracht.[139] Auf Anraten des Vorsitzenden wurde dann aber doch mit der zweiten Lesung fortgefahren.[140] Die Ablehnung der Zurückstellung erfolgte jedoch nur mit einer Stimme Mehrheit.[141]

Das Bestreben, den Entwurf auf sich beruhen zu lassen, geht auch aus einem Schreiben des Bayerischen Staatsministers der Justiz Dr. von Fäustle an das Königliche Staatsministerium des Hauses und des Äußeren vom 30. Januar 1880 hervor.[142] Darin wies von Fäustle auf die Anregung des Staatsministeriums der Finanzen hin, für die Plenarberatung des Gesetzentwurfes erneut einen Antrag auf Zurückstellung vorzubringen.[143] Das Ruhen des Entwurfes solle zumindest so lange erfolgen, bis die Ausführung nach der Finanzlage als möglich betrachtet werden könne. Möglicherweise solle eine Zurückstellung erfolgen bis verläßliche Berechnungen über den entstehenden

---

135 Vgl. Schreiben der Hanseatischen Gesandtschaft in Berlin an Syndicus Dr. Merck in Hamburg, StA Hamburg, Senat (111-1), Cl. I Lit. T Nr. 7 Vol. 6 Fasc. 7 Inv. 2, Nr. 9c.

136 Vgl. zu den Angaben der Kosten die Abschrift eines vertraulichen Schreibens von Riedels aus dem bayerischen Staatsministerium der Finanzen an das Staatsministerium des Königl. Hauses und des Äußeren vom 20. Januar 1880; BayHStA, MA 76765.

137 Die Instruktion, auf die Beiziehung des Ausschusses für Rechnungswesen zu dringen, sandte der Staatsminister der Justiz Bayerns Fäustle am 11. Oktober 1879 an den Bevollmächtigten zum Bundesrat Kastner. Unterstützen sollte Kastner eine mögliche Anregung zur Vertagung des Entwurfs. Vgl. BayHStA, MA 76765.

138 Vgl. StA Hamburg, Senat (111-1), Cl. I Lit. T Nr. 7 Vol. 6 Fasc. 7 Inv. 2, Nr. 9c.

139 Vgl. dazu die Registratur des bayerischen Bevollmächtigten zum Bundesrat Kastner betreffend die zweite Lesung des Entwurfes eines Gesetzes über die Vollstreckung der Freiheitsstrafen vom 11. November 1879 in: BayHStA, MJu 13139.

140 Vgl. den Bericht der Hanseatischen Gesandtschaft in Berlin vom 12. November 1879, StA Hamburg, Senat (111-1), Cl. I Lit. T Nr. 7 Vol. 6 Fasc. 7 Inv. 2, Nr. 11.

141 Vgl. die Abschrift des vertraulichen Schreibens von Riedels aus dem bayerischen Staatsministerium der Finanzen an das Staatsministerium des Königl. Hauses und des Äußeren vom 20. Januar 1880; BayHStA, MA 76765.

142 Vgl. BayHStA, MA 76765.

143 Dies schlug auch von Riedel in seinem vertraulichen Schreiben an das Königl. Staatsministerium des Königl. Hauses und des Äußeren vom 20. Januar 1880 vor; BayHStA, MA 76765.

Aufwand vorliegen.[144] Eine Verschiebung des Entwurfes sei für das vollständig geordnete, humanen Anforderungen nach Möglichkeit entsprechende Strafvollzugswesen in Bayern ohne Nachteil.

Der Ausschuß für Justizwesen legte schließlich nach mehreren Sitzungen und zwei Lesungen am 12. Januar 1880 seinen Bericht vor.[145] Der Bericht schloß mit der Empfehlung an den Bundesrat, dem „vorgelegten Entwurfe eines Gesetzes über die Vollstrekkung der Freiheitsstrafen in der aus der Anlage sich ergebenden Gestalt zuzustimmen".[146]

b. Die Änderungen des Entwurfs vom 12. Januar 1880 gegenüber der Bundesratsvorlage vom 19. März 1879

Aus dem Vergleich der Bundesratsvorlage und den Beschlüssen des Justizausschusses geht hervor, daß nur geringfügige Änderungen vorgenommen wurden. Die Einteilung in die sieben Abschnitte „Strafanstalten", „Leitung und Aufsicht", „Strafzeit", „Einzelhaft, Gemeinschaftshaft", „Ordnung in den Strafanstalten", „Zuchtmittel, Beschwerderecht", „Schlußbestimmungen" blieb genauso erhalten wie die Zahl der zu den einzelnen Abschnitten gehörenden Paragraphen. Damit blieb die Gesamtzahl der Bestimmungen bei 44. Der erste Abschnitt blieb nahezu unverändert. Im Ausschuß für Justizwesen wurden Anträge gestellt mit dem Ziel, „die Vereinigung von Zuchthäusern und Landesgefängnissen in Einem Gebäude nur dann zuzulassen, wenn beiderlei Anstalten in völlig voneinander getrennten Abtheilungen sich befinden". Diese wie auch andere Anträge zur Änderung der §§ 1-5 fanden jedoch keine Mehrheit.[147] Bezüglich § 6 Absatz 2 erfolgte abweichender Beschluß des Ausschusses für Justizwesen in der Form, daß Luftraum- und Kubikmetervorgaben nur für die Herstellung neuer Einzelzellen gelten und die vorgegebene Lichtfläche nur für Zellen, die zum Aufenthalt bei Tag und Nacht bestimmt waren, maßgebend sein sollten. Keine Änderung erfuhr der zweite Abschnitt. Der dritte Abschnitt „Strafzeit" enthielt geringfügige Änderungen über die Aufnahme der Gefangenen und die Führung des Verzeichnisses über Aufnahme und Entlassung der Gefangenen. Im vierten Abschnitt „Einzelhaft, Gemeinschaftshaft" wurden gegenüber der Vorlage abweichende Beschlüsse des Ausschusses für Justizwesen aufgenommen. So regelte § 14 Absatz 1 der Beschlüsse nun, daß Zuchthaus- und Gefängnisstrafe nur noch in der Regel mit Einzelhaft beginnen sollten. Nach einem neu eingefügten § 14 Absatz 1 a sollten Sträflinge, deren Strafdauer drei Monate nicht erreichte, sofort in Gemeinschaftshaft genommen werden können. Damit wurde die für den Beginn der Zuchthaus- und Gefängnisstrafe obligatorisch vorgeschriebene

---

144 In Bayern, so von Fäustle, entspreche nur das Zellengefängnis in Nürnberg den Anforderungen des Entwurfes, alle übrigen Gefängnisse wichen von den Anforderungen so stark ab, daß eine Neuherstellung nötig sei. BayHStA, MA 76765, vgl. auch BA, R 3001, Nr. 5597, Bl. 223.

145 Bundesrats-Drucksachen, 1879/80, No. 5.

146 Bundesrats-Drucksachen, 1879/80, No. 5, S. 22.

147 Bundesrats-Drucksachen, 1879/80, No. 5, S. 4.

Einzelhaft in ihrem Anwendungsbereich eingeschränkt bzw. Ausnahmen ermöglicht. Im Rahmen der Vorschriften über die Beschäftigung der Gefangenen wurde § 23 dahingehend geändert, daß eine Rücksichtnahme auf die Wünsche der Gefangenen bei der Zuweisung der Arbeit nicht mehr in den § 23 aufgenommen wurde. In dem geänderten § 26 Absatz 2 war nicht mehr vorgesehen, daß die nach der Vorschrift des § 361 Nr. 3-8 des Strafgesetzbuches verurteilten Gefangenen außerhalb der Anstalt auch ohne ihre Zustimmung und für die ganze Dauer der Strafzeit beschäftigt werden durften. Bei der Beschäftigung jugendlicher Gefangener war nicht mehr „nur" die Rücksicht auf die Erziehung und das künftige Fortkommen maßgebend, statt dessen erfolgte die Rücksichtnahme nur noch „vorzugsweise" (§ 27). Statt eines Anspruchs für die Sträflinge auf eine Stunde Bewegung im Freien, enthielt der geänderte § 35 eine Sollvorschrift. Darüber hinaus genügte es nach § 35 Absatz 1 für Strafen, deren Dauer zwei Wochen nicht überstieg, wenn die Bewegung im Freien wöchentlich an drei Tagen gestattet würde. Inhaltlich unverändert blieben die Disziplinarstrafen des § 38. Zur augenblicklichen Bewältigung tätlicher Widersetzlichkeit wurde neben der Zwangsjacke die Fesselung zugelassen, der Zwangsstuhl wurde dagegen nicht mehr in den § 39 aufgenommen.

Die Befugnis des Reichskanzlers, Auskunft zu fordern, ergab sich nach Ansicht des sächsischen Bevollmächtigen im Justizausschuß schon aus den Artikeln 4 und 17 der Reichsverfassung. Daher wurde von dieser Seite die Vorschrift des § 42 für entbehrlich betrachtet.[148] Während in der ersten Lesung die Aufrechterhaltung des § 42 mit 4 zu 3 Stimmen beschlossen wurde, wurde in zweiter Lesung mit 4 zu 3 Stimmen für die Streichung des § 42 gestimmt.[149]

In § 44 Absatz 1 wurde schließlich der Zeitpunkt des Inkrafttretens des Gesetzes auf den 2. Januar 1881 festgelegt.

c. Das Scheitern des Entwurfs eines Gesetzes über die Vollstreckung von Freiheitsstrafen vom 12. Januar 1880

Der Ausschuß für Justizwesen empfahl in seiner Mehrheit dem Bundesrat, dem vorgelegten Entwurf eines Gesetzes über die Vollstreckung der Freiheitsstrafen mit den von ihm vorgenommenen Änderungen zuzustimmen. Der Entwurf blieb im Bundesrat allerdings nach einem „Machtwort" von Bismarcks stecken und wurde nicht mehr weiter behandelt.[150] Von Bismarck verlangte in einem Schreiben vom 21. Januar 1880 an den Staatssekretär Hofmann dessen Äußerung darüber, ob die Durchführung des Entwurfes tatsächlich für Bayern einen Aufwand von 33 bis 35 Millionen Mark und

148 Vgl. Bundesrats-Drucksachen, 1879/80, No. 5, S. 17.

149 Bundesrats-Drucksachen, 1879/80, No. 5, S. 17.

150 Frede/Grünhut-Frede, Reform des Strafvollzugs, S. 43; vgl. auch die Verhandlungen des Reichstags, III. Wahlp. 1924, Bd. 418, Anlage Nr. 3628, Begründung, worin von einer „Weisung" des Reichskanzlers die Rede ist.

für Sachsen Kosten von 11 bis 12 Millionen zur Folge haben werde.[151] Außerdem war von Bismarck an den sich für Preußen ergebenden Kosten interessiert. Die Klarstellung der finanziellen Belastung betrachtete er als Grundlage für die Entscheidung, ob das preußische Votum für den Entwurf abgegeben werde und er dem Kaiser raten könne, den Entwurf bei der bestehenden Finanzlage dem Reichstag zuzuleiten. Nachdem Hofmann dem Reichskanzler die sich für Preußen ergebenden Kosten mitgeteilt hatte, bestimmte von Bismarck, daß die Beratung des Gesetzentwurfs bis auf weiteres auf sich beruhen sollte.[152]

Das Scheitern des Entwurfes entsprach dem Willen mehrerer Bundesstaaten. So wurde dem Bayerischen Gesandten in Berlin aus München am 3. Februar 1880 die Anweisung gesandt, aufgrund der außerordentlichen finanziellen Belastung, welche die Einzelstaaten durch den Entwurf erwarte, im Bundesrat die Zurückstellung des Entwurfs zu beantragen.[153]

Die im Jahr 1881 durch Zeitungsnachrichten entstandenen Vermutungen, daß dem Bundesrat bald erneut ein Gesetzentwurf betreffend die Vollstreckung von Freiheitsstrafen zugeleitet werden sollte, bewahrheiteten sich nicht.[154]

3. Die Gründe für das Scheitern eines Gesetzes über die Vollstreckung der Freiheitsstrafen

Die in der Bundesratsvorlage und in den Vorschlägen des Justizausschusses zu Beginn der Strafhaft vorgesehene Einzelhaft hätte nach den Berechnungen in den Motiven 23.000 neue Zellen erfordert.[155] Die Kosten für die dafür erforderlichen Neubauten wurden auf 80-100 Millionen Mark geschätzt.[156] So lag also der Schwerpunkt der Anfechtungen auf finanziellem Gebiet, weil die Durchführung des Entwurfs damit hohe Aufwendungen zur Folge gehabt hätte. Eine Erhebung hatte ergeben, daß 1874 in Deutschland der durchschnittliche Tagesstand an Zuchthausgefangenen 24.844, an Sträflingen 23.279 - darunter 3.517 Häftlinge - betrug und für erstere 8.000, für letzte-

151 Abschrift des Schreibens von Bismarcks in BA, R 3001, Nr. 5597, Bl. 222.

152 Vgl. das Schreiben Hofmanns an den Staatssekretär des Reichsjustizamts von Schelling vom 13. Februar 1880: BA, R 3001, Nr. 5597, Bl. 221.

153 Vgl. das Schreiben des Bay. Staatsministeriums des Königl. Hauses und des Äußern an den Königl. Gesandten von Rudhart in Berlin vom 3. Februar 1880 in: BayHStA, MJu 13139.

154 Eine Frage an den Staatssekretär im Reichsjustizamt von Schelling vom Ministerialrat von Raesfeld am Rande der Reichstagssitzung vom 1. Dezember 1881 danach, ob ein entsprechendes Gesetzesvorhaben besteht, wurde ausdrücklich verneint. Von Schelling hielt den Entwurf für endgültig gescheitert und einen erneuten Versuch auf diesem Gebiet aufgrund der noch nicht abgeschlossenen theoretischen Erörterungen für nicht empfehlenswert. Vgl. die Darstellung von Raesfelds zu diesem Gespräch in: BayHStA, MJu 13139.

155 Bundesrats-Drucksachen, 1879, Bd. 2, Nr. 56, S. 61; vgl. auch Tauffer, GS 31 (1879), 161 (220).

156 Frede/Grünhut-Frede, Reform des Strafvollzugs, S. 43; Krohne, Gefängniskunde, S. 149.

re und die nicht mitgezählten Untersuchungsgefangenen 11.486 Zellen vorhanden waren. Der noch ungedeckte Teil der benötigten Zellen wurde auf 23.000 geschätzt, was einen Aufwand von 69 Millionen Mark ergab, wenn die Kosten für eine Zelle mit nur 3.000 Mark angesetzt wurden.[157]

Bei einer Diskussion im Reichstag über die Vereinheitlichung des Strafvollzuges wurden am 21. Mai 1890 noch größere Summen genannt. So erklärte der Staatssekretär des Reichsjustizamtes von Oehlschläger auf eine Anfrage Bambergers, man strebe die Vereinheitlichung nach wie vor an, aber die finanziellen Schwierigkeiten seien zur Zeit kaum zu überwinden. Für Preußen allein wäre hauptsächlich infolge der vorgesehenen Durchführung des Einzelhaftsystems eine einmalige Erstausgabe von 115 Millionen Mark und eine jährliche Budgeterhöhung von 6 Millionen die Folge. Für Bayern ergäbe sich eine einmalige Ausgabe von 47 Millionen, dazu käme die entsprechende jährliche Budgetbelastung.[158] Für Sachsen sollte die erstmalige Belastung bei 13 Millionen liegen.[159]

Gegen das Kostenargument wurde von anderer Seite angeführt, daß manche Bundesstaaten im Hinblick auf den erwarteten Gesetzentwurf notwendige Neubauten aufgeschoben hätten, die zu erwartenden Kosten damit auch aus der Ersparnis der vorangegangenen Jahre entstünden.[160]

Neben den finanziellen Schwierigkeiten spielte auch der „Umschwung in den Ansichten über die Wirkungen der Einzelhaft und die ausschließliche Berechtigung des Besserungszwecks im Strafvollzug“ eine Rolle. Selbst in dem Lande der Mustergefängnisse Belgien seinen nach Gefängnisdirektor Streng die Ergebnisse konsequent durchgeführter Einzelhaft nicht so glänzend.[161] Dabei verwies er auf eine Studie Beltrani-Scalias über die belgische Zellenhaft und deren Erfolge. Die Kriminalität sei in den letzten Jahren in Belgien wie in Deutschland erheblich gestiegen. Den eisernen Bestand der Gewohnheitsverbrecher werde keines der modernen Strafvollzugssysteme aus den Strafanstalten beseitigen. Kostspielige Gefängnisbauten lohnten sich hier

---

157 Von Holtzendorff/von Jagemann-von Jagemann, Hdb. des Gefängnisswesens, Bd. 1, S. 154, Fn. 2. Vgl. zu den Berechnungen und den unterschiedlichen Berechnungsmöglichkeiten das Nachtragsvotum des preußischen Innenministers an Friedberg von Ende Dezember 1878; BA, R 3001, Nr. 5597, Bl. 3.

158 Allein für Zuchthäuser und Gefangenenanstalten sei ein Kostenaufwand von 33 Millionen Mark erforderlich. Zugrunde lag dieser Berechnung die erwartete Neuherstellung von Gefängnisräumen für 6.600 Gefangene, wobei der Kostenaufwand pro Person auf 5.000 Mark angesetzt war. Die für den Neubau von Zellen für Gefängnissträflinge mit einer Strafzeit bis zu drei Monaten und für zu Haft Verurteilte erwarteten Kosten lagen bei 12,75 Millionen Mark. Nach dieser Berechnung wurde für Bayern mit einer Erstausgabe von 45,75 Millionen gerechnet; BA, R 3001, Nr. 5597, Bl. 224.

159 Sten. Berichte über die Verh. des Dt. Reichstages, 1890/91, 1. Band, S. 201, Sitzung vom 21. Mai 1890; Behrle, Stellung der Sozialisten, S. 18.

160 Vgl. Bundesrats-Drucksachen, 1879/80, Nr. 5, S. 2 f.

161 Streng, ZStW 3 (1883), 441 (442).

nicht. Dieser Gesichtspunkt sei bei der Beratung des Entwurfs von Sachverständigen vergeblich hervorgehoben worden.[162]

In diesem Zusammenhang wurde auch Mittelstädts 1879 erschienener Schrift „Gegen die Freiheitsstrafen"[163] eine gewisse Bedeutung für das Scheitern des Entwurfs zugesprochen.[164] Mittelstädt wandte sich in seiner Schrift vor allem gegen das System der Freiheitsstrafen und den Besserungsgedanken. So hieß es darin: „Statt, wie man versprochen, den Sittenzustand zu bessern, zu fördern und zu heben, schützt das heutige Strafsystem den bestehenden Rechtszustand nicht mehr vor der wachsenden Verschlechterung!"[165] Es wurde nach Auffassung Mittelstädts erreicht, daß „die heutigen Freiheitsstrafen weder abschrecken, noch bessern."[166] Erklärend führte Mittelstädt über die Freiheitsstrafe aus: „Man hat planlos sie aller Elemente entleert, die mit ihrer legalen Natur als Strafübel nothwendig zusammenhängen, und man hat in die leere Hülle allerlei edukatorischen Stoff hineingetragen, der von vornherein dazu verdammt war, allezeit unfruchtbar und todt zu bleiben."[167] Der direkte Einfluß der Schrift Mittelstädts auf das Scheitern des Entwurfs läßt sich zwar nicht im einzelnen nachweisen, die Angriffe Mittelstädts blieben jedoch nicht ohne Wirkung und lösten eine Reihe von Zweifeln und Bedenken aus.[168] Es hieß, daß durch Mittelstädts „Gegen die Freiheitsstrafen" bei Bismarck der Eindruck hervorgerufen worden sei, daß es einer radikaleren Lösung dieser und weiterer kriminalistischer Fragen bedürfe als sie der Entwurf beabsichtige.[169]

Die Einzelstaaten fürchteten außerdem den verstärkten Einfluß des Reichs auf die Verwaltung ihrer Gefängnisse,[170] da der Reichskanzler nach dem Entwurf vom 19. März 1879 das Recht erhalten sollte, über die Strafanstalten „Auskunft zu erfordern oder durch Entsendung von Kommissaren sich zu unterrichten"[171]. Bei Unterlassung der im Entwurf vorgesehenen Verbesserungen in den Anstalten hätten die Länder nach Art. 4 der Reichsverfassung im Wege der Aufsicht vom Reich dazu angehalten werden können. Diese Aussicht empfanden die Einzelstaaten als wenig angenehm.[172] Dieser

---

162 Streng, ZStW 3 (1883), 441 (442).

163 Kritik an den Äußerungen Mittelstädts übte Streng, Studien über die Entwicklung, S. 183 ff. Laut Streng hätte der Titel der Schrift statt „Gegen die Freiheitsstrafe" richtiger „für die Prügelstrafe" heißen sollen. Streng bemängelte: „Diese Reform [des Gefängniswesens] hat kaum begonnen und schon sucht man sie für die tiefliegenden Schäden unserer Zeit verantwortlich zu machen" (S. 193).

164 BlGefk, Sonderheft B zu Band 47 (1913), S. 9; Quedenfeld, S. 4, Fn. 14.

165 Mittelstädt, Gegen die Freiheitsstrafen, S. 62.

166 Mittelstädt, Gegen die Freiheitsstrafen, S. 62.

167 Mittelstädt, Gegen die Freiheitsstrafen, S. 62.

168 BlGefk, Sonderheft B zu Band 47 (1913), S. 9.

169 So eine Meldung in BlGefk 14 (1881), S. 381 f. vom 28. Januar 1881.

170 Schattke, Geschichte der Progression, S. 106; Müller-Dietz, Strafvollzugsgesetzgebung, S. 8; Kriegsmann, Gefängniskunde, S. 80.

171 § 42 des Entwurfs von 1879.

172 Quedenfeld, Strafvollzug in der Gesetzgebung, S. 4.

Punkt wurde auch bei der Sitzung der bayerischen Kammer der Abgeordneten vom 19. Dezember 1879 in dem Beitrag Kopps hervorgehoben.[173] Kopp sah eine Gefahr darin, daß sich bei Einführung einer Oberaufsicht diese im Laufe der Zeit noch viel weiter erstrecken könnte. Er bat deshalb die königliche Staatsregierung darum, nicht nur die finanzielle, sondern auch die politische Seite zu betrachten.

Außerdem kam es zur gleichen Zeit auch zur Zurückstellung der Revision des Strafgesetzbuches hinter das große Gesetzeswerk BGB. Insbesondere wurde daraufhin zugegeben, daß es keinen Sinn habe, an eine unzweifelhaft mit erheblichen Kosten verbundene Neuregelung des Strafvollzuges zu gehen, wenn es wahrscheinlich sei, daß bald das Strafensystem einer Revision unterzogen werde. Ein Strafvollzugsgesetz mußte von dem geltenden Strafensystem ausgehen. Es erschien daher bedenklich, ein Strafvollzugsgesetz zu erlassen, während über die Änderung des Strafensystems diskutiert wurde, ohne daß auf diesem Gebiet Einigkeit bei Hauptfragen bestand.[174] Vor allem würden, wenn eine Einschränkung des Gebrauches der Freiheitsstrafen und ihr teilweiser Ersatz durch andere Strafmittel erfolgen sollte, dadurch möglicherweise manche infolge des Strafvollzugsgesetzes mit hohen Kosten hergestellten Einrichtungen unnötig werden oder doch wesentlich modifiziert werden müssen.[175]

Abschließend bleibt zu dem Entwurf von 1879 zu sagen, daß dieser zwar scheiterte, aber für die weitere Ausgestaltung des Gefängniswesens in Deutschland von bestimmendem Einfluß blieb[176] und Ausgangspunkt war für künftige Diskussionen auf dem Gebiet des Strafvollzuges.

Nachdem die Einzelstaaten durch das Scheitern der Grundsätze wieder sich selbst überlassen blieben, stellte sich heraus, daß die kleineren Staaten auf dem Gebiet des Strafvollzuges überfordert waren. Die Mittel reichten nicht aus, die Gefängnisse in einen befriedigenden baulichen Zustand zu versetzen und eine ausreichende Verwaltung einzurichten.

---

173 Vgl. Sten. Bericht über die Verhandlungen der bayerischen Kammer der Abgeordneten, Sitzung vom 19. Dezember 1879, S. 445, in: BayHStA, MJu 13139.

174 So die einleitenden Ausführungen zu den Entwurf von 1896, Bundesrats-Drucksachen, 1896, Bd. 1, Nr. 54, S. 1.

175 Sten. Berichte über die Verh. des Dt. Reichstages, 1890/91, 1. Band, S. 201; Aschrott, ZStW 18 (1898), 384 (385 f.); vgl. auch Bundesrats-Drucksachen, 1896, Bd. 1, Nr. 54, S. 1; vgl. dazu auch Bundesrats-Drucksachen, 1879/80, Nr. 5, S. 2.

176 Frede/Grünhut-Krebs, Reform des Strafvollzugs, S. 187.

VI. Die an den Reichstag herangetragenen Forderungen nach einem Strafvollzugsgesetz und Bestrebungen des Reichsjustizamtes zur Vereinheitlichung des Strafvollzuges

In den folgenden Jahren wurden im Reichstag erneut Forderungen nach einem Strafvollzugsgesetz laut. Hervorzuheben sind diejenigen aus den Jahren 1887[177], 1890[178] und 1892[179]. Aber auch außerhalb des Reichstages nahmen die Aufforderungen zur gesetzlichen Regelung des Strafvollzuges nicht ab. So äußerte sich etwa der Direktor des Strafgefängnisses in Plötzensee folgendermaßen: „Die Strafrechtspflege kann auf keinen Erfolg rechnen, wenn der Vollstreckung der Urteile nicht dieselbe Bedeutung beigelegt wird, wie der Findung derselben".[180]

Im Reichstag stellte Johannsen[181] am 16. Dezember 1887 den Antrag, „Der Reichstag wolle beschließen: den Herrn Reichskanzler zu ersuchen: dem Reichstage eine Vorlage, betreffend die Revision der bestehenden gesetzlichen Bestimmungen und sonstigen Vorschriften für das Gefängniß- und Strafvollstreckungswesen, zugehen zu lassen".[182] Dieser Antrag wurde am 22. Februar 1888 im Reichstag behandelt, Johannsen zog ihn jedoch nach Abschluß der Debatte auf Anregung des Abgeordneten Windthorst (Bundesstaatliche Konstitutionelle Vereinigung / Zentrum) zurück.[183]

Die Interpellation des Abgeordneten Bamberger (Nationalliberale Partei) vom 16. Mai 1890 enthielt die Frage an den Reichskanzler, „ob und wann der Entwurf eines Gesetzes, betreffend den Vollzug der Freiheitsstrafen dem Reichstage vorgelegt werden wird".[184] Darauf antwortete der Staatssekretär des Reichsjustizamtes von Oehlschläger in der Reichstagssitzung vom 21. Mai 1890 dahingehend, daß zwar ein Strafvollzugsgesetz auch seitens der verbündeten Regierungen ein „im Interesse der vollen Einheitlichkeit der Strafrechtspflege zu erstrebendes Ziel" sei, ein Zeitpunkt der Vorlage an den Reichstag aber noch nicht feststehe.[185] Zudem könne ein Strafvollzugsgesetz nur auf dem bestehenden Strafensystem aufbauen. Es müsse also, falls in dieser Richtung eine Änderung erfolgen solle, das materielle Recht ebenfalls geändert werden, damit kein Widerspruch zum geltenden StGB entstehe.[186] Im Rahmen der sich an die Ausführungen des Staatssekretärs anschließenden Besprechung der Interpellation äußerte der Abgeordnete Klemm die Befürchtung, daß ein Strafvollzugsgesetz die Individuali-

---

177 Sten. Berichte über die Verh. des Dt. Reichstages, 1887/88, Bd. 3, 1. Anlagebd., S. 311, Nr. 69.

178 Sten. Berichte über die Verh. des Dt. Reichstages, 1890/91, 1. Anlageband, S. 164, Nr. 33.

179 Sten. Berichte über die Verh. des Dt. Reichstages, 1890/92, 5. Anlageband, S. 3542, Nr. 589.

180 Von Holtzendorff, Die Richtungen des Strafvollzugs und der gegenwärtige Stand der sachverständigen Meinungen, S. 9 in: BA, R 3001, Nr. 5640.

181 Gustav Heinrich Jörns Johannsen war Däne, sein Wahlkreis war Schleswig Holstein.

182 Sten. Berichte über die Verh. des Dt. Reichstages, 1887/88, Bd. 3, 1. Anlageband., S. 311, Nr. 69.

183 Sten. Berichte über die Verh. des Dt. Reichstages, 1887/88, 2. Band, S. 1065.

184 Sten. Berichte über die Verh. des Dt. Reichstages, 1890/91, 1. Anlageband, S. 164, Nr. 33.

185 Sten. Berichte über die Verh. des Dt. Reichstages, 1890/91, 1. Band, S. 200.

186 Sten. Berichte über die Verh. des Dt. Reichstages, 1890/91, 1. Band, S. 201.

sierung unterlaufen könnte. Deshalb dürfe ein Strafvollzugsgesetz nur allgemeine Vorschriften enthalten, die Ausführung der Strafvollstreckung im Detail müsse jedoch weiterhin den Einzelregierungen überlassen bleiben.[187] Bei den übrigen Rednern fand das Anliegen Bambergers jedoch weitestgehend Zustimmung.[188]

Der Staatssekretär im Reichsjustizamt Bosse ging in einem Schreiben vom 25. August 1891[189] an die einzelnen Bundesstaaten auf die Interpellation Bambergers ein. Im Zusammenhang damit, daß der Reichstag wie auch der Bundesrat die Bestrebungen zur einheitlichen Regelung des Strafvollzuges wiederholt als berechtigt anerkannt hätten und dieses Erfordernis sich durch praktische Erfahrungen bestätigte, sah es der Staatssekretär als Aufgabe des Reichs an, „auf die Aufstellung von Normativvorschriften hinzuwirken, welche sicher stellen, daß die durch das Strafgesetzbuch begründete Rechtseinheit auch in der Strafvollstreckungsinstanz zu ihrer thatsächlichen Folge gelange".[190] Bosse stellte sich aber auf den Standpunkt, daß eine Vereinheitlichung nicht im Wege der Gesetzgebung, sondern vielmehr durch vom Bundesrat zu erlassende reglementarische Vorschriften erreicht werden müßte.[191] Gegen eine gesetzliche Regelung sprach nach seiner Auffassung die Tatsache, daß von mehreren Seiten die Umgestaltung des Strafensystems des Strafgesetzbuchs gefordert wurde, jedoch keine einheitliche Ansicht darüber bestand, wie eine solche Reform aussehen sollte. Es sei deshalb „nicht rätlich, der weiteren Entwicklung durch eine vorzeitige gesetzliche Regelung über die Art der Strafvollstreckung zu präjudizieren".[192] Die Notwendigkeit der Beteiligung des Reichstags verneinte Bosse ausdrücklich mit dem Hinweis auf das Scheitern des Entwurfs von 1879.[193] Das Schreiben des Staatssekretärs endete mit der Aufforderung an die Bundesstaaten, sich darüber zu äußern, ob das Bestreben, den Strafvollzug durch reglementarische Vorschriften zu regeln, Zustimmung findet. Es wurde weiterhin darum gebeten, mitzuteilen, inwieweit der Entwurf von 1879 diesbezüglich als Grundlage dienen könnte.[194]

In *Hamburg* wurde das Schreiben des Staatssekretärs am 16. Oktober 1891 im Senat von Senator Hertz resümiert.[195] Er sprach sich dafür aus, das Vorhaben des Reichsjustizamtes zu unterstützen. Der Senat beauftragte daraufhin Senator Hertz damit, für den Staatssekretär des Reichsjustizamtes eine Antwort auf sein Schreiben zu verfassen. Die Antwort erfolgte im Namen des Präsidenten des Senats Versmann am 18. Novem-

187 Sten. Berichte über die Verh. des Dt. Reichstages, 1890/91, 1. Band, S. 202 f.

188 Vgl. die Abgeordneten von Bar (Sten. Berichte über die Verh. des Dt. Reichstages, 1890/91, 1. Band, S. 203 f.), Geyer (a.a.O., S. 204 ff.), Windhorst (a.a.O., S. 207 f.), von Marquardsen (a.a.O., 208 f.).

189 StA Hamburg, Justizverwaltung I (241-1 I), XVI A a Vol. 1; BayHStA, MA 76765.

190 StA Hamburg, Justizverwaltung I (241-1 I), XVI A a Vol. 1, S. 1 des Schreibens.

191 StA Hamburg, Justizverwaltung I (241-1 I), XVI A a Vol. 1, S. 2 des Schreibens.

192 StA Hamburg, Justizverwaltung I (241-1 I), XVI A a Vol. 1, S. 3 des Schreibens.

193 Vgl. StA Hamburg, Justizverwaltung I (241-1 I), XVI A a Vol. 1, S. 4 des Schreibens.

194 Vgl. StA Hamburg, Justizverwaltung I (241-1 I), XVI A a Vol. 1, S. 5 f. des Schreibens.

195 Vgl. StA Hamburg, Justizverwaltung I (241-1 I), XVI A a Vol. 1.

ber 1891.[196] Dabei erklärte der Senat seine Bereitschaft zur Mitwirkung beim Erlaß von Normativbestimmungen für den Strafvollzug.[197] Es wurden aber Zweifel dahin geäußert, ob eine Regelung ohne ein Gesetz möglich wäre. Es würde nützlich sein, „wenn auch in solchen Punkten, die sich der Ordnung im Verwaltungswege entziehen, die Regierungen sich über bestimmte Grundsätze einigen, die sie zu vertreten und, soweit die Verhältnisse des eignen Staates es gestatten, zu verwirklichen sich verpflichten".[198] Dabei machte der Senat hinsichtlich des Entwurfs von 1879 auf Verbesserungsvorschläge aufmerksam. Er wies darauf hin, daß eine wie im Entwurf von 1879 vorgesehene Trennung der Gefangenen je nach Strafart in verschiedenen Anstalten bei kleineren Staaten auf ernste Schwierigkeiten stoßen würde. Dagegen sei eine Unterbringung der Gefangenen „in einer und derselben Anstalt unter thunlichster räumlicher oder gruppenweiser Trennung derselben" unbedenklich.[199] Zudem solle Einzelhaft die regelmäßige Vollzugsart bilden bei allen erstmals Bestraften, die das 25. Lebensjahr noch nicht beendet hätten. Damit würden auch die hohen Kosten vermieden, welche die allgemeine Einführung dieser Vollzugsart zur Folge hätte.[200] Kritik erfuhr der § 6 des Entwurfs von 1879, welcher die Zellengröße festlegte. Es wurde dabei betont, daß wohl selbst in den Wohnräumen des mittleren Bürgerstandes eine Raumverteilung von 11 cbm pro Kopf nicht anzutreffen sei.[201]

Für *Preußen* äußerte sich Schelling aus dem preußischen Justizministerium nach Absprache mit dem Innenminister dahin, daß der Entwurf von 1879 als Ausgangspunkt der Arbeiten akzeptiert werden könne, es aber erforderlich sei, auch das materielle Strafrecht, vor allem im Hinblick auf das System der Freiheitsstrafen, zu ändern.[202]

Das Königlich *Bayerische Staatsministerium* des Königlichen Hauses und des Äußeren sandte erst am 4. Dezember 1892 ein Antwortschreiben an das Reichsjustizamt auf dessen Nachricht vom 25. August 1891.[203] Auch von der bayerischen Staatsregierung wurden die Bestrebungen zu einer einheitlichen Regelung des Vollzugs der Freiheitsstrafen als berechtigt anerkannt. Als geeignete Grundlage zur Herbeiführung einer einheitlichen Regelung des Strafvollzuges sollte der Gesetzentwurf von 1879 in der vom

196 StA Hamburg, Justizverwaltung I (241-1 I), XVI A a Vol. 1, Drucksache für die Senats-Sitzung No. 187; vgl. auch BA, 3001, Nr. 5634.

197 StA Hamburg, Justizverwaltung I (241-1 I), XVI A a Vol. 1, Drucksache für die Senats-Sitzung No. 187, S. 1.

198 StA Hamburg, Justizverwaltung I (241-1 I), XVI A a Vol. 1, Drucksache für die Senats-Sitzung No. 187, S. 1.

199 StA Hamburg, Justizverwaltung I (241-1 I), XVI A a Vol. 1, Drucksache für die Senats-Sitzung No. 187, S. 2.

200 Vgl. StA Hamburg, Justizverwaltung I (241-1 I), XVI A a Vol. 1, Drucksache für die Senats-Sitzung No. 187, S. 3.

201 StA Hamburg, Justizverwaltung I (241-1 I), XVI A a Vol. 1, Drucksache für die Senats-Sitzung No. 187, S. 3 f.

202 Vgl. das Schreiben Schellings vom 28. 11. 1891 in: BA, R 3001, Nr. 5634.

203 BayHStA, MA 76765. Zusammenstellung der Äußerungen der Bundesregierungen auf das Zirkularschreiben vom 25. August 1891 in: BA, R 3001, Nr. 5634.

Ausschuß für Justizwesen empfohlenen Fassung dienen. Aber auch aus Bayern kamen hinsichtlich einer neuerlichen Regelung des Strafvollzugs Änderungswünsche gegenüber dem Entwurf von 1879. Dabei wurde auf Widersprüche zwischen dem Entwurf von 1879 und dem Reichsstrafgesetzbuch hingewiesen. Als nicht geeignet empfand man die Vorschriften der §§ 14 Absatz 3 und 14 a von 1879. Die Vorschrift des § 14 Absatz 3, wonach die Zustimmung des Sträflings zur Verlängerung der Einzelhaft über die Dauer von drei Jahren hinaus nur nach Ablauf eines weiteren Jahres widerrufen werden konnte, wurde für unvereinbar mit der Bestimmung in § 22 Absatz 2 des StGB gehalten, der für eine Unbeschränkbarkeit des Widerrufs sprach. Die Vorschrift des § 14 a, wonach auch die Haft in Einzelhaft vollstreckt werden konnte, stand nach bayerischer Auffassung der Vorschrift des § 22 Absatz 1 des StGB entgegen, welche eine Vollstreckung der Haft in Einzelhaft ausschloß. Bezüglich dieser beiden Bestimmungen sei aufgrund des entgegenstehenden Strafgesetzbuches nur eine Regelung durch Gesetz möglich. Kritik erfuhr aus Bayern ebenfalls der letzte Satz des Absatz 4 von § 25, der die Pfändung des dem Sträfling gutgeschriebenen Teils der Arbeitsbelohnung ermöglichte, indem dieser als Guthaben des Sträflings betrachtet wurde. Großer Wert wurde von Seiten des bayerischen Staatsministeriums der Justiz darauf gelegt, daß die Frage, ob die körperliche Züchtigung eine zulässige Disziplinarstrafe bilde, nur im Wege der Gesetzgebung entschieden werde. Für Bayern war die körperliche Züchtigung durch Art. 27 Absatz 3 des Ausführungsgesetzes vom 18. August 1879 zur Strafprozeßordnung ausgeschlossen. Eine weitere Forderung richtete sich dahin, daß eine Vollstreckung in den Landesgefängnissen (Gefangenenanstalten) erst bei einer die Dauer von drei Monaten übersteigenden Strafe und bei Jugendlichen eine Vollstrekkung in besonderen Anstalten für Jugendliche erst bei einer Strafdauer von über einem Monat erfolgen sollte.[204] Weitere Anregungen erfolgten unter anderem zu den §§ 3, 14 Absatz 1 a und 19 des Entwurfs von 1879/1880.

Am 14. Januar 1892 legten Prof. von Bar (Deutsche Freisinnige Partei) und Genossen[205] im Reichstag einen Antrag vor, der einen Gesetzentwurf über den Vollzug von Freiheitsstrafen bis zur Dauer von sechs Wochen enthielt. Danach sollten die zu Haft- und Gefängnisstrafen, mit Ausnahme der aufgrund bestimmter Paragraphen des StGB Verurteilten, eine Vollstreckung der Freiheitsstrafen in der Form verlangen können, daß ihnen auf Wunsch eine eigene Zelle zugewiesen werden sollte, sie eigene Klei-

---

204 Diese Regelung galt in Bayern nach Art. 23, 25 des Ausführungsgesetzes vom 18. August 1879 zur Strafprozeßordnung. Bei einer Änderung dieser Bestimmung durch eine reichseinheitliche Regelung befürchtete man eine „beträchtliche Verschiebung in den Bevölkerungsverhältnissen der Gerichtsgefängnisse einerseits und der Gefangenenanstalten einschließlich der für jugendliche Sträflinge bestimmten andererseits", die „schon in kürzester Zeit die Erbauung mindestens einer großen Gefangenenanstalt zur Notwendigkeit machen" und damit eine unwillkommene finanzielle Belastung darstellen würde. Vgl. Staatsminister der Justiz Freiherr von Leonrod in seinem Schreiben an das bayerische Staatsministerium des Äußeren vom 18. November 1892, BayHStA, MA 76765.

205 Sten. Berichte über die Verh. des Dt. Reichstages, 1890/92, 5. Anlageband, S. 3542, Nr. 589.

dung tragen und sich selbst beköstigen und beschäftigen durften. Dieser Entwurf fand zwar das Einverständnis sämtlicher Parteien,[206] wurde jedoch nicht weiter beraten.[207]

Durch Beschluß des Reichstages vom 24. März 1892[208] wurden dem Bundesrat eine Reihe von Petitionen, die sich auf die reichsgesetzliche Regelung des Strafvollzuges bezogen, mit der Maßgabe zugeleitet, daß zunächst die wichtigsten Grundsätze bezüglich Bekleidung, Beschäftigung, Beköstigung und sonstigen Behandlung der Gefangenen festgelegt werden müßten. Der Bundesrat beschloß in seiner Sitzung vom 25. Mai 1892, die Sache dem VI. Ausschuß zu übertragen.[209]

VII. Die „Grundsätze, welche bei dem Vollzuge gerichtlich erkannter Freiheitsstrafen bis zu weiterer gemeinsamer Regelung zur Anwendung kommen" vom 28. Oktober 1897

In den 80er Jahren des 19. Jahrhunderts wurde das Problem der Strafvollzugsgesetzgebung verstärkt von kriminalpolitischen Auseinandersetzungen beeinflußt. In dem Maße, in dem sich die Bemühungen um eine Reform des materiellen Strafrechts verstärkten, stiegen auch die Tendenzen, die Verabschiedung eines Strafvollzugsgesetzes hinter die Neuregelung des Kriminalrechts zurückzustellen. Die Abhängigkeit des Strafvollzugsrechts vom Strafrecht wirkte sich somit für den Gesetzgeber als zusätzliche Bremse aus.[210] Auf dieser Linie lagen zwei Gutachten, die 1893 für den Verein deutscher Strafanstaltsbeamter erstattet wurden. Sie lehnten die Forderung nach einem Strafvollzugsgesetz mit der Begründung ab, daß eine Reform des Reichsstrafgesetzbuches notwendiger sei und darum vorzugehen habe.[211] Lediglich ein drittes Gutachten hielt an der ursprünglichen Konzeption eines Strafvollzugsgesetzes fest, da „nirgends ein Grund vorhanden [sei], warum nicht der gleiche Reichstag mit den Regierungen beschließen soll, welche Strafmedicinen einerseits zu verordnen seien, und wie man sie andrerseits einzugeben und einzunehmen habe"[212].

In dem Rahmen der Diskussion um ein Strafvollzugsgesetz wurden auch über dessen möglichen Inhalt unterschiedliche Ansichten vertreten. Es kam zu Darstellungen über die Vor- und Nachteile des Progressivsystems, mit dem Staaten wie Irland und Belgien bereits vielversprechende Erfahrungen gemacht hatten. Im Gegensatz zu von Liszt, von Holtzendorff und Mittermaier war Krohne gegen die Einführung einer Progression im Strafvollzug mit dem Fortschreiten von Einzel- zu Gemeinschaftshaft und vorläufiger

206 Vgl. Behrle, Stellung der Sozialisten, S. 18 f.
207 Vgl. Müller-Dietz, Strafvollzugsgesetzgebung, S. 9.
208 Vgl. Bundesrats-Drucksachen, 1896, Bd. 1, Nr. 54, S. 2.
209 Protokolle über die Verh. des BR des Dt. Reichs, 1892, § 435.
210 Müller-Dietz, Strafvollzugsgesetzgebung, S. 9.
211 Böhmer und Sichart, BlGefk 27 (1893), 175 ff. und 196 ff.
212 Junghans, BlGefk 28 (1895), 1 (2).

Entlassung, da er diese Mittel, „den Rechtsbrecher zum rechten Gebrauch seiner Freiheit zu erziehen“, für ungeeignet hielt.[213] Er sah im Progressivsystem zwei sich gegenseitig ausschließende Grundsätze angelegt. So solle die Einzelhaft möglichst quälend sein, um abschreckend zu wirken und daneben die Religiosität des Gefangenen besonders gepflegt werden. Dies erwecke entweder Verbitterung oder religiöse Heuchelei und stehe damit dem Erziehungszweck entgegen.[214] Zudem werde die auf die Einzelhaft folgende Zeit in Gemeinschaftshaft wieder Mißstände hervorrufen, denen sich durch rein äußerliche Disziplin nicht entgegenwirken lasse. Die Einzelhaft war laut Krohne die einzige Form von Freiheitsstrafe, „welche den Forderungen der Gerechtigkeit und der öffentlichen Sicherheit entspricht, welche die Repression des Verbrechens und die Besserung des Verbrechers allein verwirklichen kann“.[215]

Widerspruch rief der sich immer stärker durchsetzende Erziehungsgedanke im Strafvollzug hervor. Man fürchtete eine zu milde Behandlung der Gefangenen und die Unkenntlichmachung der Unterschiede der einzelnen Strafarten. Dem entehrenden Verbrechen solle laut Wach die äußerlich entehrende Strafe entsprechen.[216]

1. Das Zustandekommen der Grundsätze von 1897

a. Der „Entwurf von Bestimmungen über den Vollzug von Freiheitsstrafen“ des Reichsjustizamtes vom 28. April 1896

Unter dem Staatssekretär im Reichsjustizamt Nieberding wurden im Reichsjustizamt die „Grundzüge betreffend Bestimmungen über den Vollzug von Freiheitsstrafen“[217] verfaßt, zu denen im Laufe des Jahres 1895 verschiedene preußische Ministerien ihre Voten abgaben[218]. Der Reichskanzler unterbreitete daraufhin am 28. April 1896 dem Bundesrat den „Entwurf von Bestimmungen über den Vollzug der Freiheitsstrafen“, welcher 40 Vorschriften umfaßte.[219] Die Bestimmungen sollten als Verordnung des Bundesrats erscheinen. Die §§ 1-6 regelten die Unterbringung der Gefangenen, in den §§ 7-9 waren Bestimmungen über Aufnahme und Entlassung enthalten. Einzel- und Gemeinschaftshaft waren in den §§ 10-16 näher ausgestaltet, mit der Beschäftigung der Gefangenen befaßten sich die §§ 16-22 der Vorlage. Daran schlossen sich Vorschriften über die Beköstigung (§§ 24 f.), die Kleidung (§§ 25 f.), Krankheitsfälle (§ 27), die Seelsorge (§ 28), die Unterrichtung der Gefangenen (§ 29), Bücher und

213 Krohne, Gefängniskunde, S. 257.
214 Krohne, Gefängniskunde, S. 257.
215 Krohne, ZStW 1 (1881), 53 (63).
216 Wach, Reform der Freiheitsstrafe, S. 7 f.
217 BA, R 3001, Nr. 5598, Bl. 129 ff.
218 BA, R 3001, Nr. 5598, Bl. 172, 174, 176, 179, 181.
219 Entwurf: Bundesrats-Drucksachen, 1896, Bd. 1, Nr. 54 vom 28. 4. 1896.

Schriften (§ 30) und die Bewegung im Freien (§ 31) an. Bestimmungen über Besuche und brieflichen Verkehr fanden sich in den §§ 32 und 33, die zulässigen Disziplinarmittel, darunter auch Fesselung, Verdunkelung der Zelle und körperliche Züchtigung, waren in § 34 aufgelistet. Das Verfahren bei der Verhängung und Vollstreckung der Disziplinarstrafen wurde in § 35 geregelt, daran schloß sich die Bestimmung an, daß zur augenblicklichen Bewältigung tätlichen Widerstandes und zur Sicherung gegen Zuchthaus-, Gefängnis- und Haftsträflinge neben sonstigen geeigneten Mitteln auch die Anwendung der Zwangsjacke und der Fesselung zulässig sein sollte. Die Pflicht zum Erlaß von Hausordnungen ergab sich aus § 37. Mindestens einmal im Jahr waren die Anstalten durch die Aufsichtsbehörde oder einen Beauftragten der Aufsichtsbehörde zu besichtigen (§ 38). Über Beschwerden über die Art der Strafvollstreckung und über die Verhängung von Disziplinarstrafen hatte grundsätzlich die Aufsichtsbehörde zu entscheiden (§ 39). Die Schlußbestimmung legte fest, daß vorangegangene Bestimmungen keine Anwendung finden sollten auf die von Militärbehörden, von Konsularbehörden und in den Schutzgebieten zu vollstreckenden Strafen sowie auf die Festungshaft, welche in Festungen verbüßt würde.

In der Begründung des Entwurfs von 1896 wurde ausgeführt, es ließe sich erwarten, „daß die zu beschließenden Grundsätze für eine gleichmäßige Entwickelung in den einzelnen Bundesstaaten die Bahn bereiten werden“.[220] Dem Entwurf sei die Vorlage von 1879 in der Fassung der Anträge des Justizausschusses zugrundegelegt. Ausgeschieden seien Bestimmungen, die im Hinblick auf die Zulässigkeit des Verordnungsweges zweifelhaft erschienen. Dazu gehörte § 10 der Vorlage, durch welchen eine Streitfrage über die Anrechnung der Untersuchungshaft auf die in einem anderen Verfahren verhängte Strafe entschieden werden sollte, sowie § 14 Absatz 3 über die Statthaftigkeit des Widerrufs der gemäß § 22 Absatz 2 des StGB erklärten Zustimmung zur Verlängerung der Einzelhaft über die Dauer von drei Jahren. Nicht aufgenommen wurde ferner der § 20 des Entwurfs von 1879/1880, der die Zulässigkeit der Vollstreckung der Haft in Einzelhaft beinhaltete. Die Bestimmungen der Vorlage von 1879/1880 über Organisation, Leitung und Beaufsichtigung der Strafanstalten seien teilweise weggelassen (so § 1 Nr. 3 und 4, §§ 7, 8), im übrigen die Vorschriften auf ein Maß beschränkt worden, daß sie von den Bundesregierungen ohne schroffen Eingriff in die einmal vorhandenen Einrichtungen und ohne zu weitgehende finanzielle Belastung zur Anwendung gebracht werden könnten. Diese Form der Rücksichtnahme auf die Möglichkeiten der Einzelstaaten habe bei einer Reihe sonstiger Bestimmungen dazu geführt, sie so zu gestalten, daß bei der Ausführung ein freier Spielraum vorhanden sei.[221]

220 Bundesrats-Drucksachen, 1896, Bd. 1, Nr. 54, S. 2.
221 Bundesrats-Drucksachen, 1896, Bd. 1, Nr. 54, S. 2 f.

Zu dem Entwurf von Bestimmungen über den Vollzug von Freiheitsstrafen gingen ab der zweiten Hälfte des Jahres 1896 Anträge und Bemerkungen der verschiedenen Bundesstaaten beim Reichsjustizamt ein.[222]

b. Die Beratung der Vorlage vom 28. April 1896 im Ausschuß für Justizwesen des Bundesrats

Die Vorlage vom April 1896 wurde am 7. Mai 1896 vom Bundesrat auf Vorschlag des Vorsitzenden dem VI. Ausschuß überwiesen.[223]

Zu Beginn der Verhandlungen im Ausschuß für Justizwesen[224] wies der Vorsitzende Nieberding darauf hin, daß von einzelnen Regierungen aus staatsrechtlichen Gründen und aus Rücksichten auf die politische Zweckmäßigkeit Bedenken gegen die Regelung des Vollzugs von Freiheitsstrafen im Wege einer Vereinbarung erhoben worden seien. Preußen sei der Ansicht, daß der Erlaß einer Verordnung nach Art. 7 der Reichsverfassung zulässig und angemessen sei. Der Entwurf von 1896 sah vor, eine Verordnung zu erlassen. Dieses Vorhaben wurde im Ausschuß für Justizwesen von mehreren Seiten beanstandet. Dem Bericht des Ausschusses für Justizwesen zur Folge wurde geltend gemacht, „daß die Vorschrift im Art. 7 Nr. 2 der Reichsverfassung den Bundesrath nicht ermächtige, die fragliche Materie, selbst in dem beschränkten Umfange der Vorlage, auf dem Wege der Verordnung zu regeln. Denn es handele sich um Normen, die über den Rahmen allgemeiner Verwaltungsanordnungen hinausgehen und in das der Gesetzgebung vorbehaltene Gebiet der Rechtsvorschriften übergreifen und überdies als zur Ausführung eines Reichsgesetzes 'erforderlich' um deswillen nicht angesehen werden könnten".[225] Dem wurde entgegengestellt, daß die Bestimmungen der Vorlage als allgemeine Verwaltungsvorschriften bezeichnet werden könnten und der Bundesrat damit zuständig sei, eine Regelung in Form einer Verordnung zu treffen.[226] Gegen die Regelung in Form einer Verordnung sprachen neben Zuständigkeitserwägungen aber auch materielle Bedenken. So bestünden laut Bericht des Justizausschusses vor allem Meinungsverschiedenheiten über das Disziplinarmittel der körperlichen Züchtigung. Wolle man den unterschiedlichen Ansichten Rechnung tragen, so müsse man den Einzelstaaten die Beibehaltung auf Landesebene geltender Bestimmungen in größerem Umfange zugestehen, als dies durch eine Verordnung des Bundesrates möglich sei.[227]

---

222 Vgl. die Anträge und Bemerkungen in: BA, R 3001, Nr. 5599, Bl. 10, 15, 19, 24, 26, 34, 38, 40, 41.

223 Protokolle über die Verh. des BR des Dt. Reichs, 1896, § 269.

224 Zu den Verhandlungen des Justizausschusses vgl. die Berichte des bayerischen Vertreters von Heller zu den Sitzungen vom 20. 10., 21. 10., 23. 10., 30. 10. 1896, 31. 5., 1. 6., 28. 6. 1897 in: BayHStA, MJu 13142.

225 Bundesrats-Drucksachen, 1897, Band I, Nr. 95, S. 1.

226 Bundesrats-Drucksachen, 1897, Band I, Nr. 95, S. 1.

227 Bundesrats-Drucksachen, 1897, Band I, Nr. 95, S. 1 f.

In erster Lesung wurde die körperliche Züchtigung aus der Zahl der zulässigen Disziplinarstrafen gestrichen.[228] Angesichts der etwa von Preußen gehegten Erwartung, die bisher dort praktizierte körperliche Züchtigung beizubehalten und der vorauszusehenden ähnlichen Wünsche anderer Bundesstaaten, wurde vorgeschlagen, nicht durch Verordnung, sondern im Wege freier Vereinbarung unter den Regierungen die anstehenden Fragen des Strafvollzugs zu regeln.[229]

Die zweite Lesung des Entwurfs begann im Justizausschuß am 31. Mai 1897 unter dem Vorsitz Nieberdings.[230] Nieberding ging zu Beginn der zweiten Lesung auf die sich sowohl in formaler als auch in materieller Hinsicht ergebenden Schwierigkeiten ein, wobei die formalen Probleme erneut in den verfassungsrechtlichen Bedenken einzelner Regierungen lagen, im Wege der Verordnung vorzugehen. In materieller Hinsicht ging der Justizausschuß erneut auf die inhaltlichen Fragen zu den einzelnen Paragraphen ein. Die zweite Lesung wurde mit der Sitzung vom 3. Juni 1897 beendet.[231] Die Beschlüsse sollten nun noch redigiert und ihre endgültige Fassung in einer weiteren Sitzung zugleich mit dem an das Plenum des Bundesrats zu erstattenden Bericht festgestellt werden.

c. Der Bericht des Ausschusses für Justizwesen über die Vorlage von 1896 und die Ausarbeitung der „Grundsätze, welche bei dem Vollzuge gerichtlich anerkannter Freiheitsstrafen bis zu weiterer gemeinsamer Regelung zur Anwendung kommen“

Am 28. Juni 1897 legte der Ausschuß für Justizwesen seinen Bericht über die Vorlage betreffend den Entwurf von Bestimmungen über den Vollzug von Freiheitsstrafen vor.[232] Danach habe im Ausschuß Einverständnis bestanden, daß es wünschenswert sei, den Strafvollzug im Deutschen Reiche größerer Einheitlichkeit zuzuführen.[233]

Bezüglich der Rechtsnatur hatte der Bundesratsausschuß für Justizwesen, nachdem es zweifelhaft geworden war, ob bei den auseinandergehenden Wünschen einzelner Bundesregierungen eine Bundesratsverordnung würde zustande kommen können, Grundsätze vorgeschlagen, welche bei dem Vollzug gerichtlich erkannter Freiheitsstrafen bis

228 Vgl. BA, R 3001, Nr. 5599, Bl. 62.

229 Vgl. BA, R 3001, Nr. 5599, Bl. 62; vgl. den Bericht der Hamburgischen Gesandtschaft in Berlin an den Bürgermeister Hamburgs Versmann vom 4. Juni 1897, StA Hamburg, Justizverwaltung I (241-1 I), XVI A a 1 Vol. 3a, Nr. 38.

230 Vgl. dazu den Bericht des bayerischen Vertreters von Heller vom 2. Juni 1897 in BayHStA, MJu 13142.

231 Vgl. dazu den Bericht des bayerischen Vertreters von Heller vom 3. Juni 1897 in BayHStA, MJu 13142.

232 Bundesrats-Drucksachen, 1897, Bd. 1, Nr. 95, S. 1 ff. Vgl. dazu auch den Bericht des bayerischen Vertreters von Heller vom 28. Juni 1897 in BayHStA, MJu 13142. Unterzeichnende waren Nieberding, von Heller, Rüger, Schicker, von Jagemann, von Neidhardt und Klügmann.

233 Bundesrats-Drucksachen, 1897, Band I, Nr. 95, S. 1.

zu weiterer gemeinsamer Regelung im Wege der freien Verständigung unter den Regierungen Anwendung finden sollten. Mit diesem Vorschlag einer freien Verständigung konnte sich auch Bayern einverstanden erklären.[234] Der bayerische Staatsminister der Justiz Freiherr von Leonrod beantragte daraufhin am 12. Oktober 1897 bei Prinz Luitpold, die Vertretung Bayerns im Bundesrat dahingehend zu instruieren, daß der Vereinbarung zugestimmt werde.[235] Der Antrag wurde genehmigt.[236] Der Senat der Freien und Hansestadt Hamburg hatte bereits am 25. Juni 1897 den Grundsätzen zugestimmt.[237]

Der Ausschuß äußerte zur Vorlage insofern seine Zustimmung, „als sie davon absieht, die Materie der Vollstreckung gerichtlich erkannter Strafen erschöpfend zu regeln, sich vielmehr darauf beschränkt, zunächst die wichtigsten Grundsätze über die Behandlung der zu einer Freiheitsstrafe verurtheilten Gefangenen festzustellen".[238] Der Ausschuß empfahl dem Bundesrat, „dem unter Nr. 54 der Drucksachen von 1896 vorgelegten Entwurfe von Bestimmungen über den Vollzug von Freiheitsstrafen in der aus der Anlage sich ergebenden Gestalt zuzustimmen".[239] Gegenüber der Vorlage von 1896 ergaben sich dabei einige, im wesentlichen aber inhaltlich wenig bedeutsame Unterschiede. Hervorzuheben ist insbesondere, daß auf die körperliche Züchtigung als Disziplinarmittel verzichtet wurde.

Am 28. Oktober 1897[240] erging im Bundesrat nach mündlicher Erläuterung des Berichts des VI. Ausschusses über die Vorlage von 1896 ein einstimmiger Beschluß, welcher dem Ausschußantrag entsprach. Zum einen erklärte man sich mit den vorgeschlagenen Grundsätzen unter der Maßgabe einverstanden, daß in § 15 Absatz 2 Zeile 4 die Worte „insbesondere bei Neubauten und umfassenden Umbauten" eingefügt würden. Zum anderen sah man durch den gefaßten Beschluß die Resolution des Reichstages vom 24. März 1892, soweit diese sich auf Strafgefangene bezog, für erledigt an. In einer Resolution wurde der Wunsch nach einer gesetzlichen Regelung des Strafvollzugs wiederholt und gleichzeitig darauf hingewiesen, daß zunächst die wichtigsten Grundsätze bezüglich Bekleidung, Beschäftigung, Beköstigung und sonstigen Behandlung der Straf- und Untersuchungsgefangenen festgelegt werden müßten.[241] Der Bundesrat beschloß weiter, der Resolution in bezug auf Untersuchungsgefangene nicht Folge zu leisten. Im Rahmen des Bundesrats-Beschlusses erklärte der Großherzoglich-hessische

---

234 Vgl. das Schreiben des Königl. Bay. Staatsministeriums des Königl. Hauses und des Äußern vom 26. Mai 1897 an die Königl. Gesandtschaft in Berlin in: BayHStA, MJu 13142.

235 Vgl. den Antrag Leonrods vom 12. Oktober 1897 an Seine Königl. Hoheit den Prinzen Luitpold in: BayHStA, MJu 13142.

236 Dies geht hervor aus einem Telegramm des Königl. Bay. Staatsministeriums der Justiz vom 13. 10. 1897 an den Staatsminister der Justiz Freiherr von Leonrod, BayHStA, MJu 13142.

237 Vgl. StA Hamburg, Justizverwaltung I (241-1 I), XVI A a 1 Vol. 3a, Nr. 53.

238 Bundesrats-Drucksachen, 1897, Band I, Nr. 95, S. 1.

239 Bundesrats-Drucksachen, 1897, Band I, Nr. 95, S. 11.

240 Protokolle über die Verh. des Bundesrats des Dt. Reichs, 1897, § 602.

241 Vgl. Protokolle über die Verh. des BR des Dt. Reichs, 1892, § 435.

Bevollmächtigte, die hessische Regierung bedauere, daß es nicht zu einer Verordnung, sondern nur zu einer Vereinbarung kommen werde. Damit werde die durch das Strafgesetzbuch begründete Rechtseinheit nicht auf den Strafvollzug ausgedehnt. Aus bundesfreundlichen Rücksichten habe die hessische Regierung aber unter Wahrung ihres grundsätzlichen Standpunktes der Vereinbarung zugestimmt.

Die Bundesratsgrundsätze wurden vom Reichskanzler als Vorsitzendem des Bundesrates, vertreten durch den Staatssekretär Nieberding, ausgefertigt.[242] Der Reichskanzler publizierte sie unter dem 6. November 1897 im Zentralblatt für das Deutsche Reich.[243]

2. Die Rechtsnatur und der Inhalt der Bundesratsgrundsätze von 1897[244]

Die Rechtsqualität der Grundsätze erschien zweifelhaft; vielfach sprach man ihnen lediglich die Natur von Verwaltungsvorschriften zu, da es dem Bundesrat zum Erlaß der Vorschriften über den Strafvollzug als Verordnung an einer reichsgesetzlichen Ermächtigung fehlte.[245] Zwar war der Bundesrat grundsätzlich zum Erlaß von Rechtsverordnungen berechtigt, die Grundsätze erfüllten aber nicht die Anforderungen, welche die damals überwiegende Meinung in Ermangelung von Verfassungsbestimmungen an den Erlaß einer gültigen Rechtsverordnung stellte. Danach mußte eine Rechtsverordnung auf einer speziellen gesetzlichen Ermächtigung beruhen, vom Vorsitzenden des Bundesrates oder dessen Stellvertreter ausgefertigt und ordnungsgemäß verkündet werden.[246]

Es ergab sich aus den Absprachen der einzelnen Bundesstaaten, daß man keine normative Regelung schaffen wollte, sondern den Ländern nur eine Richtschnur für die Ausgestaltung des Vollzugs zu geben beabsichtigte. Andererseits stellten die Grundsätze aber keine bloße Empfehlung an die Einzelstaaten dar.[247] Sie waren von den Vertretern der Einzelstaaten beraten, am Ende der Beratungen stand die Einigung der Ländervertreter über den Inhalt der Grundsätze. Damit handelte es sich bei ihnen um eine Ländervereinbarung. Durch die einstimmige Übereinkunft wurden alle Länder zur Beachtung der Grundsätze verpflichtet, ohne daß allerdings die Möglichkeit zur Durchsetzung bei Nichtbefolgung bestand.[248] Beanstandet wurde dabei, daß die Grundsätze

242 Bundesrats-Drucksachen, 1896, Bd. 1, Nr. 54, S. 1 ff.; Quedenfeld, Strafvollzug in der Gesetzgebung, S. 7.

243 Reichszentralblatt (RZBl.), XXV. Jahrgang Nr. 45, vom 12.11.1897, S. 308 ff.; abgedruckt in ZStW 18 (1898), S. 400 ff. und bei Schubert, Quellen, Abteilung I, Band 5, S. 109-112.

244 Vgl. v.a. Quedenfeld, Strafvollzug in der Gesetzgebung, S. 7.

245 Müller-Dietz, Strafvollzugsgesetzgebung, S. 10.

246 Quedenfeld, Strafvollzug in der Gesetzgebung, S. 7.

247 So aber Kriegsmann, Gefängniskunde, S. 140.

248 Quedenfeld, Strafvollzug in der Gesetzgebung, S. 7 f.

als Vereinbarung zwischen den einzelnen Bundesstaaten nur diese binden und keine unmittelbare Wirkung gegenüber dem Staatsbürger entfalten konnten.[249]

Die „Grundsätze, welche bei dem Vollzuge gerichtlich erkannter Freiheitsstrafen bis zu weiterer gemeinsamer Regelung zur Anwendung kommen" umfaßten wie schon der Entwurf von 1896 insgesamt 40 Vorschriften.

Die Vereinbarung begnügte sich aufgrund der genannten Schwierigkeiten bei den Beratungen vielfach mit einem Minimum von Anforderungen, z.B. bei der Aufstellung der Normen über die Größe der Zellen und Räume. Dies waren Normen, welche außerdem nur für Neubauten aufgestellt wurden.[250] Die Grundsätze enthielten darüber hinaus keine erschöpfende Regelung, insbesondere wurden Fragen der Verwaltungsorganisation, der Vorbildung und Stellung der Gefängnisbeamten nicht berührt. Eine Entscheidung über Einzelfragen konnte schon angesichts der lokalen Verschiedenheiten durch die Grundsätze nicht getroffen werden. Charakteristisch für die Grundsätze war, daß die Vorschriften nicht mit kategorischer Bestimmtheit aufgestellt wurden. Vielmehr enthielten einzelne Bestimmungen häufig Zusätze wir „nach Möglichkeit", „in der Regel" oder „vorzugsweise". Dadurch wurde den betreffenden Vorschriften die Schärfe genommen.[251]

Die §§ 1-7 befaßten sich mit der Unterbringung der Gefangenen. Die Anstalten für Zuchthaussträflinge waren in besonderen Gebäuden einzurichten (§ 2 Abs. 1), war eine solche Unterbringung nicht möglich, mußten zumindest die Aufenthalts-, Arbeits-, Schlaf- und Erholungsräume der Zuchthaussträflinge von den Räumen für Gefangene anderer Art vollständig getrennt bleiben (§ 2 Abs. 2, Satz 1). Auch weibliche Gefangene waren in der Regel in besonderen Anstalten (Abteilungen) unterzubringen (§ 3 Abs. 1) und Jugendliche von Erwachsenen fernzuhalten (§ 4 Abs. 1). Der § 5 legte die Abmessungen für die Herstellung neuer Einzelzellen und für Gemeinschaftsräume fest. Von den Bestimmungen der §§ 1-6 ließ der § 7 bei vorübergehender Überfüllung Abweichungen zu, welche dann durch die oberste Aufsichtsbehörde getroffen werden mußten. In die Grundsätze aufgenommen wurden anschließend Vorschriften über die Vorgehensweise bei Aufnahme und Entlassung der Gefangenen (§§ 8-10). Eine Abschwächung gegenüber dem Entwurf von 1879 erfuhr die Einzelhaft. Sie war nicht mehr für den Beginn der Strafzeit zwingend vorgeschrieben, sondern sollte bei Zuchthaus- und Gefängnisstrafe vorzugsweise angewendet werden, wenn die Strafe die Dauer von drei Monaten nicht überstieg, der Gefangene das fünfundzwanzigste Lebensjahr noch nicht vollendet hatte oder der Gefangene Zuchthaus-, Gefängnis- oder geschärfte Haftstrafe noch nicht verbüßt hatte (§ 11). Für die Gemeinschaftshaft war eine Trennung der einzelnen Gefangenen in Kirche und Schule sowie bei der Bewegung im

---

249 Andrae, GS 80 (1913), 407 (410).

250 Vgl. Aschrott, ZStW 18 (1898), 384 (387).

251 Vgl. Kriegsmann, Gefängniskunde, S. 85 f.

Freien nicht ausgeschlossen (§ 15 Abs. 1), während der Nacht sollte die Trennung tunlichst erfolgen (§ 15 Abs. 2, Satz 2).

Eine umfassende Berücksichtigung in den Grundsätzen erfuhr die Beschäftigung der Gefangenen (§§ 17-22), die Vorschriften über Beköstigung (§ 23 f.) und Kleidung (§ 25 f.) schlossen sich daran an. Geregelt wurde auch das Vorgehen bei Krankheitsfällen (§ 17) sowie die Seelsorge durch Geistliche und Gottesdienst (§ 28). Unterrichtet werden sollten Jugendliche in den Gegenständen, die in der Volksschule gelehrt wurden, erwachsene Zuchthaus- und Gefängnissträflinge unter dreißig Jahren mit einer Strafe von mehr als drei Monaten sollten tunlichst ebenfalls unterrichtet werden, wenn sie des Unterrichts bedurften (§ 29). Grundsätzlich durften die Gefangenen Bücher und Schriften nur aus der Anstaltsbücherei entnehmen (§ 30). Für die Bewegung im Freien war, soweit ausführbar, täglich mindestens eine halbe Stunde vorgesehen, für Festungsgefangene sollte die zur Bewegung im Freien gestattete Zeit in der Regel höher bemessen werden (§ 31). Die Erlaubnis zum Empfang von Besuchen war je nach Strafart unterschiedlich gestaltet (§ 32). Der Briefverkehr unterlag der Aufsicht des Vorstandes, Eingaben an Gerichte, Staatsanwaltschaft und die Aufsichtsbehörde durften dabei nicht zurückgehalten werden (§ 33). Der § 34 bezeichnete die zulässigen Disziplinarmittel, unter denen auch die Fesselung bis zur Dauer von vier Wochen enthalten war, die körperliche Züchtigung war dagegen weggefallen. Die Strafen wurden von dem Vorstand oder der Aufsichtsbehörde nach Anhörung des Gefangenen verhängt und in der Regel sofort vollstreckt (§ 35). Zwangsjacke und Fesselung waren als Mittel zur augenblicklichen Bewältigung tätlichen Widerstandes sowie zur Sicherung gegenüber Zuchthaus-, Gefängnis- und Haftsträflingen gestattet, jedoch nur noch dann, wenn andere Mittel nicht ausreichten (§ 36). Mindestens alle zwei Jahre einmal sollten die Anstalten durch die Aufsichtsbehörde oder einen Beauftragten derselben besichtigt werden (§ 38). Die jährliche Revision, wie sie noch die Vorlage Nieberdings gefordert hatte, wurde zwar für wünschenswert, aber nicht für überall ausführbar erachtet.[252] Über Beschwerden über die Art der Strafvollstreckung und über die Verhängung von Disziplinarstrafen hatte, soweit nicht die Bestimmungen des § 490 StPO eingriffen, die Aufsichtsbehörde zu entscheiden (§ 39 Satz 1). Die Schlußbestimmung der Grundsätze enthielt unter anderem die Vorschrift, daß die Grundsätze keine Anwendung finden sollten für die Festungshaft, welche in Festungen verbüßt würde (§ 40).

3. Die Kritik an den Grundsätzen

Im Reichstag wurden die Grundsätze von 1897 wiederholt besprochen und auf Kritikpunkte aufmerksam gemacht. Der Abgeordnete Auer (SPD) bemängelte in seinem Beitrag, daß nirgendwo in den Grundsätzen dem Gefangenen ein rechtlicher Anspruch eingeräumt werde, den er auch tatsächlich geltend machen könne und dessen Ge-

252 Bundesrats-Drucksachen, 1897, Band I, Nr. 95, S. 11.

währung unbedingt erforderlich sei, namentlich, soweit es sich um die in gewissen Grenzen vorgesehene Selbstbeköstigung und Selbstbeschäftigung handle.[253] Stadthagen (SPD) äußerte sich in der Reichstagssitzung am 22. Februar 1899 folgendermaßen: „Wir sehen auf dem Gebiet der Strafvollstreckung nicht Fortschritt, sondern eine rückläufige Bewegung."[254] „Ich bitte Sie dringend, Ihre Kraft mit der unserigen zu vereinen, um endlich ein der Neuzeit der Humanität und Gerechtigkeit halbwegs entsprechendes Strafvollzugsrecht in die Wege zu leiten."[255]

Der Abgeordnete Heine (SPD) äußerte sich am 22. Februar 1899 im Reichstag zu den Grundsätzen dahingehend, daß er „es mit der Verfassung nicht vereinbar halte, daß sich die Bundesregierung über solche Grundsätze geeinigt haben. Die Strafvollstrekkung gehört ein für alle Mal zur Kompetenz des Reiches".[256] Er hielt das Vorgehen der Bundesregierung für sehr bedenklich, da es eine Umgehung des Gesetzgebungsrechtes des Reichstags bedeute, wenn die verbündeten Regierungen das vom Reichstag verlangte Strafvollzugsgesetz nicht vorlegten, sondern unter sich unverbindliche Vereinbarungen träfen.[257] Dem entgegnete der Staatssekretär im Reichsjustizamt Nieberding, daß Regelungen der Bundesregierungen sehr wohl möglich seien, solange im Strafgesetzbuch über den Strafvollzug keine Normen enthalten seien und ein Strafvollzugsgesetz nicht bestehe.[258]

Nach den Ausführungen Nieberdings am 22. Februar 1899 im Reichstag war Zweck der Vereinbarung, ein weiteres Auseinandergehen in den Strafvollzugsbestimmungen der Bundesstaaten zu verhindern, um zunächst wenigstens in gewissen Grenzen eine Gleichmäßigkeit der Bestimmungen zu wahren und auf Grundlage dieser Gleichmäßigkeit allmählich zu einem Strafvollzugsgesetz zu gelangen.[259] Auch der Ausschuß für Justizwesen hatte bereits geäußert, daß die Ländervereinbarung nicht zu einer dauerhaften Regelung führen, sondern nur ein Provisorium schaffen würde, dieses aber „immerhin ein solches [darstelle], welches geeignet sein werde, als Ausgangspunkt für die spätere erschöpfende reichsgesetzliche Regelung der Materie zu dienen".[260]

Im Vergleich zu 1879 bedeuteten die Grundsätze aber einen Rückschritt, z.B. bezüglich der Besuchsfristen oder der Bestimmung über den Erwachsenenunterricht.[261]

---

253 Sten. Berichte über die Verh. des Dt. Reichstages, Reichstagssitzung vom 31.1.1898, 1897/98, S. 756 ff.

254 Sten. Berichte über die Verh. des Dt. Reichstages, 1898/1900, 2. Band, S. 1057.

255 Sten. Berichte über die Verh. des Dt. Reichstages, 1898/1900, 2. Band, S. 1061.

256 Sten. Berichte über die Verh. des Dt. Reichstages, 1898/1900, 2. Band, S. 1039 ff.

257 Sten. Berichte über die Verh. des Dt. Reichstages, Reichstagssitzung vom 22.2.1899, 1897/98, S. 1041. Behrle konnte dem nicht zustimmen, S. 20, Fn. Nr. 26, da der Strafvollzug bisher nicht reichseinheitlich geregelt war (vgl. Art. 5 Abs. 1 der Reichsverfassung vom 16.4.1871).

258 Sten. Berichte über die Verh. des Dt. Reichstages, 1898/1900, 2. Band, S. 1044.

259 Sten. Berichte über die Verh. des Dt. Reichstages, 1898/1900, 2. Band, S. 1066.

260 Bundesrats-Drucksachen, 1897, Band I, Nr. 95, S. 2.

261 Quedenfeld, Strafvollzug in der Gesetzgebung, S. 8.

Außerdem war kaum einer der Grundsätze rigoros gefaßt, vielmehr wurden fast überall den aufgestellten Grundsätzen Einschränkungen, wie „nach Möglichkeit“, „so weit thunlich“, „der Regel nach“, „thunlichst“ usw. hinzugefügt.[262] Die Forderungen waren damit sehr zurückhaltend und ließen so viele Ausnahmen zu, so daß sie im wesentlichen nur allgemeine Richtlinien und Anregungen geben konnten.[263] Zwar erschien die Regelung aller Einzelheiten des Strafvollzuges nicht notwendig, die Regelung hätte aber zumindest das enthalten müssen, was Wesen und Inhalt der Strafe ausmachte. Die Grundsätze erstreckten sich jedoch nach Auffassung Aschrotts nicht einmal auf das, war zur Vorbereitung einer gesetzlichen Regelung erforderlich wäre,[264] sie enthielten nur allgemeine Vollzugsprinzipien. Es fehlte an einem bestimmten Haftsystem.[265] Ferner handelte es sich um bloße Verwaltungsvorschriften, die eine Umsetzung durch die Länder erforderten, so daß eine einheitliche Umsetzung nicht gesichert war. Weiterhin war anders als im Entwurf von 1879 keinerlei Beschränkung für die Benutzung kleiner Anstalten enthalten.[266] Es fehlte jede Garantie dafür, daß in den einzelnen Bundesstaaten und Anstalten wirklich nach den vereinbarten Grundsätzen verfahren würde. Während in dem Antrag des Reichstages vom 4. März 1870 ausdrücklich die Einsetzung einer Bundesbehörde gefordert wurde, welcher die oberste Aufsicht über die Strafanstalten obliegen sollte, wurde diese schon im Entwurf von 1879 dahingehend abgeschwächt, daß dem Reichskanzler nur die Befugnis zugesprochen wurde, „behufs Überwachung der vorschriftsmäßigen Strafvollstreckung [...] über die Einrichtungen und die Maßregeln, welche sich auf die Strafvollstreckung beziehen, Auskunft zu erfordern oder durch Entsendung von Kommissaren sich zu unterrichten“. In der Vereinbarung von 1897 war weder von einer Reichsbehörde noch von Reichskommissarien die Rede.[267] Dieser Verzicht auf Reichsaufsicht erschwerte eine reichseinheitliche Durchsetzung.[268] Es wurde in diesem Zusammenhang als sehr bedenklich eingeschätzt, daß bei einer Reihe von Vergünstigungen (Selbstbeköstigung, eigene Kleidung, ...) eine ausnahmsweise Bewilligung durch die Aufsichtsbehörde bzw. durch nähere Bestimmungen in der Hausordnung erfolgen konnte. Je nachdem, ob eine Bewilligung erfolgte, gestaltete sich die Strafe für den einzelnen ganz verschiedenartig und führte damit zu einer Verletzung des Gleichheitsgrundsatzes. Wer zu einer Gefängnisstrafe verurteilt sei, so Aschrott, solle auch gleich behandelt werden, solange nicht das Strafgesetz selbst dem Richter die Möglichkeit gewähre, in dem Strafurteil dem einzelnen eine mildere Behandlung zuzusprechen.[269]

---

262 Aschrott, ZStW 18 (1898), 384 (387).
263 Vgl. Schreiber, ZStW 36 (1915), 133 (136).
264 Aschrott, ZStW 18 (1898), 384 (387 f.).
265 Schattke, Geschichte der Progression, S. 108.
266 Aschrott, ZStW 18 (1898), 384 (388).
267 Aschrott, ZStW 18 (1898), 384 (388 f.).
268 Müller-Dietz, Strafvollzugsgesetzgebung, S. 10.
269 Aschrott, ZStW 18 (1898), 384 (394).

Der Wert der Vereinbarung von 1897 lag jedoch darin, daß sie die gröbsten Verschiedenheiten in den Regelungen der einzelnen Länder bereinigen wollte.[270] Sie regelte die Trennung der Strafgefangenen von Gefangenen anderer Art, die Sonderung der Männer von Frauen und der Erwachsenen von den Jugendlichen, ferner wurde das Mindestmaß für Luft- und Lichtraum der Gefangenenräume festgelegt. Gefangenenarbeit und Selbstbeköstigung wurden geregelt, über Beköstigung, Kleidung, Krankheitsfälle, Seelsorge, Unterricht, Lektüre und Verkehr mit der Außenwelt wurden allgemeine Bestimmungen getroffen. Die Bewegung im Freien wurde anerkannt und die Disziplinarmittel erschöpfend aufgeführt. Die Vollzugsziele Erziehung und Besserung waren zwar nicht ausdrücklich angesprochen worden, gingen jedoch aus der Gesamtheit der Grundsätze hervor.[271] Die durch die Grundsätze bewirkte Einheit in Bezug auf die Verwaltung des Strafvollzugs bereitete den Boden für spätere Verbesserungen. Hätte die Vielfältigkeit des in den einzelnen Ländern geübten Vollzugs weiter bestanden, wäre jegliche Reformarbeit von vornherein schon an diesem Hindernis gescheitert.[272] Die Grundsätze stellten in den aufgezeigten Begrenzungen die Grundlage für ein zu schaffendes einheitliches deutsches Strafvollzugsrecht dar. Daß auch die Bundesregierungen diese Regelung nur als ersten Schritt betrachteten, geht schon aus der Überschrift hervor.[273]

Bei der wiederholten Behandlung der Grundsätze im Reichstag[274] wurde deutlich, daß nach wie vor eine reichsgesetzliche Regelung des Strafvollzugs befürwortet wurde, es trat jedoch verstärkt der Gedanke hervor, daß diese Reform bis zur allgemeinen Reform des gesamten Strafrechts aufgeschoben werden müsste. Dieser Auffassung schloß sich auch die Regierung an.

Die deutsche Landesgruppe der Internationalen kriminalistischen Vereinigung äußerte sich 1898 zu den Grundsätzen:
„I. Der von den Regierungen eingeschlagene Weg ist zwar nicht im Stande, die Verbesserung des Strafvollzugswesens herbeizuführen, wohl aber größere Einheit im Strafvollzuge zu schaffen.
II. Die vorliegende Vereinbarung hat auch dieses Ziel nicht völlig erreicht, weil sie die Regelung vieler Prinzipienfragen vermissen läßt.
III. Es ist dringend geboten, daß die Regierungen sich noch über die Frage der einheitlichen Leitung des Gefängnißwesens in den Einzelstaaten, des Strafvollzuges in den kleinen Gefängnissen und der Behandlung geisteskranker und rückfälliger Gefangener,

270 Bumke, in: Deutsches Gefängniswesen, S. 26.
271 Verhandlungen des RT, III. Wahlp. 1924, Band 418, Anlage Nr. 3628 vom 9. 11. 1927, S. 36.
272 Mayer, Strafvollzug in Stufen, S. 8.
273 Bumke, in: Deutsches Gefängniswesen, S. 27.
274 Sten. Berichte über die Verh. des Dt. Reichstages, 1898/1900, Bd. 2, S. 1040 ff.; 1900/1902, Bd. 2, S. 1115 f.; 1900-1903, Bd. 5, S. 4021 ff., 4056, 4067, 4094.

sowie über weitere Unterscheidung in der Behandlung der Gefängniß- und Zuchthaussträflinge einigen."[275]

Der Verein deutscher Strafanstaltsbeamter begutachtete im Jahre 1898 die vereinbarten Grundsätze und beschloß einstimmig: „Der Verein begrüßt mit Freuden ‚die Grundsätze' als einen ersten Schritt auf der Bahn des zu erwartenden Reichsgesetzes über den Strafvollzug. Er nimmt Stellung zu ihnen im Hinblick darauf, daß die Grundsätze bis zur Emanation des Strafvollzugsgesetzes zu gelten bestimmt sind".[276]

In der Presse wurden die Grundsätze kritisch beurteilt. So wurde darauf hingewiesen, daß die deutschen Strafanstalten grundsätzlich nicht für die Durchführung der Einzelhaft ausgerichtet seien und eine Durchführung der Grundsätze daher für einzelne Staaten ganz enorme Geldopfer durch Neu- und Umbauten zur Folge haben werde.[277] Den Anforderungen der Grundsätze genügten 1904 nur Baden und Oldenburg voll und ganz. Bei Preußen ließ sich das Bestreben erkennen, den Anforderungen der Grundsätze nach und nach gerecht zu werden.[278]

Bei aller Kritik wurde nicht vergessen, darauf hinzuweisen, daß die Grundsätze eine gewisse, tatsächliche Vereinheitlichung des Strafvollzugs im Reich herbeiführten. Mochte das Maß an Einheitlichkeit auch noch gering und vieles unterschiedlich geregelt gewesen sein,[279] in einigen Punkten folgten die nach 1897 ergangenen Strafvollzugsordnungen der Länder[280] doch diesen Grundsätzen.[281] Für den damaligen Stand des Strafvollzugs war dies ein nicht zu unterschätzender Fortschritt.[282]

4. Die weitere Entwicklung und Folgeregelungen

a. Die Entwicklung in Preußen nach den Grundsätzen von 1897

In Preußen war seit Beginn des 19. Jahrhunderts die Gefängnisverwaltung unter der Inneren Verwaltung und der Justizverwaltung aufgeteilt. Ein Prinzip lag dieser Teilung (Dualismus) nicht zugrunde, es handelte sich vielmehr um einen rechts- und verwal-

---

275 So der Wortlaut in Sten. Berichte über die Verh. des Dt. Reichstages, 1898/1900, 2. Band, S. 1066; vgl. auch die im wesentlichen gleichlautenden Thesen des Regierungsrats von Engelberg in den Mitteilungen der Internationalen kriminalistischen Vereinigung, 7. Band, 2. Heft 1898, S. 142, abgedruckt als Beilage zu ZStW 19 (1899).

276 Vgl. BlGefk, Sonderheft B zu Band 47 (1913), S. 9.

277 Vgl. Hamburger Fremdenblatt vom 9. Oktober 1904 in: StA Hamburg, Gefängnisverwaltung I (242-1 I), B 75, Nr. 150a.

278 Vgl. Hamburger Fremdenblatt vom 9. Oktober 1904.

279 Vgl. die Beispiele bei Borchers, BlGefk 54 (1921), 6 (21).

280 Zusammenstellung in Sten. Ber. über die Verh. des Dt. Reichstages, 1907, Anlage Nr. 89, S. 503 ff.

281 Vgl. Pietsch, ZStW 36 (1915), 742 (767) und Kriegsmann, Gefängniskunde, S. 86 f.

282 Mayer, Strafvollzug in Stufen, S. 8; Quedenfeld, Strafvollzug in der Gesetzgebung, S. 8.

tungsgeschichtlichen Vorgang.[283] Der Dualismus entwickelte sich aus dem Umstand, daß in den der Justizverwaltung unterstellten Untersuchungsgefängnissen auch Gefängnisstrafen von kürzerer Dauer vollzogen wurden, während der Inneren Verwaltung die Zuchthäuser und Anstalten zur Verbüßung längerer Strafen unterstanden.[284] Am 31. März 1900 gliederte sich der Bestand folgendermaßen: Der Verwaltung des Innern unterstanden 33 Strafanstalten zur Aufnahme der zu Zuchthausstrafe Verurteilten, 19 größere Gefängnisse zur Aufnahme von Gefängnis-, Haft- und Untersuchungsgefangenen und 68 Kantongefängnisse im französisch-rechtlichen Teil der Rheinprovinz.[285] Zur gleichen Zeit waren dem Justizministerium 1039 Gefängnisse unterstellt, die zur Aufnahme von Untersuchungsgefangenen und dem Vollzug von Gefängnis- und Haftstrafe dienten. Seit 1879 hatte sich der Besitzstand der beiden Ressorts überwiegend zu Gunsten der Justizverwaltung verändert.[286] Dennoch wurde der Dualismus in der preußischen Gefängnisverwaltung beibehalten. Daher mußten die Grundsätze von 1897 sowohl im Ressort des Inneren als auch der Justiz umgesetzt werden.[287]

Für die der inneren Verwaltung unterstellten Strafhäuser wurde der Strafvollzug durch den Innenminister erst in der *Dienstordnung (DO)* vom 14. November 1902 geregelt. Der Justizminister erließ dagegen schon am 21. Dezember 1898[288] für die Gefängnisse der Justizverwaltung die *Gefängnisordnung (GO)*[289], die sich unter anderem mit der Vollstreckung von Gefängnis- und Haftstrafen befaßte (§ 1 GO). Diese beiden Ordnungen stimmten jedoch nicht vollständig überein, sondern enthielten in zahlreichen

---

283 Klein, MSchKrim 1909/1910, 132 (132).

284 Krohne/Uber, Strafanstalten und Gefängnisse in Preußen, 1. Teil, Vorwort.

285 Zu den Zahlen vgl. Krohne/Uber, Strafanstalten und Gefängnisse in Preußen, Teil 1, Vorwort.

286 Nach der „Statistik über die Gefängnisse der Justizverwaltung in Preußen" unterstanden im Rechnungsjahr 1907 der Verwaltung des Innern 32 Strafanstalten (1885 waren es noch 51 Strafanstalten) zur Aufnahme von Zuchthausgefangenen, 21 größere Gefängnisse für Gefängnis-, Haft- und Untersuchungsgefangene und in dem französisch-rechtlichen Teil der Rheinprovinz 50 Kantongefängnisse für amtsgerichtliche Gefängnis-, Haft- und Untersuchungsgefangene. Der Tagesdurchschnitt an Gefangenen betrug für die Innere Verwaltung 20.327 Gefangene. Dem Justizministerium waren 1.058 Gefängnisse unterstellt (1888 waren es erst 987 Gefängnisse), Zuchthausstrafe wurde in diesen nicht vollstreckt. Der Tagesdurchschnitt an Gefangenen betrug für die Justizverwaltung 30.000 Gefangene im Rechnungsjahr 1907. Vgl. Klein, MSchKrim 1909/1910, 132 (132 f.) und von Holtzendorff/von Jagemann- von Liszt, Handbuch des Gefängnisswesens, Band 1, S. 167.

287 Der Dualismus wurde erst seit dem 1.4.1918 äußerlich aufgehoben, indem durch Verfügung vom März 1918 die bisher dem Innenministerium unterstellten Gefangenenanstalten mit Ausnahme der Polizeigefängnisse in die Verwaltung des Justizministeriums übergingen. Zum Dualismus in der preußischen Gefängnisverwaltung und den Äußerungen des Justiz- und Innenministers vgl. BA, R 3001, Nr. 5595 und Nr. 5697; GStAPK, Hauptabt. I, Rep. 84a, Nr. 7506 und Nr. 11734. Vgl. auch die Allgemeine Verfügung vom 15. März 1918 über den Übergang der bisher der Verwaltung des Innern unterstellten Strafanstalten und Gefängnisse auf die Justizverwaltung; Preuß. JMBl. 1918, Nr. 11, S. 67.

288 Vgl. v.a. Klein, die Vorschriften über Verwaltung u. Strafvollzug in den preuß. Justizgefängnissen, 2. Auflage, 1910; vgl. auch Klein, MSchKrim 6 (1909/1910), 132 (134 ff.).

289 JMBl. Preußen, 1898, S. 295 ff.; vgl. auch Klein, Vorschriften über Verwaltung und Strafvollzug, 2. Aufl.

Einzelheiten Unterschiede. Die Dienstordnung war viel umfang- und inhaltsreicher als die Gefängnisordnung. Die Gefängnisordnung war dagegen allgemeiner und kürzer gehalten. Sie stellte vorwiegend eine Neuredaktion des Reglements für die Gefängnisse der Justizverwaltung vom 16. März 1881[290] dar, die durch die Grundsätze des Bundesrats erforderlich wurde. Für die innere Verwaltung fehlte es dagegen bis zum Erscheinen der DO an einer einheitlichen Ordnung.

(1) Die Gefängnisordnung des Justizministeriums von 1898

Die Gefängnisordnung von 1898[291] trat für alle zum Bereich der Justizverwaltung gehörenden Gefängnisse am 1. Januar 1899 an die Stelle des Reglements vom 16. März 1881[292] (§ 109 der GO).

Die 109 Paragraphen der Gefängnisordnung gliederten sich in folgende, weitgehend dem Reglement von 1881 entsprechende, Abschnitte:[293]

Abschnitt I: Gefängnißbehörden und Beamtenpersonal (§§ 2-25)

Abschnitt II: Allgemeine Vorschriften über das Verfahren und die Ordnung in den Gefängnissen (§§ 26-90)

Abschnitt III: Besondere Vorschriften über die Behandlung der Untersuchungsgefangenen (§§ 91-95)

Abschnitt IV: Besondere Bestimmungen über die Behandlung der Strafgefangenen (§§ 96-103)

Abschnitt V: Besondere Bestimmungen über die Behandlung der Civilhaftgefangenen (§ 104)

---

290 JMBl. Preußen, 1881, S. 50.

291 JMBl. Preußen, 1898, S. 295 ff.

292 JMBl. Preußen, 1881, S. 50 ff. Das Reglement von 1881 bestand aus 107 Paragraphen und gliederte sich in folgende Abschnitte: „Gefängnißbehörden und Beamtenpersonal“ (§§ 1-24), „Allgemeine Vorschriften über das Verfahren und die Ordnung in den Gefängnissen“ (§§ 25-88), „Besondere Vorschriften über die Behandlung der Untersuchungsgefangenen“ (§§ 89-93), „Besondere Vorschriften über die Behandlung der Strafgefangenen“ (§§ 94-103), „Besondere Bestimmungen über die Behandlung der Civilgefangenen“ (§ 104), „Unterhaltung der Gebäude und des Inventariums. Registerführung. Allgemeine Bestimmungen“ (§§ 105-107). Der umfassendste zweite Abschnitt enthielt Bestimmungen über die Aufnahme der Gefangenen, die Einzel- und Gemeinschaftshaft, den Verschluß und die Sicherung der Gefängnisse, die Hauspolizei, die Disziplin, sich auf die Hauswirtschaft beziehende Vorschriften, die Arbeit, die Bewegung im Freien, den Verkehr der Gefangenen nach Außen, die Seelsorge, den Unterricht, die Lektüre, die Erkrankungen, die Geburten und Todesfälle sowie die Entlassung der Gefangenen, ihre Überführung in eine andere Anstalt und die Aussetzung und Teilung der Strafvollstreckung.

293 Schreibweise wie im Original.

Abschnitt VI:	Besondere Bestimmungen über die Behandlung der Transport-, Polizei- und Militärgefangenen (§ 105)
Abschnitt VII:	Besondere Bestimmungen über die Behandlung der zu Festungshaft Verurtheilten, deren Abführung in die Verbüßungsanstalt noch nicht erfolgt ist (§ 106)
Abschnitt VIII:	Unterhaltung der Gebäude und der Bestände. Bücher und Listenführung (§§ 107-109)

Der Schwerpunkt der Gefängnisordnung lag, wie sich schon aus dem Umfang des ersten und zweiten Abschnitts erkennen läßt, bei den Gefängnisbehörden und dem Beamtenpersonal mit den Zuständigkeiten und Verhaltensvorschriften für die einzelnen Beamten sowie den allgemeinen Vorschriften über das Verfahren und die Ordnung in den Gefängnissen. Darunter fielen unter anderem Bestimmungen über die Aufnahme der Gefangenen, die Haftform, Disziplin, Arbeit, Bewegung im Freien, Seelsorge, Unterricht, Lektüre und die Entlassung der Gefangenen.

Für Männer und Frauen sowie für Untersuchungs-, Straf-, Zivil-, Polizei- und solche Gefangene, die rechtskräftig zur Festungshaft verurteilt, aber noch nicht in die Verbüßungsanstalt abgeführt worden waren, war eine getrennte Unterbringung vorgesehen (§ 34). Als Haftform bevorzugte die Gefängnisordnung die Einzelhaft. Wo die örtlichen Verhältnisse es gestatteten, begann der Strafvollzug in der Regel mit Einzelhaft (§ 38 Abs. 2). Dabei sollte die Einzelhaft vorzugsweise bei den schon in den Grundsätzen von 1897 genannten Fallgruppen angewendet werden. Um die Flucht von Gefangenen zu verhindern, wurde Wert auf Verschluß und Sicherung der Gefängnisse gelegt (§§ 42 ff.). Auf die Aufbewahrung der Schlüssel war besonderes Augenmerk zu legen und zum Entweichen geeignete Gegenstände wie Leitern durften auf den Höfen nur unter Aufsicht gebraucht werden. Darüber hinaus mußten die Gefängnisaufseher täglich zu verschiedenen Zeiten in den Gefängnisräumen nachsehen und nach Verdächtigem suchen. Als Verhaltensmaßregel für die Gefangenen war unter anderem festgeschrieben, daß sie Anordnungen Folge zu leisten hatten und sich anständig benehmen mußten; Singen, Pfeifen, Schreien und Lärmen waren untersagt (§ 50 Abs. 1). Auch die Kontaktaufnahme mit anderen Gefangenen durch Schreiben, Zeichen, Klopfen und dergleichen war verboten (§ 50 Abs. 2). Ohne Erlaubnis durfte kein Gefangener den ihm zugewiesenen Platz, auch nicht bei der Arbeit oder beim Essen, verlassen (§ 51 Abs. 1). Verboten war auch jeder Geschäftsverkehr unter den Gefangenen sowie mit Gefängnisbeamten (§ 53).

Gesuche und Beschwerden der Gefangenen waren durch den Aufseher beim Inspektionsbeamten vorzubringen. Von den Gefangenen vorgebrachte, wiederholt unbegründete Beschwerden waren bei Leichtfertigkeit oder Mutwilligkeit zu bestrafen (§ 57 Abs. 3). Als zulässige Disziplinarstrafen kamen unter anderem die Entziehung der Bewegung im Freien bis zur Dauer von einer Woche (§ 58 Abs. 1, Nr. 5), die Kostschmälerung bis zur Dauer von einer Woche (Nr. 7) sowie die „einsame Einsperrung“

bis zur Dauer von sechs Wochen (Nr. 8) in Frage. Die einsame Einsperrung konnte z.B. geschärft werden durch die Entziehung des Bettlagers, Schmälerung der Kost oder Verdunkelung der Zelle (§ 58 Abs. 3).

Die Gefängnisordnung enthielt darüber hinaus Vorschriften über Ordnung und Reinlichkeit in den Gefängnisräumen. Für ausgiebige Lüftung der Räume war vorzugsweise Sorge zu tragen (§ 60 Abs. 6). Für die Bekleidung der Gefangenen waren Grundsätze aufgestellt, das Nähere war durch eine Bekleidungsordnung zu regeln (§ 64 Abs. 1). Die Beköstigung erfolgte entweder auf Staatskosten oder auf Kosten des Gefangenen durch Selbstbeköstigung (§ 66 Abs. 1). Die Gefangenen sollten mit nützlichen Arbeiten beschäftigt werden (§ 71 Abs. 1), wobei der Ertrag der Arbeit bei Beschäftigung durch die Anstalt der Staatskasse zugewiesen war (§ 77). Die Vorschriften der Gefängnisordnung über den Verkehr der Gefangenen nach außen enthielten Bestimmungen über Besuche (§ 79) und den schriftlichen Verkehr (§ 80).

Für die Behandlung der Untersuchungs-, Straf- und Zivilgefangenen sowie der Transport-, Polizei- und Militärgefangenen und zur Festungshaft Verurteilten enthielt die Gefängnisordnung besondere Bestimmungen, die vor allem Besonderheiten bei der Beschäftigung, Bekleidung und Beköstigung regelten. Zu einer längeren Gefängnisstrafe Verurteilte konnten, wenn sie drei Viertel der Strafe verbüßt und sich gut geführt hatten, den §§ 23-26 des Strafgesetzbuches entsprechend mit ihrer Zustimmung vorläufig entlassen werden (§ 99).

Dem § 108 der Gefängnisordnung zur Folge mußten in jedem Gefängnis vier Gefangenenbücher, das Belegungsbuch, das Verzeichnis der den Gefangenen abgenommenen Gegenstände, das Strafbuch über die Disziplinarbestrafungen, der Kalender für die Entlassungstermine, die Nachweisung der Bestände und das Revisionsbuch geführt werden (§ 108). Als Anlagen enthielt die Gefängnisordnung Muster für die erforderlichen Bücher.

(2) Die Dienstordnung des Innenministeriums von 1902

Die Dienstordnung für die dem Ministerium des Innern unterstellten Strafanstalten und größeren Gefängnisse vom 14. November 1902[294] war wesentlich umfangreicher als die Gefängnisordnung, sie bestand aus 193 Paragraphen. Der Zeitpunkt des Inkrafttretens war auf den 1. April 1903 festgelegt worden, entgegenstehende Bestimmungen galten damit von jenem Zeitpunkt an als aufgehoben (§ 193). Eine einheitliche Vorschrift für die dem Innenministerium unterstellten Anstalten gab es vor dem Inkrafttreten der Dienstordnung nicht. Die Untergliederung der Dienstordnung stellte sich folgendermaßen dar:[295]

294 Separat veröffentlicht unter dem Titel „Dienstordnung für die dem Ministerium des Innern unterstellten Strafanstalten und größeren Gefängnisse vom 14. November 1902".

295 Einschübe wie im Original.

Einleitung: Von den Anstalten (§§ 1-3)

Abschnitt I: Von den Behörden und Anstaltsbeamten (§§ 4-48)

A. Behörden

B. Anstaltsbeamte

Anstellung der Beamten. Vorbereitung dafür (§§ 49-65)

C. Allgemeines

Abschnitt II: Von den Haftarten (§§ 66-70)

Abschnitt III: Haftsysteme (§§ 71-87)

A. Einzelhaft (§§ 71-79)

B. Gemeinschaftshaft (§§ 80 f.)

C. Scheidung der Gefangenen (§§ 82-87)

Abschnitt IV: Vollstreckung der Strafe (§§ 88-193)

A. Aufnahme (§§ 88-108)

B. Verwahrung (§§ 109-126)

C. Behandlung der Gefangenen (§§ 127-141)

D. Arbeit (§§ 142-149)

E. Krankheiten, Geburten, Todesfälle (§§ 150-160)

F. Religiöse und geistige Pflege (§§ 161-165)

G. Besuche und Briefe (§§ 166-168)

H. Disziplinarstrafen (§§ 169-174)

J. Sicherheitsmaßregeln (§ 175)

K. Beschwerden (§§ 176 f.)

L. Entlassung (§§ 178-193)

M. Anlagen

Der einleitende Paragraph der Dienstordnung legte fest, daß die Strafanstalten zur Vollstreckung der Zuchthausstrafen und die Gefängnisse unter anderem zur Vollstreckung der Gefängnisstrafen und Haftstrafen dienten (§ 1). Aufgabe des Strafvollzugs war es, den Verurteilten unter die Rechtsordnung zu beugen, zur Achtung derselben zu bringen, ihn sittlich zu bessern und zu einem geordneten, gesetzmäßigen Leben nach der Entlassung zu erziehen (§ 3).

Die Vorschriften über Behörden und Anstaltsbeamte umfaßten in der Dienstordnung 65 Vorschriften, in der Gefängnisordnung enthielt der Abschnitt „Gefängnisbehörden und Beamtenpersonal“ nur 25 Paragraphen. Der erste Abschnitt der Dienstordnung enthielt Bestimmungen über die Aufgaben und Befugnisse der Behörden; darunter fielen der Innenminister als oberste Aufsichtsbehörde, der Regierungspräsident als Aufsichtsbehörde, der Oberlandesgerichtspräsident und Oberstaatsanwalt sowie die kirchlichen Aufsichtsbehörden (§§ 4-7). Darüber hinaus waren Vorschriften über die Anstaltsbeamten und ihre Befugnisse enthalten. Dem Vorsteher kam die Aufgabe zu, die ganze Verwaltung der Anstalt unter alleiniger Verantwortung zu leiten, die Anstalt nach außen zu vertreten (§ 10) und den Dienst aller Beamten zu ordnen und zu überwachen (§ 11 Abs. 1). Oberbeamte der Verwaltung waren unter anderem der Arbeitsinspektor (§ 17), der Ökonomieinspektor (§ 18), der Rendant (§ 19), der Sekretär (§ 20), die Assistenten (§ 22); auch die Aufgaben der Geistlichen (§ 27), Ärzte (§ 28), Lehrer und Lehrerinnen (§§ 29 f.) fanden ausführliche Regelung. Als Unterbeamte waren der Hausvater (§ 35), der Oberaufseher (§ 36), der Werkmeister (§ 37), der Maschinenmeister (§ 38) und der Aufseher (§ 40) vorgesehen.

Als Haftarten regelte die Dienstordnung die Zuchthaus-, Gefängnis- und einfache Haftstrafe sowie andere Haftarten wie Zivilhaft, Militärhaft und Disziplinararrest sowie daneben Untersuchungshaft und vorläufige Festnahme (§§ 66-70). Unterschiede zwischen Zuchthaus, Gefängnis und einfacher Haft lagen vorwiegend in den Bereichen Arbeit, Kleidung, Verkehr mit der Außenwelt und Disziplinarstrafen (vgl. §§ 66-68). Zulässige Haftformen waren sowohl Einzel- als auch Gemeinschaftshaft, wobei für die Einzelhaft diejenigen Fälle aufgelistet waren, bei denen sie vorzugsweise anzuwenden war. Obligatorisch war die Einzelhaft für die zu einfacher Haft Verurteilten festgeschrieben (§ 72 Abs. 1 b). Unter dem Abschnitt „Haftsysteme“ fanden sich auch die Bestimmungen über die Trennung von männlichen und weiblichen, jugendlichen und erwachsenen Gefangenen sowie Zuchthausgefangenen, Rückfälligen und Kranken von den anderen Gefangenen (§§ 82-86).

Umfassend wurde das Verfahren bei der Aufnahme von Gefangenen behandelt (§§ 88-108). Hier fanden sich Bestimmungen über die Aufnahmebedingungen, zurückzuweisende Personen, Kinder von Gefangenen, das Untersuchen und Baden, die Behandlung der eigenen Sachen des Gefangenen oder auch die ärztliche Untersuchung.

Innerhalb der Bestimmungen über die Verwahrung, bei denen das Schwergewicht darauf lag, das Fliehen von Gefangenen zu verhindern, wurde auch die Tagesordnung geregelt (§ 126). Darin fanden sich sowohl für Sommer als auch für Winter genaue Zeitangaben für den Tagesablauf. Aufschluß war um 6.00 bis 6.15 Uhr, Einschluß um 20.30 bis 21.00 (im Sommer jeweils eine Stunde früher); geregelt waren in diesem Rahmen auch die Arbeitszeiten sowie die für das Essen jeweils zur Verfügung stehende Zeit.

Im Rahmen der Behandlung der Gefangenen wurde unter „Allgemeines" bestimmt, daß die Gefangenen „streng, gerecht und mit sittlichem Ernst zu behandeln" waren; dabei war „auf ihre Eigenart, Gegenstand und Grad der Verschuldung, Alter, Geschlecht, ihre geistigen und körperlichen Zustände, Bildungs- und Berufsverhältnisse ohne willkürliche Bevorzugung Rücksicht zu nehmen" (§ 127 Satz 1).

Die Teilnahme an Gottesdiensten und den Andachtsübungen ihres Bekenntnisses war für alle Strafgefangenen zwingend vorgesehen, nur in Ausnahmefällen konnten sie von dem Vorsteher von der Teilnahme entbunden werden (§ 163). Für erwachsene Zuchthaus- und Gefängnisgefangene, die des Unterrichts noch bedurften und eine Mindeststrafe von drei Monaten verbüßten sowie für jugendliche Gefangene war auch die Teilnahme am Unterricht zwingend (§ 164).

Als Disziplinarstrafen waren unter anderem die Entziehung der Bewegung im Freien bis zur Dauer von einer Woche, die Entziehung des Bettlagers bis zur Dauer von einer Woche, die Schmälerung der Kost, die Fesselung bis zur Dauer von vier Wochen sowie die einsame Einsperrung zugelassen (§ 169). Die einsame Einsperrung konnte bestehen in einfachem Arrest, Mittelarrest oder strengem Arrest. Darüber hinaus konnte gegen männliche Zuchthausgefangene körperliche Züchtigung bis zu dreißig Hieben als Disziplinarstrafe eingesetzt werden. Sicherungsmaßregeln gegen einzelne Gefangene konnten z.B. die Einsperrung in eine Tobzelle bei Wutausbrüchen mit Toben und Schreien, die Fesselung oder die Anlegung einer Zwangsjacke sein (§ 175). Über Beschwerden über die Art der Strafvollstreckung, soweit nicht die StPO maßgebend war, über die Behandlung in der Anstalt und die Verhängung von Disziplinarstrafen entschied die Aufsichtsbehörde, in letzter Instanz der Minister (§ 176 Abs. 1).

Die §§ 178-192 regelten schließlich die Entlassung des Gefangenen. Zuchthaus- oder Gefängnisgefangene konnten nach Ablauf von drei Vierteln der Strafe mit ihrer Zustimmung vorläufig entlassen werden, wenn sie sich während dieser Zeit gut geführt hatten (§ 181 Abs. 1). Die Anträge auf vorläufige Entlassung waren in der Beamtenkonferenz zu erörtern und nur dann zu befürworten, „wenn die Persönlichkeit und das Gesamtverhalten des Gefangenen während der Haft, sowie die Verhältnisse, in welche er nach der Entlassung tritt, eine Gewähr dafür bieten, daß er die vorläufige Entlassung zum Wiederbeginn eines gesetzmäßigen und ehrenhaften Lebens gebrauchen werde" (§ 181 Abs. 4, Satz 1). Der Vorsteher war verpflichtet, dem Entlassenen eine Unterkunft und eine Erwerbsmöglichkeit zu verschaffen (§ 181 Abs. 5, Satz 1). Vor der Entlassung war der Gefangene für zwei Tage in Einzelhaft zu nehmen und wurde dort vor allem von dem Geistlichen zu einem ordentlichen Leben nach der Entlassung ermahnt und vom Arzt auf seinen Gesundheitszustand untersucht (§ 189 Abs. 1). Bemerkenswert war die Vorschrift des § 192, die sich mit der Fürsorge für entlassene Gefangene befaßte und vorschrieb, daß diese ganz besonders ernst zu nehmen war. Es war die Pflicht der Anstaltsbeamten, das Interesse für die Fürsorge in der Bevölkerung zu wecken und zu unterstützen, daß durch „zweckmäßige Einrichtung und lebendiges Zusammenwirken der Fürsorgeorgane mit den Strafvollzugs- und Polizeibehörden der

Erfolg der Fürsorgetätigkeit möglichst gefördert" wurde (§ 192 Abs. 1). Damit wurde in den dem preußischen Ministerium des Innern unterstellten Strafanstalten und größeren Gefängnissen besonderer Wert auf die Fürsorgetätigkeit nach der Entlassung gelegt; diese Regelung verdeutlicht den Wandel im Rahmen des Strafzwecks vom Vergeltungs- zum Besserungsgedanken.

b. Die Entwicklung in Bayern nach den Grundsätzen von 1897

Die Strafanstalten und Gerichtsgefängnisse Bayerns waren dem Königlichen Justizministerium unterstellt. Die Aufsicht über die Strafanstalten, darunter fielen Zuchthäuser und Gefangenanstalten[296], wurde durch einen Beamten des Justizministeriums ausgeübt. Die Beaufsichtigung über die Gerichtsgefängnisse, d.h. Land- und Amtsgerichtsgefängnisse, fiel in den Aufgabenbereich der Oberstaatsanwälte bei den Oberlandesgerichten.[297]

Nach Vereinbarung der Grundsätze von 1897 wurde auch in Bayern eine Anpassung der bisherigen Verhältnisse an die Ländervereinbarung nötig. Es wurde verfügt, daß vom 1. März 1898 an in sämtlichen Strafanstalten zunächst diejenigen Bestimmungen der Grundsätzen angewendet werden mußten, welche zu Gunsten der Gefangenen von den bisherigen Vorschriften abwichen.[298] Dies galt nicht, soweit die Anwendung der Grundsätze aufgrund der vorhandenen baulichen Einrichtungen unmöglich oder eine Bestimmung der Aufsichtsbehörde oder eine nähere Bestimmung der Hausordnung Voraussetzung war oder fiskalische Interessen berühren würde. Demnach sollte bereits ab dem 1. März nach den §§ 10, 12, 18, 23 Abs. 2, 26 Abs. 2, 29 Abs. 2, 30 Abs. 1, Satz 2, 32, 33 Abs. 2, 3 und 34 der Grundsätze verfahren werden.

Für den in Festungshaftanstalten erfolgenden Vollzug der Festungsstrafe galten auch nach Vereinbarung der Grundsätze von 1897 die Verordnung vom 18. März 1893, die Hausordnung für die zum Vollzug der Festungshaft an Personen des Zivilstandes bestimmten Orte betreffend[299] und die hierzu ergangenen Ausführungsvorschriften vom 16. August 1919[300]. Für die bayerischen Strafanstalten wurde am 20. September 1907[301] eine neue Hausordnung erlassen, die Gerichtsgefängnisse in Bayern hatten schon am 3. Januar 1910[302] eine neue Hausordnung erhalten.

---

296 Im Jahr 1888 gab es in Bayern 9 Zuchthäuser und 5 Gefangenanstalten; vgl. von Holtzendorff/von Jagemann-Streng, Handbuch des Gefängnisswesens, Band 1, S. 203.

297 Vgl. von Holtzendorff/von Jagemann-Streng, Handbuch des Gefängnisswesens, Band 1, S. 202.

298 Dies geht hervor aus dem Schreiben des Staatsministers der Justiz Freiherr von Leonrod an die Königlichen Verwaltungen der sämtlichen Strafanstalten vom 26. Februar 1898 in: BayHStA, MJu 16996. Vgl. dazu auch BA, R 3001, Nr. 5695, Bl. 6.

299 GVBl. Bayern, 1893, S. 77.

300 JMBl. Bayern, 1919, S. 304.

301 JMBl. Bayern, 1919, S. 309.

302 JMBl. Bayern, 1910, S. 25.

(1) Die Hausordnung für die bayerischen Strafanstalten vom 20. September 1907

Am 20. September 1907[303] wurde die Hausordnung für die bayerischen Strafanstalten für den Vollzug von Gefängnis- und Zuchthausstrafen in den Gefangenenanstalten und Zuchthäusern erlassen, die zum 1. Oktober 1907 in Kraft trat. Sie löste die Hausordnungen für die Zuchthäuser und die Gefangenanstalten vom 12. Juni 1862, die Hausordnung für das Zellengefängnis Nürnberg vom 21. Oktober 1869 und die Verordnung vom 1. April 1869 ab (§ 120 der HausO von 1907).

Die Hausordnung für die bayerischen Strafanstalten von 1907 enthielt 120 Paragraphen und gliederte sich in folgende Abschnitte:

Abschnitt I:	Die Aufnahme der Gefangenen (§§ 1-9)
Abschnitt II:	Die Behandlung der Gefangenen (§§ 10-102)
Abschnitt III:	Die Entlassung der Gefangenen (§§ 103-112)
Abschnitt IV:	Ableben von Gefangenen (§§ 113-116)
Abschnitt V:	Beamtenkonferenz (§§ 117-118) und Schlußbestimmungen (§§ 119-120)

Umfassend wurde die Behandlung der Gefangenen in den Kapiteln „Allgemeine Vorschriften“, „Gemeinschaftshaft, Einzelhaft“, „Besuche und schriftlicher Verkehr“, „Kleidung und Lagerstätte“, „Beköstigung“, „Reinlichkeit und Gesundheitspflege“, „Behandlung der Kranken“, „Gottesdienst, Seelsorge, Religionsunterricht“, „Schulunterricht, Bücher und Schriften“, „Beschäftigung“, „Tagesordnung, Ruhe- und Erholungszeit“, „Verhaltensmaßregeln für die Gefangenen“, „Aufmunterungen“, „Bestrafung“ und „Vorbeugende Maßregeln und Verfahren in außerordentlichen Fällen“ geregelt. Dabei wurde die Vorschrift vorangestellt, den Gefangenen mit fühlbarer Strenge zu behandeln (§ 10 Abs. 1). Hervorgehoben wurde als Aufgabe des Strafvollzugs die Besserung des Gefangenen (§ 10 Abs. 2). Zu diesem Zweck sollten die Gefangenen vor allem gerecht und menschlich behandelt werden. Jede Beschimpfung oder Mißhandlung von Gefangenen war ausdrücklich verboten (§ 11). Betont wurde auch die Notwendigkeit individualisierender Behandlung der Gefangenen (§ 13 Abs. 1-8). Bei den Vorschriften über die Haftform wurde die Gemeinschaftshaft an den Beginn gestellt, es erfolgte aber keine Bevorzugung einer bestimmten Haftform. Wesentlich ausführlicher als in den Bundesratsgrundsätzen von 1897 waren die Vorschriften über Besuche und schriftlichen Verkehr geregelt (§§ 23-27). Jeder Mißbrauch des Besuchsrechts hatte die Entfernung des Besuchers und möglicherweise den Entzug oder die Beschränkung des Besuchsrechts zur Folge (§ 24 Abs. 2). Für das Briefeschreiben gab es für Zuchthaus- und Gefängnisgefangene eine genau vorgeschriebene Zahl von Brie-

303 JMBl. Bayern, 1907, S. 309.

fen, die pro Jahr versendet werden durften. Ebenso war die Farbe der Kleidung der Gefangenen genau festgelegt (§ 28). Im Rahmen der Beköstigung wurde Wert auf die Erhaltung von Gesundheit und Arbeitsfähigkeit gelegt (§ 30 Abs. 1), wobei genaueres durch eine für jede Anstalt zu erlassende Kostordnung geregelt werden sollte (§ 30 Abs. 2). Im Gegensatz zu den Grundsätzen von 1897 traf die Hausordnung von 1907 Bestimmungen über die Reinhaltung der Anstaltsräume, Gänge und Höfe und legte fest, in welchem Zeitraum die Räume zu streichen waren (§ 35). Im Rahmen des Kapitels „Gottesdienst, Seelsorge und Religionsunterricht" gab es sowohl Vorschriften für christliche Gefangene als auch für Gefangene jüdischen Glaubens (§§ 50 ff.). Schulunterricht war für erwachsene Zuchthaus- und Gefängnisgefangene unter dreißig Jahren und für Gefangene in den Anstalten für Jugendliche vorgeschrieben (§ 57 Abs. 1).

Die umfassenden Vorschriften über die Beschäftigung (§§ 64-79) waren unterteilt in „Allgemeine Vorschriften", „Arbeitszeit und Arbeitsmaß" und „Arbeitsverdienst". Die arbeitsfreien Tage waren zur Erholung, vor allem zum Lesen von Büchern, zur Vorbereitung für den Unterricht, zum Briefeschreiben und Zeichnen bestimmt (§ 81 Abs. 3). Durch Aufstellung einer Tagesordnung sollten der Beginn und Schluß der Arbeitszeit im allgemeinen und in den verschiedenen Beschäftigungszweigen, die Mahlzeiten, das Ruhen der Arbeit, der Besuch des Gottesdienstes und des Unterrichts sowie die tägliche Bewegung im Freien geregelt werden (§ 82 Abs. 1). In den Verhaltensmaßregeln für die Gefangenen (§ 83) wurde unter anderem festgelegt, daß während des Gottesdienstes, des Unterrichts und auf dem Weg zur Kirche, zum Unterricht, zu und von den Erholungsplätzen und zu Vorführungen den Gefangenen das Sprechen verboten war. Während der Arbeitszeit durfte nur das gesprochen werden, was zur Durchführung der Arbeit erforderlich war. Den in Einzelhaft gehaltenen Gefangenen konnte während der Bewegung im Freien das Sprechen mit anderen Gefangenen erlaubt werden. Jede geheime oder selbstgeschaffene Sprache war untersagt (§ 83 Abs. 8). Ebenso waren Lärmen, Schreiben, Singen, Pfeifen, Fluchen, Unanständigkeiten und sinnloses Betragen verboten (§ 83 Abs. 12). Spiele waren nur bei ausdrücklicher Gestattung durch den Vorstand erlaubt, Tätowierungen waren nicht gestattet (§ 83 Abs. 14). Zur Vermeidung einer Hierarchie unter den Gefangenen durfte kein Gefangener den Mitgefangenen Befehle geben, für sie das Wort ergreifen oder sich einen Einfluß über sie anmaßen (§ 83 Abs. 15). Der Handel vor allem mit Nahrungsmitteln, das Schenken, Annehmen, Leihen und Entleihen waren ebenfalls nicht erlaubt (§ 83 Abs. 21). Ein weiteres Kapitel innerhalb der Behandlung der Gefangenen nahmen die Aufmunterungen ein, die Gefangenen mit guter Führung vom Vorstand gewährt werden konnten (§ 86). Darunter fielen die Belobung, die Zulassung von Zusatznahrung, die Erlaubnis, öfter als allgemein zugelassen Besuche und Briefe zu empfangen oder Briefe abzusenden, die Verwendung zu besseren und lohnenderen Arbeiten, zu Haus-, Hof- und Gartenarbeiten und anderen Arbeiten im Freien sowie Arbeitsprämien. Andererseits waren für Verstöße gegen die Hausordnung Disziplinarstrafen vorgesehen (§§ 90 ff.), worunter unter anderem der Ausschluß von der Bewegung im Freien bis zur Dauer einer Woche (§ 90 Abs. 1, Nr. 7), die Fesselung bis zur Dauer von vier Wochen bei schwerem

Widerstand oder gefährlicher Tätlichkeit des Gefangenen (Nr. 10) und die einsame Einsperrung bis zur Dauer von sechs Wochen (Nr. 11) fielen. Körperliche Züchtigung war verboten (§ 92). Für außerordentliche Fälle sah die Hausordnung in den §§ 96 ff. vorbeugende Maßregeln und Verfahren vor. Dort war als Sicherungsmaßregel die Absonderung sowie die Fesselung möglich; ferner waren unter besonderen Umständen das Einsperren in eine Tobzelle und der Anschluß an die Wand zulässig (§ 99). Im Anschluß an die Sicherungsmaßregeln wurden die Voraussetzungen des Waffengebrauchs festgelegt (§ 102).

Vor seiner Entlassung war der Gefangene ausdrücklich vor einem Rückfall zu warnen (§ 104 Abs. 1), im übrigen war er nach der Entlassung jedoch grundsätzlich sich selbst überlassen und hatte eigenständig für sein weiteres Fortkommen zu sorgen (§ 107 Abs. 1).

Der fünfte Abschnitt der Hausordnung von 1907 befaßte sich schließlich mit der Beamtenkonferenz, die sich mindestens einmal im Monat unter dem Vorsitz des Vorstandes zu versammeln hatte und neben dem Vorstand aus Direktoren, Assessoren, Hausärzten, Hausgeistlichen, Hauslehrern und Hauslehrerinnen bestand (§ 117 Abs. 1). Aufgabe der Konferenz war es, beratende Funktion für den Vorstand auszuüben. Der Vorstand war aber an die Entscheidungen der Konferenz nicht gebunden, sofern er in einem bestimmten Bereich allein verantwortlich war (§ 118 Abs. 1).

(2) Die Hausordnung für die Gerichtsgefängnisse vom 3. Januar 1910

Durch die Einführung der Grundsätze von 1897 wurde es notwendig, auch die Dienst- und Hausordnung für die Gerichtsgefängnisse vom 10. April 1883 teilweise umzuarbeiten. Jedoch sollten auch in den Gerichtsgefängnissen schon vor Änderung der Dienst- und Hausordnung die Grundsätze in gewissem Maße zur Anwendung kommen. Demnach erging am 27. Februar 1898 die Anordnung, daß diejenigen Vorschriften der Grundsätze, die zugunsten der Gefangenen von den Vorschriften der Dienst- und Hausordnung von 1883 abwichen, grundsätzlich anzuwenden waren.[304]

Die Hausordnung für die Gerichtsgefängnisse für den Vollzug von Gefängnis- und Haftstrafen sowie der Untersuchungshaft in den Strafvollstreckungsgefängnissen, Landgerichtsgefängnissen, landgerichtlichen Aushilfsgefängnissen und Amtsgerichtsgefängnissen stammte vom 3. Januar 1910[305]. Sie trat am 1. Februar 1910 in Kraft und damit an die Stelle der Dienst- und Hausordnung vom 10. April 1883 und der Bekanntmachung vom 6. Dezember 1881, welche die Vollstreckung der Zwangs- und der Sicherheitshaft betraf (§ 126 der HausO von 1910).

---

304 Schreiben des Staatsministers der Justiz Freiherr von Leonrod an den Oberstaatsanwalt bei dem Königl. Oberlandesgericht vom 27. Februar 1898 in: BayHStA, MJu 16996.

305 JMBl. Bayern, 1910, S. 25.

Die Hausordnung für die Gerichtsgefängnisse bestand aus 126 Vorschriften und gliederte sich in folgende Punkte:

1. Die Gerichtsgefängnisse und deren Bestimmung (§§ 1-11)
2. Die Beamten der Gerichtsgefängnisse (§§ 12-24)
3. Die Aufnahme der Gefangenen (§§ 25-38)
4. Behandlung der Gefangenen (§§ 39-47)
5. Verhaltensmaßregeln für die Gefangenen (§§ 48-60)
6. Bestrafung (§§ 61-63)
7. Verschluß und Sicherung des Gefängnisses (§§ 64-71)
8. Vorschriften für die Hauswirtschaft (§§ 72-89)
9. Arbeit (§§ 90-100)
10. Seelsorge (§§ 101-103)
11. Bücher und Schriften. Besuche. Briefwechsel. Vernehmungen und Zustellungen (§§ 104-108)
12. Entlassung. Ablieferung. Ableben von Gefangenen (§§ 108-114)
13. Führung der Verzeichnisse und Bücher (§§ 115-125)

Aus der Gliederung läßt sich entnehmen, daß die Hausordnungen von 1907 und 1910 schon im Aufbau sehr unterschiedlich waren.

Gerichtsgefängnisse waren die Amtsgerichtsgefängnisse und die Landgerichtsgefängnisse, wobei zu den letzteren auch die Untersuchungs- und Strafvollstreckungsgefängnisse zählten (§ 1). Sie waren sowohl zur Aufnahme von Untersuchungsgefangenen als auch zur Vollstreckung von Freiheitsstrafen bestimmt (§ 2).

Umfassend beschäftigte sich die Hausordnung von 1910 mit den Beamten der Gerichtsgefängnisse (§§ 12-24). Es wurden vor allem die Aufgaben des Vorstandes, der Gefängniswärter und der Aufsichtsbeamten beschrieben. Dargelegt wurden ferner die erforderlichen Eigenschaften für Gefängnisbeamte, wobei Wert auf die Beachtung der „Gebote der Menschlichkeit“ gelegt und eine gerechte Behandlung der Gefangenen gefordert wurde (§ 19 Abs. 2). Für die größeren Gerichtsgefängnisse konnte durch Anordnung des Staatsministeriums der Justiz eine Gefängniskommission gebildet werden (§ 23 Abs. 1), in welcher der Gefängnisvorstand den Vorsitz einnahm und die mindestens viermal im Jahr zusammentreten sollte (§ 23 Abs. 3).

Nach der Aufnahme der Gefangenen waren sie, falls die nötige Zahl von Räumen vorhanden war, von anderen Gefangenen Tag und Nacht getrennt in Einzelverwahrung unterzubringen (§ 32 Abs. 1). Bei gemeinschaftlicher Haft waren die Räume in der Regel mit drei oder mehr Gefangenen zu belegen (§ 34 Abs. 1).

Für Strafgefangene galt nach der Hausordnung von 1910, daß sie „mit fühlbarer Strenge" behandelt werden sollten (§ 39 Abs. 1, Satz 3), dabei sollte aber auch gerecht und menschlich vorgegangen werden (§ 45 Satz 1). Bei der Behandlung der Gefangenen war aber über Strenge, Gerechtigkeit und Menschlichkeit hinaus auch eine individualisierende Behandlung mit Rücksicht auf z.B. Alter, Vorleben, Bildungsgrad, Beruf und Gesundheitsverhältnisse gefordert (§ 39 Abs. 2, vgl. auch § 45 Satz 2), jede Beschimpfung und Mißhandlung war verboten (§ 39 Abs. 3). Gefangene mit Gefängnisstrafe oder Haftstrafe nach § 362 Abs. 1 des Strafgesetzbuches unterlagen einer strengen Behandlung, wenn sie innerhalb von fünf Jahren vor ihrer Einlieferung in das Gefängnis eine dieser Strafen oder eine Zuchthausstrafe verbüßt hatten oder wenn sie aus anderen Gründen strenger Zucht bedurften (§ 46 Abs. 1). Solche Gefangenen waren mit schwereren Arbeiten zu beschäftigen, durften sich nicht selbst beköstigen und es war ihnen nur ausnahmsweise erlaubt, sich Zusatznahrungsmittel oder Schnupftabak zu beschaffen (§ 46 Abs. 2). Ebenso wie nach der Hausordnung von 1907 mußten sich die Gefangenen anständig benehmen, „Lärmen, Schreiben, Singen, Pfeifen, Fluchen, Unanständigkeiten und sittenloses Betragen" waren ihnen verboten (§ 48 Abs. 4). Sie durften sich weder untereinander noch mit Fremden durch Zeichen oder Gebärden verständigen (§ 49 Abs. 1, Satz 1). Das Sprechen war in ähnlicher Weise beschränkt wie in der Hausordnung von 1907 (§§ 54 Abs. 2, 55 Abs. 4). Jeder Geschäftsverkehr war nach § 51 der Hausordnung untersagt, ebenso wie Karten-, Würfel- und ähnliche Spiele (§ 52 Abs. 2).

Beschwerden über die Art der Vollstreckung waren außer in den Fällen des § 490 der Strafprozeßordnung vom Oberstaatsanwalt zu entscheiden. Gegen dessen Entscheidung stand den Gefangenen das Mittel der weiteren Beschwerde beim Staatsministerium der Justiz zu (§ 60 Abs. 2).

Auch nach der Hausordnung von 1910 zog jeder Verstoß gegen die Hausordnung oder eine erteilte Weisung eine Disziplinarstrafe nach sich (§ 61 Abs. 1). Die zulässigen Disziplinarstrafen waren in § 62 Abs. 1, Nr. 1-10 genannt; darunter war unter anderem der Verweis, der Ausschluß von der Bewegung im Freien bis zur Dauer einer Woche, die Schmälerung der Kost und die einsame Einsperrung bis zur Dauer von sechs Wochen. Letztere konnte nach § 62 Abs. 3 geschärft werden. Körperliche Züchtigung war dagegen verboten (§ 62 Abs. 5).

Großen Wert legte die Hausordnung auf den Verschluß von Toren und Türen und die Aufbewahrung der Schlüssel (§ 64). Vorsicht war auch bei dem Gebrauch von Leitern, Seilen und anderen Gegenständen geboten, die zur Flucht dienen konnten (§ 65 Satz 1). Darüber hinaus waren weitere Maßnahmen zur Fluchtprävention vorgesehen (§ 65 Satz 2, 3, § 66, § 67). Für gefährliche Gefangene waren nach § 68 besondere Vorgehensweisen wie die Fesselung möglich. Die Voraussetzungen zum Gebrauch der

Waffen durch die Gefängnisbeamten waren in § 69 festgeschrieben; die Möglichkeit zum Waffeneinsatz beschränkte sich auf Fluchtversuche, Meuterei und tätliche Angriffe, ihm sollte, wenn ausführbar, die Aufforderung zum Gehorsam vorausgehen.

Die zur Durchführung der Hausordnung nötigen Zeitbestimmungen sollte, wie schon in der Hausordnung von 1907 festgelegt, die Tagesordnung enthalten (§ 72). Sie sollte vor allem die Zeitvorgaben für Aufstehen und Nachtruhe, die Mahlzeiten, die Bewegung im Freien und den Arbeitsbetrieb umfassen.

Die Einzelheiten bezüglich der Beköstigung der Gefangenen waren durch eine Kostordnung zu regeln. Die Kost sollte so beschaffen sein, daß Gesundheits- und Arbeitsfähigkeit der Gefangenen erhalten blieben (§ 80 Abs. 1). Dabei wurde auch Rücksicht auf die Eßgewohnheiten und Festtage Gefangener jüdischen Glaubens genommen (§ 82). Diese Rücksichtnahme erfolgte auch im Rahmen der arbeitsfreien Tage (§ 96) und der Seelsorge (§ 103).

Vorschriften über die Beschäftigung der Gefangenen fanden sich in den §§ 90-100. Darin geregelt waren unter anderem die Vorgabe zur Schonung der Interessen des freien Gewerbes (§ 90 Abs. 3), die Art und Weise des Einsatzes der Gefangenen, die Arbeitszeit und der Arbeitsertrag.

Bestimmungen über Entlassung, Ablieferung und das Ableben von Gefangenen fanden sich unter Nr. 12 (§§ 108-114). Der Vorstand sollte der Fürsorge für die entlassenen Gefangenen die größte Aufmerksamkeit widmen und „insbesondere mit den Obsorgevereinen eifrig zusammenwirken“ (§ 110 Abs. 4, Satz 1).

Genaueste Bestimmungen enthielt die Hausordnung von 1910 über die Führung der Verzeichnisse und Bücher. Darin enthalten waren auch Vorgaben für das Binden und Abheften (§ 115 Abs. 3, Satz 2 und 4). Nicht mehr in Gebrauch befindliche Bände waren fünf Jahre lang aufzubewahren (§ 115 Abs. 5). Wie die Verzeichnisse der Strafgefangenen ausgefüllt werden mußten, war in § 117 detailliert beschrieben, das Verzeichnis lag als Anlage 2 bei. Darüber hinaus gab es ein Meldebuch (§ 122, Anlage 7), ein Strafbuch (§ 123, Anlage 8), ein Arbeitsbuch (§ 124 Abs. 1, Nr. 1, Anlage 9), ein Kassenbuch (§ 124 Abs. 1, Nr. 2, Anlage 10) und ein Buch für die Verdienstanteile der Gefangenen (§ 124 Abs. 1, Nr. 3, Anlage 11).

Die beiden Hausordnungen von 1907 und 1910 erfuhren unwesentliche Änderungen hauptsächlich durch die Verordnung vom 18. Juli 1919[306] und durch die Bekanntmachung vom 18. Juli 1919[307], ferner durch die Verordnung vom 16. September 1920[308] und durch die Bekanntmachung vom 16. September 1920[309]. Die Hausordnung für die

306 JMBl. Bayern, 1919, S. 294.
307 JMBl. Bayern, 1919, S. 287.
308 JMBl. Bayern, 1920, S. 209.
309 JMBl. Bayern, 1920, S. 211.

bayerischen Strafanstalten wurde außerdem noch geändert durch die Verordnungen vom 26. Juli 1913[310], 6. Dezember 1919[311] und 23. Juni 1920[312].

c. Die Entwicklung in Hamburg nach den Grundsätzen von 1897

In Hamburg galt nach Vereinbarung der Grundsätze von 1897 noch das *Reglement für die Vollziehung der Gefängnisstrafe, der einfachen Haft und der qualifizierten Haft und für die Untersuchungshaft*, revidiert nach Maßgabe des Strafgesetzbuches 1870, abermals revidiert im *April 1874*.[313] Es bestand aus 60 Bestimmungen und gliederte sich folgendermaßen:

I. Verwaltungsvorstand und Beamtenpersonal (§§ 1-6)

II. Ökonomie und Rechnungswesen (§§ 7-11)

III. Allgemeine Vorschriften für das Verfahren und die Ordnung in den Gefängnissen (§§ 12-52)

IV. Besondere Vorschriften für die Vollziehung der Gefängnisstrafe (§§ 53-56)

V. Besondere Vorschriften über die Behandlung der Rückfälligen (§ 56 a)

VI. Besondere Vorschriften über die Vollziehung der einfachen Haft (§ 57)

VII. Besondere Vorschriften über die Vollziehung der qualifizierten Haft (§ 58)

VIII. Besondere Vorschriften für Untersuchungsgefangene (§ 59)

IX. Besondere Vorschriften für jugendliche Gefangene (§ 60)

Dieses Reglement hatte sich im Laufe der Zeit als reformbedürftig erwiesen, zumal Bestimmungen über Aufnahme und Entlassung der Gefangenen fehlten. Im Zuge der Bemühungen um eine Revision hatte Gefängnisdirektor Streng 1887 einen von ihm ausgearbeiteten Entwurf vorgelegt, der umgearbeitet der Gefängnisdeputation am 26. Februar 1889 als revidierter Entwurf vorgelegt wurde.[314] Dieser revidierte Entwurf der „Gefängniß-Ordnung und Vorschriften für den Strafvollzug der Freien und Hansestadt Hamburg"[315] umfaßte 106 Bestimmungen und enthielt auch Vorschriften über Aufnahme und Entlassung der Gefangenen. Eine Beschlußfassung der Gefängnisdepu-

---

310 JMBl. Bayern, 1913, S. 153.

311 JMBl. Bayern, 1919, S. 490.

312 JMBl. Bayern, 1920, S. 163.

313 Vgl. die Abschrift des Gefängnisreglements von 1874 in: StA Hamburg, Gefängnisverwaltung I (242-1 I), B 89, Bl. 254 ff.

314 Zur Entwicklung vgl. das Schreiben an den Senator Dr. Schäfer vom Assessor E. Schultz am 25.3.1908 in StA Hamburg, Gefängnisverwaltung I (242-1 I), B 89, Bl. 214.

315 Abgedruckt in StA Hamburg, Gefängnisverwaltung I (242-1 I), B 89, Bl. 92 ff.

tation zu dem Entwurf erfolgte aber nicht.[316] Daraufhin wurden für lange Zeit die Bestrebungen nach einer neuen Gefängnisordnung nicht wieder aufgegriffen.[317]

Aufgrund des § 37 der Grundsätze von 1897, die für jede Anstalt eine Hausordnung vorsahen, erließ die Gefängnisdeputation am 27. September 1898 eine Hausordnung, die aus 36 Paragraphen bestand und sowohl für Zuchthaus- und Gefängnis-, als auch für Haft- und Festungshaftgefangene galt.[318] An den Anfang gestellt wurde die Vorschrift, daß die Gefangenen dem Direktor und den übrigen Beamten zu Achtung und unbedingtem Gehorsam verpflichtet waren und sich vor allem den in der Hausordnung gegebenen Vorschriften in jeder Beziehung zu unterwerfen hatten (§ 1). Daran schlossen sich die Möglichkeiten zur Bestrafung von Zuwiderhandlungen an, indem die Disziplinarmittel und die Mittel zur Bewältigung tätlichen Widerstandes aufgeführt wurden (§§ 2-4). Beschwerden über den Befehl eines Beamten waren im allgemeinen erst nach dessen Ausführung möglich, wobei wissentlich falsche Anschuldigungen und unbegründete Beschwerden der Bestrafung unterlagen (§ 6). Für das Verhalten der Gefangenen untereinander galt, daß sie sich friedfertig zu verhalten und unnützes Reden zu unterlassen hatten; besonders streng waren Unterhaltungen über begangene oder zu begehende Straftaten zu ahnden (§ 7 Abs. 1). Darüber hinaus war verboten das Hinaufsteigen zu oder Hinaussehen aus den Fenstern, ruhestörender Lärm, welcher nicht durch die Arbeit bedingt war, wie etwa Schreien, Singen oder Pfeifen, das Spielen und vom Direktor nicht erlaubter Besitz von Gegenständen wie Geld, Feuerzeug, Messer, Schreibgeräte; solche Gegenstände wurden eingezogen und, wenn sie wertvoll waren, für den Unterstützungsfonds verwendet. Diese Regelung stieß auf Beschwerden von Seiten der Gefangenen und es stellte sich die Frage der Vereinbarkeit mit den Grundsätzen von 1897. Diese Frage wurde auch in der Gefängnisdeputation Hamburgs erörtert, man entschloß sich aber, die weitere Entwicklung abzuwarten.[319]

Verboten war den Gefangenen nach der Hausordnung auch der geschäftliche Verkehr untereinander durch Verkauf, Tausch und auch Verschenken oder Verleihen (§ 9). Wert legte die Hausordnung auf die Reinlichkeit der Gefangenen und der Anstalt, jede Spur von Ungeziefer war sofort zu melden (§ 12). Den Gefangenen stand Zuspruch durch einen Geistlichen ihres Bekenntnisses zu (§ 15), Regelung erfuhr auch der Umgang mit Feuer und Licht und das Verhalten beim Ausbruch eines Feuers (§ 18, § 19). Bei letzterem hatte jeder Gefangene auf seinem Platz zu verbleiben und auf weiteren

316 StA Hamburg, Gefängnisverwaltung I (242-1 I), B 89, Bl. 214.

317 Direktor Gennat war noch 1908 der Ansicht, daß kein dringendes Bedürfnis zum Erlaß eines neuen Gefängnisreglements bestehe; der Zeitpunkt sei deshalb ungünstig, weil die Grundsätze des Bundesrats über den Strafvollzug möglicherweise in nächster Zeit geändert würden. Statt dessen schlug Gennat die Überarbeitung des Gefängnisreglements von 1874 im Hinblick auf Aufnahme und Entlassung der Gefangenen vor. StA Hamburg, Gefängnisverwaltung I (242-1 I), B 89, Bl. 214, 226, 228, 235.

318 Abgedruckt in: StA Hamburg, Gefängnisverwaltung I (242-1 I), B 88, Bl. 44-44 c.

319 Vgl. das Protokoll vom 24. 5. 1910 in: StA Hamburg, Justizverwaltung I (241-1 I), XVI B a 1 Vol. 3 a, Aktenteil 14, Bl. 2, 8.

Befehl zu warten. Die Hausordnung enthielt weiter Bestimmungen über den Verkehr der Gefangenen mit der Außenwelt (§§ 22 f.), die Beschäftigung (§§ 26-28), die Bewegung im Freien (§ 29), die Befugnis zur Selbstbeköstigung (§ 31), die Kleidung der Gefangenen (§ 32), die Tagesordnung (§ 33) und das Verfahren bei Beschwerden des Gefangenen (§ 35). Falls nicht die Vorschrift des § 490 der Strafprozeßordnung eingriff, waren die Beschwerden des Gefangenen von der Gefängnisdeputation als Aufsichtsbehörde zu entscheiden, während die endgültige Entscheidung über die weitere Beschwerde dem Senat als oberster Aufsichtsbehörde oblag. Sonderbestimmungen enthielt die Hausordnung in § 36 über die Gefangenen in einfacher Haft (A, Nr. 1-8) sowie die Gefangenen in Festungshaft (B, Nr. 1-12). Hier waren Besonderheiten bezüglich Unterbringung, Beköstigung, Kleidung, Beschäftigung, Anwendung von Disziplinarmitteln, Bewegung im Freien, dem Gottesdienst und dem Verkehr mit der Außenwelt geregelt.

In den 36 Paragraphen enthielt die Hausordnung eine recht ausführliche Regelung über die Behandlung der Gefangenen, es fehlten allerdings Bestimmungen über die Haftform, Zellengröße und Unterrichtung der Gefangenen.

d. Die Bemühungen des Reichsjustizamtes zur Ergänzung oder Änderung der Bundesratsgrundsätze von 1897

Der *Entwurf einer Vereinbarung zur Ergänzung der Grundsätze*, die bei dem Vollzuge gerichtlich erkannter Freiheitsstrafen bis zu weiterer gemeinsamer Regelung zur Anwendung kommen, kam 1908 im Reichsjustizamt zur Sprache und betraf vor allem die Frage der Selbstbeschäftigung.[320] Danach war als ergänzende Vereinbarung der Bundesregierungen vorgesehen, daß erstens den Gefängnisgefangenen, die sich im Besitz der bürgerlichen Ehrenrechte befanden und bei der Tat weder eine ehrlose Gesinnung noch eine besondere Roheit oder Bosheit an den Tag gelegt hatten, auf ihr Verlangen gestattet werden sollte, sich selbst zu beschäftigen, zu beköstigen und eigene Kleidung und Wäsche und Bettstücke zu gebrauchen, soweit die Versagung dieser Vergünstigungen nach ihren Lebensverhältnissen eine Härte für sie bedeuten würde. Brachte der Beruf solcher Gefangener die Beschäftigung mit Büchern und Schriften (Zeitungen) mit sich, so sollte ihnen auf ihr Verlangen gestattet werden, sich auch Bücher und Schriften zu beschaffen, die in der Sammlung der Anstalt nicht vorhanden waren. Weiter war unter zweitens vorgesehen, daß die Selbstbeköstigung die Grenzen eines mäßigen Genusses nicht übersteigen durfte. Die eigene Kleidung und Wäsche sowie die eigenen Bettstücke mußten ausreichend, ordentlich und schicklich sein. Die Selbstbeschäftigung und die Auswahl der eigenen Bücher und Schriften unterlag der Aufsicht des Anstaltsvorstandes, die Selbstbeschäftigung konnte überdies von der Zahlung einer Entschädigung abhängig gemacht werden (§ 17 Abs. 3 der Grundsätze). Drittens hatte die Vollstreckungsbehörde in Fällen, in denen die Gewährung der unter

320 Der Entwurf findet sich in BA, R 3001, Nr. 5601, Bl. 171 f. und Nr. 5602, Bl. 25 i.

Nr. 1 bezeichneten Vergünstigungen in Frage kommen konnte, wenn der Verurteilte sich im Besitz der bürgerlichen Ehrenrechte befand und bei der Tat eine ehrlose Gesinnung, eine besondere Roheit oder Bosheit nicht an den Tag gelegt hatte, dies in der Aufnahmeverfügung (§ 8 der Grundsätze) anzugeben. Inwieweit in anderen als den unter Nr. 1 bezeichneten Fällen Selbstbeschäftigung, Selbstbeköstigung und der Gebrauch eigener Kleider gestattet werden konnte, bestimmte sich Nr. 4 zur Folge nach den §§ 17, 24, 25 und 30 der Grundsätze. Dabei war die Gestattung der Selbstbeschäftigung nicht dadurch ausgeschlossen, daß der Gefangene früher Zuchthaus verbüßt hatte.

Zu Beratungen des Entwurfs fanden sich vom Reichsjustizamt von Tischendorf und Joël ein, vom Preußischen Ministerium des Innern Krohne, vom Preußischen Justizministerium Plaschke und als Schriftführer nahm von Flotow an den Beratungen am 23. Oktober 1908 teil.[321] Der Entwurf erhielt nach den Beratungen die Fassung, daß Gefängnisgefangenen, die sich im Besitze der bürgerlichen Ehrenrechte befanden, der Gebrauch eigener Kleidung und Wäsche sowie eigener Bettstücke, sofern diese ausreichend, ordentlich und schicklich waren, und, wenn die Gefangenen Zuchthausstrafe noch nicht verbüßt hatten, auch die Selbstbeschäftigung gestattet werden konnte. Mit der letzten Passage wurde der ursprüngliche Entwurf in das Gegenteil umformuliert. Der Gewährung der Vergünstigung sollten zudem nicht eine ehrlose Gesinnung oder besondere Roheit oder Bosheit bei der Tat entgegenstehen, sondern es wurde dahingehend umformuliert, daß nicht die Art der von dem Gefangenen begangenen Tat oder andere Umstände der Gewährung hindern durften. Damit konnte auch auf Umstände außerhalb der Tat abgestellt werden. Der Entwurf wurde in der Folgezeit den größeren Bundesstaaten mitgeteilt, stieß bei diesen aber auf Bedenken. Gegenvorschläge, welche vor allem von den süddeutschen Regierungen eingereicht wurden, schwächten die Bestimmungen so erheblich ab, daß es erforderlich schien, in erneute Beratungen mit den beteiligten Preußischen Ministern einzutreten. Dabei sollte festgestellt werden, ob eine geeignete Grundlage für eine Verständigung mit den Bundesregierungen zu finden war oder ob es vorzuziehen war, daß nur in Preußen mit dem Erlaß entsprechender Anordnungen vorgegangen werde.[322] Der Preußische Justizminister sowie der Innenminister teilten dem Reichsjustizamt mit, daß ein alleiniges, mit den Grundsätzen von 1897 zu vereinbarendes Vorgehen Preußens ohne gemeinsame Vereinbarung nicht möglich und das Vorgehen ohne Verständigung mit den anderen Regierungen außerdem aus politischen Gründen nicht ratsam sei.[323] Damit waren die Bemühungen zur Ergänzung der Grundsätze von 1897 vorerst gescheitert.

---

321 Vgl. BA, R 3001, Nr. 5602, Bl. 25b.

322 Vgl. BA, R 3001, Nr. 5602, Bl. 27 f.

323 Vgl. das Schreiben des Justizministers und des Innenministers vom 15. 3. 1909; BA, R 3001, Nr. 5602, Bl. 44.

Während des 1. Weltkrieges waren in der Kriegs- und Rüstungsindustrie die durch die Grundsätze von 1897 aufgestellten Trennungsgrundsätze nicht immer durchführbar, so daß Anpassungen vorgenommen wurden.[324]

Eine weitere Änderung der Grundsätze wurde nach dem 1. Weltkrieg aufgrund der fortschreitenden Geldentwertung bei der Entlohnung der Gefangenen vorgenommen.[325]

Der Preußische Justizminister regte 1921 an, die Bestimmung des § 26 Absatz 1 der Grundsätze von 1897, wonach Zuchthaussträflingen nach näherer Bestimmung der Hausordnung das Haar kurz zu scheren und der Bart abgenommen werden mußte, aufzuheben.[326] Daraufhin gingen im Reichsjustizministerium die Äußerungen der Landesregierungen ein, die sich überwiegend für die Abschaffung der Bestimmung, zum Teil aber auch für die Beibehaltung aussprachen. Der Reichsjustizminister teilte deshalb mit, daß diese Frage der im Gange befindlichen Neubearbeitung der Grundsätze für den Vollzug von Freiheitsstrafen vorbehalten sein werde.[327]

e. Die Diskussionen in Reichstag, Bundesrat und der Kommission für die Reform des Strafprozesses über die Notwendigkeit einer gesetzlichen Regelung des Strafvollzuges (1902-1908)

Am 8. Februar 1902 wurde im Reichstag der Etat für die Reichsjustizverwaltung für das Jahr 1902 verhandelt.[328] Dabei stellte der Abgeordnete Heine (SPD) an den Staatssekretär des Reichsjustizamtes Nieberding die Frage, wie weit die Vorbereitungen zu einem Strafvollzugsgesetz gediehen seien.[329] Das Bedürfnis nach einer reichsgesetzlichen Regelung des Strafvollzuge erkannte Nieberding ohne weiteres an. Jedoch seien die Schwierigkeiten bei der Durchführung dieses Vorhabens in den tatsächlichen Verhältnissen begründet.[330] Zunächst müsse das Strafgesetzbuch reformiert werden und damit auch das Strafensystem. Erst dann könnten die Organisationen und Anstalten geschaffen werden, in denen das reformierte Strafensystem zur Ausführung gebracht werden solle. Die Reform des Strafgesetzbuchs sei jedoch eine der schwierigsten Aufgaben auf dem Gebiete der Gesetzgebung. Man müsse also damit rechnen, daß diese Arbeiten noch längere Zeit in Anspruch nähmen.[331] In der Sitzung vom 11. Februar 1902 wies Nieberding darauf hin, daß es auch nicht möglich sei, die Revision des Strafensystems abgesondert von den übrigen Teilen des Strafgesetzbuches

---

324 Vgl. dazu genauer den zweiten Teil dieser Arbeit unter II 3 c.

325 Vgl. dazu den zweiten Teil dieser Arbeit unter IV 1 a (3).

326 Mitteilung des Reichsministers der Justiz an sämtliche Landesregierungen mit Ausnahme von Preußen vom 24.9.1921; BA, R 3001, Nr. 5604.

327 BA, R 3001, Nr. 5604, Bl. 97 f. Vgl. zu dieser Frage auch den zweiten Teil dieser Arbeit.

328 Sten. Berichte über die Verh. des Dt. Reichstages, 1900/1903, 5. Band, S. 4017 ff.

329 Sten. Berichte über die Verh. des Dt. Reichstages, 1900/1903, 7. Band, S. 4021.

330 Sten. Berichte über die Verh. des Dt. Reichstages, 1900/1903, 7. Band, S. 4024.

331 Sten. Berichte über die Verh. des Dt. Reichstages, 1900/1903, 7. Band, S. 4025.

vorzunehmen, da sich das Strafensystem praktisch durch alle Paragraphen des Strafgesetzbuches hindurchziehe.[332]

Am 22. November 1902 wurde im Reichstag die Interpellation Albrechts und Genossen behandelt, welche unter anderem die Frage an den Reichskanzler enthielt, ob er beabsichtige „in Bälde dem Reichstag den Entwurf eines Gesetzes über den Strafvollzug vorzulegen".[333] In der Begründung der Interpellation wies Heine darauf hin, daß die Bürokratie der Einzelstaaten eine gesetzliche Regelung nicht befürworte, um nicht ein Machtmittel aus der Hand zu geben.[334] Der Staatssekretär im Reichsjustizamt Nieberding entgegnete darauf in Vertretung des Reichskanzlers, daß es gegenwärtig nicht möglich sei, ein Strafvollzugsgesetz zu schaffen, da das bestehende Strafensystem des StGB erheblichen Anfechtungen unterliege und es nicht sicher sei, wie lange dieses noch beibehalten werde. Aufgrund der erheblichen Kosten in Höhe von mehr als 100 Millionen Mark, die mit einem Strafvollzugsgesetz einhergingen, sei aber eine Einigkeit bezüglich des Strafensystems, welches die Grundlage des Strafvollzugs bilde, vonnöten.[335] Dem stellte sich der Abgeordnete Schrader entgegen, indem er betonte, daß „wir uns damit doch nicht immer abspeisen lassen [können], daß nichts geschehen könne, weil erst etwas anderes geschehen müsse".[336]

In den Jahren 1903-1905 tagte die vom Reichsjustizamt eingesetzte, vorwiegend aus Praktikern bestehende, unabhängige Kommission für die Reform des Strafprozesses[337], die sich auch mit der Einbeziehung von Vorschriften über den Strafvollzug in die Strafprozeßordnung befaßte.[338] Sie bejahte einstimmig die Notwendigkeit einer reichsgesetzlichen Regelung des Strafvollzugs im Interesse der Rechtseinheit und der Gleichheit vor dem Gesetz.[339] Gleichwohl hielt die Kommission eine allgemeine reichsgesetzliche Regelung des Strafvollzugs zu diesem Zeitpunkt aufgrund der Streitigkeiten über das Strafensystem nicht für durchführbar.[340] Die Regelungen des Strafensystems stünden zwar mit den Vorschriften über den Strafvollzug im engen Zusam-

---

332 Sten. Berichte über die Verh. des Dt. Reichstages, 1900/1903, 7. Band, S. 4094.

333 Sten. Berichte über die Verh. des Dt. Reichstages, 1900/1903, 7. Band, S. 6523 ff.

334 Sten. Berichte über die Verh. des Dt. Reichstages, 1900/1903, 7. Band, S. 6527.

335 Vgl. Sten. Berichte über die Verh. des Dt. Reichstages, 1900/1903, 7. Band, S. 6536; vgl. auch Sten. Berichte über die Verh. des Dt. Reichstages, 1900/1903, 7. Band, S. 4094, 4125 f.

336 Sten. Berichte über die Verh. des Dt. Reichstages, 1900/1903, 7. Band, S. 6550.

337 Der Kommission war von der Reichsjustizverwaltung eine Reihe von Fragen vorgelegt worden, über welche diese zu beraten hatte. Zur Zusammensetzung der Kommission und ihren Aufgaben vgl. die Protokolle der Kommission für die Reform des Strafprozesses, Bd. 1, Vorwort und Schubert, Protokolle der Kommission für die Reform des Strafprozesses, Bd. 1, S. X f.

338 Protokolle der Kommission für die Reform des Strafprozesses, Bd. 1, S. 349 ff.; Bd. 2, S. 264. Vgl. auch die Kommission für die Reform des Strafprozesses in: BA, R 3001, Nr. 5600, Bl. 152 c ff.; Schubert, Protokolle der Kommission für die Reform des Strafprozesses, Bd. 1 und 2.

339 Protokolle der Kommission für die Reform des Strafprozesses, Bd. 1, S. 351.

340 BA, R 3001, Nr. 5600, Bl. 152 c; Protokolle der Kommission für die Reform des Strafprozesses, Bd. 1, S. 351.

menhang. Da aber bei der bevorstehenden Revision des Strafgesetzbuches das gegenwärtig in hohem Maße streitige System der Strafen möglicherweise abweichend zu den zu diesem Zeitpunkt geltenden Bestimmungen festgelegt werde, sei es „untunlich, den Vollzug der einzelnen Strafen durch ein Reichsgesetz zu regeln", bis nicht das Strafensystem und der Strafzweck des künftigen deutschen Strafrechts feststünden.[341] Man laufe anderenfalls Gefahr, mit großem Kostenaufwand Anstalten zu errichten und Einrichtungen zu treffen, die sich bei der Einführung eines neuen Strafgesetzbuches als überflüssig erweisen würden. Die Kommission stimmte mit 11 zu 9 Stimmen gegen die Aufnahme von Bestimmungen über den Strafvollzug in die Vorschriften der Strafprozeßordnung. Die Mehrheit der Kommission hielt es nicht einmal für tunlich, allgemeine Vorschriften über den Strafvollzug in die Strafprozeßordnung aufzunehmen, da es nicht möglich sei, einzelne Fragen aus dem System des gesamten Strafvollzugs herauszunehmen und gesondert zu behandeln.[342] Auf diesem Wege lasse sich nur ein unvollkommenes Stückwerk schaffen. Zudem werde man bei der Einbeziehung von Bestimmungen über den Strafvollzug dazu genötigt sein, in das materielle Strafrecht und dessen Vorschriften über die einzelnen Strafarten übergreifen, wozu die Kommission aber nicht berufen sei.[343]

Im Justizausschuß des Bundesrats wurden am 8. November 1906 die Resolutionen des Reichstages „betreffend die tunlichst baldige Vorlegung des Gesetzentwurfs zur reichsgesetzlichen Regelung des Strafvollzuges"[344] beraten.[345] Eine reichsgesetzliche Regelung des Strafvollzugs bezeichnete der Berichterstatter zwar als wünschenswert, es sei dafür aber ein Feststehen des Strafensystems notwendig. Da man gegenwärtig aber mit der Reform des Strafgesetzbuches beschäftigt sei, werde eine reichsgesetzliche Regelung des Strafvollzugs in absehbarer Zeit nicht zu erwarten sein. Im Bundesrat berichtete Dr. Börner namens des VI. Ausschusses mündlich über die Resolutionen des Reichstages.[346] Es wurde debattenlos dem Ausschußantrag zugestimmt und beschlossen, die Resolution dem Reichskanzler zu überweisen. Mit Schreiben vom 12. Januar 1908 bat der Reichskanzler von Bülow den Staatssekretär im Reichsjustizamt

341 Protokolle der Kommission für die Reform des Strafprozesses, Bd. 1, S. 351.

342 Protokolle der Kommission für die Reform des Strafprozesses, Bd. 1, S. 352. Die Befürworter der Aufnahme allgemeiner Regelungen des Strafvollzugs argumentierten dahingehend, daß es auch bei künftiger Änderung des Strafensystems die Freiheitsstrafe weiterhin geben werde und daher allgemeine Grundsätze über die Einrichtung der Strafanstalten und die Trennung der Gefangenen in jedem Fall ihre Bedeutung behalten würden. Zudem sei eine Reform des materiellen Strafrechts in absehbarer Zeit nicht zu erwarten; die Regelung des Strafvollzugs solle deshalb nicht auf ungewisse Zeit verschoben werden.

343 Zur weiteren Entwicklung der Reform des Strafprozesses bis 1919 vgl. Schubert, Protokolle der Kommission für die Reform des Strafprozesses, Bd. 1, Einführung in die Edition.

344 Protokolle über die Verh. des BR des Dt. Reichs, 1902, § 403; Protokolle über die Verh. des BR des Dt. Reichs, 1903, § 306.

345 Vgl. dazu den Bericht des bayerischen stellvertretenden Bevollmächtigten zum Bundesrat Treutlein-Mördes über die Beratungen des Ausschusses für Justizwesen vom 8.11.1906; BayHStA, MJu 13143.

346 Protokolle über die Verh. des BR des Dt. Reichs, 1906, § 691.

hinsichtlich der zur Erwägung stehenden Reformen des Strafvollzugs auf Beschleunigung hinzuwirken.[347] Am 28. April 1908 legte der Vorsitzende des Bundesrates ein Schreiben des Präsidenten des Reichstages vor. Es betraf die Resolutionen des Reichstages, welche der Vorsitzende bei der Beratung des Haushalts für 1908 angenommen hatte. Bezüglich des Etats für die Reichsjustizverwaltung ergab sich dabei, daß der Reichskanzler ersucht werden sollte, dem Reichstag in Anschluß an den zu erwartenden Entwurf einer Strafprozeßordnung den Entwurf eines Gesetzes vorzulegen, durch welchen der Strafvollzug einheitlich für das Deutsche Reich geregelt wird.[348]

VIII. Der „Vorentwurf zu einem deutschen Strafgesetzbuch" von 1909

1. Das Zustandekommen des Vorentwurfes

Das Ende des Jahres 1902 von dem Reichsjustizamt eingesetzte Komitee aus Mitgliedern der deutschen Strafrechtswissenschaft[349] hatte die Aufgabe, die wissenschaftlichen Grundlagen für die Reform des Strafrechts zu erarbeiten. Das Ergebnis war die „Vergleichende Darstellung des Deutschen und Ausländischen Strafrechts".[350] Noch während der Ausarbeitung dieses Werkes wurde an die gesetzgeberische Vorbereitung der Reform herangetreten. Zu diesem Zweck trat am 1. Mai 1906 aufgrund einer Verfügung des Staatssekretärs des Reichsjustizamtes Nieberding unter Zustimmung des Königlich Preußischen und des Königlich Bayerischen Justizministers im Reichsjustizamt eine kleine Kommission von Praktikern zusammen. Sie hatte die Aufgabe, unter Verwertung der wissenschaftlichen Vorarbeiten und aufgrund ihrer eigenen Anschauungen einen Vorentwurf zu einem neuen Deutschen Strafgesetzbuch nebst Begründung zu erarbeiten. Dieser sollte nach erfolgter öffentlicher Kritik als Grundlage für spätere Vorschläge der Reichsverwaltung dienen.[351] Der Kommission gehörten ursprünglich folgende Mitglieder an: Lucas als Vorsitzender, von Tischendorf als stellvertretender Vorsitzender, Schulz, Ditzen und Meyer.[352] Im Juli 1908 wurde Joël mit der Vertretung von Tischendorfs beauftragt, ab Herbst 1908 wurde Kleine für den erkrankten Schulz eingesetzt, schließlich wurde 1909 Ditzen durch Oehlschläger ersetzt. Zur Erarbeitung des Entwurfs benötigte die Kommission 117 Sitzungen, wobei

---

347 BA, R 3001, Nr. 5601, Bl. 154a.

348 Protokolle über die Verh. des BR des Dt. Reichs, 1908, § 344 V 3.

349 Das Komitee bestand aus den Professoren von Liszt, Kahl, von Hippel, Birkmeyer, Wach, von Lilienthal, Frank und van Calker; vgl. Schubert, Protokolle der Kommission für die Reform des Strafgesetzbuches, Bd. 1, S. XVIII.

350 Vgl. GStAPK, Hauptabt. I, Rep. 77, Tit. 114, Nr. 332, Bd. 1, Bl. 26, 377.

351 GStAPK, Hauptabt. I, Rep. 77, Tit. 114, Nr. 332, Bd. 1, Bl. 377.

352 VE, Begründung, Allgemeiner Teil, S. V; von Jagemann, MSchKrim 8 (1911/1912), 193 (193).

die erste am 1. Mai 1906 und die letzte am 22. April 1909 stattfand.[353] Ob dieser Entwurf ohne weitere Änderungen veröffentlicht werden sollte, war in der preußischen Regierung aufgrund der Bedenken einiger Fachminister umstritten.[354] Das Staatsministerium setzte sich schließlich in der Sitzung vom 13. September 1909 darüber hinweg und stimmte der unveränderten Veröffentlichung zu. Ende Oktober 1909 erfolgte dann auf Anordnung Nieberdings die Veröffentlichung des Vorentwurfes und der Motive.[355]

Der Entwurf [356] stellte keine amtliche Fassung dar, die den gesetzgebenden Körperschaften zugeleitet werden sollte, sondern war „zunächst nur zur öffentlichen Beurteilung bestimmt".[357] Es handelte sich bei dem Vorentwurf also um den Ausdruck der persönlichen Auffassung der Kommissionsmitglieder. Es wurde wiederholt betont, daß den Beschlüssen von Reichsverwaltung oder Königlich Preußischer Regierung damit nicht vorgegriffen worden sei.[358] Deshalb hielt man auch die Einsetzung einer kleinen Kommission zur Erarbeitung des Vorentwurfes für ausreichend.[359] Das Reichsjustizamt bat die einzelnen Regierungen Ende 1909 um ihre Stellungnahme zu dem Vorentwurf. Dabei sollten sich die Regierungen darüber äußern, ob nach ihrer Meinung der Entwurf „in seiner Anlage und Tendenz als geeignete Grundlage für die weiteren Reformarbeiten anzusehen" wäre.[360]

2. Der Inhalt des Vorentwurfes

Der Vorentwurf[361] von 1909 enthielt 310 Bestimmungen und war damit um 60 Vorschriften kürzer als das Strafgesetzbuch von 1870/71.

Die Kommission verzichtete bewußt auf die Schaffung eines Strafvollzugsgesetzes. Statt dessen wurde nach Ansicht der Kommission in dem Vorentwurf zum Strafgesetz-

---

353 Vgl. das Schreiben von Lucas an Nieberding vom 20.4.1909 in: BA, R 3001, Nr. 5806, Bl. 7.

354 Vgl. Schubert, Protokolle der Kommission für die Reform des Strafgesetzbuches, Bd. 1, S. XIX.

355 Mit der Bitte um vertrauliche Behandlung bis zum Erscheinen im Buchhandel hatte Nieberding den Vorentwurf am 16. September 1909 an sämtliche Bundesregierungen übersandt, BA, R 3001, Nr. 5806, Bl. 74; BayHStA, MA 9600. Zu den Voten der verschiedenen Ministerien zur Veröffentlichung des Vorentwurfs vgl. GStAPK, Hauptabt. I, Rep. 77, Tit. 114, Nr. 332, Bd. 1, Bl. 20 ff., 365 ff.

356 Vorentwurf zu einem Deutschen Strafgesetzbuch, 1909, S. 1-66.

357 VE, Begründung, Allgemeiner Teil, S. V.

358 Vgl. etwa BA, R 3001, Nr. 5805, Bl. 73; GStAPK, Hauptabt. I, Rep. 77, Tit. 114, Nr. 332, Bd. 1, Bl. 8, 26, 377.

359 GStAPK, Hauptabt. I, Rep. 77, Tit. 114, Nr. 332, Bd. 1, Bl. 377.

360 Schreiben des Staatsministers Lisco aus dem Reichsjustizamt vom 22. Dezember 1909 an das Königl. Bay. Staatsministerium des Königl. Hauses und des Äußern: BayHStA, MA, 9600. Vgl. auch das Schreiben an den Preußischen Minister des Innern: GStAPK, Hauptabt. I, Rep. 77, Tit. 114, Nr. 332, Band 1, Bl. 408; BA, R 3001, Nr. 5806, Bl. 118.

361 Vgl. zum Inhalt des Vorentwurfes Kriegsmann, Gefängniskunde, S. 97.

buch so viel über den Vollzug bestimmt, daß ein besonderes Strafvollzugsgesetz, dessen Erlaß sich bisher immer Schwierigkeiten entgegengestellt hätten, entbehrlich werde und das weitere der Verwaltung überlassen werden könne.[362]

Aufgrund des fehlenden Strafvollzugsgesetzes mußte aber der Entwurf „selbst die grundlegenden Einrichtungen des Strafvollzugs ordnen, durch die das Wesen der einzelnen Strafart bestimmt wird, da ihnen [...] materiellrechtliche Bedeutung zukommt".[363] Der Entwurf beschränkte sich demzufolge darauf, „für den Vollzug der verschiedenen Arten der Freiheitsstrafe die allgemeinsten grundlegenden Gedanken festzustellen, und zwar aus dem Gesichtspunkt, daß dadurch der materielle Inhalt des Strafübels in seinen Grundzügen bestimmt wird, und daß diese Bestimmung in das Strafensystem gehört, da nur dann über die Anwendung und Strafart gesetzgeberisch verfügt werden kann, wenn man wenigstens in den Grundzügen weiß, was sie für den Verurteilten bedeutet." [364] Damit ging der Entwurf weiter als das geltende Reichsstrafgesetzbuch, teilte aber mit diesem den Standpunkt, nicht tiefer in den eigentlichen Strafvollzug eingreifen zu wollen, sondern diesen im übrigen zunächst den Ausführungs- und Verwaltungsvorschriften oder etwa einem später zu schaffenden Strafvollzugsgesetz zu überlassen. Deshalb stellte der Vorentwurf auch kein festes, in sich geschlossenes Strafvollzugssystem auf mit der Begründung, daß ein solches nicht in das Strafgesetzbuch gehöre.[365]

An dem bisherigen Strafensystem wurde grundsätzlich festgehalten, wenn auch mit nicht unerheblichen Veränderungen. Die Verfasser waren der Ansicht, daß alle Vorschläge, die auf eine grundsätzliche Änderung des Strafensystems hinausliefen, praktisch nicht durchführbar wären. „Dagegen waren sie bestrebt, unter dem Gesichtspunkt der Bestimmung des Inhalts der Freiheitsstrafen diese letztlich so auszugestalten, daß ihnen der Vorwurf der Unwirksamkeit oder gar Schädlichkeit mit Grund nicht mehr gemacht werden kann."[366]

a. Zuchthaus, Gefängnis, Haft

Der Allgemeine Teil des Vorentwurfes befaßte sich im 2. Abschnitt (§§ 13-57) mit den Strafen, sichernden Maßnahmen und dem Schadensersatz. Vorangestellt waren die Bestimmungen über die Todesstrafe, Zuchthaus-, Gefängnis- und Haftstrafe. Hinzu kam eine Vorschrift über die Schärfung der Zuchthaus- und Gefängnisstrafe (§ 18).

Für die Zuchthausstrafe enthielt § 15 des Vorentwurfes in Absatz 1 die Regelung, daß die Zuchthausstrafe in ausschließlich dazu bestimmten Anstalten zu vollstrecken war. Nach Absatz 2 unterlagen die Zuchthaussträflinge strengem Arbeitszwang, sie waren

362 VE, Begründung, Allgemeiner Teil, S. XI.; von Jagemann, MSchKrim 8, 193 (194).
363 VE, Begründung, Allgemeiner Teil, S. 63.
364 VE, Begründung, Allgemeiner Teil, S. 77.
365 VE, Begründung, Allgemeiner Teil, S. 77.
366 VE, Begründung, Allgemeiner Teil, S. XI.

zu Arbeiten innerhalb oder außerhalb der Anstalt anzuhalten, mußten Anstaltskleidung tragen und erhielten Anstaltskost. Gemäß Absatz 3 war für sie ein Verkehr mit außerhalb der Anstalt stehenden Personen nur in engen Grenzen gestattet. Im Vergleich dazu standen die Gefängnisgefangenen nach § 17 unter Beschäftigungszwang. Soweit es die Einrichtungen der Anstalt zuließen, waren ihnen solche Arbeiten zu übertragen, welche dem Beruf entsprachen, dem sie angehörten oder dem sie nach ihrer Entlassung nachgehen wollten. Bei der Zuweisung der Arbeit waren ihre Wünsche zu berücksichtigen, außerhalb der Anstalt durften sie ohne ihre Zustimmung nicht beschäftigt werden. Die Gefangenen sollten von der Anstalt gekleidet und beköstigt werden (§ 17 Abs. 2). Waren sie im Besitz der bürgerlichen Ehrenrechte, war ihnen der Gebrauch eigener Kleidung zu gestatten, wenn diese angemessen war. Aus besonderen Gründen konnte auch die Selbstbeköstigung gewährt werden. Gemäß Absatz 3 des § 17 sollte der Verkehr der Gefängnisgefangenen mit außerhalb der Anstalt stehenden Personen den durch die Ordnung der Anstalt gebotenen Beschränkungen unterliegen.

Diese in dem Vorentwurf vorgenommene Differenzierung zwischen Zuchthaus und Gefängnis rief Kritik hervor, da sie als nicht stark genug ausgeprägt empfunden wurde.[367] Andererseits enthielt aber der § 15 des Vorentwurfes eingehendere Bestimmungen über den Vollzug der Zuchthausstrafe als noch der § 15 RStGB.[368] Insgesamt war auch die Vorschrift des § 17 Absatz 1 des Vorentwurfes über die Gefängnisgefangenen ausführlicher gehalten als der § 16 Absatz 2 des Reichsstrafgesetzbuches.

Die Haftstrafe bestand nach dem Vorentwurf in Freiheitsentziehung mit Beaufsichtigung der Beschäftigung und Lebensweise. Sie wurde in besonderen Anstalten oder Abteilungen vollstreckt, so daß die Haftgefangenen mit Gefängnisgefangenen nicht in Berührung kommen konnten. Die Haftgefangenen durften sich selbst kleiden und beköstigen. Ihnen war gestattet, sich mit angemessener Arbeit zu beschäftigen. Soweit dies nicht geschah, waren sie zur Leistung der ihnen zugewiesenen Arbeiten, die ihrem Beruf oder ihrer Lebensstellung entsprechen mußten, verpflichtet; doch war von ihnen eine geringere Arbeitsleistung zu fordern als von Gefängnisgefangenen (§ 20).

b. Schärfungen der Zuchthaus- und Gefängnisstrafe

Eine Besonderheit im Vorentwurf bildete die Vorschrift des § 18. Danach waren Schärfungen der Zuchthaus- und Gefängnisstrafe möglich, wenn die Tat „von besonderer Roheit, Bosheit oder Verworfenheit" zeugte „oder nach den Vorbestrafungen des Täters anzunehmen [war], daß der gewöhnliche Strafvollzug auf ihn nicht die erforderliche Wirkung ausüben werde" (§ 18 Abs. 1). Die Schärfungen bestanden darin, daß der Verurteilte geminderte Kost oder eine harte Lagerstätte erhielt (§ 18 Abs. 2, Satz 1). Der § 18 des Vorentwurfes enthielt mit dieser Vorschrift über die

367 Michal, BlGefk 45 (1911), 173 (185). Michal gab aber auch zu, daß die Herausstellung der Eigenart der beiden Strafarten in allgemeinen Sätzen nicht einfach zu bewerkstelligen ist.

368 Aschrott, Reform des Reichsstrafgesetzbuchs, Band 1, S. 85.

Schärfungen der Zuchthaus- und Gefängnisstrafe eine bisher nicht vorhandene Regelung. Während eine Anzahl früherer deutscher Landesstrafgesetzbücher die Schärfung der Freiheitsstrafen für zulässig befunden hatte,[369] nahm das Reichsstrafgesetzbuch nach preußischem Vorbild von einer entsprechenden Bestimmung Abstand.[370] Die Gründe dafür, daß die Möglichkeit der Schärfung der Zuchthaus- und Gefängnisstrafe in den Vorentwurf aufgenommen wurde, lagen darin, daß es nach Ansicht der Kommission Verbrecher gab, auf welche die Freiheitsstrafen in ihrem gewöhnlichen Vollzug keinen nachhaltigen Eindruck machten. Daran änderten auch Vorschriften über Einzelhaft und Arbeitszwang nichts. Sollte diesen Verbrechern gegenüber „die Strafe den Charakter eines fühlbaren Übels behalten, und die staatliche Strafgewalt nicht zum Spotte werden, so [bedurfte] es einer Verschärfung des Strafvollzuges".[371] Um die Strafe auch für sie zu einem empfindlichen Übel zu machen, mußten solche Schärfungen des Vollzugs eingeführt werden, die sie an ihrem Körper fühlten. Nur dann war, so die Begründung zum Vorentwurf, ihnen gegenüber von den Strafen eine abschreckende und unter Umständen auch eine bessernde Wirkung zu erwarten.[372] Als Schärfungen der Zuchthaus- und Gefängnisstrafe ließ die Vorschrift des § 18 des Vorentwurfes geminderte Kost und harte Lagerstätte zu. Die häufig geforderte Strafschärfung der Dunkelhaft wurde dagegen nicht eingeführt.[373] Der § 18 stieß in weiten Kreisen auf Bedenken.[374] Diese wurden hervorgerufen durch die gesundheitlichen Gefahren, den krassen Gegensatz zum Erziehungsstrafvollzug sowie die Ablehnung einer abschreckenden Wirkung von Strafschärfungen.[375] In der Tagespresse wurde auch die Gefahr angesprochen, daß die Schärfungen in politischer Hinsicht mißbraucht werden könnten.[376] Zudem wurde auf die Gefahr aufmerksam gemacht, daß der Bestrafte durch eine derartige Behandlung einen tiefen und nachhaltigen Haß gegen Gesellschaft und Staat entwickeln könnte und damit der Besserung entgegengearbeitet werde.[377] Krohne wies darauf hin, daß die Bestimmung in § 18 Absatz 2, wonach sich die Schärfungen im Laufe der Zeit wiederholen könnten, vor allem den Gefangenen verbittern werde, der sich im Strafvollzug gut geführt habe. An dem Gefangenen, der sich dagegen schlecht geführt und daher schon eine Reihe von harten Disziplinarstrafen erlitten habe, werde sie spurlos abgleiten.[378] Auf der anderen Seite wurden aber

369 Vgl. die Zusammenstellung in: VE, Begründung, Allgemeiner Teil, S. 83, Fn. 1.
370 VE, Begründung, Allgemeiner Teil, S. 82 f.
371 VE, Begründung, Allgemeiner Teil, S. 82.
372 VE, Begründung, Allgemeiner Teil, S. 82.
373 Dem stimmte Aschrott zu, der die Dunkelzelle eher als geeignetes Mittel der Disziplinarbestrafung ansah, vgl. Aschrott, Reform des Reichsstrafgesetzbuchs, Bd. 1, S. 94 f.
374 Vgl. etwa Kriegsmann, Kieler Nachrichten vom 11.12.1909; von Lilienthal, ZStW 30 (1910), 224 (236), MSchKrim 6, 532; Michal, BlGefk 45 (1911), 173 (190 f.).
375 Vgl. Zusammenstellung gutachterl. Äußerungen, S. 33 f.
376 Vgl. Leipziger Volkszeitung vom 12.11.1909; Vorwärts vom 27.10.1909 und 21.11.1909.
377 Von Lilienthal, ZStW 30, (1910), 224 (237); Michal, BlGefk 45 (1911), 173 (190)
378 Krohne, Mitt. der IKV, Bd. 18 (1911), S. 259.

auch zustimmende Äußerungen laut.[379] Diese gründeten darin, daß Strafschärfungen eine Abkürzung der Strafe bedeuteten und damit auch eine Entlastung des Nationalvermögens. Weiter wurde hervorgehoben, daß die Schärfungen dazu dienten, dem Täter, auf den der gewöhnliche Strafvollzug keinen Eindruck hinterlasse, die Strafe zu einem tatsächlichen Übel zu machen.[380] Dabei spielten auch Gerechtigkeitserwägungen eine Rolle: Dem Täter, der seinem Opfer körperliche Verletzungen zugefügt hatte, sollte die Strafe auch körperlich fühlbar gemacht werden.

c. Einzelhaft

Nach den Bestimmungen des Vorentwurfes gewann die Einzelhaft (§ 22) wieder an Bedeutung. Zuchthaus- und Gefängnisgefangene waren im Anfang der Strafzeit in Einzelhaft zu halten, Zuchthausgefangene mindestens sechs Monate, Gefängnisgefangene mindestens drei Monate, bei kürzerer Strafzeit während der ganzen Strafdauer (§ 22 Abs. 1, Satz 1). Das Fortdauern der Einzelhaft über diesen Zeitraum hinaus war zwingend vorgeschrieben für den Fall, daß von dem Gefangenen ein schädlicher Einfluß auf die Mitgefangenen zu befürchten war (§ 22 Abs. 2, Satz 2), wobei die Dauer von drei Jahren ohne Zustimmung des Gefangenen nicht überschritten werden durfte. Neu war die Bestimmung, daß das Verlangen des Gefangenen, in Einzelhaft gehalten zu werden, tunlichst zu berücksichtigen war (§ 22 Abs. 5).

d. Ausführungsbestimmungen

Eine gänzlich neue Regelung enthielt der § 23 des Vorentwurfes: „Soweit das Gesetz keine Vorschriften enthält, bestimmen das Nähere über die Einrichtung der Strafanstalten und die Behandlung der Gefangenen die vom Bundesrat zu erlassenden Ausführungsvorschriften und die Verwaltungsvorschriften der einzelnen Bundesstaaten; doch muß die Behandlung der Zuchthaussträflinge eine strengere sein als die der Gefängnisgefangenen und die der Gefängnisgefangenen eine strengere als die der Haftgefangenen.“ Bedenken gegen die Vorschrift des § 23, der eine Ergänzung des Vorentwurfs im Verordnungswege ermöglichte, ergaben sich aus staatsrechtlichen Gesichtspunkten.[381] Es wurde kritisch angemerkt, daß es Sache eines unter Mitwirkung der Volksvertretung zu schaffenden Gesetzes sei, den Strafen durch Bestimmungen über den Vollzug ihren Inhalt zu geben. Diese Anforderungen erfülle der Vorentwurf nicht, da er sich in den wichtigsten Punkten mit allgemeinen Wendungen begnüge und sich über andere wichtige Punkte ganz ausschweige.[382] Weiter setzte Kritik daran an, daß die Einheitlichkeit des Strafvollzuges durch unterschiedliche Ausführungsbestimmungen

---

379 Vgl. z.B. Aschrott, Reform des Reichsstrafgesetzbuchs, Bd. 1, S. 91 f.; vgl. Zusammenstellung gutachterl. Äußerungen, S. 35.

380 Aschrott, Reform des Reichsstrafgesetzbuchs, Bd. 1, S. 92.

381 Kitzinger, ZStW 31 (1911), 204 (210); vgl. Zusammenstellung gutachterl. Äußerungen, S. 44.

382 Kitzinger, ZStW 31 (1911), 204 (210).

in den einzelnen Staaten gefährdet sei.[383] Zudem bestehe keine Sicherheit, daß die notwendigen Reformen überhaupt durchgeführt werden.[384]

e. Vorläufige Entlassung

Die vorläufige Entlassung (§§ 26-29) war bei zu längeren Freiheitsstrafen Verurteilten nach Verbüßung von zwei Dritteln der Strafe, mindestens aber einem Jahr, möglich (§ 26 Abs. 1). Sie war aber nur unter der Voraussetzung zulässig, daß der Gefangene sich während der Strafverbüßung gut geführt hatte und nach seiner Vergangenheit und seinen sonstigen persönlichen Verhältnissen die Erwartung weiteren Wohlverhaltens rechtfertigte. Ferner war notwendig, daß eine zu seinem Unterhalt ausreichende dauernde Arbeitsgelegenheit für ihn gesichert oder sichergestellt war, daß in anderer Wiese für sein Unterkommen und für seinen Unterhalt gesorgt sein werde (§ 26 Abs. 2). Während das Reichsstrafgesetzbuch die vorläufige Entlassung nur bei längeren Zuchthaus- und Gefängnisstrafen kannte, war sie nach dem Vorentwurf bei längeren Freiheitsstrafen jeder Art möglich. Der Vorentwurf ging bei der Regelung der vorläufigen Entlassung insofern weiter als das geltende Recht, als nach § 23 RStGB gefordert wurde, daß drei Viertel der Strafe verbüßt waren. Auf Bedenken stieß der § 26 Absatz 2 des Vorentwurfes, wonach auch die Vergangenheit des Gefangenen zu berücksichtigen war. Daraus ergebe sich, daß die Tat des Gefangenen nach der Verurteilung ein zweites Mal einbezogen werde.[385] Verzichtet wurde bei dem § 26 darauf, die vorläufige Entlassung von der Zustimmung des Gefangenen, die nach § 23 RStGB erforderlich war, abhängig zu machen. Diese Änderung wurde aufgrund des Umstandes gebilligt, daß bei der vorläufigen Entlassung nur das öffentliche Interesse, nicht aber der Wunsch des Gefangenen von Bedeutung sei.[386]

f. Sichernde Maßnahmen

Die wesentlichste Neuerung des Vorentwurfes bestand darin, daß neben das System der Strafen ein umfassendes System sichernder Maßnahmen gestellt wurde, die zum Teil bei leichten Straftaten an die Stelle der Strafe treten konnten. Im übrigen wurden sie im Anschluß an die Strafvollstreckung vollzogen, z.B. das Arbeitshaus für Verbrecher, die aus „Liederlichkeit" oder „Arbeitsscheu" straffällig geworden waren (§ 42), die Trinkerheilanstalt für solche, die infolge von „Trunksucht" die Straftat begangen hatten (§ 43) sowie die Verwahrung von gemeingefährlichen „geistig

383 Oetker, Strafen, S. 10; vgl. Zusammenstellung gutachterl. Äußerungen, S. 44.

384 Kitzinger, ZStW 31 (1911), 204 (210 f.).

385 Aschrott, Reform des Reichsstrafgesetzbuchs, Band 1, S. 111; vgl. Zusammenstellung gutachterl. Äußerungen, S. 48.

386 So Aschrott, Reform des Reichsstrafgesetzbuchs, Band 1, S. 112.

Minderwertigen".[387] In diesen Vorschriften lag die Weiterführung des Individualisierungsprinzips.

Die Kompetenz, über Beschwerden über die Gefangenenbehandlung zu entscheiden, wurde im Vorentwurf den Verwaltungsbehörden entzogen und den Gerichten zugewiesen (§ 42).

3. Die Kritik zum Vorentwurf betreffend den Strafvollzug

Der Vorentwurf wurde als brauchbare Grundlage für die weitere Diskussion und grundsätzlich fortschrittsfreundlich anerkannt.[388]

So war insgesamt die Differenzierung der Strafarten im Vollzug schärfer als im geltenden Strafrecht durchgeführt. Auch die Vollzugsregelungen des Vorentwurfes waren wesentlich detaillierter als die des Reichsstrafgesetzbuches: Beschäftigung der Gefangenen (§§ 15 Abs. 3, 17 Abs. 1, 20 VE), Bekleidung der Gefangenen (§§ 15 Abs. 3, 17 Abs. 2, 20 Abs. 2 VE), Beköstigung der Gefangenen (§§ 15 Abs. 3, 17 Abs. 2, 20 Abs. 2 VE), Verkehr der Gefangenen mit der Außenwelt (§§ 15 Abs. 4, 17 Abs. 3, 20 Abs. 1 VE), Trennung der Gefangenen (§§ 21, 22 VE), Schärfungen der Zuchthaus- und Gefängnisstrafe (§ 18 VE).

Die Paragraphen über die Vollstreckung der einzelnen Arten der Freiheitsstrafen riefen aber aufgrund ihrer allgemeinen Fassung auch Widerspruch hervor. So sei mit ihnen wegen des allgemeinen Charakters, so etwa bei den Bestimmungen hinsichtlich des Verkehrs mit der Außenwelt, der Selbstbeschäftigung, Selbstbeköstigung, Selbstbekleidung, wenig anzufangen; zum anderen fehlten für die Umgrenzung des Wesens der Strafen notwendige Bestimmungen, so z.B. solche über Disziplinarstrafen oder Arbeitsbelohnung.[389]

Auf der 14. Versammlung der Deutschen Landesgruppe der Internationalen kriminalistischen Vereinigung vom 20.-22. April 1911 in Berlin wurde über den Vorentwurf zu einem deutschen Strafgesetzbuch diskutiert.[390] Dabei wies von Liszt in seinem Referat darauf hin, daß, wenn nicht gleichzeitig mit dem Strafgesetzentwurf der Entwurf eines Strafvollzugsgesetzes vorgelegt werden könne, in dem Strafgesetzentwurf wenigstens die grundlegenden Bestimmungen über den Strafvollzug hineingear-

---

387 Ausdrücke wie im Original, Anführungszeichen vom Verf.

388 W. Mittermaier, ZStW 30 (1910), 623 (623 f.).

389 So Aschrott, Reform des Reichsstrafgesetzbuchs, Band 1, S. 101. Aschrott war der Auffassung, daß der im Vorentwurf „unternommene Versuch, die erforderliche gesetzliche Regelung des Strafvollzuges im Strafgesetze vorzunehmen, ein Versuch mit untauglichen Mitteln" war. Aschrott gab aber auch zu, daß die Schaffung eines Strafvollzugsgesetzes mit Problemen verbunden sei. Die Hauptschwierigkeit lag seiner Ansicht nach darin, daß in Preußen noch immer ein Dualismus in der Gefängnisverwaltung herrschte.

390 Vgl. Mitteilungen der IKV, Band 18 (1911), S. 217 ff.

beitet werden müßten. Denn es gehe nicht an, daß im Gesetz von Gefängnis und Zuchthaus gesprochen werde, ohne daß man eine Ahnung davon hätte, was denn Gefängnis und was denn Zuchthaus sei.[391] Über die „Freiheitsstrafen und Strafvollzug nach dem Vorentwurf" referierte anschließend Krohne. Seinen Angaben zur Folge waren seit dem Jahr 1870 etwa 70 Millionen Mark für den Um- und Neubau von Strafanstalten und Gefängnissen ausgegeben worden.[392] Das Strafen- und Strafvollzugssystem des Vorentwurfes sei aber nicht erreichbar. Werde es wider Erwarten Gesetz, dann stehe es auf dem Papier und werde dasselbe Schicksal haben wie das italienische Strafgesetzbuch von 1889 oder das französische Gesetz von 1875, deren Vorschriften über den Vollzug der Strafen in Einzelhaft noch heute nicht durchgeführt seien, weil die Staatsfinanzen nicht erlaubt hätten, dafür die erforderlichen Entscheidungen zu treffen.[393] Im Laufe seines Referates ging Krohne auf die Unterschiede der vom Vorentwurf vorgeschlagenen drei Haftarten Zuchthaus, Gefängnis und Haft ein. Im Rahmen seiner Ausführungen über die Gefangenenarbeit[S2] merkte er an, daß der Vorentwurf gegenüber dem geltenden Recht eine Verschlechterung in der Form herbeiführe, daß die Bestimmung fehle, wonach die Gefangenen vorzugsweise zu öffentlichen Arbeiten anzuhalten seien. Sie könnten so also auch für Private beschäftigt werden; dies widerspreche einer gesunden Straf- und Wirtschaftspolitik.[394] In der sich an das Referat Krohnes anschließenden Diskussion entgegnete Kahl auf den angesprochenen finanziellen Aspekt, daß er es für einen schweren Fehler halte, wenn „man von vornherein mit Ängstlichkeit wegen der daraus etwa entstehenden Kosten wichtige, notwendige Unterscheidungen hinsichtlich der Sicherungsmaßregeln und der verschiedenen Strafanstalten unterlassen sollte".[395] Die Geldfrage dürfe nicht in den Vordergrund rücken. Zunächst müßten Idealforderungen aufgestellt werden, die danach dann beschränkt werden könnten. Über die Regelung des Strafvollzuges führte Krohne aus, daß es am richtigsten sei, „die Vorschriften über den Strafvollzug aus dem Strafgesetzbuch zu entfernen und sie einem Strafvollzugsgesetz zu überweisen, das gleichzeitig mit dem Strafgesetz und im engsten Anschluß daran ausgearbeitet wird und zugleich mit ihm in Kraft" trete. [396] Dann werde man erreichen, daß das Strafgesetz nicht etwas vorschreibe, was nach dem Strafvollzugsgesetz unausführbar sei und die Gefängnisordnungen gesetzliche Vorschriften unausgeführt ließen oder mit Stillschweigen übergingen.[397]

Zum Rektoratswechsel an der Akademie für Sozial- und Handelswissenschaften zu Frankfurt am Main hielt Freudenthal am 3. November 1909 eine Antrittsrede über „Die

---

391 Von Liszt, Referat über den Vorentwurf zum Strafgesetzbuch, Mitt. der IKV, Bd. 18 (1911), S. 239 f.
392 Mitt. der IKV, Bd. 18 (1911), S. 246.
393 Mitt. der IKV, Bd. 18 (1911), S. 247.
394 Mitt. der IKV, Bd. 18 (1911), S. 251.
395 Mitt. der IKV, Bd. 18 (1911), S. 264.
396 Mitt. der IKV, Bd. 18 (1911), S. 254 f.
397 Mitt. der IKV, Bd. 18 (1911), S. 254 f.

staatsrechtliche Stellung des Gefangenen". Dabei bemängelte Freudenthal, daß fast jeder Einzelstaat in Deutschland in der Regel durch bloße Verordnung über Inhalt und Vollzug der Freiheitsstrafen bestimmt habe, also ohne Zustimmung der Volksvertretung. Daran würden auch die Grundsätze von 1897 nichts ändern. Diese verdeutlichten vielmehr das Bedürfnis nach reichsrechtlicher Regelung.[398] In diesem Zusammenhang betonte Freudenthal, daß beispielsweise Artikel 5 der preußischen Verfassung festlege, daß Bedingungen und Formen, unter denen eine Beschränkung der persönlichen Freiheit erfolgen dürften, durch Gesetz bestimmt werden müßten. Damit sei eine Regelung des Strafvollzugs, der schließlich eine Freiheitsbeschränkung darstelle, nicht im Verordnungswege möglich.[399]

Nach dieser vielbeachteten Rede Freudenthals wurde fast einmütig anerkannt, daß auch der Strafgefangene in einem Rechtsverhältnis zum Staat steht und willkürlichen Eingriffen nicht ausgesetzt werden darf.[400]

Zum Vorentwurf von 1909 äußerte sich Freudenthal mit folgenden Worten: „Da finde ich im Vorentwurf eine Reihe von Fragen ungeregelt, die in die Individual-Rechtssphäre tief eingreifen. Ich mache darüber dem Vorentwurf nicht den leisesten Vorwurf, aber dann muß für ein anderes Gesetz gesorgt werden, in dem diese Dinge gesagt werden. Ist das ein Strafvollzugsgesetz, so freue ich mich herzlich, daß dann das Hauptstrafgesetzbuch wesentlich entlastet werden kann."[401]

IX. Der „Gegenentwurf zum Vorentwurf eines deutschen Strafgesetzbuches" vom März 1911

1. Die Gründe für die Aufstellung des Gegenentwurfes

Die Verfasser des Gegenentwurfes waren von Liszt, Kahl, von Lilienthal und Goldschmidt. Kahl und Goldschmidt gehörten der gemäßigten Richtung der klassischen Strafrechtsschule, von Lilienthal und von Liszt der soziologischen Strafrechtsschule an.[402] Nach Auffassung der Verfasser des Gegenentwurfs habe der Vorentwurf „nach Form und Inhalt nicht allen Anforderungen genügt", die an ein künftiges Reichsstrafgesetzbuch zu stellen seien, er bedeute aber einen „wesentlichen und wertvollen Fortschritt über das geltende Recht hinaus" und gebe so die geeignete Grundlage ab,

398 Freudenthal, Rektoratswechsel, S. 19.

399 Freudenthal, Rektoratswechsel, S. 21 f.; vgl. auch Freudenthal, Dt. Strafrechts-Zeitung 1914, Sp. 488 (489).

400 So Quedenfeld, Strafvollzug in der Gesetzgebung, S. 9; vgl. auch von Liszt, ZStW 35 (1914), 657 (657).

401 Mitt. der IKV, Bd. 18 (1911), S. 281.

402 Vgl. Schubert, Protokolle der Kommission für die Reform des Strafrechts, Bd. 1, S. XXV.

auf der weiter gebaut werden könne.[403] So hatten es von Liszt, Kahl, von Lilienthal und Goldschmidt als ihre „Aufgabe betrachtet, das Gute, das der VE. gebracht hat, beizubehalten und weiterzubilden; zugleich aber die Lücken auszufüllen, die er gelassen hat, und die Fehler und Schwächen zu beseitigen, die ihm unzweifelhaft anhaften".[404] Die Vorschriften des Vorentwurfes über den Vollzug der Freiheitsstrafen befriedigten nach dem fast einhelligen Urteil der Kritik nicht. Vielmehr habe der Vorentwurf in § 23 alles Wesentliche doch wieder den „vom Bundesrat zu erlassenden Ausführungsvorschriften und den Verwaltungsvorschriften der einzelnen Bundesstaaten" überlassen.[405] Während der Vorentwurf trotz detaillierter Vollzugsvorschriften noch von dem Standpunkt ausgegangen sei, „nicht tiefer in den eigentlichen Strafvollzug einzugreifen", weil es nicht Sache des Strafgesetzbuches sei, „ein festes, in sich geschlossenes Strafvollzugssystem" aufzustellen[406], hielten die Verfasser des Gegenentwurfes die Aufstellung eines Strafvollzugssystems für durchaus diskutabel.[407] Daß die Regelung durch Reichsgesetz erfolgen müsse, so die Begründung zum Gegenentwurf, darüber herrsche Einstimmigkeit.[408] Die Frage sei nur, ob die Regelung gleich im künftigen Reichsstrafgesetzbuch erfolgen könne oder ob es dazu eines besonderen Reichsstrafvollzugsgesetzes bedürfe. Vor allem Gründe der Gesetzgebungstechnik sprachen laut Begründung für ein Reichsstrafvollzugsgesetz. Mit der Aufnahme eingehender Bestimmungen über den Strafvollzug in den Gegenentwurf wollte man der Schaffung eines Strafvollzugsgesetzes aber „den Weg nicht versperren, sondern ebnen".[409] Bei der Ausarbeitung eines Reichsstrafvollzugsgesetzes könnten dann die einschlägigen Paragraphen des Gegenentwurfes aus diesem herausgenommen und in das Vollzugsgesetz übernommen werden. Entschiedener als im Vorentwurf wurde hierbei die Notwendigkeit eines Strafvollzugsgesetzes betont.

Die Vorschläge des Gegenentwurfes wurden im Laufe der Beratungen ausnahmslos einstimmig gefaßt und Sonderwünsche einzelner Beteiligter zurückgestellt.

2. Der Inhalt des Gegenentwurfes

Mit seinen 361 Bestimmungen war der Gegenentwurf umfangreicher als der 310 Paragraphen umfassende Vorentwurf. Neben grundlegenden Vorschriften über den Strafvollzug waren einige Nebengesetze aufgenommen worden.

---

403 GE, Vorwort, S. III.
404 GE, Vorwort, S. III.
405 GE, Begründung, S. 74.
406 VE, Begründung, Allgemeiner Teil, S. 77.
407 GE, Begründung, S. 75.
408 GE, Begründung, S. 74.
409 GE, Begründung, S. 75.

Der fünfte Abschnitt des Allgemeinen Teils beschäftigte sich mit Strafen und sichernden Maßnahmen (§§ 40-80). Der Gegenentwurf enthielt darin eingehende Bestimmungen über den Strafvollzug.[410]

Gleich am Anfang aller Paragraphen des Gegenentwurfes zeigte sich, daß Todes- oder Zuchthausstrafe im Gegenentwurf die Sanktionen für Verbrechen waren und die Gefängnisstrafe für Vergehen in Frage kam (vgl. § 1). Die Haftstrafe kam bei Vergehen und Verbrechen in Betracht (§ 43) und trat entsprechend der bisherigen Festungshaft an die Stelle der Zuchthaus- und Gefängnisstrafe, wenn der Tat keine ehrlose Gesinnung zugrunde lag. Während es der Vorentwurf schon aus ökonomischen Gründen (Aufwandserhöhung für den Staat, Arbeitszeitverlusterhöhung für den Bestraften) bei den bis dahin geltenden Strafminima belassen wollte (1 Jahr Zuchthaus, 1 Tag Gefängnis), sollten nach dem Gegenentwurf für Zuchthaus mindestens 2 Jahre und für Gefängnis 7 Tage Freiheitsentzug erfolgen.[411]

Die Zuchthausgefangenen wurden zwecks Durchführung der Vollzugsarten (§ 45) und der Milderung des Strafzwanges in Stufen (§ 50), nach Alter, Charakter, Vorleben und Straftat in Disziplinarklassen eingeteilt (§ 41 Abs. 4). Der Gegenentwurf verzichtete auf die im Vorentwurf in § 18 vorgesehenen Schärfungen der Zuchthaus- und Gefängnisstrafe. Dabei berief sich der Gegenentwurf in seiner Begründung darauf, daß Schärfungen eine Konzession an die Forderung der Prügelstrafe darstellten. Sie seien praktisch undurchführbar, so daß sie die Einführung zweier verschiedener Arten von Zuchthaus- und Gefängnisstrafe zur Folge hätten.[412] Die Zuchthausstrafe war nach dem Gegenentwurf in ausschließlich dazu bestimmten Anstalten zu vollstrecken, die Haftgefangenen wurden in besonderen Anstalten oder Abteilungen untergebracht, so daß sie mit anderen Gefangenen nicht in Berührung kommen konnten (§ 44 Abs. 1). Eine weitere Trennung war für männliche und weibliche Gefangene vorgesehen. Für Gefängnisstrafen bis zu zwei Jahren war die Verbüßung in Einzelhaft festgeschrieben. Ansonsten galt für alle Gefangene die Verbüßung des Beginns der Strafzeit in Einzelhaft; der zeitliche Rahmen betrug bei Zuchthausgefangenen je nach Dauer ihrer Strafe und der Disziplinarklasse, der sie zugewiesen waren, mindestens drei und höchstens neun Monate. Darüber hinaus geregelt wurde die Beschäftigung der Gefangenen (§ 46) sowie die Arbeitsbelohnung (§ 47), Bestimmungen über Kleidung und Beköstigung waren in einer Vorschrift enthalten (§ 48), darüber hinaus waren auch Vergünstigungen für die Gefangenen möglich (§ 49). Eine Neuerung enthielt der § 50, welcher den Strafvollzug in Stufen durch eine allmähliche Milderung des Strafzwanges ermöglichte. Die zulässigen Disziplinarmittel waren in § 51 aufgeführt, Fesselung und körperliche Züchtigung waren darin nicht enthalten. Fesselung oder Anwendung der Zwangsjacke kamen nur zur augenblicklichen Bewältigung von Gewalttätigkeiten sowie zur

410 Nach Ansicht Schreibers regelte der Gegenentwurf den Strafvollzug ausführlicher als der Vorentwurf; Schreiber, ZStW 36 (1915), 133 (136).

411 Vgl. von Jagemann, MSchKrim 8, 193 (202).

412 Vgl. GE, Begründung, S. 80.

Sicherung gegenüber Zuchthaus- und Gefängnisgefangenen in Frage, wenn andere Mittel nicht ausreichten (§ 51 Abs. 3). Über Beschwerden, welche die Gesetzmäßigkeit der Art und Weise der Strafvollstreckung oder die Anwendung der in § 51 Nr. 8-10 und Nr. 12 bezeichneten Disziplinarmittel betrafen, sollte wie schon im Vorentwurf nicht mehr die Aufsichtsbehörde, sondern das Gericht entscheiden (§ 53 Abs. 1). Zur Überwachung des vorschriftsmäßigen Freiheitsstrafvollzugs war der Reichskanzler befugt, über die getroffenen Einrichtungen und Maßregeln Auskunft zu fordern oder sich durch die Entsendung von Kommissarien zu unterrichten. Unter dem Vorsitz des Reichskanzlers war zur Beratung über die Einrichtungen und Maßregeln des Freiheitsstrafvollzuges alljährlich der Zusammentritt eines Reichsgefängnisrates vorgesehen (§ 53 Abs. 3). Ausführungen von Liszts zur Folge war die Aufsicht des Reichs über den Strafvollzug der Einzelstaaten von größerer Bedeutung als die Übernahme des Strafvollzuges durch das Reich. Eine derartige Aufsicht war schon in dem Entwurf von 1879 enthalten und hatte auch in dem Gegenentwurf Aufnahme gefunden. Nach Ansicht von Liszts könne die Forderung nach Vereinheitlichung des Strafvollzuges auf diesem mittelbaren Wege der Reichsaufsicht und des Reichsgefängnisrats rascher erreicht werden als auf dem Wege der Übernahme der ganzen Sache auf das Reich.[413]

Wie im Vorentwurf waren auch im Gegenentwurf Vorschriften über das Arbeitshaus (§ 68), das Wirtshausverbot und die Unterbringung in einer Trinkerheilanstalt (§ 69) vorgesehen. Die Verfasser des Gegenentwurfes hielten an dem prinzipiellen Standpunkt, den der Vorentwurf gegenüber der sichernden Maßnahme des Arbeitshauses einnahm, fest.[414] In Abweichung zum Vorentwurf ließ der Gegenentwurf allerdings die Unterbringung im Arbeitshaus bei allen strafbaren Handlungen und nicht nur in den im Gesetz besonders bestimmten Fällen zu. Das Wirtshausverbot war im Gegenentwurf über den Vorentwurf hinausgehend nicht bloß neben der Verurteilung wegen einer auf Trunkenheit zurückzuführenden Handlung, sondern auch dann zulässig, wenn gerade wegen hochgradiger Trunkenheit ein Freispruch erfolgte. Allgemeine Zustimmung hatte die Sicherungsmaßregel der Unterbringung in einer Trinkerheilanstalt erfahren.[415] Auch sie war nach dem Gegenentwurf nicht von der Verurteilung wegen einer auf Trunkenheit beruhenden Handlung abhängig.

3. Die Kritik zum Gegenentwurf

Bestreben des Gegenentwurfes war es, die Differenzierung zwischen Zuchthaus und Gefängnis stärker durchzuführen. Dabei wurde das größte Gewicht auf das Anpassen der Obergrenzen des Gefängnisses an die Untergrenzen des Zuchthauses gelegt.[416]

413 Mitt. der IKV, Bd. 18 (1911), S. 308.
414 Vgl. GE, Begründung, S. 93 ff.
415 Vgl. GE, Begründung, S. 98.
416 Mitt. der IKV, Bd. 18 (1911), S. 290.

Der Gegenentwurf ging davon aus, daß das Vollzugssystem der Zuchthausstrafe das Progressivsystem, das der Gefängnisstrafe die Einzelhaft ist, und daß es bei der Haftstrafe genüge, unter Berücksichtigung der Strafdauer, die zur Aufrechterhaltung des Strafzweckes und der Ordnung in der Anstalt erforderlichen Vorkehrungen zu treffen.[417]

Kritisiert wurde von Kriegsmann, daß sowohl die Regelung des Vorentwurfes als auch die des Gegenentwurfes im Hinblick auf den Strafvollzug zu wenig enthielt. Kriegsmann befürchtete, daß man bei einer halben Regelung des Strafvollzugs zu der vollen Regelung auch in Jahrzehnten nicht kommen werde.[418] Dem stellte sich von Liszt entgegen, der mit dem Gegenentwurf nur den Beweis liefern wollte, „daß eine Aufstellung gewisser leitender Gesichtspunkte in einem Gesetzbuch, sei es nun Strafgesetzbuch, sei es ein besonderes Strafvollzugsgesetz, möglich" war. Er und die anderen Verfasser des Gegenentwurfes „wollten darüber hinauskommen, daß die Sache im Wege der Verordnung oder völkerrechtlicher Vereinbarung der einzelstaatlichen Bundesstaaten untereinander durchgeführt wird. Wir wollten eine gesetzliche Grundlage."[419] Lob erfuhr der Gegenentwurf von Krohne. Er begrüßte, daß der Gegenentwurf den Gedanken 'Der Gefangene soll sich durch Fleiß, gute Führung eine Erleichterung und Abkürzung der Strafe verdienen', wieder aufnahm.[420] Dieser Gedanke sei im Laufe der Jahrhunderte verloren gegangen. Gegenwärtig lasse man den Strafvollzug getragen sein durch Furcht vor Disziplinarstrafe und Hoffnung auf Gnadenwillkür, die in der Regel getäuscht werde. Hier liege eine wesentliche Aufgabe, die das Strafvollzugsgesetz zu lösen habe.

X. Die „Vorschläge zu einem Entwurf eines Reichsgesetzes über den Vollzug der gerichtlich erkannten Freiheitsstrafen" vom Verein deutscher Strafanstaltsbeamter (1911)

1. Zustandekommen

Laut seiner Satzung hatte der Verein deutscher Strafanstaltsbeamter[421] die Aufgabe, „die Ausgestaltung eines wirksamen und zweckmäßigen Strafvollzuges im Zusammen-

---

417 GE, Begründung, S. 75.

418 Mitt. der IKV, Bd. 18 (1911), S. 298 f.

419 Mitt. der IKV, Bd. 18 (1911), S. 307.

420 Mitt. der IKV, Bd. 18 (1911), S. 258.

421 Der Verein wurde 1864 zunächst als Verein der süddeutschen Beamten gegründet, alsbald aber zu einem Verein der Strafanstaltsbeamten aus ganz Deutschland ausgeweitet. Vereinsorgan waren die „Blätter für Gefängniskunde". Zu den Mitgliedern des Vereins gehörten etwa Ekert, von Engelberg, von Holtzendorff, E. von Jagemann, Klein, Krohne, Franz Mittermaier, Schwandner, Wirth, Wach.

hange mit der gesamten Strafrechtspflege nach einheitlichen Grundsätzen zu fördern"[422].

1908 wurde der Vereinsausschuß in Köln unter anderem ermächtigt, bei der Beratung der zu erwartenden strafrechtlichen Gesetzentwürfe durch Ausarbeitung entsprechender Gutachten mitzuwirken und bei Erfordern Mitglieder abzuordnen. Es wurde zudem erörtert, welche Fragen des Strafvollzuges sich zur gesetzlichen Regelung eignen.[423] Ergänzt wurden die Beschlüsse von Köln durch diejenigen von Mannheim im Jahre 1911.[424] Dort beschloß der Vereinsausschuß, von der durch die Kölner Versammlung erteilten Vollmacht Gebrauch zu machen und Vorschläge zu einem Entwurf für ein Strafvollzugsgesetz vorzubereiten. Der Ausschuß übertrug dazu seinem Vorsitzenden Schwandner die Aufgabe zur Bildung einer Kommission, die dieser aus fünf Ausschußmitgliedern zusammensetzte: Direktor Schwandner als Vorsitzender der Kommission, Staatsanwalt a.D. Clement, Staatsanwalt Klein, Direktor Michal und Direktor Pollitz.[425] Zunächst bereiteten sich die Kommissionsmitglieder nach einem vom Vorsitzenden aufgestellten Arbeitsplan zu Hause schriftlich vor. Sie traten dann am 30. Juli 1911 in Ludwigsburg zur Beratung und Aufstellung von Vorschlägen für den Entwurf eines Strafvollzugsgesetzes zusammen.[426] Hierbei betrachtete sich die Kommission als Beauftragte des Vereins deutscher Strafanstaltsbeamter; maßgebend waren für sie daher die Beschlüsse der Kölner und Mannheimer Vereinsversammlungen.[427]

In seiner Begründung verwies der von der Kommission ausgearbeitete Entwurf auf die Postulate der Rechtseinheit und Rechtsgleichheit, die ohne gesetzliche Regelung des Strafvollzugs nicht zu verwirklichen seien.[428] Es wurde beanstandet, daß der „Strafinhalt" praktisch „im Verwaltungswege kodifiziertes Gewohnheitsrecht" sei und auf die rechtsstaatliche Bedeutung des Strafvollzugsgesetzes abgehoben: „In der Tat berührt es eigentümlich, wenn man die Rechtsstellung der zu Freiheitsstrafen verurteilten Personen im Strafvollzug vergleicht mit der hochentwickelten Sorge um den Schutz der Unverletzlichkeit der Persönlichkeit auf allen anderen Rechtsgebieten"[429]. Die Kommission beschäftigte sich zu Beginn der Beratungen mit der Frage, ob sie nur Ergänzungs- oder Abänderungsvorschläge zum Vorentwurf oder Gegenentwurf machen sollte oder ob ein besonderes Vollzugsgesetz erforderlich wäre.[430] Man einigte sich

---

422 BlGefk, Sonderheft B zu Band 47 (1913), S. 13; vgl. auch Schreiber, ZStW 36 (1915), 133 (137).

423 Vgl. die Gutachten zur Vereinsversammlung in Köln 1908 zu: „Welche Fragen des Strafvollzugs eignen sich zur gesetzlichen Regelung?", BlGefk 42 (1908), S. 177-182, S. 279-316, S. 317-338, S. 483-506 und den Bericht über die XV. Versammlung des Vereins der Deutschen Strafanstaltsbeamten, BlGefk 43 (1909), 1 (176).

424 BlGefk 45 (1911), S. 348 ff.

425 Vgl. auch Klein, ZStW 33 (1912), 643 (643 f.).

426 Vgl. BlGefk, Sonderheft B zu Band 47 (1913), S. 17.

427 Vgl. BlGefk, Sonderheft B zu Band 47 (1913), S. 18.

428 Müller-Dietz, Strafvollzugsgesetzgebung, S. 14.

429 Sonderheft zu BlGefk 45 (1911).

430 Vgl. BlGefk, Sonderheft B zu Band 47 (1913), S. 18.

schließlich darauf, ein Vollzugsgesetz zu fordern, da weder Vor- noch Gegenentwurf den Inhalt des Strafübels vollständig erfaßten. Andererseits betrachtete man es als notwendig, Spielraum für landesrechtliche Regelungen zu lassen.[431] Der Kommission zur Folge müsse schon im Hinblick auf die geographischen und ethnographischen Unterschiede in den Gewohnheiten und dem Volksempfinden der deutschen Stämme und Staaten ein gewisser Spielraum gelassen werden. Es werde also neben dem Reichsgesetz auch weiter landesrechtliche Vorschriften (Verordnungen) geben.[432] Das in § 87 der Vorschläge von 1911 geplante Zusammenspiel von Reichsgesetz und Bundesratsverordnungen wurde anschaulich von der Kommission beschrieben: „Es würde hiernach ein Reichsgesetz gleichsam das Fundament zu dem neuen Strafvollzugsgebäude zu legen und das Gebäude im Gerippe, im Rohbau so herzustellen haben, daß seine Zweckbestimmung klar erkennbar ist. Bundesratsverordnungen müßten innerhalb des gegebenen Rahmens den Ausbau übernehmen und Verordnungen der einzelnen Bundesregierungen würde überlassen bleiben, im übrigen die Räume des Hauses zweckdienlich auszustatten und einzurichten“.[433]

Die Vorschläge sollten die Grundlage zur weiteren Diskussion bilden und sich in erster Linie an die Mitglieder des Vereins der deutschen Strafanstaltsbeamten wenden, welche die Vorschläge prüfen und sich zu ihnen äußern sollten.[434]

Von einer ausführlichen Begründung der Vorschläge wurde abgesehen. Zudem war eine Abstimmung bei der Ausarbeitung der Vorschläge innerhalb der Kommission nicht nötig.[435] Beendet wurden die Arbeiten der ersten Vereinskommission im Hochsommer 1911.

2. Inhalt und Kritik

Die Vorschläge der Kommission von 1911[436] gliederten sich in folgende 10 Punkte:

I. Von den Anstalten (§§ 1-14)

II. Leitung und Oberaufsicht (§§ 15-18)

III. Berechnung der Strafzeit (§ 19)

IV. Aufnahme der Gefangenen (§§ 20-26)

V. Formen der Verwahrung (§§ 27-30)

---

431 Müller-Dietz, Strafvollzugsgesetzgebung, S. 14, vgl. auch BlGefk, Sonderheft B zu Band 47 (1913), S. 19.

432 Vgl. BlGefk, Sonderheft B zu Band 47 (1913), S. 19.

433 BlGefk, Sonderheft B zu Band 47 (1913), S. 19 f.; vgl. auch Klein, ZStW 33 (1912), 643 (646).

434 BlGefk, Sonderheft B zu Band 47 (1913), S. 20; vgl. auch Klein, ZStW 33 (1912), 643 (646).

435 So BlGefk, Sonderheft B zu Band 47 (1913), S. 20.

436 BlGefk, Sonderheft zu Bd. 45 (1911); Anhang zu Klein ZStW 33 (1912), S. 643.

VI. Behandlung der Gefangenen (§§ 31-84)

VII. Schutzaufsicht (§ 85)

VIII. Statistik (§ 86)

IX. Verhältnis von Reichs- und Landesrecht (§ 87)

X. Beginn der Geltung (§ 88)

Die Vorschläge enthielten demnach 88 Bestimmungen. Sie gingen mit den Strafarten Zuchthaus, Gefängnis und Haft von dem System der Freiheitsstrafen des Vorentwurfes aus.

Die Vorschläge sahen vor, daß sowohl Zuchthaus-, als auch Gefängnis- und Haftstrafe in jeweils besonderen Anstalten zu vollstrecken waren (§ 1). Ausnahmen waren bei zwingenden örtlichen Verhältnissen für Gefängnis- und Haftgefangene zulässig, die in solchen Fällen in derselben Anstalt, aber in unterschiedlichen Abteilungen, verwahrt werden durften (§ 2). Auch weibliche Gefangene waren der Regel nach in besonderen Anstalten oder Abteilungen unterzubringen (§ 6 Abs. 1). Die Frist zur Beschaffung der fehlenden Anstalten, Abteilungen oder Räume war durch den Bundesrat zu bestimmen (§ 14). Für jede Anstalt war von der Landesregierung oder der von ihr bestimmten Oberaufsichtsbehörde eine Hausordnung zu erlassen, welche alle, die Behandlung der Gefangenen, ihre Rechte und Pflichten regelnden reichs- und landesrechtlichen Vorschriften zu enthalten hatte (§ 16 Abs. 1). Die Besichtigung der Anstalten war nach Anordnung der Oberaufsicht in angemessenen Zwischenräumen, auch unvermutet, vorzunehmen (§ 18). Die §§ 20-26 enthielten Vorschriften über das Verfahren bei der Aufnahme von Gefangenen. Daran schlossen sich mit den Bestimmungen über die Formen der Verwahrung die Vorschriften über Einzel- und Gemeinschaftshaft an. Regelmäßig hatte danach der Strafvollzug mit Einzelhaft zu beginnen (§ 29 Abs. 3). Aufgabe des Strafvollzuges war nach § 31 Absatz 1 „die Strafe unparteiisch und streng zu vollziehen". Durch den § 31 wurde versucht, neben der Bestimmung der Aufgabe des Strafvollzuges auch der Vollzugsbehörde allgemeine Richtlinien für die Behandlung der Gefangenen zu geben.[437] Bei entsprechendem Verhalten des Gefangenen konnte der Vorstand eine allmähliche Milderung des Strafzwanges eintreten lassen (§ 32 Abs. 1), ein Progressivsystem mit festgelegten Stufen wurde dagegen nicht empfohlen.

Umfassende Regelung erfuhren die Vorschriften über die Beschäftigung der Gefangenen (§§ 33-48). Beköstigung, Bekleidung und Lagerung mußten den Anforderungen der Gesundheitspflege entsprechen und waren für alle Gefangenen gleicher Strafart grundsätzlich dieselben (§ 49 Abs. 1). Im übrigen waren Beköstigung, Bekleidung und Lagerung je nach Strafart unterschiedlich ausgestaltet (§ 50). Geregelt wurde ebenfalls das Vorgehen bei Erkrankungen (§§ 54 f., §§ 57 f.) und Todesfällen (§§ 59 f.), die Seelsorge (§ 61-64) sowie der Unterricht (§ 65). Die Erlaubnis zum Halten von

437 Klein, ZStW 33 (1912), 643 (650).

Büchern, Schriften und Zeitungen war ebenso wie die Gestattung von Besuchen und schriftlichem Verkehr nach der Art der Freiheitsstrafe unterschiedlich ausgestaltet (§§ 66-69). Bei den Disziplinarstrafen waren Fesselung und körperliche Züchtigung nicht in dem aufgeführten Katalog enthalten (§ 72). Nur als Sicherungsmittel zur augenblicklichen Bewältigung tätlichen Widerstandes sowie zur Sicherung waren, sofern nicht andere Mittel ausreichten, die Zwangsjacke oder die Fesselung zugelassen (§ 74). Über alle Maßnahmen des Strafvollzugs stand dem Gefangenen das Recht der Beschwerde zu, die aber keine aufschiebende Wirkung entfalten sollte und, soweit nicht die StPO maßgebend war, von der Aufsichtsbehörde zu entscheiden war (§ 76). Neben den Bestimmungen über die Entlassung (§§ 77-79) war auch die vorläufige Entlassung Bestandteil der Vorschläge (§§ 80-83). Sie war nur zulässig, wenn der Gefangene sich während der Strafverbüßung gut geführt hatte und nach seiner Vergangenheit und seinen sonstigen persönlichen Verhältnissen die Erwartung weiteren Wohlverhaltens rechtfertigte und wenn für sein Unterkommen und seinen Unterhalt gesorgt war (§ 81). Möglich war es, die aus der Strafhaft vorläufig Entlassenen unter Schutzhaft zu stellen (§ 85). Im übrigen sollte, sofern nicht durch Gesetz die Zuständigkeit des Bundesrats begründet war, der Strafvollzug im Wege des Verordnungsrechts der Bundesstaaten geregelt werden (§ 87). Für den Beginn der Geltung schrieb schließlich der letzte Paragraph vor: „Das Strafvollzugsgesetz tritt gleichzeitig mit dem Strafgesetzbuch in Kraft.“

Die Vorschläge von 1911 wurden als geeignete Grundlage für die Erörterung und Aufstellung eines amtlichen Entwurfes angesehen.[438] Kritisch wurde dagegen das Fehlen einer Reichskontrolle betrachtet, die statt der einheitlichen Oberaufsicht innerhalb der Bundesstaaten ein reichseinheitliches Vorgehen hätte ermöglichen können.[439]

XI. Die „Vorschläge zu einem Reichsgesetz über den Vollzug der Freiheitsstrafen und sichernden Maßnahmen“ vom Verein deutscher Strafanstaltsbeamter (1913)

1. Das Zustandekommen der Vorschläge

Die erste Vereinskommission hatte ihre Arbeit im Sommer 1911 beendet. Als Grundlage für ihre Vorschläge war die Kommission von dem System der Freiheitsstrafen des Vorentwurfes zum Strafgesetzbuch von 1909 ausgegangen. Danach gab es drei Strafarten: Zuchthaus, Gefängnis und Haft. Im Frühjahr 1911 begann die amtliche Strafrechtskommission ihre Arbeit und gab die Dreiteilung des Vorentwurfes auf, es sollte statt dessen vier Strafarten geben: Zuchthaus, Gefängnis, Haft und Einschließung.

---

438 Gennat, BlGefk 46 (1912), 315 (318).
439 Gennat, BlGefk 46 (1912), 315 (319) und ZStW 36 (1915), 49 (49).

Aufgrund dessen und wegen kritischer Besprechung der Vorschläge in verschiedenen Zeitschriften und Tageszeitungen sah sich die Vereinskommission veranlaßt, die bisherigen Entwürfe zu überarbeiten, bevor es zur Vorlage an die für 1914 in Aussicht genommene XVII. Versammlung des Vereins der Deutschen Strafanstaltsbeamten in Hamburg kommen sollte.[440] Die schon mit dem ersten Entwurf befaßte Vereinskommission trat daher am 13., 14. und 15. Mai 1912 in Heidelberg zu einer erneuten Beratung zusammen. Um eine möglichst erschöpfende Regelung zu schaffen, wurden die Vereinsmitglieder von Jagemann und von Engelberg zu den Beratungen hinzugezogen. Den Vorsitz übernahm dabei von Jagemann.[441]

Die überarbeitete Fassung der Vorschläge von 1911 wurde schließlich 1913 der Öffentlichkeit zugänglich gemacht.[442]

2. Der Inhalt der Vorschläge

Die Vorschläge bestanden jetzt noch aus 73 Paragraphen und gliederte sich folgendermaßen:

I. Anstalten und Anstaltsverwendung (§§ 1-11)

II. Aufnahme (§§ 12-17)

III. Form der Verwahrung (§§ 18-21)

IV. Behandlung (§§ 22-49)

V. Disziplin und Ordnungsstrafen (§§ 50-53)

VI. Entlassung (§§ 54-58)

VII. Besondere Bestimmungen für den Vollzug sichernder Maßnahmen (§§ 59-68)

VIII. Schutzfürsorge und Schutzaufsicht (§ 69)

IX. Zuständigkeits- und Schlußbestimmungen (§§ 70-73)

Die Kommission hatte beschlossen, die Arten der Freiheitsstrafen um eine auf vier zu erweitern, so daß es neben Zuchthaus, Gefängnis und Haft auch wieder die der bisherigen Festungshaft entsprechende Einschließung geben sollte.

Auch die Vorschläge von 1913 schrieben die Trennung der Gefangenen nach Strafarten fest und bestimmten für Neubauten, daß dort Zuchthaus-, Gefängnis- oder Ein-

---

440 BlGefk, Sonderheft B zu Band 47 (1913), S. 21 f.

441 BlGefk, Sonderheft B zu Band 47 (1913), S. 22; vgl. auch Klein, ZStW 35 (1914), 814 (816 f.); Schreiber, ZStW 36 (1915), 133 (138).

442 Sonderheft A (Gesetzesvorschläge) und B (Einleitung und Begründung) des Bd. 47 der BlGefk (1913); dazu z.B. Reich u. Michaelis, BlGefk 48 (1914), 186 ff.; 205 ff.

schließungsabteilungen, auch Zuchthaus- und Haftabteilungen nicht mehr in einer Anstalt vereinigt werden dürften (§ 1 Abs. 1). Auch die sichernden Maßnahmen des Arbeitshauses und der Sicherungshaft hatten tunlichst in ausschließlich dazu bestimmten Anstalten zu erfolgen (§§ 6, 7). In gemeinsamen Bestimmungen wurden die Größe, die Luft- und Lichtverhältnisse der Verwahrungsräume festgelegt (§ 10) und bestimmt, daß für jede Anstalt eine Hausordnung zu erlassen war, in der alle die Behandlung der Gefangenen, ihre Rechte und Pflichten regelnden reichs- und landesrechtlichen Vorschriften enthalten sein mußten (§ 11). Mit der Aufnahme der Gefangenen befaßten sich die §§ 12-17, daran schlossen sich wie schon in den Vorschlägen von 1911 die Bestimmungen über die Verwahrungsform an (§§ 18-21). Auch hier sollte der Vollzug regelmäßig mit Einzelhaft beginnen (§ 20 Abs. 1, Satz 1), bei der Anordnung der Haftform war aber auf die Persönlichkeit, die Tat und das Vorleben des Gefangenen Rücksicht zu nehmen (§ 18 Satz 1).

Die Aufgaben des Vollzugs wurden in § 22 der Vorschläge festgeschrieben. Die Vorschläge hielten an dem Vergeltungscharakter der Strafe fest, indem sie davon ausgingen, „daß die Strafe ein Uebel ist, das wegen eines Rechtsbruchs in einem dem Verschulden möglichst entsprechenden Maße verhängt wird".[443] Neben der Übelszufügung setzte die Kommission als Aufgabe des Strafvollzugs auch die Besserung der Gefangenen, es erschienen dabei die geistige und sittliche Hebung der Gefangenen als Vollzugsziele (§ 22 Abs. 2). Große Bedeutung wurde auch dem Individualisierungsprinzip beigemessen. In der Begründung der Vorschläge wurde darauf hingewiesen, daß die spezialpräventive Aufgabe des Strafvollzugs die Anpassung der Behandlung an die körperliche und geistige Eigenart des Gefangenen voraussetze.[444] Detaillierte Vorschriften über die individualisierende Behandlung der Gefangenen könnten in einem Strafvollzugsgesetz aber nicht gegeben werden, es ließen sich nur im allgemeinen Richtlinien andeuten.[445] Kritik an der von der Begründung geforderten individualisierenden Behandlung der Gefangenen übte Gennat.[446] Dabei hob er hervor, daß die Individualisierung im Gefängnis in vollem Umfang grundsätzlich nicht möglich sei, weil die Mehrzahl der Strafen dafür zu kurz und die Belegung in den größeren Anstalten zu hoch sei. Zudem fehle es an dem dafür erforderlichen Personal. Für den Jugendstrafvollzug wurden Erziehung und Fortbildung in den Vorschlägen von 1913 besonders betont (§ 46). Eine gewisse Durchbrechung erfuhr der Vergeltungsgedanke durch die Einführung der Schutzfürsorge oder -aufsicht für Entlassene (§ 69). Das Beschwerderecht (§ 24) wurde dem Gefangenen gegen die Vollzugsmaßnahmen gegeben; zuständig für die Entscheidung war die Aufsichtsbehörde, war dies nicht zugleich die oberste Behörde, konnte der Gefangene weitere Beschwerde einlegen. Unter die Behandlung der Gefangenen fielen auch die Vorschriften über die Seelsorge (§§ 25-26),

---

443 BlGefk, Sonderheft B zu Band 47 (1913), S. 37.
444 Vgl. BlGefk, Sonderheft B zu Band 47 (1913), S. 38.
445 Vgl. BlGefk, Sonderheft B zu Band 47 (1913), S. 39.
446 Gennat, BlGefk 48 (1914), 66 (113).

die Arbeit (§§ 27-31), die Beköstigung, Bekleidung und Lagerung (§§ 32-34), die Gesundheitsfürsorge, Krankheits- und Todesfälle (§§ 35-40), die Bildungsfürsorge (§§ 41 f.), den Verkehr (§§ 43-45) und die besonderen Bestimmungen für die Jugendlichen (§§ 46-49).

Als Ordnungsstrafe war in Abweichung zu den Vorschlägen von 1911 die Fesselung gegen männliche Zuchthausgefangene für die Dauer von zwei Wochen zugelassen (§ 51 Abs. 1 h). Zur Bewältigung tätlichen Widerstandes waren Fesselung oder Zwangsjacke möglich, wenn gelindere Mittel nicht ausreichten (§ 53).

Bestimmungen über die vorläufige Entlassung waren in dem Abschnitt über die Entlassung enthalten (§§ 54-58).

Wegen ihrer Verwandtschaft zu den Freiheitsstrafen wurden auch die sichernden Maßnahmen des Arbeitshauses und der Sicherungshaft umfassend in die Vorschläge einbezogen (§§ 59 ff., §§ 63 ff.).[447] Mit den Möglichkeiten der Schutzfürsorge und Schutzaufsicht befaßte sich der § 69 der Vorschläge.

Der letzte Abschnitt befaßte sich mit den Zuständigkeits- und Schlußbestimmungen. Ebenso wie die Vorschläge von 1911 enthielten auch diejenigen von 1913 folgende Regelung: „Dieses Gesetz tritt gleichzeitig mit dem Strafgesetzbuch in Kraft“ (§ 70 Abs. 1). Dies wurde als „nunmehr fast einhellig anerkannte Forderung“ betrachtet.[448] Zur Beschaffung der fehlenden Anstalten, Abteilungen, Räume und Einrichtungen wurde dem Bundesrat vorgegeben, eine angemessene Frist zu bestimmen (§ 70 Abs. 2). Der Bundesrat hatte ferner weitere Bestimmungen zu treffen über Strafberechnung, Bekleidung, Zwangsgeräte, Selbstbeschäftigung, Arbeitsbelohnung, Vollzugskosten, Schutzfürsorge und Schutzaufsicht sowie über die Vollzugsstatistik (§ 71 Abs. 1).

3. Die Bewertung der Vorschläge

Alles in allem durchzog nach Auffassung Quedenfelds die Vorschläge noch der Geist des alten Strafvollzugs, der seine Aufgabe in erster Linie in der Übelszufügung sah.[449] Das war seiner Ansicht nach überraschend für einen Gesetzesvorschlag, der von den Vollzugspraktikern selbst kam.

Erneut waren wie schon in den Vorschlägen von 1911 Bestimmungen über die Reichsaufsicht nicht enthalten. Über die darüber nach den Vorschlägen von 1911 aufgekommene Kritik setzte sich die Kommission mit den Worten hinweg, sie habe sich von der

447 Klein, ZStW 35 (1914), 814 (818).
448 BlGefk, Sonderheft B zu Band 47 (1913), S. 82.
449 Quedenfeld, Strafvollzug in der Gesetzgebung, S. 6.

Notwendigkeit einer Reichskontrolle nicht überzeugen können.[450] Gennat dagegen forderte die Einfügung eines Paragraphen, der die Reichsaufsicht durch den Reichskanzler festschrieb und rechtfertigte dies mit der notwendigen Vereinheitlichung. Diesem Argument wurde der Hinweis auf die entstehenden Kosten und die erwartete Schablonenarbeit entgegengehalten; auch auf der Hamburger Tagung des Strafanstaltsbeamtenvereins von 1915 erfuhr Gennats Vorschlag keine Zustimmung.[451]

Lob erfuhren die Vorschläge zweiter Lesung dafür, daß sich gegenüber den Vorschlägen von 1911 trotz der Einbeziehung von Einschließung, Arbeitshaus und Sicherungshaft der Umfang um 15 Paragraphen verringert hatte.[452] Dies sei durch einen knapperen, deswegen aber nicht minder verständlichen Wortlaut erreicht worden. Es sei jedoch nicht nur eine formelle, sondern auch eine inhaltliche Verbesserung erfolgt. Gegenüber dem Vorgänger von 1911 brachten die Vorschläge neben den Bestimmungen über Einschließung, Arbeitshaus und Sicherungshaft so viel neues, daß sie nicht als bloße Überarbeitung, sondern als Neuschöpfung aufgefaßt wurden.[453]

Die Vorschläge der Strafanstaltsbeamten von 1913 bildeten schließlich den Grundstock für die 1923 vereinbarten „Grundsätze für den Vollzug von Freiheitsstrafen".

XII. Der Entwurf der Strafrechtskommission von 1913 und der überarbeitete Entwurf von 1919

1. Das Zustandekommen

a. Die Nachprüfung des Vorentwurfes

Nachdem der Vorentwurf zu einem neuen Strafgesetzbuch von 1909 der öffentlichen Kritik ausgesetzt worden war, wollte die Reichsjustizverwaltung den Entwurf durch eine erweiterte Kommission der Nachprüfung unterziehen, um die Reformarbeiten voranzutreiben.[454] Am 4. April 1911 trat die Kommission zusammen, welche unter Berücksichtigung der vorliegenden Kritik zum Vorentwurf einen neuen, verbesserten

450 BlGefk, Sonderheft B zu Band 47 (1913), S. 82; vgl. auch Gennat, ZStW 36 (1915), 49 (49).

451 Vgl. dazu die Ausführungen Gennats, ZStW 36 (1915), 49 (50).

452 Gennat, BlGefk 48 (1914), 66 (109 f.).

453 So von Gennat, BlGefk 48 (1914), 66 (181) und Reich, BlGefk 48 (1914), 186 (186).

454 Vgl. das Schreiben des Reichskanzlers an Seine Majestät den Kaiser und König vom 17.7.1910 in: BA, R 3001, Nr. 5806, Bl. 148 ff. Vgl. zu dem Vorhaben auch die Ankündigung des Staatsministers Lisco aus dem Reichsjustizamt an das Königl. Bayerische Staatsministerium des Königl. Hauses und des Äußern im Schreiben vom 6. Oktober 1910, BayHStA, MA 9600 sowie die Ankündigung vom 28.2.1911 an den Königl. Preuß. Minister des Innern, GStAPK, Hauptabt. I, Rep. 77, Tit. 114, Nr. 332, Bd. 2, Bl. 162.

Entwurf erarbeiten sollte.[455] Mitglieder der Kommission waren zu jenem Zeitpunkt Duffner (Baden), Ebermayer (Reich), von Feilitsch (Sachsen), Friedmann, Lindenberg, Lucas (alle Preußen), Meyer (Bayern), Niemeyer (Hamburg), Pfersdorff (Elsaß-Lothringen), von Rupp (Württemberg), Rüster (Hessen), Schulz (Preußen), von Tischendorf (Reich), Moeli, Klein, später Joël (Reich), Cormann und Kleine (beide Preußen). Frank, von Hippel und Kahl waren als Hochschulprofessoren beteiligt, die eine vermittelnde Haltung im Schulenstreit einnahmen und der mittleren Generation der Strafrechtler angehörten.[456] Vorsitzender dieser Kommission war zunächst Lucas, der nach seinem Ausscheiden aus gesundheitlichen Gründen von Kahl ersetzt wurde. Moeli war Sachverständiger auf dem Gebiet des sog. Irrenrechts, Klein auf dem Gebiet des Strafvollzuges. Eine Beteiligung des Reichsjustizamtes und des Preußischen Justizministeriums an dieser aus Praktikern bestehenden Kommission erfolgte durch die Abordnung ständiger Kommissare. Zu Beschlüssen gelangte die Kommission durch Abstimmung, bei welcher jedes Mitglied die Entscheidung nach freier Überzeugung treffen konnte.[457]

Am Ende der fünften Sitzung der ersten Lesung vom 11. April 1911 wurde die Frage nach dem Stand der Vorarbeiten für ein Reichsgesetz über den Strafvollzug beantwortet.[458] Ein Kommissar des Reichsjustizamtes teilte mit, daß nach der Auffassung der Reichsjustizverwaltung ein Strafvollzugsgesetz erst dann ausgearbeitet werden könne, wenn das Strafgesetzbuch in seinen wesentlichen Grundzügen feststehe. An die Ausarbeitung werde daher erst in einem späteren Stadium der Beratungen über das Strafgesetzbuch herangetreten werden können. Schon bei der Beratung des Strafgesetzbuches empfehle sich aber, das Wesen der verschiedenen Strafen wenigstens in groben Umrissen zu bestimmen, um für die Strafandrohungen im Besonderen Teil des Strafgesetzbuches eine Grundlage zu schaffen. In der sich anschließenden sechsten Sitzung vom 24. April 1911 wurde unter anderem die Beibehaltung und Vollstreckung der Todesstrafe behandelt, ferner wurde die Frage besprochen, ob sich die Einführung neuer Strafen als Ersatz für Freiheitsstrafen empfehle; daran schloß sich die Beratung des Systems der Freiheitsstrafen an.[459] Diskutiert wurde in der Sitzung vom 25. April 1911 ein Antrag über die Verwendung der Zuchthaus- und Gefängnisstrafe, an-

---

455 Zum Protokoll der ersten Lesung, 1. Sitzung vom 4. April 1911 vgl. BayHStA, MA 9600; vgl. auch GStAPK, Hauptabt. I, Rep. 77, Tit. 114, Nr. 332, Band 2, Bl. 234 ff. mit Mitgliederverzeichnis und Geschäftsordnung und das Schreiben des Reichsjustizamts an die Bundesstaaten vom 12. 5. 1911 in: BA, R 3001, Nr. 5807, Bl. 95.

456 Vgl. Schubert, Protokolle der Kommission für die Reform des Strafrechts, Bd. 1, S. XIX f.

457 Vgl. Begründung zum Amtlichen Entwurf eines Allg. Dt. Strafgesetzbuchs, S. 2. Die Nähe zu den einzelnen Bundesregierungen war dadurch sichergestellt, daß sieben teilnehmende praktische Juristen von den im Justizausschuß des Bundesrats vertretenen Regierungen zu stellen waren und ferner den Regierungen die Möglichkeit zur Stellungnahme gegeben werden sollte. Vgl. das Schreiben Liscos vom 6. Oktober 1910 in: BayHStA, MA 9600.

458 Zum Protokoll der sechsten bis elften Sitzung der ersten Lesung vgl. BayHStA, MA 9600.

459 Vgl. die Protokolle der 1. Lesung bei Schubert, Protokolle der Kommission für die Reform des Strafrechts, Bd. 1.

schließend ging die Kommission zur Beratung der Haftstrafe und des § 15 des Vorentwurfes über, der die Vollstreckung der Zuchthausstrafe in ausschließlich dazu bestimmten Anstalten verlangte. In der Sitzung vom 26. April 1911 ging es unter anderem um die Beschäftigung der Gefangenen, die Selbstbeköstigung, den Verkehr der Gefangenen mit der Außenwelt und die Schärfungen der Zuchthaus- und Gefängnisstrafe. Die Beratung über die Schärfungen der Zuchthaus- und Gefängnisstrafe wurden am 1. Mai 1911 fortgesetzt. Am darauffolgenden Tag wurden Vorschriften über die Haftstrafe, die Trennung der Gefangenen und die Einzelhaft diskutiert. Am 3. Mai 1911 wurden die noch nicht abgeschlossenen Beratungen über die Einzelhaft bei Zuchthaus- und Gefängnisgefangenen wieder aufgenommen. Am 8. Mai 1911 behandelte die Kommission schließlich unter anderem die Frage der vorläufigen Entlassung.

Reaktionen auf die Arbeit der Kommission zeigten sich noch während der Beratungen. Schon nach Beendigung der 1. Lesung zum Allgemeinen Teil übersandte der Präses der Gefängnisdeputation Hamburgs in einem vertraulichen Schreiben vom 10. Januar 1912 dem Gefängnisdirektor von Fuhlsbüttel die Beschlüsse mit der Bitte um Äußerung, ob Bedenken gegen die Beschlüsse bestünden oder ergänzende Vorschriften notwendig seien. Nach Mitteilung des Senatsreferenten wollte der Senat Hamburgs schon zu diesem Zeitpunkt die Beschlüsse prüfen und zu den grundsätzlichen Fragen Stellung beziehen.[460] Aus dem Schreiben des Herzoglich Braunschweigisch-Lüneburgischen Staatsministeriums Braunschweig vom 16. September 1912 an den Herzoglich Braunschweigischen Bevollmächtigten zum Bundesrat Boden ging hervor, daß der Bevollmächtigte feststellen sollte, inwieweit andere mittlere und kleinere Staaten Schwierigkeiten bei der Umsetzung der Beschlüsse der Kommission im Hinblick auf den Strafvollzug haben würden und ob diese Schwierigkeiten durch Vereinbarungen mit anderen Bundesstaaten beseitigt werden könnten.[461] Mit diesem Auftrag wandte sich der Bevollmächtigte an die Hanseatische Gesandtschaft, die in einem Schreiben an den Bürgermeister Hamburgs Predöhl vom 17. Oktober 1912 das Anliegen der Herzoglich Braunschweigischen Regierung weitergab.[462]

b. Der „Entwurf der Strafrechtskommission“ von 1913 und seine Überarbeitung nach Beendigung des 1. Weltkrieges

Das Ergebnis der Beratungen der Strafrechtskommission, die nach zwei Lesungen am 27. September 1913 endeten, war der „Entwurf der Strafrechtskommission“ von 1913. Er enthielt 428 Bestimmungen und war damit wesentlich umfangreicher als der Vorentwurf von 1909. Das Reichsjustizamt hatte geplant, den als Manuskript gedruckten Entwurf dem Bundesrat als Regierungsvorlage vorzulegen.[463] Die Verabschiedung des

460 StA Hamburg, Gefängnisverwaltung I (242-1 I), B 76, Blatt 13.
461 Vgl. Abschrift: StA Hamburg, Gefängnisverwaltung I (242-1 I), B 76, Blatt 31.
462 StA Hamburg, Gefängnisverwaltung I (242-1 I), B 76, Blatt 31.
463 So Schubert, Protokolle der Kommission für die Reform des Strafrechts, Bd. 1, S. XX.

Entwurfs durch den Reichstag war für 1917 vorgesehen. Dazu und zu einer Veröffentlichung des Entwurfs und einer erläuternden Denkschrift kam es zur damaligen Zeit aufgrund des 1. Weltkrieges nicht.[464] Kritische Anmerkungen mußten sich demnach zunächst auf mittelbare Informationen stützen. Erst nach Beendigung des Krieges wurde im Frühjahr 1918 die Reform durch den Staatssekretär des Reichsjustizamtes Krause wieder in Gang gebracht und die Beschlüsse der Kommission auf ihre Durchführbarkeit nach der Neuordnung von Reich und Ländern überprüft.[465] Dabei ging es vor allem darum, den Kriegserfahrungen und der strafrechtlichen Kriegsgesetzgebung Rechnung zu tragen.[466] Zwischen dem 15. April 1918 und dem 21. November 1919 wurden insgesamt 101 Sitzungen abgehalten. Ergebnis dieser Beratungen war der Entwurf von 1919, der zusammen mit dem Entwurf von 1913 schließlich 1920 veröffentlicht wurde.[467] Verfasser des Entwurfes von 1919 waren der Staatssekretär im Reichsjustizministerium Dr. Joël, der bei den Beratungen den Vorsitz übernahm, der Senatspräsident am Reichsgericht Dr. Ebermayer, der Präsident des Oberlandesgerichts Dr. Cormann und der Ministerialdirektor im Reichsjustizministerium Dr. Bumke, außerdem wirkten Schäfer und Kiesow als Ministerialräte im Reichsjustizministerium mit. Im Ergebnis erfuhr der Entwurf von 1913 Änderungen, an seinen Grundlagen wurde jedoch festgehalten.[468] Es habe sich nach der Denkschrift „vielfach nur darum gehandelt, die Grundanschauungen der Strafrechtskommission klarer herauszuarbeiten und Folgerungen zu ziehen, die sich aus ihnen nach der Auffassung der Verfasser des Entwurfs von 1919 ergeben" hatten.[469]

Beiden Entwürfen fehlte der amtliche Charakter. Vorschriften über den Strafvollzug waren enthalten, die Denkschrift zu dem Entwurf von 1919 besagte aber, daß diese „demnächst zu einem besonderen Reichsgesetz über den Strafvollzug auszubauen" seien[470]. Dabei sollte der Inhalt der Vorschläge auf die finanzielle Durchführbarkeit für Reich und Länder überprüft werden.[471] In der Denkschrift wurde weiter darauf hingewiesen, daß der Entwurf den Strafvollzug eingehender behandele als das Reichsstrafgesetzbuch von 1871.[472]

---

464 Vgl. Denkschrift zu dem Entwurf von 1919, S. 7.
465 Vgl. Denkschrift zu dem Entwurf von 1919, S. 7.
466 Vgl. Schubert, Protokolle der Kommission für die Reform des Strafrechts, Bd. 1, S. XXXV.
467 Vgl. Begründung zum Amtlichen Entwurf eines Allg. Dt. Strafgesetzbuchs, S. 3.
468 So die Denkschrift zu dem Entwurf von 1919, S. 7 f.
469 Denkschrift zu dem Entwurf von 1919, S. 7.
470 Denkschrift zu dem Entwurf von 1919, S. 11.
471 Vgl. Denkschrift zu dem Entwurf von 1919, S. 52 f.
472 Denkschrift zu dem Entwurf von 1919, S. 52.

2. Der Inhalt der Entwürfe von 1913 und 1919

Der Entwurf von 1913 und der Entwurf von 1919 unterschieden sich nur geringfügig. Die Freiheitsstrafen der Entwürfe waren Zuchthaus, Gefängnis, Einschließung und Haft, wobei die Einschließung als custodia honesta (Ehrenhaft) an die Stelle der Festungshaft trat.[473]

Der Entwurf der Strafrechtskommission von 1913 behandelte im 7. Abschnitt des Allgemeinen Teils des ersten Buches die Strafen (§§ 49-73), bei dem Entwurf von 1919 handelte es sich um den 9. Abschnitt (§§ 42-62). Die Vorschriften über die bedingte Strafaussetzung und die vorläufige Entlassung sowie die Maßregeln der Besserung und Sicherung befanden sich in anderen Abschnitten.[474]

Nach beiden Entwürfen sollte die Todesstrafe durch Enthaupten vollstreckt werden (E 1913: § 49; E 1919: § 44). Eine dem § 43 Absatz 2 des Entwurfs von 1919 entsprechende Vorschrift, welche festlegte, daß Zuchthaus schwerer als Gefängnis und Gefängnis schwerer als Einschließung war, fand sich im Entwurf von 1913 in dem § 63 Absatz 2. Haft war die Ersatzstrafe für uneinbringliche Geldstrafen (§ 43 Abs. 3 E 1919). Inhaltlich entsprachen sich die Vorschriften über Zuchthaus, Gefängnis, Einschließung und Haft in den beiden Entwürfen weitgehend (E 1913: §§ 50-53, 55-58; E 1919: §§ 45-48). Bestimmungen über den Verkehr von Zuchthaus- und Gefängnisgefangenen mit Personen außerhalb der Anstalt waren im Entwurf von 1919 nicht bei den einzelnen Strafarten integriert, sondern als Vorschrift ausgelagert (§ 50 E 1919). Anders als in dem Entwurf von 1919 war in dem Entwurf von 1913 die Möglichkeit zur Verschärfung von Zuchthaus- und Gefängnisstrafe vorgesehen (§ 54 E 1913). Das Gericht konnte danach im Urteil Verschärfungen der Zuchthaus- und Gefängnisstrafe anordnen, wenn die Tat von besonderer Roheit, Bosheit oder Grausamkeit zeugte oder entweder eine Gewalttätigkeit enthielt oder gegen Leib oder Leben eines anderen gerichtet war (§ 54 Abs. 1 E 1913). Als Verschärfungen waren geminderte Kost und/oder eine harte Lagerstätte vorgesehen (§ 54 Abs. 2, Satz 1 E 1913). Eine Trennung war für männliche und weibliche Gefangene und für Gefangene mit und ohne bürgerliche Ehrenrechte festgeschrieben (E 1913: § 59; E 1919: § 49). Einzelhaft war zu Beginn der Strafzeit für Zuchthaus- und Gefängnisgefangene für mindestens drei Monate obligatorisch (E 1913: § 60 Abs. 1, Satz 1; E 1919: § 51 Abs. 1, Satz 1).

Der Entwurf von 1913 enthielt in § 63 Absatz 1 in den Ausführungsbestimmungen über den Vollzug der Freiheitsstrafen folgende, dem § 23 des Vorentwurfes entsprechende Regelung: „Soweit nicht reichsgesetzliche Vorschriften bestehen, bestimmen das Nähere über die Einrichtung der Strafanstalten und die Behandlung der Gefangenen die Ausführungsvorschriften des Bundesrats und die Verwaltungsvorschriften der Bundesstaaten.“ Bei der Beratung der Strafrechtskommission wurde in der elften

---

473 Denkschrift zu dem Entwurf von 1919, S. 55.

474 Vgl. zum Entwurf von 1913 die Abschnitte 8 und 10, zum Entwurf von 1919 die Abschnitte 10 und 12.

Sitzung der ersten Lesung beantragt, ausdrücklich auf ein Strafvollzugsgesetz zu verweisen.[475] Dagegen wurde angeführt, daß es unzweckmäßig sei, das Schicksal des Strafgesetzbuches von dem des Strafvollzugsgesetzes abhängig zu machen. Es wurde daraufhin der Vorschlag angenommen, welcher die Fassung „soweit nicht reichsgesetzliche Vorschriften bestehen", enthielt. Der Entwurf von 1919 verwies dagegen ausdrücklich auf das geforderte Strafvollzugsgesetz, indem er bestimmte: „Das Nähere über den Vollzug der Strafen bestimmt das Strafvollzugsgesetz" (§ 62). Mit dieser Fassung wurde die Forderung nach einem Strafvollzugsgesetz unterstrichen und das Zustandekommen des Strafgesetzes war abhängig vom Zustandekommen des Strafvollzugsgesetzes.

3. Die Kritik an den Entwürfen

Der preußische Justizminister wies 1919 darauf hin, daß mit einer Einbeziehung von Vorschriften des Strafvollzugs in das Strafgesetzbuch die schon vor dem Beginn des Krieges vorhandenen finanziellen Bedenken, die gegen die Durchführbarkeit einzelner Vorschriften über den Strafvollzug bestanden, nicht aufgehoben würden.[476] Er befürwortete, sogleich ein eigenes Strafvollzugsgesetz zu schaffen. Der Finanzminister Preußens betonte in einem Schreiben an den Justizminister, daß die Frage der finanziellen Durchführbarkeit unter den nunmehr eingetretenen Verhältnissen eine erhöhte Bedeutung gewonnen habe.[477] Von einer Sammlung statistischer Unterlagen wollte der Reichsjustizminister absehen, da er den künftigen Bedarf an Strafanstalten und sonstigen Einrichtungen sowie den Umfang der in Zukunft zu vollziehenden Freiheitsstrafen nicht annähernd für berechenbar hielt.[478] Der Reichsjustizminister hielt es sogar für sicher, daß vor allem die kurzzeitigen Freiheitsstrafen erheblich abnehmen und durch Geldstrafen ersetzt würden. Außerdem war es nach seiner Ansicht sinnvoll, die Strafvollzugsvorschriften so lange in dem Strafgesetzentwurf zu belassen, bis über ihre Aufnahme in den Strafvollzugsgesetzentwurf endgültig entschieden worden sei. Finanziellen Schwierigkeiten könne durch Fristen entgegengetreten werden, durch welche ein Eingehen auf die Bedürfnisse der Landesregierungen möglich wäre. Nach Auffassung der Finanzministers Preußens dürften aber solche Fristen bei Vorschriften zwingenden Charakters dazu führen, daß die Einzelregierungen nach Ablauf der Fristen zu umfassenden Organisationsänderungen und baulichen Vornahmen in den Gefängniseinrichtungen genötigt werden könnten, ohne Rücksicht darauf, ob die Mittel

475 Vgl. dazu Seite 15 des Protokolls der ersten Lesung, elfte Sitzung vom 3. Mai 1911, BayHStA, MA 9600.

476 Vgl. das Schreiben an den Reichsminister der Justiz vom 15.5.1919; BA, R 3001, Nr. 5603, Bl. 73-75.

477 Vgl. das Schreiben des Finanzministers an den Justizminister vom 15.4.1919; BA, R 3001, Nr. 5603, Bl. 76.

478 Vgl. das Schreiben des Reichsjustizministers an die Regierungen sämtlicher deutscher Staaten (außer Preußen) vom 6.7.1919; BA, R 3001, Nr. 5603, Bl. 87.

dazu vorhanden wären und andere wichtigere Staatsaufgaben darunter leiden würden.[479] Der Finanzminister wies vor allem auf die kaum abschätzbaren notwendigen baulichen Änderungen bei zwingender Einführung der Einzelhaft hin. Die mit der Strafrechtsreform beabsichtigten Ziele wie etwa die Durchsetzung der Einzelhaft könnten auch durch Fassung der Normen über den Strafvollzug als Sollvorschriften erreicht werden. Die Ausführung im einzelnen und der Zeitpunkt der Durchführung könnte dann den Verwaltungsvorschriften überlassen werden.

XIII. Die Vereinbarung der „Grundsätze für den Vollzug von Freiheitsstrafen" zwischen den Landesregierungen vom 7. Juni 1923

Im Laufe des 20. Jahrhunderts verfestigten sich im Strafvollzug die Ende des 19. Jahrhunderts entstandenen Bestrebungen zur Erziehung der Gefangenen. Als Mittel dazu wurde verstärkt das Progressivsystem in den Vordergrund gestellt. Bei den Diskussionen stellte sich heraus, daß vor allem die Theoretiker, wie etwa Goldschmidt, Freudenthal und Kriegsmann, für die Einführung eines Progressivsystems eintraten, während die Praktiker eine gegenläufige Stellung einnahmen und auch die Vorschläge des Vereins deutscher Strafanstaltsbeamter ein Progressivsystem ablehnten.[480] Ein bedeutender Schritt in Richtung Erziehungsstrafvollzug und progressives Behandlungssystem wurde 1911 durch die Eröffnung des Jugendgefängnisses in Wittlich erzielt. Die dort begonnene individualisierende Behandlung der Gefangenen durch Einteilung in verschiedene Gruppen wurde vor allem in Bayern, Hamburg und Thüringen weiter erprobt und ausgebaut. Vollzugspraktiker wie Albert Krebs, Curt Bondy und Walter Herrmann führten in unterschiedlichen Gefängnissen Versuche über die Ausgestaltung des Stufensystems durch.[481] Diese Reformbestrebungen wurden von Gustav Radbruch unterstützt, der unter Abkehr vom Einzelhaftsystem[482] eine schrittweise Anpassung der Anstaltsverhältnisse an das Leben in der Freiheit forderte.[483]

---

479 Vgl. die Abschrift des Schreiben des Finanzministers an den Justizminister vom 2.10.1919; BA, R 3001, Nr. 5603, Bl. 162 f.

480 Vgl. Ellger, ZStW 36 (1915), S. 554 (554).

481 Vgl. Laubenthal, Strafvollzug, Rz. 77.

482 Radbruch, ZStW 32 (1911), 339 (353): „Die Einzelhaft verbessert, aber sie verbessert nur für die Anstalt, nicht für das Leben."

483 Radbruch, ZStW 32 (1911), 339 ff.

1. Das Zustandekommen der Grundsätze

a. Die Besprechung der Länder mit dem Reichsjustizministerium (Juli 1922)

Der 1. Weltkrieg hatte zu einem vorübergehenden Stillstand auf dem Gebiet der Reformbestrebungen des Strafvollzugs geführt.[484] Nach Beendigung des Krieges kam es am 11. August 1919 zum Inkrafttreten der Weimarer Verfassung. Erstmals erwähnte die Verfassung den Strafvollzug als Materie der konkurrierenden Gesetzgebung des Reichs: Nach Art. 7 Nr. 3 hat das Reich die Gesetzgebung über das gerichtliche Verfahren einschließlich des Strafvollzugs. Gemäß Art. 12 behielten die Länder jedoch das Recht zur Gesetzgebung, solange und soweit das Reich von seiner Gesetzgebungskompetenz keinen Gebrauch machte. Art. 15 Absatz 1 gestand dementsprechend dem Reich auch die Aufsicht über jenes Gebiet zu. Zwar bestimmte Art. 14 Absatz 1, daß die Ausführung von Reichsgesetzen Ländersache sei, ließ jedoch abweichende gesetzliche Regelungen zu. Verfassungsrechtlich war damit der Bedeutungszuwachs für den Strafvollzug unverkennbar.[485]

Nachdem der Entwurf zu einem neuen Strafgesetzbuch der Öffentlichkeit übergeben worden war, sollte die Ausarbeitung eines Strafvollzugsgesetzes in Angriff genommen werden. Dieses sollte das neue Strafgesetz ergänzen und gleichzeitig mit ihm in Kraft treten.[486] Eine Zeitungsmeldung, der zur Folge ein Reichsstrafvollzugsgesetz bereits ausgearbeitet war, stellte der Reichsjustizminister mit Schreiben vom Februar 1921 richtig und teilte mit, daß die Ausarbeitung eines Reichsstrafvollzugsgesetzes lediglich in Aussicht genommen sei.[487]

Im Juni 1922 lud der Reichsjustizminister Radbruch die Länder zu einer unverbindlichen Aussprache der Referenten des Reichs und der Länder über verschiedene Fragen des Strafvollzugs für den 4. und 5. Juli 1922 nach Weimar ein.[488] Radbruch hielt es für wünschenswert, eine möglichst enge Verbindung zwischen der Reichsjustizverwaltung und den obersten Strafvollzugsbehörden der Länder herzustellen und wies auf die Möglichkeit weiterer Aussprachen hin. Das Treffen in Weimar war vom Thüringischen Justizministerium angeregt worden, als Gegenstand der Besprechung waren Vereinbarungen unter den Ländern zur Erreichung angemessener und gleichmäßiger Arbeitslöhne, über die Frage der Arbeitszeit, des Arbeitspensums, der Arbeitsbelohnung, der

---

484 Schüler-Springorum, Strafvollzug im Übergang, S. 15. Deshalb konnte z.B. Andrae seine 1914 abgeschlossene Studie „Der deutsche Strafvollzug und seine reichsgesetzliche Regelung" im Jahre 1920 völlig unverändert herausbringen.

485 Müller-Dietz, Strafvollzugsgesetzgebung, S. 15 f.; Klein, Deutsche Strafrechts-Zeitung 1920, Sp. 16.

486 Vgl. das Schreiben des Reichsjustizministers Heinze an die Landesregierungen vom 16.2.1921, BA, Nr. 5604, Bl. 1; StA Hamburg, Justizverwaltung I (241-1 I), XVI A a 1 Vol. 5a, Nr. 1.

487 BA, R 3001, Nr. 5641.

488 StA Hamburg, Senat (111-1), Cl. I Lit. T No. 7 Vol. 6 Fasc. 7 Inv. 6, Nr. 1; BA, R 3001, Nr. 5604, Bl. 125 f, 130 ff.

Fleißprämien für Überpensen, die Verdingung einzelner Gefangener an private Arbeitgeber ohne Beaufsichtigung durch einen Beamten und die Möglichkeit zum Zeitunglesen in den Gefangenenanstalten vorgesehen. An dieser Besprechung nahmen Vertreter fast aller Länder teil, es fehlten lediglich Vertreter Lübecks, Bremens, Lippe-Detmolds, Mecklenburg-Strelitz´ und Bayerns.[489] Für das Reichsjustizministerium waren Bumke, Schäfer und Koffka anwesend.[490] Die Vertreter des Reichsjustizministeriums wollten sich einen Überblick über den Stand des Strafvollzugs in den einzelnen Ländern verschaffen, um die Erfahrungen in eine Neuregelung des Strafvollzugs einbringen zu können. In diesem Rahmen führte Bumke, der für das Reichsjustizministerium den Vorsitz der Zusammenkunft übernahm, aus, daß das Reich bald die Grundsätze über den Strafvollzug in neuer Fassung herausbringen wolle. Es wurde eine erneute Besprechung im Herbst oder Winter 1922 in Aussicht gestellt, noch bevor ein Entwurf an den Reichsrat gehen sollte. Im Laufe der Zusammenkunft äußerten die Ländervertreter einhellig den Wunsch, die Grundsätze als Rahmenvorschriften auszugestalten, um den einzelnen Ländern für eine differenzierte Regelung des Strafvollzugs nach regionalen Unterschieden Raum zu belassen.[491] Unterschiede ergaben sich in der Auffassung der einzelnen Länder zur Progression im Strafvollzug. Während Thüringen, Hamburg und Braunschweig für einen progressiv ausgestalteten Strafvollzug eintraten, lehnten diesen Hessen und Oldenburg ab. Baden, Württemberg, Sachsen und Preußen zeigten sich grundsätzlich nicht abgeneigt, Preußen nahm jedoch hinsichtlich der praktischen Umsetzung eine abwartende Stellung ein.[492] Bezüglich der Arbeitszeit wurde der Entschluß gefaßt, daß diese in der Regel für Zuchthausgefangene zehn Stunden, für Gefängnisgefangene und solche, die sich freiwillig an den eingeführten Arbeiten beteiligten, neun Stunden betragen sollte.[493] Zur Frage des Arbeitspensums wurde beschlossen, daß, sofern es die Arbeit zuließ, für jeden Gefangenen das täglich zu liefernde Arbeitsmaß (Tagewerk) unter Annahme mittlerer Leistung eines gesunden und kundigen Arbeiters festgesetzt werden sollte. Für Anfänger und weniger Leistungsfähige war es zu vermindern, für besonders Geübte heraufzusetzen. Bei der Frage der Arbeitsbelohnung bestand Einigkeit darüber, daß eine Höchstgrenze in festen Markbeträgen und nicht in Hundertsätzen des von den Gefangenen erarbeiteten Arbeitsverdienstes festgesetzt werden sollte. Während sich Sachsen und Hamburg für die Festlegung einer Mindestgrenze aussprachen, wurde dies von der Mehrheit abgelehnt. Einhellige Meinung der Versammlung war, daß auch in Zukunft bei besonderen Verhältnissen der Höchstbetrag überschritten werden konnte.

---

489 Bericht des Hamburger Vertreters Dr. Bertram vom 10. Juli 1922: StA Hamburg, Senat (111-1), Cl. I Lit. T No. 7 Vol. 6 Fasc. 7 Inv. 6, Nr. 4.

490 Zur Teilnehmerliste vgl. BA, R 3001, Nr. 5604, Bl. 150.

491 Vgl. den Bericht des Hamburger Vertreters, StA Hamburg, Senat (111-1), Cl. I Lit. T No. 7 Vol. 6 Fasc. 7 Inv. 6, Nr. 4.

492 Vgl. dazu den Bericht des Hamburger Vertreters, StA Hamburg, Senat (111-1), Cl. I Lit. T No. 7 Vol. 6 Fasc. 7 Inv. 6, Nr. 4.

493 Vgl. die Ergebnisse der Zusammenkunft mit den Referenten der Länder für das Strafanstaltswesen in: BA, R 3001, Nr. 5604, Bl. 151 f.

Hinsichtlich der Vereinbarungen unter den Ländern zur Erreichung angemessener und gleichmäßiger Arbeitslöhne wurde einstimmig beschlossen, welche Ermittlungen die Vorsteher von Anstalten zu treffen hatten und in welcher Form die Ergebnisse weiterzuleiten waren. Nicht zugelassen werden sollte die Verdingung von Gefangenen an private Arbeitgeber ohne Beaufsichtigung durch einen Beamten. Zu der Frage des Zeitungswesens waren die Vertreter Thüringens, Braunschweigs und Anhalts mit den Vertretern der Reichsregierung der Meinung, daß den Gefangenen in Einzelhaft das Halten einer Zeitung auf Antrag grundsätzlich gestattet werden sollte. Die Vertreter der übrigen Länder wollten das Halten einer Zeitung nur als Vergünstigung zulassen, die der Vorsteher den Gefangenen in Einzelhaft gewähren konnte und gegen deren Ablehnung dem Gefangenen das Recht der Beschwerde zustand. Nach Auffassung der Vertreter von Thüringen, Braunschweig und Hamburg sowie der Vertreter der Reichsregierung sollte das Zeitunglesen in Gemeinschaftshaft auf Antrag des Gefangenen ebenfalls zugelassen werden, soweit nicht dadurch die Ordnung und Sicherheit in der Anstalt gefährdet waren. Der Vertreter Hessens wollte das Zeitunglesen in Gemeinschaftshaft vollständig verbieten, während die Vertreter der übrigen Länder nur für einen grundsätzlichen Ausschluß eintraten. Nach allseitigem Einverständnis sollte den Gefangenen, falls sie keine Tageszeitung zur Verfügung hatten, auf andere Weise ermöglicht werden, die wichtigsten politischen und wirtschaftlichen Ereignisse zu erfahren. Schließlich war man sich darüber einig, daß staatsfeindliche Tageszeitungen von den Gefangenen fernzuhalten waren.

In der folgenden Zeit berichteten einzelne Bundesstaaten schriftlich über den Stand der Reform des Strafvollzugs in ihren Staaten, worum Bumke bei dem Treffen in Weimar gebeten hatte.[494] Auf der Grundlage dieser Mitteilungen sollte im Reichsjustizministerium eine Übersicht über den Stand der Reformen angefertigt werden.

b. Die Beratung des Reichsjustizministeriums mit den Ländern über den vorläufigen Entwurf von Grundsätzen über den Vollzug von Freiheitsstrafen (November/Dezember 1922)

Für den 18. November 1922 lud Reichsjustizminister Radbruch die Herren, die an der Spitze der Landesjustizverwaltungen standen, zu einer Besprechung nach Berlin ein, die unter anderem neben der Reform des materiellen Strafrechts die Vereinbarung neuer Grundsätze über den Vollzug gerichtlich erkannter Freiheitsstrafen als Gegenstand hatte.[495]

---

494 BA, R 3001, Nr. 5605.

495 Vgl. das Schreiben Radbruchs vom 7. November 1922 an sämtliche Landesregierungen, StA Hamburg, Senat (111-1), Cl. I Lit. T No. 7 Vol. 6 Fasc. 7 Inv. 6, Nr. 7. Vgl. auch das Schreiben Radbruchs vom 17. August 1922 in: BA, R 3001, Nr. 5605, Bl. 4. Ob diese Besprechung tatsächlich stattgefunden hat, ließ sich anhand der Akten nicht feststellen.

Eine Zusammenkunft der Referenten der Länder für den Strafvollzug erfolgte auf Einladung Radbruchs ab dem 12. Dezember 1922 in Berlin.[496] Auf diesem Treffen, das sich über mehrere Tage erstrecken sollte, sollte der vorläufige Entwurf zu einer neuen Vereinbarung über den Strafvollzug mit den Strafvollzugsreferenten der Länder besprochen werden. Als Anlage zu der Einladung Radbruchs vom 17. November 1922 an die Landesjustizverwaltungen war der „Vorläufige Entwurf von Grundsätzen über den Vollzug von Freiheitsstrafen" beigefügt, er umfaßte 240 Bestimmungen. Ziel der Besprechung vom 12. Dezember sollte die Schaffung einer Grundlage für den endgültigen Entwurf sein. Mit Bezug auf das bevorstehende Treffen der Strafvollzugsreferenten trug Senator Nöldeke am 4. Dezember 1922 im Senat der Freien und Hansestadt Hamburg vor, daß man nicht nur mit Rücksicht auf die finanzielle Lage Hamburg darauf achten müsse, daß es hinsichtlich des Strafvollzugs eine möglichst selbständige und von zwingenden Rechtsvorschriften im einzelnen nicht beengte Stellung einnehmen könne. In dieser Hinsicht werde Hamburg voraussichtlich die Unterstützung der übrigen Länder finden. Aus den Ausführungen Nöldekes ging hervor, daß er eine selbständige Handhabung des Strafvollzugs in den einzelnen Ländern schon aufgrund der regionalen Unterschiede für notwendig hielt.[497] Bei der kommissarischen Beratung vom 12. Dezember 1922 waren Bumke, Schäfer und Koffka für das Reichsjustizministerium anwesend. Ferner nahmen an der Beratung Preetorius und Malzan (Hessen), Müller (Anhalt), Mehrlein (Lübeck), Umhauer (Baden), Josephi (Mecklenburg-Schwerin), Roth (Württemberg), Gebauer und Starke (Sachsen), Frede (Thüringen), Roth und Finckh (Oldenburg), Koch (Hamburg), Klein (Preußen), Holland (Braunschweig), Preuß (Preußen), Fricke (Bremen), Degen (Bayern) und Steinbrecher (Schaumburg-Lippe) teil.[498]

c. Die Reichsratsvorlage vom 5. März 1923 und die Beratungen im Rechtspflegeausschuß im April und Juni 1923

Zu dem geplanten Entwurf gingen beim Reichsjustizministerium nach der Besprechung vom Dezember 1922 vorwiegend in den ersten beiden Monaten des Jahres 1923 Äußerungen der Justizminister der Länder ein.[499] Dabei ergaben sich zum einen formelle Änderungswünsche gegenüber dem geplanten Entwurf, zum anderen wurde etwa von Seiten Preußens im Schreiben vom 16. Januar 1923 in materieller Hinsicht bemängelt, daß die geplante einstündige Bewegung im Freien nicht durchführbar sei. Thüringen äußerte dagegen keine Bedenken, Sachsen hielt im Schreiben vom 6. Februar 1923 das schematisch häufige Besuchen der Gefangenen für unzweckmäßig.

496 Vgl. das Schreiben Radbruchs vom 17. November 1922 und die Anlage dazu, BA, R 3001, Nr. 5605, Bl. 51 a, b; StA Hamburg, Senat (111-1), Cl. I Lit. T No. 7 Vol. 6 Fasc. 7 Inv. 6, Nr. 8 und Anlage.

497 Vgl. StA Hamburg, Senat (111-1), Cl. I Lit. T No. 7 Vol. 6 Fasc. 7 Inv. 6, Nr. 9.

498 Liste der Anwesenden: BA, R 3001, Nr. 5605, Bl. 96.

499 Vgl. dazu BA, R 3001, Nr. 5605.

Der schließlich dem Reichsrat vom Reichsjustizministerium am 5. März 1923 vorgelegte Entwurf umfaßte 229 Paragraphen.[500] Der Reichsjustizminister wies bei der Vorlage an den Reichsrat darauf hin, daß die Länder den Wunsch nach baldigem Abschluß der Vereinbarung geäußert hätten, da mehrere von ihnen bereits seit längerer Zeit mit der Ausarbeitung neuer Dienst- und Vollzugsordnungen beschäftigt seien und diese Arbeiten nicht vor Verabschiedung der Grundsätze abgeschlossen werden könnten.[501] Der Entwurf hielt sich im allgemeinen eng an die Ergebnisse der Besprechung mit den Strafvollzugsreferenten der Länder vom 12. bis 16. Dezember 1922. Es gab jedoch in zwei wesentlichen Punkten Abweichungen dahingehend, daß zum einen Bestimmungen über die Behandlung sogenannter politischer Gefangener aufgenommen wurden, um den Wünschen der Öffentlichkeit und den im Reichstag und den Landtagen vorgebrachten Äußerungen zu entsprechen. Bei der Nichtaufnahme in die Grundsätze hätte die Gefahr bestanden, daß die Forderungen nach einem Strafvollzugsgesetz mit verstärkter Kraft hervorgetreten wären. Zum anderen waren Bestimmungen über den Dunkelarrest nicht aufgenommen worden. Dabei war maßgebend, daß der Dunkelarrest in Preußen aufgehoben war und die Wiedereinführung dort in der Öffentlichkeit als erheblicher Rückschritt angesehen worden wäre.[502]

Am 12./13. April 1923 erfolgten die ersten Beratungen im Rechtspflegeausschuß des Reichsrats.[503] Den Vorsitz übernahm Ministerialdirektor Bumke, der zu Beginn ausführte, daß es sich nicht um eine eigentliche Reichsratssache handele, sondern um eine freie Vereinbarung der Regierungen, bei der es eine Abstimmung nicht gebe und die nur bei Übereinstimmung aller zustande kommen könne. Für Überraschung sorgte daraufhin der sächsische Vertreter, der für seine Regierung erklärte, daß Sachsen eine Vereinbarung der Landesregierungen über einheitliche Grundsätze nicht als geeigneten Ersatz für ein Strafvollzugsgesetz ansehe.[504] Eine so wichtige Angelegenheit wie der Strafvollzug könne auf Dauer nicht ohne die Mitwirkung der Volksvertretung und der Öffentlichkeit durch Abkommen der Landesregierungen geregelt werden. Die Sächsische Regierung verlange deshalb die baldige Vorlegung des Entwurfs eines Strafvollzugsgesetzes und wolle sich nicht an den Verhandlungen im Rechtspflegeausschuß über die Vereinbarung der Grundsätze beteiligen. Nach der sich anschließenden Debatte darüber, ob weitere Verhandlungen nach der Erklärung Sachsens noch sinnvoll wären, wurde mit 5 zu 4 Stimmen beschlossen, auch ohne Sachsen die Beratungen auf-

500 Reichsratsdrucksachen 1923, Nr. 86.

501 Vgl. BA, R 3001, Nr. 5605, Bl. 146.

502 So der Reichsjustizminister Heinze in einem Schreiben vom 5. März 1923 an sämtliche Landesregierungen, BA, R 3001, Nr. 5605, Bl. 148; StA Hamburg, Justizverwaltung I (241-1 I), XVI A a 1 Vol. 3b, Akte 1, Nr. 10.

503 Vgl. dazu den Bericht der Hamburgischen Gesandtschaft in Berlin vom 14.4.1923, StA Hamburg, Senat (111-1), Cl. I Lit. T Nr. 7 Vol. 6 Fasc. 7 Inv. 6, Nr. 15.

504 Vgl. dazu die Abschrift der Erklärung der Sächsischen Regierung in: BA, R 3001, Nr. 5606, Bl. 20.

zunehmen.[505] Es bestand trotz Aufnahme der Beratungen aber dahingehend Einigkeit, daß eine endgültige Vereinbarung ohne Sachsen nicht möglich sei. Gleichzeitig wurde beschlossen, eine zweite Lesung vorzunehmen, um dem Vertreter Sachsens die Gelegenheit zu geben, seine Regierung von der Stellungnahme des Ausschusses zu unterrichten und ihr nahezulegen, ihren ablehnenden Standpunkt aufzugeben. Diese zweite Lesung sollte erst erfolgen bei einer endgültigen Erklärung der Sächsischen Regierung.

Die zweite Lesung war für den 29. Mai 1923 vorgesehen, wurde dann aber auf Antrag Sachsens, welches im Interesse der Sache doch an den Beratungen teilnehmen und deshalb erst noch Anträge vorbereiten wollte, verschoben und fand am 7. Juni 1923 unter dem Vorsitz Bumkes statt.[506] Die Reichsregierung hatte erklärt, daß die Vorlage eines Strafvollzugsgesetzentwurfs in nächster Zeit nicht möglich sei, da die Arbeiten zur Ausarbeitung des Entwurfs eines Strafgesetzbuchs noch nicht weit genug fortgeschritten seien. Daraufhin erklärte sich die Sächsische Regierung unter grundsätzlicher Beibehaltung der zu Beginn der ersten Lesung dargelegten Auffassung bereit, an den weiteren Verhandlungen über die Strafvollzugsgrundsätze teilzunehmen.[507] Anwesend waren bei der zweiten Lesung für Preußen Ministerialdirigent Klein und Amtsrichter Preuß, für Bayern Staatsrat von Nüßlein und Ministerialrat Degen, für Sachsen Legationsrat Wilisch und Ministerialrat Starke, für Württemberg Ministerialrat Roth, für Baden Oberregierungsrat Umhauer, für Thüringen Justizminister Dr. Rittwege und Regierungsrat Dr. Frede, für Hessen Generalstaatsanwalt Preetorius, für Hamburg Senator Nöldeke, für Mecklenburg-Schwerin Oberjustizrat Dr. Josephi, für Braunschweig der Gesandte und Wirkliche Geheime Rat Boden, für Oldenburg Scheer, für Anhalt der Legationsrat von Stutternheim, für Bremen der Staatsrat Dr. Fricke, für Lübeck der Gesandte Dr. Meyer-Luerssen, für Mecklenburg-Strelitz der Ministerialdirektor Tischbein und für Schaumburg-Lippe Staatsrat Dr. Steinbrecher. Im Vorfeld der zweiten Lesung äußerte der preußische Justizminister den Wunsch, die Beratungen baldmöglichst zum Abschluß zu bringen, da die Dienst- und Vollzugsordnung für Preußen nicht länger hinausgezögert werden könne. Aufgrunddessen bat Heinze, der inzwischen Reichsjustizminister geworden war, „den endgültigen Abschluß der Vereinbarung unmittelbar an die zweite Lesung im Ausschuß anzuschließen". Daher sollten die Landesregierungen ihre Vertreter mit Vollmacht zum Abschluß der Vereinbarung ver-

505 BA, R 3001, Nr. 5606, Bl. 21; StA Hamburg, Senat (111-1), Cl. I Lit. T Nr. 7 Vol. 6 Fasc. 7 Inv. 6, Nr. 15.

506 BA, R 3001, Nr. 5606, Bl. 46; vgl. auch zur Anwesenheitsliste BA, R 3001, Nr. 5606.

507 Vgl. BA, R 3001, Nr. 5606, Bl. 66a.

sehen.[508] Dem Bericht der Hamburgischen Gesandtschaft in Berlin zur Folge wurde die zweite Lesung verhältnismäßig rasch vorgenommen.[509]

d. Die Vereinbarung der „Grundsätze für den Vollzug von Freiheitsstrafen" am 7. Juni 1923 zwischen den Landesregierungen

Es kam noch am 7. Juni 1923 im Reichsrat zur Vereinbarung der „Grundsätze für den Vollzug von Freiheitsstrafen" zwischen den Landesregierungen.[510]

Maßgeblich beeinflußt waren die Grundsätze durch den damaligen Reichsjustizminister Radbruch[511] sowie seinen Strafrechtsreferenten Bumke, der später Reichsgerichtspräsident wurde.[512] Durchgesetzt wurden die Grundsätze von dem Nachfolger Radbruchs Heinze.[513]

Die Rechtsnatur der 233 Paragraphen umfassenden Reichsratsgrundsätze war umstritten. Gesetzeskraft konnten sie nicht erlangen, da es an den in Art. 68 ff. der Weimarer Reichsverfassung vorgeschriebenen formellen Voraussetzungen fehlte. Vereinzelt wurde ihnen aber der Charakter einer Verordnung zuerkannt. Es sollte sich dabei um eine von den Ländern vereinbarte Verordnung handeln, die sachlich das fehlende Strafvollzugsgesetz ersetzte. Damals verstand man jedoch unter einer Verordnung die von der staatlichen Verwaltung erlassenen Rechtssätze, zudem fehlte es dem Reichsrat an einer für eine Verordnung erforderlichen gesetzlichen Ermächtigung.[514] Aus der Entstehungsgeschichte ergab sich wie schon für die Grundsätze von 1897, daß auch die Grundsätze von 1923 eine Ländervereinbarung darstellten.[515] Die Grundsätze stellten damit eine freie Vereinbarung der Landesregierungen mit „Richtliniencharakter"[516] dar und waren nicht etwa formelles Reichsrecht.

---

508 Vgl. das Schreiben des Reichsjustizministers Heinze an sämtliche Landesjustizverwaltungen vom 25.5.1923, StA Hamburg, Senat (111-1), Cl. I Lit. T No. 7 Vol. 6 Fasc. 7 Inv. 6, Aktenteil 19.

509 Vgl. Hamburgische Gesandtschaft in Berlin an die Kommission für die Reichs- und auswärtigen Angelegenheiten Hamburg, StA Hamburg, Senat (111-1), Cl. I Lit. T No. 7 Vol. 6 Fasc. 7 Inv. 6, Nr. 25.

510 RGBl. 1923 II, S. 263. Auf die Veröffentlichung der Grundsätze im zweiten Teil des RGBl. einigte man sich in der Verhandlung des Rechtspflegeausschusses. Man wollte sämtliche Amtsstellen möglichst rasch informieren und hielt dies außerdem für die am wenigsten kostspielige Form der Verbreitung, vgl. StA Hamburg, Senat (111-1), Cl. I Lit. T Nr. 7 Vol. 6 Fasc. 7 Inv. 6, Nr. 15. Der Entwurf war abgedruckt in den Reichsrats-Drucksachen Nr. 86 /192. Die Grundsätze von 1923 finden sich auch bei Schubert, Quellen, Abteilung I, Band 5, S. 113-129.

511 Erste Ministerzeit vom 26.10.1921 bis 22.11.1922; Zweite Ministerzeit unter Stresemann 1923.

512 Quedenfeld, Strafvollzug in der Gesetzgebung, S. 11.

513 Vgl. Radbruchs Diskussionsbeitrag in: Mitt. der IKV, 19. Versammlung zu Hamburg, 1924, Bd. 22, S. 93.

514 Vgl. Quedenfeld, Strafvollzug in der Gesetzgebung, S. 11 f.

515 Quedenfeld, Strafvollzug in der Gesetzgebung, S. 12 m.w.N in Fn. 80.

516 Gentz, DRiZ 1925, Sp. 547.

2. Der Inhalt der „Grundsätze für den Vollzug von Freiheitsstrafen" vom 7. Juni 1923

Die Grundsätze vom 7. Juni 1923 enthielten 233 Paragraphen und waren in folgende 12 Abschnitte aufgeteilt:

1. Abschnitt:	Strafanstalten (§§ 1-23)
2. Abschnitt:	Aufnahme der Gefangenen (§§ 24-37)
3. Abschnitt:	Arten der Unterbringung (§§ 38-47)
4. Abschnitt:	Behandlung der Gefangenen (§§ 48-125)
5. Abschnitt:	Verhalten der Gefangenen (§§ 126-129)
6. Abschnitt:	Strafvollzug in Stufen (§§ 130, 131)
7. Abschnitt:	Sicherungsmaßnahmen, Hausstrafen, Beschwerderecht (§§ 132-153)
8. Abschnitt:	Besondere Vorschriften für die einzelnen Arten von Freiheitsstrafen (§§ 154-195)
9. Abschnitt:	Besondere Vorschriften für Jugendliche, Minderjährige und „geistig Minderwertige"[517] (§§ 196-215)
10. Abschnitt:	Beurlaubung, Entlassung (§§ 216-224)
11. Abschnitt:	Fürsorge für die Gefangenen nach der Entlassung (§§ 225-229)
12. Abschnitt:	Übergangs- und Schlußbestimmungen (§§ 230-233)

Neu an der systematischen Unterteilung der Grundsätzen von 1923 war, daß die Bestimmungen über die Behandlung der Gefangenen zunächst in allgemeiner Form (4. Abschnitt) behandelt wurden und erst im 8. Abschnitt der Grundsätze besondere Vorschriften für die einzelnen Arten von Freiheitsstrafen angeführt wurden. Dies diente aufgrund der Vielzahl von Bestimmungen der Übersichtlichkeit.

Im 1. Abschnitt zeigte sich eine Neuerung mit den Paragraphen über Strafanstaltsbeiräte (§§ 17-23). Zwar waren Vertrauenspersonen außerhalb des Beamtenpersonals für größere Anstalten schon in den Vorschlägen des Vereins deutscher Strafanstaltsbeamter vorgesehen,[518] eine umfassende Darstellung von Funktion und Aufgaben der Strafanstaltsbeiräte gelang aber erst in den Grundsätzen von 1923. Die Beiräte konnten nach Anordnung der Landesregierung oder der obersten Aufsichtsbehörde gebildet werden (§ 17 Abs. 1). Aufgabe der Beiräte war es, an der Überwachung des Strafvollzugs ehrenamtlich mitzuwirken (§ 17 Abs. 2). Sie sollten aus einem Vorsitzenden

517 Ausdruck wie im Original, Anführungszeichen von Verf.

518 Vgl. § 17 der Vorschläge von 1911 und § 72 Abs. 5 der Vorschläge von 1913.

und mindestens zwei anderen Mitgliedern bestehen (§ 18 Abs. 1). Der Beirat war berechtigt, im Einvernehmen mit dem Vorsteher die Anstalt zu besichtigen, von ihren Einrichtungen Kenntnis zu nehmen und sich darüber zu unterrichten, wie die Gefangenen untergebracht, beschäftigt, beköstigt und behandelt wurden. Der Beirat durfte zu diesem Zweck die Gefangenen in den Hafträumen und mit Genehmigung des Vorstehers auch ohne Beisein eines Beamten besuchen und mit ihnen sprechen (§ 21 Abs. 1). Ihre Beobachtungen und Anregungen sollten die Beiräte dem Vorsteher oder der Aufsichtsbehörde übermitteln (§ 22 Abs. 1). Aus den Aufgaben der Beiräte wird ersichtlich, daß die Strafanstaltsbeiräte innerhalb der Anstalt eine Art Kontrollfunktion ausüben sollten, zumal ihre Bildung von der Aufsichtsbehörde oder Landesregierung angeordnet wurde.

Als Arten der Unterbringung waren im dritten Abschnitt der Grundsätze die Einzel-, Zellen- und Gemeinschaftshaft aufgeführt (§ 38), wobei keine grundsätzliche Bevorzugung eines Haftsystems hervortrat.

Der vierte Abschnitt „Behandlung der Gefangenen" enthielt zunächst Allgemeine Vorschriften (§§ 48-54), sodann Bestimmungen über Lager, Kleidung, Kost (§§ 55-61), Arbeit (§§ 62-85), Gesundheitsfürsorge (§§ 86-104), geistige und seelische Hebung der Gefangenen (§§ 105-111) und den Verkehr der Gefangenen mit der Außenwelt (§§ 112-125).

Die Grundsätze von 1923 hoben in § 48 den Resozialisierungsauftrag deutlich hervor. So sollten durch den Vollzug der Freiheitsstrafe die Gefangenen, soweit erforderlich, an Ordnung und Arbeit gewöhnt und sittlich so gefestigt werden, daß sie nicht wieder rückfällig wurden. Ein derartiges Bekenntnis zum Erziehungsstrafvollzug war in dem Entwurf von 1879 und den Grundsätzen von 1897 noch nicht enthalten. In untrennbarem Zusammenhang mit den Bestimmungen über das Strafziel standen die Vorschriften über die Behandlung der Gefangenen. So befanden sich systematisch die maßgebenden Vorschriften über die Aufgabe des Strafvollzuges in unmittelbarer Nähe zu denjenigen, welche die Behandlung betrafen. Nach § 49 der Grundsätze waren die Gefangenen „ernst, gerecht und menschlich zu behandeln. Ihr Ehrgefühl [war] zu schonen und zu stärken". In dieser Passage spiegelte sich der Erziehungsgedanke damit auch in der allgemeinen Behandlung der Gefangenen wider. Ausprägung des Gerechtigkeitsgedankens war die Forderung der Grundsätze in § 50 Absatz 1, daß alle Gefangenen, gegen welche dieselbe Strafe vollstreckt wurde, gleich zu behandeln waren. Abweichungen von diesem Grundsatz ergaben sich mit Rücksicht auf die notwendige Individualisierung der Gefangenen.[519] Der Gerechtigkeit dienen sollte zudem die Vorschrift des § 50 Absatz 2, wonach Schärfungen und Vergünstigungen nur dann zulässig sein sollten, soweit sie in den Dienst- und Vollzugsordnungen vorgesehen waren.

519 Vgl. Mayer, Strafvollzug in Stufen, S. 14.

Damit sollte jede Willkür aus dem Strafvollzug entfernt und die Rechtsstellung des Gefangenen durch Normen sichergestellt werden.[520]

Im fünften Abschnitt der Grundsätze wurde insbesondere das geforderte Verhalten der Gefangenen gegenüber den Anstaltsbeamten festgeschrieben.

Der Strafvollzug in Stufen fand seine Regelung im sechsten Abschnitt. Der § 131 verlangte von den Landesregierungen, eine Vereinbarung einheitlicher Grundsätze über den Vollzug in Stufen zu treffen, sobald die erforderlichen Erfahrungen gemacht waren. Bis zum Abschluß einer solchen Vereinbarung galt das Gebot, sich gegenseitig über Maßnahmen und Erfahrungen zu unterrichten.

Das Ergreifen von Sicherungsmaßnahmen war gegenüber Gefangenen zulässig, die flucht- oder selbstmordverdächtig waren, sich einem Beamten widersetzten oder sonst die Ordnung oder Sicherheit gefährdeten (§ 132 Abs. 1). Als Sicherungsmaßnahmen waren die Entziehung von Einrichtungsgegenständen, die vorübergehende Unterbringung in Einzelhaft oder Zusammenlegung mit anderen Gefangenen, die Unterbringung in einer Beruhigungszelle oder die Fesselung zugelassen (§ 133 Abs. 1), wobei eine schärfere Maßnahme erst bei Mißerfolg der leichteren ergriffen werden sollte (§ 133 Abs. 2). Bei Verstößen gegen allgemeine gesetzliche Vorschriften, gegen die Dienst- und Vollzugsordnung, gegen die Hausordnung, die sonstigen Anordnungen oder gegen Sitte oder Anstand konnten Hausstrafen verhängt werden (§ 137). Als Hausstrafe war unter anderem die Verdunkelung der Zelle bis zur Dauer von vier Wochen möglich. Über Maßnahmen des Strafvollzuges stand dem Gefangenen das Beschwerderecht zu (§ 147). Soweit nicht die Vorschriften der StPO maßgebend waren, hatte über die Beschwerde grundsätzlich der Vorsteher zu entscheiden (§ 152 Satz 1). Bei Zurückweisung der Beschwerde konnte der Gefangene, wenn nicht die oberste Aufsichtsbehörde darüber entschieden hatte, weitere Beschwerde einlegen (§ 153).

Im achten Abschnitt folgten besondere Vorschriften über die einzelnen Arten von Freiheitsstrafen, also für Zuchthaus, Gefängnis, Festungshaft, Haft und darüber hinaus auch für militärischen Arrest.

Im Rahmen der Übergangs- und Schlußbestimmungen verwies der § 233 Absatz 1 darauf, daß vorgenannte Vorschriften an die Stelle der „Grundsätze, welche bei dem Vollzuge gerichtlich erkannter Freiheitsstrafen bis zu weiterer gemeinsamer Regelung zur Anwendung kommen“ vom 28. Oktober 1897 treten sollten. Die Landesregierungen waren verpflichtet, sie bis spätestens 1. Juli 1924 zur Durchführung zu bringen (§ 233 Abs. 2).

520 Vgl. Ehrenforth, Rechtsstellung der Gefangenen, S. 22.

3. Die Kritik an den Grundsätzen

Die Bedeutung der Grundsätze von 1923 wurde als sehr viel größer eingeschätzt als die der Grundsätze von 1897. Dies ergab sich schon aus dem Umfang: Während sich die Bundesratsgrundsätze von 1897 mit 40 Paragraphen begnügten, umfaßten die Reichsratsgrundsätze 233 Bestimmungen. Dies impliziert, daß die Einzelfragen des Strafvollzugs sehr viel detaillierter ausgestaltet werden konnten. Es zeigte sich jedoch auch eine qualitative Steigerung. So legte § 48 als Vollzugsziel den Gedanken der Erziehung und Besserung fest. Unter diesem Ziel sollte die gesamte Vereinbarung gesehen werden.[521] Damit spiegelten die Grundsätze den Sieg des Besserungsgedankens über die Vergeltungsidee wider.[522] Dem entsprach, daß in der Arbeit die Grundlage eines geordneten Strafvollzugs gesehen wurde (§ 62). Dem Gefangenen wurde dafür eine Arbeitsbelohnung gutgeschrieben, auf deren Auszahlung er allerdings keinen Rechtsanspruch hatte (§ 70). Darüber hinaus wurde durch die Grundsätze von 1923 der Stufenstrafvollzug eingeführt. Obwohl diese Vollzugsform in § 130 nur programmäßig aufgestellt wurde und eine nach § 131 vorgesehene Ländervereinbarung nicht erfolgte, wurde der Stufenstrafvollzug in die Praxis umgesetzt.[523] Die Entwicklung nahm zwar in den einzelnen Ländern zunächst einen unterschiedlichen Lauf [524], nach der Besprechung der Strafvollzugsreferenten des Reichs und der Länder vom 20.-22. November 1924 in Würzburg setzten sich aber einheitliche Gesichtspunkte durch.

a. Die Schwierigkeiten bei der Umsetzung der Grundsätze in kleineren Staaten und Stadtstaaten

Im Senat Hamburgs wurde schon im März 1923 Kritik an dem Entwurf, welcher am 5. März dem Reichsrat vorgelegt wurde, laut. So wurde bemängelt, daß der Entwurf im wesentlichen auf die großen Länder mit mehreren und verschiedenartigen Strafanstalten zugeschnitten sei, während er den Bedürfnissen und Möglichkeiten der kleinen Staaten und namentlich der Stadtstaaten keineswegs in gleichem Maße Rechnung trage.[525] Es sei vielmehr zu befürchten, daß, wenn Hamburg genötigt werde, den Vorschriften des Entwurfs über die Einrichtung besonderer Anstalten und Abteilungen für Frauen, Jugendliche, „geistig Minderwertige" usw. sowie den Bestimmungen über die Einzelhaft der Gefangenen mit längerer Strafzeit nachzukommen, dies ganz ungewöhnlich hohe Kosten verursachen werde.[526] Dabei biete auch die Vorschrift des § 6 des Entwurfs, der eine gemeinsame Vereinbarung mehrerer Länder ermöglichen sollte,

---

521 Quedenfeld, Strafvollzug in der Gesetzgebung, S. 13.

522 Gentz, ZStW 46 (1925), 129 (130).

523 Quedenfeld, Strafvollzug in der Gesetzgebung, S. 13; in Preußen erging am 7. Juni 1929 die „Verordnung über den Strafvollzug in Stufen" (unveröffentlicht).

524 Ausführliche Darstellung bei Ellger, BlGefk 57 (1926), 189 ff.

525 Vgl. dazu das Schreiben der Senatskommission für die Justizverwaltung in Hamburg an den Reichsjustizminister vom 31. März 1923 in: BA, R 3001, Nr. 5606, Bl. 91.

526 Vgl. StA Hamburg, Senat (111-1), Cl. I Lit. T Nr. 7 Vol. 6 Fasc. 7 Inv. 6, Nr. 11.

keine hinreichende Abhilfe, da auch eine solche Vereinbarung durch Transport und Verpflegung der Gefangenen einen erhöhten Kostenaufwand mit sich bringe. Kritisiert wurde von Hamburg ebenfalls der § 40 Absatz 1 des Entwurfs, wonach in Gemeinschaftshaft in der Regel höchstens dreißig Gefangene in einem Raum untergebracht werden durften. In Hamburg seien in nahezu sämtlichen Gemeinschaftssälen mehr als 30 Gefangene untergebracht, so daß hier kostspielige Umbauten erforderlich würden. Kritik erfuhr schließlich der § 42 Absatz 1, wonach Gefangene mit längerer Strafzeit im Anfang der Strafzeit mindestens drei Monate in Einzelhaft zu halten waren. Diese zwingende Vorschrift würde für Hamburg mindestens 1.000 Einzelzellen und damit Ausgaben in Milliardenhöhe erfordern. Den finanziellen Aspekt wiederholte der Hamburger Vertreter in der ersten Lesung im Rechtspflegeausschuß. Einzelne Bestimmungen seien lediglich auf die Verhältnisse der größeren Länder zugeschnitten und für Hamburg untragbar, falls sich das Reich nicht bereiterkläre, Hamburg die durch die Durchführung der Grundsätze entstehenden Kosten abzunehmen.[527] In Erwiderung verwies Preußen darauf, daß die kleineren Staaten untereinander Vereinbarungen treffen und so gemeinsame Gefangenenanstalten einrichten könnten. Als Zugeständnis an die kleineren Staaten wurde dann abweichend von dem Entwurf in den Grundsätzen von 1923 auf die zwingende Festschreibung der Einzelhaft verzichtet (§ 43 f.), ferner wurde als § 6 Absatz 2 die Vorschrift eingefügt, welche die Unterbringung von Zuchthausgefangenen in besonderen Abteilungen von Gefängnissen ermöglichte, wenn die Zahl von Zuchthausgefangenen in einem Land so gering war, daß Zuchthäuser nicht eingerichtet werden konnten.

b. Die Verpflichtung der Länder zur Umsetzung der Grundsätze

Zwar waren die Grundsätze nicht bindendes Gesetzesrecht, sie sind aber „dem Geist nach und großenteils auch im Wortlaut in die Strafvollzugsvorschriften der einzelnen Länder übergegangen, und haben dadurch auf einem Gebiet, wo bisher größte Buntscheckigkeit und Mannigfaltigkeit herrschte, eine tatsächliche Rechtseinheit, in den Grundsätzen wenigstens geschaffen“.[528]

Nach § 233 Absatz 2 waren die Länder verpflichtet, die Grundsätze in den Ländern durch entsprechende Vollzugsvorschriften zu verwirklichen. Die Möglichkeit zur zwingenden Durchsetzung ergab sich aber aus den Grundsätzen von 1923 nicht. Auch wenn die Grundsätze von 1923 ebensowenig wie auch die Grundsätze von 1897, weil sie nur Vereinbarungen waren, Rechte und Pflichten von Staat und Individuum begründen konnten, so brachten sie doch wertvolle Grundlagen für eine spätere gesetzliche Festlegung.[529] Der Erfolg der Grundsätze beruhte nach Auffassung Quedenfelds auf dem ausdrücklichen Anerkenntnis der Verpflichtung und der Fristsetzung durch die

527 Vgl. StA Hamburg, Senat (111-1), Cl. I Lit. T Nr. 7 Vol. 6 Fasc. 7 Inv. 6, Nr. 15.
528 Gentz, ZStW 46 (1925), 129 (130).
529 Freudenthal, Die rechtl. Stellung des Gefangenen, in: Deutsches Gefängniswesen, 141 (142).

Länder.[530] Wenn auch vieles wie schon 1897 wieder in Kann- und Sollvorschriften gefaßt war und der Verwaltung ein weites Ermessen eingeräumt wurde, geschah dies vorrangig darum, um mit den neuen Vorstellungen Erfahrung in der Praxis zu sammeln.[531]

Hervorgehoben wurde von Bumke, daß die Grundsätze das Ziel der Einheitlichkeit des deutschen Gefängniswesens nähergerückt, der Strafvollzugspraxis eine klare Regelung in die Hand gegeben und der Rechtswissenschaft eine feste Basis für die weitere Forschung bereitet hätten.[532]

c. Die Arbeitsgemeinschaft für Reform des Strafvollzuges

Am 18. und 19. Januar 1924 tagte in Eisenach zum ersten Mal die Arbeitsgemeinschaft für Reform des Strafvollzuges[533], in deren Rahmen über die Grundsätze von 1923 gesprochen wurde. In seinem Vortrag über „Anregungen zur Strafvollzugsreform" führte der Geheime Rat Finkelnburg aus, er wünsche sich, daß die Grundsätze Gesetz würden, damit die einzelnen Anstalten zu ihrer Durchführung verpflichtet wären.[534] Im Rahmen der sich an den Vortrag anschließenden Aussprache brachte Oberregierungsrat Frede dagegen vor, daß die Grundsätze ausreichend Garantien beinhalteten, um eine Durchführung zu sichern und andererseits elastisch genug seien, um Länder wie Thüringen an weitergehenden Reformen nicht zu hindern.[535] In einer der abschließend aufgestellten Leitsätze wurden die Grundsätze als „wesentlicher Fortschritt in der Entwicklung des Strafvollzuges" bezeichnet. Jedoch bedürften die Grundsätze „des weiteren Ausbaus namentlich nach der Richtung, daß das Rechtsverhältnis des Gefangenen im Strafvollzug klarer herausgearbeitet wird".[536] Während Parteien und Reichstag den

---

530 Quedenfeld, Strafvollzug in der Gesetzgebung, S. 14.

531 Quedenfeld, Strafvollzug in der Gesetzgebung, S. 14.

532 Bumke, Die Freiheitsstrafe als Problem der Gesetzgebung, in: Deutsches Gefängniswesen, S. 28.

533 Anwesend waren als Mitglieder der Geheime Rat Dr. Finkelnburg (Berlin), Prof. Dr. Liepmann (Hamburg), Oberstaatsanwalt Dr. Elling (Eisenach), Fürsorger Dr. Zirker (Ichtershausen), Inspektorin Piel (Hamburg), Frau Catharina Frede (Weimar), Oberregierungsrat Dr. Frede (Weimar), Dr. Herrmann (Hamburg), Regierungsrat Otto Krebs (Untermaßfeld), Fürsorger Fiedler (Ichtershausen), Lehrerin Dorothea Fiedler (Erfurt), Regierungsrat Vollrath (Ichtershausen), Fürsorgeschwester Elisabeth Schell (Hildburghausen), Dr. Bondy (Hamburg), Ministerialrat Nitzsche (Weimar), Ministerialdirektor Dr. Rittweger (Weimar), Prof. Dr. von Düring (Frankfurt a.M.), Fürsorger Dr. Krebs (Untermaßfeld), Direktor Weitsch (Dreißigacker), Pfarrer Dr. Fuchs (Eisenach), Pfarrer Jacobi (Halle a.d. Saale), Leiterin der Gerichtshilfe in Halle an der Saale M. Kleeberg. Oberstaatsanwalt Dr. Elling begrüßte im Namen der Eisenacher Justizbehörden die Mitglieder und Gäste. Als vorläufiger Geschäftsführer berichtete Dr. Zirker, der am Ende der Tagung zum Geschäftsführer gewählt wurde, über die Vorarbeiten der Tagung und die Entstehung der Arbeitsgemeinschaft; so Zirker, MSchKrim 15 (1924), 102 (102, 105).

534 Zirker, MSchKrim 15 (1924), 102 (102 f.).

535 Zirker, MSchKrim 15 (1924), 102 (103).

536 Zirker, MSchKrim 15 (1924), 102 (104).

Leitsätzen der Tagung kaum Beachtung schenkten, bekundete das Reichsjustizministerium Interesse und unterstützte die Arbeitsgemeinschaft.[537]

d. Die 19. Versammlung der Deutschen Landesgruppe der Internationalen kriminalistischen Vereinigung in Hamburg

Vom 11. bis 13. Juni 1924 fand in Hamburg die 19. Versammlung der Deutschen Landesgruppe der Internationalen kriminalistischen Vereinigung statt. In diesem Rahmen wurde auch über die Grundsätze von 1923 gesprochen. Laut Staatssekretär Fritze (Berlin) seien die Strafvollzugsgrundsätze ihrer Natur nach nur der Vorläufer eines Strafvollzugsgesetzes, das endlich kommen müsse und kommen werde.[538] Liepmann machte als erster Berichterstatter über die Grundsätze von 1923 darauf aufmerksam, daß zuvor nahezu 60 Gefängnis- und Dienstordnungen bestanden, die für einen unterschiedlichen Vollzug der Strafe in den einzelnen Ländern sorgten.[539] Durch die Grundsätze entstünde laut Liepmann der Eindruck, daß eine „große und intensive Arbeit [...] auf dem Wege zur Vereinheitlichung des Gefängniswesens in Deutschland [geleistet], zugleich aber mit sicherer Hand ein Gebäude errichtet [worden ist], das den Strafvollzug in den Dienst des Erziehungsgedankens stellt".[540] Es sei erfreulich, daß nirgends die Aberkennung der bürgerlichen Ehrenrechte, die den letzten veralteten Schößling aus der Klasse der verstümmelnden Strafen darstelle, im Strafvollzug berücksichtigt werde.[541] Als zweiter Berichterstatter wies Finkelnburg darauf hin, daß die entscheidende Bedeutung des neuen Werkes gegenüber den Strafvollzugsvorschriften der deutschen Vergangenheit die Einführung des Erziehungsstrafvollzugs sei. Der 7. Juni 1923 sei als historischer Moment zu bezeichnen, man könne vielleicht sagen, in gewissem Sinne welthistorisch.[542] Laut Finkelnburg war der Resozialisierungsgedanke, der in den alten Bundesratsgrundsätzen von 1897 noch fehlte, in den Grundsätzen von 1923 klar durchgedrungen.[543] Innerhalb der Aussprache über die Grundsätze wies Freudenthal darauf hin, daß das Rechtsverhältnis Strafvollzug in den Grundsätzen nicht durchgeführt sei. So vermittele etwa § 78 der Grundsätze dem Gefangenen keinen Rechtsanspruch auf Vergütung seiner Arbeit und § 43 überlasse dem Vorsteher die Bestimmung der Haftart. Darüber hinaus sei die Einführung von Schärfungen und Begünstigungen den einzelnen Dienstordnungen vollständig freigestellt.[544] Schließlich wies Liepmann darauf hin, daß die Grundsätze vom Standpunkt des bestehenden Strafensystems des geltenden Strafgesetzbuches nicht zu verwirklichen seien, vielmehr

537 So Zirker, MSchKrim 16 (1925), 86 (86).
538 Mitt. der IKV, 19. Versammlung zu Hamburg, 1924, Bd. 22, S. 9.
539 Mitt. der IKV, 19. Versammlung zu Hamburg, 1924, Bd. 22, S. 32.
540 Mitt. der IKV, 19. Versammlung zu Hamburg, 1924, Bd. 22, S. 35.
541 Mitt. der IKV, 19. Versammlung zu Hamburg, 1924, Bd. 22, S. 36.
542 Finkelnburg, Mitt. der IKV, 19. Versammlung zu Hamburg, 1924, Bd. 22, S. 59.
543 Finkelnburg, Mitt. der IKV, 19. Versammlung zu Hamburg, 1924, Bd. 22, S. 61.
544 Mitt. der IKV, 19. Versammlung zu Hamburg, 1924, Bd. 22, S. 78 f.

setzten sie eine Reform des Strafgesetzbuches voraus.[545] Liepmann legte deshalb zusammen mit von Hippel folgenden Antrag vor: „Die Versammlung erklärt es für wünschenswert, daß die Gesamtreform des Strafrechts thunlichst gefördert und ein redigierter Entwurf nicht nur amtlich behandelt, sondern auch der öffentlichen Kritik zugänglich gemacht werde."[546] Der Antrag wurde von der Deutschen Landesgruppe der Internationalen kriminalistischen Vereinigung angenommen.

4. Die Durchführung der Grundsätze von 1923 in Preußen, Bayern und Hamburg

Die Durchführung der Grundsätze durch die Landesregierungen war nötig wegen der fehlenden Normqualität der Grundsätze. Die Transformation durch landeseigene Vollzugsordnungen sollte zwar bis spätestens 1. April 1924 erfolgen.[547] Dieser Termin wurde jedoch in kaum einem Land eingehalten. Von den Vollzugsordnungen der Länder sind die Grundsätze zum Teil fast wörtlich übernommen worden.[548]

a. Preußen

In Preußen war es am 1. April 1918 zur Aufhebung des bis dahin geltenden Dualismus gekommen. Daraufhin gingen 30 Zuchthäuser, 23 größere Gefängnisse und 45 rheinische Kantongefängnisse aus der inneren Verwaltung in die Justiz über.[549]

Auf der Grundlage der Grundsätze für den Vollzug von Freiheitsstrafen wurde in Preußen schon am 1. August 1923 eine „Dienst- und Vollzugs-Ordnung für die Gefangenanstalten der Justizverwaltung in Preußen" erlassen. Sie bestand aus 187 Paragraphen. Die DVO Preußens war aufgeteilt in einen ersten Teil, der die Paragraphen 1 bis 50 umfaßte und die Dienstordnung enthielt und die Paragraphen 51 bis 187, die Bestandteil der Vollzugsordnung waren.

Die Umsetzung des § 48 der Grundsätze erfolgte in der preußischen DVO durch § 52 Absatz 2. Danach war Aufgabe des Strafvollzuges neben der Zufügung des Strafübels die „geistige und sittliche Hebung des Gefangenen", weiterhin war auf die Erziehung zu einem geordneten, gesetzmäßigen Leben nach der Entlassung besonders hinzuwirken. Damit fand auch in der DVO Preußens der Resozialisierungsauftrag seinen Niederschlag. Als Mittel zur Erreichung des Erziehungszwecks wurde für die Behandlung

---

545 Vgl. Liepmanns Wortbeitrag in: Mitt. der IKV, 19. Versammlung zu Hamburg, 1924, Bd. 22, S. 113.

546 Mitt. der IKV, 19. Versammlung zu Hamburg, 1924, Bd. 22, S. 118.

547 Übersicht bei Bumke, Dt. Gefängniswesen, S. 29; Schattke, Geschichte der Progression, S. 156 f.; Mayer, Strafvollzug in Stufen, S. 18 ff.

548 Ehrenforth, Rechtsstellung der Gefangenen, S. 21.

549 Vgl. Klein, Die Vorschriften über Verwaltung und Vollzug in den Gefangenanstalten der Preußischen Justizverwaltung, 4. Aufl. von 1924, Vorwort.

der Gefangenen neben Ernst, Gerechtigkeit und Menschlichkeit zusätzlich die Festigkeit erwähnt.

b. Bayern

Die Dienst- und Vollzugsordnung für die bayerischen Strafanstalten und Gerichtsgefängnisse vom 15. März 1924[550] umfaßte 247 Bestimmungen und folgte sowohl systematisch als auch inhaltlich in sehr großem Maße den Vorgaben der Grundsätze von 1923.[551]

Entsprechend den Grundsätzen von 1923 wurde in Bayern der Resozialisierungsgedanke zum Leitsatz erhoben. Daneben hatte der Vergeltungszweck der Strafe aber weiter Bestand. Die Übelszufügung erfuhr dadurch Milderung, daß nach § 53 Absatz 3 das „Gebot der Menschlichkeit" zu beachten war. Beachtung fand auch die Individualisierung der Gefangenen. Im Zusammenhang mit dem Strafzweck der Erziehung und Besserung wurde darauf abgestellt, daß diese Bemühungen nur dann erfolgreich sein könnten, „wenn auf die Gesamtheit der persönlichen Eigenschaften des einzelnen Gefangenen Bedacht genommen wird" (§ 54 Abs. 2).

c. Hamburg

Vor dem endgültigen Zustandekommen der Vereinbarung von 1923 erklärte Hamburg, den Grundsätzen nur dann beipflichten zu können, wenn das Reich bereit wäre, Hamburg die bei der Durchführung entstehenden Mehrausgaben zu ersetzen. Sollte diese Bereitschaft nicht bestehen, werde Hamburg zumindest darauf drängen, daß „die in finanzieller Hinsicht für die kleinen Länder drückenden Bestimmungen des Entwurfs gestrichen oder jedenfalls ganz erheblich gemindert werden".[552]

Am 24. April 1924 überreichte die Direktion der Hamburgischen Strafanstalten dem Vorstand der Justizverwaltung den Entwurf der Dienst- und Vollzugsordnung für die Hamburgischen Gefangenenanstalten.[553] Dieser Entwurf sollte am 16. Mai 1924 eingehend auf der Sitzung der Senatskommission für die Justizverwaltung durchgesprochen werden.[554] Zur Beratung der DVO wurde eine Kommission gebildet, der ursprünglich Fischer, Rautenberg, Liepmann, Kalweit, Wendt, Perner und Koch angehörten.[555] Die erste Sitzung fand am 13. August 1924 statt. Hierbei wurde die überaus

550 Bayerisches Gesetz- und Verordnungsblatt 1924, S. 85-116.

551 In Bayern sind die Akten des Justizministeriums weitgehend durch Kriegseinwirkung zerstört worden. Dies betrifft auch die Akten zu den Grundsätzen von 1923 und den darauffolgenden Jahren.

552 Schreiben der Senatskommission für die Justizverwaltung an den Reichsjustizminister vom 31.3.1923, StA Hamburg, Justizverwaltung I (241-1 I), XVI A a 1 Vol. 3b.

553 StA Hamburg, Justizverwaltung I (241-1 I), XVI A a 1 Vol. 3c, Nr. 2.

554 StA Hamburg, Justizverwaltung I (241-1 I), XVI A a 1 Vol. 3c, Anlage zu Nr. 4.

555 StA Hamburg, Justizverwaltung I (241-1 I), XVI A a 1 Vol. 3c, Nr. 11.

große Paragraphenzahl der DVO bemängelt. Dagegen wurde eingewandt, daß die Paragraphenzahl sowie die gelegentlichen Wiederholungen auf pädagogischen Gesichtspunkten beruhten, da die DVO sich vornehmlich an Gefängnisaufseher richte, die im Lesen von Gesetzen wenig bewandert seien.[556] In der zweiten Sitzung am 15. August 1924 wurde angemerkt, daß die hamburgische DVO möglichst bald fertig vorliegen müsse. Der Grund hierfür lag darin, daß der Reichsjustizminister eine Besprechung der Strafvollzugsreferenten in Berlin angesetzt hatte, bei der Hamburg das Referat über den Strafvollzug in Stufen halten sollte.[557] Die Dringlichkeit der Verabschiedung eines Entwurfs der DVO betonte auch Senator Nöldeke auf der Sitzung der Senatskommission für die Justizverwaltung für das Gefängniswesen vom 2. September 1924.[558] Hamburg sei im Vergleich zu den anderen Ländern in bezug auf die Fertigstellung der DVO stark im Rückstand. Außerdem wies auch Nöldeke auf die bevorstehende Sitzung in Berlin hin. Es schlug deshalb vor, von einer nochmaligen Einzelberatung im Plenum abzusehen. Dann habe die Senatskommission für die Justizverwaltung dem Senat den Entwurf zur endgültigen Entschließung vorzulegen. Die Senatskommission beschloß, den Entwurf an den Ausschuß zurückzuverweisen, der diesen dann, wenn es zu keinen grundlegenden Änderung käme, direkt an die Senatskommission leiten sollte.[559] Senator Nöldeke legte den Entwurf der Dienst- und Vollzugsordnung am 24. Oktober 1924 dem Senat vor und erklärte, daß sich dieser Entwurf im wesentlichen mit der Fassung decke, die von der Senatskommission für die Justizverwaltung vorgeschlagen worden sei. Abweichungen seien vorwiegend durch fiskalische Gesichtspunkte begründet. Weitere Änderungen seien erforderlich geworden, um den Entwurf mit bestehenden hamburgischen Gesetzen und den von den Ländern für den Vollzug von Freiheitsstrafen vereinbarten Grundsätzen vom 7. Juni 1923 in Einklang zu bringen. Der Senat beschloß daraufhin, die vorliegende DVO zu erlassen.[560]

Die Dienst- und Vollzugsordnung für die Hamburgischen Gefangenenanstalten vom 24. Oktober 1924[561] enthielt mit 622 Bestimmungen eine äußerst ausführliche Regelung und wurde inhaltlich wesentlich beeinflußt durch die preußische DVO, die seit November 1923 vorlag.

---

556 Vgl. das Protokoll über die erste Sitzung des Ausschusses der Abteilung für das Gefängniswesen zur Beratung der DVO, StA Hamburg, Justizverwaltung I (241-1 I), XVI A a 1 Vol. 3c, Nr. 15.

557 StA Hamburg, Justizverwaltung I (241-1 I), XVI A a 1 Vol. 3c, Nr. 16.

558 Vgl. dazu den Auszug aus der Niederschrift, StA Hamburg, Justizverwaltung I (241-1 I), XVI A a 1 Vol. 3c, Nr. 29.

559 Vgl. den Auszug aus der Niederschrift, StA Hamburg, Justizverwaltung I (241-1 I), XVI A a 1 Vol. 3c, Nr. 29.

560 Vgl. StA Hamburg, Senat (111-1), Cl. I Lit. T No. 7 Vol. 6 Fasc. 7 Inv. 6, Aktenteil 39; StA Hamburg, Justizverwaltung I (241-1 I), XVI A a 1 Vol. 3c, Anlage zu Nr. 42.

561 Dienst- und Vollzugsordnung für die Hamburgischen Gefangenenanstalten vom 24.10.1924, Hamburgisches Gesetz- und Verordnungsblatt 1924/635.

In Umsetzung des § 48 der Grundsätze stellte Hamburg in § 1 die Forderung an die Spitze, daß es das besondere Ziel des Strafvollzuges sein müsse, den Gefangenen während seiner Strafzeit für den Wiedereintritt in die Volksgemeinschaft so vorzubereiten, daß er sich seiner Verantwortung der Allgemeinheit gegenüber bewußt werde und willens und imstande sei, nach seiner Entlassung ein besserer Mensch zu sein, als er vor seiner Haft war. Der Weg, auf dem dieses Ziel erreicht werden sollte, wurde in § 2 der Hamburger DVO näher ausgeführt. Dabei wurden als Mittel zur Erziehung unter anderem die Gewöhnung des Gefangenen an Ordnung und Sauberkeit, die körperliche Ertüchtigung und Erhaltung der Gesundheit, die Erziehung zu einer geregelten, alle Fähigkeiten und Kräfte des Gefangenen anspannenden volkswirtschaftlich notwendigen Arbeit und die Gewöhnung des Gefangenen an die Beachtung und Befolgung von Gesetzen, Bestimmungen und Anordnungen genannt. Die Behandlung der Gefangenen sollte in Hamburg mit sozialem Verständnis und unter Berücksichtigung der persönlichen Eigenart, des Vorlebens sowie des späteren Fortkommens erfolgen.

d. Kritik an den Dienst- und Vollzugsordnungen der Länder

Die Verwaltungsordnungen der Länder vermittelten weder Rechte noch Pflichten. Sie enthielten zwar Anweisungen, wie sich der Gefangene zu verhalten hatte, diese Anweisungen wirkten auch auf die Stellung des Gefangenen, bewirkten jedoch nach Auffassung Freudenthals keine rechtsstaatliche Ausgestaltung.[562] Ferner fehlte es den Dienst- und Vollzugsordnungen, so Freudenthal, an der Umsetzung der Gewaltenteilung. Dies wurde daraus ersichtlich, daß über Einwendungen gegen Maßnahmen der Verwaltung vielfach wiederum die Verwaltung entscheiden sollte.[563]

Als ein Nachteil der einzelstaatlichen Regelungen erwies sich der Umstand, daß die einzelnen Dienst- und Vollzugsordnungen der Länder Verschiedenheiten schufen, aus denen wieder die Notwendigkeit erwuchs, ein einheitliches Reichsstrafvollzugsgesetz zu schaffen. Die sich ergebenden Unterschiede erforderten eine Angleichung, um den Grundsatz „gleiches Recht für alle“ zu sichern.[564] Ein Vorteil der Regelung durch die einzelnen Staaten war allerdings, daß dadurch den Einzelstaaten ausreichend Spielraum gelassen wurde, den besten Weg zur Durchführung des Strafvollzuges herauszufinden.[565]

562 Freudenthal, Die rechtl. Stellung des Gefangenen, in: Deutsches Gefängniswesen, 141 (144).
563 Freudenthal, Die rechtl. Stellung des Gefangenen, in: Deutsches Gefängniswesen, 141 (144).
564 Weiß, MSchKrim 16, 166 (166).
565 Weiß, MSchKrim 16, 166 (167).

XIV. Der Ausblick auf die weitere Entwicklung

1. Der Amtliche Entwurf eines Strafgesetzbuches von 1925

Im April 1922 wurden die Bestrebungen zur Reformierung des Strafrechts fortgesetzt. Reichsjustizminister Radbruch beriet sich mit seinen Mitarbeitern unter maßgeblicher Beteiligung von Bumke, Kiesow und L. Schäfer vom 8. April 1922 bis zum 15. Juni 1922.[566] Diesen Beratungen lag der Entwurf von 1919 zugrunde. Den Entwurf eines Allgemeinen Deutschen Strafgesetzbuches übersandte Radbruch am 13. September 1922 als Vorlage an das Kabinett.[567] Er stellte im Rahmen der geplanten Rechtsangleichung von deutschem und österreichischem Strafrecht in weiten Teilen einen Kompromiß zwischen den Reformvorstellungen beider Länder dar.[568] Radbruch verzichtete auf die Todesstrafe, er stellte die Geldstrafe in den Mittelpunkt des Strafensystems und beseitigte die Zuchthausstrafe mit ihren entehrenden Folgen. Als Freiheitsstrafen gab es das „strenge Gefängnis", welches die Zuchthausstrafe ersetzte, das Gefängnis und die Einschließung (§ 30 des Entwurfs).[569]

Grundlage für den Amtlichen Entwurf eines Strafgesetzbuches von 1925 war der von Radbruch aufgestellte und unveröffentlicht gebliebene Entwurf von 1922. Radbruchs Nachfolger im Reichsjustizministerium vom 23. November 1922 bis zum 13. August 1923 Heinze brachte die Strafrechtsreform nicht durch weitere Initiativen voran. Vom 13. August bis zum 2. November 1923 führte wieder Radbruch das Reichsjustizministerium und bemühte sich um die baldige Verabschiedung der Vorlage im Kabinett.[570] Im Anschluß an Emminger verwaltete Staatssekretär Joël das Reichsjustizministerium bis Anfang 1925. Eine Neufassung des Entwurfes von 1922 leitete er am 5. Juli 1924 der Reichsregierung zu und drängte auf die Verabschiedung des Entwurfes im Kabinett. Wesentliche Änderungen gegenüber dem Entwurf von 1922 lagen darin, daß die Todesstrafe beibehalten werden sollte, die schwerste Freiheitsstrafe wie bisher „Zuchthaus" heißen und die Verurteilung zu Zuchthaus oder Todesstrafe auch weiterhin den dauernden Verlust der Amtsfähigkeit zur Folge haben sollte. Weitere Änderungen ergaben sich bei einzelnen Straftatbeständen. Die Reichsregierung stimmte am

566 Vgl. zu der Entstehung des Amtlichen Entwurfes von 1925 Schubert/Regge, Quellen, I. Abteilung, Band 1, Einleitung, S. X.

567 Abgedruckt in: Gustav Radbruchs Entwurf eines Allgemeinen Deutschen Strafgesetzbuches (1922), bei Schubert/Regge, Quellen, I. Abteilung, Band 1, S. 145-187 und in der Gustav Radbruch-Gesamtausgabe, Band 9, S. 47 ff.

568 Vgl. Schubert/Regge, Quellen, I. Abteilung, Band 1, Einleitung, S. XI. Auf der österreichischen Seite war der Strafrechtsreferent im österreichischen Bundesjustizministerium Kadecka an den Beratungen mit Radbruch beteiligt.

569 Vgl. auch die Einleitung Eb. Schmidts in: Gustav Radbruchs Entwurf eines Allgemeinen Deutschen Strafgesetzbuches (1922), S. XI ff.

570 Ausführlicher dazu Schubert/Regge, Quellen, I. Abteilung, Band 1, Einleitung, S. XIV.

12. November 1924 dem Entwurf zu und veröffentlichte diesen im Jahr 1925, um der Kritik nochmals Gele genheit zur Stellungnahme zu geben.[571]

Der Amtliche Entwurf von 1925 behielt zwar die Todesstrafe bei, schied aber die Bestimmungen über den Vollzug der einzelnen Strafen aus und überließ sie „dem geplanten Reichsgesetz über den Strafvollzug".[572] Aus dem Entwurf ausgeschieden wurden ebenfalls Vorschriften über die Behandlung straffälliger Jugendlicher und Kinder, die in dem Jugendgerichtsgesetz erschöpfende Regelung gefunden hatten.[573] Die Begründung erhob die Forderung, daß zusammen mit dem neuen Strafgesetzbuch ein Strafvollzugsgesetz in Kraft treten solle. Nur dann könne eine wirkliche Einheit des Strafrechts in Deutschland herbeigeführt werden.[574] Die Vereinheitlichung des Strafvollzugs in einem Gesetz war allerdings nicht absehbar. Liepmann äußerte sich deshalb kritisch über das Fehlen von Bestimmungen über den Vollzug der Strafen: „Das ist nun eine einigermaßen peinliche Lage, denn der Wert einer Freiheitsstrafe kann nur nach der Art beurteilt werden, wie sie vollstreckt werden soll".[575]

Nach der Überweisung der Vorlage an die Vereinigten Ausschüsse des Reichsrats, wurde in der dortigen Sitzung vom 13. Juli 1925 geplant, mit den Beratungen im März 1926 zu beginnen und diese im Herbst 1926 zu beenden. Die Beratungen begannen unter dem Vorsitz Bumkes jedoch erst im Oktober 1926.[576] Am 14. Mai 1927 wurde die Vorlage in den Reichstag eingebracht. Eine Fortführung der Reform blieb auch nach den notwendig gewordenen Neuwahlen durch das „Gesetz zur Fortführung der Strafrechtsreform"[577] vom 31. März 1928 ohne erneute Einbringung in den Reichstag möglich. Von dem neu gewählten Reichstag wurde der Entwurf am 11. Juli 1928 erneut an die Kommission überwiesen, die daraufhin in Detailberatungen eintrat. Im Reichstag der sich anschließenden Wahlperiode wurde erneut im Ausschuß in Detailberatungen eingestiegen, die mit der ersten Lesung vorläufig abgeschlossen wurden. Eine Wiederaufnahme der Beratungen erfolgte aber nicht.

---

571 Aschrott/Kohlrausch, Reform des Strafrechts, Vorwort. Der Entwurf wies „die ihm von Gustav Radbruch gegebene eigenartige Gestalt nicht mehr auf", so die Einleitung Eb. Schmidts in: Gustav Radbruchs Entwurf eines Allgemeinen Deutschen Strafgesetzbuches (1922), S. VII.

572 Begründung zum Amtlichen Entwurf eines Allg. Dt. Strafgesetzbuchs, S. 29 und S. 4.; vgl. Aschrott/Kohlrausch-Liepmann, Reform des Strafrechts, S. 128.

573 Vgl. Begründung zum Amtlichen Entwurf eines Allg. Dt. Strafgesetzbuchs, S. 5.

574 Vgl. Begründung zum Amtlichen Entwurf eines Allg. Dt. Strafgesetzbuchs, S. 30.

575 Aschrott/Kohlrausch-Liepmann, Reform des Strafrechts, S. 129.

576 Vgl. Schubert/Regge, Quellen, I. Abteilung, Band 1, Einleitung, S. XVIII.

577 RGBl. I 1928, S. 135.

2. Die Vorlagen zu einem Strafvollzugsgesetz von 1927

a. Das Zustandekommen der Entwürfe

Am 9. und 10. April 1926 tagte in Jena die Arbeitsgemeinschaft für die Reform des Strafvollzuges.[578] Die Besprechung widmete sich den Aufgaben, welche die Reichsgesetzgebung durch das in Aussicht gestellte Reichsstrafvollzugsgesetz übernommen hatte.[579]

Am 23. April 1926 wurde ein Vorentwurf des Reichsjustizministeriums[580], welcher 346 Bestimmungen umfaßte, an die Landesjustizverwaltungen übersandt.[581] Gleichzeitig mit der Übersendung des vorläufigen Entwurfes übermittelte der Reichsjustizminister eine Einladung zu einem Treffen mit den Strafvollzugsreferenten für den 8. Juni 1926 zur Besprechung im Reichsjustizministerium. Sowohl aus dem bayerischen Staatsministerium der Justiz als auch aus Hamburg kam die Bitte, das geplante Treffen um etwa einen Monat zu verschieben, um nach ausreichender Vorbereitungszeit Gegenvorschläge vorbringen zu können.[582] Der Reichsjustizminister erklärte sich zu einer Verschiebung des Treffens bereit, im Juni sollte aber statt dessen ein Treffen im kleinen Kreis mit Referenten sämtlicher Länder stattfinden, um Grundfragen, die im Strafvollzugsgesetz zu lösen waren, im voraus zu klären.[583] Die zu dem Vorentwurf angekündigten Beratungen im kleinen Kreis mit den Strafvollzugsreferenten aus Preußen, Bayern, Baden, Thüringen, Hamburg, Hessen, Württemberg, Sachsen und Mecklenburg-Schwerin fanden am 11. und 12. Juni 1926 im Reichsjustizministerium statt.[584] Als Vertreter des Reichsjustizministeriums nahmen an dieser Versammlung Bumke, Schäfer, Hauptvogel und Koffka teil. Die Vertreter der Länder waren Hasse und Hartung für Preußen, Richard Degen für Bayern, Frede für Thüringen, Maltzan für Hessen, Roth für Württemberg und Starke für Sachsen. Den Vorsitz übernahm Bumke, der zu Beginn betonte, daß der Entwurf lediglich als Grundlage für die Diskussion dienen sollte und nicht einmal das Reichsjustizministerium dazu Stellung genommen habe. Es wurde ebenfalls darauf hingewiesen, daß eine gleichzeitige Verabschiedung von Strafgesetzbuch und Strafvollzugsgesetz nun nicht mehr möglich sei. Die Aussprache zu dem vorliegenden Entwurf ergab, daß er einmütig als viel zu detailliert betrachtet wurde. Die gesetzliche Regelung sei auf das Notwendige zu beschränken, um gefährliche Bindungen für die zukünftige Entwicklung des Strafvollzugs zu vermeiden

---

578 Vgl. dazu May, DRiZ 1926 (240), 240; Grünhut, MSchKrim 18 (1927), S. 104 ff.

579 Grünhut, MSchKrim 18 (1927), 104 (104).

580 BA, R 3001, Nr. 5620, Bl. 40 ff. mit Bemerkungen einiger Länder; auch im StA Hamburg, Justizverwaltung I (241-1 I), XVI A a 1 Vol. 5a, Anlage zu Nr. 12.

581 Zur Entstehungsgeschichte der Entwürfe von 1927 vgl. Schubert, Quellen zur Reform des Straf- und Strafprozeßrechts, I. Abteilung, Band 5, Einleitung.

582 StA Hamburg, Justizverwaltung I (241-1 I), XVI A a 1 Vol. 5a, Nr. 14 und 15. In Hamburg war der Entwurf erst am 3. Mai 1926 eingetroffen.

583 StA Hamburg, Justizverwaltung I (241-1 I), XVI A a 1 Vol. 5a, Nr. 18.

584 BA, R 3001, Nr. 5620, Bl. 205.

und nicht in schwebende Versuche einzugreifen. Dabei wies der bayerische Referent darauf hin, daß es in den letzten Jahrzehnten zu einer günstigen Entwicklung des Strafvollzugs gekommen sei trotz weniger gesetzlicher Bestimmungen. Der Vorsitzende schloß sich diesen Erwägungen dahingehend an, daß der Weg in eine bessere Zukunft nicht durch allzustarke Gesetzgebung verbaut werden dürfe.[585] Der anschließend geänderte Entwurf umfaßte nun nur noch 262 Bestimmungen und wurde vom Reichsjustizministerium am 13. August 1926 den Ländern übersandt.[586]

Am 4. Oktober 1926 kam es zu einem vorläufigen Entwurf und zu einer „Verordnung zur Ausführung des Strafvollzugsgesetzes".[587] Vom 26. bis zum 30. Oktober 1926 erfolgte eine Besprechung des Reichsjustizministeriums mit den Ländern über den vorläufigen Entwurf.[588] Dabei kritisierten Preußen und Hamburg den vorläufigen Entwurf erneut als zu umfangreich. Der Vorsitzende wies im Gegenzug darauf hin, daß es der Stand der Strafrechtsreform verbiete, einen gänzlich neuen Entwurf auszuarbeiten. Sollte es nicht gelingen, den Entwurf des Strafvollzugsgesetzes unmittelbar im Anschluß an den Entwurf des Strafgesetzbuchs im Reichsrat durchzubringen und an den Reichstag gelangen zu lassen, müßte die Arbeit als umsonst betrachtet werden.[589]

Eine weitere Neufassung des Entwurfs, der jetzt noch 252 Bestimmungen umfaßte, wurde am 9. November 1926 vom Reichsjustizministerium an die Länder übersandt.[590] Der Abschluß der Beratungen sollte im kleinen Kreis erfolgen unter Teilnahme von Preußen, Bayern, Sachsen, Württemberg, Baden, Thüringen, Hamburg und Mecklenburg-Schwerin. Der Beginn des dazu erforderliche Treffens wurde auf den 22. November 1926 angesetzt, Tagungsort sollte München sein.[591] Die Besprechung zwischen Reichsjustizministerium und Länderreferenten fand vom 22.-24. November 1926 in München statt.[592] Die vertretenen Länder waren Preußen, Bayern, Sachsen, Württemberg, Baden, Thüringen, Mecklenburg und Hamburg. Unter dem 20. Dezember 1926 wurde die vereinbarte Neufassung vom Reichsjustizminister an die Länder übermittelt[593] und am 13. Januar 1927 in den Reichsrat eingebracht (Reichsratsvor-

---

585 Vgl. den Bericht des Hamburger Vertreters Lehr vom 15. Juni 1926, StA Hamburg, Justizverwaltung I (241-1 I), XVI A a 1 Vol. 5a, Nr. 28.

586 BA, R 3001, Nr. 5620.

587 BA, R 3001, Nr. 5621.

588 BA, R 3001, Nr. 5621; siehe den Bericht des Hamburger Vertreters, StA Hamburg, Justizverwaltung I (241-1 I), XVI A a 1 Vol. 5a, Nr. 56.

589 So der Bericht des Hamburger Vertreters, StA Hamburg, Justizverwaltung I (241-1 I), XVI A a 1 Vol. 5a, Nr. 56.

590 BA, R 3001, Nr. 5621; StA Hamburg, Justizverwaltung I (241-1 I), XVI A a 1 Vol. 5a, Nr. 57.

591 Vgl. StA Hamburg, Justizverwaltung I (241-1 I), XVI A a 1 Vol. 5a, Nr. 57.

592 In den Akten des BA Lichterfelde gibt es darüber keine Aufzeichnungen; enthalten sind solche aber im Bericht des Hamburger Vertreters, StA Hamburg, Justizverwaltung I (241-1 I), XVI A a 1 Vol. 5a, Nr. 61.

593 StA Hamburg, Justizverwaltung I (241-1 I), XVI A a 1 Vol. 5c, Nr. 64.

lage)[594]. Die Vorlage schloß sich in seinen Grundgedanken den Grundsätzen von 1923 an.[595]

Zur Verabschiedung des Strafgesetzbuches durch das Plenum des Reichsrats kam es am 13. April 1927. Es gingen wiederholt Anträge einzelner Länder ein, den Entwurf des Strafvollzugsgesetzes zu modifizieren. Dies und der Umstand, daß der Entwurf des Allgemeinen Deutschen Strafgesetzbuchs im Reichsrat wesentliche Änderungen erfahren hatte, führte dazu, daß das Reichsjustizministerium eine Neufassung des Entwurfs zu einem Strafvollzugsgesetz erstellte.[596]

Vom 26.-29. Juni 1927 erfolgte die 1. Lesung des Entwurfs zu einem Strafvollzugsgesetz in den Vereinigten Ausschüssen des Reichsrats unter dem Vorsitz Bumkes.[597] Dabei wurde unter anderem der Antrag Preußens angenommen, bei der Trennung der Strafgefangenen von Gefangenen anderer Art die obligatorische Fassung durch eine Soll-Vorschrift zu ersetzen. Dies empfand der Vorsitzende zwar als eine Verschlechterung des Entwurfs, Preußen wies jedoch auf die kleinen preußischen Gefängnisse hin, für die eine Muß-Vorschrift nicht annehmbar sei. Ebenfalls sollte nach einstimmiger Auffassung der Länder die Frist zur Durchsetzung der Bestimmungen durch eine Generalklausel ersetzt werden, nach welcher eine Umsetzung „sobald als irgend möglich" erfolgen sollte. Die Ländervertreter waren der Ansicht, daß eine Bindung an Fristen nicht anerkannt werden könne, zumal das Reich keine Geldmittel zur Verfügung stellen wollte.[598] Die zweite Lesung erfolgte unter dem Vorsitz Schäfers am 1. Juli 1927 in den Vereinigten Ausschüssen des Reichsrats. Am 7. Juli 1927 verabschiedete der Reichsrat den Entwurf mit einer Reihe von Änderungen[599], welche aber die Grundzüge des Entwurfs unberührt ließen. Am 9. September 1927 wurde schließlich der dem Strafgesetzentwurf angepaßte Entwurf [600] eines Strafvollzugsgesetzes dem Reichstag zugeleitet (Reichstagsvorlage).[601] Dort sollte er allerdings erst nach Verabschiedung des Entwurfs zu einem Strafgesetzbuch behandelt werden.

---

594 Abgedruckt bei Schubert, Quellen, I. Abteilung, 5. Band, S. 1-34 mit anschließender Begründung.

595 Begründung zur Reichsratsvorlage, S. 4 (abgedruckt bei Schubert, Quellen, Abt. I, 5. Bd.).

596 Vgl. das Schreiben des Reichsjustizministers an sämtliche Landesjustizverwaltungen vom 9.5.1927, StA Hamburg, Justizverwaltung I (241-1 I), XVI A a 1 Vol. 5c, Nr. 83.

597 Zu den Ausschußberatungen vgl. den Bericht des Hamburger Vertreters, StA Hamburg, Justizverwaltung I (241-1 I), XVI A a 1 Vol. 5c, Nr. 128.

598 Vgl. den Bericht des Hamburger Vertreters, StA Hamburg, Justizverwaltung I (241-1 I), XVI A a 1 Vol. 5c, Nr. 128.

599 Zu den Änderungen vgl. Frede, ZStW 48 (1928), 305 ff.

600 Die Reichstagsvorlage ist abgedruckt bei Schubert, I. Abteilung, 5. Band, S. 130-164.

601 Verhandlungen des RT, III. Wahlperiode 1924, Band 418, Anlage Nr. 3628 vom 9. 9. 1927.

b. Der Inhalt der Reichsrats- und Reichstagsvorlage

Die Vorlagen an den Reichsrat und den Reichstag bauten in den wichtigsten Teilen auf den schon sehr ausführlichen Grundsätzen von 1923 sowie den Würzburger Beschlüssen über den Stufenstrafvollzug vom November 1924 auf.[602] Sowohl die Reichsrats- als auch die Reichstagsvorlage gliederten sich in vier Bücher. Das erste Buch befaßte sich mit den Allgemeinen Vorschriften (RR-Vorlage: §§ 1-13, RT-Vorlage: §§ 1-18), d.h. mit Zuständigkeits- und Verfahrensfragen etwa bezüglich der Vollstreckungsbehörde oder des Vollstreckungsgerichts. In der Reichstagsvorlage wurde im Vergleich zum früheren Zustand die Stellung der Vollzugsbehörden gegenüber den Vollstreckungsbehörden gestärkt. Die Strafanstalten waren unter anderem befugt, gegenüber dem Vollstreckungsgericht Initiative durch Anträge zu ergreifen und gegen deren Ablehnung Beschwerde einzulegen. Daran knüpften sich Erwartungen, daß die Strafanstalten, die bis dahin meist nur als ausführende Organe der Vollstreckungsbehörden betrachtet wurden, eine bedeutendere Stellung innerhalb der Strafrechtspflege erhielten.[603] Im zweiten Buch ging es dann um die Strafen (RT-Vorlage) bzw. den Vollzug von Strafen (RR-Vorlage). Dieses Buch war in die Abschnitte „Todesstrafe", „Freiheitsstrafen" und „Geldstrafe" aufgeteilt, bei der Reichstagsvorlage kam noch der Abschnitt „Nebenstrafen und Nebenfolgen" hinzu. Den größten Abschnitt nahmen in beiden Vorlagen die Freiheitsstrafen ein (RR-Vorlage: §§ 16-238, RT-Vorlage: §§ 21-246). Darin enthalten waren Titel wie „Strafanstalten", „Einleitung des Vollzugs der Freiheitsstrafen", „Unterbringung", „Behandlung der Gefangenen", „Sicherheit und Ordnung", „Hausstrafen", „Strafvollzug in Stufen", „Beschwerden", „Fürsorge für die aus der Strafhaft Entlassenen". Hinzu kamen besondere Vorschriften über den Vollzug der unterschiedlichen Strafarten. Im dritten Buch ging es um die Maßregeln der Besserung und Sicherung. Darunter waren Maßregeln gefaßt, die mit Freiheitsstrafe verbunden waren, wie etwa die Unterbringung in einer Trinkerheilanstalt oder einem Arbeitshaus sowie solche Maßregeln ohne Freiheitsentzug wie z.B. die Schutzaufsicht. Die in der Reichsratsvorlage an dieser Stelle beschriebene Einziehung sowie der Verlust der Amtsfähigkeit und des Wahl- und Stimmrechts waren in der Reichstagsvorlage im zweiten Buch bei den Nebenstrafen und Nebenfolgen geregelt. Schließlich kam es im vierten Buch zur Normierung der Übergangs- und Schlußbestimmungen. Die Vorlagen bezogen das Vollstreckungsrecht in ihre Regelung mit ein und zwar nicht nur, soweit es die freiheitsentziehenden Strafen und Maßregeln, sondern auch, soweit es die Sanktionen ohne Freiheitsentzug betraf. Dadurch wurde das Bestreben erkennbar, durch diese umfassende Regelung alle in der StPO nicht geregelten Materien der Strafvollstreckung im weiteren Sinne in einem Gesetz abschließend zu normieren.[604]

602 Vgl. Frede, ZStW 48 (1928), 305 (305).

603 Vgl. Frede, ZStW 48 (1928), 305 (307).

604 Verhandlungen des RT, III. Wahlp. 1924, Band 418, Anlage Nr. 3628, Begründung. S. 39; Müller-Dietz, Strafvollzugsgesetzgebung, S. 18.

Leitende Gesichtspunkte der beiden Vorlagen waren die Vertiefung des Erziehungsgedankens und die Verstärkung der rechtlichen Garantien für den Gefangenen.[605] Den Erziehungsgedanken drückte § 64 der Reichstagsvorlage (§ 57 der RR-Vorlage) in fast wörtlicher Übereinstimmung zu § 48 der Grundsätze von 1923 aus: „Durch den Vollzug der Freiheitsstrafe sollen die Gefangenen, soweit es erforderlich ist, an Ordnung und Arbeit gewöhnt und sittlich so gefestigt werden, daß sie nicht rückfällig werden". Der Erziehungsgedanke trat auch in den „Vorschriften über den Strafvollzug an Gefangenen unter fünfundzwanzig Jahren" hervor (§§ 195-206 RR-Vorlage, §§ 203-217 RT-Vorlage).

Besonders hervorzuheben ist, daß die Gefangenen bei Erfüllung der Arbeitspflicht einen Rechtsanspruch auf die Arbeitsbelohnung haben sollten (§ 84 RR-Vorlage, § 91 RT-Vorlage). Zur Durchsetzung dieses Anspruchs war der Rechtsweg allerdings gemäß § 98 der Reichstagsvorlage bzw. § 91 der Reichsratsvorlage ausgeschlossen. Abweichungen von den Grundsätzen von 1923 ergaben sich vor allem durch die stärkere Betonung des Differenzierungsprinzips und die Abschwächung des Grundsatzes der Einzelhaft (§§ 51 ff. RR-Vorlage, §§ 59 ff. RT-Vorlage).[606] Der Zustand, der als Regel angestrebt wurde, war die gemeinsame Arbeit der Gefangenen bei Tag und die Trennung bei Nacht.

Trotz vieler Übereinstimmungen und Ähnlichkeiten zu den Grundsätzen von 1923 gingen die Vorlagen von 1927 in damit mehrfacher Hinsicht über die Grundsätze von 1923 und ältere Vorschläge zur Regelung des Strafvollzugs hinaus.

c. Das Scheitern des Reichsstrafvollzugsgesetzes

Der Reichstag befaßte sich in der 3. Legislaturperiode der Weimarer Republik nicht mehr mit der Vorlage. Durch das auf die Initiative des Abgeordneten Kahl zurückzuführende Gesetz zur Fortführung der Strafrechtsreform vom 31. März 1928[607] hätte die Vorlage zwar in der 4. Legislaturperiode ohne neue Einbringung beraten werden können, sie blieb jedoch bis zur Reichstagsauflösung 1930 unerledigt. In der neuen Legislaturperiode wurde sie nicht wieder eingebracht, diese Neueinbringung wäre wegen eines fehlenden neuen Überleitungsgesetzes notwendig gewesen.[608] Der Grund für das Scheitern des Entwurfs von 1927 lag in den politischen Verhältnissen der Zeit, aber auch in der Wirtschafts- und Finanzkrise, die sich seit 1929 jeder Reform des Strafvollzugs entgegenstellte.[609] Darüber hinaus entschied wiederum die Koppelung von Strafrechts- und Strafvollzugsreform über das Schicksal des Strafvollzugsgesetzes.

---

605 Frede/Grünhut, Strafvollzug, Vorwort, S. III; Grünhut, DRiZ 1927 325, (325).

606 So auch: Verhandlungen des RT, III. Wahlp. 1924, Band 418, Anlage Nr. 3628, Begründung. S. 39.

607 RGBl. I 1928, S. 135.

608 Vgl. Quedenfeld, Strafvollzug in der Gesetzgebung, S. 17.

609 Quedenfeld, Strafvollzug in der Gesetzgebung, S. 17 f.

Da der Entwurf des Strafgesetzbuches 1927 infolge der Ungunst der politischen Verhältnisse (Reichstagsauflösung von 1930) nicht mehr zu Ende beraten und verabschiedet wurde,[610] mußte auch der Entwurf des Reichsstrafvollzugsgesetzes zwangsläufig scheitern.[611]

---

610 Müller-Dietz, Strafvollzugsgesetzgebung, S. 18.

611 Zu der weiteren Entwicklung des Strafvollzugs in der NS-Zeit vgl. Schubert, Akademie für Deutsches Recht 1933-1945, Bd. VIII, Einleitung, S. XXII ff.

Teil 2: Einzelne Themenbereiche

Zur Verdeutlichung der unterschiedlichen Entwicklung im Strafvollzug ist ein Einblick in einzelne, den Strafvollzug prägende, Themenbereiche notwendig.[612]

I. Die Todesstrafe

Erst in der Periode der Aufklärung wurde die Berechtigung zur Vollstreckung der Todesstrafe einer breiteren Öffentlichkeit fragwürdig. Die Frankfurter Nationalversammlung lehnte 1848 einen Antrag auf Abschaffung der Todesstrafe zunächst mit der Begründung ab, diese Strafart werde von der Volksmeinung gebilligt. Zur Durchsetzung kam jedoch die gegenteilige Auffassung, so daß in der Frankfurter Reichsverfassung vom 28. März 1849[613] in § 139 im Abschnitt über die Grundrechte folgende Regelung niedergelegt wurde: „Die Todesstrafe, ausgenommen wo das Kriegsrecht sie vorschreibt oder das Seerecht im Fall von Meuterei sie zuläßt, sowie die Strafen des Prangers, der Brandmarkung und der körperlichen Züchtigung sind abgeschafft“.[614] Gegen die abschreckende Wirkung der Todesstrafe wandte sich vor allem Mittermaier, der Präsident des Vorparlaments und Mitglied der Nationalversammlung war.[615] Für die grundsätzliche Abschaffung der Todesstrafe sprach sich die Verfassungsgebende Nationalversammlung in Preußen 1848 mit großer Mehrheit von 294 Ja-Stimmen bei nur 36 Nein-Stimmen aus.[616] Obwohl die beiden Beschlüsse nicht geltendes Verfassungsrecht wurden, erfüllten sie eine Vorbildfunktion für einzelne deutsche Staaten, welche die Todesstrafe in ihren Strafgesetzen aufhoben, meist aber aufgrund reaktionärer Bestrebungen später wieder einführten.[617]

---

612 Die folgende Auswahl an Themenbereichen ist nicht umfassend und wurde vor allem danach vorgenommen, ob sich im Laufe der Zeit Änderungen ergaben.

613 RGBl. 1849, S. 126.

614 Zur Abschaffung der Todesstrafe durch die Frankfurter Nationalversammlung vgl. Düsing, S. 29 ff.

615 Zur Ansicht Mittermaiers über die Todesstrafe vgl. Frommel in: Küper, Carl Joseph Anton Mittermaier, 73 (78).

616 Dies entspricht einer deutlichen Mehrheit von 88 Prozent. Vgl. zur Abstimmung durch die Preußische Verfassungsgebende Nationalversammlung: Düsing, Abschaffung der Todesstrafe, S. 53 ff.

617 Vgl. Düsing, Abschaffung der Todesstrafe, S. 73 ff.; vgl. dazu und zur Todesstrafe im Ausland auch Leder, Todes-Strafe, S. 279 ff.

1. Die Entwicklung im Norddeutschen Bund

Die Verfassung des Norddeutschen Bundes von 1867 enthielt keinen Grundrechtskatalog und erwähnte die Todesstrafe nicht. Deshalb wurde die Frage der Zulässigkeit der Todesstrafe bei den Arbeiten am Strafgesetzbuch für den Norddeutschen Bund erörtert.[618] Die Problematik wurde dabei so umfassend diskutiert, daß in der Folgezeit auf die dabei dargestellten Vor- und Nachteile der Todesstrafe wiederholt Bezug genommen wurde.

Der den Beratungen im Reichstag zugrundeliegende § 11 des Bundesratsentwurfs, welcher den späteren § 13 des Strafgesetzbuches darstellte, lautete: „Die Todesstrafe ist durch Enthauptung zu vollstrecken." Schon die Vorlage des Bundesrats zeigte bei den Beratungen, daß es sich bei der Frage der Beibehaltung der Todesstrafe um ein umstrittenes Thema handelte.[619] So stimmte der Bundesrat nicht einstimmig für die Beibehaltung. Die Regierungen von Sachsen und Oldenburg stimmten gegen die Aufnahme der Todesstrafe in den Entwurf. Im Königreich Sachsen war erst durch das „Revidirte Strafgesetzbuch" vom 1. Oktober 1868 die Todesstrafe nach eingehenden Beratungen abgeschafft worden, so daß für diesen Bundesstaat mit der Wiedereinführung der Todesstrafe eine „bedenkliche Schwankung in seinem Rechtszustande" eintreten würde.[620] Zwar gingen auch die Motive zu dem Entwurf eines Strafgesetzbuches darauf ein, daß die Todesstrafe in Sachsen, Oldenburg,[621] Anhalt[622] und Bremen[623] inzwischen nicht mehr Bestand hatte, sie stellten jedoch vorrangig auf die Rechtseinheit ab. Es werde als eine Unzuträglichkeit empfunden, wenn bei der Todesstrafe das Strafgesetzbuch eine Verschiedenheit in den verschiedenen Ländern bestehen lasse.[624] Wenn in der Folgezeit über das Für und Wider der Todesstrafe diskutiert wurde, wurde wiederholt auf die Anlage 2 zu den Motiven zu dem Entwurfe eines Strafgesetzbuches hingewiesen,[625] in der unter anderem „Die hauptsächlichen Gründe für und gegen die Todesstrafe."[626] aufgeführt waren. Einen Streitpunkt zwischen Be-

618 Grundlage des zu schaffenden Strafgesetzbuches war das nach der Revolution geschaffene preußische Strafgesetzbuch. Es sah die Todesstrafe für 14 Fälle vor.

619 Vgl. dazu auch Schubert in: FS für Gmür, 149 (160 f.).

620 Vgl. Sten. Berichte über die Verh. des RT des Norddt. Bundes, 1870, Band 1, S. 99 (28. Februar 1870).

621 Für das Großherzogtum Oldenburg galt die Abschaffung der Todesstrafe, ausgenommen waren Fälle des Kriegs- oder Standrechts und des Seerechts bei Meutereien, seit 1849. Die Todesstrafe wurde durch lebenslängliches Zuchthaus ersetzt.

622 In Anhalt wurde die Todesstrafe bereits durch § 20 der Verfassung für Anhalt-Dessau vom 29. Oktober 1848 „ohne alle Ausnahme" abgeschafft und durch Freiheitsstrafe ersetzt.

623 Seit 1849 war in Bremen die Todesstrafe abgeschafft und laut einer Verordnung vom 25. Juni 1849 durch eine Freiheitsstrafe von angemessener Dauer ersetzt.

624 Vgl. Motive zu dem Entwurfe eines Strafgesetzbuchs für den Norddeutschen Bund, Drucksachen des RT des Norddt. Bundes, 1870, zu No. 5, S. 40.

625 Vgl. etwa Vorentwurf, Begründung, Allgemeiner Teil, S. 23 f.; Leonhardt in den Sten. Berichten über die Verh. des RT des Norddt. Bundes, 1870, Band 1, S. 104.

626 Motive zu dem Entwurfe eines Strafgesetzbuchs für den Norddeutschen Bund, Drucksachen des RT des Norddt. Bundes, 1870, Anlage 2 zu No. 5, S. 83 ff.

fürwortern und Gegnern der Todesstrafe bildete die Frage, ob diese Strafart als gerecht, notwendig und zweckmäßig betrachtet werden könnte.[627] Als Argument für die Todesstrafe wurden die Gerechtigkeit und das Rechtsbewußtsein des Volkes angeführt. So entspreche allein die Todesstrafe der Größe des Strafübels und sei damit die adäquate Strafe. Diese Auffassung werde auch von dem allgemeinen Rechtsbewußtsein des Volkes getragen. Dagegen wurde angeführt, daß sich das Maß der verbrecherischen Schuld nicht nur aus der Größe der dem einzelnen zugefügten Verletzung ergebe. Mit der Vernichtung eines Individuums überschreite der Staat seine Grenzen. Für die Notwendigkeit der Todesstrafe sprach nach abweichender Meinung der Umstand, daß allein durch diese der bürgerlichen Gesellschaft das beruhigende Gefühl genügender Sicherheit gegen die gefährlichsten Verbrecher vermittelt werde. Gegen das sich an diese Ansicht anschließende Argument der Abschreckung wurde angeführt, daß die Erfahrung gegen eine abschreckende Wirkung der Todesstrafe spreche.

Gleich am ersten Verhandlungstag der zweiten Beratung des Entwurfs eines Strafgesetzes am 28. Februar 1870 kam im Reichstag die Todesstrafe zur Sprache.[628] Die Ausführungen bezogen sich auf den § 1 der Reichstagsvorlage, der in Absatz 1 folgenden Wortlaut hatte: „Eine mit dem Tode, mit Zuchthaus, oder mit Festungshaft von mehr als fünf Jahren bedrohte Handlung ist ein Verbrechen". Es stellte sich die Frage, ob die Worte „mit dem Tode" dem Antrag des Abgeordneten Fries (Nationalliberale Partei) und des Abgeordneten von Kirchmann (Fortschrittspartei) folgend gestrichen werden sollten.[629] Daraufhin erfolgte eine ausführliche Aussprache, in welcher erneut Argumente für und gegen die Todesstrafe dargelegt wurden. Gegen Ende der Sitzung vom 1. März 1870 ergriff Bismarck das Wort.[630] Er äußerte seinen Eindruck über die Diskussion dahingehend, daß eine „Ueberschätzung bei den Gegnern der Todesstrafe des Werthes, welchen sie dem Leben in dieser Welt, und der Bedeutung, welcher sie dem Tode beilegten" vorliege. Er habe ferner den Eindruck gehabt, daß die gegnerische Auffassung von einer gewissen krankhaften Neigung geleitet sei, den Verbrecher mit mehr Sorgfalt zu schonen und vor Unrecht zu schützen als seine Opfer. An die Gegner der Todesstrafe stellte Bismarck die Frage: „Warum wollen Sie den großen Fortschritt, der in dem gemeinsamen Strafrecht liegt, von dieser einzelnen Frage abhängig machen?"[631] Bismarck brachte weiter zum Ausdruck, daß die Abschaffung der Todesstrafe auch noch nach Annahme des Strafgesetzes zu einem späteren Zeitpunkt möglich wäre. Dem setzte Antragsteller Fries die Warnung entgegen, nicht auf Bis-

---

627 Zu den Argumenten für und gegen die Todesstrafe vgl. auch Leder, Todes-Strafe, S. 290 ff.; Keller, Die Todesstrafe in kritischer Sicht, S. 7 ff; Alt, Das Problem der Todesstrafe, S. 12 ff.

628 Sten. Berichte über die Verh. des RT des Norddt. Bundes, 1870, Band 1, S. 95 ff.

629 Sten. Berichte über die Verh. des RT des Norddt. Bundes, 1870, Band 1, S. 95, 135.

630 Sten. Berichte über die Verh. des RT des Norddt. Bundes, 1870, Band 1, S. 129 ff.

631 Sten. Berichte über die Verh. des RT des Norddt. Bundes, 1870, Band 1, S. 129. Von Bismarck war der Ansicht, daß der Bundesrat die Abschaffung der Todesstrafe nicht billigen und damit dem Entwurf nicht zustimmen würde.

marcks „Vertröstungsvorschlag“ hereinzufallen und sich nicht in eine von Bismarck geschaffene „Sackgasse“ hineinzubegeben.[632]

Zum Abschluß der Beratungen über den § 1 wurde im Zusammenhang mit der Todesstrafe von drei Petitionen berichtet. Zum einen von einer Petition von v. Holtzendorff, Auerbach und anderen. Sie zielte darauf ab, daß der Reichstag dem Entwurf des norddeutschen Strafgesetzbuchs nur dann seine Zustimmung erteilen sollte, wenn die Androhung der Todesstrafe beseitigt würde. Daran schloß eine Petition des Berliner Arbeitervereins an, unterzeichnet von Robert Krebs als Vorsitzendem, die mehr oder weniger wörtlich der Petition von Holtzendorffs, Auerbachs u.a. entsprach. Eine dritte Petition war ebenfalls auf die gänzliche Beseitigung der Todesstrafe gerichtet. Aufgrund des anstehenden Beschlusses über die Fassung des § 1 sollten die Petitionen als erledigt betrachtet werden. Die Abgeordneten sprachen sich in namentlicher Abstimmung mit 118 zu 81 Stimmen dafür aus, daß die Worte „mit dem Tode“ aus dem Absatz 1 des § 1 gestrichen werden sollten.[633] Damit war die Abschaffung der Todesstrafe in zweiter Lesung beschlossen worden.

Die dritte Beratung und damit auch die Erklärung des Bundesrats zu den Ergebnissen der zweiten Beratung wurde mit Spannung erwartet. Weite Kreise der Abgeordneten waren sich bewußt, daß ein „Entscheidungskampf“ um die Todesstrafe geführt werden würde.[634] In der Sitzung vom 21. Mai 1870 erklärte der preußische Justizminister Leonhardt im Namen des Bundesrats die beschlossene Abschaffung der Todesstrafe als für die Bundesregierungen unannehmbar.[635] Die Regierungen wollten aber ihr Entgegenkommen dadurch zeigen, daß sie sich bereit erklärten, die Todesstrafe nur noch bei Mord und bei Mordversuch am Bundesoberhaupt oder Landesherrn beizubehalten. Von der im Entwurf vorgesehenen darüber hinausgehenden Androhung der Todesstrafe sollte damit abgesehen werden.[636] In der Sitzung vom 23. Mai 1870

---

632 Sten. Berichte über die Verh. des RT des Norddt. Bundes, 1870, Band 1, S. 131. „Der heutige Moment ist der, wo wir zum Ziel gelangen müssen! Was wir von dieser Minute ausschlagen, bringt keine Ewigkeit zurück.“

633 Sten. Berichte über die Verh. des RT des Norddt. Bundes, 1870, Band 1, S. 136. Die Gegner der Todesstrafe erzielten damit eine Mehrheit von 59%. Für die Beibehaltung der Todesstrafe stimmten 50 Konservative, 14 Mitglieder der Freien Konservativen Vereinigung, 1 Nationalliberaler, 5 Mitglieder des Zentrums, 3 Anhänger des Bundesstaatlich-Konstitutionellen Vereins, ferner 8 Personen, die entweder parteilos waren bzw. deren Zugehörigkeit nicht mehr zugeordnet werden kann; vgl. zu dem Abstimmungsverhalten Düsing, Abschaffung der Todesstrafe, S. 92.

634 Rubo, Kommentar über das Strafgesetzbuch, S. 69.

635 Sten. Berichte über die Verh. des RT des Norddt. Bundes, 1870, Band 2, S. 1092.

636 Die Sitzung wurde auf Antrag des Konservativen Grafen Schwerin-Putzar auf den folgenden Montag vertagt. Als Grund dafür wurde angegeben, daß die Erklärung Leonhardts „in Überlegung“ genommen werden sollte, Sten. Berichte über die Verh. des RT des Norddt. Bundes, 1870, Band 2, S. 1092, 1094. Es ist aber vielmehr anzunehmen, daß der Grund für die Vertagung in der Abwesenheit Bismarcks lag. Durch seine Rede sollten die noch unschlüssigen Mitglieder des Reichstages zur Abstimmung für die Todesstrafe bewegt werden; so deutet zumindest Düsing (S. 93) den konservativen Vertagungsantrag.

fand eine Generaldebatte statt, in der es erneut um die Todesstrafe ging.[637] Gegenstand der Generaldebatte war ein Antrag der Abgeordneten von Luck (Konservative Partei) und Genossen, welcher dahingehend gefaßt war, in den § 1 Absatz 1, Zeile 1 die Worte „mit dem Tode“ wieder aufzunehmen.[638] Bismarck sprach sich dabei wieder für die Todesstrafe aus, die im Interesse der Rechtseinheit im gesamten Norddeutschen Bund gelten sollte.[639] Ausnahmebestimmungen für solche Länder, in denen die Todesstrafe bereits aufgehoben worden war, lehnte er damit entgegen dem Antrag der Abgeordneten Planck und Genossen ab.[640] Der Abgeordnete Lasker (Nationalliberale Partei / Liberale Vereinigung) bemängelte, daß der Bundeskanzler in der zweiten Beratung, in der dieser bei Ablehnung der Todesstrafe das Scheitern des Strafgesetzbuchs vorausgesagt hatte, Druck auf die Abgeordneten ausgeübt hatte. Für einige Abgeordnete sei deshalb eine freien Entscheidung nicht möglich gewesen.[641] Graf Bethusy-Huc (Freie Konservative Vereinigung / Deutsche Reichspartei) zeigte sich beeindruckt von der Gefahr, daß das Strafgesetzbuch an der Frage der Todesstrafe scheitern bzw. sich verzögern könnte. Er gab an, daß er mit einer Gruppe von Freunden im Interesse nationaler Einheit anders als in der zweiten Beratung für die Todesstrafe stimmen werde, obwohl sie in der Sache noch immer Gegner der Todesstrafe seien.[642] Das Ergebnis zu dem Antrag von Lucks, die Worte „mit dem Tode“ wieder in § 1 aufzunehmen, wurde durch namentliche Abstimmung ermittelt,[643] bei welcher 127 Mitglieder mit Ja und 119 mit Nein stimmten.[644] Ein unterschiedliches Abstimmungsverhalten zeigte sich vor allem bei den Nationalliberalen. Von ihnen stimmten in dritter Lesung

---

637 Sten. Berichte über die Verh. des RT des Norddt. Bundes, 1870, Band 2, S. 1119 ff.

638 Sten. Berichte über die Verh. des RT des Norddt. Bundes, 1870, Band 2, S. 1137 ff.

639 Sten. Berichte über die Verh. des RT des Norddt. Bundes, 1870, Band 2, S. 1120 ff.

640 Der Abgeordnete Planck zog als Reaktion auf die Rede von Bismarcks seinen Antrag zurück. da er den Versuch einer Einigung auf der Grundlage seines Antrages als gescheitert ansah. Sten. Berichte über die Verh. des RT des Norddt. Bundes, 1870, Band 2, S. 1122.

641 Vgl. Sten. Berichte über die Verh. des RT des Norddt. Bundes, 1870, Band 2, S. 1124.

642 Vgl. Sten. Berichte über die Verh. des RT des Norddt. Bundes, 1870, Band 2, S. 1134 f. Vgl. dazu die Rede des Grafen Bethusy-Huc in der zweiten Lesung, bei welcher er angab, es trotz der Worte des Bundeskanzlers als seine Pflicht zu betrachten, sich für die Abschaffung der Todesstrafe auszusprechen, Sten. Berichte über die Verh. des RT des Norddt. Bundes, 1870, Band 1, S. 132.

643 Die 246 am 23. 5. 1870 an der Abstimmung beteiligten Abgeordneten verteilten sich auf folgende Parteien: Konservative (52), Freie Konservative Vereinigung (28), Zentrum (12), Bundesstaatlich-Konstitutioneller Verein (9), National-Liberale (68), Freie Vereinigung (8), Deutsche Fortschrittspartei (26), Polenpartei (10), Sozialdemokraten (6), Parteilose und Abgeordnete, deren Parteizugehörigkeit nicht mehr zugeordnet werden kann (27), so: Düsing, Abschaffung der Todesstrafe, S. 82.

644 Zu der Abstimmung vgl. Sten. Berichte über die Verh. des RT des Norddt. Bundes, 1870, Band 2, S. 1140. Laut Düsing (S. 99) verteilte sich das Ergebnis auf die einzelnen Parteien folgendermaßen: Für die Beibehaltung der Todesstrafe stimmten 52 Konservative, 22 Mitglieder der Freien Konservativen Vereinigung, 22 Nationalliberale, 11 dem Zentrum zugehörige Abgeordnete, 3 Mitglieder des Bundesstaatlich-Konstitutionellen Vereins, und 17 Abgeordnete, die entweder parteilos waren bzw. deren Parteizugehörigkeit nicht mehr zugeordnet werden kann.

21 Abgeordnete mehr für die Todesstrafe als noch in zweiter Lesung. Bei den Konservativen stieg die Zahl der Befürworter der Todesstrafe zwischen zweiter und dritter Lesung von 50 auf 52 Stimmen, bei der Freien Konservativen Vereinigung von 14 auf 22 Stimmen und beim Zentrum von 5 auf 11 Stimmen. Diejenigen Parteien, die schon in der zweiten Lesung geschlossen gegen die Todesstrafe gestimmt hatten, änderten ihr Abstimmungsverhalten in der dritten Lesung nicht.[645] Aufgrund des Abstimmungsergebnisses wurde auch wieder § 11 aufgenommen, wonach die Todesstrafe durch Enthauptung zu vollziehen war. Damit war die Todesstrafe in dritter Beratung wieder eingeführt. Ein großer Beitrag daran wurde Bundeskanzler Bismarck zugesprochen, der in der entscheidenden dritten Lesung eine Anzahl von Gegnern der Todesstrafe umstimmen konnte.[646] Mit der Todesstrafe sollten nach den Beschlüssen des Reichstages in dritter Beratung den Vorschlägen der Bundesregierungen folgend nur Mord (§ 212) sowie der Mord oder Mordversuch an dem Bundesoberhaupt oder einem Landesherrn (§ 80) bestraft werden. Damit wurde der Anwendungsbereich dieser Strafart gegenüber der Regierungsvorlage von 14 auf 2 Fälle beschränkt.

2. Die Todesstrafe in den Strafprozeßordnungen

Nach der Reichsgründung von 1871 und der Übernahme des Strafgesetzbuches für den Norddeutschen Bund als Reichsgesetz wurde die Verabschiedung einer Strafprozeßordnung in Angriff genommen.

Nach § 378 der Reichstagsvorlage von 1873 war zur Vollstreckung des Todesstrafe keine Bestätigung erforderlich. Die Vollstreckung war aber erst zulässig, wenn die Entschließung erfolgt war, von der Begnadigung keinen Gebrauch zu machen. An Schwangeren und Geisteskranken durfte die Todesstrafe nicht durchgeführt werden. Dem § 379 zur Folge sollte die Vollstreckung der Todesstrafe in einem umschlossenen Raum erfolgen. Es mußten zwei Mitglieder des Gerichts erster Instanz, ein Beamter der Staatsanwaltschaft, ein Gerichtsschreiber und ein Gefängnisbeamter zugegen sein. Der Gemeindevorstand des Ortes, wo die Hinrichtung stattfinden sollte, war aufzufordern, zwölf Personen aus den Vertretern oder aus anderen achtbaren Mitgliedern der Gemeinde abzuordnen, um der Hinrichtung beizuwohnen. Außerdem sollte einem Geistlichen der Konfession des Verurteilten sowie dem Verteidiger und nach dem Ermessen des die Vollstreckung leitenden Beamten auch anderen Personen der Zutritt gestattet werden. Nach Absatz 4 des § 379 war über den Hergang ein Protokoll aufzunehmen, welches von den Beamten der Staatsanwaltschaft und dem Gerichtsschreiber zu unterzeichnen war. Der Leichnam sollte gemäß Absatz 5 den Angehörigen des Hingerichteten auf ihr Verlangen zur einfachen, ohne Feierlichkeiten vorzunehmenden Beerdigung überlassen werden. Diese Bestimmungen des Entwurfs waren der preußi-

645 Vgl. Düsing, Abschaffung der Todesstrafe, S. 100.
646 So Düsing, Abschaffung der Todesstrafe, S. 82.

schen Strafprozeßordnung von 1867 nachgebildet.[647] In der Strafprozeßordnung von 1877 befaßten sich die §§ 485 und 456 mit der Todesstrafe und deren Vollstreckung. Inhaltliche Änderungen gegenüber dem Entwurf der vom Bundesrat eingesetzten Kommission von 1873 waren jedoch nicht enthalten.

3. Der Vorentwurf zu einem deutschen Strafgesetzbuch (1909)

Der Vorentwurf zu einem deutschen Strafgesetzbuch von 1909 enthielt in § 13 eine Regelung zur Todesstrafe, die folgendermaßen lautete: „Die Todesstrafe ist durch Enthauptung zu vollstrecken." Die Todesstrafe war bei Mord (§ 212) sowie bei dem schwersten Fall des Hochverrats (§ 100) vorgesehen. In der Begründung zum Vorentwurf wurde angeführt, daß der Entwurf zwar die Todesstrafe mit Entschiedenheit beibehalte, sie indessen bei Mord nicht mehr ausschließlich, sondern nur als Regelstrafe androhe.[648] Weiter wurde in der Begründung darauf hingewiesen, daß bereits bei der Schaffung des Strafgesetzbuchs für den Norddeutschen Bund die Frage der Abschaffung oder Beibehaltung der Todesstrafe Gegenstand heftiger Kämpfe gewesen sei. Die damals angeführten Gründe, die gegen und für diese Strafe geltend zu machen seien, hätten eingehendste Erörterung gefunden. Da ihnen neue kaum hinzugefügt werden könnten, genüge es, auf den Inhalt der als Anlage dem damaligen Entwurfe von der Regierung beigefügten Denkschrift über die Todesstrafe[649] und der bei den Beratungen im Reichstage von Gegnern und Verteidigern gehaltenen Reden[650] Bezug zu nehmen.[651] Dabei ließ es die Begründung zum Vorentwurf aber nicht bewenden, sondern ging näher auf die damalige Argumentation ein und beleuchtete die Entwicklung nach 1871. Damals sei von der Regierungsseite hervorgehoben worden, daß eine starke Staatsgewalt die Todesstrafe als äußerstes Mittel zur Verteidigung gegen die allerschwersten, die Grundlagen der Rechtsordnung angreifenden Verbrechen benötigte und daß die Bedrohung des schwersten Falles des Hochverrats wie des Mordes mit dem Tode zur Sicherung des Staates und des Lebens seiner Angehörigen unentbehrlich sei.[652] Die weitere Entwicklung habe gezeigt, daß die Todesstrafe den Bedürfnissen des Rechtslebens entspreche und mit der Rechtsüberzeugung des weitaus größten Teils der Bevölkerung im Einklang stehe. Die bei der Beratung des Strafgesetzbuchs für den Norddeutschen Bund von den Gegnern der Todesstrafe vielfach vertretene Meinung, daß der sich immer mehr hebende Kultur- und Bildungszustand, weil er die Begehung

---

647 Motive zu dem Entwurf einer Deutschen Strafprozeßordnung, S. 209.

648 VE, Begründung, Allgemeiner Teil, S. XII.

649 Anlage 2 zu den Motiven des Strafgesetzentwurfs für den Norddeutschen Bund (abgedruckt bei Schubert, Strafgesetzbuch für den Norddt. Bund, S. 280 ff.).

650 Stenographische Berichte über die Verhandlungen des Reichstags des Norddeutschen Bundes, 1870, S. 95 bis 136, S. 1119 bis 1140, S. 1156 bis 1165, S. 1171 bis 1173.

651 VE, Begründung, Allgemeiner Teil, S. 23 f.

652 Siehe besonders die Reden des Bundeskanzlers v. Bismarck, Sten. Berichte über die Verh. des RT des Norddt. Bundes, 1870, Band 1 und 2, S. 129, 131, 1120.

todeswürdiger Verbrechen zu immer selteneren Ausnahmen werden lasse, den Verzicht auf die Todesstrafe rechtfertige, habe sich nicht bewahrheitet.[653] Es liege, so die Schlußfolgerung der Begründung, somit auch gegenwärtig aller Anlaß vor, zum Zwecke der Abschreckung und Sicherung die Strafdrohungen gegen die allerschwersten Verbrechen in ihrem ganzen Ernst und Nachdruck ungeschmälert aufrechtzuerhalten.[654] Schließlich stützte sich der Vorentwurf auf den generalpräventiven Zweck der Todesstrafe: „Will man die Rechtfertigung der Todesstrafe aus dem Gesichtspunkte der gerechten Vergeltung und Sühne für die schwersten Verbrechen nicht gelten lassen, so muß man doch vom Standpunkte der Schutzstrafe aus anerkennen, daß keine noch so lange und schwere Freiheitsentziehung in gleicher Weise den Zwecken der Generalprävention zu dienen vermag."[655]

Hinsichtlich des Vollzuges der Todesstrafe enthielt der Vorentwurf keine Neuerungen. Er beschränkte sich auf die Wiederholung der Vorschrift des § 13 des Strafgesetzbuches von 1871. Eine andere Art der Vollstreckung als durch Enthauptung war nach der Begründung zum Vorentwurf von keiner Seite vorgeschlagen worden. Insbesondere sah man in der in einigen amerikanischen Staaten eingeführten Hinrichtung unter Anwendung von Elektrizität keine Verbesserung des Strafvollzuges.[656]

Die Beibehaltung der Todesstrafe in dem Vorentwurf erfuhr sowohl Billigung[657] als auch Ablehnung[658]. Für die Todesstrafe wurde weiterhin das Argument der Generalprävention angeführt. Hinzu kam die Ansicht, daß die Beibehaltung der Todesstrafe der überwiegenden Rechtsüberzeugung der Nation entspreche. Auf der anderen Seite wurde der irreparable Charakter der Todesstrafe hervorgehoben und daß diese Strafart dem Kultur- und Bildungszustand des deutschen Volkes widerspreche.[659] Zudem habe die Begründung des Vorentwurfs die Erfahrungen und die Statistik derjenigen Staaten beiseitegeschoben, welche die Todesstrafe aufgehoben hätten. Diese Länder könnten auf zum Teil langjährige Erfahrungen ohne die Todesstrafe zurückblicken. Die Ergebnisse könnten auch nicht, wie in der Begründung geschehen, aufgrund anderer äußerer Umstände als „vollkommen wertlos" abgelehnt werden.[660]

653 VE, Begründung, Allgemeiner Teil, S. 24.
654 VE, Begründung, Allgemeiner Teil, S. 24.
655 VE, Begründung, Allgemeiner Teil, S. 25.
656 Vgl. VE, Begründung, Allgemeiner Teil, S. 28.
657 Vgl. etwa von Lilienthal, ZStW 30 (1919), 224 (235 f.) und DJZ 15, 385; Aschrott, Reform des Reichsstrafgesetzbuchs, Band I, S. 71 ff.
658 Vgl. etwa Kitzinger, ZStW 31, 204 (209); Kriegsmann, Kieler Nachrichten vom 11.12.1909; vgl. Zusammenstellung gutachterl. Äußerungen, S. 26.
659 Vgl. zu den Argumenten und ihren Vertretern die Zusammenstellung gutachterl. Äußerungen, S. 26 f.
660 Kitzinger, ZStW 31 (1911), 204 (209).

4. Der Gegenentwurf zum Vorentwurf eines deutschen Strafgesetzbuches (1911)

Der Gegenentwurf zum Vorentwurf von 1911 behielt die Todesstrafe bei, schränkte jedoch ihren Anwendungsbereich gegenüber dem Vorentwurf ein. Eine Abweichung vom Vorentwurf enthielt der Gegenentwurf insoweit, als er in § 40 eine einheitliche Vollzugsart vorsah. So sollte die Todesstrafe durch Enthauptung mittels Fallbeils vollstreckt werden.

5. Die Entwürfe zu einem Deutschen Strafgesetzbuch von 1913 und 1919

Die am 4. April 1911 zusammengetretene Kommission sollte unter Berücksichtigung der öffentlichen Kritik zum Vorentwurf einen verbesserten Entwurf erarbeiten. In der sechsten Sitzung der ersten Lesung vom 24. April 1911 wurde mit § 13 des Vorentwurfs die Todesstrafe behandelt.[661] Gegen die grundsätzliche Beibehaltung der Todesstrafe wurde von keiner Seite Bedenken erhoben. Dabei wurde als entscheidender Grund für die Todesstrafe hervorgehoben, daß sie sich zur Zeit nicht entbehren lasse, da es nach herrschender Rechtsüberzeugung Verbrechen gebe, welche die Vernichtung des Täters als Strafe erforderten. Betont wurde im Laufe der Beratungen, daß das Anwendungsgebiet aber gegenüber dem geltenden Recht eingeschränkt werden müsse. Anschließend wurde die Art der Vollstreckung der Todesstrafe behandelt. Einigkeit bestand darüber, daß die Enthauptung gegenüber der Hinrichtung durch Elektrizität oder den Strang den Vorzug verdiente, da letztere nicht schnell und sicher genug zum Tode führten. Besprochen wurde die Frage, ob eine bestimmte Art der Enthauptung bestimmt werden sollte. Dabei wurde zum einen die Anwendung des Handbeils, von anderen die Anwendung des Fallbeils befürwortet. Für die genaue Festschreibung der Art der Enthauptung wurde geltend gemacht, daß eine einheitliche Regelung für das gesamte Reich erforderlich sei, um die zur Zeit sogar innerhalb der einzelnen Bundesstaaten bestehenden Unterschiede zu beseitigen. Nachdem Vor- und Nachteile für Hand- und Fallbeil vorgebracht worden waren, sprach sich die Kommission mit zwölf zu fünf Stimmen dafür aus, es bei der Regelung des Vorentwurfes zu belassen und nicht die Anwendung des Hand- oder Fallbeils vorzuschreiben. Damit erhielt der Entwurf der Strafrechtskommission zu einem Deutschen Strafgesetzbuch von 1913 in § 49 folgende Fassung: „Die Todesstrafe wird durch Enthaupten vollstreckt."

Der Entwurf von 1919 behielt die Todesstrafe bei. Der § 44 des Entwurfs lautete: „Die Todesstrafe wird durch Enthaupten vollstreckt." In der Denkschrift zu dem Entwurf von 1919 wurde angesichts der vielfachen und bis in die neueste Zeit reichenden Erör-

661 Vgl. dazu das Protokoll der Sitzung vom 24. April 1911 in: BayHStA, MA 9600. Vgl. das Protokoll zur Sitzung vom 24. April 1911 auch bei Schubert, Protokolle der Kommission für die Reform des Strafrechts, Bd. 1, S. 47 ff.

terungen über das Für und Wider der Todesstrafe auf die Darlegung der Gründe, die für die Beibehaltung maßgebend waren, verzichtet.[662]

6. Die Todesstrafe in der Weimarer Republik

Wie schon zuvor in der Verfassung des Norddeutschen Bundes fand die Todesstrafe auch in der Weimarer Reichsverfassung von 1919 keine Erwähnung. Es lagen dem Verfassungsausschuß wie auch dem Plenum der Weimarer Nationalversammlung Anträge der Sozialdemokraten auf Abschaffung der Todesstrafe vor. Im Verfassungsausschuß verteidigten die Gegner ihre Forderung nach der Beseitigung der Todesstrafe aber nicht mit der nötigen Überzeugungskraft und unterlagen daher in der Abstimmung.[663] Nachdem die Abschaffung der Todesstrafe abgelehnt worden war, entschied sich das Plenum in der zweiten Lesung mit 153 zu 128 Stimmen für die Beibehaltung der Todesstrafe.[664] Dies war um so erstaunlicher, als Sozialdemokraten und die abgespaltene Unabhängige sozialdemokratische Partei als Gegner der Todesstrafe bereits 44,2%[665] der Mandate in der Weimarer Nationalversammlung innehatten. Es war ihnen aber nicht möglich, die erforderliche absolute Mehrheit zu erhalten. Mehrheitlich angenommen wurde dagegen in der dritten Lesung die Entschließung von Mitgliedern der Sozialdemokraten und der Deutschen Demokraten, welche folgendermaßen lautete: „Die Nationalversammlung wolle beschließen: Die Reichsregierung zu ersuchen, alsbald einen Gesetzentwurf über die Reform des Strafrechts und des Strafvollzuges mit dem Ziel der Beseitigung der Todesstrafe dem Reichstag vorzulegen“.[666] Damit erzielten die Gegner der Todesstrafe doch noch einen Erfolg, indem sich die Weimarer Nationalversammlung wenigstens programmatisch gegen die Todesstrafe äußerte und die Beseitigung derselben als Ziel einer Strafrechts- und Strafvollzugsreform vorschrieb. Die Umsetzung dieser Zielsetzung scheiterte aber an der fehlenden Mehrheit für die in Bezug auf die Todesstrafe abschaffungsfreundlichen Sozialdemokraten, Unabhängigen, Kommunisten und Deutschen Demokraten. Diese Parteien erreichten im ersten Reichstag vom 6. Juni 1920 mit 229 von 459 Stimmen nicht einmal die Hälfte der Sitze.[667]

---

662 Denkschrift zu dem Entwurf von 1919, S. 51 f.

663 Vgl. Düsing, Abschaffung der Todesstrafe, S. 136 ff.

664 Vgl. Leber, Todes-Strafe, S. 284 und Düsing, Abschaffung der Todesstrafe, S. 141; die Sozialdemokraten sowie die Unabhängige sozialdemokratische Partei stimmten geschlossen gegen die Todesstrafe, von anderen Parteien konnten sie nur 2 Stimmen der Zentrumspartei, 3 Stimmen der Deutschen Demokraten und 1 Stimme der Hannoverschen Partei für ihre Auffassung gewinnen. Damit ergab sich aus den 281 gültig abgegebenen Stimmen eine Mehrheit von 53,8% für die Beibehaltung der Todesstrafe.

665 Düsing, Abschaffung der Todesstrafe, S. 134, 138.

666 Düsing, Abschaffung der Todesstrafe, S. 143 f.

667 Vgl. dazu Düsing, Abschaffung der Todesstrafe, S. 145.

Der Anwendungsbereich der Todesstrafe wurde nach der Ermordung Walther Rathenaus vom 24. Juni 1922 durch das Gesetz zum Schutze der Republik vom 21. Juli 1922[668] auf Tötungen aus politischen Motiven und verschiedene Teilnahmehandlungen ausgedehnt. Dieses Gesetz kam unter Befürwortung der Sozialdemokraten zustande.

7. Ausblick

a. Der Entwurf Radbruchs zu einem Allgemeinen Deutschen Strafgesetzbuch von 1922 und der Amtliche Entwurf eines Strafgesetzbuches von 1925

In dem Entwurf Radbruchs von 1922 zu einem Allgemeinen Deutschen Strafgesetzbuch wurde zum ersten Mal seit der Entstehung des Reichsstrafgesetzbuches von der Todesstrafe abgesehen.[669] Radbruch empfand die Todesstrafe schon im bisherigen Strafensystem als einen Fremdkörper.[670] Sie sei das natürliche „Endglied einer Strafenreihe gewesen, die sich von peinlicher Gefangenschaft, körperlicher Züchtigung, verstümmelnder Leibesstrafe bis zu der in sich noch vielfältig abgestuften Todesstrafe“ gesteigert habe.[671] Sie sei „als einziger Rest dieser Reihe stehen geblieben“ und stehe jetzt, „durch eine unüberbrückbare Kluft von den anderen Strafen getrennt, völlig verbindungslos und unvergleichbar in einem auf Geldstrafe und Freiheitsentzug aufgebauten Strafensystem“.[672] Im Herbst 1922 wurde Radbruchs Entwurf der Reichsregierung vorgelegt. Aufgrund der ungünstigen politischen Mehrheitsverhältnisse sowie der wirtschaftlichen und außenpolitischen Schwierigkeiten gelangte der Entwurf erst im Herbst 1924 zur Beratung in den Reichsrat.[673] Die Reichsratsvorlage enthielt jedoch gegenüber dem Entwurf Radbruchs von 1922 wesentliche Änderungen, wobei eine davon die Beibehaltung der Todesstrafe war. Der Vorlage des Reichsrates stimmte die Reichsregierung am 12. November 1924 zu und veröffentlichte den Entwurf 1925. Auch im Amtlichen Entwurf eines Strafgesetzbuches von 1925 wurde die Todesstrafe

---

668 RGBl. I, S. 585. Das Gesetz wurde im Reichstag mit 303 zu 102 Stimmen verabschiedet. Es sollte zunächst nur für 5 Jahre gelten, wurde aber in geänderter Form durch das Gesetz vom 2.6.1927 (RGBl. I, S. 125) bis zum 22.7.1929 verlängert; vgl. Düsing, Abschaffung der Todesstrafe, S. 155.

669 Der Entwurf Radbruchs wurde infolge des Kabinettsrücktritts nicht veröffentlicht; Aschrott/Kohlrausch-Liepmann, Reform des Strafrechts, S. 120. Der Entwurf ist abgedruckt bei Schubert/Regge, Quellen, I. Abteilung, Band 1, S. 145-187.

670 So in der Begründung seines Entwurfes, Radbruch, ZStW 45 (1922), 417 (417).

671 Vgl. die Bemerkungen Radbruchs zu seinem Entwurf in: Gustav Radbruchs Entwurf eines Allgemeinen Deutschen Strafgesetzbuches (1922), S. 52.

672 Vgl. die Bemerkungen Radbruchs zu seinem Entwurf in: Gustav Radbruchs Entwurf eines Allgemeinen Deutschen Strafgesetzbuches (1922), S. 52 f.

673 Vgl. dazu Düsing, Abschaffung der Todesstrafe, S. 153.

in § 29 als mögliche Strafart beibehalten.[674] Nach der Begründung stützten sich die Gegner der Todesstrafe vorrangig auf die Erwägung, daß die Todesstrafe ein Überbleibsel aus den mittelalterlichen Strafen an Leib und Leben sei und nicht mehr in ein modernes Strafensystem passe. Sie wirke verrohend und als Vergeltungsstrafe im Sinne einer vorzeitlichen, mit den ethischen Grundanschauungen der heutigen Zeit nicht zu vereinbarenden Vergeltung von Gleichem mit Gleichem. Als unteilbare Strafe lasse sie keine Abstufung des Strafübels nach der Schuld des Täters zu. Sie lasse dem reuigen Verbrecher nicht mehr die Möglichkeit, sich zu bessern. Selbst bei dem besten Prozeßverfahren könne nicht verhindert werden, daß die Todesstrafe auch einmal gegen einen Unschuldigen verhängt und vollstreckt werde. Dies sei eine Ungerechtigkeit, die man durch nichts wiedergutmachen könne, und welche das Vertrauen zur Rechtspflege sowie den Staatsgedanken außerordentlich schädige. In den Ländern, in denen die Todesstrafe zum Teil seit vielen Jahren abgeschafft sei, hätten sich schlechte Erfahrungen, insbesondere eine Steigerung der Mordfälle, nicht gezeigt. Gegen die Beibehaltung der Todesstrafe könne man schließlich geltend machen, daß dadurch die angestrebte Rechtsangleichung mit Österreich in einem wesentlichen Punkt verhindert werde, da Österreich die Todesstrafe für das ordentliche Verfahren abgeschafft und ihre Beseitigung in seiner Verfassung festgelegt habe. Die Anhänger der Todesstrafe seien dagegen der Auffassung, daß sie für den Staat als äußerstes Mittel zur Sicherung des Lebens seiner Angehörigen erforderlich sei. Die Vernichtung des Lebens des Täters, der selbst fremdes Leben vernichtet habe, bilde eine gerechte Sühne. Nur die Androhung dieses schwersten Übels habe eine genügend starke abschreckende Wirkung. Das Bewußtsein des Bestehens der Todesstrafe sei geeignet, dem Staatsbürger das nötige Gefühl der Sicherheit seines Lebens in der Volksgemeinschaft zu geben. So ging die Begründung zum Amtlichen Entwurf darauf ein, daß die Todesstrafe ja auch die einzige wirkliche Sicherung der Gesellschaft vor dem Täter sei. Darüber hinaus stehe die Todesstrafe im Einklang mit der Rechtsüberzeugung des überwiegenden Teils der Bevölkerung und entspreche, wie die Statistik zeige, auch heute noch den Bedürfnissen des Rechtslebens. Für besonders unruhige Zeiten müsse die Todesstrafe auf jeden Fall beibehalten werden. Hier bedürfe man eines Strafmittels, das durch die sofortige Vollziehung dazu führe, die gefährdete Ordnung wieder herzustellen. Die Erfahrungen der ausländischen Staaten, welche die Todesstrafe abgeschafft hätten, seien keineswegs günstig und, soweit sie etwa günstig lauteten, auch nicht maßgebend, da dort vielfach ganz andere wirtschaftliche, soziale und politische Verhältnisse beständen als in Deutschland.[675]

Dies war nach Ansicht Liepmanns eine „höchst seltsame Begründung".[676] Einmal verwende man die Erfahrungen der Auslandsstaaten, soweit sie ungünstig seien, um aber ganz sicher zu gehen, lehne man sie ab, falls sie günstig ausgefallen seien. Zudem lasse

---

674 Der Entwurf sah die Todesstrafe nur noch im Falle des Mordes (§ 221) vor.

675 Begründung zum Amtlichen Entwurf eines Allg. Dt. Strafgesetzbuchs, S. 29 f.

676 Aschrott/Kohlrausch-Liepmann, Reform des Strafrechts, S. 123 f.

sich nachweisen, daß in den Abolitionsstaaten die Kapitaldelikte nicht mehr zunehmen als in den Staaten mit Todesstrafe. Dieser fehlende Zusammenhang zwischen der Begehung von Morden und der Existenz oder Nichtexistenz der Todesstrafe könne kein Zufall sein und lasse sich nicht aus der Verschiedenheit der staatlichen Verhältnisse erklären. Nachdem in der Begründung die Argumente für und gegen die Todesstrafe aufgeführt worden waren, wurde hervorgehoben, daß trotz der gegen die Todesstrafe erhobenen Einwände die Zeit für eine Abschaffung nicht gekommen sei. Angesichts der infolge des langen Krieges eingetretenen allgemeinen Verrohung, angesichts der außerordentlichen Steigerung von Mordtaten grauenerregender Art erscheine es nicht möglich, auf das in der Todesstrafe zweifellos liegende starke Abschreckungsmittel zu verzichten.[677] Liepmann warf der offiziellen Begründung vor, damit in einer „vorwissenschaftlichen, rein gefühlsmäßig-laienhaften Auffassung des Problems stecken geblieben" zu sein.[678] Alle Untersuchungen wissenschaftlicher Art hätten zu dem Ergebnis geführt, daß der Glaube an die abschreckende Wirkung der Todesstrafe als wissenschaftlich widerlegter Aberglaube bezeichnet werden müsse.

b. Die Todesstrafe in den Entwürfen von 1927

Wie der Entwurf von 1925 hielten auch die Entwürfe von 1927 an der Todesstrafe fest (§ 14 f. der RR-Vorlage, § 19 f. der RT-Vorlage), wobei sich der Anwendungsbereich auf Mord beschränkte. Die Begründung zur Beibehaltung der Todesstrafe wurde wörtlich aus der Begründung zu dem Entwurf von 1925 übernommen. Die Todesstrafe war durch Enthaupten zu vollziehen und zwar in einem umschlossenen Raum, wobei außer dem den Vollzug leitenden Beamten der Vollstreckungsbehörde auch zwei Mitglieder des Vollstreckungsgerichts, ein Protokollführer und ein Arzt zugegen sein mußten (§ 15 Abs. 1, 2 der RR-Vorlage, § 20 Abs. 1, 2 der RT-Vorlage). Der Gemeindevorstand des Ortes der Hinrichtung war zu ersuchen, zwölf Gemeindevertreter aufzufordern, der Hinrichtung beizuwohnen; Zutritt war ferner einem Geistlichen und dem Verteidiger des Verurteilten zu gestatten (§ 15 Abs. 4, 5 der RR-Vorlage, § 20 Abs. 4, 5 der RT-Vorlage). Der § 20 Absatz 8 der Reichstagsvorlage (§ 15 Abs. 8 der RR-Vorlage) enthielt die Bestimmung, daß die Leiche des Hingerichteten den Angehörigen nur zur einfachen Bestattung überlassen werden durfte. Damit enthielt die Todesstrafe eine Wirkung, die über den Tod hinausging und noch Auswirkungen auf den Leichnam des Verurteilten hatte. Durch die Bestimmungen über den Vollzug der Todesstrafe sollte laut Begründung der Reichsratsvorlage mehr als bisher darauf hingewirkt wer-

677 Begründung zum Amtlichen Entwurf eines Allg. Dt. Strafgesetzbuchs, S. 31.
678 Aschrott/Kohlrausch-Liepmann, Reform des Strafrechts, S. 123.

den, daß „jede auf bloßer Neugier oder Sensationslust beruhende Teilnahme an dem Akt der Hinrichtung verhindert wird“.[679]

II. Die Unterbringung der Gefangenen

1. Die Arten von Freiheitsstrafen (Zuchthaus, Gefängnis, Haft)

Grundlage der unterschiedlichen Behandlung der Gefangenen war die Verurteilung zu verschiedenen Arten von Freiheitsstrafen. So richtete sich der Vollzug der Strafen nach der Verurteilung zu Zuchthaus, Gefängnis oder Haft.

a. Das Reichsstrafgesetzbuch von 1871

Das Strafgesetzbuch für den Norddeutschen Bund und damit auch das Reichsstrafgesetzbuch hielten an der Einteilung der Delikte aus dem Preußischen Strafgesetzbuch von 1851 fest. Die Zuchthausstrafe fand Anwendung bei Verbrechen, die Gefängnisstrafe diente als Sanktion für Vergehen und die Haft, die sich noch in einfache und qualifizierte Haft unterteilen ließ, bildete eine kurzzeitige Freiheitsstrafe für Übertretungen.[680] Zur Unterscheidung von Zuchthaus- und Gefängnisstrafe wurden Differenzierungen hinsichtlich der Strafdauer, der Arbeitspflicht und der Nebenfolgen[681] vorgenommen.[682] Eine Sonderform stellte die Festungshaft dar, die als privilegierte Freiheitsstrafe ohne Arbeitsverpflichtung als Sanktion für politisch motivierte Delikte galt.[683] Sie sollte in Festungen oder anderen dazu bestimmten Räumen vollzogen werden. Die Möglichkeit des Vollzugs der Festungshaft außerhalb von Festungen ergab sich schon daraus, daß auch kurzfristige Festungshaft von nur einem Tag verhängt werden und die Beförderung zur Festung von manchen Orten aus länger als die Strafzeit dauern konnte. Der Idee nach war die Festungshaft nach Zuchthaus und Gefängnis die drittschwerste Strafart, da sie aber als custodia honesta galt, war sie die leichteste und ließ die Ehre des Gefangenen am unberührtesten.[684] Hinzu kamen bei der Festungshaft besondere Annehmlichkeiten, die den Häftlingen nicht zustanden.

---

679 Begründung zur Reichsratsvorlage, S. 7 (abgedruckt bei Schubert, Quellen, Abteilung I, Band 5). Zur weiteren Entwicklung der Todesstrafe vor allem unter den Nationalsozialisten vgl. Leber, Todes-Strafe, S. 284 ff. Endgültig aufgehoben wurde die Todesstrafe erst durch den Artikel 102 des Grundgesetzes von 1949, welcher lautete: „Die Todesstrafe ist abgeschafft“.

680 Vgl. Krause, Geschichte des Strafvollzugs, S. 79.

681 Die Zuchthausstrafe hatte die dauernde Unfähigkeit zur Bekleidung öffentlicher Ämter zur Folge.

682 Vgl. Krause, Geschichte des Strafvollzugs, S. 80.

683 Im Preußischen StGB von 1851 wurde diese Form der Strafe als Einschließung bezeichnet.

684 Vgl. Otto, Die Festungshaft, S. 235 f.

b. Der Entwurf eines Gesetzes über die Vollstreckung von Freiheitsstrafen (1879/1880)

Auch der Entwurf eines Gesetzes über die Vollstreckung von Freiheitsstrafen vom 19. März 1879 hielt an der Einteilung der Arten von Freiheitsstrafe in Zuchthaus, Gefängnis und Haft fest. Der Unterschied in dem Vollzug der verschiedenen Freiheitsstrafen war jedoch so gering, daß sich der Gefängnisdirektor des Gefängnisses in Fuhlsbüttel in einem Schreiben vom 16. September 1891 an den Präses der Gefängnisdeputation zu Hamburg dahingehend äußerte, daß jeder Versuch zur Unterscheidung „nur mit unbedeutenden kleinlichen Mitteln vorgenommen werden [kann], deren Beachtung der Anstaltsverwaltung fühlbarer und lästiger wird, als dem Gefangenen".[685] Hinzu kam die Ungewißheit, auf welche Strafart erkannt wird. Ob in Einzelfällen auf Zuchthaus oder Gefängnis erkannt werde, hänge, so der Gefängnisdirektor von Fuhlsbüttel, vielfach nicht von den der Strafe zugrundeliegenden tatsächlichen, sondern vielmehr von anderen, von der Tat und den persönlichen Verhältnissen des Bestraften unabhängigen Momenten ab, etwa der Häufigkeit vorkommender Delikte oder der persönlichen Auffassung der Richter.[686] Der Direktor sprach sich dafür aus, das Strafensystem zu vereinfachen und damit Zuchthaus und Gefängnis zu einer Strafart zu verschmelzen.[687]

c. Die Arten von Freiheitsstrafen in den Grundsätzen von 1897 sowie in Preußen, Hamburg und Bayern

Auch die Grundsätze vom 28. Oktober 1897 sahen unterschiedliche Vorschriften für Zuchthaus-, Gefängnis-, Haft- und Festungshaftgefangene vor.

In Preußen dienten die Gefängnisse der Justizverwaltung zur Vollstreckung von Gefängnis- und Haftstrafen (§ 1 GO), die dem Innenministerium unterstellten Strafanstalten dienten zur Vollstreckung von Zuchthausstrafen, die Gefängnisse des Innenministeriums zur Vollstreckung von Gefängnis- und Haftstrafen (§ 1 DO).

Die Strafarten der Grundsätze von 1897 spiegelten sich in Bayern in der Hausordnung von 1907 wider, die sich mit dem Vollzug der Zuchthaus- und Gefängnisstrafe befaßte sowie in der Hausordnung von 1910, welche den Vollzug von Gefängnis- und Haftstrafen regelte, und in der Hausordnung für den Vollzug der Festungshaft von 1893.

Während sich in Hamburg das Reglement von 1874 nur mit der Vollziehung der Gefängnisstrafe, der einfachen Haft, der qualifizierten Haft und der Untersuchungshaft befaßte, regelte die Hausordnung vom 27. September 1898 die Behandlung der Gefangenen in Zuchthaus, Gefängnis, Haft und Festungshaft.

---

685 StA Hamburg, Justizverwaltung I (241-1 I), XVI A a Vol. 1.
686 Vgl. StA Hamburg, Justizverwaltung I (241-1 I), XVI A a Vol. 1.
687 Vgl. StA Hamburg, Justizverwaltung I (241-1 I), XVI A a Vol. 1.

d. Der Vorentwurf zu einem deutschen Strafgesetzbuch (1909)

Der Vorentwurf zu einem deutschen Strafgesetzbuch von 1909 nahm eine Einteilung der Freiheitsstrafen in Zuchthaus, Gefängnis und Haft vor, beseitigte also die Festungshaft. Die mit Zuchthaus, Gefängnis, Festungshaft und Haft im Reichsstrafgesetzbuch vorhandenen vier Strafarten, bzw. fünf Strafen bei Unterscheidung der Haft in einfache und qualifizierte, wurde als „zu vielgestaltig und der Vereinfachung bedürftig" angesehen.[688] In der Begründung zum Vorentwurf wurde hervorgehoben, daß bei der Reform des Strafensystems das Bewußtsein des Volkes berücksichtigt werden müsse und nicht als vorbildlich angesehene ausländische Gesetzgebungen ohne Rücksicht auf die deutsche Rechtsanschauung übernommen werden dürften.[689] An bestehende Verhältnisse und Anschauungen anknüpfend hielt der Vorentwurf deshalb an der Zuchthaus- und Gefängnisstrafe fest und sah für geringere Verfehlungen die Haftstrafe vor. Um eine Vereinfachung des Strafensystems zu erreichen, wurde der Anwendungsbereich der Haftstrafe auf die Fälle der bisherigen, als veraltet angesehenen Festungshaft ausgedehnt. Damit wurde gleichzeitig der Nachteil der Festungshaft, daß sie in so milder Art vollzogen und damit in der Bevölkerung nicht mehr als ernstzunehmende Strafe sondern als Klassenprivileg betrachtet wurde, aufgehoben.[690] Kriegsmann sah zwar in dem Entwurf einen großzügigen und erfolgversprechenden Versuch einer durchgreifenden Strafrechtsreform[691] und billigte die Beseitigung der Festungshaft.[692] Allerdings forderte er statt der Dreiteilung der Freiheitsstrafen die Einführung von lediglich zwei Strafarten.[693] Es fanden sich auch Stimmen in der Literatur, welche der Zusammenfassung von Haft und Festungshaft ablehnend gegenüberstanden.[694] So stieß die Verbindung von Haft und Festungshaft etwa bei Oetker auf Widerspruch, der die Trennung verschiedener Klassen auch weiterhin für notwendig hielt.[695]

e. Der Gegenentwurf zum Vorentwurf eines deutschen Strafgesetzbuches (1911)

Der Gegenentwurf zum Vorentwurf eines deutschen Strafgesetzbuches von 1911 behielt das System des Vorentwurfes mit Zuchthaus, Gefängnis und Haft bei. Dieses System war von der Kritik überwiegend gebilligt worden.[696] Darüber hinaus ging der Gegenentwurf auch bei der Bestimmung des Anwendungsbereiches von Zuchthaus

---

688 VE, Begründung, Allgemeiner Teil, S. 51.

689 VE, Begründung, Allgemeiner Teil, S. 52. Damit zielte die Begründung auf das Niederländische und das Norwegische Strafgesetzbuch ab, in denen nur Gefängnis und Haft als Strafarten Aufnahme gefunden hatten.

690 Vgl. VE, Begründung, Allgemeiner Teil, S. 53.

691 Kieler Nachrichten vom 2.12.1909; vgl. Zusammenstellung gutachterl. Äußerungen, S. X.

692 Kieler Nachrichten vom 11.12.1909; vgl. Zusammenstellung gutachterl. Äußerungen, S. 19.

693 Kieler Nachrichten vom 11.12.1909; vgl. Zusammenstellung gutachterl. Äußerungen, S. 16.

694 Vgl. dazu die Zusammenstellung gutachterl. Äußerungen, S. 20 m.w.N.

695 Vgl. Oetker, Strafen, S. 9.

696 GE, Begründung, S. 63.

und Gefängnis grundsätzlich von denselben Prinzipien aus wie schon der Vorentwurf. Zuchthaus war als Strafe für Verbrechen, Gefängnis als Strafe für Vergehen vorgesehen (§ 1 GE). Dabei legte er Wert darauf, daß eine Straftat entweder mit Zuchthaus oder Gefängnis, nicht aber mit wahlweiser Androhung von Zuchthaus und Gefängnis bedroht wurde. Die im Vorentwurf vorgenommene Ausdehnung der Gefängnisstrafe auf Übertretungen machte der Gegenentwurf rückgängig. Nach der Begründung des Gegenentwurfes sollte die Haft die custodia honesta des künftigen Rechts werden und sich von der bis dahin geltenden Festungshaft nur dadurch unterscheiden, daß ihr Anwendungsgebiet erweitert war. Die Haft war im Gegensatz zum Vorentwurf nicht mehr auch Ersatzstrafe für uneinbringliche Geldstrafen oder Strafe mildernder Umstände.[697]

f. Die Vorschläge des Vereins deutscher Strafanstaltsbeamter von 1911 und 1913

Die Vorschläge des Vereins deutscher Strafanstaltsbeamter von 1911 gingen mit den Strafarten Zuchthaus, Gefängnis und Haft von dem System der Freiheitsstrafen des Vorentwurfes aus. Entsprechend den Beschlüssen der Strafrechtskommission wurden dagegen in den Vorschlägen des Vereins deutscher Strafanstaltsbeamter von 1913 die Arten der Freiheitsstrafen auf vier erweitert. Es sollte demnach Zuchthaus, Gefängnis, Haft und Einschließung geben. Zwar schien die Dreiteilung des Vorentwurfes gegenüber den fünf Freiheitsstrafen des bestehenden Systems aufgrund besserer Differenzierung ein Vorteil zu sein, die Haftstrafe des Vorentwurfes hatte aber zu viele Aufgaben gegenüber verschiedenen Arten von Gefangenen zu erfüllen. Aufgrund der größeren Klarheit und Bestimmtheit des Systems der Strafrechtskommission gab die erweiterte Kommission diesem System den Vorzug.[698]

g. Der Entwurf der Strafrechtskommission von 1913 und der überarbeitete Entwurf von 1919

Die Freiheitsstrafen der Entwürfe von 1913 und 1919 waren Zuchthaus, Gefängnis, Einschließung und Haft, wobei die Einschließung als custodia honesta an die Stelle der Festungshaft trat und in erster Linie der Ahndung politischer Verfehlungen dienen sollte.[699] Zuchthaus bildete die Regelstrafe für Verbrechen, Gefängnis für Vergehen. Die Haft war bei Verbrechen und Vergehen, anders als bei Übertretungen, nur noch als Ersatzstrafe für uneinbringliche Geldstrafen (§ 43 Abs. 3 des Entwurfs von 1919) vorgesehen.

Ausdrücklich wurde darauf hingewiesen, daß die Entwürfe von 1913 und 1919 nicht dem Vorschlag des Vorentwurfes folgten, Einschließung und Haft zu einer Strafart zu

697 Genauer dazu Otto, Die Festungshaft, S. 241 ff.
698 Vgl. BlGefk, Sonderheft B zu Band 47 (1913), S. 23
699 Denkschrift zu dem Entwurf von 1919, S. 55 f.

verschmelzen.[700] Wie im geltenden Recht die Festungshaft habe die Einschließung im Rahmen des Entwurfs, namentlich auf dem Gebiet der politischen Delikte, besondere Aufgaben zu erfüllen, denen sie in ihrer Eigenart angepaßt werden müsse. Die Bezeichnung Festungshaft, die auf Vollzug in den Militärbehörden unterstellten Anstalten hindeutete, gaben die Entwürfe auf, um zu erkennen zu geben, daß diese Strafe „wie alle anderen von bürgerlichen Gerichten wegen bürgerlicher Straftaten erkannten Strafen in bürgerlichen Strafanstalten durch bürgerliche Strafvollzugsbehörden zu vollstrecken" waren.[701] Das Anwendungsgebiet der Einschließung wurde wesentlich erweitert. Neben dem bisherigen Anwendungsbereich der Festungshaft waren weitere Straftaten vorhanden, in denen neben Zuchthaus oder Gefängnis wahlweise auch die Einschließung möglich war. Dabei handelte es sich um Straftaten, bei denen der Täter erfahrungsgemäß häufig aus politischen oder anderen achtenswerten Beweggründen ein Delikt beging. In den Fällen, bei denen der Vorentwurf Zuchthaus und Haft nebeneinander angedroht hatte, trat nun an die Stelle der Haft die Einschließung, außerdem wurde zwischen Zuchthaus und Einschließung stets Gefängnis eingeschoben.

h. Die Grundsätze für den Vollzug von Freiheitsstrafen von 1923 und ihre Umsetzung in Preußen, Hamburg und Bayern

Die Grundsätze für den Vollzug von Freiheitsstrafen vom 7. Juni 1923 sahen in § 2 als Strafarten die Zuchthausstrafe, Gefängnisstrafe, Haftstrafe und Festungshaft vor. Dieser Einteilung folgte Bayern in seiner Dienst- und Vollzugsordnung (vgl. §§ 163 ff. der DVO). Während die Grundsätze die geschärfte Haft für die nach § 361 Nr. 3 bis 8 RStGB Verurteilten innerhalb der Bestimmungen über die Haft regelten, unterteilten Preußen und Hamburg ausdrücklich in einfache Haft und geschärfte Haft (§ 157, § 158 der DVO Preußens; §§ 564 ff. und §§ 570 ff. der DVO Hamburgs).

j. Ausblick auf die Vorlagen zu einem Strafvollzugsgesetz von 1927

Die Strafarten der Reichsrats- und Reichstagsvorlage waren Zuchthaus, Gefängnis, Haft und Einschließung (§ 16 der RR-Vorlage, § 21 der RT-Vorlage). Es war möglich die Einschließung als Ersatzstrafe für uneinbringliche Geldstrafen zu verhängen, wenn ausschließlich achtenswerte Beweggründe für die Tat vorlagen; ferner konnte sie an die Stelle der angedrohten Zuchthaus- oder Gefängnisstrafe treten, jedoch nur dann, wenn der Täter ausschließlich aus achtenswerten Beweggründen gehandelt hatte.

---

700 Denkschrift zu dem Entwurf von 1919, S. 53.
701 Denkschrift zu dem Entwurf von 1919, S. 56.

2. Die Haftform (Einzelhaft, Gemeinschaftshaft, Zellenhaft)

Über viele Jahrhunderte war es üblich, die Gefangenen gemeinsam unterzubringen. Damit verbunden war der Nachteil, daß die Gefangenenhäuser als „Schule aller Laster und Verbrechen" galten, so daß eine Änderung des Systems angestrebt wurde.[702] Dies geschah Ende des 18. Jahrhunderts in Philadelphia durch Isolierung der Gefangenen ohne jede Beschäftigung. Die ständige Isolierung brachte aber Schwierigkeiten für den physischen und psychischen Zustand des Gefangenen mit sich. Anfang des 19. Jahrhunderts erfuhr das pennsylvanische Isoliersystem eine Modifikation in Auburn im Staat New York, da für die Zeit in Gemeinschaft, etwa bei der Arbeit, ein absolutes Schweigegebot festgelegt wurde. Damit erfolgte insgesamt keine vollständige Isolierung. Grundgedanke und Ziel beider Ausformungen war es, die negative Beeinflussung des Gefangenen zu verhindern. Beide Systeme wurden in Europa diskutiert.[703] Während sich in Amerika das Auburn-System mit strenger Isolierung durchsetzte, beeinflußte das pennsylvanische System die europäische Gefängnisgeschichte maßgebend.[704]

a. Das Reichsstrafgesetzbuch von 1871

In § 19 des Entwurfs zu einem Strafgesetzbuch für den Norddeutschen Bund[705] von 1870 war vorgesehen, für die Einzelhaft einen Zeitraum von 6 Jahren anzusetzen.[706] Dies führte zu einer regen Diskussion bei der zweiten Beratung über den Entwurf eines Strafgesetzbuches für den Norddeutschen Bund in der Sitzung vom 4. März 1870.[707] Die Abgeordneten von Kirchmann und Genossen hatten die Änderung des zweiten Absatzes von § 19 beantragt. Die Antragsteller gingen davon aus, daß das vorgesehene Höchstmaß von sechs Jahren in Absatz 2 zu hoch gegriffen war. Von Kirchmann schlug vor, die Höchstdauer ohne Zustimmung des Gefangenen auf ein Jahr zu beschränken.[708] Der Abgeordnete Miquel (Nationalliberale Partei) trat dafür ein, daß drei Jahre Einzelhaft ausreichend seien.[709] Den Antrag von Kirchmanns (Fortschrittspartei) unterstützte der Abgeordnete von Hoverbeck (Fortschrittspartei) mit der Begründung, daß eine Einzelhaft, die über ein Jahr hinausgehe, bei vielen Menschen

---

702 Vgl. zur geschichtlichen Entwicklung der Einzelhaft Föhring, Die Reform und der heutige Stand des Gefängnißwesens in Hamburg, S. 82 ff.

703 Im Hinblick auf die Bedeutung der beiden Systeme für Europa unternahm M. Liepmann 1926 im Auftrag des Senats Hamburgs eine Reise nach Amerika; vgl. dazu M. Liepmann, Amerikanische Gefängnisse und Erziehungsanstalten, Hamb. Schriften zur ges. Strafrechtswissenschaft, Bd. 11 (1927).

704 Regensburger, Ideengeschichtliche Grundlagen, S. 10.

705 In dem verabschiedeten Strafgesetzbuch für den Norddeutschen Bund befaßte sich nicht mehr § 19 mit der Einzelhaft; sie war dort in § 22 geregelt.

706 Sten. Berichte über die Verh. des RT des Norddt. Bundes, 1870, Bd. 1, S. 177 ff.

707 Sten. Berichte über die Verh. des RT des Norddt. Bundes, 1870, Bd. 1, S. 177 ff.

708 Sten. Berichte über die Verh. des RT des Norddt. Bundes, 1870, Bd. 1, S. 178.

709 Sten. Berichte über die Verh. des RT des Norddt. Bundes, 1870, Bd. 1, S. 179.

„Wahnsinn oder Stumpfheit“ zur Folge habe.[710] Gegen die Reduzierung auf ein Jahr wandte sich der Bundeskommissar Friedberg mit dem Argument, die Einzelhaft „bis zu einer Frist von einem Jahre zu verkürzen, hieße die Einführung der Einzelhaft im Princip annehmen, und dann in der Ausführung wieder verkümmern“.[711] Die sich an die Diskussion anschließende Abstimmung ergab schließlich, daß die maximale Dauer der Einzelhaft ohne Zustimmung des Gefangenen drei Jahre betragen sollte.[712] Demnach sollte der § 19 Absatz 1 des Strafgesetzbuches lauten: „Die Zuchthaus- und Gefängnisstrafe können sowohl für die ganze Dauer, wie für einen Theil der erkannten Strafzeit in der Weise in Einzelhaft vollzogen werden, daß der Gefangene unausgesetzt von anderen Gefangenen gesondert gehalten wird.“ Für den Absatz 2 war folgende Fassung vorgesehen: „Die Einzelhaft darf ohne Zustimmung des Gefangenen die Dauer von drei Jahren nicht übersteigen.“ Graf Bethusy-Huc (Freie Konservative Vereinigung/Deutsche Reichspartei) lieferte im Rahmen der Debatte ein Argument gegen die Einführung der Einzelhaft. Die zusätzlichen Aufwendungen, die im Falle einer gesetzlichen Einführung der Einzelhaft entstünden, würden allein für Preußen auf 20 Millionen beziffert.[713] Dieser Kosteneinwand sollte alle künftigen Reformbestrebungen belasten und auch den künftigen Verlauf der Strafvollzugsgesetzgebung vorwegnehmen.[714]

Die erste gesetzliche Normierung auf gesamtdeutscher Ebene fand die Einzelhaft im Reichsstrafgesetzbuch von 1871 (§ 22). Die Fassung entsprach wörtlich dem § 19 des Entwurfes zu einem Strafgesetzbuch für den Norddeutschen Bund von 1870. Von da an galt die rechtliche Zulässigkeit der Einzelhaft als gesichert. Sie bestand zu diesem Zeitpunkt in „ausgesetzter Sonderung“ und damit einer vollständigen Isolierung (§ 22 RStGB).

Auch in Tellkampfs Antrag von 1874 fand die Einzelhaft Erwähnung. Sein „Plan der Gefängnißreform“ sah unter anderem vor, ein System von anfangs getrennter und später vereinter Gefangenschaft einzurichten. Darüber hinaus sollte die Einzelhaft nicht länger als 18 Monate dauern, wofür er die geistige Gesundheit des Gefangenen sowie die durch Einzelhaft entstehenden Kosten als Gründe angab. Nach Ablauf der Einzelhaft sollten sich bei länger andauernden Strafen tagsüber gemeinsame Arbeit unter Durchsetzung von Stillschweigen und die nächtliche Trennung in abgesonderten Zellen anschließen.[715]

---

710 Sten. Berichte über die Verh. des RT des Norddt. Bundes, 1870, Bd. 1, S. 180 f.

711 Sten. Berichte über die Verh. des RT des Norddt. Bundes, 1870, Bd. 1, S. 178.

712 Sten. Berichte über die Verh. des RT des Norddt. Bundes, 1870, Bd. 1, S. 189.

713 Abgeordneter Graf Bethusy-Huc (Sten. Berichte über die Verh. des RT des Norddt. Bundes, 1870, Bd. 1, S. 182).

714 Müller-Dietz, Strafvollzugsgesetzgebung, S. 5.

715 Stenographische Berichte über die Verhandlungen des Dt. Reichstages, 1874/75, 4. Bd., Anlagen, Nr. 113, S. 942 (943).

Der Verein der deutschen Strafanstaltsbeamten hatte sich in seiner Versammlung in Stuttgart vom 13. September 1877 mit einer großen Mehrheit für die Einzelhaft als das System der regelmäßigen Art des Vollzuges der Gefängnis- und Zuchthausstrafe ausgesprochen.[716]

b. Der Entwurf eines Gesetzes über die Vollstreckung von Freiheitsstrafen (1879/1880)

Der Entwurf eines Gesetzes über die Vollstreckung von Freiheitsstrafen von 1879 stellte Einzelhaft und Gemeinschaftshaft als gleichberechtigte Vollzugsformen hin, deren Wahl nach Zweckmäßigkeitserwägungen erfolgen konnte, zielte aber auf die allmähliche Ausbreitung der Einzelhaft durch Beseitigung der nächtlichen Gemeinschaft und durch Vermehrung der Zellen ab, so daß im allgemeinen die kürzeren Freiheitsstrafen ganz, von den länger dauernden zumindest die erste Zeit in Einzelhaft verbracht werden sollte.[717] Dem Einzelhaftsystem wurde in den Grundsätzen von 1879 also insofern doch eine bevorzugte Stellung eingeräumt (vgl. §§ 11-14). Der § 14 enthielt die grundlegenden Bestimmungen über die Einzelhaft und lautete folgendermaßen: „Die Zuchthausstrafe und die Gefängnißstrafe beginnen mit Einzelhaft" (Absatz 1). „Zuchthaussträflinge, welche sechs Monate, und Gefängnißsträflinge, welche drei Monate in Einzelhaft zugebracht haben, können auf Anordnung des Vorstandes in Gemeinschaftshaft versetzt werden, wenn ihr Zusammensein mit anderen, nach ihrem Betragen und ihren Eigenschaften für unnachtheilig erachtet wird. Eine solche Anordnung ist jederzeit widerruflich" (Absatz 2). „Die Zustimmung des Sträflings zur Verlängerung der Einzelnhaft über die Dauer von drei Jahren hinaus, kann nach Ablauf eines jeden ferneren Jahres widerrufen werden" (Absatz 3).

Die Motive des Entwurfs zur Einzelhaft erteilten sowohl der alten Gemeinschaftshaft als auch einem auf dem strengen Prinzip der Einzelhaft beruhenden System eine Absage. Es habe sich herausgestellt, daß sowohl für jugendliche Personen wie für Greise die Einzelhaft schon bei mehrmonatiger Dauer unleugbar mit Gefahren verbunden sei.[718] Auch zur Haftform der Gemeinschaftshaft und zum progressiven Strafvollzug äußerten sich die Motive: „Der Kampf, der zur Zeit noch auf dem Gebiete des Gefängnißwesens geführt wird, ist nicht mehr ein Kampf zwischen der alten Gemeinschaftshaft, die von Niemandem, der sie kennt, mehr vertheidigt wird, und der Zelle, sondern es handelt sich nur um die Frage, ob die Einzelhaft oder das sogenannte progressive System den Vorzug verdient."[719] Hervorgehoben wurde in den Motiven, daß sich der Gesetzgeber nur Ziele setzen dürfe, die nach den zur Zeit herrschenden Verhältnissen

---

716 Vgl. Bundesrats-Drucksachen, 1879, Bd. 2, Nr. 56, S. 28 ff.

717 Von Holtzendorff/von Jagemann-von Jagemann, Hdb. des Gefängnisswesens, Band 1, S. 151.

718 Bundesrats-Drucksachen, 1879, Bd. 2, Nr. 56, S. 27; Tauffer, GS 31 (1879), 161 (176).

719 Bundesrats-Drucksachen, 1879, Bd. 2, Nr. 56, S. 27; wörtliche Übersetzung aus den Motiven des Ontwerpen van een Wetboek von Strafregt 1875 (eines im amtlichen Auftrag aufgestellten Entwurfs eines Strafgesetzbuchs für die Niederlande).

erreichbar und erstrebenswert seien.[720] Solle nun die Reform des deutschen Gefängniswesens an die bestehenden Zustände anknüpfen und vorläufig sich nur Ziele setzen, welche erreichbar seien, so liege der vom Gesetzgeber einzuschlagende Weg klar gezeichnet vor.[721] Die Einzelhaft müsse in dem größten Teil des Reichs noch die Ausnahme sein, weil es an Einzelzellen fehle. Vielfach sei die Einzelhaft nur bei den schwereren und längeren Strafen in Gebrauch, während sie gerade für die kürzeren Gefängnisstrafen am meisten angezeigt erscheine. In den Gefängnissen Deutschlands sei die Gemeinschaft der Gefangenen bei Tag und bei Nacht weitaus überwiegend. Über die Unzweckmäßigkeit der Gemeinschaftshaft bei Tag und Nacht bestehe aber kein Zweifel mehr. Demgemäß werde eine Reform des Gefängniswesens in Deutschland zunächst ins Auge fassen müssen:

1. die Beseitigung der nächtlichen Gemeinschaft der Gefangenen, soweit solche nicht ausnahmsweise durch Gesundheitsrücksichten bedingt sei;
2. die Vermehrung der Isolierzellen der Art, daß die kürzeren Freiheitsstrafen ganz, die längeren wenigstens in der ersten Zeit in Einzelhaft vollzogen werden könnten, sofern die Gefangenen an sich für diese geeignet erscheinen.

Denjenigen Bundesstaaten, welche das System der reinen Einzelhaft schon in größerem Umfange durchgeführt hätten, als durch den Entwurf vorgeschrieben, werde damit ein Verzicht auf bisher befolgten Prinzipien nicht zugemutet.[722] Soweit eine Wahl zwischen der Einzelhaft und der Gemeinschaftshaft offenbleibe, gebühre die Entscheidung darüber der Verwaltung, welcher überhaupt für eine individualisierende Behandlung der weiteste Spielraum gelassen werden müsse. Der spätere Übergang zu einem System der reinen Einzelhaft oder des rein progressiven Strafvollzugs werde durch diese Vorschläge nicht präjudiziert. Sei die Einzelhaft einmal bis zu den vom Entwurf gesetzten Grenzen zur Anwendung gebracht, so werde sie nach der Überzeugung der sachverständigen Gefängnisbeamten kraft ihrer inneren Vorzüge allmählich zu allgemeiner Anerkennung finden und schließlich zu alleiniger Herrschaft gelangen. Als Argument gegen die Durchführung des strengen Systems der Einzelhaft mit Trennung der Gefangenen auch in Kirche und Schule sowie bei der Bewegung im Freien durch sog. Stalls oder Einzelhöfe hoben die Motive auch die erheblichen Kosten hervor.[723] Der Entwurf enthielt sich aber einer Entscheidung dieser Frage, die noch nicht für spruchreif betrachtet wurde. Eine auf der ausnahmslosen Durchführung strengen Systems beruhende Reform des deutschen Gefängniswesens würde aber, wenn überhaupt, erst nach Menschenaltern zu erreichen sein.[724]

720 Bundesrats-Drucksachen, 1879, Bd. 2, Nr. 56, S. 31.
721 Vgl. Bundesrats-Drucksachen, 1879, Bd. 2, Nr. 56, S. 32.
722 Vgl. Bundesrats-Drucksachen, 1879, Bd. 2, Nr. 56, S. 33.
723 Vgl. Bundesrats-Drucksachen, 1879, Bd. 2, Nr. 56, S. 33.
724 Vgl. Bundesrats-Drucksachen, 1879, Bd. 2, Nr. 56, S. 33.

Auch der Bericht des Ausschusses für Justizwesen vom 12. Januar 1880 äußerte sich zur Frage der Einzelhaft.[725] Es wurde darauf hingewiesen, daß in § 22 des Strafgesetzbuchs über Zeit, Dauer und sonstige Voraussetzungen der Einzelhaft keine Aussagen getroffen waren, bis auf die Maßgabe, daß die Einzelhaft ohne Zustimmung des Gefangenen die Dauer von drei Jahren nicht überschreiten durfte. Damit war die Frage, ob, wann, unter welchen Umständen, zu welchem Zweck, wie lange die Einzelhaft anzuwenden war, in das Ermessen der Gefängnisverwaltung beziehungsweise der Aufsichtsbehörden gestellt und damit in den einzelnen Bundesstaaten, je nach den dort bestehenden Gefängniseinrichtungen, in sehr unterschiedlicher Weise geregelt worden. Die Absicht des Entwurfs ging dahin, auch in dieser Frage eine einheitliche Regelung durch das ganze Reich herbeizuführen. Im Ausschuß für Justizwesen sorgten die Vorschriften über die Einzelhaft für vielfältige Kritik.[726] Auf den Widerspruch des Bevollmächtigten für Lübeck stieß die in § 14 Absatz 2 gegebene Möglichkeit, die Einzelhaft einzuschränken. Diese Beschränkung könne dazu führen, daß „je nach den Ansichten der Anstaltsdirektion oder aus pekuniären Rücksichten, aus Bequemlichkeit oder sonstigen nicht sachlichen Gründen das Prinzip der Einzelhaft, die überhaupt nur bei längerer Dauer gedeihlich wirken könne, in bedenklicher Weise durchbrochen" werde.[727] Zudem solle die Einzelhaft nicht nur dann angewendet werden, wenn die gemeinsame Haft zu Nachteilen führe. Die Bevollmächtigten Bayerns, Württembergs, Hessens und Braunschweigs nahmen daran Anstoß, daß in § 14 Absatz 1 die Einzelhaft für den Beginn des Strafvollzuges obligatorisch festgeschrieben wurde und in Absatz 2 nicht solche Umstände aufgenommen waren, bei deren Vorliegen die Einzelhaft nutzlos erscheine.[728] Dabei wurde betont, „daß die Möglichkeit eines bessernden Einflusses der Einzelhaft durch eine längere Strafdauer bedingt" und damit nicht für jede Zuchthaus- und Gefängnisstrafe sinnvoll sei. Als geringster zulässiger Zeitraum wurde daher eine Strafdauer von drei Monaten gefordert. Dagegen wandte sich der Vertreter Preußens mit dem Argument, daß vor allem von den jugendlichen Ersttätern „viele sich und der bürgerlichen Gesellschaft gerettet werden [könnten], wenn man ihnen von vornherein durch die Einzelhaft den Ernst der Strafe fühlbar mache und sie in der Einsamkeit der Zelle zur Besinnung über ihre Vergangenheit und ihre Zukunft bringe".[729] Der Bevollmächtigte Sachsens ging sogar so weit, den „Beginn und die weitere Vollstreckung der Strafe in Einzelhaft als eine Pflicht des Staates gegen den noch relativ unverdorbenen Sträfling" zu bezeichnen.[730] Dagegen hielt auch er es für notwendig, auf die Einzelhaft dann zu verzichten, wenn diese überhaupt keinen Nutzen bringe. Dadurch werde eine erhebliche Kostenminderung eintreten, da in Sachsen für eine Zel-

725 Vgl. Bundesrats-Drucksachen, 1879/80, No. 5, S. 5 ff.

726 Vgl. Bundesrats-Drucksachen, 1879/80, No. 5, S. 5 ff.

727 Vgl. Bundesrats-Drucksachen, 1879/80, No. 5, S. 5.

728 Vgl. Bundesrats-Drucksachen, 1879/80, No. 5, S. 6; vgl. auch das Schreiben des Bayerischen Staatsministers der Justiz von Fäustle an das Staatsministerium des Hauses und des Äußern vom 30.1.1880 in: BayHStA, MA 76765.

729 Vgl. Bundesrats-Drucksachen, 1879/80, No. 5, S. 8.

730 Vgl. Bundesrats-Drucksachen, 1879/80, No. 5, S. 9.

le ohne Mobiliar mindestens 3.500 Mark Kosten entstünden.[731] Die Mehrheit des Justizausschusses entschied sich für den Antrag des bayerischen Bevollmächtigten mit folgender Fassung des § 14:

Abs. 1: „Die Zuchthausstrafe und die Gefängnisstrafe beginnen in der Regel mit Einzelhaft."

Abs. 1a: „Sträflinge, deren Strafdauer drei Monate nicht erreicht, sowie Sträflinge, von welchen bereits früher eine Zuchthausstrafe oder eine Gefängnißstrafe in der Dauer von wenigstens sechs Monaten verbüßt worden ist, können sofort in Gemeinschaftshaft genommen werden."

Abs. 2.: „Sträflinge können auf Anordnung des Vorstandes in Gemeinschaftshaft versetzt werden, wenn ihr Zusammensein mit anderen nach ihrem Betragen und ihren Eigenschaften für unnachtheilig erachtet wird. Eine solche Anordnung ist jederzeit widerruflich."

Abs. 3: „Die Zustimmung des Sträflings zur Verlängerung der Einzelhaft über die Dauer von drei Jahren hinaus kann nach Ablauf eines jeden ferneren Jahres widerrufen werden."

Die Vorschriften des Entwurfs von 1879 riefen neben Zustimmung auch weitreichende Kritik hervor. So solle der IV. Abschnitt des Gesetzentwurfs (Einzelhaft, Gemeinschaftshaft) nähere Bestimmungen über das System enthalten; faktisch sei darin aber nichts anderes festgelegt, als die Dauer der Einzelhaft und unter welchen Verhältnissen sie ausgeschlossen und nicht ausgeschlossen sei.[732] Die Motive ließen zwar erahnen, daß in der Gemeinschaftshaft eine Klassifikation erwünscht sei, aber der Gesetzentwurf enthalte darüber nichts. Es sei weiter zu entnehmen, daß die Einrichtung von Zwischenanstalten den Intentionen des Gesetzes nicht zuwiderlaufe, aber eine offene Erklärung hierüber gebe es nicht. „Die Landesregierungen werden zwischen den Zeilen lesen müssen."[733] Kritik an den Bestimmungen über die Haftform im Entwurf von 1879 übte auch Krohne. Der Entwurf umgehe die Systemfrage vollständig und lasse damit der Willkür der einzelnen Staaten in der Wahl des Systems freien Spielraum.[734] Für die Entwicklung des Gefängniswesens in Deutschland sei es daher ein Glück, daß jener Entwurf bei Seite gelegt sei, er würde die Durchführung des Systems der Einzelhaft nur gehindert haben.

Über den § 14 hinaus enthielten die Grundsätze von 1879 weitere Bestimmungen über die Einzelhaft. So konnten nach § 15 Sträflinge, welche das achtzehnte Lebensjahr nicht vollendet hatten, bis zur Dauer von drei Monaten in Einzelhaft gehalten werden. Zu einer längeren Anwendung der Einzelhaft bedurfte es der Genehmigung der Aufsichtsbehörde. Dem § 16 zur Folge konnten Sträflinge, welche sich im Besitze der bür-

731 Vgl. Bundesrats-Drucksachen, 1879/80, No. 5, S. 9.
732 Vgl. Tauffer, GS 31 (1879), 161 (184).
733 Tauffer, GS 31 (1879), 161 (184).
734 Krohne, ZStW 1 (1881), 53 (65).

gerlichen Ehrenrechte befanden, bei Gemeinschaftshaft die Absonderung von solchen Gefangenen verlangen, welche sich nicht im Besitze der bürgerlichen Ehrenrechte befanden. Nach Auffassung der Ausschusses für Justizwesen sollte der § 16 auf die Gemeinschaftshaft bei Haftstrafe ausgedehnt werden. Der § 20 wurde damit zu § 14 a, der § 16 als § 19 a eingeschoben mit den vom Ausschuß beschlossenen Änderungen.[735] Die Einzelhaft war nach § 17 ausgeschlossen, wenn von derselben eine Gefahr für den körperlichen oder geistigen Zustand des Sträflings zu befürchten war. Jeder Sträfling in Einzelhaft war täglich mindestens viermal zu besuchen, wobei Besuche von Personen, welchen Zutritt bewilligt worden war, mitzuzählen waren (§ 18). Der § 19 ermöglichte die Absonderung der sich in Gemeinschaftshaft befindenden Sträflinge in der Kirche und Schule sowie bei der Bewegung im Freien. Für die Nacht waren die Sträflinge durch Einschließung in Einzelzellen von einander zu trennen, sofern nicht der Zustand einzelner eine gemeinsame Verwahrung notwendig machte. Mußten zu Arbeiten außerhalb der Anstalt verwendete Sträflinge über Nacht außerhalb derselben bleiben, so konnte von der Absonderung Abstand genommen werden.

Auch für die Haft war nach § 20 die Vollstreckung in Einzelhaft abweichend von § 22 RStGB möglich. Die Motive zu den Grundsätzen von 1879 merkten an, daß vor allem in kleineren Gefängnissen, in denen die Haft vollstreckt werde, oft Gefangene einsäßen, die wegen geringer Vergehen in Haft waren. Diese Gefangenen sollten nach Möglichkeit nicht mit „sittlich verkommenen Subjekten" in Kontakt kommen.[736]

Trotz der bestehenden vorwiegend finanziellen Schwierigkeiten bei der Umsetzung der Einzelhaft zeigte sich in Preußen ein deutlicher Anstieg der Einzelzellen von 3.247 im Jahre 1869 auf 5112 im Jahre 1883/1884 und auf 5.184 im Jahre 1884/1885. Damit konnten 16% bis 17% aller Sträflinge in Einzelhaft gehalten werden.[737] Im Zentralgefängnis Fuhlsbüttel in Hamburg wurde, soweit Einzelhaft zur Durchführung kam, strenge Isolierung vorgenommen. Die Gemeinschaftshaft zeichnete sich durch Schweigegebot und Isolierboxen in den gemeinsamen Schlafräumen aus.[738]

c. Die Haftform in den Grundsätzen von 1897 sowie in Preußen, Hamburg und Bayern

Bei den Grundsätzen von 1897 enthielten die §§ 11 ff. Vorschriften über die Einzelhaft. Bei der Vollstreckung von Zuchthaus und Gefängnisstrafen wurde die Einzelhaft vorzugsweise angewendet, wenn erstens die Strafe die Dauer von drei Monaten nicht überstieg, zweitens der Gefangene das fünfundzwanzigste Lebensjahr noch nicht vollendet oder drittens der Gefangene Zuchthaus-, Gefängnis- oder geschärfte Haftstrafe noch nicht verbüßt hatte. Nach der Begründung des Entwurfs waren die aufge-

735 Vgl. Bundesrats-Drucksachen, 1879/80, No. 5, S. 13.
736 Bundesrats-Drucksachen, 1879, Bd. 2, Nr. 56, S. 38.
737 Von Holtzendorff/von Jagemann-von Liszt, in: Handbuch des Gefängnisswesens, Bd. 1, S. 167.
738 Von Holtzendorff/von Jagemann-von Liszt, in: Handbuch des Gefängnisswesens, Bd. 1, S. 184.

führten Fälle diejenigen, für welche das Bedürfnis nach Vollstreckung in Einzelhaft und die zu erwartende Wirkung am größten war.[739] Als Fortschritt wurde die von den Grundsätzen vorgenommene Kategorisierung der in Einzelhaft zu haltenden Gefangenen angesehen.[740] So wurde die Notwendigkeit anerkannt, die angeführten Kategorien von Gefangenen in Einzelhaft zu halten und von der Berührung mit „verdorbeneren" Gefangenen fernzuhalten. So lange nicht die notwendigen Einrichtungen zur Durchführung eines bestimmten Haftsystems getroffen waren, mußte die angeordnete vorzugsweise Verwendung der Einzelhaft für die genannten Kategorien von Gefangenen als ein Fortschritt anerkannt werden. Allerdings wurde kritisch angemerkt, daß es wünschenswert gewesen wäre, wenn die Grundsätze angegeben hätten, welches Haftsystem (Einzelhaft oder Gemeinschaftshaft) eingeführt werden sollte, damit darauf bei Neubauten Rücksicht hätte genommen werden können.[741] Die Grundsätze stellten in § 11 klar, daß unter Einzelhaft diejenige im Sinne des § 22 RStGB gemeint war, bei der also eine unausgesetzte Sonderung vorliegen mußte. Nach Ansicht des Justizausschusses war damit nicht gesagt, daß der Beibehaltung solcher Einrichtungen entgegengewirkt werden sollte, in denen die Einzelhaft in der Form bestand, daß ein Zusammentreffen mit gleichartigen Gefangenen zu Gottesdienst, Schulunterricht, Spaziergängen usw. erfolgte.[742] Ausgeschlossen war die Einzelhaft, wenn von ihr eine Gefahr für den körperlichen oder geistigen Zustand des Gefangenen zu befürchten war (§ 13). Die §§ 15 und 16 der Grundsätze enthielten Bestimmungen über die Gemeinschaftshaft. Vorangestellt wurde dabei die Feststellung, daß bei Gemeinschaftshaft eine Absonderung der Gefangenen in der Kirche und Schule sowie bei der Bewegung im Freien nicht ausgeschlossen war (§ 15 Abs. 1). Für die Nacht sollten die Gefangenen „thunlichst" von einander getrennt werden, es sei denn, daß der Zustand einzelner eine gemeinsame Verwahrung nötig machte (§ 15 Abs. 2, Satz 1). Dabei sollte, soweit die vorhandenen baulichen Einrichtungen die Trennung nicht gestatteten, auf die allmähliche Durchführung des Grundsatzes, insbesondere bei Neubauten und umfassenden Umbauten Bedacht genommen werden (§ 15 Abs. 2, Satz 2). Bei der Gemeinschaftshaft wurden Gefangene, welche einfache Haftstrafe verbüßten und Gefängnisgefangene, soweit sie im Besitz der bürgerlichen Ehrenrechte waren und noch keine Zuchthausstrafe oder eine über zwei Wochen hinausgehende oder wiederholte Gefängnisstrafe oder geschärfte Haftstrafe verbüßt hatten, „nach Möglichkeit" von Gefangenen anderer Art abgesondert (§ 16). Abweichend von dem Entwurf von 1879 (vgl. § 4 Abs. 1) wurde die Trennung der Haftsträflinge und Gefängnissträflinge nicht mehr gefordert. Dem Justizausschuß zufolge gab der § 16 nur die Grundlinien vor, die für die sich in Gemeinschaftshaft Befindenden gelten sollten. Darüber hinaus bleibe den

739 Vgl. Bundesrats-Drucksachen, 1896, Bd. 1, Nr. 54, S. 5.
740 Vgl. Aschrott, ZStW 18 (1898), 384 (391).
741 Vgl. Aschrott, ZStW 18 (1898), 384 (391).
742 Bundesrats-Drucksachen, 1897, Band I, Nr. 95, S. 5.

Strafvollzugsbehörden die Möglichkeit, innerhalb der einzelnen Gruppen weitere Sonderungen vorzunehmen.[743]

Die *preußische Gefängnisordnung* von 1898 bevorzugte als Haftart die Einzelhaft.[744] Wo die örtlichen Verhältnisse es gestatteten, begann der Vollzug in den Gefängnissen der Justizverwaltung mit Einzelhaft (§ 38 Abs. 2, Satz 1 GO), wobei das Recht zur endgültigen Bestimmung der Haftart dem Gefängnisvorsteher zustand (§ 38 Abs. 1 GO). Soweit wie möglich waren auch nach der Dienstordnung die Gefangenen für die erste Zeit nach der Einlieferung in Einzelhaft zu nehmen, wobei aus Rücksicht auf die Disziplin vor allem „schlechte" und gefährliche Gefangene in Einzelhaft gehalten werden sollten (§ 72 Abs. 3 DO). Wie in den Grundsätzen von 1897 wurden sowohl in der Gefängnisordnung als auch in der Dienstordnung diejenigen Gefangenengruppen genannt, bei welchen die Einzelhaft vorzugsweise Anwendung finden sollte. Aufgeführt waren zum einen Gefangene mit einer Strafdauer von bis zu drei Monaten, zum anderen solche, die das fünfundzwanzigste Lebensjahr noch nicht vollendet hatten, sowie Gefangene, die Zuchthaus-, Gefängnis- oder geschärfte Haftstrafe bis dahin noch nicht verbüßen mußten (§ 38 Abs. 2, Satz 2 GO, § 72 Abs. 2 DO). Soweit tunlich war nach der Gefängnisordnung dem Wunsch des Gefangenen, in Einzelhaft gehalten zu werden, Folge zu leisten, wenn sich dieser im Besitz der Ehrenrechte befand (§ 38 Abs. 3 GO). In Übereinstimmung zum Strafgesetzbuch durfte die Einzelhaft die Dauer von drei Jahren ohne Zustimmung des Gefangenen nicht überschreiten (§ 37 Abs. 5 GO, § 79 Abs. 1 DO). Im Gegensatz zu § 22 des Strafgesetzbuches erfolgte aber keine Beschränkung der Einzelhaft auf eine Strafart, so daß sie auch bei Haftstrafen möglich war (§ 37 Abs. 7 GO). Die zu einfacher Haft Verurteilten mußten nach der Dienstordnung in Einzelhaft genommen werden (§ 72 Abs. 1 b DO), es sei denn, es lag eine Gefahr für Körper und Geist des Gefangenen vor (§ 72 Abs. 4 DO). Bei einer die Dauer von drei Monaten übersteigenden Verwahrung in Einzelhaft mußte ein Arzt hinzugezogen werden (§ 39 GO). Die Zellen für Gemeinschaftshaft sollten nach der Gefängnisordnung in der Regel mit mindestens drei Personen belegt werden (§ 41 Abs. 1, Satz 1 GO), in der Dienstordnung gab es keine entsprechende Vorschrift. Während die Einzelhaft die Sonderung von anderen Gefangenen bei Tag und Nacht erforderte (§ 37 Abs. 2 GO, § 71 Abs. 1 DO) und die Trennung für Gottesdienst, Bewegung im Freien und Schulunterricht dagegen nicht zwingend notwendig war (§ 37 Abs. 4 GO, § 71 Abs. 1, Satz 2 DO), war nach der Gefängnisordnung bei der Gemeinschaftshaft eine Absonderung der Gefangenen in Kirche und Schule sowie bei der Bewegung im Freien möglich (§ 41 Abs. 2 GO). So konnten sich Mischformen zwischen traditioneller Einzel- und Gemeinschaftshaft bilden. Bei der Zuweisung zu einer gemeinsamen Zelle waren Alter, Stand und Bildung der Gefangenen sowie die Straftat nach

743 Bundesrats-Drucksachen, 1897, Band I, Nr. 95, S. 6.

744 Zu dem Beginn der Diskussionen über die Einzelhaft in Preußen und die Umsetzung in einzelnen preußischen Anstalten Anfang des 19. Jahrhunderts vgl. Krohne/Uber, Die Strafanstalten und Gefängnisse in Preußen, Vorwort, S. XIV ff.

Möglichkeit zu berücksichtigen; soweit tunlich, waren die Gefangenen in Gemeinschaftshaft für die Nacht zu trennen (§ 41 Abs. 3, 4 GO). Ein Schweigegebot war nicht festgelegt, statt dessen bestimmte die Dienstordnung für die der inneren Verwaltung unterstellten Strafhäuser, daß Gespräche der Gefangenen untereinander nur soweit zulässig waren, als es die Arbeit erforderte (§ 80 Abs. 1, Satz 2 DO). Für die Nacht war in der Dienstordnung die Unterbringung in Schlafzellen und Schlafkojen, soweit irgend möglich, bestimmt (§ 80 Abs. 3 DO); diese waren den jüngeren und weniger verdorbenen Gefangenen, aber auch den besonders gefährlichen und disziplinschädlichen Gefangenen zuzuweisen (§ 81 DO).

In *Hamburg* enthielt der nicht umgesetzte Entwurf zu einer neuen Gefängnisordnung von 1889 Bestimmungen über Einzel- und Gemeinschaftshaft (II. Abschnitt, VII. Kapitel). Die 1898 erlassenen Hausordnung für die Hamburgischen Strafgefängnisse umfaßte dagegen keine Vorschriften über Einzel- oder Gemeinschaftshaft.

Während in der *Hausordnung für die bayerischen Strafanstalten von 1907* von Gemeinschaftshaft und Einzelhaft die Rede war (§§ 16-22), ging es in der *Hausordnung für die Gerichtsgefängnisse von 1910* um die Einzelverwahrung in Abgrenzung zur gemeinschaftlichen Haft (§§ 32 ff.). Die Hausordnung von 1907 stellte die Bestimmungen über die Gemeinschaftshaft in Abweichung zu den Grundsätzen von 1897 systematisch vor die Vorschriften über die Einzelhaft. Die Entscheidung darüber, in welcher Haftart die Gefangenen untergebracht wurden, traf der Vorstand (§ 17 Abs. 2). Die Gemeinschaftshaft bestand darin, daß mehrere Gefangene zusammen derart verwahrt wurden, daß ihr Verkehr untereinander durch Aufsicht möglichst beschränkt war. Als Gemeinschaftshaft galt es auch, wenn ein einzeln verwahrter Gefangener während der Arbeit außerhalb der Zelle beschäftigt wurde oder bei der Bewegung im Freien mit anderen Gefangenen verkehren durfte (§ 16 Abs. 2). Während der Nacht waren die Gefangenen tunlichst voneinander zu trennen. Eine getrennte Verwahrung unter anderem in den Arbeits- und Schlafräumen war auch für Gefangene mit schädlichem Einfluß vorgesehen (§ 16 Abs. 4). Der § 19 der Hausordnung von 1907 stellte wie schon die Grundsätze von 1897 klar, daß es sich bei der Einzelhaft um die des § 22 des RStGB handelte. Sie war bei der Vollstreckung von Zuchthaus- und Gefängnisstrafen vorzugsweise anzuwenden bei Gefangenen, die das fünfundzwanzigste Lebensjahr noch nicht vollendet oder Zuchthaus-, Gefängnis- oder geschärfte Haftstrafe noch nicht verbüßt hatten. Wenn es die Einrichtungen der Anstalt gestatteten, sollten alle Gefangenen wenigstens für die erste Zeit nach ihrer Einlieferung in Einzelhaft gehalten werden. Damit waren die Fallgruppen ähnlich bestimmt wie in § 11 der Grundsätze von 1897. Ohne die Zustimmung des Gefangenen durfte die Einzelhaft die Dauer von drei Jahren nicht überschreiten. Neu gegenüber den Grundsätzen von 1897 war die Bestimmung, daß der Gefangene bei Abgabe seiner Zustimmung für den Rest der Strafe oder mindestens für die Dauer von drei Monaten an diese gebunden war (§ 19 Abs. 3). Ausgeschlossen war die Einzelhaft bei Gefahr für den körperlichen oder geistigen Zustand des Gefangenen (§ 20).

Eine klare Bevorzugung der Einzelverwahrung erfolgte für Gefängnis- und Haftgefangene in der Hausordnung von 1910. So waren, falls die nötige Zahl von Hafträumen vorhanden war, alle Gefangenen bei Tag und Nacht allein zu verwahren und von jedem Verkehr mit anderen Gefangenen auszuschließen (§ 32). Die Einzelverwahrung war insbesondere vorgesehen für Strafgefangene, die das fünfundzwanzigste Lebensjahr noch nicht vollendet hatten (§ 32 Abs. 4, Nr. 2), für Gefangene von denen ein nachteiliger Einfluß auf andere zu befürchten war (§ 32 Abs. 4, Nr. 3) und solche, für die der Hausarzt Einzelverwahrung empfahl (§ 32 Abs. 4, Nr. 4). Bei der gemeinschaftlichen Haft waren die Räume in der Regel mit drei oder mehr Gefangenen zu belegen (§ 34 Abs. 1, Satz 1), dabei war bei der Auswahl der Gefangenen, die einen Haftraum miteinander teilen sollten, auf die persönlichen Verhältnisse Rücksicht zu nehmen (§ 34 Abs. 2).

d. Der Vorentwurf zu einem deutschen Strafgesetzbuch (1909)

Der Vorentwurf zu einem deutschen Strafgesetzbuch von 1909 kannte sowohl Einzel- als auch Gemeinschaftshaft, wobei der Einzelhaft der Vorzug gegeben wurde. Diese böte für die Unschädlichkeit der Gefangenen nach deren Entlassung eine bessere Gewähr, während die Gemeinschaftshaft ein notwendiges Übel darstelle.[745] Im Vorentwurf fand die Einzelhaft ihre Regelung in § 22. Nach Absatz 1 waren Zuchthaus- und Gefängnisgefangene zu Beginn der Strafzeit in Einzelhaft zu halten, und zwar Zuchthausgefangene mindestens sechs, Gefängnisgefangene mindestens drei Monate, bei kürzerer Strafzeit während der ganzen Strafdauer. Auch Haftgefangene waren in Einzelhaft zu nehmen, wenn von ihnen ein schädlicher Einfluß auf Mitgefangene zu befürchten oder wenn aus anderen Gründen ihre Absonderung angemessen war. Ein Fortdauern der Einzelhaft über den Mindestzeitraum hinaus war nach Absatz 2, Satz 2 des § 22 dann zwingend erforderlich, wenn von dem Gefangenen ein schädlicher Einfluß auf Mitgefangene zu befürchten war. Ohne Zustimmung des Gefangenen durfte die Einzelhaft drei Jahre jedoch nicht übersteigen. Bei Gefahren für den körperlichen oder geistigen Zustand des Gefangenen war die Einzelhaft gemäß Absatz 3 ausgeschlossen. Absatz 4 setzte fest, daß der Gefangene nach Ablauf der Einzelhaft mit anderen Gefangenen gemeinsam beschäftigt, jedoch bei Nacht möglichst von anderen Gefangenen getrennt gehalten werden mußte. Das Verlangen eines Gefangenen, in Einzelhaft gehalten zu werden, war gemäß Absatz 5 tunlichst zu berücksichtigen.

Die Gründe dafür, daß der Vorentwurf der Einzelhaft im Strafvollzug einen so breiten Raum zuwies, wurden ausführlich in der Begründung dargelegt.[746] Dabei wurde als Vorzug der Einzelhaft darauf verwiesen, daß sie einen heilsamen Einfluß auf den Gefangenen habe. Die Einzelhaft halte den noch Besserungsfähigen zum Nachdenken über seine Tat, seine Lage, seine Vergangenheit und Zukunft an, sie befördere die in-

---

745 Vgl. Hofmann, Strafvollzug in Stufen, S. 22.

746 Vgl. VE, Begründung, Allgemeiner Teil, S. 71 ff.

nere Einkehr, die Reue und den Entschluß zu einem besseren künftigen Leben.[747] Andererseits sei sie das sichere Mittel, schädliche Einflüsse Gefangener aufeinander zu vermeiden. Die Einzelhaft nehme so der Freiheitsstrafe die schädliche Wirkung, die diese, in Gemeinschaftshaft vollzogen, vielfach habe und beseitige im wesentlichen den als Hauptgrund gegen die kurzen Freiheitsstrafen verwandten Vorwurf, daß der Aufenthalt in den Anstalten nicht bessere, sondern verderbe, daß sie „Hochschulen des Verbrechens" darstellten.[748] Die Einzelhaft vertiefe ferner den Eindruck der Strafe, indem sie von dem Gefangenen alle Zerstreuungen und Unterhaltungen der Gemeinschaftshaft fernhalte, die ihm die Entziehung der Freiheit weniger fühlbar machten.

Das gegen die Einzelhaft vorgebrachte Argument, daß die Einzelhaft bei längerer Dauer eine schädliche Wirkung auf die Gesundheit der Gefangenen ausübe, habe sich nicht bestätigt.[749] Auch zu hohe Kosten ließ die Begründung nicht als Argument gegen die Einzelhaft gelten: „Denn die seit längeren Jahren in Deutschland eifrig geförderten, auf die Verbesserung des Strafvollzugs gerichteten Bestrebungen hatten vorzugsweise zum Ziele, die Gemeinschaftshaft einzuschränken und die Einzelhaft in möglichst weitem Umfange zur Anwendung zu bringen."[750] Dies hatte laut Begründung im Laufe der Zeit eine so starke Vermehrung der Einzelzellen zur Folge gehabt, daß deren Zahl ohne zu große Kosten in einigen Jahren derart erhöht werden könnte, daß die Vorschriften des Entwurfs praktisch durchführbar seien.

Obwohl die Berechtigung der Einzelhaft grundsätzlich auch in der Literatur anerkannt wurde, erhoben sich gegen die Fassung des § 22 des Vorentwurfs einige Bedenken. Aus den in § 22 Absatz 1 enthaltenen Mindestzeiten der Einzelhaft für Zuchthaus- und Gefängnisgefangene von sechs bzw. drei Monaten folgerte Krohne, daß der Vorentwurf die Einzelhaft als Strafschärfung ansah.[751] Krohne wies aber darauf hin, daß die Einzelhaft auch einen Schutz vor dem Kontakt mit Schwerverbrechern bezwecke und damit „für alle nicht ganz verdorbenen Verurteilten eine Erleichterung der Strafe" bedeute.[752] Hinsichtlich der Mindestdauer von drei bzw. sechs Monaten wurde dem Vorentwurf darüber hinaus eine willkürliche Festsetzung ohne innere Berechtigung vorgeworfen.[753] Kritik ergab sich auch aus der in § 22 Absatz 1, Satz 2 grundsätzlich vorgesehenen Gemeinschaftshaft für Haftgefangene. Dabei wurde das Problem angesprochen, daß auch bei der Haftstrafe die Gefangenen einen schlechten Einfluß aufeinander ausüben könnten. Die Haft müsse als leichteste Strafart aber von allen die Ge-

747 VE, Begründung, Allgemeiner Teil, S. 71 f.

748 VE, Begründung, Allgemeiner Teil, S. 71.

749 Vgl. VE, Begründung, Allgemeiner Teil, S. 72.

750 VE, Begründung, Allgemeiner Teil, S. 76.

751 Referat Krohnes, Freiheitsstrafen und Strafvollzug nach dem Vorentwurfe, Mitt. der IKV, Bd. 18 (1911), S. 257.

752 Krohne, Freiheitsstrafen und Strafvollzug nach dem Vorentwurfe, Mitt. der IKV, Bd. 18 (1911), S. 257.

753 Michal, BlGefk 45 (1911), 173 (189).

fangenen benachteiligenden Nebenwirkungen freigehalten werden.[754] Widerspruch rief ferner die Formulierung in § 22 Absatz 4 hervor, daß nach Ablauf der Einzelhaft die Gefangenen bei Nacht nur „möglichst" getrennt von anderen Gefangenen gehalten werden sollten. Aus einer Zusammenlegung der Gefangenen bei Nacht seien keine Vorteile zu erwarten, sondern große Gefahren zu befürchten.[755] Es wurde deshalb eine zwingende Trennung gefordert. Auf der anderen Seite erfuhr die grundsätzliche Trennung der Gefangenen in Gemeinschaftshaft bei Nacht grundsätzlich Billigung. Sollte dies aber durch Unterbringung in Schlafzellen geschehen, so wäre diese Vorschrift laut Krohne in absehbarer Zeit kaum durchzuführen. Zumindest müßte den Bundesstaaten eine Frist gelassen werden, um die notwendigen Einrichtungen zu treffen.[756] Gegen das Argument der zu hohen Kosten für die grundsätzlich vorgesehene Trennung der Gefangenen bei Nacht wandte sich die Begründung des Vorentwurfes. Dies wären Kosten, die in dem Übergangszeitraum von zehn Jahren ohne merkbare Mehrbelastung der Staatskassen aufgebracht werden könnten.[757]

e. Der Gegenentwurf zum Vorentwurf eines deutschen Strafgesetzbuches von 1911

Der Gegenentwurf war im Vergleich zum Vorentwurf im Hinblick auf die Einzelhaft dahingehend rigoroser gefaßt, als nach § 45 Absatz 1, Satz 1 die Gefängnisstrafen, soweit sie die Dauer von zwei Jahren nicht überstiegen, in Einzelhaft verbüßt werden mußten. Im übrigen waren nach Satz 2 alle Gefangenen am Anfang der Strafzeit in Einzelhaft unterzubringen, und zwar Zuchthausgefangene je nach Dauer ihrer Strafe und der Disziplinarklasse, der sie gemäß § 41 Absatz 4 nach Alter, Charakter, Vorleben und Straftat zugewiesen waren, mindestens drei und höchstens neun Monate. Damit war die Mindestzeit in Einzelhaft für Zuchthausgefangene um drei Monate geringer bemessen als in § 22 Absatz 1 des Vorentwurfes. Die strenge Durchführung der Einzelhaft bei der Gefängnisstrafe erschien dem Gegenentwurf notwendig, nicht nur um „jeder moralischen Ansteckung vorzubeugen", sondern auch um der Gefängnisstrafe die abschreckende Wirkung zu sichern. [758] In diesem Sinne war die Forderung der Einzelhaft für Gefängnis im Gegenentwurf der Ersatz für die von diesem abgelehnten „Schärfungen" im Sinne von § 18 des Vorentwurfes.

Gemäß § 45 Absatz 2 des Gegenentwurfes wurden nach Ablauf der Einzelhaft die Gefangenen gemeinsam beschäftigt, Zuchthausgefangene unter Trennung der Disziplinarklassen; bei Nacht mußten die Gefangenen voneinander getrennt gehalten werden,

---

754 So Aschrott, Reform des Reichsstrafgesetzbuchs, Band 1, S. 105; vgl. Zusammenstellung gutachterl. Äußerungen, S. 43.

755 Aschrott, Reform des Reichsstrafgesetzbuchs, Band 1, S. 105.

756 Krohne, Freiheitsstrafen u. Strafvollzug nach dem Vorentwurfe, Mitt. der IKV, Bd. 18 (1911), S. 258.

757 Vgl. VE, Begründung, Allgemeiner Teil, S. 77.

758 GE, Begründung, S. 77.

es sei denn, daß der Zustand einzelner oder eine vorübergehende nächtliche Abwesenheit der Gefangenen von der Anstalt bei Arbeiten außerhalb derselben eine gemeinsame Verwahrung nötig machte. Hier war in Abweichung zum Vorentwurf die Trennung nicht nur „möglichst" durchzuführen, sondern von ihr durfte nur in geregelten Ausnahmefällen abgesehen werden. Die Einzelhaft hatte fortzudauern, wenn von dem Gefangenen schädlicher Einfluß auf Mitgefangene oder eine Gefahr für die Sicherheit zu befürchten war. Während nach dem Vorentwurf Einzelhaft nur für drei Jahre ohne Einwilligung des Verurteilten zulässig sein sollte (§ 22 Absatz 2 VE), sah der § 45 des Gegenentwurfs damit eine aus individuellen Gründen darüber hinausgehende Zeit vor. Das Verlangen eines Gefangenen nach Fortdauern der Einzelhaft war bei Haft- und Gefängnisgefangenen in Abweichung zu § 22 Absatz 5 des Vorentwurfes nicht nur tunlichst sondern stets, bei Zuchthausgefangenen dann zu berücksichtigen, wenn es durch besondere Umstände gerechtfertigt war, insbesondere der Gefangene der ersten Disziplinarklasse zugehörte. Einzelhaft war nach Absatz 3 des § 45 entsprechend dem § 22 Absatz 3 des Vorentwurfes dann ausgeschlossen, wenn anzunehmen war, daß sie mit Gefahr für den körperlichen oder geistigen Zustand des Gefangenen verbunden sein würde. Für den Vollzug der Haftstrafe stellte sich der Gegenentwurf in § 45 im wesentlichen auf den Standpunkt, den § 22 des Vorentwurfes für den Vollzug der Gefängnisstrafe einnahm, d.h. zu Beginn Einzelhaft, später Gemeinschaftshaft.[759]

f. Die Vorschläge zu einem Entwurf eines Reichsgesetzes über den Vollzug der gerichtlich erkannten Freiheitsstrafen vom Verein deutscher Strafanstaltsbeamter (1911)

Als Haftformen waren in den Vorschlägen von 1911 nebeneinander die Einzel- und Gemeinschaftshaft genannt (§ 27 Abs. 1). Die Einzelhaft wurde dabei insofern bevorzugt, als der Strafvollzug regelmäßig mit Einzelhaft beginnen sollte (§ 29 Abs. 3), grundsätzlich waren aber bei der Wahl der Haftform die Persönlichkeit und das Vorleben des Gefangenen zu berücksichtigen (§ 27 Abs. 2), so daß kein starres System vorgeschrieben wurde. Auch das Verlangen des Gefangenen, in Einzelhaft gehalten zu werden, war tunlichst zu berücksichtigen (§ 29 Abs. 1). Bei der Annahme einer Gefahr für den körperlichen oder geistigen Zustand des Gefangenen war die Einzelhaft ausgeschlossen (§ 29 Abs. 2), generell durfte sie die Dauer von drei Jahren nicht übersteigen (§ 29 Abs. 5, Satz 1).

Für die Gemeinschaftshaft schrieben die Vorschläge von 1911 vor, daß eine Trennung der Gefangenen während des Aufenthalts im Freien, im Gottesdienst und Schulunterricht damit nicht ausgeschlossen war; für die Nacht erfolgte die Trennung der Gefangenen, soweit nicht der Zustand einzelner eine gemeinsame Verwahrung nötig machte (§ 30).

759 GE, Begründung, S. 79.

g. Die Vorschläge zu einem Reichsgesetz über den Vollzug der Freiheitsstrafen und sichernden Maßnahmen vom Verein deutscher Strafanstaltsbeamter (1913)

Die Vorschläge zu einem Reichsgesetz über den Vollzug der Freiheitsstrafen und sichernden Maßnahmen des Vereins deutscher Strafanstaltsbeamter von 1913 sahen als mögliche Haftformen die Einzel- und Gemeinschaftshaft vor. Bei der Anordnung der jeweiligen Haftform war auf die Persönlichkeit, die Tat und das Vorleben des Gefangenen Rücksicht zu nehmen (§ 18). Damit wurde im Gegensatz zu den Vorschlägen von 1911 auch die Tat als Gesichtspunkt zur Auswahl der Haftform einbezogen. Zwar galt für die Wahl der Haftform das Individualisierungsprinzip, die Kommission schrieb der Einzelhaft aber einen „höheren Wert" zu.[760] Deswegen sollte der Vollzug regelmäßig mit Einzelhaft beginnen (§ 20 Absatz 1). Strafen bis zur Dauer von drei Monaten wurden, wenn möglich, ganz in Einzelhaft vollzogen. Die Einzelhaft konnte fortdauern, solange sie erforderlich erschien, ohne Zustimmung des Gefangenen jedoch nicht über drei Jahre hinaus. Sie hatte über diese Grenze hinaus fortzudauern, wenn von dem Gefangenen ein schädlicher Einfluß auf die Mitgefangenen zu befürchten oder die Sicherheit gefährdet war. Die Einzelhaft blieb dagegen ausgeschlossen, wenn anzunehmen war, daß sie mit Gefahr für den körperlichen oder geistigen Zustand des Gefangenen verbunden sein würde. Von zwingender Festsetzung der Einzelhaft für den Beginn der Strafzeit auf etwa drei Monate sah die Kommission aufgrund der individuell verschiedenen Wirkung der Einzelhaft auf die einzelnen Häftlinge ab.[761] Zudem hielt sie den Umstand, daß die Einzelhaft für Strafen von verschiedener Dauer immer gleich bemessen sein sollte, für bedenklich.

Nach § 20 Absatz 2 war den Anträgen von Gefangenen, in Einzelhaft untergebracht zu werden, stattzugeben. Damit wurde die nach erster Lesung durch das Wort „tunlichst" noch vorhandene Einschränkung aufgehoben. Dies wurde aufgrund des Umstandes bedauert, daß somit die Einzelhaft ohne Rücksicht darauf, ob die Isolierung machbar und vom Vorstand für den Gefangenen für gut oder nützlich befunden wurde, durchgeführt werden mußte.[762] Die Einzelhaft war grundsätzlich in der Form vorgesehen, daß der Gefangene allein in einer Zelle verwahrt und auch für die Arbeit, den Aufenthalt im Freien, (§ 21, Absatz 2), den Gottesdienst und den Schulunterricht von den anderen Gefangenen getrennt gehalten wurde (§ 19). Für den Aufenthalt im Freien, den Gottesdienst und den Schulunterricht konnte von der Trennung abgesehen werden. Der § 19 der Vorschläge in zweiter Lesung entsprach inhaltlich dem § 28 der Vorschläge nach 1. Lesung von 1911. Damit wurde der Änderungsvorschlag Reichs nicht aufgenommen, der durch eine abweichende Formulierung klarstellen wollte, daß bei der Bewe-

760 BlGefk, Sonderheft B zu Band 47 (1913), S. 34.
761 Vgl. dazu BlGefk, Sonderheft B zu Band 47 (1913), S. 35.
762 Reich, BlGefk 48 (1914), 186 (188).

gung im Freien ein ausreichender Abstand zwischen den Gefangenen zu gewährleisten sei.[763]

Bei der Gemeinschaftshaft war eine Trennung der Gefangenen während des Aufenthalts im Freien, im Gottesdienst und im Schulunterricht nicht ausgeschlossen (§ 21 Abs. 1). Durch die Hausordnung sollte bestimmt werden, wieweit ein Verkehr zwischen den Gefangenen stattfinden durfte (§ 21 Absatz 2). Für die Nacht wurden die Gefangenen voneinander getrennt, soweit nicht der körperliche oder geistige Zustand einzelner die gemeinsame Verwahrung nötig machte. Eine dem § 21 Absatz 2 der Vorschläge entsprechende Regelung, daß durch Hausordnung bestimmt werden sollte, wieweit ein Verkehr zwischen den Gefangenen stattfinden durfte, gab es nach den Vorschlägen erster Lesung noch nicht. Die Festsetzung eines Schweigegebots für die Gefangenen in Gemeinschaftshaft wurde dagegen schon 1911 für zwecklos und undurchführbar erachtet. Während auch die 1912 erneut zusammengetretene Kommission ein Schweigegebot in der Gemeinschaftshaft nicht für durchführbar hielt,[764] forderte Reich eine Bestimmung dahingehend, daß zur „Aufrechterhaltung der allgemeinen Sicherheit, Ruhe, Ordnung und Disziplin in der Strafanstalt [...] der mündliche, schriftliche und sonstige Verkehr der Gefangenen untereinander verboten" werden müßte.[765] Das Argument der fehlenden Durchsetzbarkeit ließ er nicht gelten. Seiner Ansicht nach wäre die praktische Durchsetzung durch ausreichende Beaufsichtigung und zweckentsprechend angelegte Gemeinschaftshaft möglich.[766]

h. Der Entwurf der Strafrechtskommission von 1913 und der überarbeitete Entwurf von 1919

Die Kommission für die Reform des Strafgesetzbuchs befaßte sich in 1. Lesung am 2. und 3. Mai 1911 mit der Einzelhaft.[767] Zunächst wurde erörtert, ob die Anwendung der Einzelhaft in das Ermessen der Vollzugsbehörde gestellt werden könnte. Dieser Vorschlag wurde im Laufe der Beratungen zurückgenommen, da die Einzelhaft als Abschreckungsmittel betrachtet wurde und der Besserung der Gefangenen dienen sollte. Für eine Ermessensausübung der Vollzugsbehörde ergab sich deshalb kein Spielraum. Mit 13 gegen 4 Stimmen entschied sich die Kommission dafür, die Einzelhaft für den Beginn von Zuchthaus- und Gefängnisstrafe zwingend vorzusehen. Die Mehrheit der Kommission sprach sich für die Festsetzung einer Mindestfrist von drei Monaten für die Einzelhaft aus. Es wurde aber abgelehnt, die Einzelhaft für Zuchthausgefangene länger fortdauern zu lassen als für Gefängnisgefangene, da dadurch der Eindruck erweckt würde, daß die Einzelhaft eine Strafschärfung sei. Ein Antrag dahingehend, die

763 Reich, BlGefk 47 (1913), 9 (18).
764 Vgl. BlGefk, Sonderheft B zu Band 47 (1913), S. 37.
765 Reich, BlGefk 47 (1913), 9 (19).
766 Reich, BlGefk 47 (1913), 9 (19); vgl. auch Reich, BlGefk 48 (1914), 186 (191 f.).
767 Zu den Beratungen der Strafrechtskommission über die Einzelhaft vgl. Schubert, Protokolle der Kommission für die Reform des Strafgesetzbuches (1911-1913), Bd. 1, S. 96 ff.

Einzelhaft auch für Haftgefangene zuzulassen, wenn ihre Absonderung angemessen sei, wurde von der Kommission einstimmig angenommen.

Der § 60 Absatz 1 des Entwurfs von 1913 bestimmte schließlich, daß zu Beginn der Strafzeit Zuchthaus- und Gefängnisgefangene mindestens drei Monate, Gefangene mit kürzeren Strafen während der ganzen Strafdauer in Einzelhaft zu halten waren, wenn nicht die Vorschriften des Strafvollzugsgesetzes Ausnahmen gestatteten. Haft- und Einschließungsgefangene sowie die wegen Landstreichens, Bettelns, Verletzung der Unterhaltspflicht oder Zuwiderhandelns gegen ein Aufenthaltsverbot zu Gefängnis Verurteilten waren in Einzelhaft unterzubringen, soweit die Anstaltsbehörde ihre Absonderung für angemessen hielt; dasselbe galt für jugendliche Gefangene. Auch nach dem Entwurf von 1913 war bei Gefahr für den körperlichen oder geistigen Zustand des Gefangenen die Einzelhaft ausgeschlossen (§ 60 Abs. 3) und das Gesuch des Gefangenen, in Einzelhaft gehalten zu werden, möglichst zu berücksichtigen (§ 60 Abs. 4). Über den Zeitraum von drei Jahren konnte die Einzelhaft ohne Zustimmung des Gefangenen hinausgehen, wenn von ihm ein schädlicher Einfluß auf Mitgefangene zu befürchten war oder das Fortdauern aus Gründen der Sicherheit geboten erschien (§ 60 Abs. 3, Satz 3). Die Regelung der Einzelhaft im Entwurf von 1913 entsprach weitgehend dem § 51 des Entwurfs von 1919, mit der Ausnahme, daß der Katalog des § 60 Absatz 3 des Entwurfs von 1913 im Entwurf von 1919 in § 51 Absatz 1, Satz 4 um die Fälle der Arbeitsverweigerung, „Gewerbsunzucht" und Zuhälterei erweitert wurde. Nach der Denkschrift zum Entwurf von 1919 sollte die Vorschrift über die Einzelhaft bei Übernahme in ein Strafvollzugsgesetz dahingehend überprüft werden, ob sie dem Stand der Gefängniskunde entsprach und praktisch durchführbar war.[768]

Gegen die in den Entwürfen vorgesehene zwingende Durchführung der Einzelhaft in den ersten drei Monaten wurden Bedenken aufgrund der Bedeutung in finanzieller Hinsicht erhoben.[769] Es wurde dabei vorgeschlagen, den zwingenden Charakter der Vorschrift zu beseitigen und so den Verwaltungsbehörden weiterhin einen Spielraum zu überlassen.

j. Die Grundsätze für den Vollzug von Freiheitsstrafen von 1923 und deren Umsetzung in Preußen, Hamburg und Bayern

Die Grundsätze von 1923 verzichteten darauf, sich für ein bestimmtes Haftsystem zu entscheiden und führten neben der bereits bestehenden Einzel- und Gemeinschaftshaft die Zellenhaft ein (§ 38 der Grundsätze). Sie erlaubte entgegen der Einzelhaft zu be-

---

768 Denkschrift zu dem Entwurf von 1919, S. 59.

769 Vgl. das Schreiben des Preußischen Finanzministers an den Minister des Innern vom 7.11.1912, GStAPK, Hauptabt. I, Rep. 77, Tit. 114, Nr. 332, Bd. 3, Bl. 108. Von einer geringen finanziellen Bedeutung zumindest für die Anstalten seines Ressorts ging der Minister des Innern aus; vgl. sein Schreiben an den Justizminister vom 21.12.1912, GStAPK, Hauptabt. I, Rep. 77, Tit. 114, Nr. 332, Bd. 3, Bl. 129.

stimmten Zeiten und Anlässen den Kontakt mit anderen Gefangenen. Die Zellenhaft wurde in der zweiten Beratung des Rechtspflegeausschusses des Reichsrates eingeführt auf Vorschlag von Baden und Bayern.[770] Eine dem § 38 der Grundsätze wörtlich entsprechende Regelung erfolgte auch in der Umsetzung der Grundsätze in den Dienst- und Vollzugsordnungen der Länder (§ 65 Abs. 1 der DVO Preußens, § 140 der DVO Hamburgs, § 46 Abs. 1 der DVO Bayerns). Grundsätzlich lehnte sich die Umsetzung durch die Länder bezüglich der Arten der Unterbringung sehr genau an die Grundsätze von 1923 an. Eine wichtige Ausnahme zeigte sich aber im Hinblick auf die Bevorzugung eines Haftsystems. Während der § 38 der Grundsätze keine Entscheidung für ein bestimmtes Haftsystem traf, sondern Einzel-, Zellen- und Gemeinschaftshaft gleichberechtigt nebeneinander stellte, wurde in der DVO Hamburgs die Gemeinschaftshaft als regelmäßige Form des Strafvollzugs hingestellt (§ 144 Abs. 1, Satz 1). Einzel- oder Zellenhaft sollten in Hamburg nur in besonderen Ausnahmefällen angewandt werden (§ 144 Abs. 2). In Preußen sollten im Gegensatz dazu nach § 66 Abs. 1, Satz 2 der DVO, soweit möglich, zunächst die Zellen und erst dann die Gemeinschaftsräume belegt werden. Die preußische Vorschrift wurde erlassen, um der Praxis, die Gefangenen mit Vorliebe in Gemeinschaftsräumen unterzubringen, entgegenzutreten.[771] Damit stellten sowohl die hamburgische als auch die preußische DVO die Haftsysteme nicht gleichberechtigt nebeneinander, sondern bevorzugten die Gemeinschafts- bzw. die Einzel- und Zellenhaft. Im übrigen gingen die Dienst- und Vollzugsordnungen aber weitgehend mit den Vorschriften der Grundsätze konform.

Nach § 44 der Grundsätze von 1923 galt für die Wahl der Haftform: „In Einzelhaft oder in Zellenhaft sind vorzugsweise Gefangene unterzubringen, bei denen hiervon ein günstiger Einfluß zu erwarten ist und die noch keine oder nur geringfügige Freiheitsstrafen verbüßt haben. Wird ein Gefangener in Einzelhaft oder Zellenhaft genommen, so sollen in der Regel kurze Strafen ganz, von längeren Strafen mindestens die ersten drei Monate der Strafzeit vollzogen werden."[772] Nach Möglichkeit war bei der Wahl der Haftform dem Wunsch des Gefangenen nachzukommen (§ 43).[773] Gefangene, von denen ein schädlicher Einfluß auf die Mitgefangenen zu befürchten war, waren, soweit

---

770 Vgl. StA Hamburg, Senat (111-1), Cl. I Lit. T No. 7 Vol. 6 Fasc. 7 Inv. 6, Nr. 25.

771 Klein vermutete, daß die vorrangige Unterbringung der Gefangenen in den Gemeinschaftsräumen auf der Bequemlichkeit des Personals beruhte, es wurde aber versucht, dieses Verfahren mit der Einsparung von Heizmaterial oder mit den Interessen des Arbeitsbetriebes zu rechtfertigen. Nach Auffassung Kleins sollten nur solche Gefangene schon bei ihrer Aufnahme der Gemeinschaftshaft zugeteilt werden, wenn deren körperlicher und geistiger Zustand die Gemeinschaftshaft erforderten; vgl. Klein, Die Vorschriften über Verw. und Vollzug in den Gefangenanstalten der Preuß. Justizverw. (4. Aufl.), zu § 66, S. 147.

772 Vgl. die DVO Preußens (§ 66 Abs. 3) und Bayerns (§ 48). In Hamburg fehlte eine entsprechende Regelung, da hier die Gemeinschaftshaft als regelmäßige Form des Strafvollzugs angenommen wurde und Einzel- und Zellenhaft nur in besonderen Ausnahmefällen angewandt werden sollten (§ 144).

773 Vgl. Preußen: § 66 Abs. 1, 5 DVO, Hamburg: § 145 DVO, Bayern: § 47 Abs. 1-3 DVO.

möglich, in Einzel- oder Zellenhaft zu halten" (§ 45 Abs. 1).[774] Gefangene, die ihre Mitgefangenen erheblich belästigten, waren aus der Gemeinschaftshaft oder der gemeinsamen Unterbringung bei Nacht ebenfalls nach Möglichkeit fernzuhalten (§ 45 Abs. 2).[775] Auch für Angehörige der Wehrmacht galt, daß sie nach Möglichkeit in Einzel- oder Zellenhaft oder getrennt von anderen Gefangenen unterzubringen waren (§ 46).[776] Bei der Zusammenlegung der Gefangenen in Gemeinschaftshaft waren die Persönlichkeit, insbesondere das Lebensalter und der Bildungsgrad, ferner die Tat und das Vorleben zu berücksichtigen (§ 47 Abs. 1); Gefangene, die zum ersten Mal eine Freiheitsstrafe verbüßten, sollten nicht mit Gefangenen zusammengelegt werden, die schon erheblich vorbestraft waren (§ 47 Abs. 2).[777]

In der Einzelhaft wurde der Gefangene Tag und Nacht von anderen Gefangenen getrennt gehalten (§ 39 der Grundsätze), während in der Zellenhaft die Bewegung im Freien, der Gottesdienst, der Unterricht und andere besondere Anlässe in Gemeinschaft mit anderen Gefangenen erfolgten (§ 40).[778] Sowohl die Einzel-, als auch die Zellenhaft waren ausgeschlossen, wenn sie den Gefangenen körperlich oder geistig gefährdeten (§ 41).[779] Schon früher gab es die Zellenhaft, sie wurde nur nicht so benannt, sondern als gemilderte Einzelhaft betrachtet. Dabei bestanden verschiedene Ansichten darüber, ob eine derartigen gemilderte Einzelhaft noch als Einzelhaft im Sinne des Gesetzes gelten sollte.[780] Nach den Grundsätzen war Wesen der Einzelhaft die Trennung der Gefangenen bei Tag und Nacht (§§ 39, 40). Jegliche Kontaktaufnahme der Gefangenen untereinander war verboten, sei es durch Klopfzeichen, Übermittlung von Zetteln oder Zeichen (§ 127 Absatz 2). Zudem waren die von der Einzelhaft Betroffenen nur in ihrer Zelle zu beschäftigen, um den Kontakt mit anderen Gefangenen zu unterbinden. Dasselbe galt grundsätzlich auch für die Zellenhaft (§ 40); sie wurde eingeführt, um die Trennung der Gefangenen bei Tag und Nacht, jedoch unterbrochen durch regelmäßiges Zusammentreffen, festzulegen. Diese Form der Haft fiel weder unter die Definition der Einzelhaft des StGB, wonach eine unausgesetzte Sonderung vonnöten war, noch unter den Begriff der Gemeinschaftshaft, der ein Zusammenbringen wenigstens tagsüber erforderte.[781]

---

774 So auch die DVO Preußens (§ 66 Abs. 1, Satz 3), Hamburgs (§ 146 Abs. 1) und Bayerns (§ 48 Abs. 1).

775 So auch die DVO Preußens (§ 68 Abs. 4, Satz 3), Hamburgs (§ 146 Abs. 2) und Bayerns (§ 51 Abs. 4).

776 So auch die DVO Preußens (§§ 66 Abs. 2, 184), Hamburgs (§ 147) und Bayerns (§ 52).

777 So auch die DVO Preußens (§ 68 Abs. 4, Satz 1), Hamburgs (§ 149 Abs. 1, 2) und Bayerns (§ 51 Abs. 1, 2).

778 Vgl. auch § 65 Abs. 2, 3 der DVO Preußens, §§ 141, 142 der DVO Hamburgs; § 46 Abs. 2, 3 der DVO Bayerns.

779 Preußen: § 65 Abs. 4 DVO, Hamburg: § 148 Abs. 1 DVO, Bayern: § 47 Abs. 4 DVO.

780 Ehrenforth, Rechtsstellung der Gefangenen, S. 35.

781 Vgl. den Diskussionsbeitrag Umhauers, Mitt. der IKV, 19. Versammlung zu Hamburg, 1924, Bd. 22, S. 98.

Die von den Grundsätzen getroffene Unterscheidung von Einzelhaft und Zellenhaft erfuhr auch Widerspruch. Jedes Gemeinschaftsgefühl und damit jede Stimmung erhebender Art werde zerstört, wenn, wie bei der Einzelhaft nötig, Kirche und Schule durch Bretterwände in Einzelzellen zerlegt würden.[782] Liepmann zur Folge standen die Grundsätze im Bann einer Überschätzung der Einzelhaft, sie hätten sich infolgedessen verleiten lassen, eine rückläufige, im wesentlichen überwundene Entwicklung neu zu stärken. Dabei solle klar sein, daß der progressive Strafvollzug die Erziehung fürs Leben anstrebe und das Schwergewicht seiner Arbeit in die Gemeinschaftshaft legen müsse.[783] Nach Ansicht von Hippels hatte die Einzelhaft der Grundsätze überhaupt keine Existenzberechtigung als Haftform.[784] Fraglich war darüber hinaus, ob der § 22 Absatz 2 des Strafgesetzbuches von 1871 auch auf die Zellenhaft Anwendung finden konnte.[785] Das StGB unterschied nur Einzel- und Gemeinschaftshaft, die Zellenhaft wurde nicht erwähnt. Streng genommen war der Gefangene bei der Zellenhaft nicht strikt von der Außenwelt getrennt und es lag damit auch keine Einzelhaft vor, die nach dem StGB in der unausgesetzten Sonderung des Gefangenen bestand. Bei Beachtung des gesetzgeberischen Willens konnte die Zellenhaft aber nicht zur Gemeinschaftshaft zählen und es mußten vielmehr die Grundsätze des Strafgesetzbuches über die Einzelhaft Anwendung finden.[786] So bestimmte auch die Vollzugsordnung Preußens, daß ein Gefangener in der Regel nicht länger als 3 Jahre in Zellenhaft belassen werden sollte (§ 65 Abs. 5). Auch in der DVO Hamburgs war geregelt, daß Einzel- und Zellenhaft ohne Zustimmung des Gefangenen die Dauer von 3 Jahren nicht übersteigen durften (§ 148 Abs. 2). In der DVO Bayerns galt die dreijährige Frist nur für die Einzelhaft (§ 49), für die Zellenhaft war keine entsprechende Regelung vorhanden.

Der § 42 der Grundsätze von 1923 enthielt Bestimmungen über die Gemeinschaftshaft.[787] Sie bestanden darin, daß der Gefangene tagsüber, besonders auch bei der Arbeit, regelmäßig mit anderen Gefangenen zusammengebracht wurde (Absatz 1). In einem Raum sollten mindestens drei und höchstens dreißig Gefangene untergebracht werden (Absatz 2). In größeren Sälen, die ausschließlich für den Arbeitsbetrieb

782 Liepmann, Die Grundsätze, Mitt. der IKV, 19. Versammlung zu Hamburg, 1924, Bd. 22, S. 53 f.

783 Liepmann, Die Grundsätze, Mitt. der IKV, 19. Versammlung zu Hamburg, 1924, Bd. 22, S. 55.

784 Diskussionsbeitrag von Hippels, Mitt. der IKV, 19. Versammlung zu Hamburg, 1924, Bd. 22, S. 83.

785 Schon die Motive zu den Grundsätzen von 1879 sahen das Problem, daß der § 22 StGB bei einer nicht streng durchgeführten Einzelhaft unanwendbar sein könnte. Dem wurde jedoch entgegnet, daß eine absolute Sonderung der Gefangenen in der Form, daß keinerlei Kontakt zwischen ihnen stattfinde, ohnehin praktisch nicht durchführbar sei (Bundesrats-Drucksachen, 1879, Bd. 2, Nr. 56, S. 34).

786 Ehrenforth, Rechtsstellung der Gefangenen, S. 37 ff.

787 Vgl. dazu die Dienst- und Vollzugsordnungen der Länder Preußen (§ 65 Abs. 6, § 68 Abs. 1-3), Hamburg (§ 143, § 144 Abs. 1) und Bayern (§ 46 Abs. 4, § 50 Abs. 1-5), die dem § 42 der Grundsätze weitgehend entsprachen.

bestimmt waren, konnten auch mehr als dreißig Gefangene untergebracht werden. Während der Mahlzeiten, der Bewegung im Freien, des Gottesdienstes und des Unterrichts konnten die Gefangenen getrennt gehalten werden. Während der Nacht waren auch die in Gemeinschaftshaft arbeitenden Gefangenen nach Möglichkeit in Einzelschlafzellen zu verwahren, soweit nicht der körperliche oder geistige Zustand einzelner die gemeinsame Unterbringung nötig machte (§ 42 Abs. 3). Die vorhandenen Schlafzellen waren vorzugsweise für jüngere oder weniger verdorbene, aber auch für besonders gefährliche oder der Ordnung schädliche Gefangene zu verwenden (§ 42 Abs. 4). Mehr als zwanzig Gefangene sollten in einem Raum während der Nacht nicht untergebracht werden (§ 42 Abs. 5). Für Gefangene, die zur Außenarbeit außerhalb der Anstalt untergebracht waren, galten die Vorschriften des § 42 Absatz 2-5 nicht (§ 42 Abs. 6). Eine ausdrückliche Bestimmung über das Schweigegebot in Gemeinschaftshaft enthielt die DVO Preußens in § 68 Absatz 6. Danach galt das Schweigegebot in gemeinschaftlichen Schlaf- und Arbeitsräumen grundsätzlich nicht. Unstatthaft waren aber Gespräche, welche die Ordnung oder die Arbeit störten. Stillschweigen wurde zur Wahrung der Nachtruhe auch in der Zeit zwischen Hinlegen und Wecken gefordert.

k. Ausblick auf die Vorlagen von 1927

Die Entwürfe vom 13. Januar und 9. September 1927 sahen die Unterbringung in Einzel- oder Gemeinschaftshaft vor (RR-Vorlage: § 51 ff., RT-Vorlage: § 58 ff.). Die Einzelhaft erhielt nur insofern eine hervorgehobene Stellung, als alle Gefangenen, soweit es die Einrichtungen und Belegungsverhältnisse gestatteten, wenigstens für die erste Zeit nach der Aufnahme in Einzelhaft unterzubringen waren (RR-Vorlage: § 54 Absatz 4; RT-Vorlage: § 61 Absatz 4). Die Entscheidung über die Haftform hatte aber der Vorsteher zu treffen (RR-Vorlage: § 54 Abs. 1, RT-Vorlage: § 61 Abs. 1), wobei dem Wunsch des Gefangenen, in Einzelhaft gehalten zu werden, möglichst entsprochen werden sollte. Dagegen war die Einzelhaft ausgeschlossen bei Gefahr für Körper und Geist des Gefangenen (§ 54 Abs. 3 bzw. § 61 Abs. 3). Wie schon im Reichsstrafgesetzbuch von 1871 durfte auch nach den Vorlagen die Einzelhaft nur mit Zustimmung des Gefangenen die Dauer von drei Jahren übersteigen (§ 55 Abs. 1 bzw. § 62 Abs. 1), dabei galt eine gegebenenfalls abgegebene Zustimmung des Gefangenen jeweils für die nächsten drei Monate. Der Unterschied zum Reichsstrafgesetzbuch lag hierbei darin, daß nach den Vorlagen die ausdrückliche Zustimmung des Gefangenen zur Fortsetzung der Einzelhaft erforderlich war und keine Beschränkung der Einzelhaft auf bestimmte Strafarten erfolgte. Aus Gründen der Sicherheit und Ordnung war gegen den Willen des Gefangenen mit Zustimmung der Aufsichtsbehörde eine über drei Jahre hinausgehende Zeit in Einzelhaft möglich (§ 55 Abs. 2 der RR-Vorlage, § 62 Abs. 2 der RT-Vorlage). Auf die durch die Einzelhaft entstehenden Gesundheitsgefahren gingen die Vorlagen insofern ein, als bei einer sechs Monate übersteigenden Dauer der Einzelhaft der Anstaltsarzt seine Zustimmung geben mußte; diese war alle sechs Monate erneut einzuholen (RR-Vorlage: § 55 Abs. 3, RT-Vorlage: § 62 Abs. 3). Anders als noch das Reichsstrafgesetzbuch von 1871 sahen die Vorlagen allerdings eine gemilderte Form der Einzelhaft vor, die der Zellenhaft der Grundsätze von 1923 entsprach.[788] Es wurde von einer unausgesetzten Trennung abgesehen, statt dessen war bei besonderen Anlässen der Kontakt mit anderen Gefangenen gestattet (§ 52 der RR-Vorlage, § 59 der RT-Vorlage). Die Isolierung war jedoch bei der Einzelhaft noch die Regel, die Zusammenkunft mit anderen Gefangenen die Ausnahme. Gemeinschaftshaft war im Gegensatz dazu durch die gemeinsame Arbeit der Gefangenen bei nächtlicher Trennung geprägt (§ 53 der RR-Vorlage, § 60 der RT-Vorlage).

3. Die Trennung der Gefangenen

Die Trennung von bestimmten Gefangenen war notwendig, um den negativen Einfluß etwa von Schwerverbrechern auf eher harmlose Gefangene zu verhindern. Weiter ergaben sich Bedürfnisse zur Trennung weiblicher und männlicher sowie jugendlicher und erwachsener Gefangener. In räumlicher und finanzieller Hinsicht brachten Vorgaben über die Trennung von Gefangenen aber auch Schwierigkeiten mit sich.

a. Das Reichsstrafgesetzbuch

Mit Ausnahme der Bestimmung, daß die Festungshaft in Festungen oder in anderen dazu bestimmten Räumen zu vollziehen war (§ 17 Abs. 3), enthielt das Reichsstrafgesetzbuch von 1871 keine Vorschriften darüber, in welcher Form die Gefangenen unterzubringen waren und ob ein Kontakt zwischen den zu unterschiedlichen Strafarten verurteilten Gefangenen gestattet war.

b. Der Entwurf eines Gesetzes über die Vollstreckung von Freiheitsstrafen (1879/1880)

Trennungsvorschriften enthielt der Entwurf von 1879 in dem § 4. Danach waren die Sträflinge von anderen Gefangenen, die Haftsträflinge von den Gefängnissträflingen zu trennen (§ 4 Abs. 1, Satz 1). Ausnahmen waren nur in Fällen eines dringenden Bedürfnisses gestattet (§ 4 Abs. 1, Satz 2). Die männlichen Sträflinge waren von den weiblichen räumlich derart getrennt zu halten, daß jede Begegnung ausgeschlossen blieb (§ 4 Absatz 2). Irritationen rief hervor, daß § 4 Absatz 1, Satz 2 systematisch nur auf § 4 Absatz 1, Satz 1 anwendbar war und § 4 Absatz 2 dem Wortlaut nach zwingenden Charakters war. Den Motiven zufolge war aber eine Sonderung der Geschlechter

788 Begründung zur Reichsratsvorlage vom 13.1.1927, S. 17 (abgedruckt bei Schubert, Quellen, Abteilung I, 5. Buch).

mit Rücksicht auf den Kostenpunkt für kleinere Gefängnisse nicht durchführbar.[789] Somit hätten Ausnahmen für kleinere Gefängnisse zugelassen werden müssen.

Ernste Probleme bereitete nach Ansicht des Gefängnisdirektors von Fuhlsbüttel die in dem Entwurf vorgeschriebene Trennung der verschiedenen Kategorien von Gefangenen zumindest in den Hamburger Anstalten.[790] So seien in dem Frauengefängnis bei Fuhlsbüttel alle Kategorien von weiblichen Strafgefangenen untergebracht. Die jugendlichen waren dort zwar von den erwachsenen Gefangenen getrennt, eine Trennung nach Strafart könnte jedoch auch nach Eröffnung des Neubaus nicht ohne Schwierigkeiten durchgeführt werden. Eine Trennung könnte nur durch gesonderte Gruppierung erfolgen. Während größere Staaten ohne weiteres in der Lage wären, für die einzelnen Kategorien verschiedene Anstalten zu errichten, könne Hamburg, das als Großstadt eine für seine Einwohnerzahl unverhältnismäßig hohe Zahl von Gefangenen auf kleinem Gebiet unterzubringen habe, seine Strafanstalten nicht zergliedern.[791]

c. Die Grundsätze von 1897 und ihre Umsetzung in Preußen, Hamburg und Bayern

Die Grundsätze von 1897 legten gleich zu Beginn fest, daß Strafgefangene nach Möglichkeit getrennt von Gefangenen anderer Art unterzubringen waren (§ 1). Darüber hinaus waren die Anstalten für Zuchthaussträflinge in besonderen Gebäuden einzurichten (§ 2 Abs. 1). War dies nicht möglich, so mußten zumindest die Aufenthalts-, Arbeits-, Schlaf- und Erholungsräume für Zuchthaussträflinge von den gleichen Räumen für Gefangene anderer Art vollständig getrennt bleiben. Im übrigen waren die notwendigen Einrichtungen zu treffen, um jeden Verkehr der Zuchthaussträflinge mit Gefangenen anderer Art zu verhüten, was insbesondere für gemeinsamen Gottesdienst und gemeinsamen Schulunterricht gelten sollte (§ 2 Abs. 2).

Während des 1. Weltkrieges stieß die Ausführung der Trennungsvorschriften auf Schwierigkeiten, da die Trennung beim Einsatz der Gefangenen in der Kriegs- und Rüstungsindustrie nicht ausführbar war. Aus Hamburg kam deshalb die Anregung, Abweichungen von den Grundsätzen in diesem Punkt zuzulassen.[792] Infolgedessen fand im Reichsjustizamt am 9. März 1917 eine Besprechung über die Zulassung von Abweichungen mit Vertretern der Ressorts des Reichs-Marineamtes und des Kriegsministeriums sowie Vertretern der Länder Preußen, Sachsen, Bayern, Württemberg und Hamburg statt.[793] Der Entwurf einer Vereinbarung der Bundesregierungen über die

---

789 Bundesrats-Drucksachen, 1879, Bd. 2, Nr. 56, S. 20; Tauffer, GS 31 (1879), 161 (168).

790 StA Hamburg, Justizverwaltung I (241-1 I), XVI A a Vol. 1.

791 Vgl. StA Hamburg, Justizverwaltung I (241-1 I), XVI A a Vol. 1.

792 Vgl. dazu BA, R 3001, Nr. 5603, Bl. 20.

793 Vgl. dazu StA Hamburg, Senatskommission für die Reichs- und auswärtigen Angelegenheiten (132-1 I), 2832 sowie den Bericht des Bayerischen Bevollmächtigten zum Bundesrat von Nüßlein vom 9.3.1917, BayHStA, MJu 13143.

Zulassung von Abweichungen von den Grundsätzen, die beim Vollzug gerichtlich erkannter Freiheitsstrafen zur Anwendung kommen, lautet folgendermaßen: „Die Landeszentralbehörden oder die von ihnen bestimmten Behörden können in Fällen, in denen Strafgefangene in der Kriegs- oder Rüstungsindustrie oder für Zwecke der Volksversorgung beschäftigt werden, für die Dauer des Kriegszustandes Abweichungen von den Grundsätzen, die bei dem Vollzug gerichtlich erkannter Freiheitsstrafen zur Anwendung kommen (Beschluß des Bundesrats vom 28. Oktober 1897, Zentralblatt S. 308), zulassen."[794] Preußen erklärte sich bereit zuzustimmen, obwohl sich dort solche Bedürfnisse noch nicht ergeben hätten. Bayern erklärte ebenfalls seine Zustimmung, bat jedoch von einer Änderung des § 15 Absatz 2 des Strafgesetzbuches Abstand zu nehmen.[795] Der Vorschlag Hamburgs wurde damit nahezu unverändert[796] angenommen. Aus einem Schreiben des Reichsjustizamtes vom 16. März 1917 ging hervor, daß die unveröffentlicht[797] gebliebene Vereinbarung vom 9. März mangels Einwendungen als angenommen betrachtet wurde.[798]

Neben der Trennung je nach Strafart war in den Grundsätzen von 1897 auch die Unterbringung von weiblichen Strafgefangenen in besonderen Anstalten (Abteilungen) vorgesehen (§ 3 Abs. 1, Satz 1). Sofern dies ausnahmsweise nicht möglich war, mußten die notwendigen Einrichtungen getroffen werden, um jeden Verkehr zwischen weiblichen und männlichen Gefangenen zu unterbinden (§ 3 Abs. 1, Satz 2). Zur Bewachung der weiblichen Gefangenen wurden in den größeren Anstalten ausschließlich, in den kleineren soweit möglich weibliche Bedienstete eingesetzt (§ 3 Abs. 2). Der zweite Absatz des § 3 war im Entwurf von 1896 nicht vorgesehen. Im Bericht des Justizausschusses hieß es, daß aufgrund der niedrigen und außerordentlich wechselnden Belegungsstärke in kleineren Gefängnissen eine Bewachung ausschließlich durch weibliche Bedienstete nicht ausführbar sei.[799] Dieses Problem hatte sich schon bei der Aufstellung des Entwurfs von 1879 gezeigt. Auch dort war der Vorschlag gemacht worden, weibliche Gefangene nur von weiblichen Angestellten beaufsichtigen zu lassen. Diese Anregung wurde jedoch nicht in den Entwurf aufgenommen, da sie sich für kleine Gefängnisse als nicht durchführbar darstellte. Die Durchführung in den größeren Anstalten sollte den Motiven von 1879 zur Folge dagegen selbstverständlich sein.[800]

Von erwachsenen Gefangenen getrennt werden mußten nach den Grundsätzen Strafgefangene, welche das achtzehnte Lebensjahr noch nicht vollendet hatten (§ 4 Abs. 1).

---

794 StA Hamburg, Senatskommission für die Reichs- und auswärtigen Angelegenheiten (132-1 I), 2832, Bl. 1; BA, R 3001, Nr. 5603, Bl. 30.

795 Vgl. BayHStA, MJu 13143.

796 Der Ausdruck „Volksernährung" wurde durch den Ausdruck „Volksversorgung" ersetzt, um einen weitreichenderen Anwendungsbereich zu sichern.

797 Vgl. BayHStA, MJu 13143.

798 BA, R 3001, Nr. 5603, Bl. 31.

799 Bundesrats-Drucksachen, 1897, Band I, Nr. 95, S. 2.

800 Bundesrats-Drucksachen, 1879, Bd. 2, Nr. 56, S. 23.

Bei Strafen von über einem Monat sollten sie deshalb in der Regel in besonderen Anstalten (Abteilungen) untergebracht werden und darin bis zum vollendeten zwanzigsten Lebensjahr und, falls der dann noch zu verbüßende Strafrest die Dauer von drei Monaten nicht überstieg, bis zur Verbüßung dieses Strafrestes bleiben. Neu gegenüber dem Entwurf von 1879 war der Schlußsatz, der sich daraus rechtfertigte, daß in Fällen dieser Art die Wirksamkeit de Strafvollzugs durch Versetzung in eine andere Anstalt fast immer beeinträchtigt wurde.[801]

Die Gefängnisordnung von 1898 für die Gefängnisse der preußischen Justizverwaltung sah die Trennung der Gefangenen nach der ihnen zugewiesenen Haftform vor. Die sich in Strafhaft befindenden Gefangenen waren von den Untersuchungs-, Zivilhaft-, Polizei-, und noch nicht zur Festungshaft abgeführten Festungshaftgefangenen räumlich getrennt zu halten; innerhalb der Gruppe der Strafgefangenen war tunlichst eine Scheidung der zu Gefängnisstrafe, Haft und geschärfter Haft Verurteilten gefordert (§ 34 Abs. 1 GO). Dabei war die Unterbringung in demselben Gebäude in abgesonderten Räumen möglich. In der Dienstordnung wurde vorrangig Wert auf die Trennung von Zuchthausgefangenen und übrigen Gefangenen gelegt (§ 83 DO). Auch Gefangene verschiedenen Geschlechts durften nicht in denselben Räumlichkeiten untergebracht werden, ferner waren jugendliche von erwachsenen Gefangenen abzusondern (§ 34 Abs. 2, 3 GO, §§ 82, 84 DO). Ausnahmen von diesen Vorgaben über die Unterbringung der Gefangenen waren nach der Gefängnisordnung möglich bei Überfüllung der Gefängnisse (§ 35 GO).

Die Hausordnung für die Hamburgischen Strafgefangenen vom 27. September 1898 bestimmte, daß Gefangene in einfacher Haft von Gefangenen anderer Art nach Möglichkeit abgesondert werden sollten (§ 36 A, Nr. 1). Festungsgefangene wurden nach der Hausordnung in besonders dazu eingerichteten Zimmern von einfacher Ausstattung, getrennt von Gefangenen anderer Art im Untersuchungsgefängnis untergebracht (§ 36 B, Nr. 1).

Die Hausordnung für die bayerischen Strafanstalten von 1907 nahm nur in geringem Umfang Vorschriften über die Trennung von Gefangenen auf. So sollten Gefängnissträflinge, die sich im Besitz der bürgerlichen Ehrenrechte befanden und früher weder Zuchthausstrafe, noch eine zwei Wochen übersteigende Gefängnisstrafe, noch eine geschärfte Haftstrafe verbüßt hatten, möglichst von Gefangenen anderer Art abgesondert werden (§ 16 Abs. 5). Eine Trennung von jugendlichen und erwachsenen Gefangenen war ebenfalls vorgesehen (§ 17 Abs. 1). Umfassendere Bestimmungen über die Trennung von Gefangenen enthielt die Hausordnung für die Gerichtsgefängnisse von 1910. So durften weibliche Gefangene niemals mit männlichen Gefangenen in einem Haftraum verwahrt werden, unter allen Umständen mußten auch jugendliche von erwachsenen Gefangenen und Strafgefangene von anderen Gefangenen getrennt werden, im übrigen sollten die Gefangenen nach der Strafart - einfache Haftstrafe,

801 Bundesrats-Drucksachen, 1896, Bd. 1, Nr. 54, S. 3 f.

Haftstrafe nach § 362 Abs. 1 des Strafgesetzbuches, Gefängnisstrafe - getrennt untergebracht werden (§ 31 Abs. 1). Darüber hinaus waren Gefangene, die sich im Besitz der bürgerlichen Ehrenrechte befanden und früher weder Zuchthaus- noch eine zwei Wochen übersteigende Gefängnisstrafe oder geschärfte Haftstrafe verbüßt hatten wie schon nach der Hausordnung von 1907 von Gefangenen anderer Art möglichst getrennt zu halten.

d. Der Vorentwurf zu einem deutschen Strafgesetzbuch (1909)

Die Zuchthausstrafe war nach dem Vorentwurf in ausschließlich dazu bestimmten Anstalten zu vollstrecken (§ 15 Abs. 1, Satz 1). Die noch in § 15 Absatz 2 des Reichsstrafgesetzbuches enthaltende Bestimmung, daß die Sträflinge während der Außenarbeit von freien Arbeitern getrennt gehalten werden mußten, wurde in den § 15 Absatz 2 des Vorentwurfs nicht aufgenommen. Eine derartige Trennung war zum einen als selbstverständlich und eher als Bestandteil eines Strafvollzugsgesetzes angesehen worden.[802] Die Differenzierung zwischen Zuchthaus- und Gefängnisstrafe wollte der Vorentwurf durch eine zwingende Trennung der Zuchthaus- und Gefängnisstrafe in verschiedenen Anstalten erreichen.[803] Nach der Begründung war die Trennung wichtig, „um der Zuchthausstrafe ihren besonderen Charakter in der Auffassung des Volkes zu wahren, das erfahrungsgemäß nicht fragt, welche Strafe jemand verbüßt, sondern wo er gesessen hat“. [804] Die Vollstreckung verschiedenartiger Freiheitsstrafen in einer Anstalt, wenn auch in verschiedenen Abteilungen derselben, sei der Begründung zur Folge geeignet, den Unterschied zwischen den Strafen für die Volksanschauung zu verwischen. Insbesondere müsse durch strenge Wahrung der Bestimmung des Zuchthauses zur ausschließlichen Vollstreckung von Zuchthausstrafen die in der Bevölkerung lebende, in ihrer Bedeutung für die Generalprävention nicht zu unterschätzende Furcht und Scheu vor dem Zuchthaus erhalten werden. Kleinere Bundesstaaten müßten sich nötigenfalls mit benachbarten Staaten zusammenschließen, um die für den zweckentsprechenden Vollzug der verschiedenen Freiheitsstrafen erforderlichen Einrichtungen zu beschaffen.[805]

Im Vorentwurf war die Vollstreckung der Haftstrafe in besonderen Anstalten oder Abteilungen vorgesehen, so daß die Kontaktaufnahme zwischen Haftgefangenen und Gefängnisgefangenen ausgeschlossen war (§ 20 Absatz 1, Satz 2). Bezüglich der nach § 20 Absatz 1, Satz 2 möglichen Trennung der Haft- und Gefängnisgefangenen in verschiedenen Abteilungen ergaben sich aber Bedenken dahingehend, daß damit in der Ansicht des Volkes der Unterschied zwischen Haft und Gefängnis zu verwischen

---

802 So Aschrott, Reform des Reichsstrafgesetzbuchs, Band 1, S. 86.

803 Vgl. VE, Begründung, Allgemeiner Teil, S. 64; ebenso der Strafvollzugsgesetzentwurf von 1879; nicht so weit gehen die Bundesratsgrundsätze von 1897, § 2.

804 VE, Begründung, Allgemeiner Teil, S. 64.

805 VE, Begründung, Allgemeiner Teil, S. 64.

drohe.[806] Zudem sei eine Berührung der Gefangenen vor allem in kleinen Anstalten kaum zu vermeiden. Daraus ergab sich die Forderung, daß jede der drei Freiheitsstrafen in besonderen nur für diese Strafart bestimmten Anstalten vollzogen werden dürfe. [807]

Wie schon in dem Entwurf von 1879 und den Grundsätzen von 1897 waren nach dem Vorentwurf männliche Gefangene von weiblichen, jugendliche von erwachsenen vollständig zu trennen (§ 21). Hinzu kam die Bestimmung, daß Gefangene, die nicht im Besitz der bürgerlichen Ehrenrechte waren, von den übrigen Gefangenen tunlichst abgesondert werden sollten. Von Liszt gab bezüglich der Trennung der Geschlechter zu bedenken, daß für eine Zahl von etwa zwanzig weiblichen Gefangenen in einem Staat keine besondere Anstalt errichtet werden könne. Statt dessen könnten die weiblichen Gefangenen besser mit den Gefängnis- und Arbeitshausgefangenen in einem Hause bei vollständiger Trennung bei Tag und Nacht untergebracht werden. Einem Zusammenschluß von Nachbarstaaten stünden, so von Liszt, „bei dem berechtigten oder unberechtigten Partikularismus, der in Mittel- und Kleinstaaten vielfach" herrsche, „ganz erhebliche Schwierigkeiten entgegen", die ihren Grund „nicht bloß in der partikularistischen Gesinnung der Bevölkerung, sondern auch in der weitgehenden Verschiedenheit, die nun einmal in mittel- und kleinstaatlichen Gebieten des Reichs in der Zusammensetzung, den Sitten und Anschauungen der Bevölkerung" bestehe, hätten.[808] Bei einer Unterbringung der weiblichen Gefangenen in einer Abteilung der Männerstrafanstalt sah von Liszt ein Problem für die Moral in der Männerstrafanstalt. Nichts sei für diese Moral bedenklicher, „als wenn sich in zwar nicht erreichbarer, aber denkbarer Nähe Frauenzimmer aufhalten".[809] Aufgrund dieser Schwierigkeiten hielt es von Liszt für angebracht, den bisherigen Zustand beizubehalten.

Erhebliche Zweifel bestanden auch an der Durchführbarkeit der übrigen Trennungsvorschriften. Krohne betonte, daß die beabsichtigte Trennung der Zuchthausgefangenen von Gefangenen anderer Art und deren Unterbringung in ausschließlich dazu bestimmten Anstalten zwar für die größeren Staaten des Reichs ohne großen Aufwand durchführbar sei, für die kleinen und mittleren Staaten dagegen nur zu einer „ungebührlichen Belastung ihrer Finanzen" führen werde, „die zu dem erreichten Zweck in keinem Verhältnis stände".[810] Den Vorschlag, daß sich Einzelregierungen zur Einrichtung eines gemeinsamen Zuchthauses zusammenschließen könnten, betrachtete Krohne als eine aus politischen Gründen besser zu unterlassende Forderung an die Einzelregierungen, auf einen Teil ihrer Justizhoheit zu verzichten.[811] Auf der anderen Seite wurde

806 Vgl. Zusammenstellung gutachterl. Äußerungen, S. 40 f.
807 Aschrott, Reform des Reichsstrafgesetzbuchs, Band 1, S. 79 f., S. 100 f.
808 Mitt. der IKV, Bd. 18 (1911), S. 310 f.
809 Mitt. der IKV, Bd. 18 (1911), S. 310 f.
810 Krohne, Freiheitsstrafen und Strafvollzug nach dem Vorentwurf, Mitt. der IKV, Bd. 18 (1911), S. 255; vgl. auch Mitt. der IKV, Bd. 18 (1911), S. 310.
811 Krohne, Freiheitsstrafen und Strafvollzug nach dem Vorentwurf, Mitt. der IKV, Bd. 18 (1911), S. 255.

wie schon in der Begründung des Vorentwurfes darauf verwiesen, daß eine scharfe Trennung notwendig sei, um jeder Strafart ihren besonderen Charakter in der Auffassung des Volkes zu wahren.[812] Ferner wurde betont, daß in einer Strafanstalt in rationeller Weise nur ein einheitlicher Strafvollzug zur Ausführung gelangen könne.[813]

e. Der Gegenentwurf zum Vorentwurf eines deutschen Strafgesetzbuches (1911)

Auch nach dem Gegenentwurf war die Zuchthausstrafe in ausschließlich dazu bestimmten Strafanstalten zu vollstrecken (§ 44 Abs. 1, Satz 1). Auch waren männliche Gefangene von weiblichen vollständig zu trennen (§ 44 Abs. 2) und Haftgefangene in besonderen Anstalten oder Abteilungen unterzubringen (§ 44 Abs. 1, Satz 2). Hinzu kam im Gegenentwurf die Bestimmung, daß die den Haftgefangenen zugewiesenen Zellen tunlichst größer und besser ausgestattet sein sollten als die anderer Gefangener. Die Verfasser des Gegenentwurfes merkten hierzu an, daß erst durch die im Gegenentwurf vorgenommene Abgrenzung des Anwendungsgebiets der Haftstrafe die vorgesehene Trennung der Haftgefangenen von anderen Gefangenen praktisch durchführbar erscheine.[814]

f. Die Vorschläge zu einem Entwurf eines Reichsgesetzes über den Vollzug der gerichtlich erkannten Freiheitsstrafen vom Verein deutscher Strafanstaltsbeamter (1911)

Die Vorschläge der Strafanstaltsbeamten von 1911 beinhalteten umfassende Trennungsvorschriften (§§ 1-12) und sahen eine strenge Durchführung der Trennung der Gefangenen je nach Strafart in verschiedenen Anstalten vor (§ 1). Um eine Verwischung der Unterschiede der Strafarten durch den Vollzug verschiedener Strafarten nebeneinander zu vermeiden, kam es zu dieser Bestimmung in § 1.[815] Für die Zuchthausstrafe war die strenge Durchführung des Grundsatzes von großer Bedeutung, kleinen Staaten war dabei der Zusammenschluß in Zweckverbänden möglich. Eine Abschwächung erfuhr der Trennungsgrundsatz im § 2. Danach war dort, wo wegen zwingender örtlicher Verhältnisse Gefängnis- und Haftgefangene in derselben Anstalt verwahrt werden mußten, die Einrichtung von besonderen Abteilungen zulässig. Wo in derselben Anstalt wegen zwingender örtlicher Verhältnisse neben Gefängnis- und Haftgefangenen auch noch Gefangene anderer Art, insbesondere Zivilhaftgefangene, Militärgefangene, Polizeigefangene und Transportgefangene verwahrt werden mußten, war das erforderliche wegen ihrer angemessenen Verwahrung mit Rücksicht auf die Gefängnis- und Haftgefangenen durch Landesrecht zu bestimmen (§ 3). In Anstalten mit gemisch-

812 Vgl. Michal, BlGefk 45 (1911), 173 (184).
813 Aschrott, Reform des Reichsstrafgesetzbuchs, Band 1, S. 79.
814 GE, Begründung, S. 79 f.
815 So Klein, ZStW 33 (1912), 643 (648).

ter Belegung mußten auch die Einrichtungen für Gottesdienst, Unterricht und Aufenthalt im Freien von den getrennt zu verwahrenden Arten von Gefangenen getrennt benutzt werden (§ 4). Bei erkrankten Gefangenen durfte nötigenfalls von der Trennung abgesehen werden (§ 5). Weibliche Gefangene wurden in der Regel in besonderen Anstalten oder Abteilungen untergebracht. Sofern dies ausnahmsweise nicht möglich war, waren die notwendigen Einrichtungen zu treffen, um jeden Verkehr zwischen weiblichen und männlichen Gefangenen auszuschließen (§ 6 Abs. 1). Zur Bewachung der weiblichen Gefangenen waren in den größeren Anstalten ausschließlich, in den kleineren, soweit tunlich, weibliche Bedienstete zu verwenden (§ 6 Abs. 2). Wie schon nach § 21 des Vorentwurfes war auch nach den Vorschlägen der Strafanstaltsbeamten von 1911 die Absonderung der mit Verlust der Ehrenrechte Bestraften von den übrigen Gefangenen vorgesehen (§ 7). Trennungsvorschriften galten weiter für Jugendliche (§ 8), für Erwachsene bis zu 21 Jahren (§ 9), „geistig Minderwertige"[816] (§ 10), gewerbs- und gewohnheitsmäßige Verbrecher (§ 11) und Arbeitshäusler (§ 12). Aufgrund der umfassenden Trennungsvorschriften, die vor allem in kleineren Staaten nicht kurzfristig hätten umgesetzt werden können, legte § 14 der Vorschläge fest, daß die Frist zur Beschaffung der fehlenden Anstalten, Abteilungen oder Räume durch den Bundesrat zu bestimmen sei.

g. Die Vorschläge zu einem Reichsgesetz über den Vollzug von Freiheitsstrafen und sichernden Maßnahmen vom Verein deutscher Strafanstaltsbeamter (1913)

Ähnlich umfassende Vorschriften zur Trennung der Gefangenen wie schon 1911 enthielt die überarbeitete Fassung der Strafanstaltsbeamten von 1913. Die Freiheitsstrafen waren in für jede Art ausschließlich bestimmten Anstalten oder Abteilungen zu vollziehen (§ 1 Abs. 1, Satz 1), damit waren auch separate Abteilungen als Trennungsmöglichkeit anerkannt. Bei Neubauten durften aber Zuchthaus-, Gefängnis- und Einschließungsabteilungen sowie Zuchthaus- und Haftabteilungen, nicht mehr in einer Anstalt vereinigt werden (§ 1 Abs. 1, Satz 2). Man betrachtete zwar die Schaffung besonderer Anstalten für jede der vier Freiheitsstrafen als das beste Mittel; dies war jedoch nicht nur aus finanziellen Gründen undurchführbar, so daß eine Trennung in bereits vorhandenen Anstalten in verschiedenen Abteilungen möglich bleiben sollte.[817] Dies sollte auch für die Zuchthausstrafe gelten. Der in 1. Lesung aufgestellten Forderung nach besonderen Anstalten für die Zuchthausstrafe wurde damit, außer für Neubauten, nicht gefolgt. Selbst in Preußen mit seinen vielen Anstalten habe sich die strenge Absonderung der Zuchthausgefangenen in ausschließlich für sie bestimmten Anstalten noch nicht überall durchführen lassen, in den kleineren und kleinsten Bundesstaaten sei sie schon wegen der geringen Gefangenenzahl kaum möglich, es sei

816 Ausdruck wie im Original, Anführungszeichen durch Verf.
817 BlGefk, Sonderheft B zu Band 47 (1913), S. 27.

denn durch die Bildung von Zweckverbänden.[818] Gegen diese in der Begründung der Vorschläge vorgebrachte Argumentation wandte sich Gennat, der es als „nicht weiter zu duldenden Mißstand“ ansah, daß die Zuchthausstrafe als schwerste Strafe mit anderen unter einem Dach vollzogen werde und auch nach den Vorschlägen weiter vollzogen werden könne.[819]

In den Anstalten mit verschiedenen Abteilungen mußten allerdings die Einrichtungen für den Gottesdienst, den Unterricht und den Aufenthalt im Freien von den getrennt zu verwahrenden Arten von Gefangenen auch getrennt benutzt werden (§ 1 Abs. 2). Bei den erkrankten Gefangenen durfte vollständig von der Trennung abgesehen werden (§ 1 Abs. 3). Die weiblichen Gefangenen sollten in für sie ausschließlich bestimmten Anstalten oder Abteilungen untergebracht werden. Die Festschreibung der Trennung von männlichen und weiblichen Gefangenen in getrennten Anstalten war nicht möglich. Es würde nicht nur in den kleineren Bundesstaaten an einer für besondere Anstalten ausreichenden Zahl von Gefangenen fehlen.[820] Bei Verwahrung beider Geschlechter in derselben Anstalt, war durch die Einrichtungen selbst jeder Verkehr zwischen männlichen und den weiblichen Gefangenen zu verhindern (§ 2 Abs. 1). In den größeren Anstalten oder Abteilungen waren tunlichst nur weibliche Beamte zu verwenden. Neu zugefügt wurde die Regelung, wonach in den kleineren Gefängnissen der Dienst an den weiblichen Gefangenen auch durch weibliche Hilfskräfte geschehen konnte (§ 2 Abs. 2). Die körperliche Durchsuchung und die Aufsicht beim Baden von weiblichen Gefangenen durfte nur weiblichen Personen übertragen werden (§ 2 Abs. 3). Ebenfalls getrennt gehalten werden sollten Gefangene ohne bürgerliche Ehrenrechte von den übrigen Gefangenen (§ 3). Ferner wurde die gesonderte Unterbringung Jugendlicher (§ 4 Abs. 1), der Achtzehn- bis Einundzwanzigjährigen (§ 4 Abs. 2) und „geistig Minderwertiger“ (§ 5) festgeschrieben.

h. Der Entwurf der Strafrechtskommission von 1913 sowie der überarbeitete Entwurf von 1919

Die beiden Entwürfe schrieben fest, daß die Zuchthausstrafe in Anstalten zu vollstrecken war, die ausschließlich diesem Zweck dienten (E 1913: § 51 Abs. 1; E 1919: § 45 Abs. 2). Die Zuchthausgefangenen mußten auch bei Arbeiten außerhalb der Anstalt von freien Arbeitern und Gefangenen anderer Art getrennt gehalten werden (E 1913: § 15 Abs. 2, Satz 2; E 1919: § 45 Abs. 3, Satz 2). Damit erfuhr der § 15 des Vorentwurfs durch die Beratungen der Strafrechtskommission eine Änderung dahingehend, daß für den zweiten Absatz der Vorschlag, die Trennung von freien Arbeitern bei der Außenarbeit vorzusehen, mit elf zu sechs Stimmen angenommen wurde.[821] Zu-

818 BlGefk, Sonderheft B zu Band 47 (1913), S. 28.

819 Gennat, BlGefk 48 (1914), 66 (123).

820 BlGefk, Sonderheft B zu Band 47 (1913), S. 29.

821 Vgl. dazu Seite 15 ff. des Protokolls der ersten Lesung, siebte Sitzung vom 25. April 1911 in: BayHStA, MA 9600.

gestimmt wurde mit fünfzehn zu zwei Stimmen dem Zusatzantrag, daß auch eine Trennung von Gefangenen anderer Art zu erfolgen habe. Durch die Einrichtung besonderer Anstalten oder Abteilungen sollten die Einschließungsgefangenen von Gefangenen anderer Art getrennt werden (E 1913: § 56 Abs. 1; E 1919: § 47 Abs. 2), die Trennung der Haftgefangenen von Gefangenen anderer Art war dagegen nur „wenn möglich" vorgesehen (E 1913: § 58 Abs. 1; E 1919: § 48 Abs. 2). Neben der Trennung nach Strafart waren männliche Gefangene von weiblichen und jugendliche von erwachsenen Gefangenen vollständig getrennt zu halten. Gefangene, die nicht die bürgerlichen Ehrenrechte besaßen, sollten von den übrigen Gefangenen, wenn möglich, gesondert werden (E 1913: § 59; E 1919: §§ 49, 136 Abs. 2). Vermindert Zurechnungsfähige waren, wenn es ihr Geisteszustand erforderte, in besonderen Anstalten oder Abteilungen unterzubringen (E 1913: § 61; E 1919: § 52). Jugendliche, die Freiheitsstrafen von einem Monat und mehr zu verbüßen hatten, mußten in ausschließlich für sie bestimmten Anstalten oder Abteilungen untergebracht werden; sie konnten dort höchstens bis zum 21. Lebensjahr bleiben (E 1913: § 62; E 1919: § 136 Abs. 3).

j. Die Grundsätze für den Vollzug von Freiheitsstrafen von 1923 und deren Umsetzung in Preußen, Hamburg und Bayern

Die §§ 1-5 der Grundsätze von 1923 enthielten Vorschriften über die Trennung der Gefangenen. Danach sollten die Gefangenen nach Strafart, Geschlecht, Alter und nach dem einer besonderen Berücksichtigung bedürfenden körperlichen und geistigen Zustand voneinander getrennt untergebracht werden. Die Zuchthausstrafe durfte ausschließlich in dafür vorgesehenen Zuchthäusern (§ 2 Abs. 1), die Gefängnisstrafe und Haftstrafe in Gefängnissen (§ 2 Abs. 2) und die Festungshaft in besonderen Anstalten oder Abteilungen getrennt von den anderen Gefangenen (§ 2 Abs. 3) vollstreckt werden. Für Frauen waren nach § 2 besondere Anstalten oder Abteilungen einzurichten. In Anstalten, in denen Männer und Frauen untergebracht wurden, war schon durch die Einrichtungen selbst jeder Verkehr zwischen ihnen zu verhindern. § 4 sah die Trennung Jugendlicher und Minderjähriger von erwachsenen Gefangenen vor. Schließlich regelte § 5 die Absonderung für „geistig Minderwertige" und an Tuberkulose Erkrankte. Die in den §§ 1-5 der Grundsätze ursprünglich beabsichtigte ausnahmslose Trennung von Frauen, Männern, Zuchthausgefangenen, Gefängnisgefangenen führte vor allem bei den kleinen und mittleren Staaten zu erheblichem Widerspruch. Das Ergebnis langer Erörterungen im Rechtspflegeausschuß war dann, daß der § 6 dahingehend geändert wurde, daß für kleinere Länder Ausnahmen von den strengen Vorschriften des Entwurfs zugelassen waren.[822] Nach § 6 Abs. 1 galt damit folgendes: „Soweit in den einzelnen Ländern die in §§ 2 bis 5 bezeichneten Anstalten oder Abteilungen nicht eingerichtet werden können, werden sie für mehrere Länder gemeinsam durch Verein-

822 Vgl. etwa den Widerspruch Hamburgs im Rechtspflegeausschuß des Reichsrats, StA Hamburg, Senat (111-1), Cl. I Lit. T Nr. 7 Vol. 6 Fasc. 7 Inv. 6, Nr. 15.

barung der beteiligten Regierungen eingerichtet werden".[823] Zu erwarten war eine Zurückhaltung mancher Staaten gegenüber solchen Vereinbarungen, da sich ein Staat, der seine Gefangene einem anderen Staat überlassen wollte, dadurch seines Hoheitsrechtes in der Ausübung des Strafvollzuges begeben mußte.[824] War die Zahl der männlichen oder weiblichen Zuchthausgefangenen in einem Land so gering, daß Anstalten zur Vollstreckung der Zuchthausstrafe nicht eingerichtet werden konnten, durfte bei fehlender Vereinbarung im Sinne von § 6 Absatz 1 die Strafe in besonderen Abteilungen derart vollstreckt werden, daß die Zuchthausgefangenen von Gefangenen anderer Art getrennt blieben (§ 6 Absatz 2). Damit war eine Kompromißlösung zwischen kleinen und großen Ländern gefunden.

Auch in der DVO Preußens war vorgesehen, die Gefangenen nach Art der Haft zu trennen (§ 62). Falls eine Unterbringung verschiedener Gattungen in demselben Gebäude erfolgen mußte, sollten unter anderem abgesonderte Räume bestimmt werden für Untersuchungsgefangene und Strafgefangene unter Scheidung der jeweiligen Strafart. Die Unterbringung Gefangener unterschiedlichen Geschlechts in einem Raum war ebenfalls ausgeschlossen, wobei hervorgehoben wurde, daß schon durch die Einrichtungen selbst jeder Verkehr zwischen männlichen und weiblichen Gefangenen zu verhindern war. Eine ähnliche Vorschrift gab es in Bayern in § 3 Abs. 1 der DVO. Zudem war in den §§ 2 und 183 vorgesehen, die Gefangenen je nach Strafart zu trennen. Eine Trennung von Haft- und Gefängnisgefangenen war dagegen in den §§ 59 ff. der DVO Hamburgs nicht ausdrücklich vorgeschrieben.

k. Ausblick auf die Entwürfe zu einem Strafvollzugsgesetz von 1927

Die Entwürfe zu einem Strafvollzugsgesetz von 1927 sahen die Unterbringung von Zuchthausgefangenen in ausschließlich zum Vollzug von Zuchthausstrafen bestimmten Anstalten sowie die Unterbringung von Gefängnis- und Haftgefangenen in Gefängnissen vor. Einschließungsgefangene waren von Gefangenen anderer Art vollständig in besonderen Anstalten oder Abteilungen von Gefängnissen zu trennen (RR-Vorlage: § 16, RT-Vorlage: § 21). Für Frauen waren besondere Anstalten oder Abteilungen vorgeschrieben (§ 17 bzw. § 22). Trennungsvorschriften gab es ferner für Gefangene unter fünfundzwanzig Jahren (§ 19 bzw. § 24), für erstmals Bestrafte (§ 20 bzw. § 25) und für Geisteskranke (§ 21 bzw. § 26). Die Reichstagsvorlage ermöglichte darüber hinaus die Trennung von tuberkulösen Gefangenen (§ 27). Für den Fall, daß die Einrichtung von besonderen Anstalten oder Abteilungen in einzelnen Ländern nicht möglich war, sollten sie für mehrere Länder gemeinsam durch Vereinbarung der beteiligten Regierungen geschaffen werden (RR-Vorlage: § 22, RT-Vorlage: § 28). Diese Bestimmung entsprach dem § 6 Abs. 1 der Grundsätze von 1923. Bei einer zu geringen Zahl von Zuchthausgefangenen war entsprechend dem § 6 Absatz 2 der Grundsätze von 1923

823 Vgl. Weiß, MSchKrim 16 (1925), 166 (167).
824 Vgl. dazu Stumpf, BlGefk 57 (1926), 170 (188).

bei vollständiger Trennung von anderen Gefangenen auch deren Unterbringung in besonderen Abteilungen möglich (RR-Vorlage: § 23, RT-Vorlage: § 29).

4. Die Zellengröße

Für die Gesundheit der Gefangenen maßgebend ist ihre Unterbringung. Dabei spielt die Größe der Räume für Einzel- oder Gemeinschaftshaft, aber auch die Größe der Arbeitsräume und die Lichtzufuhr eine erhebliche Rolle.

a. Der Entwurf eines Gesetzes über die Vollstreckung von Freiheitsstrafen (1879/1880)

Während das Strafgesetzbuch für den Norddeutschen Bund und damit auch das Reichsstrafgesetzbuch keine Bestimmungen über Ausstattung und Größe der Zellen festlegten, wurde im Entwurf von 1879 umfassend bestimmt, in welchen Räumen die Gefangenen unterzubringen waren. Zur Vollstreckung der Freiheitsstrafen durften keine gesundheitsschädlichen Räume benutzt werden (§ 6 Abs. 1). Bei der Herstellung von Einzelzellen, welche zum Aufenthalte bei Tag und Nacht bestimmt waren, war ein Luftraum von zweiundzwanzig und, wenn dieselben nur zum Aufenthalt bei Nacht bestimmt waren, von elf Kubikmetern, für die Fenster der Zellen eine Lichtfläche von einem Quadratmeter als Mindestmaß anzunehmen; die Fenster mußten mindestens zur Hälfte geöffnet werden können (§ 6 Abs. 2). Gemeinschaftliche Schlafräume mußten mindestens zehn, geschlossene Arbeitsräume mindestens acht Kubikmeter Luftraum für jede unterzubringende Person aufweisen. Arbeitsräume durften nicht zugleich als Schlafräume benutzt werden (§ 6 Abs. 3). Der Entwurf beabsichtigte hinsichtlich der Einrichtung der Gefängnisse nur die Abschaffung der erheblichsten von den vielfach vorhandenen Mängeln. Den Motiven zur Folge war für die Erhaltung der Gesundheit die Größe der Zelle und der Fensteröffnung von ausschlaggebender Bedeutung.[825] Dabei richtete sich der Entwurf bei den angegebenen Maßen nach den von den Sachverständigen auf dem Gefängniskongreß 1877 in Stuttgart gefaßten Beschlüssen.[826] Kritisiert wurde die Undurchführbarkeit dieser Größenvorgaben.[827] So sei selbst in den Wohnräumen des mittleren Bürgerstandes eine so reichliche Raumverteilung auf den Kopf der Bewohner gerechnet nicht zu finden. Solche Vorschriften, die schon in gewöhnlichen Zeiten schwer und in Notfällen bei plötzlich eintretender Überfüllung nicht beachtet werden könnten, sollten am besten unterbleiben.[828]

825 Bundesrats-Drucksachen, 1879, Bd. 2, Nr. 56, S. 21.

826 BlGefk 13 (1879), 1 (28).

827 Vgl. Gefängnisdirektor von Fuhlsbüttel in seinem Schreiben an den Präsidenten der Gefängnisdeputation zu Hamburg, StA Hamburg, Justizverwaltung I (241-1 I), XVI A a Vol. 1.

828 Vgl. StA Hamburg, Justizverwaltung I (241-1 I), XVI A a Vol. 1.

b. Die Grundsätze von 1897 und ihre Umsetzung in Preußen, Hamburg und Bayern

Die Grundsätze von 1897 schrieben vor, daß bei Herstellung neuer Einzelzellen in der Regel ein Luftraum von zweiundzwanzig Kubikmetern und für die Fenster eine Lichtfläche von einem Quadratmeter als Mindestmaß angenommen werden sollte; für Zellen, die zum Aufenthalte nur bei Nacht und in der arbeitsfreien Zeit oder zur Aufnahme nicht arbeitender Gefangener mit einer Strafzeit von höchstens zwei Wochen bestimmt waren, betrug das Mindestmaß des Luftraumes elf Kubikmeter, das Mindestmaß der Lichtfläche einen halben Quadratmeter. Jedes Zellenfenster war so einzurichten, daß es mindestens zur Hälfte geöffnet werden konnte (§ 5 Abs. 1). Räume, welche zum gemeinschaftlichen Aufenthalte bei Tag und Nacht dienten, durften in der Regel nicht stärker belegt werden, als daß auf jede darin untergebrachte Person ein Luftraum von sechzehn Kubikmetern entfiel. In gemeinschaftlichen Schlafräumen betrug in der Regel der auf die Person entfallende Luftraum nicht weniger als zehn, in gemeinschaftlichen Arbeitsräumen nicht weniger als acht Kubikmeter (§ 5 Abs. 2). Im Entwurf von 1896 war noch der Eingangsabsatz enthalten, daß zur Vollstreckung der Strafen keine gesundheitsschädlichen Räume benutzt werden durften. Dieser war § 6 Absatz 1 der Vorlage von 1879 entnommen. In dem sich an den Bericht des Ausschusses für Justizwesen anschließenden Entwurf der Grundsätze vom 28. Juni 1897 war sie nicht mehr enthalten. Die Maße der Grundsätze von 1897 richteten sich im Ausgangspunkt nach den Bestimmungen des Entwurfs von 1879, allerdings war das Mindestmaß nur als Regel vorgeschrieben, für besondere Fälle war damit ein Unterschreiten dieses Maßes möglich. In der Begründung des Entwurfs von 1896 hieß es dazu: „Es läßt sich erwarten, daß die Vorschrift auch in solcher Gestalt ihren Zweck erreichen wird.“[829] Das unbedingte Verbot, Arbeitsräume zugleich als Schlafräume zu nutzen, wie es der Entwurf von 1879 enthielt, war nicht aufgegriffen worden. Einen Ausweg zur Umgehung der vorgegebenen Mindestmaße eröffnete der § 7 der Grundsätze: „Sind vorübergehend wegen Überfüllung der Strafanstalten Abweichungen von den Grundsätzen über die Unterbringung der Gefangenen nicht zu vermeiden, so werden die erforderlichen Maßnahmen durch die oberste Aufsichtsbehörde getroffen.“ Diese Vorschrift war im Entwurf des Reichsjustizamtes noch nicht vorgesehen. Der Reichstagsabgeordnete Müller bemängelte an dieser Bestimmung, daß aufgrund der allgemeinen Überfüllung der Gefängnisse dieser Paragraph dazu führe, daß die §§ 1-6 in der Praxis gegenstandslos würden.[830] Dem Bericht des Justizausschusses zufolge werde diese Vorschrift aber einem Bedürfnis gerecht, das sich nach den in den Einzelstaaten gemachten Erfahrungen als dringend und unabweisbar herausgestellt habe.[831]

In der preußischen Gefängnisordnung von 1898 für die Gefängnisse der Justizverwaltung waren keine ausdrücklichen Vorgaben für die Größe der Zellen enthalten. Der

829 Bundesrats-Drucksachen, 1896, Band I, Nr. 54, S. 4.
830 Sten. Berichte über die Verh. des Dt. Reichstages, 1898/1900, 2. Band, S. 1065.
831 Bundesrats-Drucksachen, 1897, Band I, Nr. 95, S. 3.

§ 60 der Gefängnisordnung besagte aber, daß an jeder Tür der Säle und Zellen der Rauminhalt in Kubikmetern angegeben werden mußte. Ausdrückliche Bestimmungen über die Zellengröße enthielt die Dienstordnung von 1902 für die dem Ministerium des Innern unterstellten Strafanstalten und größeren Gefängnisse (§ 129 Abs. 3-6 DO). Danach sollte die Größe der zum Aufenthalt bei Tag und Nacht dienenden, neu zu bauenden Einzelzellen mindestens 22 Kubikmeter betragen und ein Fenster von mindestens einem Quadratmeter enthalten, das mindestens zur Hälfte geöffnet werden konnte; ältere Zellen mit geringeren Abmessungen konnten zum Aufenthalt bei Tag und Nacht verwendet werden, wenn nach ärztlichem Gutachten ein Schaden für die Gesundheit des Gefangenen nicht zu befürchten war (§ 129 Abs. 3 DO). Die Größe gemauerter Schlafzellen sollte mindestens 11 Kubikmeter betragen und ein mindestens zur Hälfte zu öffnendes Fenster von einem halben Quadratmeter enthalten (§ 129 Abs. 4, Satz 1 DO). Bei Räumen zur gemeinschaftlichen Benutzung bei Tag und Nacht mußte auf jede Person ein Luftraum von mindestens 16 Kubikmetern entfallen, für Unterkünfte im Rahmen von Landeskulturarbeiten außerhalb der Anstalt konnte ein Mindestmaß von 10 Kubikmetern pro Kopf zugelassen werden (§ 129 Abs. 5 DO). In gemeinschaftlichen Schlafräumen sollten mindestens 10, in gemeinschaftlichen Arbeitsräumen mindestens 8 Kubikmeter Luftraum auf jede dort untergebrachte Person entfallen (§ 129 Abs. 6, Satz 1 DO). Wie schon in der Gefängnisordnung bestimmt, mußte auch nach der Dienstordnung auf den Türen der Hafträume die Größe in Quadrat- und Kubikmetern angegeben werden (§ 129 Abs. 6, Satz 2 DO).

Über die Größe der Räume enthielt die Hausordnung für die Hamburgischen Strafgefangenen von 1898 keine Angaben.

Für Bayern enthielt nur die Hausordnung für die bayerischen Strafanstalten in § 36 in dem Kapitel „Reinlichkeit und Gesundheitspflege“ ausdrückliche Angaben zur Größe der Zellen. Räume zum gemeinschaftlichen Aufenthalt bei Tag und Nacht zu verwenden, war tunlichst zu vermeiden; falls unvermeidbar, waren die Räume nicht stärker zu belegen, als daß auf jeden Gefangenen ein Luftraum von sechzehn Kubikmetern entfiel. Der auf jeden Gefangenen entfallende Luftraum sollte in gemeinsamen Schlafräumen nicht weniger als zehn, in gemeinsamen Arbeitsräumen nicht weniger als acht Kubikmeter betragen.

c. Der Vorentwurf zu einem deutschen Strafgesetzbuch (1909) und der Gegenentwurf zum Vorentwurf eines deutschen Strafgesetzbuches (1911) sowie die Entwürfe von 1913 und 1919

Der Vorentwurf wie auch der Gegenentwurf und die Entwürfe zu einem Strafgesetzbuch von 1913 und 1919 enthielten über die Größe der Zellen keine Angaben.

d. Die Vorschläge im Entwurf des Vereins deutscher Strafanstaltsbeamter von 1911

Die Vorschläge des Vereins deutscher Strafanstaltsbeamter von 1911 regelten dagegen wieder die Größe, Luft- und Lichtverhältnisse der Hafträume, wobei die Maße den Grundsätzen des Bundesrats vom 28. Oktober 1897 entnommen waren. Demnach war für Einzelzellen ein Luftraum von zweiundzwanzig Kubikmetern und für die Fenster eine Lichtfläche von einem Quadratmeter das Mindestmaß. Für Zellen, die zum Aufenthalt nur bei Nacht und in der arbeitsfreien Zeit oder zur Aufnahme nicht arbeitender Gefangener mit einer Strafzeit von höchstens zwei Wochen bestimmt waren, betrug das Mindestmaß des Luftraumes elf Kubikmeter, das Mindestmaß der Lichtfläche einen halben Quadratmeter. Jedes Zellenfenster war so einzurichten, daß es mindestens zur Hälfte geöffnet werden konnte (§ 13 Abs. 1). Räume, welche dem gemeinschaftlichen Aufenthalt bei Tag und Nacht dienten, durften nicht stärker belegt werden, als daß auf jede darin untergebrachte Person ein Luftraum von sechzehn Kubikmetern entfiel. In gemeinschaftlichen Schlafräumen betrug der auf die Person entfallende Luftraum nicht weniger als zehn, in gemeinschaftlichen Arbeitsräumen nicht weniger als acht Kubikmeter (§ 13 Abs. 2). Für Krankenräume galten die für die öffentlichen Krankenhäuser vorgeschriebenen oder üblichen Maße (§ 13 Abs. 3).

e. Die Vorschläge des Vereins deutscher Strafanstaltsbeamter von 1913

Die ersten beiden Absätze des § 10 der Vorschläge entsprachen weitestgehend den ersten beiden Absätzen der Vorschläge von 1911 und damit dem § 5 der Grundsätze von 1897. Darüber hinaus wurde für die Räume der Einschließungsgefangenen die Regelung getroffen, daß sie mindestens den doppelten Luftraum haben sollten und besser auszustatten waren (§ 10 Abs. 3). Diesen für Einschließungsgefangene vorgesehenen doppelten Luftraum von 44 Kubikmetern befand Gennat als zu hoch bemessen, zumal für Krankenräume nach Absatz 4, der sich systematisch auch auf Absatz 3 und damit die Einschließungsgefangenen bezog, ein Luftraum von nur vierzig Kubikmetern vorgesehen war.[832] Die Vorschrift des Absatz 4 über den Luftraum in den Krankenräumen war nach Vorbild der preußischen Vorschriften gefaßt.[833] Bei Landeskulturarbeiten war die Unterbringung der Gefangenen in Baracken gestattet (§ 10 Abs. 5).

f. Die Grundsätze von 1923 und deren Umsetzung in Preußen, Hamburg und Bayern

Bezüglich der Unterbringung der Gefangenen traf § 87 der Grundsätze die Regelung, daß die zum Aufenthalt bei Tag und Nacht dienenden Zellen eine Mindestgröße von 22 Kubikmetern Luftraum und ein Fenster von mindestens einem Quadratmeter, das zur

832 Gennat, BlGefk 48 (1914), 66 (127).
833 BlGefk, Sonderheft B zu Band 47 (1913), S. 32.

Hälfte geöffnet werden kann, aufweisen mußten. Dem entsprach § 93 Absatz 1 der bayerischen DVO, während Preußen und Hamburg hervorhoben, daß diese Maße für die neu zu bauenden Zellen gelten sollten. Früher erbaute Zellen mit geringeren Maßen durften danach zum Aufenthalt bei Tag und Nacht verwendet werden, sofern nach dem Gutachten eines Arztes ein Schaden für die Gesundheit nicht zu befürchten war. In diesen kleineren Zellen sollten zudem vorzugsweise Gefangene mit kurzer Strafzeit, die mit staubfreien und sonst gesundheitlich unbedenklichen Arbeiten beschäftigt wurden, untergebracht werden (§ 93 Abs. 1 der DVO Preußens, § 334 der hamburgischen DVO). Die weiteren Bestimmungen des § 87 der Grundsätze wurden in die Dienst- und Vollzugsordnungen der Länder übernommen. So sollten die Schlafzellen mindestens einen Luftraum von elf Kubikmetern haben mit einem Fenster von mindestens einem halben Quadratmeter Lichtfläche (§ 87 Abs. 2 der Grundsätze, § 93 Abs. 2 der DVO Bayerns, § 334 Abs. 2 der DVO Hamburgs, § 93 Abs. 2 der DVO Preußens). In Preußen und Hamburg wurde hinzugefügt, daß derartige Zellen auch zum Aufenthalt bei Tag und Nacht für solche Gefangenen dienen konnten, die eine kurze Strafzeit, nach der preußischen DVO eine Strafzeit von nicht mehr als zwei Wochen, zu verbüßen hatten. Auch die Regelung des § 87 Absatz 3 der Grundsätze, daß Aufnahmezellen, in denen die Gefangenen nicht über Nacht blieben, kleiner sein konnten, wurde in allen Ländern übernommen (Preußen: § 93 Abs. 3, Hamburg: § 334 Abs. 3, Bayern: § 93 Abs. 3). Räume, die ausnahmsweise zum gemeinschaftlichen Aufenthalt bei Tag und Nacht benutzt wurden, mußten für jeden Gefangenen einen Luftraum von mindestens sechzehn Kubikmetern zur Verfügung stellen. In gemeinschaftlichen Schlafräumen sollten mindestens zehn, in gemeinschaftlichen Arbeitsräumen mindestens acht Kubikmeter Luftraum auf jeden Gefangenen entfallen (§ 87 Abs. 4 der Grundsätze, § 93 Abs. 4, 6 der DVO Preußens, § 334 Abs. 4, 6 der DVO Hamburgs, § 93 Abs. 4 der DVO Bayerns).

g. Ausblick auf die Vorlagen von 1927

Für die Größe der Hafträume legten sowohl die Reichsratsvorlage als auch die Reichstagsvorlage von 1927 keine Maße fest. Statt dessen war die Größe von der Reichsregierung mit Zustimmung des Reichsrates zu bestimmen (RR-Vorlage: § 94, RT-Vorlage: § 101).

III. Der Stufenstrafvollzug

Der Stufenstrafvollzug hatte seine Anfänge im englischen und irischen Progressivsystem, das sich aus dem pennsylvanischen und dem Auburnschen System der Einzelhaft unter besonderer Berücksichtigung des Wiedereintritts in die Freiheit entwickelt hatte.[834] Er läßt sich beschreiben als „ein System der Gefangenenbehandlung, das vom Grundsatz planmäßiger, persönlichkeitsbezogener, anstaltsintern durch eine streng formalisierte Vergünstigungsprogression besonders ausgeprägter vertikaler Klassifizierung Gefangener beherrscht wird, mit dem Ziel, ihre Eingliederung in die Freiheit zu erleichtern".[835] Der Unterschied von Stufenstrafvollzug gegenüber bloßer Klassifikation bestand darin, daß bei der Klassifikation die Gefangenen bei Eintritt in die Strafanstalt in Gruppen eingeteilt wurden, keinen direkten Einfluß auf die Einteilung hatten und die Gruppe nicht wechseln konnten, während die Gefangenen bei dem Stufenstrafvollzug bei entsprechendem Verhalten in eine höhere Stufe aufsteigen konnten.[836] Dabei stellte sich der Stufenstrafvollzug als eine Ausprägung des Erziehungsgedankens dar.[837] Denn bei Bejahung des Erziehungsgedankens im Strafvollzug muß auch der progressive Strafvollzug befürwortet werden, da jede Erziehung einen progressiven Charakter hat;[838] es liegt im Wesen der Erziehung, von leichteren zu schwereren Aufgaben fortzuschreiten. Dazu paßt, daß ein Merkmal des progressiven Strafvollzuges ein festes System aufeinanderfolgender Stufen war. Es wurden mehrere Stufen eingerichtet, wobei sich die höheren Stufen durch ein steigendes Maß an Vergünstigungen auszeichneten. Durch fehlerfreies Verhalten konnte der Gefangene von der jeweiligen Eingangsstufe in die nächsthöhere aufsteigen, bis er schließlich entlassen werden konnte. Die typische Gestaltung des Progressivsystems bestand in der Aufeinanderfolge von Einzelhaft, Gemeinschaftshaft und vorläufiger Entlassung. Kriegsmann ging sogar so weit, zu sagen: „Das gegenseitige Verhältnis, in das diese drei Abschnitte der Progressivstrafe zu setzen sind, mag zweifelhaft sein; über jeden Zweifel erhaben jedenfalls ist es, daß diese drei Abschnitte verwendet werden müssen".[839] Gegner des progressiven Strafvollzuges waren diejenigen, die als einzigen Zweck der Strafe die Vergeltung sahen.[840] Wer als Zweck der Strafe auch die Erziehung anerkannte, bejahte entweder das Progressivsystem, zumindest aber eine Ausgestaltung des Progressivgedankens im Strafvollzug.[841] Daraus ergibt sich, daß die Entwicklung des Stufenstrafvollzuges eng mit der Diskussion um den Strafzweck verbunden war.

---

834 Vgl. Föhring, Reform und Stand des Gefängnißwesens in Hamburg, S. 87 f.

835 Koch, Das System des Stufenstrafvollzugs in Deutschland, S. 19.

836 Ellger, BlGefk 57 (1926), 189 (193).

837 Vgl. Liepmann, Die Grundsätze, Mitt. der IKV, 19. Versammlung zu Hamburg, 1924, Bd. 22, S. 37.

838 Vgl. Gentz, ZStW 47 (1927), 375 (377).

839 Kriegsmann, Gefängniskunde, S. 198.

840 Vgl. Böseke, Stufenstrafvollzug in Deutschland, S. 8.

841 Vgl. Nagler, GS 94 (1927), 326 (326).

1. Das Strafgesetzbuch für den Norddeutschen Bund von 1870 und das Reichsstrafgesetzbuch von 1871

Weder der Entwurf eines Strafgesetzbuches für den Norddeutschen Bund noch das Strafgesetzbuch für das Deutsche Reich enthielten Bestimmungen darüber, welches Vollzugssystem anzuwenden war. Einzelhaft und Gemeinschaftshaft standen nebeneinander, ohne durch stufenweise Vollstreckung voneinander abgelöst zu werden. Die vorläufige Entlassung war zwar im Reichsstrafgesetzbuch geregelt, es war aber keiner der Gefangenen von vornherein davon ausgeschlossen, vorzeitig entlassen zu werden. Während der Probezeit wurde lediglich gute Führung und Einhaltung der dem Gefangenen auferlegten Pflichten gefordert. Bei schlechter Führung oder Zuwiderhandlung konnte die vorzeitige Entlassung widerrufen werden. Die vorläufige Entlassung stellte damit ein selbständiges Institut dar und bildete nicht den Abschluß eines Progressivsystems.[842] Damit wurde dem Progressivgedanken im Strafgesetzbuch für das Deutsche Reich nur in geringem Maße Rechnung getragen. Der progressive Strafvollzug war aber aufgrund der enthaltenen Vorschriften über Einzelhaft oder vorläufige Entlassung in den Grundzügen angelegt, so daß die Einführung des Progressivsystems in den einzelnen Ländern vom Belieben der Bundesstaaten abhing.[843]

2. Tellkampfs „Plan der Gefängnißreform" und der Entwurf eines Gesetzes über die Vollstreckung von Freiheitsstrafen von 1879/1880

Elemente des progressiven Strafvollzugs enthielt der Antrag Tellkampfs vom 11. Dezember 1874.[844] Tellkampfs schon 1843 entworfener „Plan der Gefängnißreform" sah drei Abteilungen vor, die stufenmäßig aufeinander folgen sollten.[845] Für die erste Stufe war Einzelhaft vorgesehen, welche die Dauer von 18 Monaten nicht überschreiten durfte. Anschließend sollten die Gefangenen tagsüber gemeinsam arbeiten und nachts getrennt in abgesonderten Zellen untergebracht werden. Die letzte der drei Abteilungen sollte „unter Bewahrung des Wesens der Strafe" nach Tellkampf so ausgestaltet werden, daß „der Sträfling für seine Rückkehr in die menschliche Gesellschaft zweckmäßig vorbereitet werde".[846] Jeder Gefangene sollte es durch Fleiß und gutes Betragen in seiner Hand haben, von einer zur nächsten Stufe aufzusteigen.

In den Motiven zu dem „Entwurf eines Gesetzes über die Vollstreckung der Freiheitsstrafen" von 1879 wurde die Übertragung des Progressivsystems auf das Deutsche Reich mit der Begründung abgelehnt, daß der Stufenstrafvollzug auf die geographi-

842 Hofmann, Strafvollzug in Stufen, S. 19.
843 Hofmann, Strafvollzug in Stufen, S. 20.
844 Sten. Berichte über die Verh. des Dt. RT, 1874/75, Bd. 4, Anlagen, Nr. 113, S. 942.
845 Sten. Berichte über die Verh. des Dt. RT, 1874/75, Bd. 4, Anlagen, Nr. 113, S. 943.
846 Sten. Berichte über die Verh. des Dt. RT, 1874/75, Bd. 4, Anlagen, Nr. 113, S. 943.

schen und wirtschaftlichen Verhältnisse Irlands zugeschnitten sei.[847] Man könne dem äußerlich tadellosen Verhalten eines Sträflings während der Strafverbüßung kein so erhebliches Gewicht beimessen, wie dies in Irland vielleicht mit Rücksicht auf den Volkscharakter geschehe. Man habe in Deutschland vielfach die Erfahrung gemacht, daß sich gerade die am tiefsten stehende Klasse der Verbrecher, die im Zuchthausleben erfahrenen Gewohnheitsdiebe, am besten in die Hausordnung einfügten, äußerliches Wohlverhalten zeigten und vor allem den in ihrem Beruf noch neuen Gefängnisbeamten Besserung vorheuchelten.[848] Die Übertragbarkeit des irischen Systems auf Deutschland sei schon aufgrund der Annahme problematisch, daß das Progressivsystem nur bei längerdauernden Strafen sinnvoll sei. Bei der in Deutschland um etwa drei Jahre geringeren durchschnittlichen Strafzeit wäre das irische System selbst nach der Ansicht seines Begründers in Deutschland nur bei einem verhältnismäßig sehr geringen Teil der zu vollstreckenden Zuchthausstrafen anwendbar.[849] Die Möglichkeit zur Progression in der Haftart wurde aber in dem Entwurf grundsätzlich nicht ausgeschlossen, da der § 14 die Gemeinschaftshaft erst nach Ablauf von drei Monaten Einzelhaft für Gefängnisgefangene bzw. sechs Monaten für Zuchthausgefangene zuließ.

3. Die Grundsätze von 1897 und ihre Umsetzung in Preußen, Bayern und Hamburg

Ein bestimmtes Haftsystem war in den Grundsätzen von 1897 nicht vorgesehen. Es gab keine Verknüpfung der Einzel- und Gemeinschaftshaft, obwohl die Einzelhaft die bevorzugte Haftform war. Auch fehlte es an Abstufungen, wie etwa unterschiedlichen Vergünstigungen. Eine grundlegende Regelung des progressiven Strafvollzuges erfolgte damit nicht. Regelungen über die bedingte Entlassung waren zudem nicht enthalten. Grobe Klassifizierungen zeigten sich in der nach Möglichkeit durchzuführenden Trennung von Zuchthaus-, Gefängnis- und Haftgefangenen. Diese berücksichtigten jedoch nicht die Entwicklung des Gefangenen während des Strafvollzugs und konnten damit keine Grundlage eines Stufenstrafvollzugs sein.

Die für die preußischen Gefängnisse der Justizverwaltung erlassene Gefängnisordnung von 1898 sowie die Dienstordnung von 1902 sahen zwar mit Einzel- und Gemeinschaftshaft sowie vorläufiger Entlassung Elemente des progressiven Strafvollzuges vor, es erfolgte aber auch in Preußen keine stufenmäßige Verbindung der Haftformen und der vorläufigen Entlassung, so daß von einem Stufenstrafvollzug nicht die Rede sein konnte.

---

847 Vgl. Bundesrats-Drucksachen, 1879, Bd. 2, Nr. 56, S. 29.
848 Vgl. Bundesrats-Drucksachen, 1879, Bd. 2, Nr. 56, S. 28.
849 Vgl. Bundesrats-Drucksachen, 1879, Bd. 2, Nr. 56, S. 29.

Die bayerischen Hausordnungen von 1907 und 1910 und auch die Hausordnung für die hamburgischen Strafanstalten von 1898 enthielten ebenfalls keine Vorschriften über oder Ansätze für einen Strafvollzug in Stufen.

4. Der Vorentwurf zu einem deutschen Strafgesetzbuch (1909)

In der Begründung zum „Vorentwurf zu einem Deutschen Strafgesetzbuch“ von 1909 wurde es abgelehnt, „tiefer in den eigentlichen Strafvollzug einzugreifen“. Dennoch erfuhr das Progressivsystem in der Begründung eine ausdrückliche Ablehnung.[850] Eine Klassifikation der Gefangenen wurde mit der Begründung abgelehnt, daß eine gerechte Würdigung des Gefangenen auf diesem Weg nicht erfolgen könne. Das Progressivsystem sei nicht auf die deutschen Verhältnisse zugeschnitten und eigne sich zudem nicht für kürzere Freiheitsstrafen unter zwei Jahren. Es verlege das Schwergewicht in die Gemeinschaftshaft und weise der Einzelhaft nur die Aufgabe zu, das Anfangsstadium des Strafvollzugs eindrucksvoller zu gestalten. Insbesondere gebe der schematische Charakter zu Bedenken Anlaß, welcher der Klassifikation der Gefangenen notwendig anhaften müsse, wenn sie nicht durch freie Würdigung der Gesamtpersönlichkeit, sondern durch objektive Voraussetzungen bestimmt sei. Dabei wurde als Problem hervorgehoben, daß es eine bekannte Tatsache sei, daß gerade die unverbesserlichen Verbrecher sich in der Anstalt häufig tadellos führen.[851] Die nach äußerlichen Gesichtspunkten erfolgende Klassifikation führe ferner in der Gemeinschaftshaft notwendig Gefangene der verschiedensten sittlichen Qualifikation zusammen und berge somit die Gefahr in sich, daß die besseren Elemente durch die schlechteren verdorben würden. Der Umstand, daß die Gemeinschaftshaft in dem System den breitesten Raum einnehme, vermehre diese Gefahr. Die Bevorzugung der Gemeinschaftshaft durch das Progressivsystem beruhe auf der Annahme, daß die Einzelhaft bei längerer Dauer den Gefangenen an Geist und Körper schädige. Sei diese Auffassung tatsächlich falsch, so könne es kaum zweifelhaft sein, daß die Einzelhaft wegen ihrer bereits erörterten Wirkungen und auch deswegen den Vorzug verdiene, weil sie in viel weitergehendem Maße eine individuelle Behandlung der Gefangenen zulasse. Es dürfe nicht sein, dieselbe Strafe, je nachdem sie die Dauer von zwei Jahren erreiche oder nicht, nach verschiedenen Grundsätzen zu vollstrecken.[852] Trotz der Ablehnung des Stufenstrafvollzugs in der Begründung zum Vorentwurf enthielt dieser mit Einzelhaft, Gemeinschaftshaft und vorläufiger Entlassung die drei Strafstadien des Progressivsystems. So

850 VE, Begründung, Allgemeiner Teil, S. 78 ff.
Die Stellungnahme sei offenbar aufgrund der erwarteten Einbringung eines Strafvollzugsgesetzes erfolgt. Ein Strafvollzugsgesetz müsse auf dem Strafensystem des Strafgesetzbuches aufbauen; das Strafgesetzbuch müsse sich deshalb auch mit den Grundsätzen des Strafvollzuges auseinandergesetzt haben, wenn nicht seine baldige Änderung erfolgen solle; so Langer, ZStW 31 (1911), 167 (167).

851 Vgl. VE, Begründung, Allgemeiner Teil, S. 78.

852 Vgl. VE, Begründung, Allgemeiner Teil, S. 79.

sollten Zuchthaus- und Gefängnisstrafe mit „strenger Einzelhaft“ beginnen,[853] aber nach mindestens sechs bzw. drei Monaten zu Gemeinschaftshaft mit nächtlicher Trennung führen (§ 22 Abs. 1, 4 VE). Die vorläufige Entlassung war nach Verbüßung von zwei Dritteln der erkannten Strafe bei guter Führung, guter Prognose und gesichertem Einkommen nach der Entlassung möglich (§ 26 Abs. 2 VE). Zur Ausgestaltung eines Progressivsystems fehlte es dem Vorentwurf jedoch an einer stufenweisen Verknüpfung der drei Strafstadien. Über das Fortschreiten von Einzel- zu Gemeinschaftshaft und vorläufiger Entlassung hinaus könnte ein künftiges Strafvollzugsgesetz weitere Erleichterungen in der Berücksichtigung befriedigender Führung bringen.[854] Gegen das letztgenannte Argument der Begründung wurden Bedenken hervorgebracht.[855] Soweit der Vorentwurf eine Veränderung der Haftweise und vorläufige Entlassung gestatte, seien diese Einrichtungen nicht geeignet, einen progressiven Strafvollzug zu ersetzten. Es mache einen Unterschied, ob der Gefangene in eine bestimmte Stufenfolge eingereiht werde, bei welcher er sich auf einer Wanderung befinde und sein Ziel durch Wohlverhalten erreichen könne oder ob die eintretenden Veränderungen der Haftweise durch äußere, nicht von ihm beeinflußte Umstände hervorgerufen werden oder auf Zufälligkeit beruhen.[856]

5. Der Gegenentwurf zum Vorentwurf eines deutschen Strafgesetzbuches (1911)

In dem „Gegenentwurf zum Vorentwurf eines deutschen Strafgesetzbuches“ von 1911 wurde „von der Proklamierung und konsequenten Durchführung des Progressivsystems als Vollzugssystem der Zuchthausstrafe“ abgesehen.[857] Dennoch wurde in § 50 die Bildung von Strafstufen mit wachsenden Vergünstigungen vorgeschlagen. Wieviele Stufen eingerichtet werden sollten, wurde dabei weder im Entwurf selbst noch in der Begründung erwähnt. Das Progressivsystem sollte sowohl bei Zuchthaus- als auch Gefängnisstrafen durchgeführt werden, deren Dauer mindestens ein Jahr erreichte. Die Unabhängigkeit des Strafvollzuges in Stufen von dem Haftsystem ermöglichte es, diese Art des Vollzuges auch auf die in Einzelhaft zu verbüßende Gefängnisstrafe für anwendbar zu erklären.[858] Unterscheiden sollten sich die einzelnen Strafstufen gemäß § 50 Absatz 1, Satz 2 durch die Höhe der Arbeitsbelohnung, die Häufigkeit der Besuche, des brieflichen Verkehrs und der Lektüre. Gefangene der untersten Stufe sollten in der Regel von derartigen Vergünstigungen ausgeschlossen werden. Zu Beginn der Strafe war der Gefangene in Einzelhaft unterzubringen. Darauf sollte später die Ge-

853 GE, Begründung, S. 80.
854 VE, Begründung, Allgemeiner Teil, S. 80.
855 Vgl. Langer, ZStW 31 (1911), 167 (172).
856 Langer, ZStW 31 (1911), 167 (172).
857 GE, Begründung, S. 76.
858 GE, Begründung, S. 78.

meinschaftshaft mit gemeinsamer Arbeit und nächtlicher Trennung folgen. Zuchthausgefangene wurden gemäß § 41 Absatz 4 unter anderem zur Durchführung der Milderung des Strafzwanges in Stufen nach Alter, Charakter, Vorleben und Straftat in Disziplinarklassen eingeteilt. Wieviele Disziplinarklassen es geben sollte, blieb offen. Für den Aufstieg in eine höhere Stufe waren nach § 50 Absatz 2 der Fleiß des Gefangenen bei der Arbeit und sein Betragen maßgebend. Dabei waren die Anforderungen für Zuchthausgefangene verschiedener Disziplinarklassen verschieden zu bemessen. Nach § 50 Absatz 2, Satz 3 des Gegenentwurfs konnte auch ein Strichsystem eingerichtet werden. Dadurch wurde die Mitwirkung des Gefangenen an seiner Besserung sowie die Transparenz hinsichtlich des Besserungszustandes ermöglicht und gefördert.[859] Eine vorläufige Entlassung war nur für solche Gefangene möglich, die in die oberste Stufe aufgestiegen waren, und kam im letzten Strafdrittel in Frage (§ 55 GE). Die Begründung des Gegenentwurfs beschränkte sich darauf, die Kritikpunkte des Vorentwurfs an dem Progressivsystem zurückzuweisen, gab aber keine eigene Begründung zu dem aufgestellten Stufenstrafvollzug ab.[860] Es sei unter anderem bei der Begründung des Vorentwurfs angeführt worden, daß das Progressivsystem den Schwerpunkt auf die Gemeinschaftshaft lege. Diesbezüglich sei aber dem Vorentwurf zu Recht entgegengehalten worden, daß er selbst in § 22 für Zuchthaussträflinge eine Einzelhaft von sechs Monaten für ausreichend halte. Damit mache sich der Vorentwurf nur die Nachteile, nicht aber die Vorteile des Progressivsystems zu eigen.[861]

6. Der progressive Strafvollzug im Jugendgefängnis zu Wittlich

Praktische Umsetzung erfuhr der Stufenstrafvollzug erstmals im Jugendgefängnis zu Wittlich. Dort wurde bei der Eröffnung am 1. August 1912 der progressive Strafvollzug eingeführt. Insassen des Gefängnisses waren Gefangene zwischen 18 und 21 Jahren, die eine Gefängnisstrafe von mehr als einem Jahr zu verbüßen hatten. Der Strafvollzug sollte vollständig nach erzieherischen Gesichtspunkten gehandhabt werden.[862] Die Sträflinge wurden in drei Klassen eingeteilt. Neuankömmlinge wurden der dritten Klasse zugewiesen und in Einzelhaft gehalten. Bei guter Führung erfolgte nach vier Monaten der Aufstieg in die zweite Stufe. Dabei durften die Sträflinge nur gemeinschaftlich arbeiten, im übrigen waren sie weiterhin getrennt untergebracht. Bei weiterem einwandfreien Verhalten erfolgte nach vier Monaten der Aufstieg in die erste Stufe. Dort war bei gemeinsamer Arbeit das Schweigegebot aufgehoben und es kam zu weiteren Vergünstigungen wie einer freundlicheren Zellenausstattung. Nur wer die erste Stufe erreicht hatte, konnte mit vorläufiger Entlassung oder Begnadigung rech-

859 Vgl. von Bähr, BlGefk 45 (1911), 634 (634).
860 Vgl. GE, Begründung, S. 76 f.
861 Vgl. GE, Begründung, S. 76.
862 Vgl. Ellger, BlGefk 57 (1926), 189 (199); zum Wittlicher Progressivsystem vgl. auch Ellger, ZStW 36 (1915), 554 (557, 561 f.).

nen. In die Strafklasse III a kamen Gefangene, die in besonders schwerer Weise gegen die Hausordnung verstoßen hatten. Diese Klasse zeichnete sich durch Einzelhaft und den Verlust sämtlicher Vergünstigungen aus.[863] Von dort aus konnte sich der Gefangene dann nach einem Monat bei gänzlich einwandfreier Führung wieder allmählich in die höheren Stufen emporarbeiten.

7. Die Vorschläge des Vereins deutscher Strafanstaltsbeamter von 1911

Ein Strafvollzug mit im voraus allgemein festgelegten Stufen (Progressivsystem) wurde bei den Vorschlägen des Vereins deutscher Strafanstaltsbeamter von 1911 „zur Verhütung reglementarischer Erstarrung und einer Gefährdung des Individualisierungsprinzips" nicht empfohlen.[864] Statt dessen war in dem Absatz 1 des § 32 folgendes bestimmt: „Bei dem Vollzug von Zuchthaus- und Gefängnisstrafen, deren Dauer ein Jahr erreicht, kann unter Berücksichtigung der Eigenart des Gefangenen, insbesondere seines Fleißes und Betragens, der Vorstand eine allmähliche Milderung des Strafzwanges eintreten lassen: bei der Auswahl der Arbeit, durch die Höhe der Arbeitsbelohnung, durch das Ausmaß der Besuche, des brieflichen Verkehrs, der Lektüre und der Gewährung sonstiger Vergünstigungen". Zu diesem Zweck konnten Gruppen gebildet werden (§ 32 Abs. 2). Der § 32 enthielt damit „eine Art freigestaltetes Progressivsystem".[865]

8. Die Vorschläge des Vereins deutscher Strafanstaltsbeamter von 1913

Die Vorschläge des Vereins der deutschen Strafanstaltsbeamten von 1913 lehnten unter Berufung auf den Vorentwurf von 1909 die Einführung festgelegter Stufen ab. Ein derartig ausgestaltetes Progressivsystem führe, so auch schon die Begründung der Vorschläge von 1911, zu einer „Gefährdung des Individualisierungsprinzips" und wurde zur „Verhütung reglementarischer Erstarrung" abgelehnt.[866] Dem Erziehungsgedanken im Strafvollzug sollte der § 23 der Vorschläge gerecht werden, der durch „eine allmähliche Milderung des regelmäßigen Strafzwanges" eine progressive Ausgestaltung des Strafvollzuges festlegte (§ 23 Abs. 1). Die Milderung sollte dergestalt erfolgen, daß Zuchthausgefangenen nach Ablauf eines Jahres, Gefängnisgefangenen nach Ablauf von sechs Monaten gewisse Vergünstigungen je nach ihrer Individualität ein-

863 Hofmann, Strafvollzug in Stufen, S. 24 ff.
864 Klein, ZStW 33 (1912), 643 (651).
865 Klein, ZStW 33 (1912), 643 (651).
866 BlGefk 47 (1913), Sonderheft B (Begründung), S. 40. Laut Ellger, ZStW 36 (1915), 554 (554) waren es vor allem die Praktiker - wie der Verein deutscher Strafanstaltsbeamter -, die ein Progressivsystem ablehnten. Die Theoretiker wie Goldschmidt, Freudenthal und Kriegsmann stünden der Einführung des Progressivsystems dagegen meist befürwortend gegenüber.

zeln oder in Verbindung miteinander gewährt werden durften. Dadurch sollte dem Gefangenen das Gefühl vermittelt werden, durch sein Verhalten seine Lage beeinflussen zu können. Diese Form der vorgesehenen Milderung war an kein Haftsystem gebunden und sowohl in Einzelhaft als auch in Gemeinschaftshaft bei Bildung geeigneter Gruppen durchführbar. Mit Ausnahme der Zeitgrenze für den Beginn wurde darauf verzichtet, die Voraussetzungen für die Milderung festzusetzen. Daß sie an gutes Betragen, Fleiß und ernstes Streben zur Besserung geknüpft sein sollte, sei selbstverständlich und ergebe sich auch deutlich aus dem Erziehungszweck der Einrichtung.[867] Es wurden dagegen Einwände erhoben, daß die Voraussetzungen für die Milderung nicht in den Vorschlägen selber, sondern nur in der Begründung dargelegt wurden.[868] Man solle dem Vorstand die Möglichkeit geben, den Gefangenen die betreffende Gesetzesstelle zu zeigen, falls diese sich bei Nichteintritt der erwarteten Strafmilderung ungerecht behandelt fühlten. Im übrigen enthielten die Vorschläge Elemente des progressiven Strafvollzugs, indem der Vollzug regelmäßig mit Einzelhaft beginnen sollte (§ 20 Abs. 1, Satz 1). Daran schloß sich die Gemeinschaftshaft (§ 21) an, auf welche die vorläufige Entlassung (§ 55) folgte. Eine Verknüpfung der einzelnen Elemente durch eine festgelegte Stufenfolge fehlte jedoch aus den genannten Gründen; statt dessen sollte für jeden Gefangenen individuell die Wirksamkeit der jeweiligen Haftform geprüft werden. Damit war der Unterschied zum Progressivsystem mehr „verbal als real", denn auch dort konnte nicht jeder Gefangene jede Stufe des Systems durchlaufen, sei es, daß seine Strafe zu kurz war oder er die Voraussetzungen für einen Aufstieg in die nächsthöhere Stufe nicht erfüllte.[869]

9. Der Entwurf der Strafrechtskommission von 1913 und der überarbeitete Entwurf eines Strafgesetzbuchs von 1919

Im Gegensatz zum Gegenentwurf von 1911 enthielt wie der Entwurf von 1913 auch der Entwurf eines Deutschen Strafgesetzbuchs von 1919 weder eine unterscheidende Beschreibung von einzelnen Stufen noch eine Festlegung von Kriterien zur Aufrückung in die nächste Stufe.[870] Der aus der Denkschrift hervorgehende Anspruch, der Entwurf werde durch die Bestimmungen über die Einzelhaft (§ 51) und die vorläufige Entlassung (§ 69 ff.) das „System des stufenweisen Strafvollzugs in die deutsche Strafgesetzgebung" einführen, wurde damit nicht erfüllt.[871]

---

867 BlGefk, Sonderheft B zu Band 47 (1913), S. 41.
868 Reich, BlGefk 48 (1914), 186 (193).
869 Schattke, Geschichte der Progression, S. 115.
870 Koch, Das System des Stufenstrafvollzugs in Deutschland, S. 57.
871 Denkschrift zu dem Entwurf von 1919, S. 71; Koch, Das System des Stufenstrafvollzugs in Deutschland, S. 57.

10. Die Grundsätze von 1923 und deren Umsetzung in Preußen, Hamburg und Bayern

a. Der Stufenstrafvollzug in den Grundsätzen von 1923

Vorreiter des Erziehungsgedankens und damit auch der Progression im Strafvollzug war das Jugendgerichtsgesetz vom 16. Februar 1923[872], wonach nicht mehr vorrangig auf die Tat, sondern auf die Persönlichkeit des Täters abzustellen war und spezialpräventive Gesichtspunkte vorrangig beachtet wurden.[873]

Auch durch die Grundsätze vom 7. Juni 1923 änderte sich die Grundeinstellung zum Strafzweck. Die Strafe sollte nicht mehr vorrangig ein Übel darstellen und Vergeltung durchsetzen, sondern vor allem der Erziehung des Gefangenen dienen. In § 48 der Grundsätze hieß es dazu, daß durch den Vollzug der Freiheitsstrafen der Gefangene, soweit es erforderlich war, an Ordnung und Arbeit gewöhnt und sittlich so gefestigt werden sollte, daß er nicht wieder rückfällig wurde. Den Kernpunkt der Ausgestaltung des Erziehungsstrafvollzuges bildete der Strafvollzug in Stufen, der in § 130 der Grundsätze seine Ausgestaltung fand:[874] „Bei längeren Strafen ist der Vollzug in Stufen anzustreben. Er soll die sittliche Hebung dadurch fördern, daß dem Gefangenen Ziele gesetzt werden, die es ihm lohnend erscheinen lassen, seinen Willen anzuspannen oder zu beherrschen. Der Vollzug in Stufen soll auf der Grundlage aufgebaut sein, daß der Strafvollzug je nach Fortschreiten der inneren Wandlung des Gefangenen seiner Strenge entkleidet und durch Vergünstigungen, die nach Art und Grad allmählich gesteigert werden, gemildert und schließlich soweit erleichtert wird, daß er den Übergang in die Freiheit vorbereitet."

Der § 130 ließ den Umkehrschluß zu, daß gegen solche Gefangene, die sich während ihres Strafvollzugs nicht änderten, mit Strenge vorzugehen war. Zugleich wurde hervorgehoben, daß der Strafvollzug die sittliche Festigung des Gefangenen erreichen sollte, was bei längeren Freiheitsstrafen mittels des Stufenstrafvollzugs zu verwirklichen war.[875] Das Stufensystem sollte den Gefangenen in Stufen auf das Leben in Freiheit vorbereiten. Dabei schloß sich an die einführende Einzelhaft die Gemeinschaftshaft mit nächtlicher Trennung an. Die Grundsätze bildeten somit die Grundlage für einen progressiven Strafvollzug.[876] Kritik wurde jedoch dahingehend laut, daß die

---

872 RGBl. 1923 I, S. 135-141.

873 Vgl. Schattke, Geschichte der Progression, S. 146.

874 Vgl. Hofmann, Strafvollzug in Stufen, S. 28 f.

875 Mayer, Strafvollzug in Stufen, S. 15.

876 Radbruch sah in den Grundsätzen eine „Sympathieerklärung für den progressiven Strafvollzug"; seine gesetzliche Einführung erwartete er von einem künftigen Reichsstrafvollzugsgesetz, vgl. Radbruch-Gesamtausgabe, Bd. 8, S. 111. Im Jahre 1932 äußerte er sich dann kritisch zu den Auswirkungen der Reichsratsgrundsätze und dem Strafvollzug in Stufen. Man hatte nach seiner Auffassung „ein Mittel der Erziehung zur Freiheit gesucht, gefunden aber ein vorzügliches Mittel der inneranstaltlichen Disziplin!"; vgl. Radbruch-Gesamtausgabe, Bd. 10, S. 77.

Grundsätze bezüglich der Progression einiges vermissen ließen. So fehle die Forderung einer Zwischen- und Übergangsstation, wie sie im irischen Progressivsystem zuerst anerkannt wurde.[877] Ferner werde die Regelung der Grundsätze der Frage nicht gerecht, wie der Gefangene zur Selbständigkeit zu erziehen sei. Darüber hinaus wurde die Voraussetzung der inneren Wandlung für den Aufstieg in höhere Stufen kritisiert. Damit verzichteten die Grundsätze laut Ellger auf das „sehr wichtige Erziehungsmittel zur Willensstärkung, daß der Gefangene diese Ziele und Freiheiten sich selbst erarbeiten soll, aber nicht von dem Urteil der Beamten abhängig ist, und daß ihm dies klar zum Bewußtsein gebracht wird".[878] Ellger wies darüber hinaus auf die Gefahr der Fehlbeurteilung hin und daß auch bei gewissenhaftem Vorgehen bei den Gefangenen leicht der Eindruck der Willkür aufkommen könnte.

Die Ausgestaltung des Stufenstrafvollzugs überließen die Grundsätze weitgehend den Ländern. Es wurden in § 130 nur einige Prinzipien aufgestellt, die zu beachten waren. In einigen Ländern war schon vor Vereinbarung der Grundsätze von 1923 das Stufensystem eingeführt worden. So etwa in Bayern durch Ministerialerlaß vom 3. November 1921 und in Hamburg im Sommer 1922. Die Art und Weise wie der Strafvollzug in den einzelnen Ländern umgesetzt wurde, war sehr unterschiedlich. Nur in Thüringen war in der Vollzugsordnung das gesamte Leben der Gefangenen nach dem Stufensystem geregelt. In Baden und Braunschweig gab es etwa Abstufungen hinsichtlich Haftart, Einrichtung der Hafträume, Bekleidung, Verpflegung, Arbeit, Entlohnung, Unterricht, Lektüre, Selbstbeschäftigung, Bewegung im Freien und der Selbstverwaltung.[879] Schon bezüglich der Benennung der einzelnen Stufen ergaben sich in den Dienst- und Vollzugsordnungen der einzelnen Länder erhebliche Unterschiede. In Thüringen und Baden wurde die niedrigste Stufe als die erste, die der Entlassung vorausgehende als dritte bezeichnet; in Württemberg und Braunschweig erfolgte die Zählung in umgekehrter Reihenfolge. In der DVO Sachsens wurde in Unter-, Mittel- und Oberstufe unterschieden.[880] In Baden und Sachsen wurde jeder Gefangene, in Thüringen wurden nur solche Gefangene, welche mit Zuchthaus bestraft wurden, der Unterstufe zugeteilt. In Württemberg und Braunschweig dagegen traten neu aufgenommene Gefangene in die Mittelstufe ein, welche in Thüringen und Baden als Behandlungsstufe bezeichnet wurde. Außer einer Unter-, Mittel- und Oberstufe wurde in Thüringen und Baden noch eine Strafstufe eingerichtet.[881]

---

877 Liepmann, Die Grundsätze, Mitt. der IKV, 19. Versammlung zu Hamburg, 1924, Bd. 22, S. 50 f.

878 Ellger, BlGefk 57 (1926), 189 (200).

879 Weiß, MSchKrim 16, 166 (179).

880 Weiß, MSchKrim 16, 166 (179).

881 Weiß, MSchKrim 16, 166 (184).

b. Der Stufenstrafvollzug in Preußen, Hamburg und Bayern

Um einen Einblick in die Umsetzung der Vorgaben des § 130 der Grundsätze in den einzelnen Ländern zu gewinnen, dienen die Bestimmungen in Preußen, Bayern und Hamburg als Beispiele.

(1) Preußen

Preußen verhielt sich gegenüber dem Stufenstrafvollzug zunächst zurückhaltend.[882] Ein Schritt in Richtung Progressivsystem erfolgte erst durch die Dienst- und Vollzugsordnung vom 1. August 1923 sowie die ergänzenden Richtlinien für den Strafvollzug in Stufen vom 2. Januar 1925.

Die Dienst- und Vollzugsordnung Preußens von 1923 enthielt noch keinen progressiven Strafvollzug in der Form, daß Stufen eingerichtet werden sollten. Zur Durchführung des Progressivgedankens in Abgrenzung zum Progressivsystem, wie er in der DVO enthalten war, war die Preußische Justizverwaltung allerdings schon lange vor Vereinbarung der Grundsätze von 1923 entschlossen.[883] Es handelte sich dabei um eine auf den einzelnen Gefangenen abstellende Form, ohne Bindung an ein festes Stufensystem. Die Herstellung eines Progressivsystems wurde als nicht durchführbar betrachtet aufgrund der verschiedenartigen Verhältnisse innerhalb Preußens und der Tatsache, daß die erforderlichen umfangreichen Neu- und Umbauten in absehbarer Zeit für nicht durchführbar gehalten wurden. Statt dessen waren in § 53 der DVO Milderungen des Strafvollzuges vorgesehen. Diese sollten allmählich bei Zuchthausstrafen nach neun Monaten, bei Gefängnisstrafen nach drei Monaten bei Fleiß und guter Führung eingreifen können. Als Milderungen waren unter anderem möglich das Halten einer Tageszeitung, das Rauchen bei Gefängnisgefangenen, das Ausschmücken der Zelle durch Bilder und Blumen und Anschaffung eines Kalenders, schriftliche Arbeiten, Aufzeichnungen oder Zeichnen und die Beschaffung der dazu erforderlichen Geräte, bei Einzel- oder Zellenhaft Beleuchtung eine bestimmte Zeit nach dem Einschluß. Die Gewährung der Vergünstigungen durfte gemäß Absatz 3 nicht zu einer ziellosen Erleichterung des regelmäßigen Strafzwangs führen, statt dessen mußte auf die in § 52 Absatz 2 festgeschriebenen Ziele des Strafvollzuges abgestellt werden. Nach Absatz 3 Satz 3 des § 53 sollten die Vergünstigungen für den Gefangenen Ziele darstellen, für die es sich lohnte, seinen Willen anzuspannen oder zu beherrschen. Eine Beschränkung oder Entziehung der Vergünstigung war gemäß § 53 Absatz 5 möglich bei Mißbrauch durch den Gefangenen oder wenn sich dieser der Vergünstigung unwürdig zeigte.

---

882 Vgl. Plischke, MSchKrim 1928, 417 (428): „Einige Staaten, so insbesondere Preußen, haben sich der 'Neuerung' freilich nur zögernd angeschlossen. Offenbar erschien die Reform zu gewagt, zu umstürzlerisch."

883 Klein, Vorschriften über Verw. und Vollzug in den Gefangenanstalten, 4. Aufl., Anm. zu § 52, S. 121.

Erst die Verordnung vom 2. Januar 1925 führte in Preußen zur Regelung des progressiven Strafvollzuges, der versuchsweise für alle Gefangenenanstalten mit einem ausreichenden Gefangenenbestand galt. Es wurden drei[884] feste Stufen eingerichtet, die Gefangenen traten zunächst in die erste Stufe ein. Eingegliedert wurden jedoch nur solche Gefangene, die mindestens eine Zuchthausstrafe von einem Jahr bzw. eine Gefängnisstrafe von sechs Monaten zu verbüßen hatten. Für Jugendliche lag die erforderliche Mindeststrafe bei drei Monaten. In jeder der drei Stufen mußte der Gefangene dem Erlaß von 1925 zur Folge eine Mindestzeit bleiben, die für Zuchthausgefangene neun, für Gefängnisgefangene sechs und für Jugendliche drei Monate betrug. Von vornherein waren die Überzeugungstäter aus dem progressiven Strafvollzug auszuscheiden, dauernd Kranke oder Arbeitsunfähige konnten ausgeschieden werden. Um von Stufe 1 in Stufe 2 aufzurücken, mußte der Gefangene ein „gutes und anständiges Gesamtverhalten" und damit den Willen und die Fähigkeit zeigen, sich zum Besseren zu verändern. Das Aufrücken zur dritten Stufe setzte voraus, daß das Gesamtverhalten die Nachhaltigkeit der Wandlung erkennen ließ und den Schluß rechtfertigte, daß der Gefangene auch in Freiheit kein Fehlverhalten zeigen würde. Zuchthausgefangenen mit lebenslanger Freiheitsstrafe war es jedoch nicht möglich, in die dritte Stufe aufzurücken, da die Vorbereitung auf das Leben in Freiheit bei ihnen entfiel. In der ersten Stufe begegnete dem Gefangenen in Einzelhaft die volle Strenge des Strafvollzuges ohne jegliche Vergünstigungen. Die zweite Stufe zeichnete sich durch eine Reihe von Vergünstigungen aus. So kam es zu gemeinsamer Arbeit der Gefangenen, sie durften von ihrem Arbeitsverdienst Nahrungsmittel kaufen und so die Anstaltskost ergänzen. Zudem war das Rauchen gestattet und die tägliche Freistunde wurde um eine Stunde verlängert. Es war möglich, daß die Arbeitszeit verkürzt und die so gewonnene Freizeit zur Selbstbeschäftigung genutzt wurde. Weitere Vergünstigungen betrafen etwa den Kontakt mit der Außenwelt und die Erlaubnis zum Schmücken der Zelle. In Stufe 3 durfte darüber hinaus auch eigenes Geld für die Beschaffung von Bequemlichkeiten eingesetzt werden. Zudem konnte eigene Kleindung getragen und die Erlaubnis zur Selbstbeschäftigung erteilt werden. In den höheren Stufen wurde den Gefangenen zudem ein größeres Maß an Bewegungsfreiheit eingeräumt, das beweisen sollte, daß ihnen allmählich ein größeres Maß an Vertrauen entgegengebracht wurde.[885] So wurden sie etwa zur Außenarbeit zugelassen und für Gefangene der dritten Stufe wurde die Beaufsichtigung eingeschränkt, indem diese sich selber Obmänner wählten, die für Ordnung zu sorgen hatten. Bei Fehlverhalten war die Rückversetzung möglich, ein Wiederaufstieg gestaltete sich dann erheblich schwieriger. Im Gegensatz zu anderen Ländern war in Preußen die bedingte Entlassung nicht in den Erziehungsstrafvollzug eingebunden.

---

884 Die Annahme mancher Autoren, vgl. etwa Gentz in ZStW 47, 375 (384), in Preußen bestünden vier Stufen stützt sich darauf, daß die vom Stufenstrafvollzug ausgeschlossenen Gefangenen von den anderen räumlich zu trennen waren. Diese ausgeschlossenen Gefangenen bildeten aber keine eigene Stufe, da sie nicht in dieses Progressivsystem integriert waren und ein Auf- oder Absteigen in die anderen Stufen für sie nicht möglich war.

885 Ellger, Der Strafvollzug in Stufen, in: Strafvollzug in Preußen, S. 110.

Der Erlaß von 1925 lautete dazu folgendermaßen: „Die Befürwortung von Gnadenerweisen ist in keiner Stufe ausgeschlossen".

Als Mangel des preußischen Systems wurde der erkennbare Kompromißcharakter betrachtet.[886] Es sollte einerseits nach der Verordnung vom 2. Januar 1925 der Charakter der Strafe als Übel erhalten bleiben, andererseits trat daneben der Gedanke der Erziehung des Gefangenen zu einem gesetzmäßigen und geordneten Leben nach der Entlassung. Weiterhin wurde die Auffassung vertreten, daß bei der sich wiederholenden Forderung nach individueller Behandlung die für ein System notwendige Generalisierung verlorengegangen sei.[887] Als Nachteil wurde auch der Umstand empfunden, daß keine Kategorisierung nach der Erziehbarkeit erfolgen sollte und damit der Schwerverbrecher mit dem Gelegenheitsdieb zusammentreffen konnte.[888] Zudem zeigten praktische Erfahrungen, daß sich die innere Wandlung bzw. der Wandlungswille als Voraussetzung zum Aufrücken nur schwer feststellen ließ.[889] Als problematisch erwies sich darüber hinaus die fehlende Einbindung der bedingten Entlassung in den progressiven Strafvollzug. Dadurch, daß die bedingte Entlassung grundsätzlich auf jeder Stufe möglich war, fehlte dem Strafvollzug in Preußen ein wesentliches Erziehungsmittel.[890]

(2) Bayern

(a) Die Entwicklung des Stufenstrafvollzuges

Seit 1907 legte Bayern in den Hausordnungen das Schwergewicht auf Erziehung und Besserung.[891] Aufgrund steigender Kriminalität und überfüllter Gefängnisse konnte diese Zielvorgabe nicht eingehalten werden.[892] Die Gründe für den mangelnden Erfolg von Läuterung und Besserung lagen aber auch „teils in der Neuheit und Schwierigkeit der Aufgabe, teils in der Unzulänglichkeit eines noch nicht genügend geschulten Personals, teils in Mängeln in den Einrichtungen" der Strafanstalten.[893] Der Mangel an Einzelzellen machte eine individuelle Behandlung undurchführbar. Die Bemühungen der Justizverwaltung, die auf Erziehung gerichtete Einwirkung zu verstärken, hatten die Einführung des Stufensystems zur Folge. So wurde der Stufenstrafvollzug bereits

---

886 Gentz, ZStW 47 (1927), 375 (378).
887 Gentz, ZStW 47 (1927), 375 (378).
888 Gentz, ZStW 47 (1927), 375 (379).
889 Ellger, Der Strafvollzug in Stufen, in: Strafvollzug in Preußen, S. 111.
890 Gentz, ZStW 47 (1927), 375 (394).
891 Vgl. die Ministerialentschließung vom 3.11.1921 in: Der Stufenstrafvollzug u. die kriminalbiolog. Untersuchung der Gefangenen in den bay. Strafanstalten, Bd. 1, S. 10 ff.
892 Vgl. Der Stufenstrafvollzug u. die kriminalbiolog. Untersuchung der Gefangenen in den bay. Strafanstalten, Bd. 1, S. 134, Anm. 5, S. 133 f.
893 Ministerialentschließung vom 3.11.1921 in: Der Stufenstrafvollzug u. die kriminalbiolog. Untersuchung der Gefangenen in den bay. Strafanstalten, Bd. 1, S. 11.

am 3. November 1921 durch Ministerialentschließung des bayerischen Justizministeriums angeordnet.[894] Hinsichtlich des progressiven Strafvollzugs war man damit in Bayern gegenüber den übrigen deutschen Ländern fortgeschritten. In dieser grundlegenden Entschließung des Bayerischen Staatsministeriums der Justiz über die Einführung des Stufensystems in den bayerischen Strafanstalten hieß es: „Lassen wir also die Sonnenstrahlen der Hoffnung und der Freude in das Düster der Gefängnisse, geben wir dem Gefangenen die Hoffnung, daß er sich durch sein Verhalten kleine Vergünstigungen, die immer Freuden für ihn sein werden, verdienen kann und steigern wir diese Vergünstigung zu wirklichen kleinen Freuden, die wir zugleich zu erzieherischen Zwecken ausnutzen können".[895] Zu den Vergünstigungen hieß es genauer: „Freilich dürfen diese Freuden dem Gefangenen nicht in den Schoß fallen. Er muß um sie ringen und nur dem ganz Geläuterten dürfen sie zuteil werden".[896] Die Entschließung von 1921 sah schon zu diesem Zeitpunkt eine Ausgestaltung des Strafvollzugs in drei Stufen vor, wobei auf der untersten Stufe der Vergeltungszweck der Strafe Vorrang haben sollte und erst die beiden nächsten Stufen Vergünstigungen enthielten. In einer Entschließung vom 2. August 1922 wurde den Gefängnisverwaltungen empfohlen, zunächst die unverbesserlichen Gefangenen von den besserungsfähigen zu trennen, außerdem wurden Merkmale für die Bewertung der Unverbesserlichkeit aufgestellt.[897] Zunächst sollten drei Gruppen gebildet werden, nämlich: Unverbesserliche der Stufe 1, Besserungsfähige der Stufe 1 und Besserungsfähige der zweiten Stufe. Am 1. Oktober 1922 hatte Bayern dann das Stufensystem in allen Strafanstalten eingeführt. Ausgeschlossen aus dem Stufenstrafvollzug wurden die „Nichterziehbaren, Invaliden, Arbeitsunfähigen und Geschwächten".[898] Für die am Stufenvollzug Beteiligten zeichnete sich die Progression im wesentlichen durch unterschiedliche Haftformen und Vergünstigungen aus. In der ersten Stufe war der Vergeltungszweck vorrangig. Die Gefangenen blieben in Einzelhaft und wurden ohne Vergünstigungen ernst und streng behandelt. Die zweite Stufe diente der Resozialisierung, wobei der Gefangene tagsüber in Gemeinschaftshaft und nachts in Einzelhaft untergebracht war. Die dritte Stufe wurde erst nach Beschluß der Reichsratsgrundsätze von 1923 eingeführt, da man die Wirkun-

894 Der Stufenstrafvollzug u. die kriminalbiolog. Untersuchung der Gefangenen in den bay. Strafanstalten, Bd. 1, S. 10 ff.

895 Ministerialentschließung vom 3.11.1921 in: Der Stufenstrafvollzug u. die kriminalbiolog. Untersuchung der Gefangenen in den bay. Strafanstalten, Bd. 1, S. 14; vgl. auch Degen, MSchKrim 14 (1923), 6 (9).

896 Ministerialentschließung vom 3.11.1921 in: Der Stufenstrafvollzug u. die kriminalbiolog. Untersuchung der Gefangenen in den bay. Strafanstalten, Bd. 1, S. 14.

897 Vgl. S. 2 f. des Schreibens des bay. Staatsministeriums der Justiz vom 2.11.1922 an die Verwaltungen der Strafanstalten, BA, R 3001, Nr. 5606; Ministerialentschließung vom 2.8.1921 in: Der Stufenstrafvollzug u. die kriminalbiolog. Untersuchung der Gefangenen in den bay. Strafanstalten, Bd. 1, S. 19 ff.

898 Vgl. Schattke, Geschichte der Progression, S. 136 f.

gen der ersten beiden Stufen zunächst abwarten wollte.[899] Die Einführung eines auf der Grundlage der Grundsätze von 1923 aufbauenden Strafvollzugs bereitete aufgrund des schon früh in Bayern eingeführten und erprobten Stufenstrafvollzuges keine besonderen Probleme; die DVO von 1924 stellte lediglich eine Anpassung des bisherigen Vollzuges an die Bestimmungen der Grundsätze von 1923 dar.[900] In der Ministerialentschließung vom 7. Juli 1923 hieß es über den § 130 der Grundsätze und den darin verlangten Strafvollzug in Stufen: „Was hier verlangt wird, sind die Grundzüge des in den bayerischen Strafanstalten eingeführten Stufensystems".[901]

(b) Der Inhalt der DVO von 1924

Nach § 144 Satz 2 der DVO von 1924 war es Aufgabe des Stufenstrafvollzuges, „den Besserungswillen des Gefangenen zu wecken und zu stärken, ihre sittliche Hebung zu fördern und dadurch eine innere Einkehr und Wandlung hervorzurufen, die stark genug ist, den Gefangenen vor Rückfall zu schützen". Bei Zuchthausgefangenen und bei Gefängnisgefangenen, die eine Strafe von längerer Dauer in einer Strafanstalt zu verbüßen hatten, war der Strafvollzug in Stufen durchzuführen. Die Aufgabe des Stufenstrafvollzuges sollte dadurch erreicht werden, daß den Gefangenen Ziele gesetzt wurden, die sie zur Anspannung und zur Beherrschung ihres Willens anspornten und sie in den Stand setzten, ihre Lage aus eigener Kraft zu verbessern, aber auch dadurch, daß mit allen Mitteln erzieherischer Beeinflussung auf sie eingewirkt wurde. Der Vollzug in Stufen baute auf der Grundlage auf, daß der Strafvollzug je nach dem Fortschreiten der inneren Wandlung des Gefangenen seine Strenge mehr und mehr verlor und durch Vergünstigungen, die nach Art und Grad allmählich zu steigern waren, gemildert und schließlich so weit erleichtert wurde, daß er den Übergang in die Freiheit vorbereitete. Der § 144 war die einzige Vorschrift der bayerischen DVO zum Stufenstrafvollzug. In den Ministerialentschließungen war wiederholt davor gewarnt worden, den Stufenstrafvollzug in ein Schema zu pressen.[902] Jedes Schema führe ausschließlich zu bequemem Stillstand und gedankenlosem Formalismus; mit ihm bessere man aber keine Gefangenen.

Nicht alle Gefangenen wurden in Bayern in den Stufenstrafvollzug aufgenommen. Kriminalbiologische Untersuchungen sollten ermöglichen, die Gefangenen in Besserungsfähige und Unverbesserliche einzuteilen. Die Unverbesserlichen wurden in Verwah-

---

899 Vgl. das Schreiben des bayerischen Staatsministeriums der Justiz an den Reichsjustizminister vom 2.11.1922, in welchem dieser darauf verweist, daß in Bayern vorerst nur 2 Stufen eingerichtet worden waren, BA R 3001, Nr. 5605; vgl. auch: Der Stufenstrafvollzug u. die kriminalbiolog. Untersuchung der Gefangenen in den bay. Strafanstalten, Bd. 1, S. 20.

900 Mayer, Strafvollzug in Stufen, S. 24, Hofmann, Strafvollzug in Stufen, S. 50.

901 Ministerialentschließung vom 7.7.1923 in: Der Stufenstrafvollzug u. die kriminalbiolog. Untersuchung der Gefangenen in den bay. Strafanstalten, Bd. 1, S. 27.

902 Ministerialentschließung vom 2.8.1922, 2.11.1922 und 7.7.1923 in: Der Stufenstrafvollzug u. die kriminalbiolog. Untersuchung der Gefangenen in den bay. Strafanstalten, Bd. 1, S. 20, 23 und 27.

rung genommen, die Besserungsfähigen dem Stufenstrafvollzug zugeführt. Die kriminalbiologischen Untersuchungen der Hausärzte hatten laut Ministerialerlaß vom 7. Juni 1923 die Aufgabe, „nicht nur das körperliche und geistige Bild des Gefangenen zu erfassen, sondern auch die wichtigsten vererbungsmäßigen Geistes- und Charakteranlagen, sowie das soziale Verhalten bei den Mitgliedern des väterlichen und mütterlichen Stammes festzustellen, ferner den Entwicklungsgang und das gesellschaftliche Lebensbild des Gefangenen eingehend zu erheben und innerhalb dieses Rahmens etwaigen verbrecherischen Neigungen und deren mutmaßlichen inneren und äußeren Verursachungen Beachtung zu schenken“.[903] Durch die Möglichkeit der Beachtung wissenschaftlicher Forschungen zur Vererbungs- und Konstitutionslehre glaubte man, den Gefangenen nicht nur gefühlsmäßig beurteilen zu müssen, sondern verbrecherische Neigungen mit Hilfe der Wissenschaft ausmachen zu können.[904] Gegen die bayerischen Untersuchungsmethoden, die zugrundeliegenden Theorien sowie die Durchführung wurde allerdings weitreichender Widerspruch erhoben.[905]

Voraussetzung für die Aufnahme in den Stufenstrafvollzug war neben der Besserungsmöglichkeit und dem Besserungswillen eine Mindeststrafzeit von sechs bzw. drei Monaten bei Jugendlichen.

Das Stufensystem bestand in Bayern aus 3 Stufen. Die erste Stufe war als Stufe der Erprobung ohne Vergünstigungen vorgesehen. Es sollte dabei die abschreckende Wirkung der Strafe in ihrer ganzen Schwere zum Ausdruck kommen. Die Behandlung sollte gerecht und menschlich, aber ernst und abwartend sein.[906] Soweit wie möglich sollten die Gefangenen in Einzelhaft gehalten werden. Sie mußten jede Arbeit verrichten, die ihnen im Interesse der Anstalt zugewiesen wurde. Die Gefangenen mußten Sträflingskleidung tragen, es durfte nur Anstaltskost ohne Zulagen und Zusätze verzehrt werden. Auch Selbstbeköstigung und Tabakgenuß waren in der ersten Stufe ausgeschlossen. Die zweite Stufe war die Stufe der Läuterung[907] und der eigentlichen Erziehung. Hierbei sollte der Gefangene nachts in Zellenhaft und tagsüber in Gruppenhaft gehalten werden. Als Vergünstigung wurden etwa zur Anstaltskost Zulagen aus Anstaltsmitteln gewährt. Darüber hinaus durften sich die Gefangenen in beschränktem Maße Zusätze aus der Arbeitsbelohnung kaufen. Die Erlaubnis zur Selbstbeschäftigung konnte Gefängnisgefangenen erteilt werden, ebenso war eine Erhöhung der Besuchszahl möglich. Die dritte Stufe stellte die Vorstufe zur Freiheit dar. Das Aufrücken in dieses Stadium setzte die Vermutung einer nachhaltigen Besserung voraus, d.h. der Gefangene mußte den ernstlichen Willen und die sittliche Kraft besitzen, nach seiner Entlassung ein ordentlicher Mensch zu werden und zu bleiben. Die Ausstattung der

---

903 Ministerialentschließung vom 3. 11. 1921 in: Der Stufenstrafvollzug u. die kriminalbiolog. Untersuchung der Gefangenen in den bay. Strafanstalten, Bd. 1, S. 14 f.

904 Vgl. Degen, Strafvollzug in Stufen in den bay. Strafanstalten, S. 6 ff.

905 Vgl. Bondy, Fortschritte und Hemmungen, S. 101 mit weiteren Nachweisen.

906 Degen, Strafvollzug in Stufen in den bay. Strafanstalten, S. 18.

907 Degen, MSchKrim 14 (1923), 6 (10).

Räume war besser als in den ersten beiden Stufen. Zur Anstaltskost wurden dann reichliche Zulagen und Zusätze gewährt, Tabakgenuß war beschränkt möglich. Haar und Bart durften wie in der Freiheit getragen werden. Während sich die Beschäftigung in den ersten beiden Stufen vorwiegend nach dem Interesse der Anstalt richtete, waren in der Stufe 3 das Interesse und die Berufsbildung des Gefangenen besonders zu berücksichtigen. Im Gegensatz zu den vorherigen Stufen wurde dem Gefangenen nun gestattet, unbeschränkt zu sprechen. Angehörige der dritten Stufe konnten auch begnadigt werden. Der Aufenthalt in den einzelnen Stufen war an Mindestfristen gebunden. Wie in Preußen betrug die Mindestfrist für die unterste Stufe für Zuchthausgefangene neun, für Gefängnisgefangene sechs, für Jugendliche drei Monate.[908]

Es wurde in Bayern die strengste Befolgung aller Vorschriften verlangt. Die angedrohten Hausstrafen wurden fast stets verhängt, wenn ein Grund zu ihrer Verhängung vorhanden war. Sie glichen im wesentlichen den in Preußen üblichen Strafen.[909] Bei schweren Verfehlungen war die Zurückversetzung in eine untere Stufe möglich, sie wurde aber nur als äußerste Maßnahme angewandt. Jede Rückversetzung in eine tiefere Stufe hatte den Ausschluß des Wiederaufrückens in eine höhere Stufe zur Folge.

(c) Die Schwierigkeiten bei der Durchführung des Stufenstrafvollzuges

Im allgemeinen war der Strafvollzug in Bayern derjenige, der am ehesten die Bezeichnung „Erziehungsstrafvollzug" verdiente. Dies betraf sowohl die Anforderungen als auch die Vergünstigungen.[910] Eine Schwäche des bayerischen Stufenstrafvollzuges lag allerdings in der Tatsache, daß die dritte Stufe zwar geplant, zunächst aber nicht realisiert wurde. Aufgrund der damit fehlenden Entlassungsvorbereitung entfiel vorübergehend auch der Schwerpunkt der Resozialisierungsarbeit.[911] Eine weitere Schwäche war darin zu finden, daß von der Anwendung des progressiven Strafvollzuges viele Gefangene im voraus ausgeschlossen waren. So wurden Invalide, Arbeitsunfähige, Geschwächte und auch Nichterziehbare nicht dem Stufenstrafvollzug zugeführt. Die Klassifikation in Besserungsfähige und Unverbesserliche war zu grob und barg die Gefahr von Fehleinschätzungen, sie bereitete in den Strafanstalten, in denen die Gemeinschaftshaft vorherrschte, ernsthafte Schwierigkeiten.[912] Schließlich waren die Aufstiegskriterien in Bayern zu sehr auf schwer nachprüfbare innere Veränderungen bezogen, z.B. „innere Wandlung" und „sittliche Kraft".[913] Auch der Versuch, durch

908 Mayer, Strafvollzug in Stufen, S. 25.
909 Mayer, Strafvollzug in Stufen, S. 26 f.
910 Mayer, Strafvollzug in Stufen, S. 26.
911 Vgl. Schattke, Geschichte der Progression, S. 140.
912 Vgl. Degen, Strafvollzug in Stufen in den bay. Strafanstalten, S. 4.
913 Vgl. Schattke, Geschichte der Progression, S. 141.

vererbungsmäßige Untersuchungen eine wissenschaftliche Basis zu schaffen, bot dabei keine wirksame Abhilfe.[914]

Den Aufsichtsbeamten kam bei der Durchführung des progressiven Strafvollzugs ein bedeutender Anteil zu. In ihre Arbeit mußte der Gedanke der Erziehung und Besserung einfließen, was zum Teil eine erhebliche Umstellung bedeutete.[915] Zudem waren auch zum großen Teil die baulichen Voraussetzungen für die Umsetzungen eines Stufenstrafvollzuges noch nicht vorhanden.

Nach anfänglichen Problemen in der Akzeptanz des neuen Systems zeigte sich aber eine „unverkennbare Hebung der Disziplin und des Tones in den Anstalten".[916]

(3) Hamburg

Schon lange vor Vereinbarung der Grundsätze von 1923 wurde der Hamburger Strafvollzug relativ milde gehandhabt. So waren die Disziplinarstrafen im allgemeinen weniger streng als in anderen Ländern. Maßnahmen des Strafvollzugs wie das andernorts übliche Kahlscheren oder den Dunkelarrest gab es nicht.[917]

Bereits 1922 wurde in Hamburg mit dem Stufenstrafvollzug begonnen, so daß sich die Anpassung an die Grundsätze von 1923 relativ reibungslos vollziehen ließ.[918] Zunächst wurde der Strafvollzug in Stufen im Jugendgefängnis und im Gefängnis der Frauen eingeführt, dann nach und nach in den anderen Anstalten. So war schon Mitte 1922 beabsichtigt, im Jugendgefängnis Hahnöfersand den progressiven Strafvollzug mit drei aufeinanderfolgenden Klassen zur Anwendung zu bringen. Neue Gefangene sollten zunächst in die Unterklasse aufgenommen werden, aus welcher sie nach einem gewissen Zeitraum in die Mittelklasse aufrückten, um dann später in die Oberklasse aufgenommen zu werden. Durch Fehlverhalten des Gefangenen konnte das Aufrücken verlängert bzw. das Abstufen in eine untere Klasse erreicht werden.[919] Auch für die Hauptstrafanstalten in Fuhlsbüttel war man schon früh bestrebt, dem progressiven Strafvollzug zur Durchführung zu verhelfen.[920] Auch hier den Stufenstrafvollzug einzuführen, war Aufgabe der Abteilung für das Gefängniswesen.

---

914 Zu der Kritik an den bayerischen Untersuchungsmethoden vgl. Bondy, Fortschritte und Hemmungen, S. 101 mit weiteren Nachweisen.

915 Vgl. Degen, Strafvollzug in Stufen in den bay. Strafanstalten, S. 3.

916 So Degen, Strafvollzug in Stufen in den bay. Strafanstalten, S. 29.

917 Mayer, Strafvollzug in Stufen, S. 30.

918 Vgl. Hofmann, Strafvollzug in Stufen, S. 36.

919 Vgl. Schreiben der Senatskommission für die Justizverwaltung vom 24. Juli 1922 an den Geheimen Regierungsrat Dr. Schäfer in Berlin, StA Hamburg, Senat (111-1), Cl. I Lit. T No. 7 Vol. 6 Fasc. 7 Inv. 6, Nr. 5 und BA, R 3001, Nr. 5606.

920 Vgl. Schreiben der Senatskommission für die Justizverwaltung vom 24. Juli 1922 an den Geheimen Regierungsrat Dr. Schäfer in Berlin, StA Hamburg, Senat (111-1), Cl. I Lit. T No. 7 Vol. 6 Fasc. 7 Inv. 6, Nr. 5 und BA, R 3001, Nr. 5606.

Infolge einer sorgfältigen Vorbereitung stellt sich die Dienst- und Vollzugsordnung Hamburgs vom 24. Oktober 1924 als umfassende Regelung dar.[921] Sehr ausführliche Bestimmungen über den Stufenstrafvollzug enthielten die §§ 69-95 der DVO, so daß damit im Vergleich zur DVO Preußens in Hamburg eine sehr viel ausführlichere Ausgestaltung des Stufenstrafvollzuges erfolgte.

Bei Gefängnis- und Zuchthausstrafen mit einer Strafdauer von mehr als drei Monaten war der Strafvollzug in Stufen durchzuführen. Durch die Ausgestaltung von Stufen sollte ein allmählicher Übergang von dem Leben in der Anstalt zu dem Leben in der Freiheit verwirklicht werden. Die bei guter Arbeitsleistung und Führung eintretenden und sich allmählich steigernden Vergünstigungen sollten bei den Gefangenen zu einer stärkeren Anspannung und Beherrschung des Willens führen und dadurch die Erziehung zur Selbständigkeit und Verantwortung fördern (§ 69).

Gänzlich abweichend von den übrigen Ländern gestaltete sich das Stufensystem, das statt der sonst üblichen 3 Stufen 4 Gruppen[922] enthielt, und zwar die Eingangs-, Mittel-, Ober- und Freigruppe. Die Sonderstufe A wurde für Kranke und „Minderwertige" mit den vom Arzt bestimmten Vergünstigungen, die Stufe B für Schwererziehbare eingerichtet (§ 71 Abs. 1), die keine Vergünstigungen erhielten. Die Gefangenen der einzelnen Gruppen unterschieden sich äußerlich durch das Tragen verschiedenfarbiger Halstücher (§ 72). Im Stufenstrafvollzug wurden nur solche Gefangenen untergebracht, die eine Freiheitsstrafe von mehr als drei Monaten zu verbüßen hatten, Gefangene mit einer Strafzeit unter drei Monaten mußten die gesamte Strafzeit in der Regel in der Gruppe IV abbüßen (§ 73 f.). Gruppe IV bildete die Eingangsstufe, die den eigentlichen erzieherischen Vollzug erst vorbereiten sollte. Hier war die Erziehung zur Ordnung das bevorzugte Ziel. Das Aufrücken in die Gruppe III war an keine besonderen Voraussetzungen geknüpft, sondern erfolgte, sobald es die Verhältnisse in der Anstalt gestatteten und keine pädagogischen Bedenken bestanden. In dieser Stufe erhielt der Vollzug seine erzieherische Ausprägung, wobei dem Gefangenen die Gelegenheit zu gesteigerter Selbständigkeit gegeben und Wert auf die Bildung des Charakters gelegt wurde (§ 88). Die Gefangenen der dritten Gruppe erhielten Vergünstigungen wie einen Zuschlag zum Arbeitslohn, die Möglichkeit des Tabakrauchens und zur freundlicheren Gestaltung der Zelle (§ 89). Die Versetzung in die zweite Gruppe erfolgte auf gemeinsamen Vorschlag des Sozialpädagogen, des Lehrers und des Werkmeisters durch den Vorsteher. Fand der Vorschlag keine Billigung beim Vorsteher, so hatte er die Entscheidung des Anstaltsausschusses[923] herbeizuführen

---

921 Mayer, Strafvollzug in Stufen, S. 31.

922 Koch, Zu dem Strafvollzug in Stufen, S. 83. Die Einrichtung von vier Gruppen fand laut Koch ihren Grund darin, daß Hamburg als Stadtstaat, abgesehen von zwei kleinen Ausnahmen, keine Gerichtsgefängnisse unterhielt und deshalb alle Gefangenen, selbst die mit kurzen Strafen, in den großen Gefangenenanstalten untergebracht wurden.

923 Der Anstaltsausschuß setzt sich aus dem Vorsteher, dessen nächsten Mitarbeitern wie dem Arzt, Geistlichen, Lehrer, Sozialpädagogen, Verwalter und je einem Oberwachtmeister, Werkmeister, Wachtmeister und Aufseher zusammen.

(§ 80).[924] In der zweiten Gruppe wurde die bisher erstrebte Entwicklung vertieft, die Gefangenen möglichst schnell individuell behandelt und ihnen Vertrauensposten übertragen. In dieser Gruppe wurde aber nicht nur straffreies Verhalten von den betreffenden Gefangenen erwartet, sondern auch freiwillige Pflichterfüllung und Mehrleistung (§ 90). Die Vergünstigungen der Gruppe II lagen etwa in einer besseren Ausstattung der Zelle und der Erhöhung der Arbeitsbelohnung. In der Gruppe II verblieb der Gefangene, bis mit Zustimmung des Anstaltsausschusses der Vorsteher die Versetzung in die erste Gruppe aussprach (§ 81). Bei der ersten Gruppe handelte es sich um die sogenannte „Freigruppe", die eine Vorbereitung auf die Freiheit darstellte und in welcher der Gefangene bis zu seiner Entlassung blieb. Die Gefangenen sollten zeigen, daß sie gelernt hatten, sich selbst zu beherrschen und ihre Pflicht mit Einsetzung ihres ganzen Könnens zu erfüllen (§ 92 Abs. 1, Satz 2). Die Kleidung war der bürgerlichen angepaßt, Briefverkehr und Besuchsempfang waren unbeschränkt möglich, der Arbeitslohn an den in der freien Wirtschaft angepaßt. Aufrückungsfristen fanden in der DVO keine Erwähnung, bei groben Verstößen gegen die Hausordnung war die Rückversetzung in eine niedrigere Stufe möglich. Besonderen Wert legte die DVO Hamburgs auf die Qualifikation der Beamten im Strafvollzug. Bei deren Auswahl war auf die Fähigkeit, die Eigenart der Gefangenen zu verstehen, und die Begabung zur erzieherischen Beeinflussung besonders zu achten (§ 95).

Erste Schwierigkeiten, die sich in Hamburg dem progressiven Strafvollzug in den Weg stellten, waren unter anderem die starke Überbelegung der Anstalten, die große Zahl der kaum Besserungsfähigen, die geringe Anzahl von Einzelzellen, der Mangel an Medizinern und Pädagogen und Probleme bei der Einteilung in Gruppen.[925] Auch die Schulung der Anstaltsbeamten in pädagogischen Bereichen war nicht binnen kurzem möglich, vielfach waren die Beamten überfordert, erzieherisch auf die Gefangenen einzuwirken.[926] Nach anfänglichem Mißtrauen der Gefangenen zeigten sich Erfolge derart, daß die Zahl der schweren Disziplinarstrafen zurückging, sich die Ordnung in den Anstalten verbesserte und sich auch ein starker Rückgang von Krankmeldungen bemerkbar machte.

11. Die Entwicklung des progressiven Strafvollzuges nach 1923

Auch nach der Vereinbarung der Grundsätze für den Vollzug von Freiheitsstrafen von 1923 setzten sich die Diskussionen über den progressiven Strafvollzug in Tagungen und Besprechungen fort.

---

924 Ehrenforth, Rechtsstellung der Gefangenen, S. 30 f.

925 Vgl. Koch, Zu dem Strafvollzug in Stufen, S. 76 f.

926 Vgl. C. Koch, Zu dem Strafvollzug in Stufen, S. 86.

a. Die Besprechung der Strafvollzugsreferenten des Reichs und der Länder in Würzburg über den Stufenstrafvollzug (20.-22. November 1924)

Der § 131 Absatz 1 der Grundsätze enthielt den Auftrag an die Landesregierungen, eine Vereinbarung einheitlicher Grundsätze für den Vollzug in Stufen zu treffen, sobald die erforderlichen Erfahrungen getroffen waren. Diese Vereinbarung kam aufgrund einer Besprechung der Strafvollzugsreferenten des Reichs und der Länder im November 1924 in Würzburg zustande.[927]

Das Treffen der Strafvollzugsreferenten der Länder und der organisatorische Ablauf wurden am 7. November 1924 in einem Schreiben des Reichsjustizministers an sämtliche Landesjustizverwaltungen angekündigt.[928]

Anwesend waren bei der Tagung vom 20.-22. November 1924 vom Reichsjustizministerium Bumke, Schäfer und Koffka, aus den einzelnen Ländern Roth (Württemberg), Nöldeke (Hamburg), Koch (Hamburg), Josephi (Mecklenburg-Schwerin), Fricke (Bremen), Kainer (Hessen), Dapper (Hessen), Klein (Preußen), Wutzdorff (Preußen), R. Müller (Anhalt), Röpcke (Braunschweig), Frede (Thüringen), unleserlich[929] (Landesregierung Bückeburg), Starke (Dresden), Weiß (Braunschweig), Christians (Oldenburg), Umhauer (Baden), Degen (Bayern).

Den Würzburger Beschlüssen vorangegangen waren Referate von Degen (Bayern), Frede (Thüringen), Koch (Hamburg) und Starke (Sachsen) als Vertreter derjenigen Länder, die den Strafvollzug in Stufen bereits vor den Grundsätzen von 1923 unabhängig voneinander eingeführt und erprobt hatten.

Durch die Würzburger Beschlüsse erfolgte eine nähere Ausgestaltung des Strafvollzuges in Stufen. Die einzelnen Stufen wurden durch die Beschlüsse einer genauen Zweckbindung unterworfen. So sollte in der ersten Stufe, der sogenannten Beobachtungsstufe, der Gefangene unter Aufsicht eines Psychiaters beobachtet werden. Die Ergebnisse der Beobachtung in der ersten Stufe sollten in der zweiten Stufe, der Behandlungsstufe, zur Erziehung des Gefangenen genutzt werden. Auf dieser zweiten Stufe wurden dem Gefangenen schon erhebliche Freiheiten und Erleichterungen gewährt. Die dritte Stufe war als Bewährungsstufe ausgestaltet. Hier sollte sich zeigen, ob der Gefangene die Fähigkeit besaß, die Freiheit ohne Mißbrauch zu genießen.

Reichsjustizminister Bumke übersandte den Landesjustizverwaltungen am 22. Dezember 1924 einen Vermerk über die Besprechungen in Würzburg mit der Bitte, Einwen-

---

927 Die Würzburger Beschlüsse wurden nicht veröffentlicht. Vgl. zu den Würzburger Beschlüssen auch B. Koch, Das System des Stufenstrafvollzugs in Deutschland, S. 61; Böseke, Der Stufenstrafvollzug in Deutschland, S. 9; Mayer, der Strafvollzug in Stufen, S. 18 ff.; Quedenfeld, Der Strafvollzug in der Gesetzgebung des Reiches, des Bundes und der Länder, S. 15.

928 StA Hamburg, Senat (111-1), Cl. I Lit. T No. 7 Vol. 6 Fasc. 7 Inv. 6, Nr. 43.

929 So auf der maschinengeschriebenen Liste der Anwesenden in BA, R 3001, Nr. 5607, B. 161.

dungen bis zum 10. Januar 1925 zuzusenden: „Anderenfalls darf ich annehmen, daß den in der Anlage der Aufzeichnungen enthaltenen Richtlinien zugestimmt wird.“[930]

Nach dem von Bumke übersandten Entwurf von Richtlinien für den Strafvollzug waren mindestens drei Stufen einzurichten.[931] Die unterste Stufe sollte die Bezeichnung „erste Stufe“ tragen; in diese Stufe sollte zunächst jeder Gefangene eintreten. Dem Strafvollzug in Stufen sollten nur Strafgefangene zugeführt werden, die Zuchthaus oder Gefängnis von mindestens sechs Monaten zu verbüßen hatten; jugendliche Verurteilte schon bei Gefängnis von mindestens dreimonatiger Dauer. Wegen der Art der Straftat allein sollte kein Gefangener vom Strafvollzug in Stufen von vornherein ausgeschlossen werden. Nur sog. Überzeugungstäter sollten regelmäßig nicht an dem Stufenstrafvollzug teilnehmen. Auszuschließen waren weiterhin Gefangene, bei denen „wegen geistiger Minderwertigkeit oder körperlichen Gebrechen ein Erfolg vom Strafvollzug in Stufen nicht zu erwarten“ war. In der Regel sollten bei Zuchthausgefangenen nach neun Monaten, bei Gefängnisgefangenen nach sechs Monaten, bei solchen Gefängnisgefangenen, deren Strafdauer weniger als sechs Monate betrug, nach vier Monaten und bei Jugendlichen nach drei Monaten geprüft werden, ob ein Aufrücken in die zweite Stufe erfolgen könnte. Für das Aufrücken in die oberen Stufen war in dem Entwurf festgelegt worden, daß sichergestellt sein mußte, „daß in dem Gefangenen der Willen entstanden ist oder sich befestigt hat, in Zukunft gesetzesmäßig zu leben“. Angestrebt wurde ein deutlicher Unterschied des Strafvollzuges in den einzelnen Stufen. Die Verantwortung der Gefangenen war in den oberen Stufen zu steigern und es sollten unter Umständen auch an ihre Leistungen höhere Anforderungen gestellt werden. Der letzte Teil des Strafvollzugs sollte in Zwischenanstalten stattfinden, die von den anderen Strafanstalten möglichst zu trennen waren. Der vorübergehenden Aufnahme der Gefangenen nach ihrer Entlassung dienten die Übergangsheime. In der Frage der Ausgestaltung der Zwischenanstalten und Übergangsheime sollte eine weitere Klärung in künftigen Tagungen angestrebt werden.

Schließlich war als Zugeständnis an die bestehenden Regelungen der Länder festgelegt worden, daß diejenigen Länder, die den Strafvollzug in Stufen bereits eingeführt hatten, ihre bisherigen Einrichtungen beibehalten durften.[932]

Folge der Beschlüsse war, daß auch die noch fehlenden Länder den Stufenstrafvollzug einführten.

---

930 Vgl. das Schreiben Bumkes vom 22. Dezember 1924, BA, R 3001, Nr. 5607, Bl. 158.

931 Der Entwurf von Richtlinien für den Strafvollzug ist abgedruckt in BA, R 3001, Nr. 5607, Bl. 162 f.

932 Dies galt auch für Thüringen und Hamburg, die den Strafvollzug mit vier Stufen gestaltet hatten.

b. Die Tagungen der Arbeitsgemeinschaft für Reform des Strafvollzuges (1924-1927)

Um 1923 wurde die „Arbeitsgemeinschaft für Reform des Strafvollzuges" gegründet; dort wurden die den Vollzug betreffenden Reformideen und die Möglichkeiten zur Realisierung kritisch diskutiert und der Öffentlichkeit zur Kenntnis gebracht.[933] Am 9. und 10. September 1924 fand in Frankfurt am Main die zweite Tagung der Arbeitsgemeinschaft für Reform des Strafvollzuges statt.[934] Dabei wurden abschließend Leitsätze verabschiedet, worin die Arbeitsgemeinschaft unter anderem „die Ausgestaltung des Progressivsystems in einer Reihe von Vollzugsordnungen, die zur Ausführung der Reichsgrundsätze vom 7. Juni 1923 erlassen worden sind," begrüßt und der „Zuversicht Ausdruck [verleiht], daß sich die übrigen Länder ihrem Vorgange anschließen werden".[935] Ferner betrachtete die Versammlung die Selbstverwaltung der Gefangenen als „einen wesentlichen Bestandteil des Progressivsystems".[936]

Am 9. und 10. April 1927 folgte in Jena die dritte Tagung der Arbeitsgemeinschaft für die Reform des Strafvollzuges. Die Ergebnisse der Tagung wurden wiederum in Leitsätzen zusammengefaßt. Darunter befand sich auch folgende Forderung: „Die Arbeitsgemeinschaft für Reform des Strafvollzuges erwartet vom künftigen Reichsstrafvollzugsgesetz den Ausbau des Strafvollzugs in Stufen".[937]

c. Die Tagung der Vereinigung für Jugendgerichte und Jugendgerichtshilfe im November 1925

Anläßlich einer Tagung der Vereinigung für Jugendgerichte und Jugendgerichtshilfen in Berlin im November 1925 wurde auf Anregung eines Vertreters des Reichsjustizamtes eine Kommission gebildet, die dem Reichsjustizamt Vorschläge dahingehend unterbreiten sollte, wie in dem künftigen Reichsstrafvollzugsgesetz und in den Ausführungsvorschriften dazu der Strafvollzug in Stufen an Erwachsenen und auch an Jugendlichen und anderen Minderjährigen ausgestaltet werden sollte. Diese Kommission bestand aus fünf Mitgliedern, nämlich dem Geheimrat Finkelnburg, dem Oberregierungsrat Frede, den Professoren Liepmann und Freudenthal sowie dem Privatdozenten Bondy. Die im allgemeinen einstimmig gefaßten Beschlüsse wurden 1927 der Öffentlichkeit bekanntgegeben.[938] Grundlage für diese Beschlüsse waren die Vorschläge der Sachverständigenkonferenz, die am 28. November 1925 auf Einladung der Vereinigung für Jugendgerichte und Jugendgerichtshilfen in Berlin getagt hatte.[939] Die Be-

933 Vgl. Eb. Schmidt, NJW 1967, 1929 (1930).
934 Vgl. dazu Zirker, MSchKrim 16 (1925), 86 (86 ff.).
935 Zirker, MSchKrim 16 (1925), 86 (94).
936 Zirker, MSchKrim 16 (1925), 86 (94).
937 Grünhut, MSchKrim 18 (1927), 104 (107 f.).
938 ZStW 47 (1927), 361 (361).
939 So ZStW 47 (1927), 361 (362).

schlüsse der Kommission gliederten sich in 56 Paragraphen; dabei gab es einen Teil A, der die „Bestimmungen über den Vollzug von Freiheitsstrafen in Stufen" enthielt und einen Teil B mit dem Titel „Besondere Bestimmungen für Jugendliche und andere Minderjährige". Nach § 1 der Beschlüsse waren Zuchthaus- und Gefängnisstrafen von über sechs Monaten bei Erwachsenen und Gefängnisstrafen von über drei Monaten bei Jugendlichen in Stufen zu vollstrecken. In § 2 Nr. 1 wurde das Ziel des Stufenstrafvollzuges beschrieben. Er solle „die Erziehung zu gesetzmäßigem Leben dadurch fördern, daß dem Gefangenen Ziele gesetzt werden, die es ihm lohnend erscheinen lassen, seinen Willen anzuspannen und zu beherrschen. Unter der Voraussetzung guter Führung werden in stufenweise fortschreitendem Maß Erleichterungen und Freiheiten gewährt, durch die ein allmählicher Übergang vom Strafvollzug in der Anstalt zum Leben in der Freiheit verwirklicht werden soll". Dabei wurde in Nr. 2 Wert darauf gelegt, daß die Vergünstigungen das Verantwortungsgefühl des Gefangenen stärken und nicht bloße Annehmlichkeiten darstellen sollten. Der Strafvollzug sollte sich in drei Stufen und eine Strafstufe gliedern, wobei sich der Gefangene in der I. Stufe in der Regel in Zellenhaft befand (§ 16 Nr. 1), in der II. und III. Stufe sollten die Gefangenen dagegen, „wenn nicht ihre Arbeit etwas anderes bedingt, in der Regel tagsüber bis zum Einschluß in Gemeinschaft" untergebracht werden. In den höheren Stufen konnten zur Anstaltskost „in steigendem Maße Zulagen gewährt werden" (§ 22 Nr. 1). Auf der I. Stufe sollte das Zeitunglesen nicht gestattet werden (§ 31), wogegen auf der III. Stufe das Halten einer eigenen Zeitung erlaubt war. Bei besonders guter Führung konnte den Gefangenen der II. Stufe durch den Vorsteher ermöglicht werden, sich wochentags nach der Arbeit in der Zelle bis zum Einschluß oder solange es hell war, selbst zu beschäftigen (§ 35 Nr. 1). Für Gefangene der III. Stufe wurde die Möglichkeit zur Selbstbeschäftigung in § 35 Nr. 2 noch erweitert. Abstufungen in den Vergünstigungen je nach Stufe ließen sich im Vorschlag der Kommission auch bezüglich des Absendens von Briefen (§ 44) und des Empfangs von Besuchen (§ 43) ausmachen. Bezüglich des Strafvollzuges an Jugendlichen und anderen Minderjährigen enthielt § 45 die Bestimmung, daß „Freiheitsstrafen von einem Jahr ab [...] an Minderjährigen in besonderen Jugendstrafanstalten (Jugendgefängnisse, Zuchthäusern für Minderjährige), Freiheitsstrafen an Minderjährigen von drei Monaten ab in baulich abgeschlossenen Abteilungen zu vollstrecken" waren. Bei Fehlen solcher Anstalten und Abteilungen sollten sich mehrere Länder zusammenschließen.

d. Der Ausblick auf die Entwürfe zu einem Strafvollzugsgesetz von 1927

Auf der Besprechung der Referenten einiger Länder im Reichsjustizministerium über den vorläufigen Entwurf eines Strafvollzugsgesetzes vom 11. und 12. Juni 1926 wurde auch der Strafvollzug in Stufen behandelt. Einigkeit bestand darüber, daß der Strafvollzug in Stufen den Regelgrundsatz darstellen und sonstige Formen die Ausnahme bilden sollten. Der die überwiegende Meinung wiedergebende bayerische Referent führte aus, daß das Strafvollzugsgesetz nicht die Einzelheiten regeln dürfe, sondern sich auf allgemeine Richtlinien beschränken müsse, da die Erfahrungen auf dem Gebiet des Strafvollzugs in Stufen bisher noch nicht ausreichten, um den derzeitigen Stand für längere Zeit festzulegen.[940]

In den einzelnen Ländern hatte sich das Progressivsystem in der Zeit nach 1923 trotz der Würzburger Beschlüsse von 1924 auseinanderentwickelt. Es zeigte sich deshalb, daß ein reichseinheitliches Strafvollzugsgesetz auch auf dem Gebiet des Stufenstrafvollzuges notwendig war. Die Reichsregierung legte am 13. Januar 1927 dem Reichsrat den Entwurf eines Strafvollzugsgesetzes vor (Reichsratsvorlage). Diesen faßte der Reichsrat nach gründlichen Ausschußberatungen am 7. Juli 1927 neu und übermittelte ihn am 9. September 1927 dem Reichstag (Reichstagsvorlage). Es wurde in beiden Vorlagen darauf verzichtet, den Stufenstrafvollzug bis in alle Einzelheiten zu regeln (§§ 155-170 RR-Vorlage bzw. §§ 162-179 RT-Vorlage). Dadurch sollte der Praxis Spielraum für die Umsetzung von gewonnenen Erfahrungen gelassen werden.[941] Beherrschend war jedoch in enger Anlehnung an die Grundsätze von 1923 weiterhin der Erziehungsgedanke, der in § 64 der Reichstagsvorlage (§ 57 der RR-Vorlage) zum Ausdruck kam: „Durch den Vollzug der Freiheitsstrafe sollen die Gefangenen, soweit es erforderlich ist, an Ordnung und Arbeit gewöhnt und sittlich so gefestigt werden, daß sie nicht wieder rückfällig werden“. Die §§ 156, 168 der Reichsratsvorlage bestimmten den Weg, auf dem das Erziehungsziel erreicht werden sollte. Danach sollte der Strafvollzug in Stufen die Erziehung zum gesetzmäßigen Leben dadurch fördern, daß dem Gefangenen Ziele gesetzt werden, die es ihm lohnend erscheinen lassen, seinen Willen anzuspannen und zu beherrschen. In stufenweise steigendem Maße waren dabei Milderungen des Vollzuges zu gewähren, durch die ein allmählicher Übergang zum Leben in Freiheit erreicht werden sollte. Gesteigerte Anforderungen waren an die Willenskraft, die Selbstbeherrschung und das Verantwortungsgefühl des Gefangenen zu stellen, um dessen Selbstvertrauen zu stärken und seine guten Anlagen und Fähigkeiten zu fördern, ihn sittlich zu heben und ihn so zu einem gesetzmäßigen und geordneten Leben in der Freiheit wieder tauglich zu machen. Es war in dem Entwurf vorgesehen, eine anstaltsinterne dreistufige Progression mit ansteigenden Milderungen einzuführen, der Katalog dazu war in § 175 der Reichstagsvorlage (RR-Vorlage: § 168) aufgeführt. Mit den Milderungen stiegen nach § 163 Abs. 2 der Reichstagsvorlage (§ 156 Abs. 2 der RR-Vorlage) aber auch die Anforderungen an den betreffenden Gefangenen. Für die Anwendung des Stufenstrafvollzugs wurde eine Mindestdauer festgelegt, die nach § 162 (§ 155 der RR-Vorlage) für Gefängnisgefangene sechs Monate, für Zuchthausgefangene ein Jahr und für jugendliche Gefangene drei Monate betragen sollte. In § 165 (RR-Vorlage: § 158) wurde auf eine Festlegung von Aufrückfristen verzichtet, es wurde aber vorgeschrieben, daß die Eignung der Gefangenen, in eine

940 Vgl. den Bericht des Hamburger Vertreters Lehr, StA Hamburg, Justizverwaltung I (241-1 I), XVI A a 1 Vol. 5a, Nr. 28.

941 Reichsratsvorlage vom 13.1.1927, Begründung, S. 38 (abgedruckt bei Schubert, Quellen, Abt. I, Band 5).

höhere Stufe versetzt zu werden, regelmäßig zu überprüfen war. Hervorzuheben ist, daß das noch nach den Grundsätzen von 1923 festgelegte Erfordernis innerer Wandlung zum Aufrücken in die nächsthöhere Stufe aufgegeben wurde. Statt dessen war von der Zugänglichkeit für erzieherische Einwirkung und vom Erfolg erzieherischer Einwirkung die Rede. Es gab jedoch Gefangene, die von dem Stufenstrafvollzug ausgenommen waren. Dazu zählten neben dem Ausschluß kurzzeitig Gefangener progressionsungeeignete Gefangene mit mangelnder Fähigkeit oder mangelndem Willen zur Besserung (§ 161 Abs. 1 RR-Vorlage, § 168 Abs. 1, 2 RT-Vorlage) und gefährliche Gefangene (§ 161 Abs. 2 RR-Vorlage). In der Reichstagsvorlage wurde dieser Ausschlußkatalog erweitert auf „geistig und körperlich unfähige Gefangene", für die ein Stufenstrafvollzug von vornherein aussichtslos war (§ 162 RT-Vorlage) und sonstige ungeeignete Gefangene (§ 162 RT-Vorlage). Durch diese teilweise sehr weit gefaßten Ausschlußtatbestände wurde der Anwendungsbereich des Stufenstrafvollzuges erheblich eingeschränkt.

Im Unterschied zu den Grundsätzen von 1923, welche den Ländern nicht zwingend vorschrieben, den Strafvollzug in Stufen einzuführen, war im Entwurf von 1927 der Stufenstrafvollzug für alle Länder obligatorisch vorgesehen (RR-Vorlage: § 155, RT-Vorlage: § 162).[942]

IV. Die Behandlung der Gefangenen

1. Die Beschäftigung der Gefangenen

Ohne Beschäftigung würden die Gefangenen bei längerer Dauer schwere Schäden davontragen. Damit stellt die Arbeit für den Gefangenen einerseits eine Vergünstigung dar. Andererseits wurde die Gefangenenarbeit auch als Teil des Strafübels angesehen. Nicht vorwiegend die Arbeit selbst, sondern die Entziehung der Selbstbestimmung, der Zwang zur Anspannung der Kräfte und das dem Gefangenen auferlegte Arbeitsmaß stellten nach damaliger Ansicht ein empfindliches Übel dar.[943] Bei Bejahung des Erziehungszwecks im Strafvollzug trat daneben nach damaliger Ansicht die Funktion der Gefangenenarbeit zur Besserung und Erziehung des Rechtsbrechers.[944] In der ge-

942 Zur weiteren Entwicklung des Stufenstrafvollzugs vgl. Wilhelm Hofmann, Der Strafvollzug in Deutschland in Geschichte und Gegenwart; zur Entwicklung in Preußen und der preußischen „Verordnung über den Strafvollzug in Stufen" vom 7. Juni 1929 vgl. Paul Mayer, Der Strafvollzug in Stufen und B. Koch, Das System des Stufenstrafvollzugs in Deutschland, S. 63 ff.

943 Vgl. von Holtzendorff/von Jagemann-von Jagemann, in: Handbuch des Gefängnisswesens, Zweiter Band, S. 226.

944 Vgl. Frede/Grünhut-Krebs, Reform des Strafvollzugs, S. 191; Kriegsmann, Gefängniskunde, S. 206 f.; von Holtzendorff/von Jagemann-von Jagemann, in: Handbuch des Gefängnisswesens, Zweiter Band, S. 226.

schichtlichen Entwicklung der Gefangenenarbeit zeigte sich die zunehmende Tendenz von der Übelszufügung hin zu Besserung und Erziehung.

a. Die Beschäftigung durch die Anstalt

Grundsätzlich wurde dem Gefangenen die Beschäftigung durch die Anstalt zugewiesen. Unterschiede konnten dabei durch den Einsatz der Gefangenen innerhalb oder außerhalb der Anstalt sowie bei der Entlohnung und den Verwendungsmöglichkeiten der Entlohnung gemacht werden.

(1) Das Strafgesetzbuch für den Norddeutschen Bund von 1870 und das Reichsstrafgesetzbuch von 1871

In den später für das gesamte Deutsche Reich übernommenen Vorschriften des Strafgesetzbuches des Norddeutschen Bundes dienten Bestimmungen über die Arbeit der Gefangenen vor allem dazu, die einzelnen Haftarten zu differenzieren. Aus dem nach der Schwere der Haftarten verschieden bemessenen Strafdruck durch die Gefangenenarbeit läßt sich entnehmen, daß die Bestimmungen noch von der Auffassung bestimmt waren, daß Arbeit und der Zwang zur Arbeit Übelszufügung waren.[945] Nähere Bestimmungen über die Ausgestaltung der Beschäftigung der Gefangenen waren dabei im Strafgesetzbuch noch nicht enthalten.

Nach § 15 des Strafgesetzbuches für den Norddeutschen Bund[946] und damit auch des Reichsstrafgesetzbuches von 1871 waren Zuchthausgefangene zu den in der Strafanstalt eingeführten Arbeiten anzuhalten. Es herrschte damit ein vollständiger Arbeitszwang. Die Arbeit außerhalb der Anstalt war nach § 15 Absatz 2 ausdrücklich zugelassen. Dabei mußten die Zuchthausgefangenen von freien Arbeitern getrennt gehalten werden. Der Außenarbeit wurde ein wohltätiger Einfluß auf die Gesundheit der Sträflinge zugeschrieben und hervorgehoben, daß die Sträflinge sich die Fähigkeit zur Arbeit im Freien, mit der sich die meisten von ihnen nach der Entlassung beschäftigen müßten, erhalten sollten. Ferner sollte die Außenarbeit dem Sträfling den Übergang aus der Strafanstalt in die Freiheit vermitteln.[947] Dem § 16 Absatz 2 des StGB zufolge konnten die zur Gefängnisstrafe Verurteilten in der Gefangenenanstalt auf eine ihren Fähigkeiten und Verhältnissen angemessene Weise beschäftigt werden. Auf ihr Verlangen mußten sie in dieser Weise beschäftigt werden. Gemäß Absatz 3 war eine Beschäftigung außerhalb der Anstalt nur mit Zustimmung der zu Gefängnisstrafe Verurteilten möglich. Diese Vorgabe sollte bewirken, daß nur solche Sträflinge zu Außenarbeiten herangezogen wurden, die diese auch gewöhnt waren, und nicht solche, die eine

945 Frede/Grünhut-Krebs, Reform des Strafvollzugs, S. 188.
946 Nach den Beschlüssen des Reichstages in dritter Beratung. Dieser Paragraph entspricht § 13 der Regierungsvorlage.
947 Motive zu dem Entwurfe eines Strafgesetzbuchs für den Norddeutschen Bund, Drucksachen des RT des Norddt. Bundes, 1870, zu No. 5, S. 42.

derartige Arbeit als Verschärfung der Freiheitsstrafe empfunden hätten.[948] Festungshaftgefangene hatten keinen Anspruch auf Beschäftigung. Die Festungshaft bestand nach § 17 Absatz 4 in der Freiheitsentziehung mit Beaufsichtigung der Beschäftigung und Lebensweise des Gefangenen. Haftgefangene konnten nicht zur Arbeit gezwungen werden, hatten aber auch keinen Anspruch auf Beschäftigung, da die Strafe gemäß § 18 Absatz 2 in einfacher Freiheitsentziehung bestand. Qualifizierte Haft (§§ 361 Nr. 3-8, 362 StGB) war damit verbunden, daß die Verurteilten zu Arbeiten, welche ihren Fähigkeiten und Verhältnissen angemessen waren, innerhalb und, falls eine Trennung von freien Arbeitern möglich war, auch außerhalb der Anstalt angehalten werden konnten.

(2) Der Entwurf eines Gesetzes über die Vollstreckung von Freiheitsstrafen (1879/1880)

Der Entwurf eines Gesetzes über die Vollstreckung von Freiheitsstrafen enthielt in den §§ 22-27 schon eine recht umfassende Regelung der Gefangenenarbeit. Die Motive zu dem Entwurf von 1879 äußerten sich zu Sinn und Zweck der Gefangenenarbeit. Die Entwicklung des Gefängniswesens habe gezeigt, daß zunächst volkswirtschaftliche und finanzielle Gesichtspunkte dazu geführt hätten, die Gefangenen zur Beschäftigung anzuhalten. Diese Gründe seien jedoch sittlichen Zwecken gewichen. Die Gefangenen sollten durch Arbeit vor schädlichen Gedanken geschützt werden, die Gewissensangst beruhigt werden und überhaupt eine geistige Befriedigung erfolgen.[949] In diesen Aussagen läßt sich eine Tendenz zur Abkehr von dem Gedanken der ausschließlichen Übelszufügung wahrnehmen.

Der § 22 des Entwurfs von 1879 stellte den Grundsatz voran, daß die Sträflinge nicht in einer die Gesundheit gefährdenden Weise beschäftigt werden durften. Nach Absatz 2 war die Beschäftigung in Fabriken außerhalb der Anstalt und in Bergwerken ausgeschlossen. Im Ausschuß für Justizwesen wurde Anstoß an dem Verbot der Beschäftigung in Fabriken außerhalb der Anstalt und in Bergwerken genommen,[950] ein auf Zulassung solcher Arbeiten gestellter Antrag wurde aber abgelehnt. § 23 des Entwurfs regelte die Zuweisung der Sträflinge zu einem Arbeitszweig. Er sicherte eine individuelle Behandlung der Gefangenen, indem der Vorstand auf den Gesundheitszustand, die Kenntnisse und das künftige Fortkommen, bei der Beschäftigung der Gefängnissträflinge außerdem auf den Bildungsgrad, die Lebensgewohnheiten und soweit möglich auch auf die Wünsche derselben Rücksicht zu nehmen hatte. Die Motive wiesen auf den sich eigentlich schon aus § 23 selbst ergebenden Umstand hin, daß die Frage, welche Beschäftigung als eine den Fähigkeiten und Verhältnissen des Gefange-

948 Motive zu dem Entwurfe eines Strafgesetzbuchs für den Norddeutschen Bund, Drucksachen des RT des Norddt. Bundes, 1870, zu No. 5, S. 43.

949 Vgl. Bundesrats-Drucksachen, 1879, Bd. 2, Nr. 56, S. 40 f.

950 Vgl. Bundesrats-Drucksachen, 1879/80, No. 5, S. 13.

nen angemessene zu erachten sei, im Einzelfall geprüft werden müsse.[951] Eine gesetzliche Einschränkung des der Gefängnisverwaltung bei Berücksichtigung der Individualität gewährten freien Ermessens sei nicht statthaft. Die Berücksichtigung der Individualität des Gefangenen habe jedoch nicht zur Folge, daß der Gefangene mit den unmittelbar vor dem Strafantritt von ihm durchgeführten Arbeiten beschäftigt werden müsse. Eine derartige Beschränkung der Arbeit werde der Intention und dem Wortlaut des § 16 des Strafgesetzbuches nicht gerecht. Ebensowenig sei es zwingend, daß Personen, welche in ihrem Beruf eine ausschließlich geistige Tätigkeit ausübten, von mechanischen Arbeiten ganz verschont werden müßten. In den Beratungen des Ausschusses für Justizwesen wurde Kritik an der Vorschrift des § 23 geübt. Die Mehrheit des Justizausschusses betrachtete die Rücksichtnahme auf die Wünsche des Gefangenen als zu weitgehend und verwarf den § 23 des Entwurfs. Man hielt aber eine Rücksichtnahme von Seiten der Gefängnisverwaltung auch nach dem Wegfall dieser Vorschrift nicht für ausgeschlossen.[952]

Die Motive zu dem Entwurf von 1879 gingen auch auf Beschwerden über die *Konkurrenz*, welche der Privatindustrie durch die Gefängnisarbeit erwachse, ein.[953] Die Motive legten die Gründe dar, weshalb es zu einer Regelung dieser Problematik im Entwurf nicht gekommen war. Zunächst werde die Bedeutung der Konkurrenz überschätzt, weil übersehen werde, daß die Sträflinge in Freiheit den anderen Arbeitern auch Konkurrenz machen würden. Zudem sei ein großer Teil der Sträflinge arbeitsunfähig oder habe nicht die erforderlichen Vorkenntnisse. Ein Schutz einzelner Produktionszweige werde das Problem der Konkurrenz nur auf andere Produktionszweige abwälzen. Es sei daher nicht zu vermeiden, daß einzelne Produktionszweige von der Konkurrenz stärker getroffen würden als andere. Trotz einer fehlenden ausdrücklichen Regelung in dem Entwurf von 1879 wiesen die Motive darauf hin, daß es die Aufgabe der Gefängnisverwaltung sei, „die unter Umständen eintretenden Nachtheile der an sich unvermeidlichen Konkurrenz der Gefängnißarbeit mit der freien Arbeit möglichst zu verhüten oder abzuschwächen, sei es durch Erzielung möglichst hoher Preise für ihre Fabrikate oder möglichst hoher Arbeitslöhne, sei es durch Vertheilung des Arbeitsbetriebes auf möglichst viele und mannigfaltige Geschäftszweige, sei es durch zweckmäßige Wahl derselben unter Berücksichtigung der jeweiligen Lage der In-

951 Vgl. Bundesrats-Drucksachen, 1879, Bd. 2, Nr. 56, S. 43.

952 Vgl. Bundesrats-Drucksachen, 1879/80, No. 5, S. 13.

953 Vgl. Bundesrats-Drucksachen, 1879, Bd. 2, Nr. 56, S. 44 f. In einem Gesuch an das Kaiserliche Deutsche Reichskanzleramt vom 30. Juni 1877 wurde darum gebeten, die Beschäftigungsart der Gefangenen in dem neuen Gefängnisgesetz gesetzlich zu regeln und die aus der Anlage ersichtlichen Beschäftigungsarten ausdrücklich von der Gefangenenarbeit auszuschließen. Die Gefangenenarbeit mit Herstellung von Handelsartikeln verschlechtere die Qualität der deutschen Waren, presse die Löhne der freien Arbeiter herab und richte in besonderen Fällen sogar die Fabriken mit freien Arbeitern zugrunde; vgl. BA, R 3001, Nr. 5639.

dustrie und der betreffenden Industriezweige, durch Vermeidung eines allzu plötzlichen Wechsels in der Produktion oder durch ähnliche Mittel."[954]

Der § 24 des Entwurfs traf eine nach Strafart abgestufte Regelung über die *Arbeitszeit*. An Werktagen sollte die regelmäßige Arbeitszeit für Zuchthaushäftlinge im Sommer elf, im Winter zehn Stunden betragen, für Gefängnissträflinge im Sommer zehn und im Winter neun Stunden. Für die Sträflinge sollte, soweit es die Art der Beschäftigung gestattete, ein tägliches Arbeitsmaß nach der mittleren Leistungsfähigkeit vom Vorstand bestimmt werden. Die Vollendung des vorgeschriebenen Arbeitsmaßes bedeutete aber nicht die Befreiung von der Verpflichtung zur Weiterarbeit bis zum Schluß der Arbeitszeit. Mit der Festsetzung einer längeren Arbeitszeit für Zuchthausgefangene als für Gefängnisgefangene wurde bezweckt, den Unterschied zwischen beiden Strafen deutlich zu machen. Zudem entsprach die Bestimmung von Arbeitspensen der bestehenden Übung.[955] Im Justizausschuß wurden hinsichtlich Arbeitszeit, Arbeitsmaß und Arbeitsbelohnung von verschiedenen Seiten Anträge gestellt.[956] So wurde etwa die gleichmäßige Arbeitszeit in Sommer und Winter oder für Zuchthaus- und Gefängnisgefangene gefordert, andere wollten den Landesregierungen die Bestimmung des Arbeitsmaßes überlassen. Diese und andere Anträge fanden jedoch keine Mehrheit im Justizausschuß.

Der § 25 enthielt Bestimmungen über die *Arbeitsbelohnung* und die Verwendungsmöglichkeiten für den Gefangenen. In Absatz 1 wurde zunächst der Grundsatz aufgestellt, daß der Ertrag der Arbeit der Sträflinge der Staatskasse zufließen sollte. Die zur Zuchthaus- oder Gefängnißstrafe Verurteilten waren dem Staat nach den §§ 15, 16 des Strafgesetzbuches zur Arbeitsleistung verpflichtet, so daß auch der Ertrag ihrer dem Staat zur Verfügung stehenden Arbeitskraft dem Staat gehörte.[957] Als Arbeitsbelohnung wurde den Sträflingen für jedes an einem Tage vollendete volle Arbeitsmaß sowie für die an einem Tag geleistete Mehrarbeit ein Teil des Verdienstes als Arbeitsbelohnung gutgeschrieben. Dabei wurde der Anteil für die einzelnen Arbeitszweige vom Vorstand innerhalb der von der Aufsichtsbehörde vorgeschriebenen Grenzen festgesetzt. Die Verfügungsmöglichkeiten wurden in Absatz 2 geregelt. Der Sträfling konnte danach während der Strafverbüßung über die Hälfte des Guthabens mit Bewilligung des Vorstandes, über die andere Hälfte nur mit Genehmigung der Aufsichtsbehörde verfügen. Er haftete mit dem Guthaben nur für Ansprüche aus vorsätzlicher oder durch grobe Fahrlässigkeit verursachter Beschädigung der zur Anstalt gehörigen Gegenstände, der Werkzeuge und des Arbeitsstoffes. Wegen anderer Ansprüche war eine Pfändung des Guthabens ausgeschlossen. Die Motive nannten folgende Gründe für die Zuwendung eines Teils des Ertrages aus der Zwangsarbeit an den Gefangenen. Dem Sträfling solle das Fortkommen nach verbüßter Strafe erleichtert

954 Bundesrats-Drucksachen, 1879, Bd. 2, Nr. 56, S. 46.
955 Vgl. Bundesrats-Drucksachen, 1879, Bd. 2, Nr. 56, S. 47.
956 Vgl. Bundesrats-Drucksachen, 1879/80, No. 5, S. 14.
957 Bundesrats-Drucksachen, 1879, Bd. 2, Nr. 56, S. 47.

werden, es solle für ihn die Möglichkeit bestehen, für seine Familie zu sorgen und so während der Strafdauer dieses sittliche Band zu erhalten, schließlich solle die Arbeitsbelohnung die Arbeitslust des Gefangenen beleben und ihm die Wohltat der Arbeit zeigen.[958] Den Motiven zufolge ergaben sich bei der Festlegung einer einheitlichen Höhe der Arbeitsbelohnung unüberwindliche Schwierigkeiten, so daß die konkrete Höhe der Entlohnung nicht in den Entwurf aufgenommen wurde.[959] Klare Entscheidungen traf der Entwurf dagegen in anderen, die Arbeitsbelohnung betreffenden Fragen.[960] So machte er etwa die Auszahlung der Arbeitsbelohnung nicht von dem guten Betragen des Gefangenen abhängig. Weiter gewährte der Entwurf die Arbeitsbelohnung schon bei Erreichen des Arbeitspensums und nicht erst bei einer darüber hinausgehenden Leistung. Ferner wurde die Festsetzung der Arbeitsbelohnung ausschließlich in die Hände des Vorstandes gelegt, womit bei der Arbeit von Gefangenen für Unternehmer Extrazahlungen ausgeschlossen werden sollten. Für solche Gefangenen, die zu lebenslänglicher Zuchthausstrafe verurteilt worden waren, erschien es wenig sinnvoll, die Hälfte der Arbeitsbelohnung anzusammeln. Für derartige Ausnahmefälle legte der Entwurf fest, daß bei Genehmigung durch die Aufsichtsbehörde die Verfügung über das ganze Guthaben gestattet war. Im Justizausschuß wurde beschlossen zu dem § 25 einen dritten Absatz hinzuzufügen, welcher dem Übel vorbeugen sollte, daß die Gefangenen ihre Arbeitsbelohnung sofort in den ersten Tagen nach der Entlassung ausgaben. Der Anstaltsverwaltung wurde gestattet, die Ersparnisse des Gefangenen bis auf die Reisekosten der Lokalbehörde des dem Entlassenen vorgeschriebenen Bestimmungsortes oder einem dortigen Verein zur Fürsorge für entlassene Sträflinge im eigenen Interesse des Entlassenen oder seiner Familie zuzuführen.

Für die qualifizierte Haft galten nach § 26 Absatz 2 hinsichtlich des Arbeitszwanges dieselben Vorschriften wie für die Gefängnisstrafe. Es erfolgte jedoch insofern eine Verschärfung, als die Heranziehung zur Außenarbeit nicht von der Zustimmung des Sträflings abhängig gemacht wurde. Aus der Kürze der Haftstrafe folgte, daß die Außenarbeit für die ganze Dauer der Haft zulässig sein mußte, während bei der Gefängnisstrafe die zu Beginn vorgeschriebenen Einzelhaft die Außenarbeit ausschloß.[961]

958 Bundesrats-Drucksachen, 1879, Bd. 2, Nr. 56, S. 47 f.

959 Zu den Gründen, die gegen eine Festsetzung sprachen vgl. Bundesrats-Drucksachen, 1879, Bd. 2, Nr. 56, S. 48.

960 Vgl. Bundesrats-Drucksachen, 1879, Bd. 2, Nr. 56, S. 49 f.

961 Bundesrats-Drucksachen, 1879, Bd. 2, Nr. 56, S. 50.

(3) Die Grundsätze von 1897 und ihre Umsetzung in Preußen, Bayern und Hamburg

(a) Die Beschäftigung der Gefangenen in den Grundsätzen von 1897

Der § 17 der Grundsätze von 1897 befaßte sich mit der Beschäftigung der Gefängnisgefangenen. Diesen wurde gemäß Absatz 1 in der Regel Arbeit zugewiesen. Ausnahmsweise konnte Gefängnisgefangenen, sofern sie im Besitz der bürgerlichen Ehrenrechte waren und noch keine Zuchthausstrafe verbüßt hatten, mit Genehmigung der Aufsichtsbehörde gestattet werden, sich selbst zu beschäftigen (§ 17 Abs. 2). Dabei konnte die Gestattung der Selbstbeschäftigung von der Zahlung einer Entschädigung abhängig gemacht werden (§ 17 Abs. 3). Der in § 16 Absatz 1 der Vorlage von 1896 enthaltene Grundsatz, daß die Gefangenen nicht in einer die Gesundheit gefährdenden Weise beschäftigt werden dürften, wurde nicht in die Grundsätze von 1897 aufgenommen. Ebenso wurde § 16 Absatz 2 der Vorlage gestrichen, wonach die Beschäftigung in Fabriken außerhalb der Anstalt und in Bergwerken ausgeschlossen sein sollte. Die Streichung begründete der Justizausschuß damit, daß die Beschäftigung in Bergwerken nicht mehr üblich sei und sich die Beschäftigung in Fabriken außerhalb der Anstalt aufgrund der Schwierigkeiten bei der Überwachung und auch der Trennung von freien Mitarbeitern von selbst verbiete.[962] Bezüglich der Zuweisung der Arbeit an die Gefangenen galt die Regelung, daß auf den Gesundheitszustand, die Fähigkeiten und das künftige Fortkommen, bei Gefängnissträflingen auch auf den Bildungsgrad und die Berufsverhältnisse Rücksicht genommen werden mußte (§ 18). Bei jugendlichen Gefangenen wurde außerdem besonderes Gewicht auf die Erziehung gelegt. Die tägliche Arbeitszeit betrug in der Regel für Zuchthaussträflinge nicht mehr als zwölf Stunden, für Gefängnis- und Haftsträflinge nicht mehr als elf Stunden (§ 20). Im Entwurf von 1896 war eine Arbeitszeit für Gefängnis- und Haftgefangene vorgesehen, die zehn Stunden in der Regel nicht überschreiten sollte. Die Anhebung der Maximalarbeitszeit für Gefängnis- und Haftsträflinge auf elf Stunden erfolgte mit Rücksicht darauf, daß vielerorts die höhere Grenze, in einzelnen Anstalten auch eine noch höhere Grenze galt, die sich laut Justizausschuß „als im eigenen Interesse der Gefangenen liegend bewährt" hatte.[963] Die Arbeitszeit war damit auch höher bemessen als in dem Entwurf von 1879, der für Zuchthaussträflinge eine Arbeitszeit von 11 Stunden im Sommer und 10 Stunden im Winter sowie für Gefängnissträflinge von 10 Stunden im Sommer und 9 Stunden im Winter vorsah. Die vereinbarten Grundsätze von 1897 zeigten ähnlich wie schon der Entwurf von 1879 das Bestreben, eine Differenzierung in der Behandlung der zu verschiedenen Freiheitsstrafen Verurteilten durchzuführen.[964]

---

962 Bundesrats-Drucksachen, 1897, Bd. 1, Nr. 95, S. 6.
963 Bundesrats-Drucksachen, 1897, Bd. 1, Nr. 95, S. 7.
964 Aschrott, ZStW 18 (1898), 384 (393).

Entsprechend dem § 25 des Entwurfs von 1879 trafen auch die Grundsätze von 1897 in § 21 die Regelung, daß der Ertrag der den Gefangenen zugewiesenen Arbeit zur Staatskasse fließen sollte. Die Gutschrift einer *Arbeitsbelohnung* aus dem Ertrag war nicht ausgeschlossen. Diese Belohnung sollte für Zuchthaussträflinge nicht mehr als zwanzig Pfennig, für Gefängnis- und Haftsträflinge nicht mehr als dreißig Pfennig pro Arbeitstag betragen. Nur unter besonderen Verhältnissen wurden höhere Beträge gutgeschrieben. Welche Rechte dem Gefangenen aus der Gutschrift erwachsen sollten, wurde von der obersten Aufsichtsbehörde bestimmt. Der Ertrag der Selbstbeschäftigung (§ 17 Abs. 2), soweit er nicht auf die Entschädigung (§ 17 Abs. 3) zu verrechnen war, verblieb nach § 21 Absatz 2 dem Gefangenen. In dem Entwurf von 1879 war noch von der Festlegung der Höhe der Entlohnung in § 25 Abstand genommen worden. Als Begründung dafür wurden unüberwindliche Schwierigkeiten bei der Aufstellung allgemeingültiger Sätze angegeben.[965] Daß die 1897 in § 21 festgelegte Höchstgrenze der Belohnung von nicht mehr als zwanzig bzw. dreißig Pfennigen pro Arbeitstag die folgenden Jahre nicht überdauern würde, zeigte sich in der Weimarer Republik.[966] Die nach Ende des ersten Weltkrieges massiv voranschreitende Geldentwertung hatte erhebliche Auswirkungen auf die Vorschrift des § 21. Eine Entlohnung von 20 bzw. 30 Pfennigen war nicht mehr zeitgemäß, außerdem führte eine zu niedrige Entlohnung der Gefangenen zu einer großen Bedrohung der Gefangenenarbeit für das Privatgewerbe. Die erzieherische Wirkung der Arbeit setzte darüber hinaus eine angemessene Beteiligung an dem Ertrag voraus. Erst dadurch wurden bei den Gefangenen Arbeitseifer und Arbeitslust geweckt. Die Entlohnung der Gefangenen hatte ferner den Zweck, das Fortkommen des Gefangenen nach der Entlassung sicherzustellen. Bei zu geringen Löhnen war die Zukunft nicht mehr abgesichert. Zunächst wurde vom Reichsjustizminister eine Erhöhung auf 60 bzw. 90 Pfennige angeregt.[967] Dieser Vorschlag fand bei allen Justizverwaltungen mit Ausnahme von Bayern Zustimmung. Die Bayerische Regierung hatte bereits vorher in Abweichung zu den bisherigen Vereinbarungen den Höchstbetrag der Arbeitsbelohnung auf 20% des von dem Gefangenen für die Staatskasse erreichten Verdienstes der Arbeit festgelegt.[968] Das Reichsjustizministerium zeigte sich wenig erfreut darüber, daß die nach langwierigen Verhandlungen mit den Bundesstaaten zustandegekommene Vereinbarung der Grundsätze von 1897 in einem wesentlichen Punkt durchbrochen worden war und fürchtete, daß auch

965 Bundesrats-Drucksachen, 1879, Bd. 2, Nr. 56, S. 48.

966 Hierbei ist zu beachten, daß die Grundsätze von 1897 nur als vorübergehend geplant waren. Es kam jedoch in den darauffolgenden Jahren nicht zu der erwarteten weiteren gemeinsamen Regelung des Vollzugs gerichtlich erkannter Freiheitsstrafen. Von diesem Standpunkt aus war die Festlegung eines Höchstsatzes der Arbeitsbelohnung 1897 verständlich.

967 Vgl. das Schreiben des Reichsjustizministers an sämtliche Landesjustizverwaltungen vom 9.2.1920; BA, R 3001, Nr. 5603, Bl. 154; BayHStA, MJu 13143.

968 Dies geht hervor aus einem Schreiben aus dem Reichsjustizministerium an sämtliche Landesjustizverwaltungen außer Bayern vom 19.9.1920; BayHStA, MJu 13143.

andere Regierungen nun die Abmachung als nicht mehr bindend ansehen würden.[969] Um eine einheitliche Regelung bei der Frage der Arbeitsbelohnung zu erzielen, einigte man sich schließlich auf folgende Fassung des § 21 Absatz 1, Satz 3 und 4: „Die Belohnung beträgt für Zuchthausgefangene nicht mehr als eine Mark, für Gefängnis- und Haftsträflinge nicht mehr als eine Mark und fünfzig Pfennige für den Arbeitstag. Nur unter besonderen Verhältnissen werden höhere Beträge gutgeschrieben; insbesondere kann eine angemessene Erhöhung der Arbeitsbelohnung in solchen Fällen bewilligt werden, in denen der nach Satz 3 zulässige Höchstbetrag mit Rücksicht auf die besondere Beschaffenheit des Arbeitszweiges, in dem der Gefangene beschäftigt ist, zu niedrig erscheint."[970] Durch diese neue Formulierung sollte den Wünschen Bayerns nach einem freieren Spielraum für die Festsetzung einer höheren Arbeitsbelohnung in besonderen Fällen Rechnung getragen werden. Da keine Einwände von seiten der Landesjustizverwaltungen erhoben worden, erfolgte die Bekanntmachung im Zentralblatt für das Deutsche Reich.[971] Die Geldentwertung schritt jedoch weiter voran, so daß Reichsjustizminister Radbruch bereits am 7. April 1922 die Anhebung der Höchstsätze auf 4 bzw. 6 Mark vorschlug.[972] Damit erklärten sich die Landesjustizverwaltungen einverstanden.[973] Schon am 30. November 1922 wies auch Joël auf die anhaltende Geldentwertung hin und schlug eine Anpassung auf 40 bzw. 60 Mark vor. Dieser Vorgang wiederholte sich am 3. März 1923 als er eine weitere Erhöhung auf 80 bzw. 120 Mark für angemessen hielt.[974] Diese rasante Entwicklung des Höchstsatzes zeigt, daß die Bedenken des Entwurfes von 1879 zur Festlegung eines solchen durchaus berechtigt waren.

Die „möglichste Schonung" der *„Interessen des Privatgewerbes"* wurde in § 22 der Grundsätze verlangt. Zu diesem Zweck sollten übereinstimmende Grundsätze bei der Beschäftigung der Gefangenen befolgt werden, soweit nicht die wirtschaftlichen Verhältnisse für einzelne Anstalten Abweichungen notwendig machten. Insbesondere sollte darauf geachtet werden, die „Verdingung der Arbeitskraft der Gefangenen an Arbeitgeber thunlichst einzuschränken, den Arbeitsbetrieb auf zahlreiche Geschäftszwei-

---

969 So in einem Schreiben des Reichsjustizministers an das Bay. Staatsministerium der Justiz vom 19.9.1920; BA, R 3001, Nr. 5603, Bl. 223; BayHStA, MJu 13143. Das Bayerische Staatsministerium der Justiz rechtfertigte sich in dem Schreiben an den Reichsjustizminister vom 30.9.1920 dahingehend, daß ein Verstoß gegen die Grundsätze nicht vorliege, da die Fassung des § 21, Abs. 1, Satz 4 der Grundsätze ausdrücklich die Festschreibung höherer Beträge unter besonderen Umständen erlaube; BA, R 3001 Nr. 5603, Bl. 234 f.

970 Vgl. das Schreiben des Reichsministeriums der Justiz an das Bay. Justizministerium vom 3.11. 1920 und dessen Antworttelegramm des Bay. Staatsministers der Justiz Roth vom 9.11.1920; BayHStA, MJu 13143.

971 Zentralblatt für das Deutsche Reich vom 31.12.1920, No. 69, S. 1732.

972 Radbruch in einem Schreiben an sämtliche Landesjustizverwaltungen vom 7. April 1922; BA, R 3001, Nr. 5604, Bl. 105 d; BayHStA, MJu 13143.

973 BA, R 3001, Nr. 5604, Bl. 136.

974 Vgl. Joël in den Schreiben vom 30.11.1922 und 3.3.1923 in: BA, R 3001, Nr. 5605; BayHStA, MJu 13143.

ge zu vertheilen und auf Lieferungen für die Staatsverwaltung zu erstrecken, unter allen Umständen aber eine Unterbietung der freien Arbeit zu vermeiden." Eine ähnliche Bestimmung enthielt § 16 Absatz 3 der Vorlage von 1896, der besagte, daß bei der Verwertung der Arbeitskraft der Gefangenen Rücksicht auf die Interessen des Privatgewerbes zu nehmen sei. Zum Schutz des Handwerks ging der Antrag Bayerns vom 27. Oktober 1896 zu dem Entwurf von Bestimmungen über den Vollzug von Freiheitsstrafen dahin, daß sich die verbündeten Regierungen über die gleichmäßige Regelung des Absatzes der in den Strafanstalten hergestellten Arbeitserzeugnisse verständigen sollten.[975] Der Justizausschuß betonte, daß ein dem Privatgewerbe zugesagter Schutz nur dann seine Wirkung entfalten könne, wenn er auf dem gleichen Wirtschaftsgebiet übereinstimmend durchgeführt werde, soweit nicht durch besondere wirtschaftliche Verhältnisse einzelner Staaten Abweichungen notwendig seien. Für die Normierung übereinstimmender Grundsätze auf dem gleichen Wirtschaftsgebiet enthalte der Schlußsatz des § 22 in Anknüpfung an die Ergebnisse bisher gesammelter Erfahrungen einige Direktiven, die aber nicht erschöpfend seien.[976]

(b) Die Umsetzung der Grundsätze von 1897 in Preußen, Hamburg und Bayern

In *Preußen* war bei der Zuweisung der Arbeit an die Gefangenen nach der Gefängnisordnung auf ihren Gesundheitszustand, ihre Fähigkeiten, ihren Bildungsgrad, ihre Berufsverhältnisse und ihr Fortkommen Rücksicht zu nehmen (vgl. auch § 67 Abs. 2 DO für Gefängnisgefangene). Dabei war regelmäßig ein tägliches Arbeitsmaß festzulegen, dessen Einhaltung überwacht werden mußte (§ 71 Abs. 6 GO). Nach § 143 DO war grundsätzlich ein der mittleren Leistung eines gesunden freien Arbeiters entsprechendes Arbeitsmaß festzusetzen. Die möglichste Schonung der Interessen des Privatgewerbes war entsprechend dem § 22 Satz 1 der Grundsätze von 1897 festgelegt (§ 71 Abs. 9, Satz 2 GO, § 143 Abs. 1 f, Satz 2 DO). Gefangene in den Gefängnissen der Justizverwaltung konnten zu Außenarbeit eingesetzt werden, mußten dann aber von freien Arbeitern, wie schon in § 16 des Strafgesetzbuches gefordert, getrennt gehalten werden (§ 72 Abs. 1 GO). Für Christen sowie für Gefangene jüdischen Glaubens waren unterschiedliche arbeitsfreie Tage bestimmt (§ 75 GO, § 145 DO). Der Ertrag der Arbeit floß mit Ausnahme des Ertrags der Selbstbeschäftigung der Staatskasse zu (§ 77 GO, § 146 Abs. 1, Satz 1 DO). Weitere Bestimmungen über Arbeitsverdienst und Arbeitsmaß waren bei den besonderen Bestimmungen für die Gefangenen der einzelnen Strafarten zu finden. Dem § 17 der Grundsätze von 1897 entsprechend wurde sowohl im Bereich des Inneren als auch der Justiz in Preußen die Regelung getroffen, daß denjenigen Gefangenen, welche Gefängnisstrafe oder geschärfte Haft zu verbüßen hatten, eine geeignete Arbeit zuzuweisen war (§ 142 Absatz 1 DO, §§ 96 Absatz 1, 103 Absatz 1 GO). Die Arbeitszeit für Gefängnisgefangene betrug mindestens zehn und

975 Vgl. den Antrag Bayerns in BayHStA, MJu 13142; BA, R 3001, Nr. 5599, Bl. 41.
976 Bundesrats-Drucksachen, 1897, Band I, Nr. 95, S. 7.

nicht mehr als elf Stunden (§ 96 Abs. 6 GO), pro Tag war eine Arbeitsbelohnung von nicht mehr als 30 Pfennigen vorgesehen (§ 96 Abs. 7 GO, § 67 Abs. 5 DO). Zuchthausgefangene erhielten nach der Dienstordnung eine Arbeitsbelohnung von bis zu 20 Pfennigen pro Tag (§ 66 Abs. 2 DO). Für Zuchthausgefangene galt eine Arbeitszeit von nicht mehr als zwölf, für andere Gefangene von nicht mehr als elf Stunden; die Zeiten, zu denen gearbeitet werden mußte, waren in der Tagesordnung genau festgelegt (§ 126 Abs. 1 DO). Der § 142 der DO bestimmte in Absatz 3, daß Gefangene, deren Strafzeit höchstens zwei Wochen betrug und die ihre Strafe in Einzelhaft verbüßten, in der Regel ohne Arbeit gelassen werden sollten. Sie sollten allerdings beschäftigt werden, wenn sie dies verlangten und geeignete Arbeit für sie vorhanden war. Für diese fehlende Zuweisung von Arbeit bei kurzzeitigen Freiheitsstrafen boten die Grundsätze von 1897 allerdings keine Grundlage.[977] Eine derartige Vorschrift fehlte auch in der Gefängnisordnung der preußischen Justizverwaltung.

Nach der *Hausordnung für die Hamburgischen Strafgefängnisse* von 1898 waren die Gefangenen zur Ausführung der ihnen zugewiesenen Arbeiten verpflichtet (§ 26 Absatz 1). Jeder Gefangene hatte seine Arbeit nach besten Kräften zu verrichten. Trägheit, Nachlässigkeit oder Müßiggang während der Arbeitszeit wurden bestraft, aber auch die Ableistung eines Pensums befreite nicht von der Weiterarbeit (§ 27 Abs. 1). Für den Ertrag der den Gefangenen zugewiesenen Arbeit galt, daß dieser in die Staatskasse floß (§ 28 Abs. 1), den Gefangenen konnte aber nach Maßgabe des Arbeitstarifes eine Belohnung gutgeschrieben werden, die für Zuchthausgefangene nicht mehr als 20 Pfennige, für andere Gefangene nicht mehr als 30 Pfennige betragen durfte; nur unter besonderen Umständen konnten bis zu 24 bzw. 36 Pfennige gutgeschrieben werden (§ 28 Abs. 2). Von der Arbeitsbelohnung flossen 10% zum Unterstützungsfonds (§ 28 Abs. 3), beim Entweichen von Gefangenen wurde deren Arbeitsbelohnung vollständig zugunsten des Unterstützungsfonds eingezogen (§ 28 Abs. 6). Nach der Entlassung wurde den Gefangenen die Arbeitsbelohnung entweder ganz oder in Teilbeträgen durch Vermittlung der Polizeibehörden ausgezahlt (§ 28 Abs. 4, Satz 1). Während der Strafverbüßung war eine Verwendung durch die Gefangenen über 50% nur mit Genehmigung des Direktors zu ihren oder ihrer Familie Gunsten möglich; die restlichen 50% durften grundsätzlich nicht angetastet werden (§ 28 Abs. 4, Satz 2).

Die Beschäftigung der Gefangenen war in den *bayerischen Hausordnungen* von 1907 und 1910 ausführlich geregelt. Die Hausordnung von 1907 unterteilte die Bestimmungen über die Beschäftigung (§§ 64-79) in Allgemeine Vorschriften (§§ 64-71), Arbeitszeit und Arbeitsmaß (§§ 72-73) und Arbeitsverdienst (§§ 74-79). Die Gefangenen waren zu nützlicher Arbeit anzuhalten, die ihrer Gesundheit nicht schädlich, für die Besserung der Gefangenen förderlich und geeignet war und ihrem Fortkommen nach der Entlassung diente. Bei der Zuweisung der Arbeit durch den Vorstand waren die

977 Nach Klein handelte es sich bei § 142 Abs. 2 der DO um eine erhebliche Schärfung kurzer Freiheitsstrafen, da die Entziehung der Arbeit bis zur Dauer von einer Woche eine Disziplinarstrafe darstellte (§ 169 Nr. 4 DO, § 58 GO), Klein, MSchKrim 6 (1909/1910), 132 (138).

Gesundheit, Fähigkeiten, spätere Erwerbsverhältnisse und bei Gefängnisgefangenen auch der Bildungsgrad und der Beruf zu berücksichtigen (§ 66 Abs. 1). Möglichste Schonung sollte für die Interessen des Privatgewerbes gelten (§ 67 Abs. 1). Bei Außenarbeit mußte mit der Trennung von freien Arbeitern der § 15 des Strafgesetzbuchs eingehalten werden (§ 68 Abs. 2). Das Arbeitsmaß wurde für Zuchthausgefangene auf nicht mehr als zwölf Stunden, für Gefängnisgefangene auf nicht mehr als elf Stunden festgelegt (§ 72 Abs. 1). Normiert wurden auch Beginn und Ende der Arbeitszeit, auf die Bestimmung eines Arbeitsmaßes wurde grundsätzlich verzichtet. Ein Arbeitsmaß sollte nur zugewiesen werden, wenn es die Art der Beschäftigung erforderte, ansonsten hatten die Gefangenen das zu leisten, was sie nach ihren Fähigkeiten und Kräften zu leisten vermochten (§ 73 Abs. 1, 2). Der Ertrag der Arbeit floß der Staatskasse zu, die Gefangenen konnten aber eine Arbeitsbelohnung erhalten, deren Höchstbetrag wie in den Grundsätzen von 1897 auf täglich zwanzig bzw. dreißig Pfennige festgelegt war (§ 74 Abs. 1, 2). Ein Rechtsanspruch auf Auszahlung der Arbeitsbelohnung bestand dagegen nicht (§ 75). Ähnliche Regelungen wie die Hausordnung von 1907 traf auch die Hausordnung von 1910. Auch in dieser Hausordnung für die Gefängnis- und Haftgefangenen wurde festgelegt, daß Rücksicht auf die Interessen des Privatgewerbes zu nehmen war (§ 90 Abs. 3). Auch hier war die Trennung von freien Arbeitern bei Außenarbeiten vorgesehen (§ 91 Abs. 1). Genauer regelte die Hausordnung die Frage, zu welchen Arbeiten die Gefangenen eingesetzt werden sollten (§§ 90 Abs. 1, 91 Abs. 1, 2). Die tägliche Arbeitszeit sollte in der Regel die Dauer von zehn Stunden nicht übersteigen (§ 95 Abs. 1), es konnten Freistunden zu geistiger Beschäftigung gewährt werden (§ 95 Abs. 3). Die den Gefangenen gutzuschreibende Arbeitsbelohnung sollte den Betrag von fünfundzwanzig Pfennigen nicht übersteigen (§ 97 Abs. 3), ein Rechtsanspruch auf Herausgabe des Verdienstanteils bestand auch hier nicht (§ 99 Abs. 2). Für Gefangene in Festungshaft galt nach der Hausordnung von 1893, daß kein Arbeitszwang bestand, die Beschäftigung der Gefangenen aber auf eine ihren Fähigkeiten und Verhältnissen entsprechende Weise zu fördern war (§ 15 Abs. 1).

(4) Der Vorentwurf zu einem deutschen Strafgesetzbuch (1909)

Der § 15 Absatz 2 des Vorentwurfes regelte, daß Zuchthaussträflinge einem strengen Arbeitszwang unterlagen und zu Arbeiten innerhalb oder außerhalb der Anstalt anzuhalten waren. Die Begründung zum Vorentwurf äußerte sich zu den Arbeitsanforderungen für Zuchthausgefangene und dem Ausdruck „strenger Arbeitszwang“.[978] Es entspreche dem schweren Charakter der Zuchthausstrafe, daß von den zu ihr Verurteilten schwere und angespannte Arbeit verlangt werde, die den Tag ausfülle. Jedenfalls müsse diesen Gefangenen der Ernst der Strafe durch den Zwang zu angestrengter Arbeit fühlbar gemacht werden. Dies solle durch den gewählten Ausdruck ‘strenger Arbeitszwang’ zum Ausdruck gebracht werden. Das Wort ‘Arbeitszwang’ stelle klar,

978 VE, Begründung, Allgemeiner Teil, S. 65 f.

daß der Sträfling zur Leistung der in der Anstalt eingeführten oder ihm außerhalb der Anstalt zugewiesenen Arbeiten verpflichtet sei, daß ihm kein Recht zustehe, die Art der Arbeit, insbesondere Innen- oder Außenarbeit zu wählen oder Selbstbeschäftigung zu fordern. Der Zusatz 'streng' besage, daß das zu fordernde Arbeitsmaß reichlich bemessen werden solle, so daß der Sträfling, um es zu leisten, mit angestrengtem Fleiß tätig sein müsse. Es verstehe sich von selbst, daß, wenn auch die Beschäftigung nur mit den in der Anstalt eingeführten oder von der Anstalt außerhalb übernommenen Arbeiten zu erfolgen habe, doch bei der Zuweisung der Arbeiten auf die Individualität des Sträflings Rücksicht zu nehmen sei, auf seine Vorbildung, seine Körperkräfte und Anlagen, und daß ihm möglichst solche Arbeit zugewiesen werde, durch die er sich später in der Freiheit seinen Unterhalt verdienen könne.[979] Die noch in § 15 Absatz 2 RStGB enthaltende Bestimmung, daß die Sträflinge während der Außenarbeit von freien Arbeitern getrennt zu halten waren, wurde in den § 15 Absatz 2 des Vorentwurfs nicht aufgenommen. Eine derartige Trennung dürfte zum einen als selbstverständlich anzusehen sein und eher in ein Strafvollzugsgesetz gehören.[980]

Im Unterschied zu den Zuchthausgefangenen standen die Gefängnisgefangenen nicht unter strengem Arbeitszwang, sondern nach § 17 Absatz 1 des Vorentwurfes unter Beschäftigungszwang. Soweit es die Einrichtungen der Anstalt zuließen, waren den Gefängnisgefangenen solche Arbeiten zu übertragen, welche dem Beruf entsprachen, dem sie angehörten, oder dem sie nach der Entlassung nachgehen wollten. Bei der Zuweisung der Arbeit waren ihre Wünsche zu berücksichtigen. Außerhalb der Anstalt durften sie im Gegensatz zu den Zuchthausgefangenen ohne ihre Zustimmung nicht beschäftigt werden. Diese Vorschrift sollte dem Ehrgefühl des Verurteilten Rechnung tragen.[981] Auf Widerspruch stieß die Tatsache, daß der Unterschied zwischen der Beschäftigung von Zuchthaus- und Gefängnisgefangenen nicht durch eine unterschiedliche Dauer der Arbeitszeit festgeschrieben wurde.[982] Erst dadurch würde der Ausdruck „unter Beschäftigungszwang" in Abgrenzung zum „strengem Arbeitszwang" im § 15 Absatz 2 eine praktische Bedeutung erhalten. Auch wenn hinsichtlich der Arbeitszeit keine ausdrückliche Regelung bestand, ging die Begründung zum Vorentwurf auf diesen Bereich ein.[983] Für Gefängnisgefangene solle die von ihnen zu fordernde Arbeitsleistung eine geringere sein als die der Zuchthausgefangenen. Dies werde praktisch seinen Ausdruck darin finden, daß die Arbeitszeit für sie auf kürzere Zeit festgesetzt und ihr Arbeitspensum geringer bemessen werde. Der wichtigste Unterschied gegenüber den Zuchthaussträflingen sei aber, daß hinsichtlich der Art der Arbeit stets ihrer Individualität Rechnung zu tragen sei. Zudem sollten bei der Zuweisung der Arbeit ihre Wünsche berücksichtigt werden. Die Beschäftigung sei also nicht nur mit den in

979 VE, Begründung, Allgemeiner Teil, S. 65 f.
980 So Aschrott, Reform des Reichsstrafgesetzbuchs, Band 1, S. 86.
981 VE, Begründung, Allgemeiner Teil, S. 67.
982 Aschrott, Reform des Reichsstrafgesetzbuchs, Band 1, S. 88 f.; vgl. Zusammenstellung gutachterl. Äußerungen, S. 31.
983 VE, Begründung, Allgemeiner Teil, S. 66.

der Anstalt eingeführten Arbeiten statthaft; wenn ausführbar, habe sie auch durch eigens für die einzelnen Gefangenen beschaffte Arbeiten zu erfolgen.[984]

(5) Der Gegenentwurf zum Vorentwurf eines deutschen Strafgesetzbuches (1911)

In § 46 des Gegenentwurfes waren die Vorschriften bezüglich der Beschäftigung von Zuchthaus-, Gefängnis- und Haftgefangenen zusammengefaßt. Prinzipielle Änderungen des Vorentwurfes bezüglich der Beschäftigung der Gefangenen enthielt der Gegenentwurf aber nicht. Er beließ es dabei, daß hinsichtlich der Zuweisung von Arbeit bei allen Gefangenen auf Gesundheitszustand, Fähigkeit, künftiges Fortkommen, bei den Gefängnisgefangenen darüber hinaus auf Bildungsgrad und Beruf Rücksicht genommen werden mußte. Eine Änderung für Zuchthausgefangene wurde dahingehend vorgenommen, daß nach § 46 Absatz 1, Satz 2 nur die in Gemeinschaftshaft befindlichen Zuchthausgefangenen ohne ihre Zustimmung zu Arbeiten außerhalb der Anstalt angehalten werden durften; gegen Ende der Strafzeit sollten sie tunlichst im Freien beschäftigt werden. Die Verwendung von Gefängnisgefangenen zu Außenarbeiten wurde im Gegensatz zum Vorentwurf durch den Gegenentwurf nicht angesprochen. Es war daher anzunehmen, daß diese Beschäftigungsmöglichkeit ausgeschlossen werden sollte.[985] Hinsichtlich der Arbeitszeit galt, daß diese für Zuchthausgefangene länger zu bemessen war als für Gefängnisgefangene. Gemäß Absatz 2 war den Haftgefangenen gestattet, sich mit angemessener Arbeit zu beschäftigen. Soweit dies nicht geschah, waren sie zu Arbeiten, die ihrem Bildungsgrad und ihren Berufsverhältnissen entsprechen mußten, anzuhalten. Von ihnen war eine geringere Arbeitsleistung zu fordern als von Gefängnisgefangenen. Zu Haushaltsarbeiten waren Haftgefangene nicht verpflichtet, wenn sie solche Arbeiten in der Freiheit nicht zu verrichten gewohnt waren. Eine kritische Haltung nahm Krohne zu der geringer bemessenen Arbeitszeit von Gefängnisgefangenen gegenüber Zuchthausgefangenen ein. Dies sei „scheinbar eine Milderung der Gefängnisstrafe“, für die meisten jedoch eine Erschwerung, denn „in dem öden Einerlei des Anstaltslebens“ helfe die Arbeit am besten über die Zeit hinweg.[986]

Während der Vorentwurf keine Bestimmung über die Entlohnung der Gefangenen enthielt, regelte dies der § 47 des Gegenentwurfes. Der bisherigen Tradition entsprechend sollte der Ertrag der den Gefangenen zugewiesenen Arbeit der Staatskasse zufließen. Den Gefangenen wurde eine Arbeitsbelohnung gutgeschrieben, die für Gefangene verschiedener Strafart unterschiedlich zu bemessen war. Über einen Teil der gutgeschriebenen Beträge durfte der Gefangene mit Zustimmung der Anstaltsbehörde während des Strafvollzuges verfügen, um seine Angehörigen zu unterstützen, den Verletzten zu

984 VE, Begründung, Allgemeiner Teil, S. 66.

985 Vgl. dazu von Bähr, BlGefk 45 (1911), 634 (635).

986 Krohne, Freiheitsstrafen und Strafvollzug nach dem Vorentwurf, Mitt. der IKV, Bd. 18 (1911), S. 251.

entschädigen oder für sein Fortkommen in der Freiheit vorzusorgen (§ 47 Absatz 2, Satz 1). Der andere Teil fiel dem Gefangenen bei seinem Austritt aus dem Strafvollzug zu; jedoch sollte er ihm, wenn dies durch die Umstände gerechtfertigt erschien, namentlich im Falle der Stellung unter Schutzaufsicht (§ 60) nicht zu eigenen Händen ausgezahlt, sondern einem Fürsorgeverein oder dem bestellten Fürsorger übergeben werden. Wenn ein Gefangener vorsätzlich Sachen, die im Staatseigentum standen, beschädigte, konnte dem Absatz 3 zur Folge die ihm gutgeschriebene Arbeitsbelohnung zum Ersatze des Schadens verwendet werden. Der Ertrag der Selbstbeschäftigung verblieb dem Gefangenen; doch konnte ihm der Abzug einer an die Staatskasse zu zahlenden Entschädigung auferlegt werden (§ 46 Absatz 4). Eine Regelung hinsichtlich der Höhe der Arbeitsbelohnung traf auch der § 50 Absatz 1. Bei der Milderung des Strafzwanges in Stufen sollten sich die einzelnen Stufen unter anderem durch die Höhe der Arbeitsbelohnung unterscheiden. Die zuvor als „Geschenk“ angesehene Arbeitsbelohnung wäre durch Aufnahme in ein Strafgesetzbuch von einer Vergünstigung zu einem „Recht“ geworden.[987] Diese vorgesehene gesetzliche Fixierung erfuhr Zustimmung.[988]

(6) Die Vorschläge des Vereins deutscher Strafanstaltsbeamter von 1911

Umfassend regelten die Vorschläge des Vereins deutscher Strafanstaltsbeamter von 1911 in den §§ 33-38, 40-48 die Beschäftigung der Gefangenen.

Die Berücksichtigung der Fähigkeiten der Gefangenen beim Arbeitseinsatz war bei allen Strafarten (§§ 33-35) als selbstverständlich vorausgesetzt und fand deshalb keine ausdrückliche Erwähnung im Gesetz.[989] Abweichend vom § 15 des Vorentwurfes wurde bei der Zuchthausstrafe nicht mehr vom „strengen Arbeitszwange“, sondern von der Verpflichtung zu den „eingeführten Arbeiten“ ausgegangen (§ 33 Abs. 1). Dies entsprach auch der Regelung im Reichsstrafgesetzbuch. Für Zuchthausgefangene sahen die Vorschläge von 1911 eine Arbeitsdauer von nicht mehr als zwölf, für Gefängnisgefangene von nicht mehr als elf und für Haftgefangene von nicht mehr als acht Stunden vor (§ 37 Abs. 1). Angemessene Essens- und Erholungspausen mußten für Gefängnisgefangene länger bemessen werden als für Zuchthausgefangene und für Haftgefangene länger als für Gefängnisgefangene (§ 38 Abs. 1). Obwohl umstritten, wurde an dem „Arbeitspensum“ festgehalten (§ 43). Der Ertrag der Arbeit war der Staatskasse zugewiesen (§ 44), den Gefangenen konnte aber eine Arbeitsbelohnung zugeschrieben werden, die für jede Strafart verschieden zu bemessen war (§ 45 Abs. 1). Den Grundsätzen von 1897 folgend wurde das Problem der Konkurrenz zwischen Gefangenenarbeit und freier Arbeit gelöst. Das Interesse des Privatgewerbes

987 Vgl. dazu von Bähr, BlGefk 45 (1911), 634 (635).
988 Von Bähr, BlGefk 45 (1911), 634 (635).
989 Klein, ZStW 33 (1912), 643 (651).

war im weitesten Maße zu schonen. Der Arbeitsbetrieb war auf zahlreiche Geschäftszweige zu verteilen und die Unterbietung der freien Arbeit zu vermeiden (§ 48 Abs. 4).

(7) Die Vorschläge des Vereins deutscher Strafanstaltsbeamter von 1913

Zu den Vorschriften der Vorschläge über die Arbeit (§§ 27-31) gab die Kommission eine umfassende Begründung, die auch grundsätzliche Erwägungen zur Gefangenenarbeit enthielt.[990] Vorangestellt wurde dabei die Bemerkung, daß der Arbeitsbetrieb seit dem Beginn der systematisierten Freiheitsstrafe im Mittelpunkt aller straflichen Einwirkungen stehe. Für die einzelnen Arten von Freiheitsstrafen ergaben sich im Rahmen der Beschäftigung Unterschiede in Art, Dauer und Schwere der Arbeit und folglich auch Differenzierungen in der Übelszufügung. Damit wurde die „Sträflingsarbeit zum Hauptunterscheidungsmittel für die verschiedenen Strafarten gemacht".[991] So sei über viele Jahre hinweg in Gesetzgebung und Entwürfen eine Einteilung in unbedingten Arbeitszwang, bedingten Arbeitszwang, Beschäftigungszwang und Selbstbeschäftigung erfolgt.[992] Diese Unterscheidung einzelner Strafarten vorwiegend nach der Gestaltung der Gefangenenarbeit behielt auch die Kommission bei: Nach § 27 Absatz 1 der Vorschläge waren die Zuchthausgefangenen einem unbedingten Arbeitszwang innerhalb und außerhalb der Strafanstalt unterworfen. Für Gefängnisgefangene sollte nach Absatz 2 des § 27 ein Arbeitszwang unter tunlichster Berücksichtigung der Lebensverhältnisse gelten. Außerhalb der Anstalt war eine Beschäftigung nur mit Zustimmung der Gefängnisgefangenen möglich. Selbstbeschäftigung sollte für sie nur ausnahmsweise zulässig sein, wobei die Vorschläge auf eine kasuistische Regelung verzichteten. Mit diesen Bestimmungen über die Beschäftigung der Zuchthaus- und Gefängnisgefangenen folgte die Kommission nicht den Vorschlägen Reichs, der eine noch schärfere Unterscheidung zwischen Zuchthaus- und Gefängnisarbeit forderte.[993] Eine stärkere Differenzierung wollte er dadurch erreichen, daß im Zuchthaus eine Mehrleistung durch Zwang, im Gefängnis dagegen eine Mehrleistung über ein gefordertes Mittelmaß durch Belohnung herbeigeführt werden sollte.[994] Die Kommission lehnte diesen Vorschlag mit Hinweis auf die bestehenden langen Arbeitszeiten für Zuchthausgefangene ab. Darüber hinausgehende Leistungen könnten billigerweise nicht verlangt werden.[995] Für die Haftstrafe galt nach § 27 Absatz 3 der Vorschläge grundsätzlich Selbstbeschäftigung. Erfolgte keine Selbstbeschäftigung durch die Häftlinge, galt auch für sie Arbeitszwang, wobei den Häftlingen tunlichst nur eine ihren Lebensverhältnissen entsprechende Arbeit zugewiesen werden sollte. Für die den früheren Festungsgefangenen entsprechenden Einschließungsgefangenen war Selbstbe-

990 BlGefk, Sonderheft B zu Band 47 (1913), S. 44-50.
991 BlGefk, Sonderheft B zu Band 47 (1913), S. 45.
992 Vgl. dazu etwa §§ 15-18 RStGB, §§ 15, 17, 20 des Vorentwurfes, § 46 des Gegenentwurfes.
993 Reich, BlGefk 47 (1913), 9 (21 f.).
994 Reich, BlGefk 47 (1913), 9 (22).
995 Vgl. BlGefk, Sonderheft B zu Band 47 (1913), S. 47.

schäftigung vorgesehen (§ 27 Absatz 4 der Vorschläge). Der Begründung der Vorschläge zur Folge sollte dabei insbesondere an Arbeiten zur Fortbildung im Beruf, vor allem Studien und geistige Arbeiten, zu denken sein.[996] Falls sich der Gefangene eine solche Arbeit nicht selbst auferlegte, sollte er zu dieser angehalten werden. Gesundheitsgefährdende Arbeiten waren nach § 29 Absatz 1 der Vorschläge für jede Strafart ausgeschlossen. Die Differenzierung nach Strafart setzte sich in den Vorschlägen auch in der Vorschrift über die Arbeitszeit fort (§ 28). Absatz 2 legte fest, daß die Arbeitsdauer für Zuchthausgefangene länger als für Gefängnisgefangene und für diese länger als für die Haft- und die Einschließungsgefangenen zu bemessen war. Dabei durfte die Arbeitszeit nach Absatz 3 für Zuchthausgefangene in der Regel zwölf Stunden, für Gefängnisgefangene elf Stunden und für Haft- und Einschließungsgefangene acht Stunden nicht überschreiten. Für den Arbeitsertrag galt gemäß § 30 Absatz 1, daß dieser in die Staatskasse fließen, wobei der Ertrag der Selbstbeschäftigung den Gefangenen verbleiben sollte. Nicht gefolgt wurde dem Vorschlag, den gesamten Arbeitsertrag dem Sträfling und dessen Familie zugute kommen zu lassen. Statt dessen vertrat die Kommission die Auffassung, daß „der Arbeitszwang zugunsten der Allgemeinheit einen Teil der Strafe“ darstelle.[997] Eine zu glimpfliche Behandlung der Sträflinge würde zudem nicht der Volksanschauung entsprechen. Den Gefangenen konnte aber gemäß Absatz 2 des § 30 aus dem Arbeitsertrag eine Arbeitsbelohnung gutgeschrieben werden, welche für die verschiedenen Strafarten verschieden zu bemessen war. Ein Recht auf Gutschrift und Auszahlung der gutgeschriebenen Beträge stand den Gefangenen nicht zu. Das Verhältnis von Gefangenenarbeit zu freier Arbeit wurde in § 31 der Vorschläge geregelt. In Absatz 1 wurde der Grundsatz aufgestellt, daß bei der Verwertung der Arbeitskraft der Gefangenen das Interesse des Privatgewerbes und der freien Arbeit überhaupt im weitesten Maße zu schonen waren. Die Verdingung der Arbeitskraft der Gefangenen an private Arbeitgeber war einzuschränken und im übrigen der Arbeitsbetrieb auf zahlreiche Geschäftszweige zu verteilen. Daß die Gefangenen mit ihrer Arbeit vorwiegend den Anstaltsbedarf decken sollten, ging aus Absatz 2 des § 31 hervor. Der wiederholt erhobenen Forderung nach stärkerem Einsatz der Gefangenen bei gemeinnützigen Arbeiten trug der Absatz 3 des § 31 Rechnung.[998]

(8) Der Entwurf der Strafrechtskommission von 1913

Über die Beschäftigung der Gefangenen beriet die Kommission für die Reform des Strafgesetzbuches in 1. Lesung am 26. April 1911.[999] Zunächst wurde beschlossen, den für die Gefängnisgefangenen im Vorentwurf gebrauchten Begriff „Beschäftigungszwang“ durch „Arbeitszwang“ zu ersetzen.

---

996 BlGefk, Sonderheft B zu Band 47 (1913), S. 47.
997 BlGefk, Sonderheft B zu Band 47 (1913), S. 48.
998 Vgl. BlGefk, Sonderheft B zu Band 47 (1913), S. 50.
999 Vgl. dazu das Protokoll vom 26. April 1911 bei Schubert, Protokolle der Kommission für die Reform des Strafgesetzbuches, Bd. 1, S. 72 ff.

Eine dem § 15 Abs. 2 des Reichsstrafgesetzbuches entsprechende Regelung traf der § 51 des Entwurfes der Strafrechtskommission von 1913. Nach dessen Absatz 2 waren die Zuchthausgefangenen zu den in der Anstalt eingeführten Arbeiten anzuhalten. Auch zu Arbeiten außerhalb der Anstalt durften sie angehalten werden. Dabei waren sie jedoch von freien Arbeitern und von Gefangenen anderer Art zu trennen. Diese Bestimmung des Entwurfs von 1913 entsprach weitestgehend dem § 45 des späteren Entwurfs von 1919. Für die Gefängnisgefangenen legte § 53 des Entwurfes von 1913 in Anlehnung an § 16 Absatz 2 und 3 des Reichsstrafgesetzbuches fest, daß sie zu Arbeiten angehalten werden mußten, die tunlichst ihren Fähigkeiten und Berufsverhältnissen entsprachen. Außerhalb der Anstalt durften sie nur mit ihrer Zustimmung beschäftigt werden. Dabei mußten sie von freien Arbeitern und von Gefangenen anderer Art getrennt gehalten werden. In der ersten Lesung der Beratungen der Strafrechtskommission wurde die Bestimmung des Vorentwurfs, daß dem Gefangenen eine seinem Beruf entsprechende Arbeit zuzuweisen war, dem § 16 RStGB folgend einstimmig dahingehend geändert, daß die Beschäftigung den Fähigkeiten und Verhältnissen des Gefangenen entsprechen sollte.[1000] Die Vorschrift des Vorentwurfs, daß auf Wünsche des Gefangenen Rücksicht zu nehmen war, wurde gestrichen, da dem Gefangenen kein Recht auf Berücksichtigung seiner Wünsche erteilt werden sollte. Es sei dagegen selbstverständlich, daß die Verwaltung vernünftige Wünsche der Gefangenen zu berücksichtigen habe.[1001]

(9) Die Grundsätze für den Vollzug von Freiheitsstrafen (1923) und deren Umsetzung in Preußen, Hamburg und Bayern

Die Vorschriften der Grundsätze für den Vollzug von Freiheitsstrafen von 1923 über die Ausgestaltung der Arbeit für die Gefangenen waren beherrscht von folgendem Grundsatz, der sich in § 62 Absatz 1 der Grundsätze und auch in den Dienst- und Vollzugsordnungen der Länder wiederfand:[1002] „Regelmäßige Beschäftigung der Gefangenen ist die Grundlage eines geordneten Strafvollzugs".

Für die *Zuweisung der Arbeit* sollte nach den Grundsätzen auf die Kenntnisse und Fähigkeiten, den Gesundheitszustand, das Lebensalter, den Beruf und den Bildungsgrad Rücksicht genommen werden (§ 68 Absatz 1). Gefangene mit längerer Strafdauer ohne erlernten Beruf sollten, soweit möglich, in einem Beruf ausgebildet werden, der ihren Fähigkeiten entsprach. Gefangene, die einen Beruf ganz oder zum Teil erlernt hatten, sollten in diesem oder einem verwandten Beruf, soweit möglich, beschäftigt oder weitergebildet werden (§ 68 Abs. 2 der Grundsätze). Diese Bestimmungen fanden

---

1000 Vgl. dazu Seite 8 des Protokolls der ersten Lesung, 8. Sitzung vom 26. April 1911 in: BayHStA, MA 9600.

1001 Vgl. Schubert, Protokolle der Kommission für die Reform des Strafgesetzbuches, Bd. 1, S. 74.

1002 § 103 Abs. 1 der preußischen DVO, § 70 der bayerischen DVO, § 264 der hamburgischen DVO.

ihre Umsetzung in den Dienst- und Vollzugsordnungen der Länder.[1003] Bezüglich des Inhalts der zu leistenden Arbeit legten die Grundsätze in § 64 fest, daß die Gefangenen in erster Linie für den eigenen Bedarf der Anstalt, in zweiter Linie für den Bedarf anderer Strafanstalten und in dritter Linie für gemeinnützige Arbeiten einzusetzen waren. Soweit derartige Arbeiten nicht beschafft werden konnten, war nach § 65 der Grundsätze auch die Arbeit für Privatunternehmer oder die Herstellung von Gegenständen, die für Rechnung der Anstaltsverwaltung veräußert werden sollten, möglich. Diese Vorschrift sorgte vor allem in den örtlichen Handwerksbetrieben in der Umgebung der Strafanstalten für Aufruhr. Um dem Interesse des Privatgewerbes Rechnung zu tragen, legten die Grundsätze in § 65 außerdem fest, daß dabei möglichst viele Arbeitszweige eingeführt werden sollten. Zudem war nach § 66 auf das Privatgewerbe und die freie Arbeit billige Rücksicht zu nehmen. Die freie Arbeit sollte nicht unterboten werden und die Löhne für die Gefangenenarbeit den Löhnen der freien Arbeiter, die Preise der in den Anstalten hergestellten Gegenstände den Preisen des freien Verkehrs nach Möglichkeit angenähert werden. Dabei waren der geringere Wert und die besonderen Verhältnisse der Gefangenenarbeit angemessen zu berücksichtigen. Zur Durchführung dieser Grundsätze sollten nach Absatz 2 des § 66 der Vorsteher und die Aufsichtsbehörden mit den öffentlichen Arbeitsnachweisen, den Gewerbeaufsichtsbeamten und den öffentlichen Vertretungen des Handwerks, des Handels, der Industrie und der Landwirtschaft sowie mit den Berufsverbänden der Arbeitnehmer Kontakt aufnehmen.

Die Dienst- und Vollzugsordnungen Hamburgs und Bayerns gingen in § 279 bzw. § 73 nicht über die Vorschriften des § 66 der Grundsätze hinaus.[1004] In der DVO Preußens wurde die billige Rücksichtnahme auf das örtliche Handwerk hervorgehoben (§ 104 Abs. 5, Satz 2). Als Mittel der Rücksichtnahme wurde zusätzlich zu den Bestimmungen der Grundsätze genannt, daß den einzelnen Arbeitgebern Gefangene nicht in zu großer Anzahl überlassen werden sollten (§ 104 Abs. 5, Satz 3). Eine Kontaktaufnahme mit den in den Grundsätzen genannten Institutionen war in Preußen bei Vertragsabschlüssen von längerer Dauer oder für eine größere Zahl von Gefangenen vorgesehen (§ 104 Abs. 5, Satz 6). Die Arbeit außerhalb der Anstalt war möglich, jedoch waren die Gefangenen bei der Überlassung an Privatunternehmer zu Arbeiten außerhalb der Anstalten durch einen Anstaltsbeamten zu beaufsichtigen (§ 76 der Grundsätze, § 82 der bayerischen DVO).

1003 § 103 Abs. 5 der DVO Preußens, §§ 267 Abs. 1, 272 der DVO Hamburgs, § 75 Abs. 1, 2 der DVO Bayerns.

1004 Für Hamburg stritt Guckenheimer die ernsthafte Konkurrenzsituation zwischen Anstaltsarbeit und freiem Gewerbe ab. Die Gefängnisbetriebe seien zum großen Teil wegen ihrer Winzigkeit und besonderen Verhältnisse überhaupt nicht als wirtschaftliche Unternehmungen im kaufmännischen Sinn anzusehen; auch bei Druckarbeiten und Buchbinderarbeiten könne von einer Benachteiligung des freien Gewerbes nicht die Rede sein, da im Durchschnitt nur 27% der Staatsaufträge an die Anstalten fielen; Guckenheimer, Gefängnisarbeit in Hamburg, S. 119.

In Preußen und Hamburg wurden ausführliche Regelungen über Zulässigkeit und Ausgestaltung der *Außenarbeit* getroffen.[1005] Zunächst wurde festgelegt, daß „außerhalb der Anstalt" bedeute, daß das Gelände außerhalb von Umwehrung, Gitter, Planke, Zaun, Staket[1006], usw. liege (§ 150 Absatz 1 der preußischen DVO, § 288 Absatz 1 der hamburgischen DVO). Für den Fall, daß die Anstalt abgeschieden und von eigenem Gelände oder natürlichen Grenzen (Wasserläufe) umrahmt sei, traf § 288 Absatz 2 der DVO Hamburgs die Regelung, daß dann unter außerhalb der Anstalt das Gebiet außerhalb dieses Geländes oder dieser Grenze zu verstehen sei. Preußen schuf eine Bestimmung, wonach bei der Auswahl der Gefangenen zur Außenarbeit die Straftat, das Vorleben, die Führung und der Gesundheitszustand zu berücksichtigen seien. Regelmäßig dürften nur solche Gefangenen eingesetzt werden, die bei einer Strafdauer von bis zu einem Jahr die Hälfte der Strafe, bei längerer Strafdauer mindestens sechs Monate innerhalb einer Anstalt verbüßt hätten und deren Strafrest nicht mehr als drei Jahre betrug. Bei Entweichungsgefahr durfte keine Außeneinsatz erfolgen (§ 105 Abs. 2 DVO Preußen). Auch in Hamburg waren bei der Beschäftigung außerhalb der Anstalt Straftat, Strafzeit, Führung und Gesundheitszustand des Gefangenen zu berücksichtigen (§ 290 DVO). Gefangene mit erheblichen Strafen und solche, bei denen ein Entweichen zu befürchten war, durften nicht zu Außenarbeiten herangezogen werden (§ 291 DVO Hamburg). Von freien Arbeitern waren die Gefangenen bei der Außenarbeit getrennt zu halten (§ 289 der DVO Hamburgs, § 105 Absatz 1, Satz 2 der DVO Preußens). Während in Hamburg vorgesehen war, daß die Aufsichtsbeamten beim Dienst außerhalb der Anstalt Hieb- und Schußwaffen tragen mußten (§ 296 DVO), galt in Preußen die Regelung, daß der Vorsteher bestimmen sollte, ob die Aufsichtsbeamten Schußwaffen bei sich zu führen hatten (§ 105 Abs. 5, Satz 2 DVO). In beiden Ländern war beim Abmarsch den Gefangenen jedesmal bekanntzugeben, daß die Beamten im Falle eines Fluchtversuches oder eines tätlichen Widerstandes von der Waffe Gebrauch zu machen befugt waren (§ 105 Abs. 5, Satz 3 der DVO Preußens, § 297 der DVO Hamburgs). Schließlich war es den Gefangenen bei der Außenarbeit verboten, mit fremden Personen in Kontakt zu treten. Sie durften mit diesen weder sprechen noch etwas von ihnen annehmen oder an sie abgeben. Der Besuch von Wirtshäusern und Schankstätten war verboten (Preußen: § 105 Abs. 6 DVO, Hamburg: § 299 DVO).

Die *Arbeitszeit* war gemäß § 73 der Grundsätze je nach Strafart verschieden zu bemessen. Dabei war nach § 155 festgelegt, daß die tägliche Arbeitszeit im Zuchthaus in der Regel nicht mehr als zehn Stunden betragen sollte, im Gefängnis waren nach § 160 nicht mehr als neun Stunden vorgesehen. Nach § 306 der DVO Hamburgs war die Arbeitszeit für Gefangene von dem Direktor der Hamburgischen Strafanstalten festzulegen. In Preußen konnte auf Wunsch das Weiterarbeiten gestattet werden (§ 103 Abs. 3, Satz 2 der DVO). Die Anrechnung des Unterrichts auf die tägliche Arbeitszeit

1005 Preußen: § 105 DVO, Hamburg: §§ 287-299 DVO.
1006 Lattenzaun, Gestäbe.

war nach den Grundsätzen (§ 106 Abs. 4) und in den Ländern möglich (§ 103 Abs. 3, Satz 3 der DVO Preußens, § 307 der DVO Hamburgs, § 79 Abs. 2, Satz 2 der DVO Bayerns).

Der *Ertrag* der Gefangenenarbeit gebührte der Staatskasse, wobei darauf zu achten war, daß der Ertrag der Arbeit die gesamten Kosten des Strafvollzuges deckte (§ 77 der Grundsätze). Aus dem Ertrag der Arbeit sollte dem Gefangenen eine Arbeitsbelohnung zugeschrieben werden, deren Höhe von dem Vorsteher festzusetzen war, auf deren Auszahlung der Gefangene allerdings keinen Rechtsanspruch hatte.[1007] Damit war von der konkreten Festsetzung der Arbeitsbelohnung aufgrund der schlechten Erfahrungen mit den Grundsätzen von 1897 Abstand genommen worden. Nach § 84 Absatz 3, Satz 2 der bayerischen DVO waren bei der Festsetzung der Arbeitsbelohnung der Fleiß, die Arbeitsleistung und der Ertrag der Arbeit zu berücksichtigen. Die Grundsätze sahen weiter vor, daß von der Arbeitsbelohnung den Gefangenen grundsätzlich ein Teil als Hausgeld und ein Teil als Rücklage gutgeschrieben werden sollte (§ 80 Abs. 1 der Grundsätze).[1008] Über das Hausgeld durfte der Gefangene nach § 81 der Grundsätze nur nach Maßgabe der Dienst- und Vollzugsordnung oder der Hausordnung oder mit besonderer Genehmigung des Vorstehers verfügen. In § 85 Absatz 2 der bayerischen DVO war festgelegt, wofür das Hausgeld ausgegeben werden durfte. Danach diente es zur Bestreitung der von dem Vorstand genehmigten Ausgaben für Porto, Briefpapier, Bücher, Schriften und Zeitungen, Lehrmittel und Arbeitsgeräte, Zeichenpapier und Zeichenvorlagen und ähnliche Zwecke, ferner für die zulässigen Zusatznahrungs- und Genußmittel, für Beiträge zur Invalidenversicherung, für Zahnpflege und Zahnbehandlung und für die Unterstützung der Angehörigen. Der Vorstand konnte dabei auch andere Ausgaben gestatten. Eine ähnliche Regelung bestand nach § 109 Absatz 5, Satz 1 und 2 der DVO Preußens. Aus der Rücklage sollten nur solche Auslagen bestritten werden, die im Interesse des Fortkommens des Gefangenen oder des Fortkommens seiner Familie nach der Entlassung lagen. In Notfällen durfte der Gefangene Angehörige, denen er vor dem Anstaltsaufenthalt Unterhalt gewährt hatte, auch während der Strafzeit aus der Rücklage unterstützen; für diesen Zweck durfte aber nicht mehr als die Hälfte der Rücklage verwendet werden (§ 82 Abs. 2 der Grundsätze, § 109 Abs. 5, Satz 3 der preußischen DVO, § 85 Abs. 3 der bayerischen DVO). Eine Begrenzung auf die Hälfte der Rücklage enthielt § 316 Abs. 2 der hamburgischen DVO nicht. Nach § 316 Abs. 3 galt in Hamburg aber, daß die Rücklage von dem Gefangenen auch zur Wiedergutmachung des von ihm durch eine Straftat angerichteten Schadens verwendet werden durfte. Bei Entweichen eines Gefangenen wurde der Arbeitslohn zugunsten des Unterstützungsfonds für Gefangene eingezogen (§ 318 der

---

1007 § 79 der Grundsätze, § 109 Abs. 1, Satz 1, Abs. 2, Satz 1 der preußischen DVO, §§ 314, 315 Abs. 3, Satz 1 der hamburgischen DVO, § 84 Abs. 1, 2 der bayerischen DVO.

1008 In Preußen war eine hälftige Teilung zwischen Hausgeld und Rücklage vorgesehen (§ 109 Abs. 1, Satz 2 DVO). In Hamburg sollte eine fünfzigprozentige Rücklage gebildet werden, 40% dem Gefangenen als Hausgeld dienen und 10% in den Unterstützungsfonds für Gefangene fließen (§ 315 Abs. 1 DVO).

DVO Hamburgs). Im Fall des Todes konnte die Arbeitsbelohnung den Erben auf Antrag ganz oder zum Teil ausgezahlt werden, wenn dies der Billigkeit entsprach.[1009]

(10) Ausblick auf die Entwürfe zum Strafvollzugsgesetz von 1927

Ähnlich wie die Grundsätze von 1923, welche die regelmäßige Beschäftigung der Gefangenen als Grundlage eines geordneten Strafvollzuges betrachteten, wurde in den Vorlagen von 1927 die dauernde Beschäftigung der Gefangenen gefordert (§ 70 RR-Vorlage, § 78 RT-Vorlage). Die Arbeit sollte einen nützlichen und erzieherischen Charakter haben. Nach § 79 Absatz 2 der Reichsratsvorlage (RT-Vorlage: § 87 Abs. 2) war bei allen Gefangenen bei der Zuweisung der Arbeit „soweit es die Verhältnisse gestatten, auf die Kenntnisse und Fähigkeiten, den Gesundheitszustand, das Lebensalter, den Beruf und den Bildungsgrad Rücksicht zu nehmen". Dabei war nach § 80 Absatz 2 der Reichsratsvorlage (RT-Vorlage: § 88 Abs. 2) den billigen Wünschen des Gefangenen tunlichst zu entsprechen und Berufsausbildung und Fortbildung zu erstreben. Nicht in die Reichstagsvorlage übernommen wurde der § 83 der Reichsratsvorlage, welcher den Grundsatz der Tilgung der Haftkosten durch die Arbeit des Gefangenen aufstellte.[1010] Der in der Reichsratsvorlage in § 84 formulierte Grundsatz, daß der Gefangene einen Rechtsanspruch auf die Arbeitsbelohnung haben sollte, wurde auch in § 91 der Reichstagsvorlage übernommen. Es bestand allerdings die Voraussetzung, daß der Gefangene seine Arbeitspflicht erfüllt haben mußte. Die Festsetzung eines Arbeitspensums wurde in Gegensatz zu § 24 des Entwurfs von 1879 und § 74 der Grundsätze von 1923 nicht aufgenommen. Vielmehr hatte jeder Gefangene das zu leisten, was er nach seinen Fähigkeiten und Körperkräften zu leisten vermochte (§ 81 RR-Vorlage, § 89 RT-Vorlage). Der Arbeitszwang bestand damit fort, wurde aber individuell festgelegt und nicht an dem Tagewerk eines durchschnittlichen Gefangenen festgemacht.[1011] Bei Arbeiten im Freien sollten die Gefangenen von freien Arbeitern und von Gefangenen anderer Strafarten soweit wie möglich getrennt gehalten werden (§ 76 RR-Vorlage, § 84 RT-Vorlage). Bezüglich des Arbeitsertrages folgte man dem Entwurf von 1879 (§ 15), den Bundesratsgrundsätzen (§ 21) und den Grundsätzen von 1923 (§ 77) dahingehend, daß der Ertrag der Gefangenenarbeit der Staatskasse zufließen sollte (§ 82 RR-Vorlage, § 90 RT-Vorlage). Das Gebot der billigen Rücksichtnahme auf das Privatgewerbe und die freie Arbeit fand ebenfalls Eingang in die Vorlagen (§ 74 RR-Vorlage, § 82 RT-Vorlage).

1009 § 82 Abs. 3 der Grundsätze, § 130 Abs. 6 der DVO Preußens, § 527 Abs. 4 der DVO Hamburgs, § 86 der DVO Bayerns.

1010 Die Streichung wurde bedauert von Frede, welcher der Auffassung war, daß der § 83 der Billigkeit entsprach; vgl. ZStW 48 (1928), 305 (314).

1011 Die im Entwurf von 1879 und in den Grundsätzen von 1923 vorgesehene Pensumarbeit entmutigte die Schwachen und Ungeschickten und verleitete die Kräftigen und Geschickten zur Trägheit und begünstigte „Pfuscharbeit"; so Frede/Grünhut-Krebs, Reform des Strafvollzugs, S. 190.

b. Die Selbstbeschäftigung

In Ausnahmefällen war es möglich, daß den Gefangenen die Beschäftigung nicht durch die Anstalt zugewiesen wurde, sondern die Gefangenen selbst für ihre Beschäftigung sorgen konnten.

(1) Das Reichsstrafgesetzbuch von 1871

Für Gefangene in Festungshaft bestand nach § 17 Absatz 4 des RStGB die Strafe in Freiheitsentziehung mit Beaufsichtigung der Beschäftigung und Lebensweise der Gefangenen. Damit war für die Gefangenen in Festungshaft keine Zuweisung von Arbeit vorgesehen, sie durften sich selbst beschäftigen. Für Haftgefangene bestand nach § 18 Absatz 2 des Reichsstrafgesetzbuches die Strafe in einfacher Freiheitsentziehung. Damit durften auch die Haftgefangenen sich selbst eine Tätigkeit aussuchen.

(2) Der Entwurf eines Gesetzes über die Vollstreckung von Freiheitsstrafen (1879/1880)

Der § 26 Absatz 1 des Entwurfs von 1879 sah vor, daß den zur Haft oder Festungshaft Verurteilten jede Beschäftigung zu gestatten war, welche mit dem Strafzwecke, der Sicherheit und der Ordnung vereinbar war. Dies galt nicht für zu geschärfter Haft Verurteilte. Der Ertrag der Arbeit gehörte den Sträflingen, vorbehaltlich eines Abzugs für den mit der Beschäftigung verbundenen Aufwand.

(3) Die Grundsätze von 1897 und ihre Umsetzung in Preußen, Hamburg und Bayern

(a) Die Bestimmungen der Grundsätze von 1897 zur Selbstbeschäftigung

Der § 17 Absatz 1 stellte den Grundsatz auf, daß den Gefängnissträflingen sowie den Gefangenen, welche geschärfte Haftstrafe verbüßten, in der Regel Arbeit zuzuweisen war. Gemäß Absatz 2 durfte ausnahmsweise den *Gefängnisgefangenen*, sofern sie im Besitze der bürgerlichen Ehrenrechte waren und eine Zuchthausstrafe noch nicht verbüßt hatten, mit Genehmigung der Aufsichtsbehörde gestattet werden, sich selbst zu beschäftigen. In dem Entwurf des Reichsjustizamts von 1896 war das Wort „ausnahmsweise“ noch nicht enthalten. Statt dessen hieß es, daß eine Beschäftigung nach eigener Wahl gestattet werden konnte. Die Gestattung der Selbstbeschäftigung konnte gemäß § 17 Absatz 3 der Grundsätze von der Zahlung einer Entschädigung abhängig gemacht werden. Der § 17 Absatz 3 der Grundsätze war in dem Entwurf von 1896 ebenfalls noch nicht enthalten gewesen. Die Änderung dahingehend, daß die Selbstbeschäftigung von der Zahlung einer Entschädigung abhängig gemacht werden konnte, hatte den Sinn, Ungerechtigkeiten für den Fall zu vermeiden, daß Tätigkeiten ausgeübt wurden, deren Ertrag schwer abschätzbar war.[1012]

Die Maßstäbe zur Bemessung der Entschädigung wurden von der obersten Aufsichtsbehörde festgestellt. Die Selbstbeschäftigung unterlag der Beaufsichtigung des Vorstandes. Der Justizausschuß betonte in seinem Bericht, daß dem Gefangenen, bei dem eine Selbstbeschäftigung in Frage komme, nicht die Wahl der Beschäftigungsart vollständig überlassen bleiben dürfe. So müsse eine Beschäftigung unterbleiben, die mit der Ordnung der Anstalt nicht vereinbar sei oder dem Zweck des Strafvollzugs zuwiderlaufe. Um Mißverständnisse zu beseitigen, seien deshalb auch die in der Vorlage enthaltenen Worte „nach eigener Wahl" gestrichen worden.[1013] In der Regelung des § 17 und vor allem im dem Wort „ausnahmsweise" sah der Abgeordnete Heine (SPD) einen Verstoß gegen das StGB (§ 16) und eine erhebliche Verschlechterung des bisherigen Zustandes für politische Gefangene. Was das Strafgesetzbuch als Regel hinstelle, nämlich die Beschäftigung der Gefangenen nach ihren Fähigkeiten und Verhältnissen, werde in den Grundsätzen und in den Ausführungen durch die Länder[1014] für geistig Tätige zur Ausnahme.[1015]

Den *Festungsgefangenen* war nach § 19 Absatz 1 der Grundsätze jede Beschäftigung gestattet, welche mit dem Strafzweck, der Sicherheit und der Ordnung vereinbar war. Das gleiche galt gemäß Absatz 2 für Gefangene, welche *einfache Haftstrafe* verbüßten. Während nach § 26 des Entwurfs von 1879 der Ertrag der Arbeit den zu einfacher Haft oder Festungshaft Verurteilten vorbehaltlich eines Abzugs für den verbundenen Aufwand verbleiben sollte, wurde diese Bestimmung in den Grundsätzen von 1897 nicht wiederholt. Nach der Begründung des Entwurfs von 1896 ergebe sich eine solche Vorschrift von selbst, sei jedoch insofern unvollständig, als die Verwaltung Ersatz des durch die Beschäftigung veranlaßten Aufwandes auch dann beanspruchen könne, wenn ein Ertrag nicht vorhanden sei.[1016]

Der § 21 der Grundsätze enthielt die Bestimmungen für Arbeitsertrag und Entlohnung der Gefangenen. Während der Ertrag der den Gefangenen zugewiesenen Arbeit der Staatskasse zufloß, galt nach Absatz 2, daß der Ertrag der Selbstbeschäftigung (§ 17

1012 Dies galt etwa für literarische oder künstlerische Arbeiten. Vgl. Bundesrats-Drucksachen, 1897, Band I, Nr. 95, S. 7.

1013 Bundesrats-Drucksachen, 1897, Band I, Nr. 95, S. 6.

1014 In der Preußischen Gefängnisordnung hieß es vor Erlaß der Grundsätze: „Den Gefangenen, welche zu einer Arbeit nicht angehalten werden - d.h. denen, die thatsächlich nicht dazu angehalten werden - steht es frei, sich nach eigener Wahl zu beschäftigen." Nach der Umsetzung der Grundsätze lautete die neue Gefängnisordnung in diesem Punkt folgendermaßen: „Ausnahmsweise wird den zur Gefängnißstrafe Verurtheilten, namentlich solchen, die in ihrem bürgerlichen Berufe geistig beschäftigt sind, mit Genehmigung des Oberstaatsanwalts erlaubt, sich selbst zu beschäftigen."

1015 Sten. Berichte über die Verh. des Dt. Reichstages, 1899, Band 2, S. 1041.

1016 Vgl. Bundesrats-Drucksachen, 1896, Band I, Nr. 54, S. 6 f.

Abs. 2), soweit er nicht auf die Entschädigung (§ 17 Abs. 3) zu verrechnen war, dem Gefangenen verblieb.

(b) Die Umsetzung der Grundsätze in Preußen, Hamburg und Bayern

In *Preußen* galt für die Selbstbeschäftigung von Gefängnisgefangenen in Übereinstimmung zu § 17 Absatz 2 der Grundsätze von 1897 nach § 67 Abs. 3 DO folgendes: „Ausnahmsweise kann Gefängnissträflingen, welche sich im Besitz der bürgerlichen Ehrenrechte befinden und Zuchthausstrafe nicht verbüßt haben, mit Genehmigung der Aufsichtsbehörde gestattet werden, sich selbst zu beschäftigen." Selbstbeschäftigung war auch den zu einfacher Haft Verurteilten möglich (§ 100 i.V.m. § 76 Abs. 1 GO, § 68 Abs. 2 DO). Über die Bestimmungen der Grundsätze in § 17 hinausgehend sollte die Selbstbeschäftigung nach § 67 Abs. 3 DO nur dann gestattet werden können, wenn die in der Anstalt eingeführten Arbeiten dem Bildungsgrad der betreffenden Gefangenen und ihren Berufsverhältnissen nicht entsprachen und die Verwaltung nicht in der Lage war, andere Arbeit zu beschaffen. Nach § 144 Abs. 1, Satz 3 DO war die Selbstbeschäftigung neben der Beschäftigung mit einer in der Anstalt eingeführten Arbeit nicht erlaubt. In Umsetzung des § 17 Absatz 3, Satz 1 der Grundsätze von 1897 hatten nach § 144 Absatz 2 der DO Gefängnissträflinge mit Selbstbeschäftigung eine Entschädigung zwischen einer und drei Mark pro Tag zu zahlen. Nach § 146 Absatz 2 der DO wurde für die Selbstbeschäftigung den Grundsätzen in § 21 Absatz 2 folgend festgelegt, daß der Ertrag der Selbstbeschäftigung den Gefangenen verbleibe, soweit er nicht auf die Entschädigung anzurechnen sei.

Für die Justizverwaltung hieß es in § 76 Absatz 2 GO: „Ausnahmsweise wird den zu Gefängnisstrafe Verurteilten - namentlich solchen, welche in ihrem bürgerlichen Beruf geistig beschäftigt sind -, sofern sie sich im Besitz der bürgerlichen Ehrenrechte befinden und Zuchthausstrafe noch nicht verbüßt haben, mit Genehmigung des Oberstaatsanwalts gestattet, sich selbst zu beschäftigen. Die Genehmigung ist widerruflich und kann von einer Entschädigung abhängig gemacht werden. Der eingezahlte Betrag gilt als Arbeitsverdienst im Sinne des § 86 Abs. 7." Danach durfte im Gegensatz zur Dienstordnung der inneren Verwaltung auch in solchen Fällen, in denen die in der Anstalt ausgeführten Arbeiten dem Bildungsgrade des Gefangenen und seinem Beruf entsprachen und auch wenn die Verwaltung in der Lage war, eine anderweitige Arbeit zu besorgen, die Selbstbeschäftigung gestattet werden. Zudem bestand in den Justizgefängnissen kein grundsätzliches Hindernis, Selbstbeschäftigung neben der Beschäftigung mit einer in der Anstalt eingeführten Arbeit zuzulassen. In Abweichung zu Vorschriften der inneren Verwaltung war zudem nach § 76 Absatz 2 die Gutschrift von Arbeitsbelohnungen möglich. Dies wurde vor allem dann relevant, wenn die Selbstbeschäftigung keinen die Entschädigung übersteigenden Ertrag einbrachte. Bereits diese wenigen, die Selbstbeschäftigung der Gefangenen betreffenden Vorschriften der beiden preußischen Ressorts verdeutlichten das Problem des Dualismus.[1017]

Nach der *Hausordnung für die Hamburgischen Strafgefängnisse von 1898* durfte Gefängnisgefangenen, welche sich im Besitz der bürgerlichen Ehrenrechte befanden und Zuchthausstrafen noch nicht verbüßt hatten, ausnahmsweise gestattet werden, sich selbst zu beschäftigen, wobei die Selbstbeschäftigung der Beaufsichtigung unterlag (§ 26 Abs. 2). Für Gefangene in einfacher Haft sowie für Festungsgefangene galt, daß ihnen jede Beschäftigung gestattet war, welche sich mit dem Strafzweck sowie der Sicherheit und Ordnung vereinbaren ließ (§ 36 A, Nr. 5 und § 36 B, Nr. 9). Sie konnten über ihren Arbeitsverdienst frei verfügen (§ 36 A, Nr. 6 und § 36 B, Nr. 10) und, sofern sie sich selbst beköstigten, abzüglich der 10% für den Unterstützungsfonds auch über die restlichen 50% des Arbeitsertrages verfügen (§ 36 A, Nr. 7 und § 36 B, Nr. 11).

Nach der *Hausordnung für die bayerischen Strafanstalten von 1907* konnte die Selbstbeschäftigung Gefängnissträflingen, die eine Zuchthausstrafe noch nicht verbüßt hatten und im Besitz der bürgerlichen Ehrenrechte waren, mit Genehmigung der Aufsichtsbehörde in widerruflicher Weise gestattet werden. Solche Gefangene waren stets in Einzelhaft zu halten, sie mußten an die Anstaltskasse eine Entschädigung leisten, deren Höhe von der Aufsichtsbehörde festzulegen war. Der Ertrag der Selbstbeschäftigung verblieb dem Gefangenen (§ 71). Auch nach der Hausordnung für die Gerichtsgefängnisse von 1907 war Selbstbeschäftigung möglich. Sie mußte mit der Ordnung und Sicherheit des Gefängnisses vereinbar sein; die Zahlung einer Entschädigung an die Arbeitskasse war aber nicht wie in der Hausordnung von 1907 obligatorisch, sondern fakultativ (§ 94 Abs. 2).

(c) Die Bestrebungen zur Ergänzung der Grundsätze

Die wiederholt beklagte unangemessene Behandlung politischer Gefangener führte dazu, daß die Bundesregierungen Anfang des 20. Jahrhunderts die Ergänzung der Grundsätze von 1897 anstrebten.[1018] In dem Änderungsentwurf von 1908 war unter anderem vorgesehen, daß Gefängnisgefangenen, die sich im Besitz der bürgerlichen Ehrenrechte befanden und bei der Tat weder eine ehrlose Gesinnung noch eine besondere Roheit oder Bosheit gezeigt hatten, gestattet werden sollte, sich selbst zu beschäftigen, zu beköstigen und zu kleiden, soweit die Versagung dieser Vergünstigungen für sie eine Härte bedeuten würde. Falls der Beruf solcher Gefangener die Beschäftigung mit Büchern und Schriften mit sich brachte, sollten ihnen auf ihr Ver-

---

1017 Als besonders mißlich konnte sich der Zustand an Orten darstellen, wo sich Gefängnisse beider Ressorts wie etwa in Breslau, Cottbus oder Halle befanden; so Klein, MschKrim 6 (1909/1910), 132 (145).

1018 Zu dem Inhalt der vorgesehenen Ergänzungen vgl. den durch Reichskanzler von Bülow an das Königl. Bay. Staatsministerium des Königl. Hauses und des Äußern am 1.2.1908 übersandten Entwurf; BayHStA, MJu 13143.

langen auch solche Bücher und Schriften beschafft werden, die in der Sammlung der Anstalt nicht vorhanden waren. Selbstbeschäftigung und Auswahl der Bücher und Schriften sollten der Aufsicht des Anstaltsvorstandes unterliegen. Die Selbstbeschäftigung konnte, wie schon in den Grundsätzen vorgesehen, von der Zahlung einer Entschädigung abhängig gemacht werden, sie war nicht dadurch ausgeschlossen, daß der Gefangene zuvor eine Zuchthausstrafe verbüßt hatte. Bemerkenswert war, daß in dem Entwurf zur Ergänzung der Grundsätze von 1897 nicht der Ausdruck „politischer Gefangener“ gebraucht wurde. Eine solche Fassung wurde als zu unbestimmt und den Gesetzen fremd betrachtet. Statt dessen sollten die Vergünstigungen nicht ausschließlich einer politischen Gruppe, sondern allen zukommen, welche die beschriebenen Merkmale erfüllten. Als Reaktion auf den übermittelten Entwurf kam aus Bayern die Antwort, daß dort Klagen über eine unangemessene Behandlung politischer Gefangener nicht geäußert worden seien und auch sonst kein Bedürfnis dafür zu erkennen sei, die bestehenden Vorschriften zu ändern oder zu ergänzen.[1019] Die Bayerische Staatsregierung sei aber gleichwohl bereit mitzuwirken, damit im Reich gewisse Anforderungen an den Strafvollzug erfüllt würden. Die vorgeschlagenen Änderungen betrachtete man aber als zu weitgehend. Statt der Gewährung eines förmlichen Rechts sollte die Gewährung von Vergünstigungen in das Ermessen der Anstaltsleitung und Aufsichtsbehörden gestellt werden. Weiter wurde hervorgehoben, daß einem Gefangenen, der schon einmal eine Zuchthausstrafe verbüßt hätte, die Vergünstigung der Selbstbeschäftigung nicht gewährt werden könnte.[1020]

(4) Der Vorentwurf zu einem deutschen Strafgesetzbuch (1909)

Wesen der Haftstrafe war nach § 20 Absatz 1 die Entziehung der Freiheit mit Beaufsichtigung der Beschäftigung und Lebensweise. Es war den Haftgefangenen gestattet, sich mit angemessener Arbeit zu beschäftigen (§ 20 Abs. 2, Satz 2). Soweit dies nicht geschah, waren sie zur Leistung der ihnen zugewiesenen Arbeiten, die ihrem Beruf oder ihrer Lebensstellung entsprechen mußten, verpflichtet. Es war von ihnen jedoch eine geringere Arbeitsleistung zu fordern als von Gefängnisgefangenen. Wie der § 16 Absatz 3 des Reichsstrafgesetzbuches sah auch der Vorentwurf vor, daß Haftgefangene mit nützlicher Arbeit zu beschäftigen waren. Hierbei stand in erster Linie die Selbstbeschäftigung im Vordergrund. Die Zulassung zur Beschäftigung mit „angemessener“ Arbeit sollte zum Ausdruck bringen, daß die Selbstbeschäftigung nur mit Rücksicht auf Strafort und Strafzweck sowie der Ordnung innerhalb der Anstalt erfolgen konnte.[1021]

1019 So das Antwortschreiben an den Reichskanzler Fürsten von Bülow aus dem Königl. Bay. Staatsministerium des Königl. Hauses und des Äußern vom 10. März 1908; BayHStA, MJu 13143.

1020 Ob es zu einer Ergänzung der Grundsätze kam, ging aus den Akten des BayHStA nicht hervor.

1021 Vgl. VE, Begründung, Allgemeiner Teil, S. 67.

(5) Der Gegenentwurf zum Vorentwurf eines deutschen Strafgesetzbuches (1911)

Auch nach dem Gegenentwurf war es den Haftgefangenen gestattet, sich mit angemessener Arbeit zu beschäftigen (§ 46 Absatz 2). Soweit dies nicht geschah, waren sie zu Arbeiten, die ihrem Bildungsgrad und ihren Berufsverhältnissen entsprechen mußten, anzuhalten. Es war aber von ihnen eine geringere Arbeitsleistung zu fordern als von Gefängnisgefangenen. Zu Hausarbeiten waren Haftgefangene nicht verpflichtet, wenn sie solche Arbeiten in der Freiheit nicht zu verrichten gewohnt waren. Für den Ertrag der Selbstbeschäftigung galt, daß dieser dem Gefangenen verblieb, es konnte ihm jedoch der Abzug einer an die Staatskasse zu zahlenden Entschädigung auferlegt werden (§ 47 Absatz 4). Im Unterschied zu der Begründung des Vorentwurfes[1022] hielt es der Gegenentwurf für selbstverständlich, daß die Gefängnisverwaltung nicht in der Lage war, den Gefängnisgefangenen Selbstbeschäftigung zu gestatten, da damit der Unterschied zwischen Gefängnis und Haft völlig verwischt würde.[1023]

(6) Die Vorschläge des Vereins deutscher Strafanstaltsbeamter von 1911

Die Vorschläge der Strafanstaltsbeamten von 1911 sahen für Gefängnisgefangene vor, daß ihnen widerruflich gestattet werden konnte, sich selbst Arbeit zu beschaffen (§ 34 Abs. 3). Haftgefangene durften sich selbst mit Arbeiten beschäftigen, die mit der Anstaltsordnung verträglich waren (§ 35 Abs. 2). Abhängig gemacht werden konnte die Selbstbeschäftigung von der Zahlung einer Entschädigung (§ 36 Satz 1), wobei über die Grundsätze für die Bemessung der Entschädigung der Bundesrat entscheiden sollte.

(7) Die Vorschläge des Vereins deutscher Strafanstaltsbeamter von 1913

Ausnahmsweise konnte den Gefängnisgefangenen widerruflich gestattet werden, sich selbst Arbeiten zu beschaffen, die mit der Ordnung in der Anstalt verträglich waren (§ 27 Absatz 2). Die Haftgefangenen durften sich mit Arbeiten, die mit der Ordnung in der Anstalt verträglich waren, selbst beschäftigen. Sie erhielten, soweit dies nicht geschah, Arbeiten zugewiesen, die ihren Lebensverhältnissen tunlichst entsprachen, und waren zur Leistung dieser Arbeiten verpflichtet (§ 27 Absatz 3). Die Einschließungsgefangenen waren verpflichtet, sich mit Arbeiten, die mit der Ordnung in der Anstalt verträglich waren, selbst zu beschäftigen und waren, soweit dies nicht geschah, zu solchen Arbeiten angehalten (§ 27 Absatz 4). In den Fällen des § 27 Absatz 2 und 3 konnte die Selbstbeschäftigung von der Zahlung einer Entschädigung abhängig gemacht werden. Während der Ertrag der den Gefangenen zugewiesenen Arbeit in die Staatskasse floß, verblieb der Ertrag der Selbstbeschäftigung im Sinne des § 27, Absatz 2-5 den Gefangenen (§ 30 Absatz 1).

1022 Vgl. VE, Begründung, Allgemeiner Teil, S. 66.
1023 Vgl. GE, Begründung, Allgemeiner Teil, S. 79.

(8) Der Entwurf der Strafrechtskommission von 1913 und der überarbeitete Entwurf von 1919

Nach dem Entwurf der Strafrechtskommission von 1913 waren die Einschließungsgefangenen verpflichtet, sich mit angemessenen Arbeiten selbst zu beschäftigen. Soweit dies nicht geschah, waren sie zu angemessener Arbeit anzuhalten (§ 56 Abs. 2). Die Einschließung trat im Entwurf von 1913 als custodia honesta an die Stelle der Festungshaft und bildete in erster Linie als Strafe für politische Verfehlungen.[1024] Die Fassung des § 56 des Entwurfs von 1913 entsprach weitgehend dem § 47 des Entwurfs von 1919. Für Haftgefangene galt, daß sie sich mit angemessenen Arbeiten selbst beschäftigen durften (§ 58 Absatz 2, Satz 1). Soweit sie dies nicht taten, wurde ihnen Arbeit zugewiesen. Diese sollte tunlichst ihren Fähigkeiten und Berufsverhältnissen entsprechen. Die Gefangenen waren zur Leistung der Arbeit verpflichtet; doch wurde von ihnen ein geringeres Maß an Arbeit verlangt als von Gefängnisgefangenen. Damit entsprach der Entwurf von 1913 weitgehend dem § 48 des Entwurfs von 1919.

(9) Die Grundsätze für den Vollzug von Freiheitsstrafen (1923) und deren Umsetzung in Preußen, Hamburg und Bayern

Am Ende der Vorschriften über die Arbeit enthielten die Grundsätze von 1923 Bestimmungen für die Selbstbeschäftigung. So regelte § 83 Absatz 1, daß Gefangene, die sich selbst beschäftigten, nur Arbeiten verrichten dürften, die mit der Ordnung und Sicherheit vereinbar waren. Die Berufung auf Ordnung und Sicherheit wurde auch in die Dienst- und Vollzugsordnungen der Länder übernommen (vgl. § 107 Absatz 1 preußische DVO, § 302 hamburgische DVO, § 87 Absatz 1, Satz 1 bayerische DVO). Der § 83 Absatz 2, Satz 2 der Grundsätze wies darauf hin, daß die Selbstbeschäftigung von der Zahlung einer Entschädigung abhängig gemacht werden konnte. Diese Möglichkeit setzte Bayern um, indem es in § 87 Absatz 2, Satz 1 seiner DVO folgendes festlegte: „Gefangene, für die Arbeitszwang besteht, haben an die Anstaltskasse eine Entschädigung zu leisten, deren Höhe von der Oberaufsichtsbehörde festgesetzt wird“. Eine ähnliche Regelung enthielt § 107 Absatz 2 der preußischen DVO sowie § 301 Absatz 2 der DVO Hamburgs. Für die einfache Haft gab es in Preußen und Hamburg Bestimmungen, die festlegten, daß die Selbstbeschäftigung nicht von der Zahlung einer Entschädigung abhängig gemacht werden durfte (§ 157 Absatz 3 DVO Preußen, § 565 Absatz 2 DVO Hamburg).

(10) Ausblick auf die Entwürfe zu einem Strafvollzugsgesetz von 1927

Selbstbeschäftigung war nach den Entwürfen von 1927 während der Arbeitszeit den Zuchthaus- und Gefängnisgefangenen gestattet (§ 79 RR-Vorlage, § 87 RT-Vorlage). Daneben war sie zugelassen für die in Arbeitshäusern Untergebrachten (§ 282 der RR-

1024 Denkschrift zu dem Entwurf von 1919, S. 55.

Vorlage), den in Sicherungsverwahrung Untergebrachten konnte sie gestattet werden (RR-Vorlage: § 287). Auf Antrag war die Selbstbeschäftigung den Insassen der Trinkerheilanstalten zu erlauben (§ 277 der RR-Vorlage), Einschließungsgefangene (§ 177 der RR-Vorlage) und Haftgefangene (§ 191 der RR-Vorlage) durften sich selbst beschäftigen. Machten sie von dieser Möglichkeit keinen Gebrauch, mußte ihnen Arbeit zugewiesen werden. Selbstbeschäftigung war nur bei mit Sicherheit und Ordnung zu vereinbarenden Arbeiten gestattet (§ 89 Abs. 1 RR-Vorlage, § 96 Abs. 1 RT-Vorlage), wobei die Gestattung von der Zahlung einer Entschädigung abhängig gemacht werden konnte (§ 89 Abs. 2 RR-Vorlage, § 96 Abs. 2 RT-Vorlage).

2. Die Disziplinarstrafen

In der geschichtlichen Entwicklung des Strafvollzugs und der Strafvollzugsgesetzgebung bildeten die Disziplinarmaßnahmen wiederholt einen Streitpunkt; dabei ging es vor allem um Strafen wie die Fesselung oder körperliche Züchtigung.

a. Der Entwurf eines Gesetzes über die Vollstreckung von Freiheitsstrafen (1879/1880)

Ausgangspunkt der in dem Entwurf von 1879 getroffenen Regelung über die Disziplinarstrafen war eine Zusammenstellung der in den Strafanstalten der Staaten des deutschen Reiches und verschiedener außerdeutscher Staaten zur Anwendung kommenden Disziplinarstrafen vom Juli 1878.[1025]

Unter den in § 38 des Entwurfs von 1879 als zulässig genannten Disziplinarstrafen wurden unter anderem aufgeführt: die Schmälerung der Kost bis zur Dauer von einer Woche (Nr. 6), die einsame Einsperrung bis zur Dauer von vier Wochen (Nr. 8), die unter anderem durch Verdunkelung der Zelle geschärft werden konnte, die Fesselung bis zur Dauer von vier Wochen (Nr. 9) und die körperliche Züchtigung von männlichen Zuchthausgefangenen, welche sich nicht im Besitz der bürgerlichen Ehrenrechte befanden (Nr. 10). Die Disziplinarstrafen verhängte der Vorstand nach Anhörung des Sträflings (§ 40 Abs. 1). Vor Anwendung der Disziplinarstrafen der Nummern 6-10 mußte der Arzt und im Fall der körperlichen Züchtigung außerdem der Aufsichtsrat oder die Beamtenkonferenz gehört werden (§ 40 Abs. 2).

Gegen die Zulassung der körperlichen Züchtigung hatte sich die Versammlung der deutschen Strafanstaltsbeamten in Stuttgart 1877 mit 47 zu 42 Stimmen ausgesprochen. Von den Sachverständigen hatten sich Ekert, Streng und Krohne stets gegen die körperliche Züchtigung geäußert.[1026] Andere glaubten aber, für einige preußische Pro-

1025 BA, R 3001, Nr. 5652.
1026 Tauffer, GS 31 (1879), 161 (212 f.).

vinzen die Züchtigung nicht entbehren zu können.[1027] Die in dem Entwurf von 1879 schließlich zugelassene körperliche Züchtigung gegen männliche Zuchthaussträflinge ging auf eine Anregung des Reichskanzlers von Bismarck zurück.[1028] Nachdem ihm der Entwurf vorgestellt worden war, wandte er sich gegen die geplante Nichtbeachtung der körperlichen Züchtigung.[1029] Dabei schlug er vor, daß wie beim Militär eine zweite Klasse von Gefangenen geschaffen werde, in welche Sträflinge bei schlechter Führung zu versetzen seien und in welcher dann bei wiederholten Verstößen gegen die Disziplin die körperliche Züchtigung vorzunehmen sei. Darüber hinaus war von Bismarck der Ansicht, daß die körperliche Züchtigung auch bei tätlichem Widerstand gegen Strafanstaltsbeamte erfolgen müßte. In den Motiven zu dem Entwurf von 1879 hieß es zur körperlichen Züchtigung: „Bei einzelnen Sträflingen zeige sich ein Hang zu Ausschreitungen und zu Widerspenstigkeit, der unter allen Umständen gebrochen werden müsse.“[1030] Die Motive argumentierten auch mit der Gesundheit der Gefangenen. So könne zwar in langandauernder Verdunkelung der Zelle mit Kostminderung auch ein ausreichendes Mittel liegen, es lasse sich jedoch in manchen Fällen nicht mit Sicherheit ermitteln, ob diese Form der Disziplinarstrafe nicht mit bleibenden Nachteilen für den körperlichen und geistigen Zustand des Gefangenen verbunden sei. In solchen Fällen sei es „nicht nur irrationell, sondern auch inhuman, an Stelle des sicher und schnell wirkenden und unschädlichen Mittels der Züchtigung das langsam wirkende, gefährliche, möglicherweise sogar nachtheilige Mittel zweifelhaften Erfolges zu wählen“.[1031] Aus diesem Grund sei die körperliche Züchtigung als Disziplinarstrafe beibehalten worden. Die Lattenstrafe[1032] war dagegen verworfen worden, weil sie leicht zu gesundheitlichen Schäden führte.[1033]

Die Aufnahme der körperlichen Züchtigung in den Entwurf von 1879 rief Kritik hervor. Durch starke Prügelung könne man zwar den physischen Widerstand momentan brechen, die geistige Opposition werde dadurch aber nicht unterbunden. Hierzu gehöre eine geistige Überwindung und darum paßten die Peitsche und der Stock nicht in den Rahmen der Disziplinarmittel einer modernen Strafanstalt.[1034] Im Ausschuß für Justizwesen zeigten sich über die körperliche Züchtigung in § 38 Nr. 10 des Entwurfs ver-

---

1027 Von Holtzendorff/von Jagemann-von Jagemann in: Hdb. des Gefängnisswesens, Band 1, S. 153, Fn. 5.

1028 Vgl. die Notiz in BA, R 3001, Nr. 5597, Bl. 54.

1029 BA, R 3001, Nr. 5596, Bl. 40.

1030 Bundesrats-Drucksachen, 1879, Bd. 2, Nr. 56, S. 57; vgl. auch Tauffer, GS 31 (1879), 161 (213).

1031 Bundesrats-Drucksachen, 1879, Bd. 2, Nr. 56, S. 58.

1032 Dabei wurde der Verurteilte in einem Anzug aus Leinen, an den Füßen nur mit Strümpfen bekleidet, in ein Arrestlokal gebracht, dessen Fußboden mit dreikantigen Latten, die Spitze nach oben gekehrt, belegt war; so Aschrott, ZStW 18 (1898), 384 (397). Der Gefangene konnte also weder stehen noch liegen, ohne mit dem Körper die scharfen Kanten der Latten zu berühren; so Andrae, GS 80 (1913), 407 (411).

1033 Bundesrats-Drucksachen, 1879, Bd. 2, Nr. 56, S. 57.

1034 Tauffer, GS 31 (1879), 161 (214).

schiedene Ansichten. So wurde von einer Seite beantragt, diese Strafart zu streichen.[1035] Dabei wurde unter anderem darauf hingewiesen, daß eine solche Strafe für Gefängnisbeamte, die ihre Aufgabe verstünden, entbehrlich sei. Die körperliche Züchtigung sei in Bayern und Württemberg seit mehr als einem Jahrzehnt abgeschafft. Hinzu komme, daß die Schädlichkeit der Züchtigung für den Gefangenen auch von einem Arzt nicht mit absoluter Sicherheit in allen Fällen beantwortet werden könne.[1036] Dagegen wurde etwa von Sachsen die Ausdehnung der Strafart der körperlichen Züchtigung auf erwachsene männliche Sträflinge aller Art angestrebt. Bei der Frage nach der Wahl der richtigen Disziplinarstrafe komme lediglich das die Ordnung und Disziplin der Strafanstalt verletzende Verhalten eines Sträflings und die Schwere dieser Ordnungsverletzung in Betracht.[1037] Der Bevollmächtigte für Sachsen verlangte, die körperliche Züchtigung auf gewisse Fälle besonderer Renitenz zu beschränken.[1038] Die Abstimmung im Justizausschuß ergab, daß an der Fassung des Entwurfs festgehalten wurde.[1039]

Weitere Disziplinarmittel als die in § 38 Nr. 10 aufgeführten enthielt der Entwurf zur augenblicklichen Bewältigung tätlichen Widerstandes und gegen Tobende. In diesen Fällen waren nach § 39 des Entwurfs Zwangsstuhl und Zwangsjacke zugelassen. Hinsichtlich der Vorschrift des § 39 war sich der Justizausschuß einig, daß die Anwendung des Zwangsstuhls gestrichen werden müßte, da deren Zweck auch durch die Zwangsjacke oder durch Fesselung erreicht werden könnte.[1040] In dem § 39 war keine Bestimmung vorgesehen, die auf eine Abstufung in der Form verwies, daß Zwangsstuhl und Zwangsjacke nur bei Fehlschlagen anderer Mittel eingesetzt werden dürften.

Gegen die Art der Strafvollstreckung und über die Verhängung der Disziplinarstrafen sollte der Weg der Beschwerde und bei Vorliegen der Voraussetzungen auch der weiteren Beschwerde offenstehen. Beschwerden waren von der Aufsichtsbehörde zu entscheiden und hatten keine aufschiebende Wirkung (§ 41).

b. Die Grundsätze von 1897 und die Regelungen in Preußen, Hamburg und Bayern

Die Disziplinarmittel der Grundsätze von 1897 erfuhren ihre Regelung in § 34 Absatz 1 ebenfalls in der Form, daß die zulässigen Mittel nacheinander aufgeführt wurden. Für die Entziehung der Bücher und Schriften (Nr. 3) war im Vergleich zu 1879 die Höchstdauer von drei Monaten auf vier Wochen herabgesetzt worden. Nach dem Vorbild Preußens war als weiteres Disziplinarmittel die Entziehung der Bewegung im

1035 Vgl. Bundesrats-Drucksachen, 1879/80, No. 5, S. 15.
1036 Vgl. Bundesrats-Drucksachen, 1879/80, No. 5, S. 15.
1037 Vgl. Bundesrats-Drucksachen, 1879/80, No. 5, S. 15.
1038 Vgl. Bundesrats-Drucksachen, 1879/80, No. 5, S. 16.
1039 Bundesrats-Drucksachen, 1879/80, No. 5, S. 16.
1040 Bundesrats-Drucksachen, 1879/80, No. 5, S. 16 f.

Freien bis zur Dauer von einer Woche (Nr. 5) aufgenommen worden. Einsame Einsperrung war bis zur Dauer von sechs Wochen zulässig (Nr. 9), während sie nach dem Preußischen Gefängnisreglement von 1881 nur bis zu einem Monat möglich war. Mit Ausnahme der Verschärfung durch Verdunkelung der Zelle, welche auf nicht länger als vier Wochen verhängt werden durfte, konnten alle anderen Verschärfungen auf die ganze Dauer der Arrestzeit verhängt werden.

Gegen die in der Vorlage von 1896 nach Nr. 8 zulässige Fesselung bis zur Dauer von vier Wochen wandte sich Bayern mit dem Antrag, die Nr. 8 zu streichen.[1041] Diesem Antrag trat Baden bei, er wurde aber schließlich gegen die Stimmen Bayerns und Badens abgelehnt. Der bayerische Vertreter erklärte daraufhin, daß sich die bayerische Regierung auch dann nicht dazu verpflichtet fühle, von dem Strafmittel der Fesselung in den Gefängnissen und Strafanstalten Gebrauch zu machen, wenn dieses Disziplinarmittel zugelassen und damit die landesrechtliche Vorschrift, nach welcher die Fesselung unzulässig war, aufgehoben werde.
In Nr. 10 erklärte die Vorlage von 1896 die körperliche Züchtigung für zulässig, in den Grundsätzen selbst war sie dagegen nicht mehr vorgesehen. Dafür war der neue letzte Absatz aufgenommen worden, in dem es hieß, daß diejenigen Disziplinarmittel, die gegen Zuchthausgefangene zur Zeit eingeführt waren und nicht unter Absatz 1 fielen, weiterhin in den bisherigen Grenzen Anwendung finden konnten. Der Ausschuß für Justizwesen verhandelte über den § 34 in seiner Sitzung vom 30. Oktober 1896.[1042] In dem Bericht des Ausschusses für Justizwesen wurde zu dem letzten Absatz des § 34 vorgebracht: „Während die Vorlage von der einen Seite um deswillen beanstandet wurde, weil sie den Gebrauch des Disziplinarmittels der körperlichen Züchtigung durch die Beschränkung auf Zuchthaussträflinge und darunter auf solche, denen die bürgerlichen Ehrenrechte aberkannt sind, zu sehr einenge, wurde von der anderen Seite die körperliche Züchtigung als überhaupt und überall entbehrlich bezeichnet und deshalb ihre Streichung aus der Zahl der zulässigen Disziplinarstrafen befürwortet. Der Ausschuß ist weder der einen, noch der anderen Meinung beigetreten, hat vielmehr mit besonderer Rücksicht darauf, daß von einigen Staaten, und darunter den größeren, die körperliche Züchtigung innerhalb der Grenzen der Vorlage als ein in ihren Anstalten zur Zeit noch nicht zu missendes Strafmittel der Disziplin erklärt ward, beschlossen, unter Beseitigung der Nr. 10 des Abs. 1 dem Entwurf einen Zusatz zu geben, der neben der körperlichen Züchtigung auch andere gegen Zuchthaussträflinge anwendbare Disziplinarstrafen deckt, auf deren Beibehaltung von der einen oder anderen Bundesregierung Werth gelegt werden mag.“[1043] Dies hatte zur Folge, daß gegen Zuchthaussträflinge die zur dieser Zeit innerhalb der einzelnen Staaten geltenden Disziplinar-

---

1041 Vgl. dazu den Bericht des bayerischen Vertreters von Heller vom 31.10.1896 in BayHStA, MJu 13142.

1042 Vgl. dazu den Bericht des bayerischen Vertreters von Heller vom 31.10.1896 in BayHStA, MJu 13142.

1043 Bundesrats-Drucksachen, 1897, Band I, Nr. 95, S. 10.

mittel weiterhin anwendbar waren, d.h. körperliche Züchtigung und Lattenstrafe[1044] weiter Bestand hatten.

Die Befugnis zur Verhängung der Disziplinarstrafen hatten der Vorstand oder die Aufsichtsbehörde nach Anhörung des Gefangenen (§ 35 Abs. 1). Außerdem erschien es bei Strafen des § 34 Abs. 1 Nr. 5-9 notwendig, dem Arzt rechtzeitige Mitteilung zu machen, um ihm die Geltendmachung von Bedenken beim Vorstand zu ermöglichen (§ 35 Abs. 2). Daß diese Mitteilung vor der Vollstreckung der Strafe geschehen sollte, war allerdings im Gegensatz zu § 40 Abs. 2 des Entwurfs von 1879 nicht gesagt und ebensowenig war Vorsorge dafür getroffen, daß der Arzt während der Dauer der Disziplinarstrafe den Gefangenen beobachtete.[1045]

Zwangsjacke oder Fesselung waren in den Grundsätzen zur augenblicklichen Bewältigung tätlichen Widerstandes sowie zur Sicherung gegenüber Zuchthaus-, Gefängnis- und Haftsträflingen zugelassen. Nach der Vorlage von 1896 (§ 36) sollten Zwangsjacke und Fesselung wie auch in § 39 des Entwurfs von 1879 neben sonstigen geeigneten Mitteln zur Anwendung kommen können, während die Grundsätze vorsahen, daß Zwangsjacke oder Fesselung nur möglich waren, sofern andere Mittel nicht ausreichten.

Disziplinarstrafen als Reaktion auf Fehlverhalten der Gefangenen waren auch in Preußen, Hamburg und Bayern festgeschrieben.

In *Preußen* waren als zulässige Disziplinarmittel z.B. der Verweis, die Entziehung hausordnungsmäßiger Vergünstigungen, die Entziehung der Bewegung im Freien bis zur Dauer einer Woche, die Kostschmälerung bis zur Dauer einer Woche oder die einsame Einsperrung vorgesehen (§ 58 Abs. 1 GO, § 169 Abs. 1 DO), wobei letztere in den Anstalten der Justizverwaltung auch noch durch Entziehung des Bettlagers, Schmälerung der Kost, Verdunkelung der Zelle, etc. geschärft werden konnte (§ 58 Abs. 2 GO). Das Innenministerium unterschied bei der einsamen Einsperrung, den einfachen Arrest, den Mittelarrest und den strengen Arrest; für jede Form des Arrestes war die Ausgestaltung genau vorgegeben (§ 169 Abs. 1, Nr. 9 a-c DO). Abweichend zur Gefängnisordnung enthielt die Dienstordnung die Möglichkeit zur körperlichen Züchtigung männlicher Zuchthausgefangener, die sich tätlich an einem Beamten, einem Arbeitsunternehmer oder deren Bediensteten vergriffen hatten (§ 169 Abs. 1, Nr. 10 DO). Die Züchtigung erfolgte mit bis zu dreißig Hieben. Genau festgeschrieben war

1044 Zu jener Zeit galt diese noch in Mecklenburg, Preußen und Sachsen.
1045 Vgl. Aschrott, ZStW 18 (1898), 384 (396 f.).

die Art der Durchführung.[1046] Die Züchtigung durfte nur dann sofort vollstreckt werden, wenn die Mehrheit der Beamtenkonferenz sich damit einverstanden erklärte und der Arzt eine dauerhafte Schädigung der Gesundheit des Gefangenen ausschloß (§ 170 Abs. 2, Satz 1 DO). Während die Fesselung ein nach § 34 Nr. 8 der Grundsätze des Bundesrats zulässiges Disziplinarmittel darstellte, wurde es in die Gefängnisordnung der preußischen Justizverwaltung nicht aufgenommen (§§ 58, 59 GO). Für die innere Verwaltung war dagegen nach § 169 Nr. 8 DO die Fesselung bis zur Dauer von vier Wochen zulässig, jedoch nicht gegen Gefangene in einfacher Haft (§ 68 Abs. 5 DO). Als Sicherungsmittel war die Fesselung sowohl in den Anstalten der inneren als auch der Justizverwaltung möglich (§ 175 DO, § 48 GO). Während in der GO Vorschriften über die Art des Fesselns fehlten, bestimmte § 169 Nr. 8 der DO in welcher Form die Fesselung erfolgen konnte.[1047] Bei der Verhängung der schwerwiegenderen Disziplinarmittel war dem Arzt rechtzeitig Mitteilung zu machen (§ 59 Abs. 3 GO, § 170 Abs. 3 DO). Dem Gefangenen stand gegen die Strafverfügung das Recht der Beschwerde zu (§ 59 Abs. 5 GO, § 176 Abs. 1 DO).

In der *Hausordnung für die Hamburgischen Strafgefängnisse* waren die Bestimmungen über die Disziplinarbestrafung der Gefangenen an den Anfang gestellt. Zunächst war bestimmt, daß die Gefangenen dem Direktor und den übrigen Beamten unbedingten Gehorsam schuldeten (§ 1). Bei Zuwiderhandlungen waren als Strafen der Verweis, die Entziehung hausordnungsmäßiger Vergünstigungen[1048], die Entziehung der Bücher und Schriften aus der Anstaltssammlung, die Entziehung der Bewegung im Freien, die Entziehung des Bettlagers, die Schmälerung der Kost, die Fesselung, bei Einzelhaft die Entziehung der Arbeit, die einsame Einsperrung sowie gegen männliche

---

1046 Danach war die körperliche Züchtigung „in der Weise zu vollziehen, daß der Gefangene mit Hemd und Drillichhose bekleidet über einen Bock gelegt und mit den Händen und Füßen derart festgeschnallt wird, daß die Haut des Gesäßes straff gespannt ist. Die Hiebe werden mit einer Lederpeitsche von 50 cm Länge und ca. 2 cm Umfang an kurzem Stiele von einem dazu bestimmten Aufseher auf das Gesäß verabreicht. Die Hiebe sind in rascher ununterbrochener Folge auszuführen; eine Verabfolgung der zuerkannten Hiebe in verschiedenen Absätzen ist nicht zulässig. Bei dem Vollzuge der körperlichen Züchtigung müssen der Vorsteher, der Sekretär, der Oberaufseher oder in ihrer Verhinderung deren Stellvertreter zugegen sein. Der Arzt kann verlangen, bei der Züchtigung zugegen zu sein; auf seine Anordnung hat die Züchtigung aufzuhören, wenn nach seinem Gutachten von der Fortsetzung eine dauernde Schädigung der Gesundheit des Gezüchteten erwartet werden muß. Andere Beamte oder Gefangene dürfen der Züchtigung nicht beiwohnen. Über den Vorgang hat der Sekretär eine Verhandlung aufzunehmen, die von den anwesenden Beamten zu unterschreiben und zu den Personalakten des Gefangenen zu bringen ist" (§ 169 Abs. 1, Nr. 10, Satz 3-9 DO).

1047 § 169 Abs. 1, Nr. 8 DO: „Fesselung bis zur Dauer von vier Wochen. Die Fesselung kann erfolgen: a) an den Händen durch einfache Handschellen an einer 50 cm langen eisernen Stange; b) an den Füßen durch Fesselung an einem Fuße oder an beiden Füßen durch Beinschellen mit Kette; c) an Händen und Füßen zugleich. Die Hände auf dem Rücken oder die Füße so eng zu fesseln, daß der Gefesselte am Hin- und Hergehen gehindert wird, ist unzulässig".

1048 Hausordnungsmäßige Vergünstigungen waren nach § 2 Absatz 5: Selbstbeschäftigung, Selbstbeköstigung, Gebrauch eigener Kleidung, Wäsche, Bettstücke, Bücher und Schriften, Besuche, Arbeitsbelohnung, namentlich zum Ankauf von Zusatznahrungsmitteln.

Zuchthausgefangene die körperliche Züchtigung möglich (§ 2 Abs. 1). Die einsame Einsperrung konnte unter anderem geschärft werden durch die Entziehung der Arbeit, die Entziehung des Bettlagers, die Schmälerung der Kost oder Verdunkelung der Zelle (§ 2 Abs. 3). Festgelegt war in der Hausordnung auch, in welcher Form die Schmälerung der Kost zu vollstrecken war; dies konnte sowohl durch Entzug der Mittagskost, der Morgen- oder Abendkost als auch der warmen Bestandteile der Morgen-, Mittag- oder Abendkost geschehen (§ 2 Abs. 6). Als Disziplinarmittel durfte gegen Gefangene in einfacher Haft die Fesselung nicht angewendet werden (§ 36 A, Nr. 8), gegen Festungsgefangene durften nur der Verweis, die Entziehung hausordnungsmäßiger Vergünstigungen, die Entziehung der Bücher und Schriften sowie die Entziehung der Bewegung im Freien zur Anwendung kommen (§ 36 B, Nr. 12). Die Verhängung der einzelnen Disziplinarstrafen stand in der Befugnis des Direktors (§ 3). Als Bändigungsmittel gegen die Gefangenen war zur augenblicklichen Überwindung tätlichen Widerstandes und zur Sicherung der Gebrauch von Fesselung oder Zwangsjacke zulässig, falls andere Mittel nicht ausreichten (§ 4).

Verstöße gegen die Hausordnung oder eine andere Vorschrift zogen für die Gefangenen nach der *Hausordnung für die bayerischen Strafanstalten von 1907* eine Disziplinarstrafe nach sich (§ 90 Abs. 1). Als Disziplinarstrafen waren unter anderem zulässig der Verweis, die Entziehung hausordnungsmäßiger Vergünstigungen, der Ausschluß von der Bewegung im Freien bis zur Dauer von einer Woche, die Entziehung des Bettlagers bis zur Dauer von einer Woche, die Fesselung bis zur Dauer von vier Wochen bei schwerem Widerstand des Gefangenen oder einer anderen gefährlichen Tätlichkeit sowie die einsame Einsperrung bis zur Dauer von sechs Wochen (§ 91 Abs. 1). Eine Schärfung der einsamen Einsperrung war unter anderem möglich durch Schmälerung der Kost und Verdunkelung der Zelle bis zur Dauer von vier Wochen (§ 91 Abs. 3, 5). In allen Strafanstalten bestand abweichend zu den Vorschriften in Preußen und Hamburg ein generelles Verbot zur körperlichen Züchtigung der Gefangenen (§ 92). Die Disziplinarstrafen wurden nach Anhörung des Gefangenen vom Vorstand verhängt und in der Regel sofort vollstreckt (§ 93 Abs. 1, 3). Bei den für die Gesundheit bedenklichen Disziplinarstrafen war dem Hausarzt rechtzeitig Mitteilung zu machen, damit dieser seine Bedenken äußern konnte; falls die Strafe keinen Aufschub duldete, mußte der Arzt nachträglich gehört werden (§ 93 Abs. 3). Bei der Verhängung der Disziplinarstrafen sollte eine angemessene Abstufung eingehalten werden; so durfte die Fesselung nur bei Gewalttätigkeit, Fluchtverdacht oder aus ähnlichen Gründen verhängt werden (§ 93 Abs. 4). Gegen die Schmälerung der Kost, die Fesselung und die einsame Einsperrung stand dem Gefangenen das Recht der Beschwerde zu, über welche die Aufsichtsbehörde zu entscheiden hatte (§ 94 Abs. 1 und 2, Satz 1). Aufschiebende Wirkung kam der Beschwerde nur dann zu, wenn der Vorstand dies verfügte (§ 94 Abs. 2, Satz 2). Die Regelung der Disziplinarstrafen in der *Hausordnung von 1910 für die Gerichtsgefängnisse* entsprach der Hausordnung von 1907 mit der Ausnahme, daß in den Gerichtsgefängnissen die Fesselung als Disziplinarmittel ausgeschlossen war (§ 62 Abs. 4, Satz 2). Als Sicherungsmaßregel ließen beide Hausordnungen die Fesselung und Zwangsjacke zu (§ 98 Abs. 1 der HausO von 1907, § 68 Abs. 4 der HausO von 1910), ferner war die Tobzelle und für die Strafanstalten auch der Anschluß an die Wand vorgesehen (§ 99 Nr. 4 der HausO von 1907). Als Disziplinarmaßnahme für die Gefangenen in Festungshaft bestand nach der Hausordnung von 1893 die Möglichkeit zur Einstellung der Bewegung im Freien bis zur Dauer von 14 Tagen, die Beschränkung der Bewegung für diese Dauer bis auf eine Stunde täglich sowie die tageweise statt monatliche Zahlung der Verpflegungsgelder (§ 21). Damit ließen die bayerischen Hausordnungen bei den Disziplinarmitteln eine deutliche Abstufung hinsichtlich der einzelnen Strafarten erkennen.

c. Der Vorentwurf zu einem deutschen Strafgesetzbuch (1909)

Über die Disziplinarstrafen enthielt der Vorentwurf ebenso wie der Entwurf der Strafrechtskommission von 1913 und der Entwurf zum Strafgesetzbuch von 1919 keine Bestimmung. Statt dessen wiesen der Vorentwurf und der Entwurf der Strafrechtskommission von 1913 eine Vorschrift über die Schärfungen von Zuchthaus- und Gefängnisstrafen durch geminderte Kost oder harte Lagerstätte auf (§ 18 des Vorentwurfes, § 54 des Entwurfs von 1913). Die Schärfungen beruhten aber auf der Tat des Gefangenen und boten nicht die Möglichkeit von Disziplinarmitteln, auf Fehlverhalten des Gefangenen zu reagieren, zumal die Schärfungen durch das erkennende Gericht im Urteil anzuordnen waren.

d. Der Gegenentwurf zum Vorentwurf eines deutschen Strafgesetzbuches (1911)

Der Gegenentwurf forderte im Gegensatz zum Vorentwurf die gesetzliche Festlegung der Disziplinarmittel. In § 51 Absatz 1 waren die zulässigen Disziplinarmittel aufgeführt. Darunter fielen unter anderem die zeitweilige Entziehung von Vergünstigungen (Nr. 3), die Entziehung der Bewegung im Freien bis zur Dauer einer Woche (Nr. 4), für Gefängnis- und Zuchthausgefangene die Zurückversetzung in eine niedrigere Strafstufe (Nr. 7) und die Einsperrung in eine dunkle Zelle bis zur Dauer von vier Wochen (Nr. 10) sowie für Zuchthausgefangene die Versetzung in eine schlechtere Disziplinarklasse (Nr. 11) und die Zurückversetzung in Einzelhaft bis zur Dauer von sechs Monaten (Nr. 12). Wesentlich war der aus § 51 hervorgehende Ausschluß der körperlichen Züchtigung und des Lattenarrestes.[1049] Als Strafe wurde zudem die Fesselung ausgeschlossen. Der Ausschluß der körperlichen Züchtigung als ultima ratio erfuhr jedoch keine allseitige Zustimmung und wurde auch im Interesse der Sicherheit der Strafvollzugsbeamten bedauert.[1050] Von den noch im Vorentwurf im § 18 vorgesehe-

1049 GE, Begründung, S. 79. Der Lattenarrest war schon in den Bundesratsgrundsätzen von 1897 nicht mehr enthalten, konnte aber in den einzelnen Bundesstaaten als bereits bestehende Strafform weiterhin angewendet werden.

1050 Vgl. von Bähr, BlGefk 45 (1911), 634 (636).

nen Strafschärfungen nahm der Gegenentwurf Abstand, er ging jedoch bei den einzelnen Disziplinarmaßnahmen über das bis dahin bestehende Maß hinaus und erweiterte etwa die mögliche Dauer der Entziehung des Bettlagers von einer auf vier Wochen. Gegen die Anwendung der in § 51 Abs. 1, Nr. 8-10 und Nr. 12 bezeichneten Disziplinarmittel gab es die Möglichkeit der Beschwerde, über die das Gericht spätestens am dritten Tag nach der Einlegung der Beschwerde zu entscheiden hatte (§ 53 Abs. 1). Damit wurde die Befugnis zur Entscheidung über Beschwerden der Gefangenen auf die gerichtliche Ebene verlagert.

Zur augenblicklichen Bewältigung von Gewalttätigkeiten sowie zur Sicherung waren Zuchthaus- und Gefängnisgefangenen gegenüber, sofern andere Mittel nicht ausreichten, Fesselung oder die Anlegung der Zwangsjacke zulässig (§ 51 Abs. 3). Damit war im Gegenentwurf wie schon in den Bundesratsgrundsätzen von 1897 Voraussetzung für diese Mittel, daß andere Mittel nicht zum Erfolg führten. Abweichend von den Grundsätzen von 1897 ließ aber der Gegenentwurf Fesselung und Zwangsjacke gegenüber Haftgefangenen nicht mehr zu.

e. Die Vorschläge des Vereins deutscher Strafanstaltsbeamter von 1911

Verstöße der Gefangenen gegen die gebotene Disziplin (§ 71) sollten die Disziplinarstrafen des § 72 Absatz 1 zur Folge haben. Darunter fielen unter anderem die Entziehung von Vergünstigungen (Nr. 2), die Entziehung des Bettlagers bis zur Dauer von einer Woche (Nr. 5), die Schmälerung der Kost bis zur Dauer einer Woche (Nr. 6) und die einsame Einsperrung bis zur Dauer von sechs Wochen (Nr. 7). Damit waren bei den zulässigen Disziplinarstrafen die körperliche Züchtigung ebenso wie die Entziehung der Bewegung im Freien und die Fesselung nicht enthalten. Die Fesselung sollte neben der Zwangsjacke nur Bändigungs- und Sicherungsmittel sein (§ 74). Die Bewegung im Freien war aufgrund seines Charakters als unentbehrliches Gegenmittel gegen die Schädigungen der Einsperrung vom Entzug ausgenommen.[1051] Die Disziplinarstrafen der Nummern 1 bis 6 konnten einzeln oder in Verbindung miteinander zur Anwendung gebracht werden. Die einsame Einsperrung konnte geschärft werden durch die Entziehung der Vergünstigungen, der Bücher und Schriften, der Arbeit, des Bettlagers, durch Schmälerung der Kost und durch Verdunkelung der Zelle (§ 71 Abs. 2).

Die Disziplinarstrafen wurden vom Vorstand oder der Aufsichtsbehörde nach Anhörung des Gefangenen verhängt (§ 73 Abs. 1). Falls es sich um Strafen des § 72 Absatz 1 Nr. 5-7 handelte, war dem Anstaltsarzt rechtzeitig Mitteilung zu machen (§ 73 Abs. 5). Gegen alle Maßnahmen des Strafvollzuges stand dem Gefangenen gemäß § 76 ein umfassendes Beschwerderecht zu; über die Beschwerde hatte, soweit nicht die Bestimmungen der StPO maßgebend waren, die Aufsichtsbehörde zu entscheiden.

1051 Klein, ZStW 33 (1912), 643 (653).

f. Die Vorschläge des Vereins deutscher Strafanstaltsbeamter von 1913

Die Vorschläge des Vereins deutscher Strafanstaltsbeamter in der überarbeiteten Fassung von 1913 enthielten einen Abschnitt „Disziplin und Ordnungsstrafen" (§§ 50-53). Als Ordnungsstrafen waren die in § 51 genannten Maßnahmen bezeichnet; darunter fielen unter anderem der Verweis (Abs. 1, a), die Entziehung von Vergünstigungen (Abs. 1, b), die Entziehung des Bettlagers bis zur Dauer von einer Woche (Abs. 1, e) die Schmälerung der Kost (Abs. 1, f), der Arrest bis zur Dauer von sechs Wochen (Abs. 1, g) sowie die Fesselung für männliche Zuchthausgefangene bis zur Dauer von zwei Wochen (Abs. 1, h). Die Strafanstaltsbeamten äußerten sich zu den in den einzelnen Bundesstaaten bestehenden Möglichkeiten der Disziplinierung von Gefangenen dahingehend, daß die Grundsätze von 1897 bezüglich der Zuchthausgefangenen die Möglichkeit geschaffen hätten, die über den Katalog hinausgehenden Strafmittel „in den bisherigen Grenzen" beizubehalten. Damit sei die körperliche Züchtigung in Preußen (innere Verwaltung), Sachsen, Mecklenburg, Oldenburg, Anhalt und Lübeck, der Lattenarrest in Sachsen und der Strafstuhl in Baden gegenüber männlichen Zuchthausgefangenen geltendes Recht geblieben.[1052] Die Kommission der deutschen Strafanstaltsbeamten war dagegen der Ansicht, daß diese Strafmittel zur Aufrechterhaltung der Ordnung in den Strafanstalten nicht erforderlich seien. In der Mehrzahl der Strafanstalten seien sie abgeschafft worden und dort zeigte sich keine geringere Disziplin als in Bundesstaaten mit derartigen Strafmitteln. Demnach wurde eine Regelung wie in den Grundsätzen von 1897 nicht in die Vorschläge der Kommission übernommen. Nur gegen Jugendliche sollten gemäß § 51 Absatz 1 d die Strafen, die in Schulen des am Strafort geltenden Rechts gegen noch schulpflichtige Jugendliche Anwendung fanden, vollstreckt werden können. Die Fesselung gegen männliche Zuchthausgefangene wurde in § 51 der Vorschläge aufgenommen, obwohl sie noch in der 1. Lesung von 1911 keine Zustimmung gefunden hatte. Sie sollte neben der Zwangsjacke auch als Sicherungsmittel gegenüber Gefängnis- und Haftgefangenen nach § 53 anwendbar sein, sofern mildere Mittel nicht ausreichten. Als Verschärfung des Arrestes kam neben Entziehung der Arbeit, des Bettlagers und der Schmälerung der Kost auch die Verdunkelung der Zelle bis zur Dauer von vier Wochen in Betracht. Für die Abschaffung des Dunkelarrestes sprachen sich sowohl Klein[1053] als auch Gennat[1054] aus, wobei Gennat die fehlende Beobachtungsmöglichkeit der Gefangenen hervorhob. Kritik erfuhr auch die nach § 51 Absatz 1 g) mit dem Arrest verbundene Entziehung der Schreib- und Besuchserlaubnis.[1055] So wurde von Gennat betont, daß dieses Strafmittel sich durch eine Ungleichheit in der Wirkung für die einzelnen Gefangenen auszeichne. Es könne einem Haftgefangenen bei einer Arrestdauer von sechs Wochen im ungünstigsten Fall dreimal das Briefeschreiben und der Besuchsempfang versagt werden, während ein

1052 Vgl. BlGefk, Sonderheft B zu Band 47 (1913), S. 64.
1053 Klein, ZStW 33 (1912), 643 (653).
1054 Gennat, BlGefk 48 (1914), 66 (96).
1055 Gennat, BlGefk 48 (1914), 66 (168).

Zuchthausgefangener möglicherweise gar nicht von dem Schreib- und Besuchsverbot betroffen werde.
Das Verfahren zur Verhängung von Ordnungsstrafen sollte sich derart gestalten, daß die Strafen vom Vorstand oder einer Aufsichtsbehörde nach Anhörung des Gefangenen verhängt wurden, bei den schwereren Strafen war auch die rechtzeitige Mitteilung an den Arzt erforderlich. Im Falle schwerer Verfehlungen am Ende der Strafzeit konnte eine Hausstrafe noch bis zu einer Woche nach Beendigung des Vollzugs durchgeführt werden (§ 52).

g. Die Grundsätze über den Vollzug von Freiheitsstrafen (1923) und deren Umsetzung in Preußen, Hamburg und Bayern

Der Entwurf von Grundsätzen über den Vollzug von Freiheitsstrafen vom 5. März 1923 traf im 7. Abschnitt (§§ 129-150) die Bestimmungen über Sicherungsmaßnahmen, Hausstrafen und das Beschwerderecht der Gefangenen. Als Hausstrafen waren in § 136 neben anderen Hausstrafen die Beschränkung der Beleuchtung in der Zelle für die Dauer von höchstens vier Wochen (Nr. 3), die Beschränkung oder Entziehung der Erlaubnis zum Aufenthalt im Freien bis zur Dauer einer Woche (Nr. 6), die Schmälerung der Kost bis zur Dauer von einer Woche (Nr. 8) und der Arrest ebenfalls bis zur Dauer vier Wochen (Nr. 9) vorgesehen. Der Arrest konnte geschärft werden durch die Entziehung der Arbeit (§ 140 Abs. 2, Nr. 1), die Entziehung des Bettlagers (§ 140 Abs. 2, Nr. 2), Schmälerung der Kost (§ 140 Abs. 2, Nr. 3) oder Entziehung der Bewegung im Freien (§ 140 Abs. 2, Nr. 4). Dabei durften gemäß § 140 Absatz 4 die unter Nr. 3 und 4 bezeichneten Schärfungen des zweiten Absatzes über die Dauer von zwei Wochen hinweg erstreckt werden. Noch vor den Verhandlungen im Rechtspflegeausschuß bat der Reichsjustizminister den Bayerischen Staatsminister der Justiz um Zustimmung zu dem Entwurf trotz Wegfalls des Dunkelarrestes.[1056] In dem Antwortschreiben Gürtners bemängelte dieser, daß gegen die Vorschläge schwerwiegende sachliche Bedenken zu erheben seien.[1057] Angesichts der schlechten Erfahrungen, die in Bayern bei der vorübergehenden Abschaffung des Dunkelarrestes gemacht worden seien, könne auf die Verschärfung des Arrestes durch Verdunkelung der Zelle nicht verzichtet werden. Ein Mittelweg sei aber möglich durch Einschränkung der bisher unbeschränkt zulässigen Anwendung der Verdunkelung. Während der Verhandlungen des Rechtspflegeausschusses vom 12. und 13. April 1923 beharrte Bayern darauf, den Dunkelarrest unter allen Umständen beizubehalten. Bei dessen Wegfall werde Bayern kaum in der Lage sein, der Vereinbarung beizutreten. Hamburg, das seit 1½ Jahren den Dunkelarrest beseitigt hatte, wies aber darauf hin, daß es sich unter keinen Umständen dazu zwingen lassen werde, den Dunkelarrest einzuführen. Der Vorsitzende erklärte, daß man eine Vorschrift schaffen könnte, die es Ländern gestatte, den Dunkelarrest beizubehalten. Es zeigte sich aber, daß die Befürworter des Dunkelarrestes diesen für

1056 Schreiben des Reichsjustizministers vom 15.3.1923, BA, R 3001, Nr. 5605.
1057 Schreiben Gürtners vom 10.4.1923, BA, R 3001, Nr. 5605.

alle Länder wollten. Schließlich wurde ein Kompromiß dahingehend gefunden, daß der vierte Absatz des § 140 gestrichen werden sollte, der die Strafschärfungen der Kostschmälerung und der Entziehung der Bewegung im Freien auf zwei Wochen beschränkte.[1058] Bei der zweiten Beratung des Rechtspflegeausschusses des Reichsrats vom 7. Juni 1923 über den Entwurf der Grundsätze setzte sich Bayern trotz des in der ersten Beratung gefundenen Kompromisses erneut nachdrücklich für die Aufrechterhaltung des Dunkelarrestes ein. Der bayerische Vertreter verlas eine Erklärung seiner Regierung für die Beibehaltung des Dunkelarrestes.[1059] Für den Fall der Ablehnung erklärte sich der bayerische Vertreter damit einverstanden, den Absatz 4 des § 140 zu streichen. Für den Fall der Ablehnung auch dieses Vorschlages erklärte Bayern, sich an den Beratungen nicht weiter beteiligen zu können. Gegen die Wiedereinführung des Dunkelarrestes sprachen sich Preußen, Sachsen, Thüringen, Hamburg, Oldenburg, Braunschweig und Anhalt aus und bildeten damit die Mehrheit. Der Kompromißvorschlag der Streichung des § 140 Absatz 4 wurde angenommen, nachdem Sachsen seinen anfänglichen Widerspruch zurückgezogen hatte.[1060]

Demzufolge enthielten auch die Grundsätze für den Vollzug von Freiheitsstrafen vom 7. Juni 1923 keine Bestimmung über die Schärfung des Arrestes durch Verdunkelung der Zelle. Es blieb bei den im Entwurf vorgesehenen Schärfungen (§ 143 Abs. 2 der Grundsätze). Bezüglich der anzuwendenden Hausstrafen enthielt § 139 der Grundsätze einen Katalog an zulässigen Strafen, der grundsätzlich mit dem Katalog des Entwurfs in § 136 übereinstimmte. Das Verfahren zur Verhängung der Hausstrafen wurde in § 144 der Grundsätze geregelt, die Strafen wurden in der Regel sofort vollzogen (§ 145 Abs. 1). Aufgrund der Bedeutung der Bewegung im Freien für die Gesundheit des Gefangenen war vor der Entziehung oder Beschränkung der Bewegung der Arzt zu hören; gleiches galt für den Vollzug anderer schwerwiegender Strafen wie Schmälerung der Kost oder Unterbringung in Arrest (§ 145 Abs. 2).

Die *Dienst- und Vollzugsordnung Bayerns* hielt sich bei den Vorschriften über die Hausstrafen an die Grundsätze von 1923, ging über deren Regelungsbereich nicht hinaus und verzichtete damit auf den Dunkelarrest. Ausdrücklich hervorgehoben wurde aber anders als in den Grundsätzen das Verbot der körperlichen Züchtigung (§ 156 Abs. 3 der DVO Bayerns). An die inhaltlichen Vorgaben der Grundsätze hielt sich weitgehend auch die *Dienst- und Vollzugsordnung Preußens* in den §§ 89-91. Anders dagegen *Hamburg*, das in den §§ 195-214 die Hausstrafen sehr umfassend regelte. Dabei war im Rahmen des Stufenstrafvollzuges als Hausstrafe die Rückversetzung in eine niedrigere Gruppe (§ 197 m) oder die Hemmung der Aufrückung in eine höhere Gruppe (§ 197 l) möglich. Stets mit der einsamen Einsperrung waren in Hamburg abweichend zu den Grundsätzen von 1923 neben der Entziehung von Arbeit, Selbstbe-

1058 Vgl. den Bericht der Hamburgischen Gesandtschaft vom 14. April 1923, StA Hamburg, Senat (111-1), Cl. I Lit. T Nr. 7 Vol. 6 Fasc. 7 Inv. 6, Nr. 15.

1059 BA, R 30001, Nr. 5606, Bl. 99 (Erklärung Bayerns).

1060 Vgl. StA Hamburg, Senat (111-1), Cl. I Lit. T No. 7 Vol. 6 Fasc. 7 Inv. 6, Nr. 25.

köstigung, Zusatznahrungsmitteln, Tabakgenuß, Büchern und Schriften, Zeitungen, Besuchen, Briefeschreiben und Briefempfangen auch die Entziehung der Beleuchtung festgelegt (§ 203 Abs. 1). Die Entziehung der Beleuchtung fand sich im Katalog des § 143 Absatz 1 der Grundsätze als regelmäßige Form des Arrestes nicht. Verschärft werden konnte die einsame Einsperrung nach der Dienst- und Vollzugsordnung Hamburgs durch Entziehung des Bettlagers und Schmälerung der Kost (§ 203 Abs. 3).

h. Ausblick auf die Entwürfe zu einem Strafvollzugsgesetz von 1927

Die Hausstrafen erhielten in den Vorlagen von 1927 einen eigenen Titel (§§ 138-150 der RR-Vorlage, §§ 145-156 der RT-Vorlage). Voraussetzung zur Festlegung einer Hausstrafe war der Verstoß gegen eine Vorschrift oder Anordnung oder eine Verfehlung gegen Sitte und Anstand. Als Hausstrafen waren unter anderem die Beschränkung oder Entziehung der Beleuchtung in der Zelle bis zur Dauer von vier Wochen, die Beschränkung oder Entziehung der Bewegung im Freien bis zur Dauer von höchstens einer Woche und der Arrest bis höchstens vier Wochen, nicht aber der Dunkelarrest vorgesehen. Für einzelne Strafen waren in den §§ 140 ff. bzw. §§ 147 ff. nähere Voraussetzungen beschrieben, für einige war auch die Zustimmung des Arztes erforderlich (§ 147 RR-Vorlage, § 154 RT-Vorlage). Genau dargelegt wurden in den Vorlagen die Strafbefugnis und das Verfahren bei der Verhängung von Hausstrafen. Über Maßnahmen des Strafvollzugs, durch welche der Gefangene betroffen war, und damit auch über die Verhängung von Hausstrafen konnte sich der Gefangene beschweren (RR-Vorlage: § 213, RT-Vorlage: § 221). Die Reichstagsvorlage ging insofern weiter, als eine nach Ablauf eines Monats nach Kenntnisnahme vom Beschwerdegrund eingereichte Beschwerde ohne sachliche Prüfung zurückgewiesen werden konnte (§ 221 Abs. 3). Über die Beschwerde hatte grundsätzlich der Vorsteher zu entscheiden, bei Zurückweisung war eine weitere Beschwerde möglich, für welche der Gefangene die Aufsichtsbehörde anrufen konnte (RR-Vorlage: § 215, RT-Vorlage: § 223).

3. Der Unterricht für Gefangene

Als Bestandteil der Erziehung, aber auch als Beitrag für das Fortkommen der Gefangenen nach der Entlassung war die Erteilung von Unterricht wesentlich.

Das Reichsstrafgesetzbuch von 1871 schwieg sich über die Unterrichtserteilung für die Gefangenen, sei es für Jugendliche oder Erwachsene, aus. Anders verhielt es sich in dem Entwurf von 1879 über die Vollstreckung von Freiheitsstrafen. Danach erhielten die Sträflinge in den Anstalten für jugendliche Personen Unterricht in denjenigen Bereichen, welche in der Volksschule gelehrt wurden. Dasselbe galt für die Sträflinge in den Zuchthäusern und Landesgefängnissen, soweit sie des Unterrichts noch bedurften (§ 34). Im Unterschied dazu war in den Grundsätzen von 1897 bestimmt, daß nur dann erwachsenen Zuchthaus- und Gefängnißsträflingen tunlichst Unterricht erteilt werden sollte, wenn sie unter dreißig Jahren waren, eine Strafe von mehr als drei Monaten verbüßten und des Unterrichts noch bedurften (§ 29 Abs. 2). In den preußischen Gefängnissen der Justiz- und inneren Verwaltung wurden jugendliche Gefangene unterrichtet (§ 83 Abs. 1 GO, § 164 Abs. 1 DO). Ob eine Schule auch in Gefängnissen für Erwachsene einzurichten war, bestimmte sich in den Gefängnissen der Justizverwaltung nach Anordnung des Justizministers (§ 83 Abs. 2 GO). Für den Fall der Einrichtung einer solchen Schule mußten an dem Unterricht alle Gefangenen bis zum Alter von 30 Jahren, die noch des Religions- und Schulunterrichts bedurften, teilnehmen (§ 83 Abs. 3 GO). Für die Strafanstalten und Gefängnisse des Innenministeriums war die Einrichtung des Unterrichts für erwachsenen Gefangene über 30 Jahren, die noch des Unterrichts bedurften, zwingend (§ 164 Abs. 2). In der Hausordnung für die Hamburgischen Strafgefängnisse von 1898 waren keine Bestimmungen über die Unterrichtung der Gefangenen enthalten. Vorschriften über den Unterricht enthielt in Bayern nur die Hausordnung für die Strafanstalten von 1907. Danach war erwachsenen Zuchthaus- und Gefängnisgefangenen unter dreißig Jahren und den Gefangenen in den Anstalten für Jugendliche Schulunterricht zu erteilen (§ 57 Abs. 1). Bei bereits vorhandenen ausreichenden Schulkenntnissen war eine Befreiung möglich, ferner konnte auch älteren Gefangenen die Teilnahme am Unterricht gestattet werden (§ 57 Abs. 3). Gegenstand des Unterrichts sollten die Inhalte des Volksschulunterrichts, der Kirchengesang und möglicherweise Zeichenunterricht sein (§ 59).

Sowohl der Vor- und der Gegenentwurf sowie die Entwürfe zum Strafgesetzbuch von 1913 und 1919 enthielten dagegen keine Regelungen über die Erteilung von Unterricht.

Umfang und Ziel des Unterrichts für Jugendliche bestimmte nach den Vorschlägen des Vereins deutscher Strafanstaltsbeamter von 1911 die Oberaufsichtsbehörde. Diese konnte in gleicher Weise festlegen, ob in den Anstalten für Erwachsene Unterricht eingerichtet werden sollte (§ 65).

Nach § 41 der Vorschläge des Vereins deutscher Strafanstaltsbeamter von 1913 war in den Anstalten und Abteilungen für Jugendliche der Schulunterricht zwingend, für Erwachsenen konnte er eingerichtet werden. Die Begründung der Vorschläge führte die Einführung des Schulunterrichts auf den Besserungszweck und die damit erforderlichen erzieherischen Aufgaben zurück.[1061] Der Schulunterricht sollte ferner ein Gegengewicht zu der Eintönigkeit der Strafe und den Gefahren der Einzelhaft bilden. Die allgemeine Fassung des § 41, welcher lediglich besagte, daß in Anstalten und Abteilungen für Jugendliche diese einen angemessenen Schulunterricht erhalten müßten und ein solcher auch für Erwachsene eingerichtet werden könnte, hatte den Zweck, die nähere Ausgestaltung dieser Regelung den Schulordnungen und Dienstanweisungen der Einzelstaaten zu überlassen.[1062]

1061 BlGefk, Sonderheft B zu Band 47 (1913), S. 57.
1062 Vgl. BlGefk, Sonderheft B zu Band 47 (1913), S. 57.

Nach § 106 der Grundsätze von 1923 war in größeren Anstalten allen Gefangenen, die eine Freiheitsstrafe von mehr als drei Monaten zu verbüßen hatten und weniger als 30 Jahre alt waren, Unterricht zu erteilen. In kleineren Anstalten konnte Unterricht nach Bedarf abgehalten werden. Im Unterricht war besonders zu berücksichtigen, daß die geistigen Fähigkeiten und die allgemeinen beruflichen Kenntnisse erweitert und gefördert sowie der Wille zu geordneter Lebensführung geweckt und gestärkt wurden. Es waren die Grundlagen der Staatsbürgerkunde sowie die wichtigsten Tagesereignisse zu besprechen. Mit diesen Bestimmungen enthielten die Grundsätze von 1923 gegenüber den vorangegangenen Entwürfen und Vorlagen recht umfassende Vorgaben über die Unterrichtung.

Den Ausführungen der Grundsätze über den Inhalt des Unterrichts entsprach § 121 Absatz 1 der bayerischen DVO wörtlich. Auf eine Differenzierung zwischen größeren und kleineren Anstalten wurde dagegen in den Dienst- und Vollzugsordnungen Preußens, Hamburgs und Bayerns verzichtet. Nach § 120 Absatz 1 der preußischen DVO sollte es Aufgabe der Anstaltsschule sein, die Gefangenen sittlich zu heben, geistig anzuregen und Lücken ihres Wissens aufzufüllen. In Absatz 3 wurde auf die Möglichkeit einer Stufen- oder Klassenbildung hingewiesen. Eine entsprechende Regelung erfolgte in § 395 der DVO Hamburgs, welcher ferner besagte, daß auf die Einrichtung besonderer Lehrgänge in solchen Fächern, die für das spätere Fortkommen des Gefangenen von Bedeutung waren, Bedacht genommen werden müsse. Nach § 106 Absatz 4 der Grundsätze von 1923 konnte der Unterricht auf die Arbeitszeit angerechnet werden. Sachsen und Hessen setzten diese Vorschrift um, nicht dagegen Thüringen, das an einer zusammenhängenden Arbeitszeit festhielt, die nur durch Mahlzeiten unterbrochen werden durfte. Dem schlossen sich Hamburg und Braunschweig an.[1063]

Nach den Vorlagen von 1927 war für Gefangene unter 30 Jahren mit einer Freiheitsstrafe von mehr als drei Monaten in größeren Anstalten Unterricht zu erteilen. In anderen Anstalten sollte dies nach Möglichkeit gelten. Ziel des Unterrichts war es, die geistigen Fähigkeiten und die allgemeinen und beruflichen Kenntnisse der Gefangenen zu erweitern und zu fordern und ihren Willen zu geordneter Lebensführung zu wecken und zu stärken. Dabei waren die Grundlagen der Staatsbürgerkunde sowie die wichtigsten Tagesereignisse zu behandeln. Der Sinn für die Einordnung des einzelnen in die Volksgemeinschaft und der Staatsgedanke waren zu fördern (RR-Vorlage: § 109, RT-Vorlage: § 116).

Die Vorschriften über die Unterrichtserteilung für Gefangene waren bis 1923 dürftig ausgestaltet. Dies mag vor dem Hintergrund der Regelung durch die Hausordnungen der einzelnen Anstalten oder der Einzelstaaten geschehen sein, doch auch hier wurde dem Unterricht keine ausreichende Bedeutung beigemessen. Mit dem Vordringen des Besserungsgedankens erhielt dann auch die weitere Bildung der Gefangenen einen höheren Stellenwert, so daß die Grundsätze von 1923 recht ausführliche Bestimmun-

---

1063 Weiß, MSchKrim 16, 166 (173).

gen enthielten. Auch wenn diese zum Teil allgemein und wenig konkret gefaßt waren, lieferten sie doch die Grundlage für eine nähere Ausgestaltung in den einzelnen Ländern und legten die Ziele der Unterrichtung fest.

4. Die Beköstigung der Gefangenen

Zur Unterscheidung der Strafarten Zuchthaus, Gefängnis und Haft bildet die Beköstigung ein geeignetes Kriterium, da die Gefangenen die ihnen zugestandene Kost mit der Kost der anderen vergleichen und eine Schmälerung in diesem Bereich oder die Gewährung von Zusatznahrungsmitteln als Bestrafung bzw. Belohnung empfinden.

a. Das Reichsstrafgesetzbuch von 1871

Das Reichsstrafgesetzbuch von 1871 traf hinsichtlich der Beköstigung der Gefangenen keine Regelung. Dies wurde von Streng gebilligt, der die Frage der Verköstigung für eine so heikle hielt, die mit der Lebensweise der Bevölkerung der verschiedenen Teile des Reiches eng zusammenhänge und so viele Rücksichten erfordere, daß sie sich zu einer gesetzlichen Regelung nicht eigne.[1064] Wegen der fehlenden Regelung im Strafgesetzbuch ergaben sich Fragen dahingehend, ob etwa die Gestattung der Selbstbeköstigung für einzelne Gefängnisgefangene mit dem Strafgesetzbuch vereinbar war.[1065] Die Gegner der Selbstbeköstigung beriefen sich auf das Strafgesetzbuch, in dem es nur eine Art der Gefängnisstrafe gebe. Durch die Gestattung der Selbstbeköstigung für einzelne Gefangene werde die Gleichmäßigkeit des Strafvollzuges aufgehoben und gegen das Gesetz eine neue Art der Gefängnisstrafe geschaffen.

b. Der Entwurf eines Gesetzes über die Vollstreckung von Freiheitsstrafen (1879/1880)

Im Blickpunkt der Vorschriften über die Beköstigung stand im Entwurf von 1879 die Gesundheit der Gefangenen. Sträflinge, für deren Gesundheit die gewöhnliche Gefangenenkost nachteilig war, hatten deshalb auf ärztliches Gutachten eine andere, ihrer Gesundheit zuträgliche Kost, zu erhalten (§ 28). Zur Beschaffung von Genußmitteln über die Anstaltskost hinaus konnte den Sträflingen die Verwendung eines Teils der Arbeitsbelohnung gestattet werden (§ 29). Zu Festungshaft oder einfacher Haft Verurteilten gewährte der Entwurf das Recht zur Selbstbeköstigung (§ 30 Satz 1).

1064 Streng, GS 27 (1875), 175 (184).
1065 Vgl. dazu GStAPK, Hauptabt. I, Rep. 84a, Nr. 11734.

c. Die Grundsätze von 1897 und die Bestimmungen in Preußen, Hamburg und Bayern

Bei den Grundsätzen von 1897 stand bei der Beköstigung neben der Gesundheit die Arbeitsfähigkeit der Gefangenen im Vordergrund. Die Kost konnte mit Rücksicht auf die von dem Gefangenen zu leistende Arbeit unterschiedlich sein, mußte im übrigen aber für alle Gefangenen gleicher Art dieselbe sein (§ 23). Eine besondere Vorschrift über die Gestattung außerordentlicher Genußmittel, wie sie im § 29 der Vorlage von 1879 enthalten war, sahen der Entwurf von 1896 und die Grundsätze von 1897 nicht vor. In der Begründung des Entwurfs hieß es dazu: „Unter Umständen kann die Gewährung solcher Genußmittel, insbesondere mit Rücksicht auf frühere Lebensgewohnheiten, zur Erhaltung der Gesundheit erforderlich sein. Insoweit ist aber dem Bedürfnisse durch die Bestimmung im § 23 Rechnung getragen.“[1066]

Selbstbeköstigung war dagegen wie im Entwurf von 1879 den zu einfacher Haftstrafe Verurteilten und Festungsgefangenen auf ihr Verlangen zu gestatten. Inwieweit Gefängnissträflingen die Selbstbeköstigung gestattet werden durfte, hatte die oberste Aufsichtsbehörde zu bestimmen (§ 24). Nach der Vorlage von 1896 war die Selbstbeköstigung für Gefängnissträflinge gänzlich ausgeschlossen. Dies erschien aufgrund der Erfahrungen in den einzelnen Ländern aber nicht notwendig, so daß diese Passage der Vorlage nicht in die Grundsätze aufgenommen wurde.[1067]

Die Einzelheiten der Beköstigung richteten sich in *Preußen* nach der Kostordnung. Sie war den Bundesratsgrundsätzen folgend so zu gestalten, daß Gesundheit und Arbeitsfähigkeit der Gefangenen erhalten blieben (§ 66 Abs. 2 GO). Die Dienstordnung schrieb vor, daß die Gefangenen mindestens zweimal am Tag, an heißen Sommertagen öfters, mit gutem, frischem Trinkwasser in ausreichender Menge versorgt werden sollten (§ 134 DO). Genau wie bei der Frage der Kleidung galt für die innere Verwaltung, daß ein vorangegangener Ehrverlust die Selbstbeköstigung ausschloß (§ 67 Abs. 9 DO). Selbstbeköstigung war darüber hinaus nur möglich, wenn der Arzt für die Gesundheit des Gefangenen eine andere Kost für erforderlich hielt, als nach dem Speiseetat zulässig war. Für die Gefängnisgefangenen der Justizverwaltung war sie nach § 98 Absatz 2 GO nur gestattet, wenn nach dem Gutachten des Gefängnisarztes die regelmäßige Gefängniskost den Gesundheitszustand der Gefangenen schädigen würde und sich nach den Einrichtungen des Gefängnisses keine genügende andere Kost beschaffen ließ. Damit stellte die Justizverwaltung anders als die Dienstordnung nicht auf den Besitz der bürgerlichen Ehrenrechte, sondern nur auf die Gesundheit des Gefangenen ab.

Über die Beköstigung der Gefangenen besagte die *Hausordnung für die Hamburgischen Strafgefängnisse von 1898*, daß Gefängnisgefangene, die sich im Besitz der bürgerlichen Ehrenrechte befanden und weder Zuchthausstrafe verbüßt hatten noch wegen

1066 Bundesrats-Drucksachen, 1896, Bd. 1, Nr. 54, S. 7.
1067 Bundesrats-Drucksachen, 1897, Bd. I, Nr. 95, S. 8.

eines in diebischer oder betrügerischer Absicht oder aus Roheit, Gewalttätigkeit oder Sittenlosigkeit verübten Verbrechens oder Vergehens verurteilt oder im Sinne des Senatsbeschlusses vom 28. Februar 1896[1068] rückfällig waren, sich selbst beköstigen durften (§ 31 Abs. 1). Selbstbeköstigung war auch den Gefangenen in einfacher Haft (§ 36 A, Nr. 2) sowie den Festungsgefangenen (§ 36 B, Nr. 2) möglich und erfolgte durch die Anstalt nach der „Bespeisungsvorschrift für Angestellte"; sie durfte die Grenzen eines mäßigen Genusses nicht überschreiten (§ 31 Abs. 2). Unzulässig war die dauernde oder zeitweilige Selbstbeköstigung neben der Anstaltsverpflegung und das Hineinbringen der Speisen von außerhalb (§ 31 Abs. 3). Bei Gefangenen mit einer Strafdauer unter einem Monat war die Selbstbeköstigung ausschließlich für die ganze Dauer der Strafe, bei einem Monat oder mehr Strafzeit nur für mindestens einen vollen Monat zulässig. Die Kosten waren im voraus zu entrichten, bei Strafzeiten von mehr als einem Monat spätestens am Ende des Monats für den darauf folgenden Monat (§ 31 Abs. 4).

Die Beköstigung für die Gefangenen in den *bayerischen Strafanstalten* sollte nach der Hausordnung von 1907 so beschaffen sein, daß die Gesundheit und die Arbeitsfähigkeit erhalten blieben, wobei das Nähere durch die für jede Anstalt zu erlassende Kostordnung zu regeln war (§ 30 Abs. 1, 2). Die Kost war entsprechend dem § 23 der Grundsätze von 1897 für alle Gefangenen gleicher Art die gleiche, konnte aber mit Rücksicht auf die Arbeitsleistung verschieden bemessen werden (§ 30 Abs. 3). Wasser war mindestens dreimal täglich frisch zu verabreichen (§ 32). Inwieweit den Gefangenen Selbstbeköstigung gestattet werden durfte, war im Einzelfall durch die Aufsichtsbehörde zu bestimmen; solche Gefangenen waren dann in Einzelhaft unterzubringen (§ 34). Grundsätzlich gleichen Inhalts wie die Hausordnung von 1907 war bezüglich der Beköstigung auch die Hausordnung von 1910. Den Gefangenen in einfacher Haft mußte aber auf ihr Verlangen Selbstbeköstigung gestattet werden (§ 81 Abs. 1, Satz 1), Gefängnisgefangenen im Besitz bürgerlicher Ehrenrechte konnte Selbstbeköstigung gestattet werden (§ 81 Abs. 1, Satz 3). Bei Mißbrauch war das Recht zur Selbstbeköstigung zu entziehen; ferner mußte sie sich innerhalb der Grenzen eines mäßigen Genusses halten (§ 81 Abs. 2, 3). Gefangene in Festungshaft hatten nach der Hausordnung von 1893 für ihre Verpflegung selbst zu sorgen (§ 10 Abs. 1), sie durfte aber die Grenzen der Einfachheit und Mäßigkeit nicht überschreiten (§ 10 Abs. 2, Satz 1).

d. Der Vorentwurf zu einem deutschen Strafgesetzbuch (1909)

Bei den Bestimmungen über die Beköstigung der Gefangenen nahm auch der Vorentwurf eine Differenzierung nach den verschiedenen Arten der Freiheitsstrafe vor. Während Zuchthausgefangene Anstaltskost erhielten (§ 15 Abs. 1, Satz 3), konnte den

---

1068 Enthalten in StA Hamburg, Gefängnisverwaltung I (242-1 I), B 88, Bl. 38-38 c. Der Senatsbeschluß von 1896 enthielt auch Bestimmungen über die Beschränkung von Zusatznahrungsmitteln (vgl. § 28 Abs. 5 der HausO).

Gefängnisgefangenen aus besonderen Gründen die Selbstbeköstigung bewilligt werden, wenn sie im Besitz der bürgerlichen Ehrenrechte waren (§ 17 Abs. 2, Satz 2). Besondere Gründe waren dann anzunehmen, wenn „der Gefangene mit Rücksicht auf seinen körperlichen Zustand oder auf seine bisherigen Lebensgewohnheiten die Anstaltskost nicht gut verträgt, so daß er in seinem Gesundheitszustande zurückgeht, ohne daß geradezu von Krankheit oder Gesundheitsgefahr die Rede ist".[1069] Lag dagegen Krankheit oder Gesundheitsgefahr vor, war jedem der betroffenen Gefangenen ohne Rücksicht auf die Art der Freiheitsstrafe Krankenkost zu verabreichen. Die Selbstbeköstigung wurde für Gefängnisgefangene als Vergünstigung und nicht als Recht ausgestaltet, um sie im Interesse von Ordnung und Disziplin in der Anstalt weitestgehend einzuschränken. Den Haftgefangenen stand die Selbstbeköstigung ohne weiteres zu (§ 20 Abs. 2, Satz 1). Sofern sie davon keinen Gebrauch machten, erhielten sie Anstaltskost.

e. Der Gegenentwurf zum Vorentwurf eines deutschen Strafgesetzbuches (1911)

Für die Beköstigung der Gefangenen galt nach § 48 Satz 1 des Gegenentwurfs, daß Zuchthausgefangene Anstaltskost erhielten. Dagegen wurden Gefängnisgefangene nur „der Regel nach" von der Anstalt beköstigt, Haftgefangene durften sich selbst beköstigen (§ 48 Satz 4). In der für Gefängnis- und Haftgefangene möglichen Selbstbeköstigung sah Krohne die Gefahr, daß damit der Unterschied zwischen Gefängnis und Haft verwischt werde.[1070]

f. Die Vorschläge des Vereins deutscher Strafanstaltsbeamter von 1911 und 1913

Auch nach den Vorschlägen des Vereins deutscher Strafanstaltsbeamter von 1911 mußte die Beköstigung den Anforderungen der Gesundheitspflege entsprechen und für alle Gefangenen gleicher Strafart gleich ausgestaltet sein (§ 49 Abs. 1), wobei Abweichungen aus Rücksicht auf die Gesundheit und Arbeitsfähigkeit möglich blieben (§ 49 Abs. 2). Während die Zuchthaus- und Gefängnisgefangenen von der Anstalt zu beköstigen waren (§ 50 Abs. 1), konnten sich die Haftgefangenen angemessen selbst beköstigen, wobei die Selbstbeköstigung die Grenzen eines mäßigen Genusses nicht überschreiten durfte. Nähere Bestimmungen über Beköstigung und Selbstbeköstigung waren durch das Landesrecht unter Berücksichtigung der konfessionellen und rituellen Verschiedenheiten bei der Beköstigung zu treffen (§ 52).

1069 VE, Begründung, Allgemeiner Teil, S. 69.

1070 Krohne, Freiheitsstrafen und Strafvollzug nach dem Vorentwurf, Mitt. der IKV, Bd. 18 (1911), S. 252.

In den überarbeiteten Vorschlägen von 1913 stellten die Strafanstaltsbeamten erneut die Erhaltung der Gesundheit und Arbeitskraft der Gefangenen in den Vordergrund. Die näheren Bestimmungen waren erneut unter Berücksichtigung der konfessionellen oder rituellen, aber auch der klimatischen und sonstigen örtlichen Verhältnisse zu treffen. Vor allem war das die Ernährung bei längeren Strafen durch Wiegen der Gefangenen bei der Aufnahme und Entlassung sowie in der Zwischenzeit zu überwachen (§ 32 Abs. 1). Für Zuchthausgefangene und grundsätzlich auch für Gefängnisgefangene gab es Anstaltskost (§ 33 Abs. 1). Die Selbstbeköstigung war für Gefängnisgefangene nach § 33 Absatz 2 der Vorschläge ausschließlich aus gesundheitlichen Gründen möglich. Einschließungsgefangene durften sich dagegen dem Absatz 3 zur Folge selbst beköstigen; das gleiche konnte auch den Haftgefangenen gestattet werden. Die Selbstbeköstigung durfte die Grenzen eines mäßigen Genusses nicht überschreiten, Branntwein war ausgeschlossen (§ 33 Absatz 4).

Die Vorschläge ließen in Grenzen die Beschaffung von besonderen Nahrungs- und Genußmitteln zu. Die grundsätzliche Haltung des Vereins deutscher Strafanstaltsbeamter zu den Zusatznahrungsmitteln war in den vorangegangenen Jahren gespalten gewesen. So hatte man in Wien die Zulassung, in Freiburg den Ausschluß von Zuchthausgefangenen, in Stuttgart[1071] den Ausschluß der Rückfälligen und in Dresden (13. bis 16. Juni 1905)[1072] nach wiederholter Abstimmung mit geringer Stimmenmehrheit die Beibehaltung beschlossen.[1073] Für die Gewährung von Nahrungs- und Genußmitteln entschied sich auch die Kommission, die in § 34 der Vorschläge festlegte, daß den Zuchthausgefangenen nach Ablauf von sechs, den Gefangenen nach Ablauf von drei Monaten und den Haft- und Einschließungsgefangenen von Beginn der Strafzeit an die Beschaffung besonderer Nahrungs- und Genußmittel mit Ausnahme von alkoholischen Getränken aus der Arbeitsbelohnung als Vergünstigung gestattet werden konnte. Haft- und Einschließungsgefangene durften dabei gemäß Absatz 2 neben der Arbeitsbelohnung auch eigenes Geld für solche Mittel verwenden. Als Argument gegen diese Regelung wies Reich auf die unschuldige Familie des Gefangenen außerhalb der Anstalt hin, die dessen Fehltritt oft mehr zu büßen habe als der Schuldige im Gefängnis.[1074] Im Gegensatz zu vielen Familien außerhalb der Anstalt hätten die Gefangenen keinen schweren Daseinskampf zu führen, ihnen über all das Gebotene hinaus noch Genüsse zu verschaffen, erscheine gegenüber den unschuldig Mitleidenden draußen fast als ein Unrecht.

1071 Die Verhandlungen in Stuttgart fanden vom 10.-15. September 1877 statt.

1072 BlGefk 40 (1906), S. 411.

1073 So Gennat, BlGefk 48 (1914), 66 (93).

1074 Reich, BlGefk 48 (1914), 186 (196).

g. Der Entwurf der Strafrechtskommission von 1913 und der überarbeitete Entwurf von 1919

Zuchthausgefangene erhielten nach dem Entwürfen von 1913 und 1919 ausschließlich Anstaltskost (§ 51, Abs. 3 E 1913; § 45 Abs. 4 E 1919). Dies war auch für die Gefängnisgefangenen vorgesehen, die sich nur mit Rücksicht auf ihre Gesundheit selbst beköstigen durften (§ 53 Abs. 2, Satz 1 und 2 E 1913; § 46 Abs. 3 E 1919). Einschließungsgefangene durften sich dagegen selbst beköstigen (§ 56 Abs. 3 E 1913; § 47 Abs. 4 E 1919), den Haftgefangenen konnte Selbstbeköstigung gewährt werden (§ 58 Abs. 3, Satz 1 E 1913; § 48 Abs. 4 E 1919).

h. Die Grundsätze für den Vollzug von Freiheitsstrafen (1923) und deren Umsetzung in Preußen, Hamburg und Bayern

Die Gefangenen erhielten nach den Grundsätzen von 1923 grundsätzlich Anstaltskost.[1075] Während nach § 57 Absatz 2, Satz 1 der Grundsätze und nach der DVO Bayerns (§ 65 Abs. 2, Satz 1) die Anstaltskost für alle Gefangenen, die Freiheitsstrafen gleicher Art zu verbüßen hatten, gleich beschaffen war, wurde in Preußen und Hamburg auf das Geschlecht der Gefangenen abgestellt, so daß für Gefangene gleichen Geschlechts auch grundsätzlich die gleiche Kost zu gewähren war (Preußen: § 97 Abs. 2, Satz 2; Hamburg: § 226 Abs. 2, Satz 1). Besondere Kost war für Gefangene bei Anordnung durch den Arzt vorgesehen.[1076] Gefangenen, die besonders schwer und lange zu arbeiten hatten, war reichlichere Kost zu gewähren.[1077] Bei der Gestaltung der Anstaltskost war nach den Dienst- und Vollzugsordnungen der Länder darauf zu achten, daß Gesundheit und Arbeitsfähigkeit der Gefangenen erhalten blieben (Preußen: § 97 Abs. 2, Satz 1; Hamburg: § 226 Abs. 1, Satz 4; Bayern: § 65 Abs. 3, Satz 1). Nach § 226 Absatz 3 der DVO Hamburgs sollten die Speisen nach Möglichkeit abwechslungsreich gestaltet sein. Während in den Grundsätzen eine Bestimmung über zu reichendes Trinkwasser fehlte, legten die Länder fest, daß den Gefangenen mindestens dreimal am Tag, an heißen Sommertagen öfter, gutes, frisches Trinkwasser in ausreichender Menge zu verabreichen war.[1078]

Preußen und Bayern beachteten auch religiöse Besonderheiten in der Verabreichung der Kost. So durften die Gefangenen jüdischen Glaubens in Preußen während des Passahfestes von Glaubensgenossen nach ihren Speisegeboten verpflegt werden (§ 97

1075 § 57 Abs. 1, Satz 1 der Grundsätze; § 97 Abs. 1 der DVO Preußens, § 225 der DVO Hamburgs und § 65 Abs. 1, Satz 1 der DVO Bayerns.

1076 § 57 Abs. 2, Satz 2 der Grundsätze, ähnlich § 97 Abs. 2, Satz 3 der DVO Preußens; § 226 Abs. 1, Satz 2 der DVO Hamburgs; § 65 Abs. 2, Satz 2 der DVO Bayerns.

1077 § 57 Abs. 2, Satz 3 der Grundsätze; § 226 Abs. 1, Satz 3 der DVO Hamburgs; § 65 Abs. 2, Satz 3 der DVO Bayerns. Die DVO Preußens enthielt keine entsprechende Vorschrift.

1078 § 97 Abs. 2 der DVO Preußens; § 226 Abs. 4 der DVO Hamburgs; § 67 Abs. 1 der DVO Bayerns beschränkte sich darauf, daß das mindestens dreimal täglich zu reichende Trinkwasser frisch sein sollte.

Abs. 3, Satz 1 der DVO). War eine erhebliche Zahl Gefangener vorhanden, konnte das Essen auch von der Anstalt selbst nach Anweisung des zuständigen Rabbiners zubereitet werden (§ 97 Abs. 3, Satz 4 der DVO). In Bayern galt für Gefangene jüdischen Glaubens, daß während des Osterfestes eine nach den Vorschriften ihrer Religion zubereitete Kost zugelassen werden durfte (§ 66 der bayerischen DVO).

Die Beschaffung von Zusatznahrungsmitteln war nach § 59 der Grundsätze nur möglich bei ausdrücklicher Zulassung durch die Dienst- und Vollzugsordnung oder die Hausordnung. Sowohl Preußen und Hamburg als auch Bayern sahen in ihren Dienst- und Vollzugsordnungen die Möglichkeit zur Gewährung von Zusatznahrungsmitteln vor.[1079]

Im Hinblick auf die Selbstbeköstigung der Gefangenen besagte § 58 der Grundsätze, daß, soweit es Gefangenen gestattet sei, sich die Kost selbst zu beschaffen, diese die Grenzen eines mäßigen Genusses nicht überschreiten dürfe. Gefangene, welche sich selbst beköstigten, mußten bei den Mahlzeiten von den übrigen Gefangenen getrennt werden (§ 58 Abs. 2). Eine klare Unterscheidung nach den verschiedenen Haftarten zeigte sich bei den Vorschriften darüber, für welche Gefangenen die Selbstbeköstigung möglich war. So galt für die Gefängnisgefangenen, daß ihnen Selbstbeköstigung aus gesundheitlichen Gründen gestattet werden konnte, wenn sich nach den Einrichtungen der Anstalt eine ausreichende andere Kost nicht beschaffen ließ (§ 163). Für die Haft wurde festgelegt, daß die Selbstbeköstigung auf Verlangen zu gestatten war (§ 188), Gefangene in Festungshaft durften sich ohne weiteres selbst beköstigen (§ 172). Machten sie davon keinen Gebrauch oder machten die örtlichen Verhältnisse die Beschaffung der Kost aus einem Speisehaus unmöglich, war eine einfache bürgerliche Kost aus der Anstaltsküche oder aus einer sonstigen Bezugsquelle zu gewähren. Diesen Bestimmungen entsprachen nahezu wörtlich die Vorschriften der bayerischen Dienst- und Vollzugsordnung. Dort regelte § 166 die Selbstbeköstigung für Gefängnisgefangene, § 172 Absatz 1 für die Gefangenen in Festungshaft und § 184 Absatz 3 für die Haftgefangenen. In Preußen und Bayern wurde zwischen der einfachen und der geschärften Haft unterschieden; für die geschärfte Haft war die Selbstbeköstigung ausgeschlossen (§ 158 Abs. 3 preußische DVO, § 572 hamburgische DVO), bei der einfachen Haft sollte die Selbstbeköstigung auf Verlangen möglich sein (§ 157 Abs. 6 preußische DVO, § 567 Satz 1 hamburgische DVO). Bei den Vorschriften über die Gefängnisgefangenen stimmten Hamburg und Preußen insofern überein, als sie die Selbstbeköstigung im Gefängnis nur gestatteten, wenn nach dem Gutachten des Anstaltsarztes die Beibehaltung der regelmäßigen Gefängniskost eine Schädigung des Gesundheitszustandes herbeiführen würde und nach den Einrichtungen der Anstalt sich eine genügende andere Kost nicht beschaffen ließ (§ 156 Abs. 2 der DVO Preußens, § 563 Abs. 2 der DVO Hamburgs). Hinsichtlich der Vorschriften über die Festungsgefangenen gingen Preußen und Hamburg inhaltlich mit den Regelungen der Grund-

---

1079 § 99 der DVO Preußens; §§ 230 ff. der DVO Hamburgs; § 68 der DVO Bayerns.

sätze und der bayerischen DVO konform, nur daß sie zusätzlich dem Vorsteher die Bestimmung des Speisewirts und des von den Gefangenen zu entrichtenden Betrags auferlegten (§ 174 der DVO Preußens, § 598 der DVO Hamburgs).

j. Ausblick auf die Vorlagen von 1927

Die grundsätzlich zu gewährende Anstaltskost war für Gefangene desselben Geschlechts und gleicher Art von Freiheitsstrafe nach Art und Maß gleich zu gestalten (RR-Vorlage: § 65, RT-Vorlage: § 73). Konfessionelle oder rituelle Vorschriften waren dabei zu berücksichtigen. Die Selbstbeköstigung durfte die Grenzen eines mäßigen Genusses nicht übersteigen (§ 66 Abs. 1 RR-Vorlage, § 74 RT-Vorlage). Einschließungsgefangene erhielten einfache bürgerliche Kost, auf Antrag war ihnen zu gestatten, sich selbst zu beköstigen (RR-Vorlage: § 176, RT-Vorlage: § 186).

5. Der Genuß von Tabak und Alkohol

Die Gewährung von Genußmitteln wie Tabak und Alkohol stellte für den überwiegenden Teil der Gefangenen eine besondere Vergünstigung dar, die ihnen das Leben in der Anstalt erträglicher gestaltete.

Das *Reichsstrafgesetzbuch* enthielt über Tabak oder Alkohol keine Regelung. Auch der *Entwurf von 1879* sprach sowohl Tabak als auch Alkohol in seinen Bestimmungen nicht direkt an, bestimmte aber in § 29, daß den Sträflingen die Verwendung eines Teils der Arbeitsbelohnung zur Beschaffung von Genußmitteln gestattet werden konnte. Welche Genußmittel darunter fielen, wurde nicht ausdrücklich festgestellt. Die Motive zu § 29 äußerten sich aber dahingehend, daß hinsichtlich einzelner Genußmittel wie Tabak und Alkohol die Hausordnungen, soweit erforderlich, „dem Ermessen des Vorstandes Schranken gegen Mißbrauch ziehen" müßten.[1080]

Der Entwurf des Reichsjustizamtes von 1896 nahm eine dem § 29 des Entwurfs von 1879 entsprechende Regelung nicht auf. Nieberding verwies darauf, daß, falls die Gewährung solcher Genußmittel mit Rücksicht auf frühere Lebensgewohnheiten und zur Erhaltung der Gesundheit erforderlich sei, der § 23 dem ausreichend Rechnung trage.[1081] Darin war geregelt, daß die Kost so gestaltet werden mußte, daß Gesundheit und Arbeitsfähigkeit erhalten blieben. Demzufolge wurde auch in die *Grundsätze von 1897* keine Bestimmung über Tabak, Alkohol oder andere Genußmittel aufgenommen.

In *Preußen* bestimmte der § 137 der Dienstordnung, daß den zu Gefängnis und Haft Verurteilten das Tabakrauchen, -schnupfen oder -kauen verboten war. Nur den außerhalb der Anstalt untergebrachten, mit Landeskulturarbeiten beschäftigten Gefangenen

---

1080 Bundesrats-Drucksachen, 1878/79, No. 56, S. 7.
1081 Bundesrats-Drucksachen, 1896, Nr. 54, S. 7.

konnte der Gebrauch von Schnupf- oder Kautabak als Belohnung für Fleiß und gute Führung genehmigt werden (§ 137 Abs. 2 DO). Für die Justizverwaltung ließ § 52 der Gefängnisordnung beim Verbot des Tabakkonsums insofern eine Erleichterung zu, als der Vorsteher aus besonderen Gründen für einzelne Gefangene eine Ausnahme gestatten konnte, was jedoch nicht die Gefangenen unter 18 Jahren betraf. Der Genuß von Branntwein war untersagt (§ 52 Abs. 1 GO). In *Hamburg* war nach der Hausordnung für die Hamburgischen Strafgefängnisse von 1898 der Genuß von Tabak in jeder Form verboten (§ 24). Als Verhaltensmaßregel für die *bayerischen Strafanstalten* wurde in der Hausordnung von 1907 unter anderem das Verbot des Rauchens, Schnupfens oder Kauens von Tabak festgelegt (§ 83 Abs. 25). Bezüglich alkoholischer Getränke waren in Bayern keine so strengen Verbote festgelegt wie in anderen Bundesstaaten. Als Zusatznahrungsmittel für erwachsene Gefangene, die in der Erntezeit oder bei Kulturarbeiten, bei Bauarbeiten, als Heizer oder dergleichen schwer gearbeitet hatten, durfte diesen einmal am Tag ein halber Liter Bier verabreicht werden (§ 87 Abs. 2, Satz 3). Für die Gefangenen der bayerischen Gerichtsgefängnisse wurde durch die Hausordnung von 1910 bestimmt, daß der Genuß von Branntwein und das Kauen von Tabak verboten waren, auch durften die Gefangenen in der Regel nicht rauchen oder schnupfen (§ 52 Abs. 2). Der Vorstand konnte allerdings widerruflich das Schnupfen und Gefangenen in Einzelhaft auch das Rauchen gestatten (§ 52 Abs. 3). Für Gefangene unter achtzehn Jahren war der Tabakkonsum dagegen ausgeschlossen (§ 52 Abs. 4). Für die Selbstbeköstigung galt nach § 81 Absatz 3, daß an alkoholischen Getränken nicht mehr als ein halber Liter Bier oder ein viertel Liter Wein pro Tag zugelassen werden durfte; der Genuß von Branntwein war ausgeschlossen. Die gleiche Menge an alkoholischen Getränken durfte als Zusatznahrungsmittel beschafft werden (§ 84 Abs. 3, Satz 3).

Im *Vorentwurf von 1909* fanden Tabak und Alkohol keine ausdrückliche Erwähnung. Im Rahmen der Vorschriften über die Selbstbeköstigung führten die Motive zum Vorentwurf aber aus, daß Verwaltungsvorschriften und Anstaltsaufsicht dafür sorgen müßten, daß sich die Selbstbeköstigung innerhalb der durch den Strafzweck gebotenen Grenzen hielt.[1082] Nicht erwähnt wurden Tabak- und Alkoholgenuß außerdem in dem *Gegenentwurf von 1911* sowie in den *Entwürfen zu einem Strafgesetzbuch von 1913 und 1919.*

Die *Vorschläge des Vereins deutscher Strafanstaltsbeamter von 1911* legten im Rahmen der Selbstbeköstigung fest, daß diese die Grenzen eines mäßigen Genusses nicht überschreiten dürfe. Dabei war der Genuß von Branntwein ausgeschlossen (§ 50 Absatz 6). Zuchthausgefangenen konnte nach Ablauf von sechs Monaten, Gefängnisgefangenen nach Ablauf von drei Monaten, Haftgefangenen von Beginn der Strafzeit die Anschaffung von Nahrungs- und Genußmitteln mit Ausnahme von alkoholischen Getränken aus der Arbeitsbelohnung gestattet werden (§ 70 Abs. 1). Die Selbstbeköstigung

1082 VE, Begründung, Allgemeiner Teil, S. 70.

gung durfte nach den *Vorschlägen des Vereins deutscher Strafanstaltsbeamter von 1913* die Grenzen eines mäßigen Genusses nicht überschreiten, Branntwein war wie schon nach den Vorschlägen von 1911 ausgeschlossen (§ 33 Absatz 4). Dazu wurde in der Begründung angemerkt, daß ausdrücklich nur Branntwein von der Selbstbeköstigung ausgeschlossen sei.[1083] Bier und Wein dagegen stellten ein schwer entbehrliches Volksgetränk dar und die Festlegung einer absoluten Abstinenz würde von Einschließungs- und Haftgefangenen in vielen Landesteilen als eine ganz besondere Härte empfunden werden. Damit wurde nicht der erhobenen Forderung gefolgt, alkoholische Getränke und Tabak von der Selbstbeköstigung auszunehmen.[1084] Gegen eine Gewährung des Rauchtabaks in Gefängnissen sprach sich Reich aus. Das „Tabakqualmen an sich" erschien ihm „mit dem Charakter und dem Ernst des Strafhauses nicht vereinbar".[1085] Im Gegensatz dazu war nach den Vorschlägen von 1913 Rauch-, Schnupf- und Kautabak nach Absatz 3 des § 34 nur für Jugendliche und Zuchthausgefangene, die nicht mit schwerer Außenarbeit beschäftigt waren, ausgeschlossen. Die Begründung zu § 34 der Vorschläge merkte diesbezüglich an, daß bei schweren Arbeiten im Freien für die Zuchthausgefangenen die Gewährung von Tabak- und Bierkonsum eine Stimulans für solche Arbeiten sei. Eine entsprechende Regelung gab es zu jenem Zeitpunkt schon in Bayern und Preußen.

Hinsichtlich des Tabakkonsums galt in den *Grundsätzen von 1923* in § 60 folgende Regelung: „Der Genuß von Tabak (Rauchen, Kauen und Schnupfen) kann in mäßigem Umfang während der arbeitsfreien Zeit gestattet werden, sofern hierdurch nicht die Ordnung gefährdet wird. Das Rauchen darf nicht gestattet werden, wenn nach den örtlichen Verhältnissen Feuersgefahr besteht". Diese Vorschrift wurde wörtlich in § 69 der bayerischen DVO übernommen. Eine ausführlichere Regelung enthielt § 233 der hamburgischen DVO. Danach war die Benutzung eigener kurzer Pfeifen gestattet. Das Anzünden von Pfeifen, Zigaretten und Zigarren sollte an besonders hergerichteten Zündstellen geschehen. Der Vorsteher bestimmte die Zeit und den Ort des Rauchens und regelte die Ausgabe, Abnahme und Aufbewahrung des Rauchmaterials. Am Schluß der Rauchzeit sollten vorhandene Zigaretten- oder Zigarrenreste in aufgestellten Aschenbehältern gesammelt und vernichtet werden. Zudem war für jede Anstalt eine Rauchordnung zu erlassen. In den Grundsätzen erfolgte eine Abstufung der Befugnis zum Rauchen je nach Haftart. Zuchthausgefangene durften gemäß § 159 der Grundsätze nicht rauchen, Gefängnisgefangene durften nach § 174 rauchen und sich Tabak, Zigarren und Zigaretten aus eigenen Mitteln anschaffen, den Häftlingen konnte nach § 189 der Genuß von Tabak gestattet werden. Diese Abstufungen ließen sich auch in der DVO Bayerns in den §§ 163 Absatz 6, 173, 184 Absatz 2 wiederfinden.

1083 BlGefk, Sonderheft B zu Band 47 (1913), S. 52.

1084 Vgl. Reich, BlGefk 47 (1913) 9 (27). Reich war der Ansicht, daß die Selbstbeköstigung an sich schon eine so große Vergünstigung gegenüber den anderen Gefangenen darstelle, daß die Gewährung des Genusses von Alkohol und Tabak nicht erforderlich sei. Vgl. auch Reich, BlGefk 48 (1914), 186 (194 f.).

1085 Reich, BlGefk 48 (1914), 186 (197).

Ähnliches galt für Preußen (§ 157 Abs. 5, Satz 2, § 173 Abs. 2) und Hamburg (§ 558, § 595 Satz 2), wobei in Preußen für Festungsgefangene die Regelung bestand, daß das Tabakrauchen in den gemeinsamen Aufenthaltsräumen nicht, wohl aber während der Mahlzeiten oder eine Stunde vorher gestattet war (§ 173 Abs. 2). Auch über den Alkohol enthielten die Grundsätze Bestimmungen. Nach § 61 war der Genuß geistiger Getränke verboten, in besonderen Ausnahmefällen konnte aber mäßiger Genuß von Bier und Obstmost gestattet werden. Für die Gefängnisgefangenen enthielten die Grundsätze in § 173 folgende Vorschrift: „Den Gefangenen darf gestattet werden, sich täglich einen halben Liter Bier oder Obstmost oder einen viertel Liter Wein zum alsbaldigen Genuß anzuschaffen". Preußen regelte in § 82 Abs. 2 der DVO den Verbot geistiger Getränke. Auch hier bestand aber eine Ausnahme, so daß für Festungsgefangene in § 173 Abs. 3 festgeschrieben wurde, daß jeder Gefangene täglich einen halben Liter Bier oder eine halbe Flasche Wein genießen durfte. In Hamburg waren Ausnahmen vom Alkoholverbot vor allem bei Festungsgefangenen möglich, welchen mäßiger Gebrauch von Bier und Wein gestattet werden konnte (§ 232 hamb. DVO). Konkreter wurden Ausnahmefälle in Bayern geregelt. So durfte erwachsenen Gefangenen, die bei Ernte-, Kultur- oder Bauarbeiten als Heizer oder aus ähnlichen Anlässen besonders schwer gearbeitet hatten, Bier oder Milch in der Menge von höchstens einem halben Liter pro Tag verabreicht werden (§ 67 Abs. 3 der DVO Bayerns). Für Jugendliche kam nach § 202 der Grundsätze ein Alkohol- oder Tabakgenuß nicht in Frage. Diese Regelung wurde auch in Hamburg (§ 532 Abs. 1), Bayern (§ 190) und Preußen (§ 82 Abs. 2, § 82 Abs. 3, Satz 5) übernommen.

Übereinstimmend war nach den *Entwürfen zu einem Reichsstrafgesetzbuch von 1927* der Genuß geistiger Getränke grundsätzlich verboten (§ 69 RR-Vorlage, § 77 RT-Vorlage). Der Tabakgenuß konnte dagegen, soweit nichts anderes bestimmt war, in mäßigem Umfang gestattet werden, wenn die Ordnung dadurch nicht in Gefahr war. Das Rauchen war ausgeschlossen bei Feuersgefahr (§ 68 RR-Vorlage, § 76 RT-Vorlage). Besondere Vorschriften waren dabei für Tabak- und Alkoholgenuß im Rahmen der besonderen Bestimmungen über die verschiedenen Strafarten vorhanden. Während Zuchthausgefangenen das Rauchen grundsätzlich nicht gestattet werden durfte (RR-Vorlage: § 153, RT-Vorlage: § 160), konnte den Einschließungsgefangenen gewährt werden, täglich einen Liter Bier, Obstmost oder Wein zu sich zu nehmen (§ 176 Abs. 2 RR-Vorlage, § 186 Abs. 2 RT-Vorlage), ferner durften sie sich Tabak beschaffen (§ 178 RR-Vorlage, § 188 RT-Vorlage).

In den vorstehenden Bestimmungen der verschiedenen Entwürfe und Vereinbarungen zeigt sich, daß Tabak und Alkohol als Mittel zur Belohnung bzw. der Entzug von Tabak und Alkohol als Bestrafung und zur Abstufung der einzelnen Strafarten eingesetzt wurden. Hervorzuheben sind dabei regionale Unterschiede und die Handhabe, den Genuß von Alkohol den Gefangenen mit schwerer körperlicher Arbeit als Stimulans zu gestatten.

6. Die Kleidung der Gefangenen

Die Kennzeichnung von Gefangenen bestimmter Strafarten war durch eine unterschiedliche Anstaltskleidung möglich. Darüber hinaus konnten bestimmte Gefangene durch die Befugnis zum Tragen eigener Kleider äußerlich erkennbar bevorzugt und so Abstufungen vorgenommen werden.

a. Der Entwurf eines Gesetzes über die Vollstreckung von Freiheitsstrafen (1879/1880)

Eine Regelung über die Bekleidung der Gefangenen erfolgte im Entwurf von 1879; das Reichsstrafgesetzbuch hatte darüber keine Bestimmungen enthalten. Nach dem Entwurf von 1879 hatten die Sträflinge die durch die Hausordnung festgesetzte gleichförmige Kleidung zu tragen (§ 31 Abs. 1). Gefängnissträflinge, welche im Besitz der bürgerlichen Ehrenrechte waren, konnte darüber hinaus vom Vorstand gestattet werden, sich der eigenen Kleidung und Wäsche sowie eigener Bettstücke zu bedienen (§ 31 Abs. 2). Den zur Festungshaft oder Haft Verurteilten durfte die Selbstbekleidung nur aus Rücksichten der Schicklichkeit oder Reinlichkeit versagt werden (§ 31 Abs. 3).

b. Die Grundsätze von 1897 und die Bestimmungen in Preußen, Hamburg und Bayern

Auch die Grundsätze von 1897 überließen die Bestimmung einer Anstaltskleidung der Hausordnung (§ 25). Wo Anstaltskleidung eingeführt war, mußten die Zuchthaussträflinge eine Kleidung erhalten, welche sich von der Kleidung der anderen Gefangenen unterschied. Gefangenen, welche einfache Haft verbüßten, sowie Festungsgefangenen wurde der Gebrauch eigener Kleidung und Wäsche sowie eigener Bettstücke gestattet, sofern die Sachen ausreichend, ordentlich und schicklich waren. Unter welchen Voraussetzungen Gefängnissträflingen, welche sich im Besitz der bürgerlichen Ehrenrechte befanden, der Gebrauch eigener Kleidung und Wäsche sowie eigener Bettstücke gestattet werden konnte, hatte die Hausordnung zu bestimmen. Insofern die Vorlage von 1896 jedem Gefängnissträfling, der sich im Besitz bürgerlicher Ehrenrechte befand, das Recht zugestand, sich mit eigener Kleidung zu versorgen, wurde sie als zu weitgehend betrachtet, da die Gerichte von der Ermächtigung, die bürgerlichen Ehrenrechte abzuerkennen, nur in sehr seltenen Fällen Gebrauch machten.[1086]

In Umsetzung der von den Grundsätzen geforderten Regelung durch die Hausordnung war in *Preußen* grundsätzlich das Tragen von Hauskleidung vorgesehen (§ 64 Abs. 1 GO, § 66 DO). Diejenigen Gefangenen, denen die eigenen Kleider belassen wurden, durften nach der Gefängnisordnung in der Regel nicht mehr als einen vollständigen Anzug zur Verfügung haben (§ 64 Abs. 7 GO). Für die innere Verwaltung war nach

1086 Bundesrats-Drucksachen, 1897, Band I, Nr. 95, S. 8.

§ 67 Absatz 9 der DO vorgesehen, daß der Vorsteher Gefängnissträflingen, die sich im Besitz der bürgerlichen Ehrenrechte befanden und nicht wegen einer mit Zuchthaus oder Verlust der bürgerlichen Ehrenrechte bedrohten strafbaren Handlung verurteilt waren und auch in den letzten zehn Jahren vor der Verurteilung Zuchthausstrafe, Gefängnisstrafe mit Aberkennung der bürgerlichen Ehrenrechte oder geschärfte Haft nicht verbüßt hatten, ausnahmsweise auf ihren Antrag den Gebrauch eigener Kleider gestatten konnte. Für die Justizverwaltung galt nach § 97 GO, daß den zu Gefängnisstrafe Verurteilten, gegen welche nicht gleichzeitig auf Verlust der bürgerlichen Ehrenrechte erkannt war, bei der Verbüßung der Strafe der Gebrauch eigener Kleidung gestattet werden konnte, sofern die Sachen ausreichend, ordentlich und schicklich waren. Damit galt für die Justizverwaltung gegenüber der inneren Verwaltung insofern eine mildere Bestimmung, als ein früherer Ehrverlust nicht berücksichtigt wurde. Zu einfacher Haft Verurteilte behielten ihre Kleidung, wenn sie ordentlich und schicklich war (§ 101 GO, § 68 Abs. 4 DO), während die zu geschärfter Haft Verurteilten Hauskleidung erhielten (§ 103 GO, § 68 Abs. 7 i.V.m. § 67 Abs. 8).

In *Hamburg* trugen die Gefangenen der Hausordnung für die Hamburgischen Strafgefängnisse zur Folge Anstaltskleidung, die für Zuchthausgefangene von brauner, für Gefängnisgefangene von blauer und für Haftgefangene von grauer Farbe war (§ 32 Abs. 1). Der Gebrauch eigener Kleidung konnte Gefängnisgefangenen gestattet werden, wenn diese ausreichend, ordentlich und schicklich war. Bei Strafen von längerer Dauer als zwei Wochen mußten die schon für die Selbstbeköstigung festgelegten Voraussetzungen des § 31 Absatz 1 erfüllt sein. Für den Fall, daß die Sachen ausreichend, ordentlich und schicklich waren, wurde auch den Gefangenen in einfacher Haft (§ 36 A, Nr. 3) und den Festungsgefangenen (§ 36 B, Nr. 3) der Gebrauch eigener Kleidung gestattet.

Genau beschrieben wurde die Kleidung der Gefangenen in der Hausordnung für die *bayerischen Strafanstalten* von 1907. Danach mußte die Kleidung der Zuchthausgefangenen aus grauem Stoff mit schwarzem Kragen bei den Männern und mit schwarzer Einfassung bei den Frauen gefertigt sein. Zuchthausgefangenen war das Tragen eigener Kleidung nicht gestattet (§ 28 Abs. 1). Die Kleidung für Gefängnisgefangene mußte ebenfalls aus grauem Stoff bestehen, wobei Gefängnisgefangenen im Besitz bürgerlicher Ehrenrechte der Gebrauch eigener Kleidung gestattet werden konnte (§ 28 Abs. 2). In der Regel war frische Wäsche samstags an die Gefangenen auszugeben und die gebrauchte Wäsche zurückzunehmen; beschädigte Stücke waren durch den Schuldigen zu ersetzen (§ 29). Den Gefangenen der Gerichtsgefängnisse war das Tragen eigener Kleidung nach der Hausordnung von 1910 gestattet, wenn diese ausreichend und reinlich war. Dabei sollte ein Gefangener nicht mehr als einen vollständigen Anzug zur Verfügung haben; bei fehlender ordentlicher Kleidung waren die Gefangenen mit Gefängniskleidung zu versehen (§ 77 Abs. 1). Auch die Gefangenen in Festungshaft durften nach der Hausordnung von 1893 ihre eigene Kleidung tragen; mittellosen Gefangenen wurde die Kleidung von der Anstalt gestellt (§ 11 Abs. 1).

c. Der Vorentwurf zu einem deutschen Strafgesetzbuch (1909)

Nach dem Vorentwurf von 1909 mußten Zuchthaussträflinge Anstaltskleidung tragen (§ 15 Abs. 1, Satz 2), Gefängnisgefangenen, sofern sie sich im Besitz bürgerlicher Ehrenrechte befanden, war dagegen der Gebrauch eigener Kleidung zu gestatten, wenn diese angemessen war (§ 17 Abs. 2, Satz 2). Nach der Begründung zu § 17 Absatz 2 des Vorentwurfes wurde nach den bisherigen Vorschriften die Gestattung eigener Kleidung für Gefängnisgefangene als eine Vergünstigung angesehen, die nur den nicht zum Verlust der Ehrenrechte Verurteilten gewährt werden durfte. Der Vorentwurf gewährte dagegen die eigene Kleidung als ein Recht, allerdings unter der Voraussetzung, daß der Gefangene sich im Besitze der Ehrenrechte befinde.[1087]

d. Der Gegenentwurf zum Vorentwurf eines deutschen Strafgesetzbuches (1911)

Die Zuchthausgefangenen erhielten Anstaltskleidung (§ 48 Satz 1), während den Gefängnis- und Haftgefangenen der Gebrauch eigener Kleidung und Wäsche, den Haftgefangenen auch der Gebrauch eigener Bettstücke gestattet war, sofern die Sachen „ausreichend, ordentlich und schicklich" waren (§ 48 Satz 3). Gegenüber dem Vorentwurf fand sich hier der Unterschied, daß das Tragen eigener Kleidung nicht vom Besitz bürgerlicher Ehrenrechte abhängig war.

e. Die Vorschläge des Vereins deutscher Strafanstaltsbeamter von 1911

Beköstigung, Bekleidung und Lagerung wurden in den Vorschlägen des Vereins deutscher Strafanstaltsbeamter von 1911 gemeinsam in den §§ 49 ff. geregelt. Danach mußten Beköstigung, Bekleidung und Lagerung den Anforderungen der Gesundheitspflege entsprechen und für alle Gefangenen gleicher Strafart grundsätzlich gleich gestaltet sein. Je nach Strafart erfolgte eine Abstufung dahingehend, daß Zuchthaus- und Gefängnisgefangene mit Anstaltskleidung auszustatten waren (§ 50 Abs. 1), wobei Gefängnisgefangenen mit bürgerlichen Ehrenrechten der Gebrauch angemessener eigener Kleidung gestattet werden konnte. Haftgefangene durften sich selbst angemessen kleiden (§ 50 Abs. 5). Ausnahmsweise konnte auch Zuchthausgefangenen und Gefängnisgefangenen, die nicht im Besitz der bürgerlichen Ehrenrechte waren, bei Transporten und ähnlichen Anlässen das Tragen eigener Kleidung vom Vorstand gestattet werden (§ 51). Nähere Bestimmungen über die Kleidung waren durch das Landesrecht zu treffen (§ 52).

1087 VE, Begründung, Allgemeiner Teil, S. 69; vgl. zur bisherigen Regelung den § 25 der Bundesrats-Grundsätze von 1897.

f. Die Vorschläge des Vereins deutscher Strafanstaltsbeamter von 1913

Über die Vorschläge von 1911 hinausgehend waren nach den Vorschlägen von 1913 neben der Berücksichtigung der Erhaltung der Gesundheit und Arbeitskraft bei der Bekleidung auch die konfessionellen oder rituellen, klimatischen und sonstigen örtlichen Verhältnisse maßgebend (§ 32 Abs. 1). In Abstufung nach den Strafarten erhielten die Zuchthaus- und die Gefängnisgefangenen auch nach den Vorschlägen von 1913 Anstaltskleidung. Für die Gestattung der Selbstbekleidung bei Gefängnisgefangenen, die sich im Besitz der bürgerlichen Ehrenrechte befanden, mußte die eigene Kleidung nicht nur angemessen, sondern auch ausreichend sein (§ 33 Abs. 1). Dem Beschluß des Vereins der Deutschen Strafanstaltsbeamten in Dresden entsprechend wurde damit in § 33 Absatz 1 der Vorschläge eine Unterscheidung bezüglich der Gestattung eigener Kleidung zugunsten der Gefängnisgefangenen ohne Verlust der bürgerlichen Ehrenrechte vorgenommen.[1088] Die Einschließungsgefangenen durften sich selbst angemessen kleiden und eigene Wäsche und Bettstücke benutzen; dies konnte auch den Haftgefangenen gestattet werden (§ 33 Abs. 3). Für Transporte, Termine, Vorführungen und ähnliche Anlässe konnte wie schon bei den Vorschlägen von 1911 den Zuchthaus- und Gefängnisgefangenen, auch wenn sie nicht im Besitz der bürgerlichen Ehrenrechte waren, das Tragen eigener Kleidung gestattet werden (§ 33 Abs. 5). Dies war eine Vorschrift, die zur Schonung des Ehrgefühls der Gefangenen sinnvoll war.

g. Der Entwurf der Strafrechtskommission von 1913 und die überarbeitete Fassung von 1919

Zuchthausgefangene mußten nach den Entwürfen Anstaltskleidung tragen (§ 51 Absatz 3, Satz 1 E 1913; § 45 Abs. 4 E 1919), während Gefängnisgefangenen das Tragen angemessener Kleidung gestattet wurde, wenn sie im Besitz der bürgerlichen Ehrenrechte waren (§ 53 Abs. 2, Satz 2 E 1913; § 46 Abs. 3 E 1919). Einschließungs- und Haftgefangenen war das Tragen angemessener Kleidung gestattet.[1089] Während der Entwurf von 1913 bei Einschließungs- und Haftgefangenen die Angemessenheit der Kleidung forderte, wurden im Entwurf von 1919 keine weiteren Anforderungen an die Kleidung wie Ordentlichkeit, Schicklichkeit oder Reinlichkeit gestellt.

h. Die Grundsätze für den Vollzug von Freiheitsstrafen von 1923 und deren Umsetzung in Preußen, Hamburg und Bayern

Die Grundsätze von 1923 legten fest, daß die Gefangenen, soweit nichts anderes bestimmt war, Anstaltskleidung und Anstaltswäsche zu tragen hatten, wobei der Vorsteher den Gefangenen bei Transporten, Terminen, Vorführungen und ähnlichen Anlässen außerhalb der Anstalt das Tragen eigener Kleidung gestatten konnte (§ 56 der

---

1088 BlGefk, Sonderheft B zu Band 47 (1913), S. 51.

1089 § 56 Abs. 3 bzw. § 58 Abs. 2, Satz 2 E 1913; § 47 Abs. 4 bzw. § 48 Abs. 4 E 1919.

Grundsätze). Auch bei der Kleidung bot es sich für die Grundsätze an, Abstufungen nach den verschiedenen Strafarten vorzunehmen. Die Anstaltskleidung im Zuchthaus mußte sich von der Kleidung der Gefangenen anderer Art deutlich unterscheiden (§ 154 der Grundsätze), den Gefängnisgefangenen konnte wie den Haftgefangenen gestattet werden, angemessene eigene Kleidung zu tragen (§§ 162 Abs. 1, 187 der Grundsätze). Die in Festungshaft untergebrachten Gefangenen durften darüber hinaus in der Regel angemessene Kleidung und Wäsche tragen (§ 171 der Grundsätze).

Die *DVO Bayerns* hielt sich weitestgehend an die Vorgaben der Grundsätze und traf kaum darüber hinausgehende oder abweichende Bestimmungen.[1090] Die Dienst- und Vollzugsordnungen *Preußens* und *Hamburgs* enthielten dagegen detailliertere Regelungen bezüglich der Kleidung von Gefangenen. So mußte jede Anstalt einen ausreichenden Bestand an Kleidungsstücken und Wäsche haben, die von den Gefangenen benutzten Kleider und Wäschestücke durften erst nachdem sie gründlich gereinigt, ausgebessert, gewaschen und nach Bedarf desinfiziert waren, einem anderen Gefangenen verabreicht werden (§ 95 Abs. 2 der DVO Preußens, § 220 der DVO Hamburgs). Die nicht in Gebrauch befindlichen Kleider- und Wäschestücke waren in einem luftigen Raum aufzubewahren, der Vorsteher hatte von Zeit zu Zeit die Bestände nachzusehen und über ihre Aussonderung zu bestimmen (§ 95 Abs. 4 der DVO Preußens, § 221 der DVO Hamburgs). Hemden, Strümpfe, Taschentücher waren in Hamburg mindestens wöchentlich, Unterhosen, Unterröcke, Unterjacken und Halstücher mindestens vierzehntägig, Bettwäsche mindestens einmal monatlich zu wechseln (§ 218 der DVO Hamburgs[1091]). Anders als in Hamburg war in Preußen vorgeschrieben, daß Gefangene, denen der Gebrauch eigener Kleidung und Wäsche gestattet war, in Einzel- oder Zellenhaft gehalten werden sollten und einen vollständigen Anzug, dreifache Leibwäsche und doppelte Bettwäsche besitzen mußten (§ 96 Satz 1 der DVO). In Hamburg beschränkte man sich auf die generelle Fassung, daß die Sachen bei Gebrauch eigener Kleidung ausreichend, ordentlich und schicklich sein mußten und die Gefangenen selbst rechtzeitig für Erneuerung, Ergänzung und Wechsel unbrauchbar, schadhaft gewordener und schmutziger Stücke Sorge zu tragen hatten (§ 217 der DVO Hamburgs). Bezüglich der einzelnen Strafarten folgten Preußen und Hamburg den Grundsätzen.[1092] Für die geschärfte Haft galt, daß Gefängniskleidung und Gefängnislager benutzt werden mußten (§ 158 Abs. 2 der preuß. DVO, § 571 der hamburgischen DVO).

1090 Vgl. §§ 64, 163 Abs. 1, 165 Abs. 1, 171 und 184 Abs. 2 der bayerischen DVO.

1091 Ähnlich § 95 Abs. 3 der DVO Preußens.

1092 Vgl. §§ 153 Abs. 2, 155, 157 Abs. 4, 169 der DVO Preußens und §§ 557, 562, 566, 590 der DVO Hamburgs.

j. Der Ausblick auf die Vorlagen von 1927

Soweit nichts anderes bestimmt war, erhielten die Gefangenen nach den Vorlagen von 1927 Anstaltskleidung (§ 64 Abs. 1 RR-Vorlage, § 72 Abs. 1 RT-Vorlage). Die Anstaltskleidung der Zuchthausgefangenen hatte sich von der Kleidung der übrigen Gefangenen deutlich zu unterscheiden. Gefängnisgefangenen konnte gestattet werden, eigene Kleidung zu tragen, soweit sie ausreichend, ordentlich und schicklich war (§ 151 Abs. 2 RR-Vorlage, § 157 Abs. 2 RT-Vorlage); unter denselben Voraussetzungen durften auch Einschließungsgefangene eigene Kleidung tragen (§ 175 Abs. 1 RR-Vorlage, § 185 Abs. 1 RT-Vorlage). Gleiches konnte auch Haftgefangenen gestattet werden (RR-Vorlage: § 190, RT-Vorlage: § 199 i.V.m. § 185 Abs. 1). Über die Grundsätze von 1923 hinausgehend, konnte Gefangenen wie schon nach den Vorschlägen der Strafanstaltsbeamten insbesondere bei der Wahrnehmung gerichtlicher Termine oder in persönlichen Angelegenheiten das Anlegen eigener Kleidung außerhalb der Anstalt gestattet werden (§ 64 Abs. 2 RR-Vorlage; § 72 Abs. 2 RT-Vorlage).

7. Die Haar- und Barttracht

Das Schneiden der Haar- und Barttracht gegen den Willen des Gefangenen bot die Möglichkeit der Kennzeichnung und auch Demütigung von Gefangenen bestimmter Strafarten.

Über die Haar- und Barttracht der Gefangenen enthielten aber weder das Reichsstrafgesetzbuch von 1871 noch der Entwurf von 1879 über die Vollstreckung von Freiheitsstrafen Bestimmungen. Die *Grundsätze von 1897* gewährten dagegen die Befugnis, den männlichen Zuchthaussträflingen nach näherer Bestimmung der Hausordnung das Haar kurz zu schneiden und den Bart abzunehmen. Bei den übrigen Gefangenen kam eine Veränderung der Haar- und Barttracht nur aus Gründen der Reinlichkeit oder Schicklichkeit in Frage (§ 26). Die Bezugnahme auf die Hausordnungen ermöglichte die Fortführung der Praxis, daß einzelnen Zuchthaussträflingen das Stehenlassen des Kopfhaares und des Bartes gestattet wurde mit Rücksicht auf die Gesundheit oder die bevorstehende Entlassung.[1093]

Kopf- und Barthaar waren in den *preußischen Gefängnissen* der Justizverwaltung nach der Gefängnisordnung von 1898 nur aus Gründen der Reinlichkeit und Schicklichkeit zu verändern und so oft wie nötig zu schneiden (§ 62 Abs. 1, Satz 2 GO); gleiches galt für Gefängnis- und Haftgefangene der inneren Verwaltung nach der Dienstordnung von 1907 (§ 67 Abs. 8, Satz 2, § 68 Abs. 4 DO). Die zu mehr als einer Woche Gefängnis oder Haft Verurteilten waren auf ihren Wunsch hin einmal wöchentlich zu rasieren (§ 62 Abs. 2, Satz 1 GO). Den männlichen Zuchthausgefangenen wurde dagegen in Umsetzung des § 26 der Grundsätze von 1897 das Haar kurz geschoren und der Bart

1093 Bundesrats-Drucksachen, 1897, Band I, Nr. 95, S. 8.

abgenommen; sechs Wochen vor der Entlassung durften die Gefangenen Haar und Bart wieder wachsen lassen; weiblichen Gefangenen durften die Haare nur aus Gesundheitsgründen geschnitten werden (§ 66 Abs. 3, Satz 2-4 DO). Auch in *Hamburg* war nach der Hausordnung für die Hamburgischen Strafgefängnisse den männlichen Zuchthausgefangenen das Haar kurz zu scheren und der Bart abzunehmen (§ 13 Abs. 1, Satz 1). Die Rasur erfolgte wöchentlich, das Haareschneiden monatlich einmal (§ 13 Abs. 1, Satz 2). Bei den übrigen Gefangenen wurde die Haar- und Barttracht nur aus Gründen der Reichlichkeit und Schicklichkeit verändert (§ 13 Abs. 2). In den *bayerischen Strafanstalten* war nach der Hausordnung von 1907 den Zuchthausgefangenen nach der Aufnahme der Bart abzunehmen und das Haar kurz zu scheren. Die Haar- und Barttracht der übrigen Gefangenen wurde auf Anordnung des Vorstandes verändert, soweit sie für den Aufenthalt in einer Strafanstalt unangemessen war (§ 2 Abs. 3). Im Rahmen der Reinlichkeit und Gesundheitspflege mußten sich die Zuchthausgefangenen einmal wöchentlich den Bart abnehmen lassen; das Haar war stets kurz zu halten. Zwei Monate vor der Entlassung durften sich die Sträflinge Haare und Bart wieder wachsen lassen (§ 40 Abs. 1). Auf Bitten der Gefängnisgefangenen konnte ihnen wöchentlich einmal der Bart abgenommen werden; darüber hinaus wurden Kopf- und Barthaare nach Notwendigkeit geschnitten (§ 40 Abs. 2). Für die weiblichen Gefangenen galt, daß ihnen die Haare nur dann geschnitten werden durften, wenn der Arzt es mit Rücksicht auf die Gesundheit vorschrieb oder die Gefangenen darum baten (§ 40 Abs. 3). Für die Gefängnis- und Haftgefangenen in den Gerichtsgefängnissen war nach der Hausordnung von 1910 festgelegt, daß der Schnitt von Haar und Bart nach Bedarf erfolgte; auf Wunsch erfolgte eine wöchentliche Rasur (§ 86 Abs. 1).

Trotz Übernahme des § 26 der Grundsätze von 1897 in die Bestimmungen der Anstalten der Bundesstaaten war das erzwungene Kahlscheren der Zuchthausgefangenen nicht unumstritten. In einem Schreiben des Reichsjustizministers an die Landesregierungen vom 24. September 1921 wurde mitgeteilt, daß Preußen die Aufhebung des § 26 Absatz 1 der Grundsätze angeregt hatte.[1094] In dem Antwortschreiben Hamburgs vom 9. November 1921 wurde darauf hingewiesen, daß der Anregung des Preußischen Justizministers zugestimmt werde, für Hamburg sei eine Milderung dieser Strafschärfung des § 26 aber schon zum jetzigen Zeitpunkt in Aussicht genommen.[1095] Der Anregung, die Vorschrift des § 26 Absatz 1 abzuschaffen, stimmten die Regierungen von Sachsen, Württemberg, Thüringen, Hamburg, Oldenburg, Braunschweig, Bremen, Lippe-Detmold, Lübeck, Mecklenburg-Strelitz und Schaumburg-Lippe zu.[1096] Gegen die Aufhebung sprachen sich die Regierungen von Baden und Mecklenburg-Strelitz aus. Bayern empfahl wie auch Hessen und Anhalt anstatt der Aufhebung eine Milderung der bestehenden Vorschrift. Bayern und Hessen regten an, daß Zuchthausgefangenen nach längerer guter Führung gestattet werden könnte, Haare und Bart

---

1094 Vgl. StA Hamburg, Justizverwaltung I (241-1 I), XVI A a 1 Vol. 3a, Akte 5, Nr. 1.
1095 Vgl. StA Hamburg, Justizverwaltung I (241-1 I), XVI A a 1 Vol. 3a, Akte 5, Nr. 8.
1096 Vgl. BA, R 3001, Nr. 5604, Bl. 97.

wachsen zu lassen und so zu tragen, wie es dem Aufenthalt in einer Strafanstalt angemessen sei. Die Regierung Anhalts schlug vor, die Vorschrift für solche Gefangenen aufzuheben, die erstmals mit Zuchthaus bestraft wurden. Als Argument gegen die vollständige Abschaffung des erzwungenen Haareschneidens und Rasierens brachte Bayern vor, daß Haareschneiden und Rasieren als eines der wenigen Merkmale der Differenzierung zwischen Zuchthaus und Gefängnis nicht aufgehoben werden dürfe. Diese Differenzierung wurde als bedeutsam besonders für solche Strafanstalten hervorgehoben, in denen verschiedene Arten von Gefangenen untergebracht waren. Außerdem wurde als Grund für die Beibehaltung geltend gemacht, daß so das Entehrende der Zuchthausstrafe verdeutlicht und die Fluchtgefahr verringert werde. Ein Schaden für die Gefangenen nach Beendigung der Strafzeit werde dadurch vermieden, daß drei Monate vor der Entlassung den Gefangenen gestattet werden konnte, Haare und Bart wieder wachsen zu lassen.

Noch bevor es zu der Diskussion über die Haar- und Barttracht der Zuchthausgefangenen gekommen war, hatte der *Vorentwurf* zu einem deutschen Strafgesetzbuch von 1909 darauf verzichtet, diese Frage zu regeln. Diese Nichtbeachtung rief Widerspruch hervor, da neben der Frage der Kleidung auch die Frage der Haar- und Barttracht gesetzlich geregelt werden müßte und nicht der Verwaltung überlassen werden dürfte.[1097] Die Begründung zum Vorentwurf wies dagegen die Regelung von Maßnahmen mit untergeordneter Bedeutung wie der Haar- und Barttracht ausdrücklich den Ausführungs- und Verwaltungsvorschriften nach Maßgabe des § 23 zu.[1098]

Der *Gegenentwurf* zum Vorentwurf eines deutschen Strafgesetzbuch von 1911 legte in der Tradition der Grundsätze von 1879 fest, daß den männlichen Zuchthausgefangenen das Haar kurz zu schneiden und der Bart abzunehmen waren, die Gefangenen jedoch sechs Wochen vor der Entlassung Haar und Bart wieder wachsen lassen konnten (§ 48 Satz 2). Krohne bezweifelte den Erfolg der beabsichtigten Ehrkränkung der Gefangenen angesichts des Umstandes, daß „kurzgeschnittenes Haar und glattrasierte Gesichter bis auf die Andeutung eines Schnurrbartes Mode sind".[1099] Darüber hinaus bezweifelte er den Sinn, den Gefangenen den Rest von Ehrgefühl, an dem sie sich vielleicht noch wieder aufrichten könnten, rauben zu wollen. Schließlich stellte sich für ihn die Frage, wie mit der Haartracht der weiblichen Gefangenen verfahren werden sollte.

Die *Vorschläge des Vereins deutscher Strafanstaltsbeamter* von 1911 lockerten insofern die bisher geplanten Bestimmungen zur Haar- und Barttracht, indem danach die Haar- und Barttracht nur aus Gründen der Reinlichkeit und Schicklichkeit verändert werden sollte (§ 50 Abs. 2). Auch die Vorschläge des Vereins deutscher Strafanstaltsbeamter von 1913 setzten dies in § 32 Absatz 2 fest. Damit sollte das bisher üb-

1097 Leonhard, Die modernen Strafrechtsideen und der Strafvollzug, S. 126.

1098 VE, Begründung, Allgemeiner Teil, S. 70.

1099 Krohne, Freiheitsstrafen und Strafvollzug nach dem Vorentwurf, Mitt. der IKV, Bd. 18 (1911), S. 252.

liche entehrende Kahlscheren der Zuchthausgefangenen beseitigt werden. Die Kommission stellte sich auf den Standpunkt Krohnes, indem sie davon ausging, daß eine Maßregel, die nur den Charakter des Entehrenden in sich trage, dem herrschenden Prinzip des modernen Strafvollzuges widerspreche, das die Resozialisierung und Wiedergewinnung des Verbrechers anstrebe.[1100]

Die Durchsetzung des Besserungsgedankens gegenüber dem Vergeltungsgedanken zeigte sich auch in den *Grundsätzen von 1923*. Nach § 92 der Grundsätze durften Kopf- und Barthaar gegen den Willen des Gefangenen ebenfalls nur aus Gründen der Reinlichkeit und Schicklichkeit verändert werden. Dem folgte die preußische DVO in § 94 Absatz 1, Satz 2, die hamburgische DVO in § 342 Absatz 1, Satz 1 und die DVO Bayerns in § 97. Darüber hinaus gingen Preußen und Hamburg, die in ihren Dienst- und Vollzugsordnungen auch regelten, daß ein Haarschnitt so oft als nötig erfolgen sollte. Bei jüngeren männlichen Gefangenen sollte in Hamburg auf einen kurzen Haarschnitt hingewirkt werden (§ 342 Abs. 1, Satz 2). Weiblichen Gefangenen durften in Hamburg die Haare nur geschnitten werden, wenn der Arzt es aus gesundheitlichen Gründen für nötig hielt (§ 342 Abs. 2). In Übereinstimmung zu den Grundsätzen durfte auch nach den Vorlagen von 1927 die Haar- und Barttracht gegen den Willen der Gefangenen nur aus Gründen der Reinlichkeit und Schicklichkeit verändert werden (RR-Vorlage: § 59, RT-Vorlage: § 66).

Die Entwicklung des Umgangs mit der Haar- und Barttracht des Gefangenen zeigte deutlich den Wandel vom Vergeltungsgedanken, der sich bis Ende des 19. Jahrhunderts in den Vorschriften widerspiegelte, zur Idee der Erziehung und Besserung. Für Anhänger des Besserungsgedankens war die Entehrung der Gefangenen durch erzwungenes Schneiden von Haar und Bart unvereinbar mit den Zielen des Strafvollzugs.

8. Die Bewegung im Freien

Die Bewegung im Freien stellte für die Gefangenen eine wichtige Möglichkeit zur Erhaltung ihrer Gesundheit dar. Sie schaffte einen Ausgleich für das Leben in der Zelle und war deshalb als Disziplinarmaßnahme meist auch nur bis zur Dauer von einer Woche und nach Befragen des Arztes zugelassen.

a. Der Entwurf eines Gesetzes über die Vollstreckung von Freiheitsstrafen (1879/1880)

Der Entwurf von 1879 gab den Sträflingen einen Anspruch auf täglich eine Stunde Bewegung im Freien (§ 35). Im Ausschuß für Justizwesen wurde von dem Bevollmächtigten für Sachsen an den §§ 16, 30 und 35 bemängelt, daß sie dem Gefangenen

1100 BlGefk, Sonderheft B zu Band 47 (1913), S. 50.

Rechte verliehen, die von der Gefängnisverwaltung möglicherweise nicht umgesetzt werden könnten. Statt dessen sollte eine Fassung gewählt werden, nach welcher der Gefängnisverwaltung lediglich verpflichtet sein sollte, derartige Rechte der Gefangenen im Rahmen der faktischen Möglichkeiten zu berücksichtigen.[1101] Diese Ansicht wurde von der Mehrheit unterstützt, so daß die einschlägigen Paragraphen in dieser Weise geändert wurden.[1102]

b. Die Grundsätze von 1897 und die Bestimmungen in Preußen, Hamburg und Bayern

Die Grundsätze von 1897 gingen bezüglich der Bewegung im Freien erheblich weniger weit als der Entwurf von 1879. So wurde den Gefangenen nur mindestens eine halbe Stunde Bewegung im Freien zugestanden und das auch nur, soweit dies ausführbar war. Bei Festungsgefangenen war dagegen die zur Bewegung im Freien gestattete Zeit in der Regel höher, jedoch nicht auf mehr als fünf Stunden täglich zu bemessen (§ 31).

Mindestens eine halbe Stunde Bewegung im Freien forderte auch die Gefängnisordnung der *preußischen Justizverwaltung* für alle gesunden Gefangenen, die nicht mit Arbeiten außerhalb der Anstalt beschäftigt waren oder sich im Arrest befanden, wenn dies die Witterung zuließ (§ 78 Abs. 1 GO). Nach der Dienstordnung sollte die Dauer eine halbe bis eine Stunde betragen (§ 141 Abs. 1 DO). Zur selben Zeit sollten sich nach der Dienstordnung nicht mehr als 50 Gefangene gleichzeitig im Hof aufhalten; bei fehlenden Einzelspazierhöfen mußten sich die Gefangenen in einer Reihe mit einem Abstand von mindestens drei Schritt bei Gemeinschaftshaft und fünf Schritt bei Einzelhaft in rascher Gangart bewegen (§ 141 Abs. 2 DO). Die Bewegung im Freien sollte nicht vor eintretender Tageshelle und nicht nach eingetretener Dunkelheit und an heißen Sommertagen nicht zwischen elf und zwei Uhr stattfinden (§ 78 GO, § 141 Abs. 4 DO).

Für die Gefangenen in *Hamburg* war nach der Hausordnung von 1898 grundsätzlich täglich eine halbe Stunde Bewegung im Freien vorgesehen, die nach Witterung und Zeitverhältnissen während der Tageshelle nach besonderer Anweisung erfolgte (§ 29). Für Gefangene in Festungshaft betrug die Bewegung im Freien mehr als eine halbe Stunde, aber nicht mehr als fünf Stunden täglich (§ 36 B, Nr. 6). In der Sitzung der Gefängnisdeputation Hamburgs war bei der Beratung der Hausordnung in der Sitzung vom 17. Mai 1898 angeregt worden, den täglichen Spaziergang der Gefangenen im Freien von einer halben auf eine volle Stunde auszudehnen.[1103] In der Sitzung vom 14. Juni 1898 beantragte der Direktor Dr. Gennat, es bei der Bewegung von einer halben Stunde zu belassen.[1104] Dem Wunsch nach einstündiger Bewegung werde die Ge-

---

1101 Vgl. Bundesrats-Drucksachen, 1879/80, No. 5, S. 12.
1102 Bundesrats-Drucksachen, 1879/80, No. 5, S. 12.
1103 Vgl. StA Hamburg, Justizverwaltung I (241-1 I), XVI B a 1 Vol. 3 a, Aktenteil 7, Bl. 7.
1104 StA Hamburg, Justizverwaltung I (241-1 I), XVI B a 1 Vol. 3 a, Aktenteil 7, Bl. 7.

fängnisdirektion tunlichst an Sonn- und Feiertagen gerecht werden. Mit diesem Vorschlag erklärte sich die Deputation nach Beratung einverstanden.

Für die Gefangenen der *bayerischen Strafanstalten* war nach der Hausordnung von 1907 täglich eine Bewegung im Freien von einer Stunde vorgesehen; die Dauer konnte sowohl verlängert als auch bei ungünstiger Witterung verkürzt werden. Ein verlängerter Aufenthalt konnte an Sonn- und Feiertagen gestattet werden (§ 81 Abs. 5, Satz 2). Die Befugnis zur Bewegung im Freien bezog sich auf Gefangene, die nicht durch Krankheit verhindert oder mit Arbeiten außerhalb des Hauses beschäftigt waren (§ 42). Mit der Bewegung im Freien konnten auch körperliche Übungen verbunden werden. Nach der Hausordnung von 1910 konnte ein Ausschluß von der Bewegung im Freien bei Fluchtgefahr von dem Vorstand verfügt werden (§ 85 Abs. 2). An Sonn- und Feiertagen war ausnahmsweise ein Entfallen der Bewegung bei fehlendem Aufsichtspersonal möglich (§ 85 Abs. 3). Vor Eintritt der Tageshelle, nach Eintritt der Dunkelheit und an heißen Sommertagen zwischen zwölf und drei Uhr nachmittags sollte keine Bewegung im Freien stattfinden (§ 86 Abs. 5). Für Gefangene in Festungshaft war nach der Hausordnung von 1893 eine Bewegung von bis zu fünf Stunden vorgesehen (§ 14).

c. Der Vorentwurf von 1909 und der Gegenentwurf von 1911

Als Maßnahme von untergeordneter Bedeutung überließ der Vorentwurf die Regelung der Bewegung im Freien den Ausführungs- und Verwaltungsvorschriften nach Maßgabe des § 23.[1105]

Nach dem Gegenentwurf war die Bewegung im Freien eine Vergünstigung, die für mindestens eine Stunde allen nicht im Freien beschäftigten Gefangenen zu gestatten war. Bei Haftgefangenen sollte die zur Bewegung im Freien gestattete Zeit, unter Berücksichtigung der Strafdauer, höher, doch nicht auf mehr als zwei Stunden täglich bemessen werden (§ 49 Abs. 1).

d. Die Vorschläge des Vereins deutscher Strafanstaltsbeamter von 1911 und 1913

Die tägliche Aufenthaltsdauer im Freien war nach den Vorschlägen des Vereins deutscher Strafanstaltsbeamter von *1911* für nicht im Freien beschäftigte Gefangene auf mindestens eine Stunde bemessen worden (§ 39 Abs. 1). Bei Haftgefangenen war die Zeit unter Berücksichtigung der Strafdauer höher, aber auf nicht mehr als zwei Stunden täglich zu bemessen (§ 39 Abs. 2).

Im Rahmen der Gesundheitsfürsorge hatten sich nach den Vorschlägen des Vereins deutscher Strafanstaltsbeamter von *1913* die nicht im Freien beschäftigten Gefangenen täglich mindestens eine Stunde im Freien aufzuhalten (§ 35 Abs. 1). Für Haftgefan-

---

1105 VE, Begründung, Allgemeiner Teil, S. 70.

gene durfte die Zeit zum Aufenthalt im Freien nicht mehr als zwei Stunden täglich betragen, für Einschließungsgefangene nicht mehr als fünf Stunden (§ 35 Abs. 2). Die Kommission folgte mit der Fassung des § 35 Absatz 1 nicht dem Vorschlag, den Ausdruck 'Aufenthalt' durch 'Bewegung' zu ersetzen. Die Anregung war vor dem Hintergrund gegeben worden, daß der gesundheitliche Effekt des Aufenthalts im Freien nur durch Bewegung erreicht werden könne und zugleich „beliebiges Herumstehen" oder „faules Imgraseliegen" vermieden werde.[1106]

e. Der Entwurf der Strafrechtskommission von 1913

Der Entwurf der Strafrechtskommission von 1913 wie auch der Entwurf zu einem deutschen Strafgesetzbuch von 1919 enthielten keine Bestimmungen über die Bewegung der Gefangenen im Freien.

f. Die Grundsätze für den Vollzug von Freiheitsstrafen (1923) und deren Umsetzung in Preußen, Hamburg und Bayern

Für die Bewegung im Freien galt nach den Grundsätzen von 1923, daß allen gesunden Gefangenen, die nicht mit Arbeiten im Freien beschäftigt waren, wenn es die Witterung zuließ, in der Regel täglich mindestens eine halbe Stunde Bewegung im Freien gestattet werden sollte (§ 93 Abs. 1, Satz 1).[1107] Die Plätze zur Bewegung im Freien sollten mit Anpflanzungen versehen werden (§ 93 Abs. 2[1108]) und die Bewegung zu körperlichen Übungen, insbesondere Freiübungen benutzt werden können; in größeren Anstalten sollte nach Möglichkeit ein Turnunterricht eingerichtet werden (§ 93 Absatz 3).[1109] Die Bewegung im Freien durfte in Preußen und Hamburg nicht vor Eintritt der Tageshelle und nicht nach Eintritt der Dunkelheit, an heißen Sommertagen nicht zwischen 11 und 2 Uhr stattfinden (DVO Preußens: § 111 Abs. 2, Satz 1; DVO Hamburgs: § 384 Abs. 1, Satz 1). Wann und wie lange erkrankte Gefangene ins Freie zu bringen waren, bestimmte der Arzt im Einvernehmen mit dem Vorsteher (DVO Preußens: § 111 Abs. 2, Satz 2; DVO Hamburgs: § 384 Abs. 2). Der § 172 Absatz 2 der bayerischen DVO traf eine Regelung für den Fall, daß die Bewegung im Freien nicht ausführbar war. Dann sollte die Bewegung in offenen Hallen oder Gängen gestattet werden. Wie die Bewegung im Freien erfolgen sollte, wurde in Preußen und Hamburg bestimmt.[1110] Die preußische DVO legte fest, daß die Zahl der gleichzeitig im Freien befindlichen Gefangenen so zu bemessen war, daß ihre ordnungsgemäße Über-

---

1106 Vgl. Reich, BlGefk 47 (1913) 9 (18, 25).

1107 So auch § 111 Abs. 1, Satz 1 der DVO Preußens, § 383 der DVO Hamburgs, § 98 Abs. 1, Satz 1 der DVO Bayerns.

1108 Vgl. auch § 111 Abs. 1, Satz 4 der preußischen DVO, § 385 der hamburgischen DVO, § 98 Abs. 3 der bayerischen DVO.

1109 So auch § 174 Abs. 4 der bayerischen DVO; ähnlich § 111 Abs. 1, Satz 3 der preußischen DVO.

1110 Preußen: § 111 Abs. 3 der DVO; Hamburg: § 386 der DVO.

wachung möglich blieb. Die Gefangenen sollten sich, solange nicht von der Aufsichtsbehörde anders verfügt wurde, in einer Reihe einzeln im Abstand von drei bis fünf Schritten bewegen, wobei zur Förderung der Gesundheit eine rasche Gangart einzuhalten war. Gefangene, die der raschen Bewegung nicht zu folgen vermochten, gingen einzeln außer der Reihe oder waren in besonderen Abteilungen zu vereinigen. Dies galt auch in Hamburg. Damit konnte auch dort die einfache Bewegung im Freien durch Marschieren in der Kolonne ersetzt werden, wobei das Marschtempo 120 Schritt in der Minute betragen sollte. Unterhaltungen waren ebenso wie in Preußen nicht statthaft.

Die Aufenthaltsdauer im Freien war für Gefangene in Festungshaft erheblich höher bemessen; diese durften sich täglich mindestens fünf Stunden im Freien aufhalten (§ 176 Abs. 1, Satz 1 der Grundsätze). Dies galt auch in Preußen (§ 166 Satz 1 der DVO) und Bayern (§ 175 Satz 1), in Hamburg dagegen wurde nur festgelegt, daß die zur Bewegung im Freien gestattete Zeit in der Regel höher als bei anderen Gefangenen zu bemessen war (§ 576 der DVO). Der Verkehr untereinander war den Grundsätzen zur Folge zu beschränken, soweit es Ordnung und Sicherheit erforderten (§ 176 Abs. 1, Satz 2 der Grundsätze[1111]). Für Festungsgefangene galt außerdem, daß ihnen Besuche bei außerhalb der Anstalt wohnenden Personen gestattet werden konnten, wenn keine Fluchtgefahr bestand (§ 176 Abs. 2 der Grundsätze).

g. Der Ausblick auf die Entwürfe zu einem Strafvollzugsgesetz von 1927

Für alle gesunden Gefangenen, die nicht mit Arbeiten im Freien beschäftigt waren, war täglich Bewegung im Freien vorgesehen, wenn es die Witterung zuließ. Diese konnte auch zu körperlichen Übungen genutzt werden (§ 96 der RR-Vorlage, § 103 der RT-Vorlage), die zeitliche Begrenzung war der Ausführungsverordnung überlassen. Eine Zeitvorgabe bestand für Einschließungsgefangene, die sich mindestens zwei Stunden täglich im Freien bewegen durften (§ 180 bzw. § 189). Die Zeitvorgaben hinsichtlich der Bewegung im Freien gestalteten sich in den Entwürfen und Vorlagen bis 1923 eher willkürlich. Sie grundsätzlich der Ausführungsverordnung zu überlassen, stellte damit auch keinen Rückschritt dar.

9. Der Verkehr mit der Außenwelt

Um den Kontakt zu Angehörigen zu ermöglichen und so die Aufnahme in Familie und Gesellschaft nach der Entlassung zu begünstigen, war es notwendig, den Gefangenen in gewissem Umfang den Empfang von Besuchen sowie das Schreiben und dem Empfang von Briefen zu gestatten. Durch die Möglichkeit, die Häufigkeit der Besuche und des Briefverkehrs zu beschränken, eigneten sich die Bestimmungen über den Verkehr mit der Außenwelt zur Differenzierung einzelner Strafarten.

1111 So auch § 166 Satz 2, 2. HS der preußischen DVO und § 175 Satz 2 der bayerischen DVO.

a. Der Entwurf eines Gesetzes über die Vollstreckung von Freiheitsstrafen (1879/1880)

Während hinsichtlich des Verkehrs mit der Außenwelt sich das Reichsstrafgesetzbuch erneut einer Regelung enthielt, wurden im Entwurf von 1879 Vorschriften über die Erlaubnis zum Besuch und zum schriftlichen Verkehr erlassen.

So war den Zuchthaussträflingen mindestens alle zwei Monate, den Gefängnissträflingen mindestens alle vier Wochen Besuch von Angehörigen in Gegenwart einer Aufsichtsperson zu gestatten. Ausnahmen von dieser Beschränkung sowie die Erlaubnis zu Besuchen anderer Personen bewilligte der Vorstand (§ 36 Abs. 1). Die zu Festungshaft oder Haft Verurteilten konnten Besuche ohne Beaufsichtigung empfangen; es konnte aber denjenigen Personen der Zutritt versagt werden, von welchen ein Mißbrauch zu befürchten war (§ 36 Abs. 2).

Der briefliche Verkehr der Sträflinge unterlag nach dem Entwurf von 1879 der Aufsicht des Vorstandes. Eingaben an die Gerichte und die Aufsichtsbehörden durften allerdings nicht zurückgehalten werden (§ 37). Auch wenn der Gefangene die Eingaben an Gericht oder Aufsichtsbehörde dazu nutzte, Beleidigungen über Anstaltsbeamte oder Einrichtungen der Anstalt auszusprechen, durften diese Briefe nicht zurückgehalten werden, um dem Gefangenen den Zutritt zu den Behörden nicht zu beschränken.[1112]

b. Die Grundsätze von 1897 und die Bestimmungen in Preußen, Hamburg und Bayern

Den Zuchthaussträflingen war nach den Grundsätzen von 1897 seltener als im Entwurf von 1879, nämlich in der Regel nur alle drei Monate, den Gefängnis- und Haftsträflingen in der Regel alle Monate der *Empfang von Besuchen* Angehöriger in Gegenwart eines Beamten der Anstalt gestattet. Der Vorstand konnte in besonderen Fällen auch Besuche anderer Personen sowie Besuche ohne Beaufsichtigung erlauben (§ 32 Absatz 1). Den Festungsgefangenen wurde der Empfang von Besuchen gestattet, soweit davon kein Mißbrauch zu befürchten war. Ausnahmsweise konnten den Gefangenen in Festungshaft sogar Besuche bei außerhalb der Anstalt wohnenden Personen gestattet werden (§ 32 Abs. 2).

Der *schriftliche Verkehr* der Gefangenen unterlag auch nach den Grundsätzen von 1897 der Aufsicht des Vorstandes. Festungsgefangene waren dabei nur insoweit einzuschränken, als Mißbräuche zu befürchten waren (§ 33 Abs. 1). Eingaben an die Gerichte, die Staatsanwaltschaft und an die Aufsichtsbehörde durften nicht zurückgehalten werden. Eingaben an andere Behörden waren zurückzuhalten, wenn sie beleidigenden oder sonst strafbaren Inhalts waren (§ 33 Abs. 2). Bei Zurückhaltung von eingehenden

---

1112 Bundesrats-Drucksachen, 1879, Bd. 2, Nr. 56, S. 56.

oder ausgehenden Briefen war dies dem Gefangenen unter Angabe des Grundes mitzuteilen.

Die Gefängnisordnung von 1898 für die Gefängnisse der *preußischen* Justizverwaltung enthielt auch Bestimmungen über den Verkehr der Gefangenen nach außen. Bei Besuchen war zu prüfen, ob gegen den Besuch Bedenken bestanden (§ 79 Abs. 2 GO). Besuche durften die Gefängnis- und Haftgefangenen in der Regel einmal im Monat empfangen (§ 79 Abs. 4 GO, § 166 Abs. 1 DO), wobei Mißbräuche zum Entzug der Erlaubnis des Besuchsempfangs führen konnten (§ 79 Abs. 7 GO). Zuchthausgefangene durften nach der Dienstordnung den Grundsätzen von 1897 folgend in der Regel alle drei Monate Besuch empfangen (§ 166 Abs. 1 DO); gleiche Fristen galten für das Absenden und Empfangen von Briefen (§ 66 Abs. 4, § 167 Abs. 2 DO). Die ein- und ausgehenden Briefe der Strafgefangenen der Justizverwaltung waren dem Vorsteher vorzulegen, bei unbedenklichem Inhalt wurden sie weitergeleitet (§ 80 Abs. 2 GO). Eingaben an die Gerichte, die Staatsanwaltschaft und Aufsichtsbehörden durften nicht zurückgehalten werden (§ 80 Abs. 9 GO, § 168 Abs. 5 DO). Grundsätzlich durften die Strafgefangenen alle vier Wochen einen Brief absenden und einen empfangen (§ 80 Abs. 6 GO). Bei Mißbrauch konnte auch die Erlaubnis zum Briefeschreiben entzogen werden (§ 80 Abs. 8 GO). Die innere Verwaltung sah für das Briefeschreiben die Sonntage vor, die erforderlichen Schreibmaterialien wurden dem Gefangenen gestellt (§ 167 Abs. 6, 7 DO).

In *Hamburg* durften nach der Hausordnung von 1898 in Umsetzung der Grundsätze von 1897 Zuchthausgefangene alle drei Monate, die übrigen Gefangenen einmal im Monat Besuch von Angehörigen in Gegenwart eines Beamten empfangen (§ 22 Abs. 1). In besonderen Fällen konnte der Direktor Besuche auch zu anderer Zeit, von anderen Personen oder ohne Beaufsichtigung erlauben (§ 22 Abs. 2). Festungsgefangenen wurde der Empfang von Besuchen gestattet, soweit davon kein Mißbrauch zu befürchten war; es konnte ausnahmsweise auch der Besuch bei außerhalb der Anstalt wohnenden Personen zugelassen werden (§ 36 B, Nr. 7). Nach den für die Besuche geltenden Fristen durften von den Gefangenen auch Briefe geschrieben werden, wobei der Briefverkehr der Durchsicht unterlag und Briefe unpassenden Inhalts zurückgehalten wurden (§ 23 Abs. 1). Für Festungsgefangene war der schriftliche Verkehr nur insoweit eingeschränkt, als Mißbräuche zu befürchten waren (§ 36 B, Nr. 8).

Besuche und schriftlicher Verkehr waren in der Hausordnung für die *bayerischen* Strafanstalten von 1907 in einem Kapitel zusammengefaßt (§§ 23 ff.). Die Fristen für Zuchthaus- und Gefängnisgefangene, nach denen sie Besuch empfangen durften, waren wie in den Grundsätzen von 1897 geregelt. Ausdrücklich erwähnt wurde das Besuchsrecht des Rechtsanwalts. Unterredungen sollten in der Regel nicht länger als eine Viertelstunde dauern und in einer für die Aufsichtsperson verständlichen Sprache geführt werden. Mißbrauch des Besuchsrechts konnte mit Beschränkung oder Entzug der Erlaubnis zum Empfang von Besuchen geahndet werden. Der schriftliche Verkehr unterlag der Aufsicht und Genehmigung des Vorstandes, wobei Eingaben an die Gerichte, die Staatsanwaltschaft, die Aufsichtsbehörde oder andere Behörden nicht zurückgehalten werden durften (§ 25 Abs. 2). Auch der schriftliche Verkehr war dahingehend beschränkt, daß Zuchthausgefangene grundsätzlich nur vier und Gefängnisgefangene nur sechs Briefe pro Jahr schreiben durften (§ 26 Abs. 2, Satz 1). Auf Wunsch war dem Hausgeistlichen Einsicht in die Briefe zu gewähren (§ 26 Abs. 4), die Kosten des Briefverkehrs hatte der Gefangene zu tragen (§ 26 Abs. 5). Dem Strafgefangenen der Gerichtsgefängnisse war durch die Hausordnung von 1910 erlaubt, Besuch eines Rechtsanwalts, den monatlichen Besuch von Angehörigen und ausnahmsweise auch anderen Besuch zu empfangen (§ 105 Abs. 2). Der Schriftverkehr der Gefangenen war dem Vorstand vorzulegen, der die Erlaubnis zur Beförderung erteilen mußte, wobei Eingaben an die Gerichte, Staatsanwaltschaft, Aufsichtsbehörde und andere Behörden nicht zurückgehalten werden durften (§ 106 Abs. 2, Satz 3, 4). Nicht an den Gefangenen weitergeleitete Briefe waren für ihn bis zur Entlassung aufzubewahren (§ 106 Abs. 4, Satz 6). Den Gefangenen in Festungshaft war gemäß der Hausordnung von 1893 der briefliche Verkehr nach außen im allgemeinen gestattet, der Vorstand konnte jedoch Einschränkungen oder ein Verbot aussprechen, wenn aus dem brieflichen Verkehr Nachteile zu befürchten waren (§ 17).

c. Der Vorentwurf zu einem deutschen Strafgesetzbuch (1909) und der Gegenentwurf (1911)

In den Paragraphen über die einzelnen Haftarten waren im *Vorentwurf* auch Bestimmungen darüber enthalten, inwiefern ein Verkehr mit außerhalb der Anstalt stehenden Personen zu gestatten war. Für Zuchthausgefangene war solcher nur „in engen Grenzen“ gestattet (§ 15 Abs. 2). Der Ausdruck „enge Grenzen“ eröffnete dem Anstaltsvorsteher die Ausübung seines Ermessens. Genaue Besuchsregelungen sowie Vorschriften über das Absenden und den Empfang von Briefen waren eher in einem Strafvollzugsgesetz zu regeln.[1113] Der Kontakt der Gefängnisgefangenen zur Außenwelt unterlag im Gegensatz zu den Zuchthausgefangenen nur „den durch die Ordnung in der Anstalt gebotenen Beschränkungen“ (§ 17 Abs. 3). Die Haftgefangenen sollten auch beim Verkehr mit der Außenwelt möglichst ungehindert sein und nur wie ihre ganze Lebensweise nach § 20 Absatz 1, Satz 1 der Beaufsichtigung unterliegen.[1114]

Im *Gegenentwurf* zum Vorentwurf eines deutschen Strafgesetzbuches von 1911 war unter anderem die Erlaubnis zum Empfang von Besuchen oder zum schriftlichen Verkehr als Vergünstigung ausgestaltet. Für Gefangene verschiedener Strafart war diese verschieden zu bemessen (§ 49 Abs. 2).

1113 So Aschrott, Reform des Reichsstrafgesetzbuchs, Band 1, S. 87.

1114 Vgl. VE, Begründung, Allgemeiner Teil, S. 70.

d. Die Vorschläge des Vereins deutscher Strafanstaltsbeamter von 1911 und 1913

Neuerungen brachten die Vorschläge des Vereins deutscher Strafanstaltsbeamter von *1911* dahingehend, daß, wie schon in einigen Bundesstaaten vorgesehen, bei Mißbrauch die Erlaubnis zum Empfang von Besuchen beschränkt oder auf bestimmte Zeit entzogen werden konnte (§ 67 Abs. 1). Der schriftliche Verkehr der Gefangenen unterlag der Aufsicht des Vorstandes. Von dem Inhalt der ein- und ausgehenden Briefe des Gefangenen durfte neben dem Vorstand der Geistliche seines Bekenntnisses, nötigenfalls auch der Anstaltsarzt Kenntnis nehmen (§ 68 Abs. 1). Haftgefangenen konnte der unkontrollierte Briefverkehr widerruflich gestattet werden (§ 68 Abs. 2). Auch der briefliche Verkehr konnte bei Mißbrauch beschränkt oder auf bestimmte Zeit entzogen werden (§ 69 Abs. 4). Zuchthausgefangene durften nach den Vorschlägen in der Regel alle drei Monate, Gefängnisgefangene einmal im Monat, Haft- und jugendliche Gefangene alle zwei Wochen je einen Brief absenden (§ 69 Abs. 1). Eingaben an die Gerichte, die Staatsanwaltschaft und die Aufsichtsbehörden wurden nicht zurückgehalten, Eingaben an andere Behörden nur dann, wenn sie beleidigenden oder sonst strafbaren Inhalts waren (§ 69 Abs. 2). Bei Zurückhalten ein- oder ausgehender Briefe war dem Gefangenen unter Mitteilung des einwandfreien Teils eingegangener Briefe unter Angabe des Grundes für den Rückbehalt Kenntnis zu geben (§ 69 Abs. 3).

Mit Bezug auf die den Vorschlägen von 1911 entsprechende Besuchsregelung in den Vorschlägen von *1913* forderte Reich, den Besuch von Kindern in der Regel zu unterbinden, um ihnen aus erzieherischen Gründen den Anblick des eingesperrten Elternteils zu ersparen.[1115] Dagegen wandte sich Gennat, indem er darauf hinwies, daß zumindest kleinere Kinder sich keine nachhaltigen Gedanken darüber machten, wo und wie sie Vater oder Mutter gesehen haben.[1116] Statt dessen sollte man die Besuchszimmer freundlicher gestalten und keine kategorischen Trennungen zwischen Gefangenen und Besuchern durch Glasscheiben oder Drahtgeflecht vornehmen. Auch die Kommission war nicht dem Vorschlag Reichs gefolgt und hatte den Besuch von Kindern zugelassen.

e. Der Entwurf der Strafrechtskommission von 1913 und der überarbeitete Entwurf von 1919

Der Verkehr mit der Außenwelt wurde im Entwurf von 1913 je nach Strafart unterschiedlich geregelt. Zuchthausgefangenen war ein Verkehr mit Personen außerhalb der Anstalt nur „in engen Grenzen“ gestattet (§ 51 Abs. 3, Satz 2). Gefängnisgefangene durften mit Personen außerhalb der Anstalt nur „unter den Beschränkungen verkehren, welche die Ordnung der Anstalt erfordert[e]“ (§ 53 Abs. 3). Während eine entsprechende Vorschrift für Einschließungsgefangene fehlte, durften Haftgefangene eben-

1115 Reich, BlGefk 47 (1913), 9 (30 f.).
1116 Gennat, BlGefk 48 (1914), 66 (82).

falls nur unter den Beschränkungen, welche die Ordnung der Anstalt erforderte, mit der Außenwelt verkehren (§ 58 Absatz 4). Diese in dem Entwurf von 1913 auf verschiedene Paragraphen verteilten Vorschriften faßte der Entwurf von 1919 in § 50 folgendermaßen zusammen: „Gefangene dürfen mit Personen außerhalb der Anstalt nur unter den Beschränkungen verkehren, welche die Ordnung und Sicherheit der Anstalt erfordert. Zuchthausgefangenen ist ein solcher Verkehr nur in engen Grenzen zu gestatten".

f. Die Grundsätze für den Vollzug von Freiheitsstrafen (1923) und deren Umsetzung in Preußen, Hamburg und Bayern

Unter der Überschrift „Verkehr der Gefangenen mit der Außenwelt" enthielten die Grundsätze von 1923 in den §§ 112-125 allgemeine Bestimmungen über den Verkehr mit außerhalb der Anstalt stehenden Personen. Dabei regelten die §§ 112-117 der Grundsätze die Frage der Besuche und die §§ 118-125 die Frage des Empfangs und Absendens von Briefen. Genauere Vorschriften stellten die Grundsätze dann im Rahmen der einzelnen Haftarten auf. Auf eine derartige Systematik griff auch Bayern in seiner Dienst- und Vollzugsordnung zurück,[1117] Preußen[1118] und Hamburg[1119] dagegen trafen besondere Bestimmungen nur für die Festungshaft.

Die Gefangenen durften in bestimmten Zeitabständen *Besuche* empfangen, die der Genehmigung des Vorstehers bedurften (§ 112 Abs. 1 der Grundsätze). Angehörigen durfte die Genehmigung nur versagt werden, wenn von dem Besuche eine Störung der Ordnung oder Sicherheit oder ein schädigender Einfluß auf den Gefangenen zu befürchten war (§ 112 Abs. 2 der Grundsätze). Anderen Personen als Angehörigen sollte die Genehmigung nur erteilt werden, wenn ein berechtigtes Interesse vorlag oder wenn zu erwarten war, daß der Besuch den Gefangenen günstig beeinflussen oder sein späteres Fortkommen fördern würde (§ 112 Abs. 3 der Grundsätze). Regelmäßig sollte die Unterhaltung des Besuchers mit dem Gefangenen von einem Beamten überwacht werden (§ 114 Abs. 1 der Grundsätze). Beim Empfang von Besuchen konnte dem Gefangenen ausnahmsweise gestattet werden, eigene Kleidung zu tragen (§ 115 der Grundsätze), für einen Besuch sollte in der Regel eine Dauer von mindestens fünfzehn Minuten zugelassen werden (§ 116 der Grundsätze). Die den Bestimmungen der Grundsätze entsprechenden Vorschriften waren in Preußen in § 112 Absatz 1 DVO, in Hamburg in den §§ 239 Absatz 2, 240 Absatz 3 und 5, 242 Absatz 1 und 245 DVO, in Bayern in den §§ 128 Absatz 1-3, 130 Absatz 1-2 und Absatz 4 DVO enthalten. Darüber hinaus

---

1117 Allgemeine Bestimmungen waren in den §§ 128-138 enthalten, besondere Vorschriften fanden sich für Zuchthaus, Gefängnis, Festungshaft und Haft bei den dafür maßgebenden Bestimmungen.

1118 Allgemeine Bestimmungen waren in der preußischen DVO in den §§ 112-117 enthalten, wobei der § 112 das Besuchsrecht regelte und die §§ 113 ff. den Briefverkehr.

1119 Die Vorschriften zum Besuch waren in der DVO Hamburgs in den §§ 239-249, die Bestimmungen zum Briefverkehr in den §§ 250-263 enthalten.

wurde in Hamburg bestimmt, daß die regelmäßigen Besuche bei Strafgefangenen sonntags stattfinden sollten (§ 243 Satz 1 der DVO). Daß die Besucher sich auszuweisen hatten (§ 244 der DVO Hamburgs), fand wohl aufgrund der darin gesehenen Selbstverständlichkeit in den Dienst- und Vollzugsordnungen Preußens und Bayerns keinen Niederschlag. Schulpflichtige Kinder sollten in Hamburg nur mit besonderer Genehmigung des Vorstehers bzw. des Richters zugelassen werden (§ 239 Absatz 4).

Eine ausführlichere Regelung als die Frage des Besuchs erfuhr sowohl in den Grundsätzen als auch in den Dienst- und Vollzugsordnungen Preußens, Hamburgs und Bayerns der *Briefverkehr* der Gefangenen. Danach durften die Gefangenen in bestimmten Zeitabständen Briefe absenden (§ 118 Absatz 1 der Grundsätze), wobei die Absendung von Eingaben an Aufsichtsbehörden, Gerichte, Staatsanwaltschaften, Mitglieder des Anstaltsbeirats sowie an Volksvertretungen zeitlichen Beschränkungen nicht unterworfen war (§ 119 Absatz 1 der Grundsätze). Letztgenannte Schreiben durften nicht zurückgehalten werden (§ 123 Absatz 2, Satz 1 der Grundsätze). Sonstige Schriftstücke, deren Inhalt geeignet war, die Ordnung und Sicherheit zu stören oder Entweichungen zu fördern, konnten dagegen zurückgehalten werden (§ 123 Absatz 1 der Grundsätze). Das gleiche galt für Schriftstücke beleidigenden oder sonst strafbaren oder den Anstand grob verletzenden Inhalts. Die Überwachung des Schriftverkehrs oblag dem Vorsteher, der neben dem von ihm zur Überwachung beauftragten Beamten von dem Inhalt ein- und ausgehender Schriftstücke Kenntnis nehmen konnte (§ 122 Absatz 1, 2 der Grundsätze). In den gleichen Abständen, in denen der Gefangene Briefe absenden durfte, durfte er auch Briefe empfangen (§ 121 Absatz 1 der Grundsätze), wobei Briefe der in § 119 Absatz 1 der Grundsätze bezeichneten Art zeitlichen Beschränkungen nicht unterlagen. Das gleiche galt grundsätzlich für Briefe von Angehörigen (§ 121 Absatz 2 der Grundsätze). Für das Briefeschreiben durften die Gefangenen, soweit nichts anderes bestimmt war, nur das von der Anstalt gelieferte Papier verwenden (§ 125 Satz 1 der Grundsätze). Der Vorschrift über das Briefpapier wurde in Bayern hinzugefügt, daß die Kosten des schriftlichen Verkehrs die Gefangenen zu tragen hätten (§ 138 Absatz 2 der bayerischen DVO). Weiter enthielt die bayerische DVO die Bestimmung, daß dem Gefangenen der briefliche Verkehr in der Regel nur mit seinen Angehörigen und seinem gesetzlichen Vertreter zu gestatten war (§ 135 Absatz 2, Satz 1), ansonsten stimmte die bayerische DVO bei den Vorschriften über den Briefverkehr im wesentlichen mit den Grundsätzen überein. In Preußen galt darüber hinaus, daß sich die Gefangenen beim Briefeschreiben kurz zu fassen hatten, mehr als ein Bogen Papier wurde ihnen in der Regel nicht bewilligt (§ 113 Absatz 5 der preußischen DVO[1120]). Eingehende Briefe hatte der Gefangene in einem Umschlag aufzubewahren (§ 114 Abs. 2, Satz 5 der DVO Preußens[1121]). Wie in Hamburg sollten Zuchthaus-, Gefängnis- und Haftgefangene in Preußen ihre Briefe regelmäßig nur an Sonn- und Feiertagen schreiben (§ 251 Abs. 1, Satz 2 der DVO Hamburgs,

---

1120 So auch § 253 Absatz 1 der DVO Hamburgs.

1121 So auch § 258 Abs. 2, Satz 1 der DVO Hamburgs.

§ 113 Abs. 2, Satz 2 der DVO Preußens). Anders als in den Grundsätzen (§ 122) vorgesehen, durften in Hamburg neben dem Vorsteher auch der Sozialpädagoge, der Lehrer, der Arzt und der Geistliche von dem Inhalt der Briefe Kenntnis nehmen (§ 257 Absatz 1). In Preußen durften der Geistliche und der Lehrer nur dann die Briefe einsehen, wenn der Gefangene nicht widersprach (§ 114 Abs. 1, Satz 2 der DVO).

Für die einzelnen Haftarten unterschiedlich wurden die Fristen für Besuche und Briefverkehr festgesetzt. Zuchthausgefangenen war es in der Regel nur alle drei Monate gestattet, Besuch zu empfangen, Briefe durften nur alle drei Monate abgesandt werden (§ 157 Abs. 1 der Grundsätze[1122]). Gefängnisgefangene durften in der Regel nur alle sechs Wochen Besuch empfangen und Briefe in der Regel nur alle vier Wochen absenden (§ 161 Abs. 1 der Grundsätze[1123]). Für Gefangene in Festungshaft galt, daß die Genehmigung zum Besuch auch anderen Personen als den Angehörigen nur versagt werden durfte, wenn von dem Besuch eine Störung der Ordnung oder Sicherheit oder ein schädlicher Einfluß zu befürchten war (§ 180 der Grundsätze). Darüber hinaus durften Festungsgefangene unbeschränkt Briefe absenden und empfangen und eigenes Briefpapier verwenden. Außerdem konnte von einer Überwachung des Briefverkehrs abgesehen werden (§ 181 der Grundsätze[1124]). Für den Vollzug der Haft galten die Vorschriften für Gefängnisgefangene entsprechend, so daß auch sie Besuche nur alle sechs Wochen empfangen und Briefe in der Regel nur alle vier Wochen absenden durften (§ 185 Abs. 2 i.V.m. § 161 der Grundsätze[1125]).

g. Ausblick auf die Vorlagen von 1927

Wie schon die Entwürfe und Vorlagen in den vorangegangenen Jahren waren auch die Vorlagen von 1927 bestrebt, einen Ausgleich zwischen Strafübel mit Entzug des Kontakts zur Außenwelt und dem Zulassen von positiven Einwirkungen auf den Gefangenen zu finden.[1126] Eine umfassende Regelung über den Verkehr der Gefangenen mit der Außenwelt enthielten auch die Vorlagen von 1927 (RR-Vorlage: §§ 115-123, RT-Vorlage: §§ 122-130), wobei besondere Vorschriften noch bei den Bestimmungen über die einzelnen Strafarten zu finden waren (RR-Vorlage: §§ 154, 183 f., RT-Vorlage: §§ 161, 192 f.). Danach waren die Fristen, nach deren Ablauf Besuche empfangen und Briefe abgesendet werden durften, bei Zuchthausgefangenen länger zu bemessen als bei Gefängnisgefangenen. Bei Einschließungsgefangenen durfte auch Nichtangehöri-

---

1122 So auch § 112 Abs. 2, Satz 1 und § 113 Abs. 2, Satz 1 der DVO Preußens; § 239 Abs. 1 und § 251 Abs. 1, Satz 1 der DVO Hamburgs; § 163 Abs. 4, Satz 1 der DVO Bayerns.

1123 So auch § 112 Abs. 2, Satz 1 und § 113 Abs. 2, Satz 1 der DVO Preußens; § 239 Abs. 1 und § 251 Abs. 1, Satz 1 der DVO Hamburgs; § 164 Abs. 2 der DVO Bayerns.

1124 Vgl. zur Festungshaft auch § 176 f. der DVO Preußens, § 602 der DVO Hamburgs und § 179 der DVO Bayerns.

1125 Vgl. auch § 157 Abs. 7, 8 und § 158 Abs. 5 i.V.m. § 112 Abs. 2, Satz 1 und § 113 Abs. 2, Satz 1 der DVO Preußens; § 569 Abs. 2 und § 573 i.V.m. § 239 Abs. 1 und 251 Abs. 1, Satz 1 der DVO Hamburgs; § 183 Abs. 2 i.V.m. § 164 Abs. 2 der DVO Bayerns.

1126 Vgl. die Begründung zur Reichsratsvorlage, S. 28 f.

gen der Besuch nur bei Gefährdung der Sicherheit oder Ordnung sowie bei einem schädlichen Einfluß auf den Gefangenen versagt werden, der Schriftverkehr war zeitlichen Beschränkungen nicht unterworfen und der Gefangene durfte nach der Reichsratsvorlage auch eigenes Briefpapier verwenden.

Teil 3: Schlußbemerkung

Die Schwierigkeiten, welche bei den Versuchen zur gesetzlichen Regelung des Strafvollzuges seit 1870 immer wieder hervortraten, machen deutlich, warum es erst in den siebziger Jahren des 20. Jahrhunderts zu einem Strafvollzugsgesetz in Deutschland kam. Hervorzuheben sind dabei zum einen die finanziellen Auswirkungen sowie die unterschiedlichen Bedürfnisse der kleinen, mittleren und großen Bundesstaaten. Einzelne Bundesstaaten, darunter 1879 auch Bayern, bremsten in den Verhandlungen die Bemühungen zur Vereinheitlichung des Strafvollzuges. Grund dafür war neben der Befürchtung finanzieller Engpässe auch die generelle Ablehnung einer gesetzlichen Fixierung des Strafvollzuges. Befürchtet wurde, daß durch eine gesetzliche Regelung die Möglichkeit zur Anpassung an geänderte Verhältnisse erschwert oder unmöglich gemacht werden würde. Gerade das Scheitern des Entwurfs von 1879 zeigt, daß sich einzelne Bundesstaaten die Befugnis zur Regelung und damit auch Anpassung des Strafvollzuges nicht aus der Hand nehmen lassen wollten. Von erheblicher Bedeutung war, daß die Einzelstaaten Ende des 19. und Anfang des 20. Jahrhunderts den Einfluß des Deutschen Reichs möglichst gering halten wollten, um selber nicht an Bedeutung und Einfluß zu verlieren. So fürchteten die Länder als Folge der in dem Entwurf von 1879 geplanten Reichsaufsicht einen schleichenden Machtverlust auch in anderen Bereichen. Einen nicht zu unterschätzenden Einfluß übte zu diesem Zeitpunkt aber auch der Reichskanzler Bismarck aus, der die finanziellen Auswirkungen für die erforderlichen Umbauten für zu hoch hielt und eine zu milde Ausübung des Vollzugs der Freiheitsstrafen fürchtete.

Einen Rückschritt gegenüber dem Inhalt des Entwurfs von 1879 stellte die Ländervereinbarung von 1897 dar. Sie ließ durch eine zurückhaltende Formulierung an vielen Stellen Ausnahmen zu und war damit ein Zugeständnis an die Bedürfnisse der Einzelstaaten. Obwohl aufgrund einer fehlenden Reichsaufsicht jede Garantie dafür fehlte, daß die Vereinbarung in den Ländern umgesetzt würde, waren die Einzelstaaten bemüht, den festgelegten Grundsätze nach und nach gerecht zu werden. So wurde schließlich trotz der viele Ausnahmen zulassenden Vereinbarung von 1897 eine tatsächliche Vereinheitlichung des Strafvollzugs im Reich herbeigeführt. Dies zeigt, daß durch eine Kompromißregelung mehr erreicht werden konnte als durch einen rigoros gefaßten Gesetzentwurf, der dann aufgrund der weitgehenden Forderungen an der fehlenden Durchsetzbarkeit für die einzelnen Beteiligten gescheitert wäre.

In den Vorentwurf zu einem deutschen Strafgesetzbuch von 1909 wurden Bestimmungen über den Strafvollzug aufgenommen, obwohl auch hier wegen der zu erwartenden Kosten Kritik aufkam. Der von Kritikern des Vorentwurfs 1911 aufgestellte Gegenentwurf enthielt ebenfalls Vorschriften über den Strafvollzug, wobei darauf hingewiesen wurde, daß dadurch der Weg zur Schaffung eines Strafvollzugsgesetzes nicht versperrt, sondern geebnet werden sollte. In den Vorschlägen des Vereins deutscher Strafanstaltsbeamter von 1911 fehlte eine Reichskontrolle, so daß eine reichseinheitliche Umsetzung wie schon nach den Grundsätzen von 1897 nicht gesichert gewesen wäre. Gleiches galt für die überarbeiteten Vorschläge der Strafanstaltsbeamten von 1913. Am 7. Juni 1923 wurden schließlich die mit 233 Bestimmungen sehr umfassenden Grundsätze für den Vollzug von Freiheitsstrafen zwischen den Landesregierungen vereinbart. Sie regelten den Strafvollzug sehr detailliert und legten als Vollzugsziel die Besserung und Erziehung des Gefangenen fest. Schwierigkeiten bei der Umsetzung wurden von den kleineren Staaten und Stadtstaaten geltend gemacht, die in den Grundsätzen Vorschriften sahen, die vorrangig auf große Länder mit mehreren und verschiedenartigen Strafanstalten zugeschnitten waren. Wie schon 1897 enthielten auch die Grundsätze von 1923 keine Möglichkeit, die Länder zur Umsetzung der Bestimmungen zu zwingen. In der Praxis zeigte sich jedoch, daß die Bundesstaaten in der Folgezeit den Inhalt der Vereinbarungen zum Teil wörtlich in die nach 1923 erlassenen Dienst- und Vollzugsordnungen aufnahmen.

Hemmend wirkten sich bei den Bestrebungen zur Reformierung bzw. gesetzlichen Regelung des Strafvollzugs neben den Kosten und der Sorge der Bundesstaaten vor Machtverlust die unterschiedlichen Ansichten über den Inhalt der Reformen aus. Wesentliche Streitpunkte waren Ende des 19. und Anfang des 20. Jahrhunderts die Haftform, die Progression im Strafvollzug und deren Ausgestaltung, die Normierung von Disziplinarmitteln wie körperliche Züchtigung, Lattenstrafe und Verdunkelung der Zelle sowie die Unterbringung der Gefangenen in getrennten Anstalten. Darüber hinaus bestand keine Einigkeit über den Umfang der gesetzlichen Regelung.[1127] Einige Stimmen forderten eine umfassende, detaillierte Regelung, andere nur die Festlegung der leitenden Prinzipien des Strafvollzugs. Für eine umfassende Regelung wurde vorgebracht, daß nur sie Willkür und ungleiche Behandlung im Strafvollzug verhindern könnte. Dagegen wurde angeführt, daß sich als unpraktisch erweisende Gesetze nur schwer wieder ändern ließen und man der Verwaltung in großem Maße die Hände binde. Willkür in der Verwaltung lasse sich durch Verordnungen des Staatsoberhaupts vermeiden.

Hinzu kommt, daß der Strafvollzug nicht als ein abgeschlossenes Gebiet unabhängig von anderen Bereichen geregelt werden konnte. So erwies es sich im Laufe der Zeit immer wieder als schwierig, den Strafvollzug in Gesetzesform zu bringen, wenn eine Reform des Strafrechts bevorstand. War eine Reform des Strafensystems vorgesehen, hatte dies zwangsläufig auch Auswirkungen auf den Strafvollzug, umgekehrt galt aber auch, daß bei den Arbeiten zur Reform des Strafgesetzbuches Strafvollzugsbestimmungen eine Rolle spielten und zum Teil auch in die Entwürfe aufgenommen wurden. Durch derartige Abhängigkeiten wurde es den verantwortlichen Stellen erleichtert, bei den häufig auftauchenden Forderungen nach einem Strafvollzugsgesetz auf die bevorstehenden Änderungen des Strafensystems zu verweisen.

1127 Vgl. zum folgenden Krohne, ZStW 1 (1881), 53 (72).

Die Bestrebungen zur gesetzlichen Regelung des Strafvollzugs waren also geprägt von Meinungsverschiedenheiten zwischen dem Reich und den einzelnen Bundesstaaten sowie den einzelnen Bundesstaaten untereinander. Für das Ziel, eine Regelung zu finden, mit der sich sowohl Reich als auch Länder zufrieden geben konnten, waren die Interessen der einzelnen Beteiligten zu unterschiedlich. Über zu lange Zeit hatte sich der Strafvollzug in den einzelnen Regionen getrennt voneinander entwickelt, als daß sich eine reichseinheitliche Regelung hätte zügig durchsetzen lassen.

Quellen und Literaturverzeichnis

A. Unveröffentlichte Quellen

Bayerisches Hauptstaatsarchiv

- MA 76765	(Entwicklung eines Gefängnisgesetzes bezw. eines Gesetzes über die Vollstreckung der Freiheitsstrafen, 1875/94)
- MA 9600	(Vorentwurf zu einem deutschen Strafgesetzbuch, Band 1, 1909/11)
- MJu 13139	(Entwurf eines Gesetzes über die Vollstreckung der Freiheitsstrafen, 1874-1881)
- MJu 13140	(Entwurf eines Gesetzes über die Vollstreckung der Freiheitsstrafen, Berichte der Staatsanwälte)
- MJu 13142	(Reichsgesetzliche Regelung des Strafvollzugs 1897, Band 1)
- MJu 13143	(Reichsgesetzliche Regelung des Strafvollzugs 1897, Band 2)
- MJu 16996	(Strafvollstreckung, 1904-1914)

Bundesarchiv

- R 3001, Nr. 5595	(Strafvollstreckung und das Gefängniswesen, 1870-1877)
- R 3001, Nr. 5596	(Strafvollstreckung und das Gefängniswesen, 1878-1878)
- R 3001, Nr. 5597	(Strafvollstreckung und das Gefängniswesen, 1878-1881)
- R 3001, Nr. 5598	(Strafvollstreckung und das Gefängniswesen, 1885-1895)
- R 3001, Nr. 5599	(Strafvollstreckung und das Gefängniswesen, 1896-1899)
- R 3001, Nr. 5600	(Strafvollstreckung und das Gefängniswesen, 1902-1905)
- R 3001, Nr. 5601	(Strafvollstreckung und das Gefängniswesen, 1905-1908)
- R 3001, Nr. 5602	(Strafvollstreckung und das Gefängniswesen, 1908-1914)
- R 3001, Nr. 5603	(Strafvollstreckung und das Gefängniswesen, 1915-1921)
- R 3001, Nr. 5604	(Strafvollstreckung und das Gefängniswesen, 1921-1922)
- R 3001, Nr. 5605	(Strafvollstreckung und das Gefängniswesen, 1922-1923)

- R 3001, Nr. 5606 (Strafvollstreckung und das Gefängniswesen, 1923-1924)

- R 3001, Nr. 5607 (Strafvollstreckung und das Gefängniswesen, 1924-1925)

- R 3001, Nr. 5620 (Reichsstrafvollzugsgesetz, 1925-1926)

- R 3001, Nr. 5621 (Reichsstrafvollzugsgesetz, 1926-1927)

- R 3001, Nr. 5634 (Äußerungen der Bundesregierungen auf das Zirkularschreiben vom 25. August 1891 - Nr. 636 - betr. einheitliche Regelung des Strafvollzugs, Band 1, 1891)

- R 3001, Nr. 5638 (Anträge, Vorschläge und andere Materialien zum Gesetzentwurf über die Strafvollstreckung und das Gefängniswesen, 1872-1877)

- R 3001, Nr. 5639 (Anträge, Vorschläge und andere Materialien zum Gesetzentwurf über die Strafvollstreckung und das Gefängniswesen, 1877-1882)

- R 3001, Nr. 5640 (Anträge, Vorschläge und andere Materialien zum Gesetzentwurf über die Strafvollstreckung und das Gefängniswesen, 1882-1919)

- R 3001, Nr. 5641 (Anträge, Vorschläge und andere Materialien zum Gesetzentwurf über die Strafvollstreckung und das Gefängniswesen, 1920-1929)

- R 3001, Nr. 5652 (Manuskript des Entwurfs eines Gesetzes über die Vollstreckung der Freiheitsstrafen - vom Juli 1878 - nebst Motiven und Anlagen)

- R 3001, Nr. 5695 (Gefängniswesen in Bayern, 1906-1924)

- R 3001, Nr. 5697 (Gefängniswesen in Preußen, 1896-1927)

- R 3001, Nr. 5805 (Reform des Strafrechts, 1903-1909)

- R 3001, Nr. 5806 (Reform des Strafrechts, 1909-1911)

- R 3001, Nr. 5807 (Reform des Strafrechts, 1911-1912)

- R 3001, Nr. 5808 (Reform des Strafrechts, 1912-1913)

Geheimes Staatsarchiv Preußischer Kulturbesitz

- Hauptabteilung I, Repositur 84a, Nr. 7506
(Vorarbeiten zur Justizreform, Strafsachen und Gefängniswesen, 1917)

- Hauptabteilung I, Repositur 84a, Nr. 11734
(Akten der Zentralkommission für das Gefängniswesen betr. Allgemeines über das Gefängniswesen, 1872-1874)

- Hauptabteilung I, Repositur 77, Tit. 114, Nr. 332, Band 1
(Allgemeine Revision des Strafgesetzbuches, 1908-1910)

- Hauptabteilung I, Repositur 77, Tit. 114, Nr. 332, Band 2
(Allgemeine Revision des Strafgesetzbuches, 1910-1911)

- Hauptabteilung I, Repositur 77, Tit. 114, Nr. 332, Band 3
(Allgemeine Revision des Strafgesetzbuches, 1912-1924)

- Hauptabteilung I, Repositur 89, Nr. 18566
(Strafvollzug und Begnadigungsgesuche, Allgemeines, 1838-1899)

Staatsarchiv Hamburg

- Senatskommission für die Reichs- und auswärtigen Angelegenheiten (132-1 I), 2832
(Zulassung von Abweichungen von den Grundsätzen des Bundesrats für den Vollzug gerichtlich erkannter Freiheitsstrafen, 1917)

- Senat (111-1), Cl. I Lit. T Nr. 7 Vol. 6 Fasc. 7 Inv. 2
(Acta betr. den Entwurf eines Gesetzes über die Vollstreckung der Freiheitsstrafen, 1879/1880)

- Senat (111-1), Cl. I Lit. T Nr. 7 Vol. 6 Fasc. 7 Inv. 6
(Grundsätze von 1923, Dienst- und Vollzugsordnung Hamburgs vom 14. Oktober 1924 und Änderung)

- Gefängnisverwaltung I (242-1 I), B 75
(Strafvollstreckung nach den Vorschriften des Bundesrats, 1896-1913)

- Gefängnisverwaltung I (242-1 I), B 76
(Berichte des Direktors über die Strafvollstreckungsvorschriften im Entwurf zu einem deutschen Strafgesetzbuch, 1910)

- Gefängnisverwaltung I (242-1 I), B 88
(Dienst- und Hausordnungen, 1884-1920)

- Gefängnisverwaltung I (242-1 I), B 89
(Entwürfe von Gefängnisordnungen, 1887-1911)

- Justizverwaltung I (241-1 I), XVI A a 1 Vol. 1
(Verhandlungen betr. Regelung des Strafvollzugs durch reglementarische Vorschriften des Bundesrats, 1878/91)

- Justizverwaltung I (241-1 I), XVI A a 1 Vol. 3a
(Grundsätze betr. die Vollstreckung gerichtlich erkannter Freiheitsstrafen vom 6.11.1897, Ausführungsbestimmungen und Änderungen)

- Justizverwaltung I (241-1 I), XVI A a 1 Vol. 3b
(Grundsätze für den Vollzug von Freiheitsstrafen von 1923)

- Justizverwaltung I (241-1 I), XVI A a 1 Vol. 3c
(Dienst- und Vollzugsordnung für Hamburg)

- Justizverwaltung I (241-1 I), XVI A a 1 Vol. 5a
(Strafvollzugsgesetz, 1921/26)

- Justizverwaltung I (241-1 I), XVI A a 1 Vol. 5c
(Strafvollzugsgesetz, 1926/27)

- Justizverwaltung I (241-1 I), XVI B a 1 Vol. 3 a
(Hausordnung für Gefangene nebst Änderungen, 1890/1913)

B. Literatur

Alt, Hans-Peter: Das Problem der Todesstrafe, München 1960

Amtlicher Entwurf eines Allgemeinen Deutschen Strafgesetzbuchs nebst Begründung: veröffentlicht auf Anordnung des Reichsjustizministeriums, Erster Teil: Entwurf, Zweiter Teil: Begründung, Berlin 1925

Andrae, Alfred: Ein Reichsgesetz über den Strafvollzug, Eine Forderung des Staatsrechts zur Strafrechtsreform, GS 80 (1913), S. 407-416

Aschrott, Paul Felix: Die neuen Grundsätze über den Vollzug von Freiheitsstrafen in Deutschland, ZStW 18 (1898), S. 384-406

Aschrott, Paul Felix/Liszt, Franz von (Hrsg.): Die Reform des Reichsstrafgesetzbuchs Kritische Besprechung des Vorentwurfs zu einem Strafgesetzbuch für das Deutsche Reich unter vergleichender Berücksichtigung des österreichischen und schweizerischen Vorentwurfs, Band I: Allgemeiner Teil, Berlin 1910

Aschrott, Paul Felix/Kohlrausch, Eduard (Hrsg.): Reform des Strafrechts, Kritische Besprechung des Amtlichen Entwurfs eines Allgemeinen Deutschen Strafgesetzbuchs, Berlin und Leipzig 1926 *von Bähr:* Die Vollstreckung der Freiheitsstrafen nach den Vorschlägen des „Gegenentwurf", BlGefk 45 (1911), S. 634-637

Behrle, Alfred: Die Stellung der deutschen Sozialisten zum Strafvollzug von 1870 bis zur Gegenwart, Berlin und Leipzig 1931

Böhmer: Zur Frage der gesetzlichen Regelung des Strafvollzuges, Gutachten, BlGefk 27 (1893), S. 175-191

Bondy, Curt: Fortschritte und Hemmungen in der Strafvollzugsreform, in: Rechtsstaatsidee und Erziehungsstrafe, Heidelberg 1930, S. 90-102

Borchers, Philipp: Die Gefangenenarbeit in den deutschen Strafanstalten, BlGefk 54 (1921), S. 7-130

Böseke, Amalie: Der Stufenstrafvollzug in Deutschland von den Reichsratsgrundsätzen bis zum Entwurf eines Strafvollzugsgesetzes, Kiel 1929

Bumke, Erwin: Die Freiheitsstrafe als Problem der Gesetzgebung, in: Deutsches Gefängniswesen, Berlin 1928, S. 16-32

Bumke, Erwin (Hrsg.): Deutsches Gefängniswesen, Berlin 1928

d'Alinge, Eugène: Bessrung auf dem Wege der Individualisirung, Erfahrungen eines Praktikers über den Strafvollzug der Gegenwart, Leipzig 1865

Dalcke, Albert: Die Deutsche Strafprozeßordnung und das Gerichtsverfassungsgesetz nebst den betreffenden Einführungsgesetzen, Mit Kommentar in Anmerkungen, Berlin 1878

Degen, Richard: Die Einführung eines Stufensystems in den bayerischen Strafanstalten, MSchKrim 14 (1923), S. 6-13

Degen, Richard: Der Strafvollzug in Stufen in den bayerischen Strafanstalten, in: Schriften zum modernen Strafvollzug Nr. 1-4, S. 1-35

Denkschrift zu dem Entwurf von 1919: Dritter Teil der Entwürfe zu einem Deutschen Strafgesetzbuch, Veröffentlicht auf Anordnung des Reichs-Justizministeriums, Berlin 1920

Der Stufenstrafvollzug und die kriminalbiologische Untersuchung der Gefangenen in den bayerischen Strafanstalten: Zusammengestellt im Auftrage des bayerischen Staatsministeriums der Justiz, Band 1, München 1926

Dienstordnung für die dem Ministerium des Innern unterstellten Strafanstalten und größeren Gefängnisse vom 14. November 1902: 2. Auflage, Berlin 1906

Drucksachen zu den Verhandlungen des Bundesraths des Deutschen Reichs:
- 1879, Band 2, Nr. 56 (Entwurf eines Gesetzes über die Vollstreckung der Freiheitsstrafen)

- 1879/80, Nr. 5 (Bericht des Ausschusses für Justizwesen über die Vorlage, betreffend den Entwurf eines Gesetzes wegen Vollstreckung der Freiheitsstrafen - Nr. 56 der Drucksachen für 1879 -)
- 1896, Band 1, Nr. 54 (Entwurf von Bestimmungen über den Vollzug von Freiheitsstrafen)
- 1897, Band 1, Nr. 95 (Bericht des Ausschusses für Justizwesen über die Vorlage, betreffend den Entwurf von Bestimmungen über den Vollzug von Freiheitsstrafen - Nr. 54 der Drucksachen von 1896 -)

Düsing, Bernhard: Die Geschichte der Abschaffung der Todesstrafe in der Bundesrepublik Deutschland unter besonderer Berücksichtigung ihres parlamentarischen Zustandekommens, Schwenningen/Neckar 1952

Ehrenforth, Werner: Die Rechtsstellung des Gefangenen nach den Grundsätzen vom 7. Juni 1923 (RGBl. 1923, Teil II, Nr. 23, S. 263), Berlin 1927

Ellger, Hans: Der progressive Strafvollzug, ZStW 36 (1915), S. 554-572

Ellger, Hans: Der Strafvollzug in Stufen, BlGefk 57 (1926), S. 189-233

Ellger, Hans: Der Strafvollzug in Stufen, in: Strafvollzug in Preußen, Mannheim, Berlin, Leipzig 1928, S. 108-114

Entwurf eines Allgemeinen Deutschen Strafgesetzbuchs nebst Begründung und zwei Anlagen: Berlin 1927

Entwürfe zu einem Deutschen Strafgesetzbuch: veröffentlicht auf Anordnung des Reichs-Justizministeriums, Berlin 1920

Finkelnburg, Karl: Die „Grundsätze über den Vollzug der Freiheitsstrafen" vom 7. Juni 1923 Mitteilungen der Deutschen Landesgruppe der Internationalen kriminalistischen Vereinigung, 19. Versammlung zu Hamburg vom 11. bis 13. Juni 1924, Band 22 (1924), S. 59-76

Föhring, H.: Die Reform und der heutige Stand des Gefängnißwesens in Hamburg, Hamburg 1883

Frede, Lothar: Die vom Reichsrat am Entwurf des Strafvollzugsgesetzes vorgenommenen Änderungen, ZStW 48 (1928), S. 305-329

Frede, Lothar/Grünhut, Max: Reform des Strafvollzugs, Kritische Beiträge zu dem Amtlichen Entwurf eines Strafvollzugsgesetzes, Berlin und Leipzig 1927

Freudenthal, Berthold: Die rechtliche Stellung des Gefangenen, in: Deutsches Gefängniswesen, Berlin 1928, S. 141-146

Freudenthal, Berthold: Die staatsrechtliche Stellung des Gefangenen, in: Rektoratswechsel an der Akademie für Sozial- und Handelswissenschaften zu Frankfurt a.M. am 3. November 1909, Jena 1910

Freudenthal, Berthold: Theorie und Praxis in der Strafvollzugsreform, Deutsche Strafrechts-Zeitung 1914, Sp. 488-492

Frommel, Monika: Präventionsmodelle in der deutschen Strafzweck-Diskussion, Berlin 1987

Frommel, Monika: C. J. A. Mittermaiers Konzeption einer praktischen Strafrechtswissenschaft, in: Wilfried Küper (Hrsg.), Carl Joseph Anton Mittermaier, Heidelberg 1988, S. 73-90

Fulda, Karl: Die Gefängnißverbesserung und der Strafvollzug im Deutschen Reiche, Marburg 1880

Gegenentwurf zum Vorentwurf eines deutschen Strafgesetzbuchs: Aufgestellt von: Kahl, W./Liszt von, Franz/Lilienthal von, K./Goldschmidt, J., Berlin 1911

Gennat: Die Vorschläge zu einem Strafvollzugsgesetz, BlGefk 46 (1912), S. 315-378

Gennat: Die Vorschläge zu einem Strafvollzugsgesetz, BlGefk 48 (1914), S. 66-185

Gennat: Reichsaufsicht im künftigen Strafvollzuge?, ZStW 36 (1915), S. 49-59

Gentz, Werner: Der moderne Strafvollzug, ZStW 46 (1925), S. 129-152

Gentz, Werner: Ein Jahr progressiver Strafvollzug in Preußen, ZStW 47 (1927), S. 375-396

Grünhut, Max: Bericht über die dritte Tagung der Arbeitsgemeinschaft für die Reform des Strafvollzuges, MSchKrim 18 (1927), S. 104-108

Grünhut, Max: Der amtliche Entwurf eines Reichsstrafvollzugsgesetzes, DRiZ 1927, S. 325-328

Guckenheimer, Ed.: Gefängnisarbeit in Hamburg seit 1622, in: Rechtsstaatsidee und Erziehungsstrafe, Heidelberg 1930, S. 103-121

Hattenhauer, Hans: Die geistesgeschichtlichen Grundlagen des deutschen Rechts, 4. Auflage, Heidelberg 1996

von Hippel, R.: Die geschichtliche Entwicklung der Freiheitsstrafe, in: Deutsches Gefängniswesen, Berlin 1928, S. 1-15

Hofmann, Wilhelm: Der Strafvollzug in Stufen in Deutschland in Geschichte und Gegenwart, Würzburg 1936

von Holtzendorff, Franz: Die Richtungen des Strafvollzuges und der gegenwärtige Stand der sachverständigen Meinungen, Stuttgart 1886

von Holtzendorff, Franz/von Jagemann, Eugen (Hrsg.): Handbuch des Gefängnisswesens, Erster Band, Hamburg 1888

von Holtzendorff, Franz/von Jagemann, Eugen (Hrsg.): Handbuch des Gefängnisswesens, Zweiter Band, Hamburg 1888

von Jagemann, Eugen: Vor- und Gegenentwurf zu einem deutschen Strafgesetzbuch als Stufen des Fortschritts, MSchKrim 8 (1911/12), S. 193-208

von Jagemann, Eugen: Das Deutsche Gefängnisswesen seit 1830, Gemeinsame Bestrebungen und Errungenschaften, in: Handbuch des Gefängnisswesens, Band 1 (1888), S. 142-160

Junghans: Zur Frage der gesetzlichen Regelung des Strafvollzugs, Gutachten, BlGefk 28 (1895), S. 1-9

Keller, Dieter: Die Todesstrafe in kritischer Sicht, Berlin 1968

Kitzinger, F.: Randbemerkungen zum Vorentwurf eines Reichsstrafgesetzbuches, ZStW 31 (1911), S. 204-228

Klein: Der Strafvollzug und die neue Reichsverfassung, Deutsche Strafrechts-Zeitung 1920, Sp. 16-19

Klein: Gefängniswesen, ZStW 35 (1914), S. 814-820

Klein: Vorschläge zu einem Entwurf eines Reichsgesetzes über den Vollzug der gerichtlich erkannten Freiheitsstrafen, ZStW 33 (1912), S. 643-668

Klein: Zur Würdigung des Dualismus in der preußischen Gefängnisverwaltung, MSchrKrim Bd. 6 (1909/1910), S. 132-145

Klein, Alexander: Die Vorschriften über Verwaltung und Strafvollzug in den Preußischen Justizgefängnissen, 2. Auflage, Berlin 1910

Klein, Alexander: Die Vorschriften über Verwaltung und Vollzug in den Gefangenanstalten der Preußischen Justizverwaltung, 4. Auflage, Berlin 1924

Koch, Bernd: Das System des Stufenstrafvollzugs in Deutschland unter besonderer Berücksichtigung seiner Entwicklungsgeschichte, Freiburg im Breisgau 1972

Koch, Christian: Zu dem Strafvollzug in Stufen, in: Schriften zum modernen Strafvollzug Nr. 1-4, S. 74-87

Krause, Thomas: Geschichte des Strafvollzugs von den Kerkern des Altertums bis zur Gegenwart, Darmstadt 1999

Krebs, Albert: Freiheitsentzug, Entwicklung von Praxis und Theorie seit der Aufklärung, herausgegeben von Heinz Müller-Dietz, Berlin 1978

Kriegsmann, Nikolaus Hermann: Einführung in die Gefängniskunde, Heidelberg 1912

Krohne, Karl: Der gegenwärtige Stand der Gefängniswissenschaft, ZStW 1 (1881), S. 53-92

Krohne, Karl: Lehrbuch der Gefängniskunde unter Berücksichtigung der Kriminalstatistik und Kriminalpolitik, Stuttgart 1889

Krohne, Karl: Freiheitsstrafen und Strafvollzug nach dem Vorentwurf, Mitteilungen der Internationalen kriminalistischen Vereinigung, Band 18 (1911), S. 245-261

Krohne, Karl/Uber, Rudolf (Hrsg.): Die Strafanstalten und Gefängnisse in Preußen, Erster Theil: Anstalten in der Verwaltung des Ministeriums des Innern, Berlin 1901

Küper, Wilfried (Hrsg.): Carl Joseph Anton Mittermaier, Symposium 1987 in Heidelberg, Vorträge und Materialien, Heidelberg 1988

Langer, Georg: Der Vorentwurf zum Strafgesetzbuch und der progressive Strafvollzug, ZStW 31 (1911), S. 167-190

Laubenthal, Klaus: Strafvollzug, 2. Auflage, Berlin 1998

Leder, Karl Bruno: Todes-Strafe - Ursprung, Geschichte, Opfer, Wien, München 1980

Leonhard, Walter: Die modernen Strafrechtsideen und der Strafvollzug, Neudruck der Ausgabe Leipzig 1910, Aalen 1978

Liepmann, Moritz: Die „Grundsätze über den Vollzug der Freiheitsstrafen" vom 7. Juni 1923, Mitteilungen der Deutschen Landesgruppe der Internationalen kriminalistischen Vereinigung, 19. Versammlung zu Hamburg vom 11. bis 13. Juni 1924, Band 22 (1924), S. 32-58

Liepmann, Moritz: Amerikanische Gefängnisse und Erziehungsanstalten, Ein Reisebericht von M. Liepmann, in: Hamburgische Schriften zur gesamten Strafrechtswissenschaft, Band 11, Mannheim, Berlin, Leipzig, 1927

von Lilienthal, Karl: Der Vorentwurf zu einem deutschen Strafgesetzbuch, ZStW 30 (1910), S. 224-249

von Liszt, Franz: Gefängnisrecht, ZStW 35 (1914), S. 657-659

von Liszt, Franz: Strafrechtliche Aufsätze und Vorträge, Erster Band: 1875 bis 1891, Berlin 1905

von Liszt, Franz: Vorentwurf zum Strafgesetzbuch, Mitteilungen der Internationalen kriminalistischen Vereinigung, Band 18 (1911), S. 228-244

von Liszt, Franz: Das Deutsche Gefängnisswesen seit 1830, Preussen, Königreich Sachsen und die übrigen Norddeutschen Staaten, in: Handbuch des Gefängnisswesens, Band 1 (1888), S. 161-186

May: Gefängnisreformen, DRiZ 1926, S. 240-241

Mayer, Paul: Der Strafvollzug in Stufen, Nach dem Stande der preußischen „Verordnung über den Strafvollzug in Stufen" vom 7. Juni 1929, Köln 1931

von Michaelis: Stellungnahme zu den Vorschlägen zu einem Reichsgesetz über den Vollzug der Freiheitsstrafe und sichernden Maßnahmen, BlGefk 48 (1914), S. 205-215

Michal: Freiheitsstrafen und sichernde Maßnahmen im Vorentwurfe zum Deutschen Strafgesetzbuch, BlGefk 45 (1911), S. 173-203

Mittelstädt, Otto: Gegen die Freiheitsstrafen, Leipzig 1879

Mittermaier, Karl Joseph Anton: Der gegenwärtige Zustand der Gefängnißfrage mit Rücksicht auf die neuesten Leistungen der Gesetzgebung und Erfahrungen über Gefängniseinrichtung mit besonderer Beziehung auf Einzelnhaft, Erlangen 1860

Mittermaier, W.: Zum Vorentwurf eines Reichs-Strafgesetzbuches, ZStW 30 (1910), S. 623-634

Motive zu dem Entwurf einer Deutschen Strafprozeßordnung: Nach den Beschlüssen der von dem Bundesrath eingesetzten Kommission, Berlin 1873

Müller-Dietz, Heinz: Konturen eines neuen Strafvollzugsgesetzes, GA 1970, S. 257-272

Müller-Dietz, Heinz: Strafvollzugsgesetzgebung und Strafvollzugsreform, Köln, Berlin, Bonn, München 1970

Müller-Dietz, Heinz: Der Strafvollzug im Werk Mittermaiers, in: Wilfried Küper (Hrsg.), Carl Joseph Anton Mittermaier, Heidelberg 1988, S. 109-137

Nagler, Johannes: Das Progressivsystem, GS 94 (1927), S. 327-346

Oetker, Friedrich: Strafen und sichernde Maßnahmen nach dem Vorentwurf zu einem deutschen Strafgesetzbuch, in: Kleine strafrechtliche Schriften, Band 21, Stuttgart 1910

Otto, Wilfried: Die Festungshaft, Ihre Vorläufer, Geschichte und Zukunft, Magdeburg 1938

Pietsch: Ein Beitrag zur geschichtlichen Entwicklung des Strafvollzuges, ZStW 36 (1915), S. 742-768

Plischke, Rudolf: Historische Rückblicke ins 18. und 19. Jahrhundert zum Stufenstrafvollzug, MSchKrim 1928, S. 417-429

Protokolle der Kommission für die Reform des Strafprozesses: herausgegeben vom Reichsjustizamt, Erster Band: Erste Lesung, Zweiter Band: Zweite Lesung und Zusammenstellung der Beschlüsse, Berlin 1905

Quedenfeld, Hans Dietrich: Der Strafvollzug in der Gesetzgebung des Reiches und der Länder, Tübingen 1971

Radbruch, Gustav: Die Psychologie der Gefangenschaft, ZStW 32 (1911), S. 339-354

Radbruch, Gustav: Regierungsvorlage 1922 und Reichsratsvorlage 1924, ZStW 45 (1925), S. 417-420

Radbruch, Gustav: Strafrecht und Strafverfahren, in: Gustav Radbruch-Gesamtausgabe, Band 8: Strafrecht II, bearbeitet von Arthur Kaufmann, Heidelberg 1998, S. 97-124

Radbruch, Gustav: Gesamtausgabe, Band 9: Strafrechtsreform, bearbeitet von Rudolf Wassermann, Heidelberg 1992

Radbruch, Gustav: Der Erziehungsgedanke im Strafwesen, in: Gustav Radbruch-Gesamtausgabe, Band 10: Strafvollzug, bearbeitet von Heinz Müller-Dietz, Heidelberg 1994, S. 71-79

Gustav Radbruchs Entwurf eines Allgemeinen Deutschen Strafgesetzbuches (1922): Mit einem Geleitwort von Thomas Dreher und einer Einleitung von Eberhard Schmidt, Tübingen 1952

Regensburger, Eckhard: Ideengeschichtliche Grundlagen des Strafvollzugs der Gegenwart, Mainz 1966

Reich: Zum künftigen Strafvollzugsgesetze, BlGefk 47 (1913), S. 9-42

Reich: Bemerkungen zum Strafvollzugsgesetzentwurf, BlGefk 48 (1914), S. 186-204

Reichsrats-Drucksachen: 1923, Nr. 86

Rubo, Ernst Traugott: Kommentar über das Strafgesetzbuch für das deutsche Reich und das Einführungsgesetz vom 31. Mai 1870 sowie die Ergänzungsgesetze vom 10. Dezember 1871 und 26. Februar 1876, Berlin 1879

Schattke, Herbert: Die Geschichte der Progression im Strafvollzug und der damit zusammenhängenden Vollzugsziele in Deutschland, Frankfurt am Main, Bern, Las Vegas 1979

Schmidt, Eberhard: Freiheitsstrafe, Ersatzfreiheitsstrafe und Strafzumessung im Alternativ-Entwurf eines Strafgesetzbuchs, NJW 1967, S. 1929-1940

Schreiber: Zur Reform des Strafvollzugs, ZStW 36 (1915), S. 133-158

Schubert, Werner: Quellen zur Reform des Straf- und Strafprozeßrechts, I. Abteilung, Band 5: Entwürfe zu einem Strafvollzugsgesetz (1927-1932) und zu einem Einführungsgesetz zum Allgemeinen Deutschen Strafgesetzbuch und zum Strafvollzugsgesetz (1929-1930), Berlin, New York 1999

Schubert, Werner: Der Ausbau der Rechtseinheit unter dem Norddeutschen Bund, in: Festschrift für Rudolf Gmür, Bielefeld 1983, S. 149-189

Schubert, Werner (Hrsg.): Akademie für Deutsches Recht 1933-1945, Protokolle der Ausschüsse, Band VIII, Ausschüsse für Strafrecht, Strafvollstreckungsrecht, Wehrstrafrecht, Strafgerichtsbarkeit der SS und des Reichsarbeitsdienstes, Polizeirecht sowie für Wohlfahrts- und Fürsorgerecht (Bewahrungsrecht), Frankfurt am Main 1999

Schubert, Werner (Hrsg.): Strafgesetzbuch für den Norddeutschen Bund, Entwurf vom 14.2.1870 (Reichstagsvorlage), Band 2 zu den Quellen zum Strafgesetzbuch von 1870 aus der Kodifikationsgeschichte Strafrecht, Frankfurt am Main 1992

Schubert, Werner (Hrsg.): Protokolle der Kommission für die Reform des Strafprozesses (1903-1905), Erster Band: Erste Lesung, Zweiter Band: Zweite Lesung und Zusammenstellung der Beschlüsse, Frankfurt am Main 1991

Schubert, Werner (Hrsg.): Protokolle der Kommission für die Reform des Strafgesetzbuches (1911-1913), Band 1: Allgemeiner Teil des Vorentwurfs in 1. Lesung, Protokolle 1-70, Frankfurt am Main 1990

Schubert, Werner/Regge, Jürgen: Quellen zur Reform des Straf- und Strafprozeßrechts, I. Abteilung: Weimarer Republik (1918-1932), Band 1: Entwürfe zu einem Strafgesetzbuch (1919, 1922, 1924/25 und 1927), Berlin, New York 1995

Schubert, Werner/Regge, Jürgen (Hrsg.): Entstehung und Quellen der Strafprozeßordnung von 1877

Schüler-Springorum, Horst: Strafvollzug im Übergang, Studien zum Stand der Vollzugsrechtslehre, Göttingen 1969

Sichart: Zur Frage der gesetzlichen Regelung des Strafvollzugs, Gutachten, BlGefk 27 (1893), S. 192-200

Stenographische Berichte über die Verhandlungen des Deutschen Reichstags 1874-1903

Stenographische Berichte über die Verhandlungen des Reichstags des Norddeutschen Bundes 1870

Streng, Adolf: Rückblick auf die Entwicklung des Gefängniswesens und Strafvollzuges im deutschen Reiche, ZStW 3 (1883), S. 441-456

Streng, Adolf: Über gesetzliche Regelung des Strafvollzuges, GS 27 (1875), S. 175-190

Streng, Adolf: Studien über die Entwicklung, Ergebnisse und Gestaltung des Vollzugs der Freiheitsstrafe in Deutschland, Stuttgart 1886

Stumpf: Vergleichende Darstellung der reichsrätlichen Grundsätze für den Vollzug von Freiheitsstrafen vom 7. Juni 1923, BlGefk 57 (1926), S. 170-188

Tauffer, Emil: Bemerkungen zu dem Gesetzentwurf über die Vollstreckung der Freiheitsstrafen im Deutschen Reiche, GS 31 (1879), S. 161-220

Vorentwurf zu einem Deutschen Strafgesetzbuch: Bearbeitet von der hierzu bestellten Sachverständigen-Kommission. Veröffentlicht auf Anordnung des Reichs-Justizamtes, Berlin 1909

Vorschläge zu einem Reichsgesetz über den Vollzug der Freiheitsstrafen und sichernden Maßnahmen: Aufgestellt auf Grund eines Beschlusses der XVI. Versammlung des Vereins der Deutschen Strafanstaltsbeamten (E.V.) in einer Kommission von Mitgliedern des Vereinsausschusses (I. Lesung, 1911) und nachgeprüft in einer erweiterten Kommission (II. Lesung, 1913), BlGefk 47 (1913), Sonderheft A (Gesetzesvorschläge) und Sonderheft B (Einleitung und Begründung)

Wach, Adolf: Die Reform der Freiheitsstrafen, Leipzig 1890

Weiß: Wie wirken sich die Reichs-Grundsätze für den Vollzug von Freiheitsstrafen vom 7. Juni 1923 in den Dienst- und Vollzugsordnungen der Länder aus?, MSchKrim 16 (1925), S. 166-190

Wirth: Beiträge zur Frage über die gesetzliche Regelung des Strafvollzugs, BlGefk 8 (1873), S. 97-113

Zirker: Vereins-Bericht. 9. und 10. September 1924 zweite Tagung der Arbeitsgemeinschaft für Reform des Strafvollzuges in Frankfurt am Main, MSchKrim 16 (1925), S. 86-94

Zirker: Versammlungsberichte. Erste Tagung der Arbeitsgemeinschaft für Reform des Strafvollzugs am 18. und 19. Januar 1924 in Eisenach, MSchKrim 15 (1924), S. 102-105

Zusammenstellung der gutachtlichen Äußerungen über den Vorentwurf zu einem Deutschen Strafgesetzbuch: gefertigt im Reichs-Justizamt, Berlin 1911

RECHTSHISTORISCHE REIHE

Band 1 Studien zu den germanischen Volksrechten. Gedächtnisschrift für Wilhelm Ebel. Vorträge gehalten auf dem Fest-Symposion anläßlich des 70. Geburtstages von Wilhelm Ebel am 16. Juni 1978 in Göttingen. Götz Landwehr (Hrsg.) 1982.

Band 2 Hans Poeschel: Die Statuten der Banken, Sparkassen und Kreditgenossenschaften in Hamburg und Altona von 1710 bis 1889. 1978.

Band 3 Thomas Kolbeck: Juristenschwemmen, Untersuchungen über den juristischen Arbeitsmarkt im 19. und 20. Jahrhundert. 1978.

Band 4 Norbert Hempel: Richterleitbilder in der Weimarer Republik. 1978.

Band 5 Rolf Stratmann: Die Scheinbußen im mittelalterlichen Recht. 1978.

Band 6 Martin C. Lockert: Die niedersächsischen Stadtrechte zwischen Aller und Weser. Vorkommen und Verflechtungen. Eine Bestandsaufnahme. 1979.

Band 7 Joachim Rückert/Wolfgang Friedrich: Betriebliche Arbeiterausschüsse in Deutschland, Großbritannien und Frankreich im späten 19. und frühen 20. Jahrhundert. Eine vergleichende Studie zur Entwicklung des kollektiven Arbeitsrechts. 1979.

Band 8 Peter Bender: Die Rezeption des römischen Rechts im Urteil der deutschen Rechtswissenschaft. 1979.

Band 9 Friedrich Karl Alsdorf: Untersuchungen zur Rechtsgestalt und Teilung deutscher Ganerbenburgen. 1980.

Band 10 Dietmar Willoweit/Winfried Schich (Hrsg.): Studien zur Geschichte des sächsisch-magdeburgischen Rechts in Deutschland und Polen (Sammelband). 1980.

Band 11 Brigitte Hempel: Der Entwurf einer Polizeiordnung für das Herzogtum Sachsen-Lauenburg aus dem Jahre 1591. 1980.

Band 12 Klaus-Detlev Godau-Schüttke: Rechtsverwalter des Reiches. Staatssekretär Dr. Curt Joël. 1981.

Band 13 Rainer Polley: Anton Friedrich Justus Thibaut (AD 1772-1840) in seinen Selbstzeugnissen und Briefen. Teil 1: Abhandlung. Teil 2: Briefwechsel. Teil 3: Register zum Briefwechsel. 1982.

Band 14 Michael Wettengel: Der Streit um die Vogtei Kelkheim 1275-1276. Ein kanonischer Prozeß.1981.

Band 15 Otto Wilhelm Krause: Naturrechtler des sechzehnten Jahrhunderts. Ihre Bedeutung für die Entwicklung eines natürlichen Privatrechts. 1982.

Band 16 Helga Spindler: Von der Genossenschaft zur Betriebsgemeinschaft. Kritische Darstellung der Sozialrechtslehre Otto von Gierkes. 1982.

Band 17 Holger Otte: Gustav Radbruchs Kieler Jahre 1919 - 1926. 1982.

Band 18 Rüdiger Teuner: Die fuldische Ritterschaft 1510 - 1656. 1982.

Band 19 Gerhard Dilcher/Rudolf Hoke/Gian Savino Pene Vidari/Hans Winterberg (Hrsg.): Grundrechte im 19. Jahrhundert. 1982.

Band 20 Karl-Hans Schloßstein: Die westfälischen Fabrikengerichtsdeputationen - Vorbilder, Werdegang und Scheitern. 1982.

Band 21 Birger Schulz: Der Republikanische Richterbund (1921-1933). 1982.

Band 22 Engelbert Krause: Die gegenseitigen Unterhaltsansprüche zwischen Eltern und Kindern in der deutschen Privatrechtsgeschichte. 1982.

Band 23 Meent W. Francksen: Staatsrat und Gesetzgebung im Großherzogtum Berg (1806-1813). 1982.

Band 24 Gerd von Sonnleithner: Bearbeitung des Handelsrechts durch Ignaz von Sonnleithner in seinem "Leitfaden über das österreichische Handels- und Wechselrecht". 1982.

Band 25 Rudolf Palme: Rechts-, Wirtschafts- und Sozialgeschichte der inneralpinen Salzwerke bis zu deren Monopolisierung. 1983.

Band 26 Helen Bosshard: Pestalozzis Staats- und Rechtsverständnis und seine Stellung in der Aufklärung. 1983.

Band 27 Jens Jessen: Die Selbstzeugnisse der deutschen Juristen. Erinnerungen, Tagebücher und Briefe. Eine Bibliographie. 1983.

Band 28 Günter Martin Jensen: Das Domanium Waldeck. Die rechtliche Zuordnung eines Fürstenvermögens. 1984.

Band 29 Johann Heinrich Kumpf: Petitionsrecht und öffentliche Meinung im Entstehungsprozeß der Paulskirchenverfassung 1848/49. 1983.

Band 30 Sabine Frey: Rechtsschutz der Juden gegen Ausweisungen im 16. Jahrhundert. 1983.

Band 31 Dietrich Joswig: Die germanische Grundstücksübertragung. 1984.

Band 32 Andreas Baryli: Konzessionssystem contra Gewerbefreiheit. Zur Diskussion der österreichischen Gewerberechtsreform 1835 bis 1860. 1984.

Band 33 Gerhard Oberkofler: Studien zur Geschichte der österreichischen Rechtswissenschaft. 1984.

Band 34 Rudolf Lauda: Kaufmännische Gewohnheit und Burgrecht bei Notker dem Deutschen. Zum Verhältnis von literarischer Tradition und zeitgenössischer Realität in der frühmittelalterlichen Rhetorik. 1984.

Band 35 Jens Jensen: Die Ehescheidung des Bischofs Hans von Lübeck von Prinzessin Julia Felicitas von Württemberg-Weiltingen AD 1648-1653. Ein Beitrag zum protestantischen Ehescheidungsrecht im Zeitalter des beginnenden Absolutismus. 1984.

Band 36 Horst Schröder: Friedrich Karl von Savigny. Geschichte und Rechtsdenken beim Übergang vom Feudalismus zum Kapitalismus in Deutschland. 1984.

Band 37 Andreas Hatzung: Dogmengeschichtliche Grundlagen und Entstehung des zivilrechtlichen Notstands. 1984.

Band 38 Matthias Klasen: Das Billwerder Landrecht. Landrecht und Landgericht in den Hamburger Elbmarschen. 1985.

Band 39 Rainer Jamin: Aufbau, Tätigkeit und Verfahren der Auseinandersetzungsbehörden bei der Durchführung der preußischen Agrarreformen. 1985.

Band 40 Henry Winter: Teilschuld, Gesamtschuld und unechte Gesamtschuld. Zur Konzeption der §§ 420 ff. BGB - Ein Beitrag zur Entstehungsgeschichte des BGB. 1985.

Band 41 Hermann Eichler: Verfassungsbewegung in Amerika und Europa. 1985.

Band 42 Dagmar Bandemer: Heinrich Albert Zachariae. Rechtsdenken zwischen Restauration und Reformation. 1985.

Band 43 Eva-Christine Frentz: Das Hamburgische Admiralitätsgericht (1623-1811). Prozeß und Rechtsprechung. 1985.

Band 44 Karl Lillig: Rechtsetzung im Herzogtum Pfalz-Zweibrücken während des 18. Jahrhunderts. Ein Beitrag zur Geschichte der territorialen Rechtsbildung. 1985.

Band 45 Walter Weber: Die Entwicklung der Sparkassen zu selbständigen Anstalten des öffentlichen Rechts. Ein Beitrag zur Entwicklung des Anstaltsbegriffs im 19. Jahrhundert. 1985.

Band 46 Bärbel Baum: Der Stabreim im Recht. Vorkommen und Bedeutung des Stabreims in Antike und Mittelalter. 1986.

Band 47 Hans Popp: Die nationalsozialistische Sicht einiger Institute des Zivilprozeß- und Gerichtsverfassungsrechts. 1986.

Band 48 John Karl-Heinz Montag: Die Lehrdarstellung des Handelsrechts von Georg Friedrich von Martens bis Meno Pöhls. Die Wissenschaft des Handelsrechts im ersten Drittel des 19. Jahrhunderts. 1986.

Band 49 Volker D. Anhäusser: Das internationale Obligationenrecht in der höchstrichterlichen Rechtsprechung des 19. Jahrhunderts. 1986.

Band 50 Udo Beer: Die Juden, das Recht und die Republik. Verbandswesen und Rechtsschutz 1919-1933. 1986.

Band 51 Herbert Grziwotz: Der moderne Verfassungsbegriff und die "Römische Verfassung" in der deutschen Forschung des 19. und 20. Jahrhunderts. 1986.

Band 52 Ralf Conradi: Karl Friedrich Eichhorn als Staatsrechtslehrer. Seine Göttinger Vorlesung über "Das Staatsrecht der deutschen Bundesstaaten" nach einer Kollegmitschrift aus dem Wintersemester 1821/22. 1987.

Band 53 Dieter Dannreuther: Der Zivilprozeß als Gegenstand der Rechtspolitik im Deutschen Reich 1871 - 1945. Ein Beitrag zur Geschichte des Zivilprozeßrechts in Deutschland. 1987.

Band 54 Stephan Felix Pauly: Organisation, Geschichte und Praxis der Gesetzesauslegung des (Königlich) Preußischen Oberverwaltungsgerichtes 1875 - 1933. 1987.

Band 55 Rüdiger Schulz: Die Entstehung des Seerechts des Allgemeinen Deutschen Handelsgesetzbuches unter besonderer Berücksichtigung der Bestimmungen über die Reederei, den Schiffer und die Schiffsmannschaft. 1987.

Band 56 Reinhold Reis: Deutsches Privatrecht in den Weistümern der Zenten Schriesheim und Kirchheim. 1987.

Band 57 Jürgen Christoph: Die politischen Reichsamnestien 1918 - 1933. 1987.

Band 58 Gerhard Oberkofler/Eduard Rabofsky: Hans Kelsen im Kriegseinsatz der k.u.k.-Wehrmacht. Eine kritische Würdigung seiner militärtheoretischen Angebote. 1988.

Band 59 Arne Wulff: Staatssekretär Prof. Dr. Dr. h.c. Franz Schlegelberger. 1876-1970. 1991.

Band 60 Gerhard Köbler (Hrsg.): Wege europäischer Rechtsgeschichte. Karl Kroeschell zum 60. Geburtstag. 1987.

Band 61 Rüdiger Hütte: Der Gemeinschaftsgedanke in den Erbrechtsreformen des Dritten Reichs. 1988.

Band 62 Markus Göldner: Politische Symbole der europäischen Integration. Fahne, Hymne, Hauptstadt, Paß, Briefmarke, Auszeichnungen. 1988.

Band 63 Wolfgang Kröner: Freiheitsstrafe und Strafvollzug in den Herzogtümern Schleswig, Holstein und Lauenburg von 1700 bis 1864. 1988.

Band 64 Werner Gaile: Die Norder Theelacht. 1988.

Band 65 Karl v. Kempis: Andreas Gaill (1526 - 1587). Zum Leben und Werk eines Juristen der frühen Neuzeit. 1988.

Band 66 Wolf-Rüdiger Osburg: Die Verwaltung Hamburgs in der Franzosenzeit. 1811-1814. 1988.

Band 67 Christian Schudnagies: Hans Frank. Aufstieg und Fall des NS-Juristen und Generalgouverneurs. 1988.

Band 68 Otmar Jung: Senatspräsident Freymuth. Richter, Sozialdemokrat und Pazifist in der Weimarer Republik. Eine politische Biographie. 1989.

Band 69 Joachim Lohner: Das landeshauptmannschaftliche Gericht in Oberösterreich zu Beginn der Neuzeit. Eine Darstellung des oberösterreichischen Prozeßrechts am obersten Territorialgericht des Landes anhand der oberösterreichischen Landtafel.1989.

Band 70 Bernd Klemann: Rudolf von Jhering und die Historische Rechtsschule. 1989.

Band 71 Adalbert Langer: Männer um die österreichische Zivilprozeßordnung 1895. Zusammenspiel / Soziales Ziel. 1990.

Band 72 Robert-Dieter Klee: Die Landessuperintendentur Lauenburg. Ursprung und Entwicklung sowie Ende der Sonderstellung des Kirchenkreises Herzogtum Lauenburg durch die nordelbische Kirchenvereinigung. 1989.

Band 73 Heinrich Herrmann: Die Gehöferschaften im Bezirk Trier. 1989.

Band 74 Wilhelm Brauneder, Franz Baltzarek (Hrsg.): Modell einer neuen Wirtschaftsordnung. Wirtschaftsverwaltung in Österreich 1914 - 1918. 1991.

Band 75 Thomas Dreyer: Die "Assecuranz- und Haverey-Ordnung" der Freien und Hansestadt Hamburg von 1731. 1990.

Band 76 Bernhard Sendler: Die Rechtssprache in den süddeutschen Stadtrechtsreformationen. 1990.

Band 77 Brigitte Lehmann: Ehevereinbarungen im 19. und 20. Jahrhundert. 1990.

Band 78 Michael Sunnus: Der NS-Rechtswahrerbund (1928-1945). Zur Geschichte der nationalsozialistischen Juristenorganisation. 1990.

Band 79 Stefan Schulz: Die historische Entwicklung des Rechts an Bienen. (§§ 961 - 964 BGB). 1990.

Band 80 Gerhard Lingelbach, Heiner Lück (Hrsg.): Deutsches Recht zwischen Sachsenspiegel und Aufklärung. Rolf Lieberwirth zum 70. Geburtstag dargebracht von Schülern, Freunden und Kollegen, herausgegeben von Gerhard Lingelbach und Heiner Lück. 1991.

Band 81 Manfred Krohn: Die deutsche Justiz im Urteil der Nationalsozialisten 1920 - 1933. 1991.

Band 82 Angelika Kühn: Privilegierung nationaler Minderheiten im Wahlrecht der Bundesrepublik Deutschland und Schleswig-Holsteins. 1991.

Band 83 Georg Brun: Leben und Werk des Rechtshistorikers Heinrich Mitteis unter besonderer Berücksichtigung seines Verhältnisses zum Nationalsozialismus. 1991.

Band 84 Wolfgang Simon: Claudius Freiherr von Schwerin. Rechtshistoriker während dreier Epochen deutscher Geschichte. 1991.

Band 85 Friedrich-Carl Wachs: Das Verordnungswerk des Reichsdemobilmachungsamtes. Stabilisierender Faktor zu Beginn der Weimarer Republik. 1991.

Band 86 Jens-Uwe Petersen: Die Vorgeschichte und die Entstehung des Mieterschutzgesetzes von 1923 nebst der Anordnung für das Verfahren vor dem Mieteinigungsamt und der Beschwerdestelle. 1991.

Band 87 Ulrike Haibach: Familienrecht in der Rechtssprache. Die historische Entwicklung zentraler Ausdrücke des geltenden Familienrechts. 1991.

Band 88 Joern Christian Nissen: Die Beratungen des Seeversicherungsausschusses der Akademie für Deutsches Recht zu einem neuen Seeversicherungsgesetz (1934-1939). Ein Beitrag zur Entwicklung der allgemeinen Lehren des Seeversicherungsrechts unter besonderer Berücksichtigung des Handelsgesetzbuchs und der Allgemeinen Deutschen Seeversicherungs-Bedingungen 1919. 1991.

Band 89 Diethard Bühler: Die Entstehung der allgemeinen Vertragsschluß-Vorschriften im Allgemeinen Deutschen Handelsgesetzbuch (ADHGB) von 1861. Ein Beitrag zur Kodifikationsgeschichte des Privatrechts im 19. Jahrhundert. 1991.

Band 90 Gerhard Oberkofler: Die Vertreter des Römischen Rechts mit deutscher Unterrichtssprache an der Karls-Universität in Prag. Vom Vormärz bis 1945. 1991.

Band 91 Ulrich Andermann: Ritterliche Gewalt und bürgerliche Selbstbehauptung. Untersuchungen zur Kriminalisierung und Bekämpfung des spätmittelalterlichen Raubrittertums am Beispiel norddeutscher Hansestädte. 1991.

Band 92 Heinz Marcus Hanke: Luftkrieg und Zivilbevölkerung. Der kriegsvölkerrechtliche Schutz der Zivilbevölkerung gegen Luftbombardements von den Anfängen bis zum Ausbruch des Zweiten Weltkrieges. 1991.

Band 93 Kirsten Kraglund: Familien- und Erbrecht. Materielles Recht und Methoden der Rechtsanwendung in der Rechtsprechung des Oberappellationsgerichts der vier Freien Städte Deutschlands zu Lübeck. 1991.

Band 94 Reinhard Lorenz: Die politische und rechtliche Stellung des Proletariats in Preußen in der Zeit zwischen den Reformen und der Revolution 1848/49. 1991.

Band 95 Eric Hilgendorf: Die Entwicklungsgeschichte der parlamentarischen Redefreiheit in Deutschland. 1991.

Band 96 Hans J. Reiter: Die Handelsgesellschaft Villeroy & Boch von der Gründung 1836 bis zum Jahr 1878. 1992.

Band 97 Martin Johannes Heller: Reform der deutschen Rechtssprache im 18. Jahrhundert. 1992.

Band 98 Michael Kotulla: Die Tragweite der Grundrechte der revidierten preußischen Verfassung vom 31.01.1850. 1992.

Band 99 Michael Siefener: Hexerei im Spiegel der Rechtstheorie. Das crimen magiae in der Literatur von 1574 bis 1608. 1992.

Band 100 Andreas Ebert-Weidenfeller: Hamburgisches Kaufmannsrecht im 17. und 18. Jahrhundert. Die Rechtsprechung des Rates und des Reichskammergerichtes. 1992.

Band 101 Enno Bommel: Die Entstehung der Verwirkungslehre in der Krise des Positivismus. 1992.

Band 102 Ralph Steppacher: Die Berücksichtigung der bäuerlichen Postulate bei der Entstehung des ZGB und der Revision des OR. Ein Beitrag zur schweizerischen Kodifikationsgeschichte (1893 - 1912). 1992.

Band 103 Martin Fleckenstein: Die Todesstrafe im Werk Carl Joseph Anton Mittermaiers (1787 - 1867). Zur Entwicklungsgeschichte eines Werkbereichs und seiner Bedeutung für Theorie- und Methodenbildung. 1992.

Band 104 Jörn Eckert: Der Kampf um die Familienfideikommisse in Deutschland. Studien zum Absterben eines Rechtsinstitutes. 1992.

Band 105 Jörg Grotkopp: Beamtentum und Staatsformwechsel. Die Auswirkungen der Staatsformwechsel von 1918, 1933 und 1945 auf das Beamtenrecht und die personelle Zusammensetzung der deutschen Beamtenschaft. 1992.

Band 106 Andreas Rohde: Die Garantiehaftung des Vermieters und ihr Verhältnis zum Unmöglichkeitsrecht in dogmengeschichtlicher und modernrechtlicher Sicht. 1992.

Band 107 Tjark Siefke Kunstreich: Gesamtvertretung. Eine historisch-systematische Darstellung. 1992.

Band 108 Jürgen Krüger: Blindheit und Königtum. Die Blindheit des Königs Georg V. von Hannover als verfassungsrechtliches Problem. 1992.

Band 109 Wolfgang Putschek: Ständische Verfassung und autoritäre Verfassungspraxis in Österreich 1933-1938 mit Dokumentenanhang. Verfassung und Verfassungswirklichkeit. Mit einem Anhang: Denkschriften von Rechtsanwalt Dr. Erich Führer 1936/37. 1993.

Band 110 Klaus Hofmann: Die Verdrängung der Juden aus öffentlichem Dienst und selbständigen Berufen in Regensburg 1933-1939. 1993.

Band 111 Franz Kilger: Die Entwicklung des Telegraphenrechts im 19. Jahrhundert mit besonderer Berücksichtigung der technischen Entwicklung. Telegraphenrecht im 19. Jahrhundert. 1993.

Band 112 Wilhelm Brauneder (Hrsg.): Heiliges Römisches Reich und moderne Staatlichkeit. 1993.

Band 113 Thomas Heinrich: Das preußische Nichtehelichenrecht: Von der Aufklärung zur Reaktion. 1993.

Band 114 Gerald Kohl: Jagd und Revolution. Das Jagdrecht in den Jahren 1848 und 1849. 1993.

Band 115 Christian Schudnagies: Der Kriegs- oder Belagerungszustand im Deutschen Reich während des Ersten Weltkrieges. Eine Studie zur Entwicklung und Handhabung des deutschen Ausnahmezustandsrechts bis 1918. 1994.

Band 116 Elisabeth Bellmann: Die Internationale Kriminalistische Vereinigung (1889-1933). 1994.

Band 117 Julia Pfannkuch: Volksrichterausbildung in Sachsen 1945-1950. 1993.

Band 118 Jörg Offen: Von der Verwaltungsgemeinschaft des BGB von 1896 zur Zugewinngemeinschaft des Gleichberechtigungsgesetzes von 1957. 1994.

Band 119 Dorothee Kohlhas-Müller: Untersuchungen zur Rechtsstellung Theoderichs des Großen. 1995.

Band 120 Monika Rose: Das Gerichtswesen des Herzogtums Pfalz-Zweibrücken im 18. Jahrhundert. Ein Beitrag zur territorialen Gerichtsbarkeit im Alten Reich. 1994.

Band 121 Jörn Eckert / Hans Hattenhauer (Hrsg.): Bibel und Recht. Rechtshistorisches Kolloquium 9. - 13. Juni 1992 an der Christian-Albrechts-Universität zu Kiel. 1994.

Band 122 Robert Martin Mizia: Der Rechtsbegriff der Autonomie und die Begründung des Privatfürstenrechts in der deutschen Rechtswissenschaft des 19. Jahrhunderts. 1995.

Band 123 Walther Graf von Plettenberg: Das Fortleben des Liber Iudiciorum in Asturien/León (8. - 13. Jh.). 1994.

Band 124 Wolfgang Schulz: Das deutsche Börsengesetz. Die Entstehungsgeschichte und wirtschaftlichen Auswirkungen des Börsengesetzes von 1896. 1994.

Band 125 Frank Hagemann: Der Untersuchungsausschuß Freiheitlicher Juristen. 1949 – 1969. 1994.

Band 126 Andreas Rethmeier: "Nürnberger Rassegesetze" und Entrechtung der Juden im Zivilrecht. 1995.

Band 127 Edith Grether: Die Poesie der Throne. Die Juristen in der Fruchtbringenden Gesellschaft. 1995.

Band 128 Anna Bartels-Ishikawa: Der Lippische Thronfolgestreit. Eine Studie zu verfassungsrechtlichen Problemen des Deutschen Kaiserreiches im Spiegel der zeitgenössischen Staats. 1995.

Band 129 Jörg Schmidt: Otto Koellreutter 1883-1972. Sein Leben, sein Werk, seine Zeit. 1995.

Band 130 Christian Hattenhauer: Wahl und Krönung Franz II. AD 1792. Das Heilige Reich krönt seinen letzten Kaiser - Das Tagebuch des Reichsquartiermeisters Hieronymus Gottfried von Müller und Anlagen. 1995.

Band 131 Jutta v. der Decken: Das Seearbeitsrecht im Hamburger Stadtrecht von 1301 bis 1603. 1995.

Band 132 Detlev Schmidt: Die Reform des Rechts der Handelsvertreter von 1953. 1995.

Band 133 Gabi Roßdeutscher: Privatautonomie im Scheidungsrecht. Scheidungsbezogene Vereinbarungen in den letzten 200 Jahren. 1995.

Band 134 Harald Kahlenberg: Leben und Werk des Rechtshistorikers Walther Merk. Ein Beispiel für das Verhältnis von Rechtsgeschichte und Nationalsozialismus. 1995.

Band 135 Michael Steitz: Adelbert Düringer am Reichsgericht (1902-1915). Seine aktienrechtlichen Entscheidungen und sein Einfluß auf das Aktienrecht in Deutschland. 1995.

Band 136 Christian Becker: Beata Justorum Translatio. Juristen in schleswig-holsteinischen Leichenpredigten. 1996.

Band 137 Christoph Seiler: Vom Allgemeinen Landrecht zum Bürgerlichen Gesetzbuch. Dargestellt am Beispiel der höchstrichterlichen Judikatur zum kaufrechtlichen Sachmängelgewährleistungsrecht. 1996.

Band 138 Bernd Mayer: Die Vertrauensmännerausschüsse auf den preußischen Steinkohlegruben an der Saar. Entstehung und Wirken. Eine rechtshistorische Untersuchung. 1996.

Band 139 Rochus Scholl: Juden und Judenrecht im Herzogtum Pfalz-Zweibrücken. Ein Beitrag zur Rechtsgeschichte eines deutschen Kleinstaates am Ende des alten Reiches. 1996.

Band 140 Meike Bursch: Judentaufe und frühneuzeitliches Strafrecht. Die Verfahren gegen Christian Treu aus Weener/Ostfriesland 1720-1728. 1996.

Band 141 Markus Hillenbrand: Fürstliche Eheverträge. Gottorfer Hausrecht 1544 - 1773. 1996.

Band 142 Ulf Häder: Das gemeinschaftliche Oberappellationsgericht thüringischer Staaten in Jena. Ein Beitrag zur Geschichte des Gerichtswesens im 19. Jahrhundert. 1996.

Band 143 Andreas Bauer: Das Gnadenbitten in der Strafrechtspflege des 15. und 16. Jahrhunderts. Dargestellt unter besonderer Berücksichtigung von Quellen der Vorarlberger Gerichtsbezirke Feldkirch und des Hinteren Bregenzerwaldes. 1996.

Band 144 Christian Wirth: Der Jurist Johann Andreas Georg Friedrich Rebmann zwischen Revolution und Restauration. 1996.

Band 145 Stefanie Müller: Die Rechtsprechung des Hanseatischen Oberlandesgerichts zum persönlichen Eherecht in Hamburgischen Gerichtsfällen von 1879 -1900. 1996.

Band 146 Jean-Nicolas Morisset: Der Frachtvertrag in der *Ordonnance de la marine* von 1681. 1996.

Band 147 Dirk Lentfer: Die Glogauer Landesprivilegien des Andreas Gryphius von 1653. 1996.

Band 148 Wencke Mull: Die Haftung für Einsturzschäden nach den §§ 836-838 BGB in der Rechtsprechung des Reichsgerichts. 1996.

Band 149 Renate Zelger: Teufelsverträge. Märchen, Sage, Schwank, Legende im Spiegel der Rechtsgeschichte. 1996.

Band 150 Guido Kraß: Das Arrestverfahren in Frankfurt am Main im Spätmittelalter. 1996.

Band 151 F. Benedict Heyn: Die Entwicklung des Eisenbahnfrachtrechts von den Anfängen bis zur Einführung des Allgemeinen Deutschen Handelsgesetzbuches (ADHGB). 1996.

Band 152 Thomas Lang: Die Staats- und Verfassungslehre Carl Salomo Zachariaes. 1996.

Band 153 Michael Hebeis: Karl Anton von Martini (1726-1800). Leben und Werk. 1996.

Band 154 Gerald Hubert: Die Diskussion um die rechtliche Natur der Bizone in den Jahren 1947-1949. 1996.

Band 155 Christof Horn: Die Rechtsprechung des Reichsgerichts in Ehescheidungssachen der Jahre 1900 bis 1905. 1996.

Band 156 Hermann Nehlsen / Georg Brun (Hrsg.): Münchener rechtshistorische Studien zum Nationalsozialismus. 1996.

Band 157 Jan Otto Clemens Kehrberg: Die Entwicklung des Elektrizitätsrechts in Deutschland. Der Weg zum Energiewirtschaftsgesetz von 1935. 1997.

Band 158 Johannes Tradt: Der Religionsprozeß gegen den Zopfschulzen (1791-1799). Ein Beitrag zur protestantischen Lehrpflicht und Lehrzucht in Brandenburg-Preußen gegen Ende des 18. Jahrhunderts. 1997.

Band 159 Dietmar Olsen: Das kaufrechtliche Sachmängelgewährleistungsrecht des Code civil in der Rechtsprechung deutscher Gerichte im 19. Jahrhundert. Ein Beitrag zur Ablösung der Partikularrechte durch das BGB. 1997.

Band 160 Ulrich Bernhardt: Die Deutsche Akademie für Staats- und Rechtswissenschaft „Walter Ulbricht" 1948-1971. 1997.

Band 161 Claudia Susan Hoppe: Die Bürgschaft im Rechtsleben Hamburgs von 1600 bis 1900. 1997.

Band 162 Franz-Rudolf Ecker: Die Entwicklung des Bergrechts im Saarbrücker Steinkohlenrevier bis zum Ende des 18. Jahrhunderts. Ein Vergleich mit dem älteren deutschen Bergrecht. 1997.

Band 163 Anne Katrin Rückert: Politik und Privatrecht in der „konservativen Revolution". 1997.

Band 164 Gisbert Laube: Der Reichskunstwart. Geschichte einer Kulturbehörde 1919-1933. 1997.

Band 165 Nicolas Lührig: Die Diskussion über die Reform der Juristenausbildung von 1945 bis 1995. 1997.

Band 166 Regula Gerber Jenni: Die Emanzipation der mehrjährigen Frauenzimmer. Frauen im bernischen Privatrecht des 19. Jahrhunderts. 1997.

Band 167 Mischa A. Färber: Das gemeinschaftliche Testament in der höchstrichterlichen Rechtsprechung zum Allgemeinen Preußischen Landrecht und zum BGB. Ein Beitrag zur Ablösung der Partikularrechte durch das BGB. 1997.

Band 168 Catherine Antoinette Gasser: Philipp Lotmar 1850-1922. Professor der Universität Bern. Sein Engagement für das Schweizerische Arbeitsrecht. 1997.

Band 169 Lars Immisch: Der sozialistische Richter in der DDR und seine Unabhängigkeit. Der Versuch eines Rechtsvergleiches zum Unabhängigkeitsbegriff in der bundesdeutschen Rechtsordnung. 1997.

Band 170 Jessica Jacobi: Besitzschutz vor dem Reichskammergericht. Die friedenssichernde Funktion der Besitzschutzklagen am Reichskammergericht im 16. Jahrhundert, dargestellt anhand von Kameralisten. 1998.

Band 171 Ewald Hügemann: Die Geschichte des öffentlichen und privaten Mietpreisrechts vom Ersten Weltkrieg bis zum Gesetz zur Regelung der Miethöhe von 1974. 1998.

Band 172 Lutz Rentzow: Die Entstehungs- und Wirkungsgeschichte der Vernewerten Landesordnung für das Königreich Böhmen von 1627. 1998.

Band 173 Sabine Stürmer: Mühlenrecht im Herzogtum Pfalz-Zweibrücken während des 18. Jahrhunderts. Ein Beitrag zum Wirtschaftsrecht eines deutschen Kleinstaates im Alten Reich. 1998.

Band 174 Mario Bogisch: *Nemo testis in re sua*. Das Problem der Zeugnisfähigkeit bei der Anwendung der deutschen Zivilprozeßordnung von 1877. 1998.

Band 175 Rainer Oßwald: Pactane sunt servanda? Freiwilligkeit, Zwang und Unverbindlichkeitserklärungen im islamischen Vertragsrecht malikitischer Schule. 1998.

Band 176 Bettina Kern: Der preußische BGB-Entwurf von 1842. 1998.

Band 177 Inken Fuhrmann: Die Diskussion über die Einführung der fakultativen Zivilehe in Deutschland und Österreich seit Mitte des 19. Jahrhunderts. 1998.

Band 178 Annette Rieck: Der Heilige Ivo von Hélory (1247-1303). Advocatus pauperum und Patron der Juristen. 1998.

Band 179 Frank Bottenberg: Die Hamburgische Strafprozeßordnung von 1869. 1998.

Band 180 Matthias Krauß: Das kursächsische Postrecht von seinen Anfängen bis zum Ende des Alten Reichs. 1998.

Band 181 Torsten Schmidt: Die Entmündigung von den Anfängen des BGB bis zu ihrer Ablösung durch das Institut der Betreuung. 1998.

Band 182 Christian Nunn: Rudolf Müller-Erzbach. 1874-1959. Von der realen Methode über die Interessenjurisprudenz zum kausalen Rechtsdenken (Leben und Werk). 1998.

Band 183 Christian Ortloff: Das staatskirchenrechtliche System Wilhelm Traugott Krugs. Glaubens- und Gewissensfreiheit – eine Forderung der Vernunft. 1998.

Band 184 Christian Hattenhauer: Schuldenregulierung nach dem Westfälischen Frieden. Der sog. § *de indaganda* und seine Umsetzung im Jüngsten Reichsabschied (AD 1648 und 1654). 1998.

Band 185 Werner Schubert: Preußen im Vormärz. Die Verhandlungen der Provinziallandtage von Brandenburg, Pommern, Posen, Sachsen und Schlesien sowie – im Anhang – von Ostpreußen, Westfalen und der Rheinprovinz (1841-1845). 1998.

Band 186 Silvia Schumacher: Das Rechtsverhältnis zwischen Eltern und Kindern in der Privatrechtsgeschichte. 1999.

Band 187 Kai Sommer: Die Strafbarkeit der Homosexualität von der Kaiserzeit bis zum Nationalsozialismus. Eine Analyse der Straftatbestände im Strafgesetzbuch und in den Reformentwürfen (1871-1945). 1998.

Band 188 Jan Erik Backhaus: Volksrichterkarrieren in der DDR. 1999.

Band 189 Ralf Ruhnau: Die Fürstlich Thurn und Taxissche Privatgerichtsbarkeit in Regensburg. Ein Kuriosum der deutschen Rechtsgeschichte. 1999.

Band 190 Antonio Grilli: Die französische Justizorganisation am linken Rheinufer 1797-1803. 1999.

Band 191 Stephanie Kammerloher-Lis: Die Entstehung des Gesetzes über die religiöse Kindererziehung vom 15. Juli 1921. 1999.

Band 192 Jan Telp: Ausmerzung und Verrat. Zur Diskussion um Strafzwecke und Verbrechensbegriffe im Dritten Reich. 1999.

Band 193 Kurt von Pannwitz: Die Entstehung der Allgemeinen Deutschen Wechselordnung. Ein Beitrag zur Geschichte der Vereinheitlichung des deutschen Zivilrechts im 19. Jahrhundert. 1999.

Band 194 Sylvia Busch: Die Entstehung der Allgemeinen Gerichtsordnung für die Preussischen Staaten von 1793/95. Ein Beitrag zur Geschichte der Kodifikationsbewegung und der Reform des Zivilprozesses in Preußen im 18. Jahrhundert. 1999.

Band 195 Dirk Bieresborn: Klage und Klageerwiderung im deutschen und englischen Zivilprozeß. Eine rechtshistorische und rechtsvergleichende Untersuchung unter besonderer Berücksichtigung der Beeinflussung durch das römisch-kanonische Verfahren. 1999.

Band 196 Andreas Thier / Guido Pfeifer / Philipp Grzimek (Hrsg.): Kontinuitäten und Zäsuren in der Europäischen Rechtsgeschichte. Europäisches Forum Junger Rechtshistorikerinnen und Rechtshistoriker München 22.-24. Juli 1998. 1999.

Band 197 Franz Smola: Die Fürstlich Liechtenstein'sche Kunstsammlung. Rechtsfragen zur Verbringung der Sammlung von Wien nach Vaduz in den Jahren 1944/45. 1999.

Band 198 Frank Martin Krauss: Das geteilte Eigentum im 19. und 20. Jahrhundert. Eine Untersuchung zum Fortbestand des Teilungsgedankens. 1999.

Band 199 Matthias Frey: Die spanische Aktiengesellschaft im 18. Jahrhundert und unter dem Código de Comercio von 1829. 1999.

Band 200 Alexandra Gilde: Die Stellung der Frau im Reichsstrafgesetzbuch von 1870/71 und in den Reformentwürfen bis 1919 im Urteil der bürgerlichen Frauenbewegung. Eine Analyse ausgewählter Straftatbestände. 1999.

Band 201 Malte Dießelhorst / Arne Duncker: Hans Kohlhase. Die Geschichte einer Fehde in Sachsen und Brandenburg zur Zeit der Reformation. 1999.

Band 202 Jörg Hillmann: Territorialrechtliche Auseinandersetzungen der Herzöge von Sachsen-Lauenburg vor dem Reichskammergericht im 16. Jahrhundert. 1999.

Band 203 Carsten Engler: Die Kommanditgesellschaft (KG) und die stille Gesellschaft im Allgemeinen Deutschen Handelsgesetzbuch (ADHGB) von 1861. 1999.

Band 204 Vesta Hoffmann-Steudner: Die Rechtsprechung des Reichsgerichts zu dem Scheidungsgrund des § 49 EheG (EheG 1938) in den Jahren 1938-1945. 1999.

Band 205 Michaela Thiele: Die Auflösung von Arbeitsverhältnissen aufgrund Anfechtung und außerordentlicher Kündigung nach der Rechtsprechung des Reichsarbeitsgerichts (1927-1945). 2000.

Band 206 Peter Landau / Hermann Nehlsen / Mathias Schmoeckel (Hrsg.): Karl von Amira zum Gedächtnis. 1999.

Band 207 Marcus Flinder: Die Entstehungsgeschichte des Zivilgesetzbuches der DDR. 1999.

Band 208 Boris Franz Leo Bromm: Die Entstehungsgeschichte des Berufs des Handelsvertreters. Unter besonderer Berücksichtigung der Sozialgesetzgebung in den Jahren von 1871-1933. 2000.

Band 209 Winfried C. J. Eberstein: Das Tierschutzrecht in Deutschland bis zum Erlaß des Reichs-Tierschutzgesetzes vom 24. November 1933. Unter Berücksichtigung der Entwicklung in England. 1999.

Band 210 Patrick Deller: Der „nach dem Vertrage" vorausgesetzte Gebrauch (§ 459 Absatz 1 Satz 1 BGB). Eine kaufrechtliche Untersuchung unter Berücksichtigung rechtshistorischer wie rechtsvergleichender Grundlagen. 2000.

Band 211 Eckard Freiherr von Bodenhausen: Haftung des Geschäftsherrn für Verrichtungsgehilfen im Straßen- und Schienenverkehr. Eine Analyse der Entscheidungen des Reichsgerichts zu § 831 BGB (1900-1945). 2000.

Band 212 Birte Gast: Der Allgemeine Teil und das Schuldrecht des Bürgerlichen Gesetzbuchs im Urteil von Raymond Saleilles (1855-1912). 2000.

Band 213 Hansjörg Michael Huber: Koloniale Selbstverwaltung in Deutsch-Südwestafrika. Entstehung, Kodifizierung und Umsetzung. 2000.

Band 214 Ulf Björner: Die Verfassungsgerichtsbarkeit im Norddeutschen Bund und Deutschen Reich (1867-1918). Eine rechtshistorische Untersuchung über Gerichtsbarkeit im Spannungsfeld von Politik und Recht innerhalb der von Bismarck geschaffenen deutschen Bundesstaaten. 2000.

Band 215 Mathias Freiherr von Rosenberg: Friedrich Carl von Savigny (1779-1861) im Urteil seiner Zeit. 2000.

Band 216 Reinhard Binder-Krieglstein: Österreichisches Adelsrecht 1868-1918/19. Von der Ausgestaltung des Adelsrechts der cisleithanischen Reichshälfte bis zum Adelsaufhebungsgesetz der Republik unter besonderer Berücksichtigung des adeligen Namensrechts. 2000.

Band 217 Claudia-Regine Nerius: Johannes Lehmann-Hohenberg (1851-1925). Eine Studie zur völkischen Rechts- und Justizkritik im Deutschen Kaiserreich. 2000.

Band 218 Ludger Meuten: Die Erbfolgeordnung des Sachsenspiegels und des Magdeburger Rechts. Ein Beitrag zur Geschichte des sächsisch-magdeburgischen Rechts. 2000.

Band 219 Christoph Alexander von Wilcken: Die Reformbestrebungen zum Genossenschaftsgesetz in der Frühzeit der Bundesrepublik. Die Beratungen der Sachverständigenkommission zur Überprüfung des Genossenschaftsrechts 1954 bis 1958 und der Referentenentwurf von 1962. 2000.

Band 220 Verein Junger RechtshistorikerInnen Zürich (Hrsg.): ¿Rechtsgeschichte(n)? ¿Histoire(s) du droit? ¿Storia/storie del diritto? ¿Legal Histori(es)? Europäisches Forum Junger Rechtshistorikerinnen und Rechtshistoriker Zürich 28.-30. Mai 1999. 2000.

Band 221 Hans Christian Schüler: Die Entstehungsgeschichte der Bundesnotarordnung vom 24. Februar 1961. 2000.

Band 222 Nils-Eberhard Schramm: Die Vereinigung demokratischer Juristen (1949-1999). 2000.

Band 223 Silke Anke Torp: Das Rechtsverhältnis zwischen den Eltern und ihren Kindern. Dienstleistungspflicht, Aussteuer und Ausstattung. Eine Analyse der Rechtsprechung des Reichsgerichts und des Reichsarbeitsgerichts zu den Vorschriften der §§ 1616 bis 1625 des Bürgerlichen Gesetzbuches in der Zeit von 1900 bis 1945. 2000.

Band 224 Martin Jürgen Maaß: Die Geschichte des Eigentumsvorbehalts, insbesondere im 18. und 19. Jahrhundert. 2000.

Band 225 Stefanie Langer: Rechtswissenschaftliche Itinerarien. Lebenswege namhafter europäischer Juristen vom 11. bis zum 18. Jahrhundert. 2000.

Band 226 Ulrich Schmitz: Der Unterhaltsanspruch des nichtehelichen Kindes gegen seinen Erzeuger. Die rechtsgeschichtliche und dogmatische Entwicklung im deutschen Recht. 2000.

Band 227 Sebastian Günther: Friedrich Carl von Savigny als Grundherr. 2000.

Band 228 Henning Ibs: Hermann J. Held (1890-1963). Ein Kieler Gelehrtenleben in den Fängen der Zeitläufe. 2000.

Band 229 Matthias Rücker: Wirtschaftswerbung unter dem Nationalsozialismus. Rechtliche Ausgestaltung der Werbung und Tätigkeit des Werberats der deutschen Wirtschaft. 2000.

Band 230 Hendrik Sandmann: Die Entwicklung von Begriff und Inhalt des Wirtschaftsrechts durch die Rechtswissenschaft in der Weimarer Republik. 2000.

Band 231 Sibylle Müller: Gibt es Menschenrechte bei Samuel Pufendorf? 2000.

Band 232 Karin Olechowski-Hrdlicka: Die gemeinsamen Angelegenheiten der Österreichisch-Ungarischen Monarchie. Vorgeschichte – Ausgleich 1867 – Staatsrechtliche Kontroversen. 2001.

Band 233 Johannes Mierau: Die juristischen Abschluß- und Diplomprüfungen in der SBZ/DDR. Ein Einblick in die Juristenausbildung im Sozialismus. 2001.

Band 234 Jörg Wolff (Hrsg.): Stillstand, Erneuerung und Kontinuität. Einsprüche zur Preußenforschung. 2001.

Band 235 Friedo Schröder: Die anwaltliche Tätigkeit während der nationalsozialistischen Herrschaft. Eine Analyse der anwaltlichen Argumentation in Zivilprozessen anhand der vorhandenen Prozeßakten der Landgerichte Frankenthal, Wiesbaden, Limburg und Frankfurt und der Handakten der *jüdischen Konsulenten* des OLG-Bezirks Frankfurt. 2001.

Band 236 Der Code pénal des Königreichs Westphalen von 1813 mit dem Code pénal von 1810 im Original und in deutscher Übersetzung. Herausgegeben und mit einer Einleitung versehen von Werner Schubert. 2001.

Band 237 Klaus Richter: Deutsches Kolonialrecht in Ostafrika 1885-1891. 2001.

Band 238 Kai von Lewinski: Deutschrechtliche Systembildung im 19. Jahrhundert. 2001.

Band 239 Alexander Herzog: Sittenwidrige Rechtsgeschäfte in der höchstrichterlichen Rechtsprechung aus den Jahren 1948-1965. 2001.

Band 240 Claudia Rönnau: Die Beratungen des Wasserrechtsausschusses der Akademie für Deutsches Recht zu einem Reichswassergesetz (1934-1941). Ein Beitrag zur Dogmatik der Begriffe *Gemeingebrauch* und *Sondergebrauch* in der Zeit des Nationalsozialismus. 2001.

Band 241 Momme Rohlack: Kriegsgesellschaften (1914-1918). Arten, Rechtsformen und Funktionen in der Kriegswirtschaft des Ersten Weltkrieges. 2001.

Band 242 Rolf Geyer: Der Gedanke des Verbraucherschutzes im Reichsrecht des Kaiserreichs und der Weimarer Republik (1871-1933). Eine Studie zur Geschichte des Verbraucherrechts in Deutschland. 2001.

Band 243 Felix Lorenz Benjamin Lehmann: Der Rote Adlerorden. Entstehung und rechtliche Grundlagen (1705-1918). 2001.

Band 244 Marc Ludwig: Der Pfändungsschutz für Lohneinkommen. Die Entstehungs- und Entwicklungsgeschichte der Vorschriften zum Schutz vor Lohnpfändung in Deutschland. 2001.

Band 245 Alexander Wachter: Dorfschule zwischen Pastor und Schulmeister. Zur Säkularisierung des niederhessischen Schulwesens im 19. Jahrhundert. 2001.

Band 247 Judith Laeverenz: Märchen und Recht. Eine Darstellung verschiedener Ansätze zur Erfassung des rechtlichen Gehalts der Märchen. 2001.

Band 248 Christina Schenk: Bestrebungen zur einheitlichen Regelung des Strafvollzugs in Deutschland von 1870 bis 1923. 2001.

Werner Schubert (Hrsg.)

Akademie für Deutsches Recht 1933-1945 Protokolle der Ausschüsse Ausschuß für Jugendrecht, Arbeitsgemeinschaften für Jugendarbeitsrecht und Jugendstrafrecht (1934-1941)

Herausgegeben und mit einer Einleitung versehen von Werner Schubert

Frankfurt/M., Berlin, Bern, Bruxelles, New York, Oxford, Wien, 2001. XXI, 661 S.
Akademie für Deutsches Recht 1933-1945. Protokolle der Ausschüsse.
Herausgegeben von Werner Schubert. Bd. XI
ISBN 3-631-37064-4 · Geb. DM 198.–*

Der Band dokumentiert die Beratungen des Ausschusses für Jugendrecht der Akademie für Deutsches Recht sowie der Arbeitsgemeinschaften für Jugendarbeitsrecht und Jugendstrafrecht (1934-1941). Den Hauptteil des Bandes bilden die Beratungen über eine Reform des Jugendgerichtsgesetzes, dessen Neufassung 1943 verkündet wurde. Das neue Gesetz verstärkte einerseits die Tendenz des Nationalsozialismus zur Disziplinierung der Jugend, andererseits enthielt es wesentliche Verbesserungen gegenüber dem bisherigen Jugendstrafrecht, vor allem im Bereich der Sanktionen. Der Entwurf zu einem Berufserziehungsgesetz von 1942 sollte die arbeitsrechtliche Erfassung sämtlicher Jugendlichen gewährleisten. Als Grundsätze für die rechtliche Gestaltung der Berufserziehung ergaben sich: Einheit von Berufserziehung und Berufsausbildung, Konzentration der Berufserziehung auf den Jugendlichen und Ausdehnung auf alle Jugendlichen. Jeder deutsche Jugendliche sollte eine Berufserziehung durch praktische Ausbildung erfahren; es sollte „keinen ungelernten, keinen berufslosen Deutschen" geben. Der Anhang bringt in einem Nachtrag zu Band VII (Ausschüsse für Strafprozeßrecht) Auszüge aus dem neu aufgefundenen Protokoll der Arbeitsgemeinschaft für Fragen der Strafbarkeit der SS und des Reichsarbeitsdienstes vom 7.2.1939 (Rechtsmittel, Urteilsrüge, Urteilsbestätigung).
Die Einleitung des Herausgebers erschließt die Verhandlungsergebnisse und Biographien der wichtigsten Ausschußmitglieder.

Aus dem Inhalt: Jugend- und Kinderarbeitsrecht · Jugendpflegerecht · Bewahrung von Jugendlichen (Änderungen des Reichsgesetzes für Jugendwohlfahrt) · Entwurf eines Gesetzes über die Berufserziehung der deutschen Jugend von 1942 (Berufserziehung im Betrieb – Berufserziehung außerhalb des Betriebes) · Jugendstrafrecht: Schuldfähigkeit – Jugendstrafen – unbestimmte und bedingte Verurteilung – Zuchtmittel – Jugendarrest – Erziehungsmaßregeln – Strafverfahren in Jugendsachen – Stellung der Hitlerjugend – Strafbefehl und polizeiliche Strafverfügung – Strafvollstreckung und Vollzug

